TOEFL® テスト 厳選の単語演習 1000問

西部有司 著

JN014050

三修社

はじめに

「問題を解く→覚える」で挫折知らずの単語学習を実現

　まずはこの本を手に取って頂きありがとうございます。

　TOEFL に限らず、どの語学テスト対策でも多くの方が最初のステップとして単語集を購入されます。語学学習において単語を知らなくては何も始まらないのは当然なので、この点においてはあるべき行動と言えますが、残念ながら単語学習のみに時間を取られた挙句、途中で挫折してしまう人が多いのも単語集学習の現実です…。

　理由としては（色々と工夫されている本はありますが）単語集学習は基本、「見るのみの受け身」な単調なプロセスになりがちであるからです。長年の生徒指導において「買ったものの新品同様（ほとんど手つかず）」、「途中のページまで使った形跡があるけど、途中から新品同様（途中で挫折していい）」状態の単語集を見かけることもしばしばありました。

　語学学習をされた経験をお持ちの方であれば「単語集は 1 回読んでおしまいにはならない。繰り返しが必要」という点はご理解いただけるかと思います。ただし、「見るだけの受け身の単語集を繰返し読むのは正直苦痛…」という気持ちもよくわかります。

本試験形式の「単語問題」を解きながら覚える

　上記のような単語集学習によくある課題を克服するため、今回はどなたにも興味を持っていただけるよう「iBT, ITP 両形式で必ず出題される本試験形式の単語問題を解きながら覚える」問題集形式にしました。このアクティブな単語学習プロセスは従来の TOEFL 単語集にはほとんどなかった新機軸です。なお、「単語を見るだけでなく、テストを行って思い出そうとするプロセスを加えると記憶率が高まる」現象を「テスト効果 (testing effect)」といい、近年語学専門家の間で支持されている科学的根拠のあるものです。

「単語問題」は新形式で出題頻度が"2倍"に

　2023 年の iBT 形式改定に伴い、以前はリーディングにおいて 10％に抑えら

れていた単語問題の<u>出題頻度</u>が<u>20%</u>になる事も確認され、増加傾向にあります。<u>ITP</u>では従来より約30%と非常に頻度が高くなっています。それに加え、受験者にとっての単語問題の利点は「他の問題形式と違い、パッセージ中に答えを探す必要がない」「結果として解答時間が短くて済む」などがあります。出題頻度の高さと、この解答時間の短さからiBT, ITPどちらの形式でも単語問題は「最大の得点源」となっています。

「単語問題」とは"TOEFL最重要単語リスト"

　意外と知られていない点ですが、単語問題はテスト作成団体ETSが「TOEFLではこの単語が重要です！」とわざわざ教えてくれている最重要単語リストでもあります。つまり、単語問題以外のリーディングパッセージやリスニング音声などでも幅広く使用される可能性が高い単語です。皆さんも「出来ることなら、よく出る単語を優先的に覚えたい」と思うのではないでしょうか。であれば、「単語問題頻出の語彙の習得」こそが最大の近道です。今回選別した1,000語は本試験をコンスタントに受験し、出題頻度の高さを確認したもののみです。例文中の見出し語と同時に、派生語・同義語も覚えれば合計約3,200語の学習が可能です。

頻出の学術分野のエッセンスも効率よく習得

　問題文には1つ1つにTOEFLならではの重要トピックを盛り込んでありますので、単語と同時にアカデミック分野の基礎知識にも触れる事が出来ます。確かに「例文」はどの単語集にもありますが、語彙習得の補助のみとの扱いで、単語はTOEFLに出題のものでも例文はTOEFLというより一般的な英語学習的なものも散見されます。

　この場合、アカデミック分野の基礎知識習得のために改めてリーディング・リスニングに触れる必要が生じますが、「どうせなら単語と同時にアカデミック分野のエッセンス吸収したい」と思われる方もいるのではないでしょうか。本書では執筆期間2年の内、かなりの時間を問題文の作成に費やし、短い中でTOEFL頻出トピックを明確に説明する「作りこんだ英文」にしています。最新の出題傾向を反映しつつ、私が長年受験した経験を総動員しています。本書には他のTOEFL教材にはないトピックが多く含まれますが、これも1,000問収録がゆえに実現できた点です。

さて、ここで私からの説明はおしまいにします。これからは皆さんがアクションを取る番です。iBT であれば留学、ITP であれば英語の成績評価やクラス分けなどのために受験されると思います。通常であれば「皆さんの"夢"の実現のため、頑張りましょう！」などと書くところですが、個人的には"夢"という言葉には「自分には大それた事」「人には出来ても自分には実現が難しそう」のトーンが感じられ、使うのを避けています。私はもっと実現できそうな「目標」という言葉を使います。同じ人間なので、他人に出来て皆さんに出来ないはずはありません。本書のアクティブな単語学習を通じて、皆さんの人生の重要な「目標」を実現していきましょう。

2024 年 5 月

西部 有司

本書は 2021 年に DHC から刊行された『TOEFL® テスト絶対出る英単語 1000 本ノック』を加筆・改題したものです。

目　次

本書の使い方

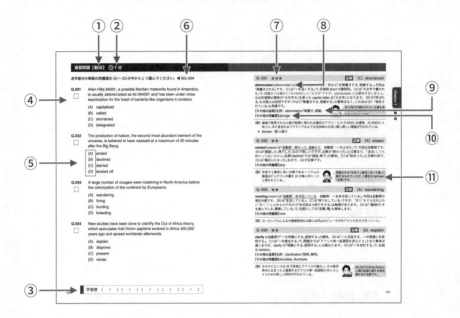

① **品詞**：収録の問題は「動詞」「名詞」「形容詞」「副詞」に分類され掲載され ています。原則、「動詞」から順に解答することをお勧めします。

② **制限時間**：1分で4問解くことを目指しましょう。時間がタイトな場合は 延長しても OK です。

③ **学習歴**：学習した日付を記入します。間隔を空けて、最低5回は学習を。

④ **チェックボックス**：単語が覚えられたかどうかを などの記号で記します。

⑤ **選択肢**：解答の際には、右ページは見えないよう隠しておきましょう。

⑥ **音声トラック番号**：1トラックにつき1問分の音声が収録されています。 収録順：見出し語 ⇒ 問題文 ⇒ 正解の同義語

⑦ **レベル設定**：★初級（iBT60 ／ ITP500）：104問　★★中級（iBT80 ／ ITP550）：384問　★★★上級（iBT100 ／ ITP600）：512問 ※ P.014 に記載した通り、両テストには難度の差があるため、あくまで便宜上のスコア表記です

⑧ 原形の記載：動詞問題の過去形などや名詞問題の複数形など、原形以外の
形で記載した見出し語については、（　）の中に原形を表記しています。
※見出し語の発音記号については、巻末の「見出し語索引リスト」をご確認ください。

⑨ その他の品詞：見出し語から派生した別の品詞です。まとめて効率よく覚
えましょう。

⑩ その他の同義語：同じ意味の単語を一緒に覚え、一気に語彙力をアップさ
せましょう。（他動詞・自動詞、意味が①・②と複数にわたる場合は、下線
の引いてある意味に対する同義語です）

⑪ 追加コメント：※マークやイラスト付きの補足説明で問題文に対する内容
理解を補強します。

◆ 単語問題では「見出し語」と「選択肢の単語」の間には レベル差があるのが基本

　しばしば誤解がありますが、（例外は多々あるものの）「見出し語：難度高め」「選
択肢の単語：難度低め」が単語問題の基本的な傾向です。「この難しい単語の意味を
知っているかどうか、やさし目の単語に置きかえることにより解答してください」
というのが単語問題の趣旨です。

Q.688 *Gastornis*, a large flightless bird of the Paleocene epoch, was once thought to be a **ferocious** carnivore because of its huge skull and beak.

(A) flying
(B) smart
(C) wild
(D) ruling

難度高め

難度低め

◆ 指示書きの意味を正しく理解し、解答を

「単語問題だから同じ意味の選択肢を選ぶ」のは当然ですが、意外と見逃されている重要ポイントがあります。本試験の単語問題向けの指示書きを確認してみましょう。

iBT の場合：The word "ferocious" in paragraph 1 is closest in meaning to
ITP の場合：The word "ferocious" in line 2 is closest in meaning to
　iBT は「パラグラフ」、ITP は「行」の違いはありますが、いずれも <u>closest inmeaning（意味が最も近い）</u>とあり、これは逆に言えば「2 番目、3 番目に近い選択肢も出題され得る」を意味します。実際、頻繁にではないものの、辞書では「同義語」とされている単語が「不正解」の扱いになることは本試験でも確認されています。理由は無論、「意味は近いものの、正解の選択肢に比べると<u>最も近いとは言えない</u>」からです。市販の同義語教材ではこの点がほとんど反映されていないので、本書では問題によってはこの傾向を取り入れています。

◆ ジャンル別英単語集

　TOEFL におけるアカデミック分野の重要単語リストです（音声付き）。本編の「問題文」、「見出し語」に使われているものも収録されています。

学習のポイント

他動詞／自動詞の理解は最重要ポイントの1つ

　英英辞書では、他動詞は「vt.(transitive verb)」、自動詞は「vi.(intransitiveverb)」として記載されます。動詞のない文は存在しないと言ってもいい程で、この理解を曖昧にするとブロークンな英語になってしまいます。単語により「他動詞のみ」「自動詞のみ」「他動詞、自動詞兼用」と様々ですが、役割の主な違いは以下の通りです。他動詞／自動詞の理解が曖昧な際には、本書の動詞問題を学習しながら違いを意識することをお勧めします。

他動詞

①後に名詞が来る　　　He dropped the coin.
　　　　　　　　　　　　　　　　名詞

②名詞と同じ扱いになる句・節が来る　　　She did not know how much it was.
　　　　　　　　　　　　　　　　　　　　　　　　　　　　　　　　　　節

　この場合の名詞(句・節)を「目的語」といいます。「目的語」がある場合には受動態の作成が可能です。

自動詞

①後には何も来ない　　　The cloud disappeared.
②前置詞を伴った名詞(句・節)が来る　　　They participate in the meeting.
　　　　　　　　　　　　　　　　　　　　　　　　　　　前置詞　　名詞

③ 副詞(句)が来る　　　She spoke slowly.
　　　　　　　　　　　　　　　　副詞

「目的語」がないので、他動詞とは違い、一部を除き原則受動態の作成は不可能です。

　他動詞／自動詞を混同していると、次のような間違いを起こしやすくなります。

We **discussed** ~~about~~ the issue.　← 前置詞 about が不要
　　　他動詞

He **arrived** the airport. ← 前置詞 at が必要なので at the airport に
　　自動詞

本書を使った学習法

Step 1　問題文を読んで解答

　4問を1分で解答しましょう。時間が足りない場合は1分半程度まで延長しても OK ですが、本試験では時間がタイトなので、「急いで解答する」状況にも慣れておきましょう。

Step 2　正解を確認

「正解・解説」ページで選んだ選択肢の正解を確認した後、「訳」も参照しながら問題文の内容を把握しましょう。間違いの選択肢の解説にも目を通し、今後の参考に。

Step 3　関連語の習得

見出し語に対する「その他の品詞」「その他の同義語」を確認し、一気に語彙数を増やしましょう。

■学習のペース

　一般的には、1つの単語を覚えるには「間隔を空けながら合計5回程度見直す」のが良いと言われます。この点を前提にしたペース配分の一例は以下の通りです。余裕のある場合は1日あたりの解答数を増やしてください。

> ・120問（1セット）／1週間　・20問／1日（20×6日＝120問）・7日目は復習日
> 1日目：Q001〜020 ⇒ 2日目：Q.021〜040 ⇒ 3日目：Q041〜060 ⇒ 4日目：Q061〜080 ⇒ 5日目：Q081〜100 ⇒ 6日目：Q101〜120 ⇒ 7日目復習⇒ 8日目：Q121〜140

　1サイクルでは復習も含め2回学習するので、3サイクル学習すると6回見直す機会ができます。

■音声を使った学習法

　音声トラックには「見出し語 → 問題文 → 正解の同義語」の順で音声が収録されています。

方法1：聞きながら正解を確認

音声を聞き、「見出し語」あるいは「問題文」を聞いた時点で「正解の同義語（日本語の意味でもOK）」を思い出せるかを確認しましょう。正解は、最後に聞こえる「正解の同義語」で確認します。

方法2：ディクテーション（音声の書き取り）

聞いた音声を書き起こす、シンプルかつ非常に有効なリスニング学習法です。意外と実践している人が多くありませんが、この機会にお勧めします。「どこが聞けていて、どこが聞き取れないのか」が可視化されるので、自分の弱点を容易に理解できます。

> ディクテーション手順
> 1. 音声のみに集中し、3回程度再生
> 2. 聞こえた内容を書き起こす
> 3. 書き取れない部分は再度再生し、再挑戦
> 4. 最大7〜8回程再生し、書き取りが出来た範囲で正解を確認

方法3：多聴トレーニング

ディクテーション演習が20問程度終わった段階で、この量を一度に聞く「多聴」も併用しましょう。本試験の長い音声を聞き続ける「集中力の持続」を養成します。「聞き流し」ではなく、細部の内容も理解しながら聞くことを意識しましょう。

接頭辞リスト

　語彙を増やすことはもちろん必要ですが、やみくもに暗記するよりも、接頭辞（単語の最初の部分）、語幹（真ん中の部分）、接尾辞（最後の部分）といった「語源」と紐づけて理解することが大切です。語源を知れば、語彙の定着率は確実に上がります。

　このページでは、本書に収載している見出し語（1000語）の中でも特に頻繁に登場する接頭辞を中心に紹介します。

接頭辞	解　説
ad	「〜へ」「〜に向かって」という方向や対象を表す語源です。例えば adhere to 〜（Q.158）は「〜に従う」という意味ですが、「〜へ（ad）」+「くっつく（here）」が由来となっています。
co com con	co-, com-, con- は、すべて「一緒に」「ともに」「共同で」の意味を持ち、ときに「完全に」という強意の働きもします。例えば、co-worker は「一緒に」+「働く人」＝同僚ですね。動詞の collaborate（Q.303）も「共同して働く」という意味です。また、complete は「完了する」という意味の動詞ですが、これは ple（満たす）の前に強意の com が付くことによって「完全に（com）」+「満たす（ple）」＝完了する、という由来です。動詞の comprise（Q.135）は「ともに（com）」+「つかむ（prise）」ことから「構成する」という意味ですね。さらに、concur（Q.009）は「同意する」という意味の動詞ですが、これは「一緒に（con）」+「走る（cur）」が語源となっています。
de	「離れて」「下に」「完全に／すっかり」といった意味を持ちます。down と結びつけると覚えやすいでしょう。例えば deplete（Q.102）は「枯渇する」という意味の動詞ですが、「離れる（de）」+「満たす（ple）」＝激減させる、という成り立ちです。com- の項で紹介した complete とは逆の意味合いになりますね。
di	de と同じ「離れて」という意味の他に「〜しない」という否定の意味も持ちます。例えば dilute（Q.327）は「水などで薄める」という意味の動詞ですが、「離れる（di）」+「洗う（lu）」という成り立ちです。また、di- は「2つの」という意味も持っています。2つのものの間で板挟みになることを dilemma（ジレンマ）と言いますが、これは「2つの（di-）」から成る言葉です。

dis	「離れて」や「〜しない」という否定の意味を持ちます。「ディスる」という日本語表現があるため、否定の意味合いを知っている人も多いでしょう。例えば displace（Q.093）は「取って代わる」という意味の動詞ですが、「離して（dis）」＋「置く（place）」が語源になっています。
em en	em, en はともに「〜の中に」や「〜にする」という意味を持ちます。within と結びつけると覚えやすいでしょう。例えば embody（Q.242）は「具体化する」という意味の動詞ですが、「中に（em）」＋「体（body）」＝「中に体を与える」＝「具現化する」という成り立ちです。また、encircle（Q.206）は「〜にする（en）」＋「輪（circle）」＝取り囲む、が由来です。
ex	「外に」という意味を持ちます。例えば extract（Q.143）という動詞は、「外へ（ex）」＋「引っ張る（tract）」＝「外へ引っぱり出す」から「抽出する、引き出す」を意味します。
fore	「前に」「先に」という意味を持ちます。before を思い出すと覚えやすいでしょう。例えば foretell（Q.336）という動詞は「前に（fore）」＋「話す（tell）」という語源から「予言する」という意味になります。
im in	im, in はともに「〜でない」という否定や、「中へ（内へ）」という意味を持ちます。impossible や import など、馴染みのある単語も多いでしょう。例えば immeasurable（Q.592）は「〜 でない（im）」＋「測定可能な（measurable）」＝「計り知れない」という意味の形容詞になります。また、inborn（Q.702）は「中へ（in）」＋「生まれる（born）」＝「生まれつきの」という意味の形容詞になります。
ob	「〜に向かって」「〜に対して」という意味を持ちます。例えば obstacle（Q.381）という名詞は「〜に対して（ob）」＋「立つ（sta）」＝「障害物」という意味になります。
out	「外へ〜」という意味を持ちます。例えば outlook（Q.488）は「外へ（out）」＋「見る（look）」＝「見解／展望」という意味の名詞になります。
per	「通って」「完全に」という意味を持ちます。例えば perfect は「完全に（per）」＋「つくる（fect）」というのが由来です。他にも、persist（Q.128）は「固執する」という意味の動詞ですが、「完全に（per）」＋「立つ（sist）」から成っています。
pre	「〜より前の」「前に」という意味を持ちます。日本語でもプレオープンと言いますよね（英語では pre-opening です）。例えば precede（Q.241）は「先行する」という意味の動詞ですが、「前に（pre）」＋「行く（cede）」が語源です。

pro	「前へ」「代わりに」という意味を持ちます。日本語でもプロフェッショナルという言葉を使いますが、これはもともと神の「前へ(pro)」宣誓するという語源があるそうです。はっきりと公言できるもの＝職業、という考え方ですね。他にも、例えば provoke(Q.328)は「引き起こす、挑発する」という意味の動詞ですが、「前へ(pro)」+「呼ぶ(voke)」という成り立ちです。
re	「再び」「元へ」「戻って」「対立」といった意味を持ちます。re-enter(再加入する)のように、後に続く単語が e で始まる場合にはハイフンで繋ぎましょう。例えば reinforce(Q.163)は「強化する」という意味の動詞ですが、「再び(re)」+「中に(in)」+「力(force)」から成っています。また、repel(Q.211)「〜をはじく」は、「対立(re)」+「pel(押す)」の構造です。
sub	「下に」という意味を持っています。地下鉄は subway ですが、これは「下に(sub)」+「道(way)」＝下に通っている道、というのが由来です。他にも、例えば submerged(Q.742)は「浸水した」という意味の形容詞ですが、「下に(sub)」+「浸す(merge)」が由来になっています。なお、この sub は、後に続く文字によって suf-, sup-, sus-, suc- などに変化します。
sur	「上に」「さらに」「超えて」という意味を持ちます。super と結びつけて覚えておきましょう。例えば surpass(Q.052)は「上回る」という意味の動詞ですが、「超える(sur)」+「通る(pass)」が語源となっています。
un	「〜でない」という否定を表す語源です。他にも、動詞と結びついたときに、その動作を「元に戻す」働きをすることもあります。undo「元に戻す」が良い例ですね。「否定」を表す例としては、「揺るぎない／確固とした」という意味の unwavering(Q.828)が挙げられます。unwavering の語源は「〜でない(un)」+「揺れる(waver)」+「〜している(ing)」です。
under	文字通り「下に」を意味します。例えば undergo(Q.032)は「経験する」という意味の動詞ですが、「下に(under)」+「行く(go)」、つまり下積みを重ねて経験していく…というのが言葉の成り立ちです。

TOEFL テストの概要

◆ TOEFL とは

　TOEFL（Test of English as a Foreign Language）は英語を母語としない人々を対象とした大学（院）出願時の語学力測定向けのテストで、1964 年に開発されました。現在日本で実施されている主な形式は iBT、ITP の 2 種類です。

◆ テスト作成団体

　開発はアメリカ民間非営利のテスト開発機関である ETS（Educational Testing Service）によるものです。有名な TOEIC のほか、SAT（全米大学入学共通試験）、大学院入学向けのテスト GRE の作成も手がけています。

◆ 主な TOEFL 形式

iBT（アイビーティー）：Internet-Based Test の略で、海外留学向けとしてメインに使われているのがこちらです。「読む、聞く、話す、書く」の 4 技能全てをコンピュータ受験で測定します。なお 2020 年からは自宅 PC 受験の Home Edition が臨時に実施されていますが、出題内容は全て同じです。

ITP（アイティーピー）：Institutional Testing Program の略で、主に日本国内の大学・大学院で入試・語学レベル判定を目的として採用されています。リスニングとリーディングのみでマークシート方式のペーパー試験です。ITP はコンピュータ受験形式になる前の PBT（Paper-based Test）形式を引き継いだものです。一部の日本の大学で交換・派遣留学制度に使用されていますが、正規の留学向けに ITP のスコアが認められることはまれです。

◆ iBT ／ ITP 形式出題内容比較

セクション	セクション iBT：実施時間 約 2 時間	ITP：実施時間 1 時間 55 分
Reading	アカデミックパッセージ：2 つ 語数：各約 700 語	アカデミックパッセージ：5 つ 語数：各約 250 〜 350 語
Listening	短めの会話：なし	短めの会話：30 問 （各数秒〜 10 数秒程度）
	長めの会話：2 つ （各 3 分程度）	長めの会話：2 つ （各 1 分〜 1 分半程度）
	アカデミックレクチャー：3 つ （各 4 〜 6 分程度）	アカデミックレクチャー：3 つ （各 1 分〜 1 分半程度）
Speaking	全 4 問	なし
Writing	全 2 問	なし
Structure（文法）	なし	40 問

◆ スコアの設定

iBT：1 セクション 30 点× 4 セクション＝ 120 点満点
ITP：リスニング 68 点＋文法 68 点＋リーディング 67 点
　　　＝ 203 →（203 ÷ 3）× 10 ＝ 677 点満点

◆ iBT ⇔ ITP テストスコア換算表（参考）

iBT	ITP
111 - 120	640 - 677
100 - 110	600 - 637
90 - 99	577 - 597
79 - 89	550 - 573
71 - 78	527 - 547
61 - 70	500 - 523
51 - 60	467 - 497
41 - 50	437 - 463
30 - 40	397 - 433

※この換算表は iBT 開始後に ETS により公表されたものの、現在では撤回されています。難度の違いから同じ人が受験した場合、iBT のスコアが少なくとも 1 レベル程度は低くなる可能性が高いのが原因では、と推測されます。しかし、今でもこの表が正しいとする情報が出回っているので見方には注意が必要です。

◆ 平均スコア

日本の 2022 年時点での平均スコアは、右の表のようになっています。

iBT：73 点※	
	リーディング：19 点
	リスニング：19 点
	スピーキング：17 点
	ライティング：18 点

ITP：465 点※	
	リスニング：48 点
	文法：46 点
	リーディング：47 点

平均スコアとしては iBT が高くなっていますが、これは両テストの受験者の属性の違いによる語学力の違いが一因と考えられます。

◆ 目標スコア（iBT の場合）

大学・大学院また学部ごとに要求するスコアが異なるので、留学を希望する大学のサイト等で確認が必要です。目安はこちらの表のようになります。

一般大学	61 ～ 80 点
難関大学・一般大学院	80 ～ 100 点
難関大学院	100 ～ 110 点

音声ダウンロード・ストリーミング

本書の音声は無料でダウンロードまたはストリーミング再生ができます。

①

PC・スマートフォンで本書の音声ページにアクセスします
https://www.sanshusha.co.jp/np/onsei/isbn/9784384050233/

②

シリアルコード「05023」を入力

③

音声ダウンロード・ストリーミングをご利用いただけます

内容

Q.001 〜 Q.1000「見出し語→問題文→正解」の音声
「ジャンル別英単語集」の音声
を英語で収録（1015 ファイル）

ナレーション

Chris Koprowski・Jennifer Okano・Karen Haedrich・Vinay Murthy

Chapter 1

【動詞】

まずは、英語の基本中の基本である

動詞から始めましょう。

赤字部分の単語の同義語を(A)〜(D)の中から1つ選んでください。 ◀ 001-004

Q.001 Allan Hills 84001, a possible Martian meteorite found in Antarctica, is usually **abbreviated** as ALH84001 and has been under close examination for the fossil of bacteria-like organisms it contains.

- (A) capitalized
- (B) called
- (C) shortened
- (D) designated

Q.002 The production of helium, the second most abundant element of the universe, is believed to have **ceased** at a maximum of 20 minutes after the Big Bang.

- (A) ended
- (B) declined
- (C) started
- (D) leveled off

Q.003 A large number of cougars were **roaming** in North America before the colonization of the continent by Europeans.

- (A) wandering
- (B) living
- (C) hunting
- (D) breeding

Q.004 New studies have been done to **clarify** the Out of Africa theory, which speculates that *Homo sapiens* evolved in Africa 300,000 years ago and spread worldwide afterwards.

- (A) explain
- (B) disprove
- (C) present
- (D) revise

Q. 001 ★★★　　　　　　　　　正解　(C) shortened

abbreviated(abbreviate) は他動詞で、意味は「(話・句など)を略書きする、短縮する」。今回は「略書きされる」です。(C)は「〜を短くする」で、形容詞 short の動詞形。(A)は「大文字で書かれた」で、問題文では確かに「ALH84001」と"大文字"ですが、abbreviated とは意味が合いません。なお形容詞の意味の「大文字の」を使った capital letter は「大文字」になります。(B)の「呼ばれる」も文脈上は自然ですが、やはり「略書きする、短縮する」の意味はなく、この点は(D)「指定されている」も同様です。

【その他の品詞】名詞：abbreviation「略書き、短縮」
【その他の同義語】abridge

有人飛行が検討されている事もあり、火星(Mars) は TOEFL の好きなテーマの1つです。

[訳] 南極で発見された火星が起源と思われる隕石のアラン・ヒルズ 84001 は通常、ALH84001 と略され、中に含まれるバクテリアのような生命体の化石に関し詳しい調査が行われている。
　※ Martian：形 火星の

Q. 002 ★★　　　　　　　　　正解　(A) ended

ceased(cease) は「自動詞：終わった、途絶えた　他動詞：〜を止めた」で、今回は自動詞です。(B)は「減退した、降下した」なので惜しいですが、正解の「終わった」とは異なり、「減退」しても終わってはいません。名詞(decline)では「減退、降下」の意味。(C)は「始まった」と正解の逆で、(D)は「横ばいになった」なので、(A)が正解です。

【その他の同義語】stop

[訳] 宇宙で2番目に多い元素であるヘリウムの製造はビッグバンの最大 20 分後に終わったと思われている。

問題文中は「宇宙で2番目に多い元素」に関するものでしたが、1番目は hydrogen (水素)です。

Q. 003 ★★　　　　　　　　　正解　(A) wandering

roaming(roam) は「自動詞：歩き回っている　他動詞：〜を歩き回っている」。今回は自動詞の現在分詞です。(B)は「生活している」。(C)は「狩りをしている」ですが、"狩り"をする目的以外に"歩く"ことはあるはずなので「歩き回る≒狩りをする」は無理があります。(D)は「(動物が)子を産んでいる、繁殖している」で、名詞としての「品種、種」も意味します。

【その他の同義語】rove

[訳] ヨーロッパ人による大陸植民地化以前には沢山のピューマが北アメリカを歩き回っていた。

Q. 004 ★★　　　　　　　　　正解　(A) explain

clarify は他動詞で「〜を明確にする、説明する」の意味。(B)は「〜に反証する、〜の間違いを証明する」。(C)は「〜を提出する」で、問題文では「アフリカ単一起源説を提出する」となり意味は通じますが、clarify の「明確にする、説明する」とは異なります。(D)は「〜を改訂する」で、名詞は revision。

【その他の品詞】名詞：clarification「説明、解明」
【その他の同義語】elucidate, illuminate

[訳] ホモサピエンスは 30 万年前にアフリカで進化し、その後世界中に広まったと推測するアフリカ単一起源説を明らかにするための新しい研究が行われている。

the Out of Africa theory：人類の起源に関する現在最も有力な説です。

赤字部分の単語の同義語を(A)〜(D)の中から1つ選んでください。🔊 005-008

Q.005 It has been suggested that some plant species **emit** high-frequency distress signals when suffering physical harm.

(A) block

(B) receive

(C) encode

(D) release

Q.006 When people are under pressure for an extended period of time, their hippocampus, an essential part of the brain for long-term memory, **contracts**.

(A) shrinks

(B) widens

(C) stiffens

(D) leans

Q.007 A Blue Hole, an underwater sinkhole, is created by limestone erosion that continues for centuries, a process **hastened** by microbial activities.

(A) hurried

(B) stabilized

(C) started

(D) obstructed

Q.008 It is believed that poison dart frogs **assimilate** the poisonous substances carried by their prey, such as mites or ants, and produce poison of their own.

(A) produce

(B) cleanse

(C) absorb

(D) change

学習歴 (/) (/) (/) (/) (/)

Q.005 ★★★　　　　　　　　　　正解　(D) release

emit は他動詞で「〜を放射する」。(A) は「〜を妨害する」。(B) は「〜を受信する」。(C) は「〜を暗号化する」で、code「暗号」の動詞形です。

【その他の品詞】名詞：emission「放射」

【その他の同義語】give off, send out

[訳] ある植物の種は身体的な危害を被ると高周波の助けを求める信号を発するのではないかと提唱されている。

※ distress signal：图 救難信号

Q.006 ★★　　　　　　　　　　　正解　(A) shrinks

contracts (contract) は「自動詞：収縮する　他動詞：〜を縮める」で、今回は自動詞です。(B) は「拡大する」、(C) は「硬くなる」で形容詞は stiff「硬い」。(D) は「傾く」。

【その他の品詞】名詞：contraction「短縮」、contract「契約」

【その他の同義語】condense, shorten, tighten

[訳] 人間は長期にわたりプレッシャーにさらされると、長期記憶において重要な役割を担う海馬が縮小する。

※ hippocampus：图 海馬　「短期記憶」から「長期記憶」に変換する際に重要な脳の器官です。外見がタツノオトシゴ (seahorse) に似ているので、数十種のタツノオトシゴをまとめた分類である属 (genus) も hippocampus と呼びます。

Q.007 ★★　　　　　　　　　　　正解　(A) hurried

hastened (hasten) は「他動詞：〜を早める　自動詞：急ぐ」。今回は他動詞で、「早められる」。(B) は「安定されている」で、名詞は stability「安定」。(C) は惜しいですが、"開始される" が必ずしも "急ぐ" の意味を含むとは限りません。「始めたもののゆっくりペース」もあり得ます。(D) は「妨害されている」で名詞は obstruction「妨害」。

【その他の品詞】形容詞：hasty「急ぎの」、名詞：haste「急ぐこと」

【その他の同義語】advance, quicken, step up

[訳] 海底の陥没穴であるブルーホールは数世紀にわたり続く石灰岩の浸食によって作られ、浸食プロセスは微生物の活動により早まる。

※ 中央アメリカのベリーズにある直径 300 メートルのブルーホールは世界遺産 (World Heritage Site) に指定されています。

Q.008 ★★★　　　　　　　　　　正解　(C) absorb

assimilate は他動詞で「①（食べ物など）を吸収する　②〜を同化する」。(A) は「〜を作り出す」。(B) は「〜を浄化する、清潔にする」で名詞は cleanser「クレンザー、磨き粉」です。(D) は「〜を変える」。問題文中では「毒性物質を変え、自分自身の毒を作り出す」となり自然ですが、「吸収する」とは別です。例えば「肌が水分を吸収する」を「肌が水分を変える」とすると妙です。このように正解の選択肢を確認するときは「見出し語→同義語」の自然さと同時に「同義語→見出し語」の自然さも重要になります。

【その他の品詞】名詞：assimilation「①吸収　②同化」　【その他の同義語】digest, soak up

[訳] 矢毒蛙 (ヤドクガエル) はダニやアリなどの餌が有する毒性物質を吸収し、自分自身の毒を作り出すと考えられている。

赤字部分の単語の同義語を(A)〜(D)の中から1つ選んでください。 🔊 009-012

Q.009 Most scholars have **concurred with** the idea that Cuneiform, which appeared in Ancient Mesopotamia at around 3200 B.C., was the oldest writing system.

    (A) admitted
    (B) agreed with
    (C) insisted on
    (D) doubted on

Q.010 Originating in New York City in 1886, ticker-tape parades are celebrations where hundreds of thousands of people throw large amounts of confetti to **salute** those with great accomplishments.

    (A) watch
    (B) praise
    (C) listen to
    (D) photograph

Q.011 As millions of people are heavily dependent on medication to relieve chronic pain, **unraveling** the biological mechanism for pain has been a matter of urgency.

    (A) solving
    (B) improving
    (C) establishing
    (D) controlling

Q.012 A rat experiment indicated that one type of white blood cell in a young rat helped **mend** the broken bones in an old rat.

    (A) protect
    (B) heal
    (C) grow
    (D) identify

Q.009 ★★★　　　　　　　　　　正解 (B) agreed with

concurred(concur) は自動詞で「①意見が一致している　②同時に起こる、重なる」。今回は with を伴い「〜という点で意見が一致している」です。(A) は「〜を認めている」で、「認めたくないことをしぶしぶ認める」トーンを含むので「意見が一致」とは異なります。名詞は admission「自白、告白」。(C) は「〜を主張している」で、名詞は insistence「主張」。(D) は「〜を疑問に思っている」で、名詞の「疑問」の意味もあり、形容詞は doubtful「①疑念を抱いている　②疑わしい」となります。

【その他の品詞】名詞：concurrence「①同意　②同時発生」

【その他の同義語】accede

[訳] ほとんどの学者は紀元前約 3200 年に古代メソポタミアに出現した楔形(せっけい / くさびがた)文字が最古の文字である点に関し合意している。

　※ 古代の文字としては hieroglyph [hái(ə)rəglìf]：名 象形文字　も要チェック。

Q.010 ★★　　　　　　　　　　　正解 (B) praise

salute は他動詞：「①〜をたたえる、賞賛する　②〜を迎える、あいさつ[会釈]する」、自動詞：「会釈する」。今回は他動詞です。(A) の「〜を見る」は問題文中「偉大な業績を成し遂げた人物を見るために」と自然ですが、「たたえる、賞賛する」の意味がありません。(C) は「〜の話を聞く」、(D) は「〜の写真を撮る」。

【その他の品詞】名詞：salute「敬礼、会釈」

【その他の同義語】applaud, celebrate

[訳] ニューヨーク市で 1886 年に始まったティッカー・テープ・パレードは偉大な業績を成し遂げた人物をたたえるために何十万もの人々が大量の紙テープを浴びせる祝賀である。

Q.011 ★★★　　　　　　　　　　正解 (A) solving

unravelling(unravel) は「他動詞：①(疑問など)を解明すること　②(もつれたもの)を解きほぐすこと　自動詞：①(もつれたものが)解きほぐれること　②(制度などが)崩壊すること」で、今回は他動詞を使った動名詞です。(B) は「〜を改善すること」なので、問題文中では「生物学的過程を改善する」となり「疑問の解明」とは異なります。名詞は improvement。(C) は「〜を確立すること」。(D) は「〜をコントロール(制御)する」。

【その他の同義語】decipher, untangle, resolve

[訳] 慢性的な痛みを和らげるために何百万の人々が薬に依存しているので、痛みに関する生物学的メカニズムを解明することは緊急の問題である。

Q.012 ★　　　　　　　　　　　　正解 (B) heal

mend は他動詞で、意味は「〜を直す、修理する」。(A) は「〜を保護する」で惜しいですが、正解は「折れた骨を治す(heal)」なので、「折れた骨を保護する(protect)」と同義にするのは不自然です。「折れた骨を"保護"していれば、いずれ"治る"」との推測は成り立ちますが、これは「単語の意味が同じ物を選ぶ」問題であって、「後の事態を推測する」問題ではありません。(C) は「〜を成長させる」。(D) は「〜を特定する」で、名詞は identification「身元確認、身分証明書」、identity「身分、身元、アイデンティティ」。

【その他の同義語】cure

[訳] ネズミの実験は、若いネズミの白血球の１つのタイプが老いたネズミの折れた骨を治すのに役立つことを示した。

この白血球については、人間の高齢者への骨折治療・予防効果も研究されています。

赤字部分の単語の同義語を (A)～(D) の中から１つ選んでください。◀ 013-016

Q.013 When a group of the same species is geologically separated, they will genetically **diverge** and display unique physical characteristics.

(A) evolve

(B) split

(C) decline

(D) toughen

Q.014 Having won 14 Grammy Awards during her distinguished 60-year career, Ella Fitzgerald is **dubbed** as the First Lady of Song.

(A) respected

(B) chosen

(C) nominated

(D) nicknamed

Q.015 In ancient times, people **ascribed** unpredictable weather and natural disasters to supernatural forces.

(A) directed

(B) showed

(C) attributed

(D) contribute

Q.016 Biologists were **stunned** to find that some cavefish species had no eyes but had movement-sensing cells inside their skin.

(A) pleased

(B) disappointed

(C) troubled

(D) startled

学習歴 （ ／ ）（ ／ ）（ ／ ）（ ／ ）（ ／ ）

Chapter 1

動詞

Q.013 ★★★　　　　　　　　　正解　(B) split

diverge は自動詞で、意味は「①分岐する、分かれる　②(意見が)分かれる」。(A)は「進化する」で惜しいですが「分岐、枝分かれ」の意味は含まれません。(C)の「衰える」も同様です。(D)は「強くなる」。

【その他の品詞】名詞：divergence「①分岐、逸脱　②(意見の)相違」形容詞：divergent「①分岐した　②(意見が)異なった」

【その他の同義語】divide, move apart, separate

[訳] 同じ種の集団が地理的に分断されると、遺伝子的に枝分かれをし、独特の身体的特徴を示す。

同じ種のグループが山や海に隔てられ独自の進化を遂げることをspeciation「種分化」といいます。

Q.014 ★★★　　　　　　　　　正解　(D) nicknamed

dubbed(dub)は他動詞で「①(人を) 〜と呼ぶ、〜にあだ名を付ける　②〜に追加録音をする」。今回は「呼ばれている」です。(A)は「尊敬されている」で、問題文中でも自然ですが、「〜と呼ぶ」とは一致しません。(B)は「選ばれている」。(C)は「(賞・選挙候補などに)ノミネートされている」と、音楽の内容としては自然ですがやはり「呼ぶ、あだ名を付ける」ではありません。なおTOEFL単語問題では辞書に「同義語」として掲載されているものでも間違いになる場合があります。理由はテスト指示書きの「closest in meaning(意味が最も近いもの)」。逆に言えば「2番目に近いもの(正解にはならないもの)が選択肢にはあり得る」ことを意味します(p.7参照)。「一般的な同義語の練習問題」では得られない「TOEFL流の出題」に慣れていきましょう。

【その他の同義語】call, term, christen

[訳] 60年の傑出したキャリアにおいて14のグラミー賞を獲得したエラ・フィッツジェラルドはThe First Lady of Song と呼ばれている。

Q.015 ★★★　　　　　　　　　正解　(C) attributed

ascribed(ascribe)は他動詞で、意味は「[ascribe A to B]＝A(原因・性質)をBにあるとみなした」ですが、もう少し簡単に言えば「物事の原因は〜であるとした」です。(A)は「〜を差し向けた」であり「地理的、空間的な方向・方角に向ける」ことなので、問題文中では「気候や自然災害を超自然的な力の方向に向けた」と妙な内容になります。(B)は「〜を見せた」で、「気候や自然災害を超自然現象に見せた」とこれまた妙です。(D)は「(金・援助)を〜に与える」で、名詞はcontribution。

【その他の同義語】accredit, credit

[訳] 古代には人々は予測不可能な気候や自然災害を超自然的な力のせいにした。

Q.016 ★★★　　　　　　　　　正解　(D) startled

stunned(stun)は他動詞で「①(驚きで) 〜を唖然とさせた　②〜を気絶させた」で、今回は「唖然とさせられた」となります。(A)は「喜ばされた」。(B)は「がっかりさせられた」で「唖然」とは異なります。(C)の「①悩まされていた　②迷惑をこうむっていた」は trouble の通り「やっかいな問題」が悩みの原因です。一方、stun は「驚き」が原因ですが、「驚き≒やっかいな問題」との関係にはなりません。

【その他の同義語】amaze, daze, shock

[訳] 生物学者は、洞窟魚のいくつかの種は目がないものの、皮膚の中に動体探知力のある細胞があることを知り唖然とした。

赤字部分の単語の同義語を(A)～(D)の中から1つ選んでください。 🔊 017-020

Q.017
☐ For the past several decades, gross domestic product (GDP) has been the universal index to **gauge** the total values of goods and services produced annually in a nation.

(A) manufacture
(B) increase
(C) measure
(D) approve

Q.018
☐ Once having entered the fish's internal organs, microplastics could **linger**, injuring the organ and releasing poisonous substances.

(A) break down
(B) vibrate
(C) remain
(D) expand

Q.019
☐ Dissatisfied with the artificial and conventional things that European civilization represented, Paul Gauguin **abandoned** his family and moved to Tahiti.

(A) persuaded
(B) assured
(C) supported
(D) deserted

Q.020
☐ Introduced in 2006, the PETS Act states that residents can be **evacuated** from their house with their pets in the case of emergencies.

(A) hidden
(B) removed
(C) distinguished
(D) promoted

学習歴 (/) (/) (/) (/) (/)

Q.017 ★★　　　　　　　　　　　　　　　**正解** (C) measure

gauge は他動詞で「〜を測定する」。(A)は「〜を製造する」。名詞は manufacturer「製造業者」で、動詞の語尾に「r」が1つだけ付くのが違いです。(B)は「〜を引き上げる」。(D)は「〜承認する」で、「"測定"した結果を"承認"する」といった内容はあり得ますが、「測定≒承認」ではありません。

【その他の品詞】名詞：gauge「①計量器、ゲージ　②標準規格、寸法」

【その他の同義語】calculate, count, determine

[訳] 過去数十年にわたり、国内総生産(GDP)は国家において毎年製造される商品・サービスの合計値を測定するための国際的な指標である。

Q.018　★★　　　　　　　　　　　　　　**正解** (C) remain

linger は自動詞で「①そこに残る　②(痛み・記憶など感情が)いつまでもなくならない」を意味します。(A)は「分解する」、(B)は「振動する」、(D)は「拡大する」で、正解は(C)です。

【その他の品詞】形容詞：lingering「長引く、いつまでもなくならない」

【その他の同義語】stay

[訳] マイクロプラスチックが一度魚の内臓に入ると、そこに留まり臓器を傷付け毒性物質を排出することがあり得る。

Q.019　★　　　　　　　　　　　　　　　**正解** (D) deserted

abandoned(abandon)は他動詞で、意味は「①(国・家族など)を見捨てた　②〜を断念した」です。(A)は「〜を説得した」なので、「見捨てる」ではないですね。形容詞は persuasive「説得力のある」、名詞は persuasion「説得(力)」。(B)は「〜を安心させた、納得させた」で、「安心させる」と言いながら見捨ててはいけません…。名詞は assurance「請け合い、保証、確信」。(C)は「〜を養った、支えた」なので、「見捨てた」とは逆ですね。

【その他の品詞】名詞：abandonment「①見捨てること　②放棄」

【その他の同義語】leave

[訳] ヨーロッパ文明が表す人工的で型にはまった物に不満を感じたポール・ゴーギャンは家族を見捨て、タヒチへ移住した。

Q.020　★★★　　　　　　　　　　　　　**正解** (B) removed

evacuated(evacuate)は他動詞「〜を避難させる、撤退させる」で、今回は「撤退させられる」となります。(B)の remove には「〜を取り除く」以外に「〜を移動(移住)させる」の意味もあります。(A)は「隠される」なので、「人が家から移動する」という点では正解と同様ですが、表現として「家から隠される」は妙です。(C)は「区別をされる」で、「避難させる」にある「人の移動」の意味を伴いません。(D)は「昇進させられる」で、やはり「避難」とは大きく異なります。

【その他の品詞】名詞：evacuation「避難」

【その他の同義語】withdraw

[訳] 2006年に導入された PETS 法は緊急事態の際に住人はペットと共に家から避難することが可能である、と述べている。

赤字部分の単語の同義語を(A)～(D)の中から1つ選んでください。 ◀ 021-024

Q.021 Today, roughly five dozen widely accepted definitions exist to explain what **constitutes** a species.

(A) forms

(B) threatens

(C) breeds

(D) conserves

Q.022 After being reviewed by the U.S. Justice Department, a federal crime offender may become qualified to **plead** for a pardon from the President.

(A) look

(B) appeal

(C) arrange

(D) apologize

Q.023 Despite the food crisis of the early 21st century, many countries have chosen to rely on food imports to some extent to **augment** their food security.

(A) supplement

(B) execute

(C) manage

(D) forecast

Q.024 During the Wall Street Crash of 1929, stock prices **plunged** sharply, thereby causing the Great Depression.

(A) swung

(B) rebounded

(C) shoot up

(D) dropped

学習歴 (/) (/) (/) (/) (/)

Q.021 ★★ 　　　　　　　　　　　　　　　　　正解 (A) forms

constitutes(constitute)は他動詞で、意味は「〜を構成する、形作る」です。(B)は「〜を脅かす」で異なりますね。名詞はthreat「脅威」。(C)は「〜を繁殖させる」で、問題文中では「何が種を繁殖させるかを説明する定義」となり、「繁殖(個体の数が増える事)」がポイントになります。一方、正解の「種を構成する定義」を言い換えると「ある1つの動植物の種として認識されるための定義(身体的特徴・生態など)」で、「繁殖」も定義の1つにはなりえますが、繁殖が種の定義のすべてである(同義)と理解するのは不自然です。(D)は「〜を保存、保護する」でした。

【その他の品詞】名詞：constitution「①構成　②憲法」

【その他の同義語】make up

[訳] 現在、何が種を構成するかを説明する約50の広く受け入れられている定義が存在する。

　※　単数：a species　複数：many species といずれの場合も形は同じです。

Q.022 ★★ 　　　　　　　　　　　　　　　　　正解 (B) appeal

plead は自動詞で「嘆願する」。(A)「探し求める」は、plead「嘆願」に含まれる「頼み込む、お願いする」の意味がありません。(C)の「手配する」も同様。(D)は「謝罪する」なので、「嘆願」に含まれる「何かを依頼する」の意味が含まれません。名詞は apology「謝罪」。

【その他の品詞】名詞：plea「嘆願」

【その他の同義語】beg, petition, solicit

[訳] アメリカ司法省で審査をされた後、連邦犯罪者は大統領の恩赦を嘆願する資格を得るかもしれない。

Q.023 ★★★ 　　　　　　　　　　　　　　　　　正解 (A) supplement

augment は他動詞で「〜を強化する、増大させる」。(B)は「〜を実行する、実施する」ですが、「食料生産を実行」は文字通り「行う」のみなので「増大させる」と同義にするのは拡大解釈です。(C)は「①どうにかして〜する　②〜を経営する、管理する」で、やはり「増大」の意味はありません。(D)は「〜を予測する」で、名詞の「予測、予報」の意味もあります。

【その他の品詞】名詞：augmentation「増大」

【その他の同義語】add to, intensify, multiply

[訳] 21世紀初頭の食糧危機にもかかわらず、多くの国は食糧安全保障を強化するためにある程度の食糧の輸入に頼ることを選んでいる。

　※　to some extent：いくらかは、ある程度は

　※　food security：[名] 食料安全保障(安定した食料へのアクセスの確保)

Q.024 ★★ 　　　　　　　　　　　　　　　　　正解 (D) dropped

plunged(plunge)は自動詞＆他動詞で「自動詞：①(価格が)急に下がった、急落した　②突っ込んだ、飛び込んだ　他動詞：①〜を突っ込んだ、押し込んだ　②〜を(ある状態に)陥れた」。今回は自動詞です。(A)は「揺れ動いた」なので、一方向のみの動きを示す「下がった」とは別です。(B)は「回復した」なので、逆に近いものです。名詞の「回復、リバウンド」の意味もあります。(C)は「急騰した(急に上がった)」で正反対です。

【その他の品詞】名詞：plunge「①(価値・量の)急激な下落　②突っ込み、突進、(プールなどの)飛び込み」

【その他の同義語】plummet, slump

[訳] 1929年のウォール街大暴落の間、株価は急降下し、結果として大恐慌を引き起こした。

赤字部分の単語の同義語を(A)〜(D)の中から1つ選んでください。 🔊 025-028

Q.025 The Earth slightly **wobbles** as it spins on its axis, partly because the ice in Greenland has melted, altering the distribution of weight on the Earth's surface.

(A) leans
(B) shakes
(C) warms
(D) expands

Q.026 The success of the U.S. auto business helped **spur** a nationwide demand for better roads.

(A) satisfy
(B) forecast
(C) stimulate
(D) overtake

Q.027 In the cheese production process, casein, the primary milk protein, is **coagulated** by rennin, part of an enzyme complex.

(A) hardened
(B) made
(C) filtered
(D) broken down

Q.028 Groundwater coming from deep underground has higher concentrations of calcium and magnesium because as it runs through the cracks of rocks, it slowly **dissolves** rock minerals.

(A) refines
(B) compresses
(C) melts
(D) deposits

学習歴 (/) (/) (/) (/) (/)

Q.025 ★★★ 　　　　　　　　　　正解 (B) shakes

wobbles(wobble) は自動詞で「①(物が)ぐらつく、ゆれる　②(心が)ぐらつく、揺れる」。(A) は「傾く」。惜しい選択肢ですが、この場合「一方に傾いたまま」が原則です。一方「ぐらつく」は「一方からもう片方へと移動を繰り返す」なので、この「繰り返しの動き」が leans には不足しています。(C)の「温まる」、(D)の「拡大する」は共に「ぐらつく」という動きとは別の意味です。

【その他の同義語】rock, teeter, vibrate

[訳] 地球が軸の上を回転する際にわずかながらぐらつくのはグリーンランドの氷が解け、地表の重量の配分を変更しているのが一因である。

※ axis：[名] 軸

Q.026 ★★ 　　　　　　　　　　　正解 (C) stimulate

spur は他動詞で「～を刺激する、駆り立てる」。問題文の趣旨をより明確に言えば、「車は道路に対する需要を作りだした」です。(A)は「～を満たす」。問題文に入れると「自動車産業の成功は全国規模の良い道路に対する需要を満たす」ですが、「道路に対する需要を満たす＝道路を作る」のは自動車会社ではなく、政府＆インフラ建設企業なので意味的に不自然です。(B)は「～を予測する」、(D)は「～に追いつく」で、やはり「需要を作りだす」とは異なります。

【その他の品詞】名詞：spur「刺激」

【その他の同義語】cause, encourage, prompt

[訳] アメリカ自動車産業の成功は全国規模のより良い道路に対する需要を刺激するのに役立った。

Q.027 ★★★ 　　　　　　　　　　正解 (A) hardened

coagulated(coagulate) は他動詞＆自動詞で「他動詞：～を凝固させる　自動詞：凝固する」。今回は他動詞で「凝固される」です。(B)は「作られる」で、問題文中は「カゼインはレンニンにより作られる」となり自然です。しかし、世の中には“凝固”以外にも“作る”方法はいくらでもあるはずなので、「凝固する≒作る」の定義は不自然です。「見出し語→同義語」と同時に「同義語→見出し語」の自然さも確認しましょう。(C)は「ろ過される」。(D)は「分解される」。

【その他の品詞】名詞：coagulation「凝固」

【その他の同義語】clot, solidify, stiffen

[訳] チーズの製造過程中に、主な牛乳タンパク質のカゼインは酵素複合体の一部であるレンニンにより凝固される。

Q.028 ★★ 　　　　　　　　　　　正解 (C) melts

dissolved(dissolve) は「他動詞：～を溶かす、分解する　自動詞：溶ける、分解する」で、今回は他動詞です。(A)の「～を精製する」は、「混じり物などを取り除く」なので、「溶かす、分解」とは異なります。(B)は「～を圧縮する」、(D)は「～を堆積させる、沈殿させる」で「何かが特定の場所に集まる状態」なので「～を溶かす、分解する」とは違います。

【その他の品詞】名詞：dissolution「溶解、分解」

【その他の同義語】break down, liquefy

[訳] 深い地面から来る地下水はより高濃度のカルシウムやマグネシウムを含む、なぜならば水が岩石の穴を通過するに従い、ゆっくりと岩石の鉱物を溶かすからである。

赤字部分の単語の同義語を(A)～(D)の中から1つ選んでください。 🔊 029-032

Q.029 Every U.S. President has **abided by** the rule laid down by George Washington, which says the president must work and live in the same house.

(A) enforced

(B) interpreted

(C) tightened up

(D) conformed to

Q.030 Entrepreneurs of 18th-century America **envisioned** the possibility that the emerging glass industry would produce products comparable to quality British glass products.

(A) announced

(B) imagined

(C) denied

(D) confirmed

Q.031 A recent archeological finding suggests that the fangs of the saber-toothed cat, an extinct carnivore, were hard enough to **puncture** the skull of another.

(A) hold up

(B) pierce

(C) crush

(D) flatten

Q.032 It has been found that sharks in aquariums could **undergo** life-threatening chemistry changes in their blood because of their stress in captivity.

(A) create

(B) experience

(C) increase

(D) heal

学習歴 (/) (/) (/) (/) (/)

Q.029 ★★★　　　　　　　　　　　　　　正解 (D) conformed to

abided(abide)は自動詞で by を伴い「規則などに従う」となります。(A)は「①(法律など)を施行する　②〜を強いる」で、「従う」とは逆の立場の意味です。名詞は enforcement。(B)は「①〜を解釈する　②〜を通訳する」。(C)は「〜を強化する」なので、(A)同様の理由で不正解です。(D)の conform を confirm「〜を確認する」と混同しないようご注意を。

【その他の同義語】comply with, follow(他動詞), obey(他動詞)

[訳] 大統領は同じ家屋で働き居住しなくてはならない、というジョージ・ワシントンが設定した規定にすべてのアメリカ大統領は従っている。

Q.030 ★★★　　　　　　　　　　　　　　正解 (B) imagined

envisioned(envision)は他動詞で、意味は「〜を心に描いた、想像した」。(A)は「〜を告知した、発表した」なので、「心に描いた、想像した」より踏み込みすぎた表現になります。(C)は「〜を否定した」で、名詞は denial。(D)は「〜を確証、確認した」ですが、正解は「想像した」段階なので、「確証、確認」はやはり先に進みすぎた表現となります。名詞は confirmation。結果として(B) imagined「想像した」が最も適切となります。

【その他の同義語】envisage, picture, visualize

[訳] 18 世紀のアメリカの商人は台頭しつつあるガラス産業がイギリスの上質なガラスに匹敵する製品を作り出す可能性を心に描いた。
　　※ comparable (to)：形 (〜に)匹敵する　※ entrepreneur：名 商人、企業家

Q.031 ★★　　　　　　　　　　　　　　　正解 (B) pierce

puncture は他動詞で、意味は「〜に穴を開ける」。カタカナ語の「タイヤがパンク」のパンクはこの puncture から派生したものですが、英語ではカタカナ語のように略さず、通常は a flat tire と名詞で言います。なおカタカナ語の「ピアス」は(B)pierce から来ていますが、英語では動詞のみで名詞は存在しません。英語ではすべて an earring です(あら、英会話みたいですね)。(A)は「〜を持ち上げる」。(C)は「〜を押しつぶす、砕く」ですから、これでは穴は開けられません。(D)の「〜を平らにする」では穴は開きません。

[訳] 最近の考古学の発見によると絶滅した肉食動物である剣歯虎(けんしこ)の牙は他の個体の頭蓋骨に穴を開けるほど硬いものであったことを示している。
　　※ fang：名 (動物の)牙

carnivore「肉食動物」は carnival「カーニバル、謝肉祭」同様、接頭辞 carn(肉)を含み、herbivore「草食動物」は herb(草)を含みます。

Q.032 ★★　　　　　　　　　　　　　　　正解 (B) experience

undergo は他動詞で、意味は「(苦しいこと)を経験する」。(A)は「〜を作り出す」で、問題文中で内容は成立しますが、言葉の定義を「経験する≒作り出す」とすると「サメはストレスを経験する≒サメはストレスを作り出す」とサメ自身が原因であるかのような不自然な内容になります。(C)は「〜を増やす」ですが、正解は「経験する」なので、「増やす」は程度が強すぎます。(D)は「〜を癒す、治す」。

【その他の同義語】endure, go through, suffer

[訳] 水族館のサメは捕獲されている状況におけるストレスから、命にかかわるような血液中の化学的な変化を経験することがあり得ると解っている。
　　※ captivity：名 捕らわれた状態

赤字部分の単語の同義語を(A)〜(D)の中から1つ選んでください。 ◀ 033-036

Q.033 In his Pulitzer Prize-winning book, *The Dragons of Eden*, the astronomer Carl Sagan **articulated** his ideas about how human brains have evolved.

(A) cleverly thought up

(B) clearly stated

(C) carefully considered

(D) briefly explained

Q.034 During the mythological Trojan War, the Greeks **contrived** a plot to hide their soldiers in the Trojan Horse, a giant wooden horse, and sneak them into the enemy territory.

(A) examined

(B) uncovered

(C) planned

(D) rejected

Q.035 Neutrons easily **penetrate** a solid object, even a solid material such as steel or lead.

(A) smash

(B) pierce

(C) melt

(D) bypass

Q.036 Hyperinflation pushes up the price of goods and services so high that money could be **rendered** worthless.

(A) declared

(B) certified

(C) presumed

(D) made

学習歴 (/) (/) (/) (/) (/)

Q.033 ★★★　　　　　　　　　　　　正解　(B) clearly stated

articulated(articulate)は「<u>他動詞：〜を明確に表現した</u>　自動詞：明確に表現した」で、今回は他動詞です。(A)は「〜を上手く考え出した」ですが、articulate の趣旨は「明確に言う」なので「考え出す」とは別です。(C)は「〜を慎重に検討した」なので、正解の「はっきり、明確」の意味が不足しています。(D)「〜を簡潔に説明した」ですが、articulate には「簡潔」の意味は含まれません。

【その他の品詞】形容詞：articulate「①(考えなどが)はっきりした　②(発音などが)明瞭な」
【その他の同義語】express, voice

[訳] ピュリッツァー賞受賞の著作『エデンの恐竜』の中で天文学者のカール・セーガンは人間の脳がどのように進化したかについて自身の意見を明確に述べた。

Q.034 ★★★　　　　　　　　　　　　正解　(C) planned

contrived(contrive)は他動詞で「①〜を企てた　②〜を考案した」。(A)は「〜を調査した」で、問題文中では「敵の陣地に忍び込ませる策を調査した」となり、「考案した(自ら考えだした)」とはかなり隔たりがあります。(B)は「〜を暴いた」。設問文中で「策を暴いた」と意味は通じますし、よく使われるフレーズですが、正解の「考案した」とは別です。(D)は「〜を却下した」で名詞が rejection です。

【その他の同義語】engineer

[訳] 神話のトロイア戦争の間、ギリシャ人はトロイの木馬という巨大な木の馬の中に兵士を隠し、敵の陣地に忍び込ませる策を企てた。

※　この話から名前が付いたコンピューターウイルス「トロイの木馬」がありますね。

Q.035 ★★　　　　　　　　　　　　　正解　(B) pierce

penetrate は他動詞で「①〜を貫通する　②〜に浸透する」。(A)は「〜を粉砕する」。(C)は「〜を溶かす」なので、明らかに「貫通」とは別ですね。(D)は「〜を迂回する、避ける」で、中を通る(貫通する)ことがないので、明らかに違います。

【その他の品詞】名詞：penetration「①貫通　②浸透」　形容詞：penetrating「①貫通する②浸透する　③洞察力のある」
【その他の同義語】go through

[訳] 中性子は鋼鉄や鉛などの硬い物質ですら簡単に貫通する。

Q.036 ★★　　　　　　　　　　　　　正解　(D) made

rendered(render)は他動詞で「①(render A B)A を B にする　②〜を供給する　③〜を表現する」。今回は「〜にされる」の意です。(A)は「〜と宣言される」と、「言葉による宣告」なので、「〜にされる」と同義にするには差が大きすぎます。(B)は「〜と証明される」で、「公式な証明」の意味合いですが、render「〜にする」にはこの意味はありません。名詞は certification「証明」、certificate「証明書」。(C)は「〜と仮定される」なので、「〜にされる」という断定的な意味とは別です。

【その他の品詞】名詞：rendition「上演、演奏」
【その他の同義語】leave

[訳] ハイパーインフレーションは商品やサービスの価格をとてつもなく押し上げ、結果として貨幣が無価値になる可能性がある。

赤字部分の単語の同義語を(A)～(D)の中から1つ選んでください。 🔊 037-040

Q.037 ☐ The common starling, a bird, listed as one of the worst invasive species, was released in the U.S. in 1890 and quickly multiplied, which **infuriated** some zoologists.

(A) concerned

(B) angered

(C) confused

(D) delighted

Q.038 ☐ In addition to the wind, plants rely on animals and water to **disperse** their seeds effectively.

(A) protect

(B) spread

(C) produce

(D) store

Q.039 ☐ Archaeologists found the preserved head of a prehistoric wolf with fur and teeth in Siberia after the regions' icy ground **thawed**.

(A) cracked

(B) appeared

(C) melted

(D) leaned

Q.040 ☐ The World Health Day was **conceived** to draw people's attention to a host of significant health issues.

(A) designed

(B) promoted

(C) authorized

(D) designated

学習歴 (/) (/) (/) (/) (/)

Q.037 ★★★　　　　　　　　　　正解 **(B) angered**

infuriated(**infuriate**)は他動詞で、意味は「〜を激怒させた、憤慨させた」。(A)は「①〜に心配させた　②〜に関係させた」で、①を取っても「激怒」とは程遠いです。(C)は「〜を混乱させた」で、これもやはり「激怒」ではないですね。(D)は「〜を喜ばせた」で、正解の逆と言えるような感情です。名詞の「喜び」の意味もあります。形容詞は delightful「楽しい」。

【その他の品詞】名詞：infuriation「怒り」

【その他の同義語】enrage, exasperate, incense

［訳］最悪の外来種の1つとして登録されているホシムクドリが1890年にアメリカに放たれ急速に増加したことは幾人かの動物学者を怒らせた。

60羽のみがニューヨークに放たれたホシムクドリは中米・北米で1億5千万羽にまで急増しました。

Q.038 ★★　　　　　　　　　　　正解 **(B) spread**

disperse は「他動詞：〜をまき散らす　自動詞：散る、分散する」で、今回は他動詞です。(A)は「〜を保護する」。(C)は「〜を作り出す」なので、「まき散らす」前のプロセスですね。(D)は「〜を貯蔵する」で、名詞は storage「貯蔵」。ゆえに(B)spread が正解となります。

【その他の品詞】名詞：dispersion「分散、離散」

【その他の同義語】distribute, scatter

［訳］風に加え、植物は種を効果的に拡散させるために動物や水に頼る。

いくつかの種は粘着物質やかぎ状のフックを使い動物の表面に張りつき拡散します。

Q.039 ★★★　　　　　　　　　　正解 **(C) melted**

thawed(**thaw**)は「自動詞：①(雪などが)とけた　②穏やかになった、和んだ　他動詞：〜を溶かした」を意味します。今回は自動詞です。(A)は「割れた」で、名詞の「割れ目」も意味します。やや惜しいですが、主語を入れ替えて「アイスクリームがとける」を「アイスクリームが割れる」と表現してみると不自然さが目立ちます。(B)は「出現した」で、名詞は appearance「出現」。(D)は「傾いた」。

【その他の品詞】名詞：thaw「①雪解け　②和解」

【その他の同義語】dissolve（自動詞）

［訳］シベリアの凍った地面がとけた後、考古学者が毛と歯を伴う保存された古代の狼の頭を発見した。

Q.040 ★★　　　　　　　　　　　正解 **(A) designed**

conceived(**conceive**)は「他動詞：①(計画など)を考えだした　②〜と思った　③(子供)を妊娠した　自動詞：①思った　②妊娠した」。今回は他動詞で「考え出された」となります。(B)は「奨励される、促進される」で、文脈上自然ですが、意味が「考え出す」とは違います。また物事の順番としても「考え出す→推奨する」になるはずなので、この点からも不自然です。(C)は「許可される」。(D)は「指定をされる」ですが、スペルが似ている(A)designed と混同しないようにご注意を。文脈上自然ですが、「考え出す≒指定する」の関係は無理があります。

【その他の品詞】名詞：conception「①概念、考え　②構想、考案　③妊娠」

【その他の同義語】create, develop, devise

［訳］世界保健デーは健康に関する多くの重要な問題に人々の注意を引き付けるために考案された。

赤字部分の単語の同義語を(A)〜(D)の中から1つ選んでください。 ◀ 041-044

Q.041 In 1938, Harvard University initiated a 75-year-long research to
☐ track the lives of 268 students. Until recently, their identity had been
withheld.

(A) speculated
(B) faked
(C) held back
(D) lost

Q.042 Animal species have made behavioral and physical changes to
☐ **enhance** their chances of survival.

(A) maintain
(B) rate
(C) reflect
(D) increase

Q.043 The Great Depression of the 1930s forced millions of people out of
☐ their jobs and **undermined** the public's confidence in the banking
system.

(A) hurt
(B) shaped
(C) destroyed
(D) rebuilt

Q.044 A supernova, the last evolutionary stage of a massive star, **radiates**
☐ intense gamma rays.

(A) filters out
(B) absorbs
(C) scatters
(D) reflects

Q.041 ★★ 　　　　　　　　　　　　　正解 (C) held back

withheld(withhold)は他動詞で、意味は「①(情報など)を伏せた　②(感情)を抑えた」、今回は「伏せられた」となります。(A)は「推測された」で名詞は speculation「推測」。(B)は「偽られた」なので、「生徒の身元は最近になるまで偽られていた」となり、正解の「伏せられた(公表されなかった)」とは別の性質の意味です。(D)は「失われた、無くなった」なので、意図的な行動である「伏せられた」とは異なり、「伏せた」は「存在するものを秘密にしている」ので無くなってはいません。

【その他の同義語】hide, keep secret

[訳] ハーバード大学は1938年に268人の生徒の人生を75年間にわたり追跡するリサーチを開始した。生徒の身元は最近になるまで伏せられていた。

※ 長寿の原因を探るための研究で、ケネディ元大統領も被験者の一人でした。

Q.042 ★★ 　　　　　　　　　　　　　正解 (D) increase

enhance は他動詞で「(価値・美など)を高める、増やす」。(A)は「～を維持する」なので、「高める」よりは程度が弱めです。(B)は「～に関する評価を下す」。(C)は「～を反映する、表す、示す」で、問題文中では「生存率を反映するために」となり、やはり不正解です。

【その他の品詞】名詞：enhancement「強化、増大」

【その他の同義語】improve, intensify, strengthen

[訳] 動物の種は生存率を増やすために行動や身体における変化を遂げる。

Q.043 ★★★ 　　　　　　　　　　　　　正解 (A) hurt

undermined(undermine)は他動詞で、「～を徐々に衰えさせた、むしばんだ」の意味です。(B)は「～を形作った」。(C)は「～を破壊した」なのでかなり惜しいですが、正解が「徐々に～」なので、「破壊」は程度が強すぎます。(A)hurt「～を傷つける」程度が適切です。テスト指示書きの「closest in meaning(意味が最も近いもの)」を思い出しましょう。(D)は「～を立て直した」で、問題文では「大衆の銀行制度への信頼を著しく立て直した」となり、正解とはほぼ逆の意味です。

【その他の同義語】damage, threaten, weaken

[訳] 1930年代の大恐慌は何百万もの人々から仕事を奪い、大衆の銀行制度への信頼を損なった。

Q.044 ★★ 　　　　　　　　　　　　　正解 (C) scatters

radiates(radiate)は「他動詞：(光など)を放射する　自動詞：放射状に広がる」となり今回は他動詞として使われています。(A)は filter が示す通り、「～を取り除く」なので正解とはかなりズレます。(B)は「～を吸収する」で、名詞は absorption「吸収」ですが、正解とはほぼ反対の意味です。(D)の「～を反射する」は「外から来た何かを跳ね返す」である一方、正解の「放射する」は「自ら何かを外に出す」ので、違いは明確です(名詞は reflection「反射」)。

【その他の品詞】名詞：radiation「放射線」、形容詞：radiant「光を放つ」

【その他の同義語】beam, discharge, emit(Q.005)

[訳] 巨大な恒星の最後の進化の過程である超新星は強力なガンマ線を放射する。

※ 曖昧になりがちですが、star「恒星(太陽など自ら光を発する天体)」　planet「惑星(地球など恒星の周りを周回する天体)」が定義です。

赤字部分の単語の同義語を(A)～(D)の中から１つ選んでください。🔊 045-048

Q.045 Gwendolyn Brooks published her first poem **entitled** *Eventide* when she was 13 and became a regular contributor to a local newspaper before turning 18.

(A) labeled

(B) accounted

(C) rated

(D) named

Q.046 Dinosaur fossils and skeletons are often **looted** from Mongolia. One of the tyrannosaur's skeletons was once auctioned in New York.

(A) stolen

(B) exported

(C) transferred

(D) recovered

Q.047 Biologists have **postulated** that amphibians in the Appalachian Mountains are getting smaller to survive in the environment with little rainfall.

(A) proven

(B) found out

(C) denied

(D) presupposed

Q.048 Strong breast muscle and light bone are some of the physical features birds have **adapted** for flying.

(A) retained

(B) adjusted

(C) lost

(D) trained

学習歴 （ ／ ）（ ／ ）（ ／ ）（ ／ ）（ ／ ）

Chapter 1
動詞

Q.045 ★★　　　　　　　　　　正解 (D) named

entitled（entitle）は他動詞で意味は「①〜に表題をつけた、題された　②〜に権利［資格］を与えた」。今回は「表題をつけられた」となります。(A)は「①（ネガティブな意味で）〜を分類する、レッテルを貼る　②〜にラベルを張る」なので、①②共に「表題（タイトル）」とは全く別です。自動詞で知られている(B)は他動詞では「〜と見なされた」ですが、「表題」の意味はありません。(C)は「〜評価された」なので、やはり「表題（タイトル）」を同義にするのは不自然です。

【その他の品詞】名詞：entitlement「資格、権利」

【その他の同義語】call, dub (Q.014), term

[訳] グウェンドリン・ブルックスは13歳の時に『夕暮れ』と題された初の詩を刊行し、18歳になる前には地元新聞の定期的な寄稿者になった。

Q.046 ★★★　　　　　　　　　正解 (A) stolen

looted（loot）は「他動詞：①（物品を）盗む　②（町や家などから）略奪する　自動詞：略奪する」。今回は他動詞で「略奪された」となります。root「根」と混同しないように。(B)は「輸出された」、(C)は「移転された」なので「略奪」の意味はありません。(D)は「回収された」で、名詞はrecovery。不正解の3つは「窃盗」と同義にしてしまっては犯罪をsugarcoat「見栄えを良くする」結果になってしまいます…。

【その他の品詞】名詞：loot「盗品、略奪行為」

【その他の同義語】run off with

[訳] 恐竜の化石や骸骨は頻繁にモンゴルから盗まれる。そのうちティラノサウルスの骸骨の1つは一度ニューヨークでオークションにかけられた。

Q.047 ★★★　　　　　　　　　正解 (D) presupposed

postulated（postulate）は他動詞で「〜と仮定している」。(A)は「〜であることを証明している」なので、「仮定の後の段階」と言えます。(B)は「〜という事を発見している」。(C)は「〜という事を否定している」で、名詞はdenial「否定」。不正解の3つはいずれも「仮定」の意味は含みません。

【その他の品詞】名詞：postulation「仮定」

【その他の同義語】assume, suppose, theorize

[訳] 生物学者は、アパラチア山脈の両生動物は少ない雨量の環境で生存するために体が小さくなっている、と仮定している。

Q.048 ★　　　　　　　　　　　正解 (B) adjusted

adapted（adapt）は「他動詞：〜を適合させる、改造する　自動詞：適合する、順応する」で今回は他動詞。adopt「〜を採用する」と混同しないようにご注意を。(A)は「〜を維持する」なので、逆の意味です。(C)は「〜を失う」。(D)は「〜を鍛える」で、正解共々「変える」意味を含んではいますが、「鍛える（名詞trainingの動詞形）」には「ある程度の負荷を加える」意味があり、「適合、改造」にはその意味はありません。

【その他の品詞】名詞：adaptation「適合、改造」、形容詞：adaptive「適応性のある」

【その他の同義語】alter, change, suit

[訳] 強い胸の筋肉と軽い骨は鳥が飛ぶために適合させた身体的特徴のうちのいくつかである。

赤字部分の単語の同義語を (A) ～ (D) の中から 1 つ選んでください。◀ 049-052

Q.049 Venus is dotted with about 1,000 craters, some of which are covered with rocks **pulverized** by meteorite impacts.

(A) formed

(B) dug up

(C) wrecked

(D) chipped

Q.050 The bronchi of an asthma patient are easily irritated by allergens or stress and begin to **constrict**.

(A) narrow

(B) swell

(C) vibrate

(D) rotate

Q.051 Oyster larvae need to be attached to hard surfaces to grow. During an oyster reef restoration project, cast-off oyster shells were used to **emulate** an environment when oysters were much more abundant.

(A) create

(B) preserve

(C) imitate

(D) recycle

Q.052 After decades of continuous growth, the United States population **surpassed** 100 million in the 1920s.

(A) topped

(B) equaled

(C) increased by

(D) approached

Q.049 ★★★　　　　　　　　　　正解　(C) wrecked

pulverized(pulverize)は他動詞で「～を粉々にした」。今回は「粉々にされた」となります。(A)は「形成された」で、「隕石の衝突により形成された岩で覆われている」となり意味としては理解可能ですが、「粉々」の意味はありません。(B)は「掘り起こされた(dig の過去分詞)」。(D)は「(硬い物の一部を)欠けさせられた」でやや惜しいですが、より正確には「物の1か所程度の破損」の意味なので、「粉々にされた」とは意味の程度として違いがありすぎます。

【その他の同義語】crush, destroy, smash

[訳] 金星には約千のクレーターが点在しており、その内のいくつかは隕石の衝突により砕かれた岩で覆われている。

※ dot：他動 ～に点在させる

Q.050 ★★★　　　　　　　　　　正解　(A) narrow

constrict は「自動詞：収縮する　他動詞：～を収縮させる」で、今回は自動詞です。なお辞書によっては「他動詞のみ」と記載のものがありますが、実際には自動詞もあります。(B)は「はれる、膨張する」なので逆の意味になります。(C)は「振動する」なので、別の性質の言葉ですね。(D)は「回転する」でした。

【その他の品詞】名詞：constriction「収縮、圧縮」

【その他の同義語】contract(Q.006), shrink, tighten

[訳] 喘息患者の気管支はアレルギー物質やストレスによりすぐに刺激され、収縮し始める。

※ bronchi：名 bronchus [bráŋkəs]「気管支」の複数形

※ asthma：名 喘息

Q.051 ★★★　　　　　　　　　　正解　(C) imitate

emulate は他動詞で「～をまねる」。(A)は「～を作る」で、例えば物作りの作業では「何かを"まねて"新しい物を"作る"事もあり得ます。ただし同義語問題には「見出し語→同義語」と 同時に「同義語→見出し語」の関連性の自然さも重要です。「"作る"とは"まねる"こと」とすると世の中の"作られた"物はすべて"まねた"物、と極端な定義になってしまいます。(B)は「～を保護する」、(D)は「～をリサイクルする」。

【その他の品詞】名詞：emulation「(模倣を通して上達するための)努力」

【その他の同義語】copy, mirror

[訳] 牡蠣の幼貝は成長のために硬い表面に張りつく必要がある。ある牡蠣礁の再生プロジェクト中、廃棄された牡蠣の貝殻が牡蠣が大量にあった時の環境を模倣するために使われた。

※ larvae：名 larva [lάːrvə]「幼虫、幼生」の複数形

Q.052 ★★　　　　　　　　　　　正解　(A) topped

surpassed(surpass)は他動詞で意味は「～を上回った、～に勝った」。(B)は「～と同じになった、追いついた」で惜しいですが、surpassed は「超えた」なので、「同じになった」では「超えた」ことにはなりません。(C)は「～分増加した」なので、問題文中では「1億人分増加した」となってしまいます。(D)は「～に近づいた」で、「超えた」の手前の段階です。

【その他の同義語】outdo, outrun, overtake

[訳] 数十年にわたる連続成長の後、アメリカの人口は1920年代には1億人を超えた。

演習問題【動詞】 ⏱ 1 分

赤字部分の単語の同義語を (A)〜(D) の中から 1 つ選んでください。 🔊 053-056

Q.053 The telomere, a protective cap at each end of a chromosome, becomes shorter as a cell divides repeatedly; thus, strengthening telomeres may allow human beings to **defy** genetic fate.

(A) disobey
(B) decide
(C) share
(D) accept

Q.054 The atoms inside crystals are rearranged to form a different rock when **subjected to** extreme heat or pressure.

(A) shielded against
(B) transferred to
(C) exposed to
(D) added to

Q.055 The House of Medici, the ruler of Florence from the 15th to the 18th century, **patronized** artists, including Michelangelo and da Vinci.

(A) appreciated
(B) socialized with
(C) supported
(D) looked up to

Q.056 In Death Valley National Park of California, so-called sailing stones move across a dry lake because of strong winds, leaving **etched** tracks behind them.

(A) dried
(B) cut
(C) narrowed
(D) twisted

Chapter 1

動詞

Q.053 ★★ 　　　　　　　　　　正解 (A) disobey

defy は他動詞で意味は「〜に公然と反抗する、〜を拒絶する」。正解の(A)disobey は obey「従う」の反意語(dis-)です。(B)は「〜を決定する」で、問題文中では「運命を決定する」となり「反抗、拒絶」とは異なります。(C)は「〜を共有する」。(D)は「〜を受け入れる」なので正解とは逆でした。

【その他の品詞】名詞：defiance「公然とした反抗、拒絶」、形容詞：defiant「反抗的な」

【その他の同義語】foil, frustrate

[訳] 染色体の端にある保護キャップであるテロメア(末端小粒：まったんしょうりゅう)は細胞が繰り返し分裂するごとに短くなる。テロメアを強化することは人間が遺伝的な運命に逆らうことを可能にするかもしれない。

　※ テロメアが極端に短くなると細胞の分裂が止まり、その細胞の死や老化につながるのでは、と推測されています。

Q.054 ★★★ 　　　　　　　　　　正解 (C) exposed to

subjected(subject)は他動詞で意味は「(物や人)を不快な物にさらす、不快な経験をさせる」。今回は「不快な物にさらされる」となります。名詞の「科目」以外は、あまり知られていないけれど重要な用法です。(A)は「〜に対し防御される」。(B)は「〜に移動される(場所を移す)」。(D)は「〜に加えられる」なので、設問文中では「結晶中の原子が高熱や高圧に加えられる」と不自然な意味になります。

[訳] 結晶中の原子は高熱や高圧にさらされると異なった岩を形成するために配置が変わる。

 この種の変化を遂げた岩は metamorphic rock「変成岩」と呼ばれます。

Q.055 ★★ 　　　　　　　　　　正解 (C) supported

patronized(patronize)は他動詞で「①〜を支援した、保護した　②(店など)の得意客になった」。(A)は「①〜の良さを理解した　②〜を認識した　③〜に感謝した」。①とした場合、「メディチ家は芸術家の良さがわかった」となりますが、これのみで能動的な意味の「支援した」とするのは拡大解釈です。③とした場合、「メディチ家は芸術家に感謝した」で、これも「支援した」と同義にするには無理があります。(B)は「〜と仲良く交際した」で、やや惜しいですが、これは patronize の「どちらかが他方を支援する」意味は含みません。(D)は「〜を尊敬した」。

【その他の品詞】名詞：patron「①(店の)常連客　②(団体の)支援者」　patronage「①(店に対する)ひいき、愛顧　②後援」

【その他の同義語】finance, fund, sponsor

[訳] 15 から 18 世紀の間、フィレンツェの支配者であったメディチ家はミケランジェロやダヴィンチを含む芸術家を支援した。

Q.056 ★★★ 　　　　　　　　　　正解 (B) cut

etched(etch)は「他動詞：①〜を刻む、〜をエッチングする　②〜を(心に)刻み込む　自動詞：エッチングで描く」。今回は他動詞で「刻まれた」です。(A)は「乾燥した」。(C)は「狭められた」、「幅」のことなので「刻む」とは別です。(D)は「捻じ曲げられた」。

【その他の品詞】名詞：etching「エッチング」　【その他の同義語】carve, incise, impress

[訳] カリフォルニア州のデスヴァレー国立公園では「動く石」と言われるものが強風により乾湖の上を刻まれた跡を残しながら移動する。

 石の動く原因は「一時的に降る雨の水に石が浮かび、風の力で移動する」との説が有力です。

赤字部分の単語の同義語を (A)〜(D) の中から1つ選んでください。 📢 057-060

Q.057 Some scientists cite overhunting by humans, while others point to
☐ climate change as the reason for the disappearance of mammoths;
thus far, there is no concrete evidence to **substantiate** either claim.

    (A) define

    (B) accept

    (C) prove

    (D) reject

Q.058 It is thought that large eyespot marks on butterfly wings have
☐ evolved to **intimidate** predators.

    (A) confuse

    (B) catch

    (C) attract

    (D) threaten

Q.059 The green toad is one of the few amphibians that **tolerates** high
☐ temperatures of up to 40°C and a saltwater environment.

    (A) prefers

    (B) requires

    (C) controls

    (D) endures

Q.060 Native to Southeast Asian countries, orangutans had been unknown
☐ to the West until European explorers **encountered** them in 17th-
century Asia.

    (A) tamed

    (B) faced

    (C) caught

    (D) studied

学習歴 (/) (/) (/) (/) (/)

Q.057 ★★★　　　　　　　　　　　　　　　　　正解 (C) prove

substantiate は他動詞で「〜を実証する、証明する」。(A)は「〜を定義づける」で、今回は(自らの主張を定義づける)となりますが、定義しただけでは「実証、証明する」とはなりません。(B)の「〜を受け入れる」は、「自らの主張を受け入れる」と妙な内容になりますが、「実証、証明」は他者に対して行うものなので、この点からも不自然です。(D)は「〜を却下する」。

【その他の品詞】名詞：substantiation「実証」

【その他の同義語】authenticate, confirm

[訳] マンモスの絶滅の理由に関し、ある科学者は人間による過度な狩猟、別の科学者は気候変動を指摘する。現時点ではいずれかの主張を証明する確固たる証拠はない。

Q.058 ★★★　　　　　　　　　　　　　　　　　正解 (D) threaten

intimidate は他動詞で「〜を威嚇する、怖がらせる」。(A)は「〜を混乱させる」で、ネガティブな意味合いとしては正解と共通しており惜しいですが、「混乱≒威嚇、恐怖」の関係は無理があります。今回は(D)threaten がありますのでこちらがベストです(名詞は threat「脅し」)。試験の指示書きの「(2番目に近いものもあり得るが)もっとも近い選択肢を選びなさい」を思い出しましょう。(B)は「〜を捕獲する」。(C)は「〜を引き寄せる」で逆の意味でした。

【その他の品詞】名詞：intimidation「脅し、威嚇」

【その他の同義語】frighten, scare, terrify

[訳] 蝶の羽にある大きな目の形をした印は天敵を威嚇するために進化したものであると考えられている。

Q.059 ★★　　　　　　　　　　　　　　　　　　正解 (D) endures

tolerates(tolerate) は他動詞で「①〜を我慢する　②〜を大目に見る」。(A)は「〜を好む」なので、「我慢する」とは反対に近い意味です。(B)は「〜を必要とする」で、問題文では「最大40度の高温や塩水の環境を必要とする」となり、正解とは異なります。(C)は「〜を制御する」ですが、正解の「40度の高温や塩水の環境に耐える」は「制御する(自分の思いのままに操作する)」と全く別の意味です。

【その他の品詞】名詞：tolerance「我慢、寛容」形容詞：tolerant「寛容な」

【その他の同義語】cope with, stand, survive

[訳] 緑のヒキガエルは最大40度の高温や塩水の環境に耐えるわずかな両生類の1つである。

Q.060 ★　　　　　　　　　　　　　　　　　　　正解 (B) faced

encountered(encounter) は他動詞で、意味は「〜に偶然出くわした、遭遇した」。(A)は「〜を手なずけた」で、設問文中自然ですが、「オランウータンに出くわした≒オランウータンを手なずけた」は拡大解釈です。(C)は「〜を捕獲した」で、事実としてヨーロッパ人はオランウータンを捕獲しましたが、単語の意味として「出くわした≒捕獲した」の関係は成り立ちません。(D)は「〜を研究した」です。

【その他の品詞】名詞：encounter「(偶然の)出会い、遭遇」

【その他の同義語】come across, meet, run across

[訳] 東南アジアの国々が原産であるオランウータンはヨーロッパの探検家が17世紀のアジアで遭遇するまで西洋では知られていなかった。

※ orangutan：图 オランウータン [ɔræŋʌtæn] 発音に要注意！

赤字部分の単語の同義語を(A)～(D)の中から1つ選んでください。◀ 061-064

Q.061 Although several promising theories have been suggested, it is
difficult to **ascertain** how water originated on the Earth.

(A) guess

(B) predict

(C) describe

(D) determine

Q.062 The first transcontinental railroad in the U.S. **commenced**
operations between Sacramento, California and Omaha, Nebraska
in 1869.

(A) planned

(B) resumed

(C) initiated

(D) suspended

Q.063 The current rate of deforestation of the Amazon rainforest could
jeopardize its ability to absorb carbon dioxide.

(A) demonstrate

(B) develop

(C) equal

(D) endanger

Q.064 After **devouring** salmon in the river, bears throw away the remains
in the nearby woods, which obtain nutrients from the salmons'
remains.

(A) chasing

(B) catching

(C) consuming

(D) feeding

学習歴 (/) (/) (/) (/) (/)

Q.061 ★★ 　　　　　　　　　　正解 (D) determine

ascertain は他動詞で「〜を確かめる、突き止める」。(A) は「〜を推測する」、つまり「頭で考えをめぐらす」ものなので、「確かめる、突き止める」という結果を伴う断定的な言葉と同義にするのは無理があります。(B) は「〜を予言する」で「未来」に関するものですが、問題文は「過去」に関するものです。名詞は prediction。(C) は「〜を述べる、描写する」なので、「確かめる」とは別の性質です。

【その他の同義語】discover, find out, identify

[訳] いくつかの有望な理論が示されているが、地球の水がどのように発生したかはっきりと確認することは難しい。

最も有力な説は asteroid (小惑星) によって外部からもたらされたとする説です。

Q.062 ★★ 　　　　　　　　　　正解 (C) initiated

commenced (commence) は「他動詞：〜を開始した、始めた　自動詞：開始した、始めた」で今回は他動詞です。(A) は「〜を計画した」なので、「プランを作った」のみを意味します。(B) は「〜を再開した」なので、「一度、中断した」の意味を含みますが、commenced「開始した」にはその意味はありません。(D) は「〜を中断した」なので逆の意味に近いものです。

【その他の品詞】名詞：commencement「①開始　②学位授与式」

【その他の同義語】begin, inaugurate, start

[訳] アメリカにおける初の大陸横断鉄道はカリフォルニア州のサクラメントとネブラスカ州のオマハの間に 1869 年に運行を開始した。

Q.063 ★★★ 　　　　　　　　　　正解 (D) endanger

jeopardize は他動詞で「〜を危険にさらす、危うくする」。正解の (D) endanger は en と danger から意味が推測可能です。したがって「危険、脅かす」といった意味合いがポイントです。(A) は「〜を証明する、〜の証拠となる」。(B) は「〜を発達させる」なので正解とはほぼ逆です。(C) は「〜に匹敵する、等しい」ですが、「A が B に匹敵する (同じレベルである)」という意味のみで、「危険、危うさ」の意味はありません。

【その他の品詞】名詞：jeopardy「危険」

【その他の同義語】risk, threaten

[訳] アマゾン熱帯雨林の現在の森林伐採の程度は二酸化炭素を吸収する能力を危険にさらしかねない。

Q.064 ★★★ 　　　　　　　　　　正解 (C) consuming

devouring (devour) は他動詞で、今回は ing をつけて動名詞として使われ、意味は「〜をむさぼり食べる事」。(A) は「〜を追いかける事」。(B) は「〜を捕まえる事」。(D) の「①〜に餌 (食事) を与える事　②(家族) を養う事」の用法に要注意です。これは「他者に与える、他者を養う」ですが、devour は「自分が食べる」のです。自動詞の feed on で「自分が食べる」となります。

【その他の同義語】eat, gobble up, swallow

[訳] サケを川でむさぼった後、熊は残骸を近くの森に投げて、森はその残骸から栄養素を得る。

川沿いの植物は必要な栄養素の数割をサケが分解の際に発する窒素 (nitrogen)、リン (phosphorus) などから得ます。

赤字部分の単語の同義語を(A)～(D)の中から1つ選んでください。 ◀ 065-068

Q.065 ☐ Honeybees **forage for** nectar and pollen and carry them back to the hive.

(A) produce
(B) hunt for
(C) specialize in
(D) live on

Q.066 ☐ In the late 19th century, enormous wealth and influence acquired by a handful of industrialists **alienated** the public.

(A) appealed to
(B) distracted
(C) angered
(D) inspired

Q.067 ☐ Hurricanes are violent **whirling** winds that form over the Atlantic Ocean and the northeastern Pacific Ocean.

(A) whipping
(B) increasing
(C) whistling
(D) revolving

Q.068 ☐ In the late 18th century, the Montgolfier brothers **invented** the hot air balloon, for which their father was given a title of nobility.

(A) flew
(B) originated
(C) transformed
(D) inflated

学習歴 （ ／ ）（ ／ ）（ ／ ）（ ／ ）（ ／ ）

Q.065 ★★　　　　　　　　　　　正解　(B) hunt for

forage は自動詞で for と共に使い、「〜を探し回る、あさる」となります。(A)は「〜を作り出す」。(C)は「〜に特化する」で、名詞は specialization「特殊化、専門化」。(D)は「〜を常食とする」で、「"常食とする" 食べ物を"探し回る"」との推測＆連想はできますが、単語問題は「単語の意味」が重要なので、「事態の推測」で解答をするとひっかけに惑わされます。

【その他の品詞】名詞：forage「(馬牛の)飼料」　【その他の同義語】search for, seek（他動詞）

［訳］ミツバチは花蜜と花粉を探し回り、巣に持ち帰る。

※　hive：图 ミツバチの巣箱

Q.066 ★★★　　　　　　　　　　正解　(C) angered

alienated(alienate) は他動詞で「①〜との関係を悪化させた　②〜を疎遠にした」。(A)は「〜に懇願した」で異なります。(B)は「①〜の気をそらした　②〜の気を紛らわした」でこれは「人の注意をそらす」の意味なので、正解に含まれる「人との関係が疎遠になる」とは別です。(D)は「〜を元気づけた、奮い立たせた」で、正解とはほぼ反対の意味です。

【その他の品詞】名詞：alienation「遠ざける事、疎外」、alien「異星人（遠ざけられた人→遠い所にいる人）」

【その他の同義語】annoy, irritate

［訳］19世紀後半、少数の産業家により手にされた巨大な富と影響力は大衆との関係を悪化させた。

一部の産業家は市場の寡占(oligopoly)、独占(monopoly)を行い、泥棒男爵(robber barons)と非難されました。

Q.067 ★★　　　　　　　　　　　正解　(D) revolving

whirling(whirl) は自動詞で「回転する、ぐるぐる回る」。今回は現在分詞としての使用です。ちなみに「回転ドア」は revolving door と言います。(A)は「激しくたたきつけるような」ですが、「回転」の意味はありません。whip は名詞で「ムチ」の意味もあります。(B)は「ますます強まる」なので、「回転」ではなく「強度」の意味です。(C)は「①ピューとなる　②口笛をふく」で、「音」に関する表現。

【その他の同義語】rotate, spin

［訳］ハリケーンは大西洋と太平洋の北東上で発生する強力な回転する風である。

※　ハリケーン、台風(typhoon)、サイクロン(cyclone)はすべて同じ熱帯低気圧(tropical cyclone)。存在する位置によって分類が異なり、北西太平洋にあるものは台風、そしてインド洋・南太平洋上にあればサイクロンと呼ばれます。

Q.068 ★　　　　　　　　　　　　正解　(B) originated

invented(invent) は他動詞で「①〜を発明した、作り出した　②(うそなど)をでっちあげた」。(A)は「〜を飛行させた」で、設問文の文脈には合いますが、これは「同義語の問題」で単語の意味がポイントなので、「発明≒飛行」は無理があります。"飛行"以外にもいくらでも"発明"はあるはず。(C)は「〜を一変させた」で、「すでに存在するものを変える」なので「発明する(ゼロから何かを作り出す)」とは別です。(D)の「〜を膨らませた」も問題文中の「熱気球」とは合いますが、「発明した≒膨らませた」という関連は成り立ちません。

【その他の品詞】名詞：invention「発明」、inventor「発明者」形容詞：inventive「発明の才のある」

【その他の同義語】create, devise

［訳］18世紀後半、モンゴルフィエ兄弟は熱気球を発明し、これにより彼らの父親は貴族の称号を与えられた。

赤字部分の単語の同義語を(A)〜(D)の中から1つ選んでください。◀ 069-072

Q.069 In the matter of biofuel specifications, each state must **defer to** the
☐ U.S. Environmental Protection Agency's guidelines.

(A) rely on
(B) comply with
(C) look through
(D) apply for

Q.070 After the world's first satellite launch by the Soviet Union in 1957,
☐ COPUOS, a UN committee, was established to **ponder** the
peaceful use of space.

(A) standardize
(B) promote
(C) supervise
(D) consider

Q.071 Memphis, the capital city of ancient Egypt, **prospered** because of
☐ its strategic location near the Nile Delta, which promoted sea trade.

(A) modernized
(B) rusted
(C) succeeded
(D) became overcrowded

Q.072 The decreasing Barton Springs salamander population **compelled**
☐ the U. S. Government to list it as a threatened species in 1997.

(A) forced
(B) assisted
(C) led
(D) persuaded

学習歴 (/) (/) (/) (/) (/)

Q.069 ★★★ 　　　正解 (B) comply with

defer は自動詞で to と共に使い「(敬意をもって) 〜に従う」を意味します。to 無しでは「他動詞：〜を延期する」となります。differ「異なる」と混同しないようご注意を。(A)は「〜に頼る」で惜しい選択肢です。ただし、「従う(自分は別の意見だけども敬意を感じる相手に合わせる)」なので、「頼る(自らの判断で相手に依存する)」とは別です。(C)は「〜を調べる」。(D)は「〜に申し込む」で、名詞は application(あら、TOEIC のような…)。

【その他の品詞】名詞：deference「服従」、形容詞：deferential「敬意を表する」

【その他の同義語】accede to, submit to, yield to

[訳] バイオ燃料の規格に関し、各州はアメリカ環境保護局のガイドラインに従わなければならない。

Q.070 ★★ 　　　正解 (D) consider

ponder は「他動詞：〜を熟考する　自動詞：熟考する」で今回は他動詞です。(A)は「〜を標準化する」。(B)は「〜を促進する」ですが、正解の「熟考(じっくり考える事)」は「促進する」といった積極的な行動とは別です。(C)も「〜を監視・監督する」で、「熟考」の段階とは異なります。

【その他の同義語】meditate on, think deeply about, reflect on

[訳] 1957 年のソビエト連邦による最初の人工衛星打ち上げの後、国連機関である COPUOS は宇宙の平和利用を熟考するために設立された。

Q.071 ★★ 　　　正解 (C) succeeded

prospered(prosper) は自動詞で「繁栄した、成功した」。(A)は「近代化した」で惜しいですが、「繁栄≒近代化」とすると、「"繁栄"のすべての原因は"近代化"による」という定義になります。しかし「近代化」以外にも「繁栄・成功」の理由は世の中にはいくらでもあります。「設問文の文脈」より「単語の意味が合うか」どうかを再度意識しましょう。(B)は「①(金属などが)さび付いた　②役に立たなくなった」で名詞は rust「さび」、形容詞は rusty「①さびついている　②役に立たなくなっている」。(D)は「混雑した」です。

【その他の品詞】名詞：prosperity「繁栄、成功」、形容詞：prosperous「繁栄している」

【その他の同義語】bloom, flower, progress

[訳] 古代エジプトの首都メンフィスは海上貿易を促進するナイルデルタ近隣地域の戦略的位置のおかげで繁栄した。

Q.072 ★★ 　　　正解 (A) forced

compelled(compel) は他動詞で「[compelled A to do 〜]A に無理に〜させた」。(B)は「〜を手伝った」なので、「無理に〜させた」に比べると強制力が弱いです。(C)は led (lead) A to do 〜で「A を〜する気にさせた」なので、やはり強制的な意味が弱いです。(D)は「〜を説得した」なので、これも「無理に〜させた」に比べると弱い意味合いです。

【その他の品詞】形容詞：compelling「人の心を動かすような」

【その他の同義語】drive, impel, urge

[訳] 減少中のバートンスプリングスオオサンショウウオの総数はアメリカ政府が 1997 年にそれを絶滅危惧種に指定するように強いた。

赤字部分の単語の同義語を(A)〜(D)の中から1つ選んでください。 🔊073-076

Q.073 A recent theory may **refute** the established idea that native
☐ Australians came from Africa about 45,000 years ago and remained
isolated from the rest of the world until the 18th century.

(A) test
(B) confirm
(C) develop
(D) disprove

Q.074 Sea birds lay an abundant number of eggs on small islands off
☐ the coast of San Francisco, which **instigated** violent competition
among food companies in 1863.

(A) financed
(B) sparked
(C) intensified
(D) prolonged

Q.075 In the U.S. Senate, the Vice President **presides** and has the power
☐ to cast a tie-breaking vote.

(A) argues
(B) rules
(C) attends
(D) consults

Q.076 The 19th century saw a significant increase in sea otter trade as
☐ people paid more to **adorn** their clothing with otter pelts.

(A) sew
(B) decorate
(C) fill
(D) wash

学習歴 (/) (/) (/) (/) (/)

Q.073 ★★★ 　　　　　　　　　　　　　　　正解 (D) disprove

refute は他動詞で、意味は「①〜の誤りを証明する　②〜に反論する」。(A)は「〜を試す、実験する」で、問題文中では「確立した見解を試す」になり「論破する」とはだいぶ異なります。(B)は「〜を確認する」で名詞は confirmation「確認」。(C)は「〜を発展させる」。不正解の３つはすべてtheory「理論」と共に使うことが可能ですが、正解の主旨「論破する」とは別です。

【その他の同義語】discredit, rebut

[訳] 最近の説は、オーストラリア原住民は４万５千年前にアフリカからやって来て、18 世紀までは世界から孤立したままであった、という確立した見解の誤りを証明することになるかもしれない。

Q.074 ★★★ 　　　　　　　　　　　　　　　正解 (B) sparked

instigated(instigate)は他動詞で「(騒ぎ・騒動など)を引き起こした」です。(B)の spark の名詞の意味である「火花」からイメージが付く動詞です。(A)は「〜に資金提供をした」ですが、世の中の"騒ぎを引き起こす"原因のすべてが"資金提供"であるとは限りません。(C)は「〜を激化させた」ですが、これは「すでに進行中の事態を激しくする」なので、「(何も無い状態から)〜を引き起こす」とは別です。(D)は「〜を長引かせた」ですが、これも(C)同様、「すでに進行中の事態を長引かせる」ので「〜を引き起こす」とは別です。

【その他の品詞】名詞：instigation「扇動、誘因」

【その他の同義語】cause, encourage, set off

[訳] 海鳥は大量の卵をサンフランシスコ沖の小さな島々に産みつけ、それが 1863 年に食品会社間の暴力的な競争を引き起こした。

※ The Egg War と言われ、政府の介入で収束するまでに死者も出ました。

Q.075 ★★ 　　　　　　　　　　　　　　　正解 (B) rules

presides(preside)は自動詞で、意味は「①議長を務める　②統括する」で preside over/at としても使われます。(A)は「議論する」。(C)は「参加する」で惜しいですが、正解の「議長」の意味合いを含んではいません。議長ではなく一議員としての場合でも使います。(D)は「相談する」です。

【その他の同義語】moderate

[訳] アメリカ上院では副大統領が上院の議長を務め、議長決裁票を投じる権限を有する。

※ tie-breaking vote：图 議長決裁 国会などで可否が同数の際、議長投票で可否を決定する制度

Q.076 ★★★ 　　　　　　　　　　　　　　　正解 (B) decorate

adorn は他動詞で「〜を飾る、装飾する」。「見栄えを良くする」との趣旨が重要です。(A)は「〜を縫う」で、文脈としては自然です。しかし、問題文の言葉を少し変えて、「部屋をクリスマスツリーで飾りつける≒部屋をクリスマスツリーで縫い付ける」とすると、同義扱いは不自然だとわかります。また sew「縫う」には「見栄えを良くする」意味合いはありません。名詞であるdecoration「装飾」の動詞形(B)decorate が正解です。(C)は「〜を満たす」なので、「飾る、装飾する」の意味がありません。(D)は「〜を洗う」でした。

【その他の品詞】名詞：adornment

[訳] 人々が服をラッコの毛皮で飾りつけるためにより多く支払うので、19 世紀にはラッコの取引にかなりの増額が発生した。

※ pelt：图 毛皮(fur, skin の同義語)

赤字部分の単語の同義語を (A) 〜 (D) の中から1つ選んでください。 ◀ 077-080

Q.077 The art of the Paleolithic Period includes stones or ivories
☐ **engraved** with animal or human designs.

(A) carved
(B) painted
(C) attached
(D) blended

Q.078 Running buffalo clover, an endangered species native to the
☐ American Midwest, was so named because it once flourished on
trails **trampled** by buffalo hooves.

(A) erased
(B) stamped
(C) made
(D) widened

Q.079 Since the end of the 18th century, vaccines have greatly **allayed**
☐ fear about infectious diseases and helped improve mortality rates.

(A) concealed
(B) identify
(C) spread
(D) relieved

Q.080 Britain **denounced** the Boston Tea Party and imposed a series of
☐ harsh measures against the American colonies.

(A) noticed
(B) responded to
(C) condemned
(D) regretted

学習歴 （ ／ ）（ ／ ）（ ／ ）（ ／ ）（ ／ ）

Chapter 1
動詞

Q.077 ★★★　　　　　　　　　　　　正解　(A) carved

engraved(engrave)は他動詞、「①(文字など)を彫る、刻む　②(出来事など)を心に刻み込む」という意味で、今回は「彫られた、刻まれた」です。(B)は「①〜を塗られた　②(話として)描写された」で、①が文脈上自然で惜しいですが、「彫る、刻む」の意味がないので、(A) carvedが正解となります。(C)は「取り付けられた」でやはり「彫る、刻む」ではありません。(D)は「混ぜられた」。

【その他の品詞】名詞：engraving「彫刻、彫版」

【その他の同義語】etch(Q.056), incise, chisel

[訳] 旧石器時代の芸術は動物や人間の模様を彫り込んだ石や象牙を含む。

　※　Paleolithic：形 旧石器時代の

Q.078 ★★　　　　　　　　　　　　　正解　(B) stamped

trampled(trample)は「他動詞：〜を踏みつけた　自動詞：踏みつけた」で、今回は他動詞で「踏みつけられた」となります。(A)は「消された」で、確かに「踏みつけられる(見出し語)≒消される(同義語)」の順番で見ると自然のようです。しかし、2つの順番を入れ替え「消される(同義語)≒踏みつけられる(見出し語)」となると妙です。"消す"方法は"踏みつける"以外にもあるはず。正解の選択肢の確認には「見出し語→同義語」の自然さと同時に「同義語→見出し語」の自然さも重要です。(C)は「作られた」で、文脈上は自然で惜しいですが、やはり「作られる方法は踏みつける以外にもあるはず」なので不可となります。(D)は「拡大された」。

【その他の同義語】tramp, tread

[訳] アメリカ中西部に生息する絶滅危惧種の Running buffalo clover は以前にバッファローの蹄(ひづめ)で押しつぶされた路で繁殖したのでこのように命名された。

　※　hooves：名 hoof「蹄(ひづめ)」の複数形

Q.079 ★★★　　　　　　　　　　　　正解　(D) relieved

allayed(allay)は他動詞で「〜を静める、やわらげる」。(A)は「〜を隠す」なので、これでは「恐れをやわらげる」という「問題の解決」には結び付きません。(B)は「〜を特定する」なので、「静める、やわらげる」といった具体的な行動とは異なります。(C)は「〜を広める」でした。

【その他の同義語】ease, lessen, mitigate

[訳] 18世紀末以来、ワクチンは伝染病に関する恐れを大幅に和らげ、死亡率を改善するのに役立っている。

※ vaccine：名 ワクチン　発音は [vǽksíːn](ヴァクスィーン)なのでご注意を。

Q.080 ★★　　　　　　　　　　　　　正解　(C) condemned

denounced(denounce)は他動詞で、意味は「〜を公然と非難した」。(A)は「〜に気が付いた」で、「非難」の意味合いは含みません。(B)は「〜に反応した」ですが、文字通りの意味なので、「非難」などのネガティブな言葉と同義にはなりません。(D)は「〜を後悔した」でネガティブな意味ですが、「非難」とは違う反応です。さらに「非難」は相手に対する行動、「後悔」は自分の行いに対する感情なので、この点も違いの1つです。

【その他の品詞】名詞：denunciation「公然の非難」

【その他の同義語】criticize, decry

[訳] イギリスはボストン茶会事件を非難し、アメリカ植民地に一連の厳しい処置を課した。

赤字部分の単語の同義語を(A)〜(D)の中から1つ選んでください。 🔊081-084

Q.081 One favored theory explains that a vast planetary body hit the Earth
☐ and **obliterated** its significant part 4.5 billion years ago.

(A) went through

(B) wiped out

(C) compressed

(D) absorbed

Q.082 German zoologist Ernst Haeckel, a distinguished supporter of
☐ Charles Darwin, is credited to have **coined** the term "ecology."

(A) created

(B) spread

(C) used

(D) translated

Q.083 An honorary degree was **bestowed** upon Thornton W. Burgess in
☐ 1938 for his efforts as a naturalist and conservationist.

(A) awarded

(B) modeled

(C) imposed

(D) focused

Q.084 **Discarded** cigarettes, unattended campfires, and arson account for
☐ the causes of the vast majority of wildfires in the US.

(A) Smoked

(B) Gotten rid of

(C) Put out

(D) Lighted

学習歴 (/) (/) (/) (/) (/)

Q.081 ★★★　　　　　　　　　　　　　　正解 (B) wiped out

obliterated(obliterate)は他動詞で「〜を跡形もなく消し去った、完全に破壊した」。(A)は「〜を通過した、通り抜けた」なので、「破壊」の意味はありません。(C)は「〜を圧縮した」ですが、これは「圧縮(小さくなった状態)されても存在している」状態なので、「消し去る、破壊する」とは別です。(D)は「〜を吸収した」ですが、言葉を入れ替えて「台風が町を消し去った、破壊した」を「台風が町を吸収した」とすると不自然さが明確になります。

【その他の品詞】名詞：obliteration「①消滅　②抹消」

【その他の同義語】destroy, raze, pulverize(Q.049)

[訳] ある有力な説は 45 億年前に巨大な天体が地球に衝突し、かなりの部分を破壊した、と説明している。

Q.082 ★　　　　　　　　　　　　　　　　正解 (A) created

coined(coin)は他動詞で「①(新語など)を作り出した　②(硬貨)を鋳造した」です。なんと名詞以外の品詞もあるのです。(B)は「〜を広めた」で惜しいですが、「何かを作った人」と「それを広めた人」が別であることも十分あり得ます。(C)は「〜を使用した」で、やはり「作った」とは別です。(D)は「〜を翻訳した、解釈した」で、「新語を作り出す」とは意味が異なります。

【その他の同義語】conceive(Q.040), invent

[訳] チャールズ・ダーウィンの著名な支持者であるドイツ人の動物学者エルンスト・ヘッケルは「生態学」という用語を作り出した功績がある。

　※ credit：他動 (功績を) 〜に認める

Q.083 ★★★　　　　　　　　　　　　　　正解 (A) awarded

bestowed(bestow)は他動詞「(名誉・賞など)を授けた」で、今回は「授けられた」の意味です。(B)は「〜を参考にして作られた」なので、問題文中では(名誉学位はソーントン・W・バージェスを参考にして作られた)となり不自然ですね。(C)は「無理強いされた」。(D)は「集中された」です。

【その他の同義語】accord, give, grant

[訳] 自然主義者、保護活動家としての尽力に対し、ソーントン・W・バージェスに名誉学位が 1938 年に与えられた。

　※ honorary：形 名誉上の honor の形容詞。たまに「ホーナー」と発音する方がいますが、発音記号は [ɑ́nəri] (アナリー) です。<u>hour</u>(<u>ア</u>ワー)を思い出しましょう。

Q.084 ★★　　　　　　　　　　　　　　　正解 (B) Gotten rid of

discarded(discard)は他動詞「〜を捨てる、放棄する」で、今回は「捨てられた、放棄された」となります。(A)は「吸われた」ですが、「吸われた→捨てられた」と推測(連想)しないように注意しましょう。(C)は「消された」なので、これも「消された→捨てられた」の連想は NG です。(D)は「火がつけられた」でした。

【その他の同義語】jettison, throw away

[訳] 投げ捨てられたタバコ、放置されたキャンプファイヤー及び放火がアメリカの山火事の大半の原因を占める。

赤字部分の単語の同義語を(A)〜(D)の中から1つ選んでください。🔊 085-088

Q.085 After surrendering to Britain, Napoleon Bonaparte was **exiled** to Saint Helena's Island and died there in 1821.

(A) banished

(B) appointed

(C) accompanied

(D) demoted

Q.086 Customarily, the American media and Congress **refrain from** criticizing the newly elected president for a few months after the inauguration ceremony.

(A) oppose

(B) agree on

(C) avoid

(D) keep

Q.087 Before the appearance of canned goods and iceboxes in the early 19th century, people had almost no way to prevent perishable food from **rotting**.

(A) stiffening

(B) moistening

(C) smelling

(D) decaying

Q.088 Anglerfish **lure** their prey with a glowing spine, which sticks out above their mouths.

(A) blind

(B) injure

(C) attract

(D) terrify

学習歴 (/) (/) (/) (/) (/)

Q.085 ★★★　　　　　　　　　　　　　　正解　(A) banished

exiled(exile) は他動詞、意味は「〜を国外追放した」で、今回は「追放された」となります。(B)は「任命された」なので、この言葉そのものには「追放」のようなネガティブな意味はありません。名詞は appointment「①任命　②約束」。(C)は「同伴された」。(D)は「降格された」。ネガティブな意味としては正解と共通しており惜しいですが、これは「肩書、立場、ポジションの位が下がる」なので、「国外へ追放する」とは異なります。

【その他の品詞】名詞：exile「①追放、亡命　②亡命者」　【その他の同義語】deport, expel

［訳］イギリスに降伏後、ナポレオン・ボナパルトはセントヘレナ島へと追放され、そこで 1821 年に死去した。

Q.086 ★★　　　　　　　　　　　　　　　正解　(C) avoid

refrain は自動詞で意味は「〜を控える、やめる」。(A)は「〜に反対する」。正解の「〜を控える、やめる」は「自分が何かを控える、やめる(例：タバコを控える、酒をやめる)」のに対し「反対する」は「他者が何かをするのを反対」で、「自分 VS 他者」の差があります。(B)は「協力する」で、「新大統領を批判することで協力する」とかなり異なる意味です。(D)は keep+ 〜 ing で「〜し続ける」となり、正解とはほぼ反対の意味になります。

【その他の同義語】cease(他動詞), renounce(他動詞)

［訳］慣例上アメリカメディアと議会は就任式後の数か月間は新大統領を批判することを控える。

Q.087 ★★　　　　　　　　　　　　　　　正解　(D) decaying

rotting(rot) は自動詞で「腐る」。今回は「腐ること」と動名詞として使われています。(A)は「硬くなること」です。ものによっては「腐ると硬くなる」ものがあるかもしれませんが、「世の中のすべてのものが"硬くなる"と"腐る"のか？」、というとそうではありません。(B)の「湿ること、じめじめすること」や(C)「におうこと」も同様、すべて惜しいですが(A)と同様の理由により不正解です。(D)decay が明確に「腐る」なので、これが「最も近い」です。単語問題では「ぼんやりとした言葉のイメージ」の理解のみでは不足で、正確な意味の把握が重要なのでこの点を強化していきましょう。

【その他の品詞】名詞：rot「①物が腐ること　②(制度の)腐敗」

【その他の同義語】decompose, spoil

［訳］缶詰やアイスボックスが 19 世紀初期に出現する以前、人々には生鮮食品が腐るのを防ぐ方法がほとんどなかった。

Q.088 ★★　　　　　　　　　　　　　　　正解　(C) attract

lure は他動詞で「〜をおびき寄せる」。正解にはこの「寄せる、引き寄せる」の要素が重要です。意味(A)は「①〜の目を見えなくする　②〜の判断力を失わせる」で、形容詞の「盲目の」の意味もあります。②が惜しいですが、これには正解の「寄せる、引き寄せる」の意味がありません。(B)は「〜を傷つける」で、名詞は injury「負傷」。(D)は「〜を怖がらせる」で、名詞は terror「恐怖」。

【その他の品詞】名詞：lure「①魅力　②(釣りの)ルアー、擬餌(ぎじ)」

【その他の同義語】allure, draw, tempt

［訳］チョウチンアンコウは口の上から出ている明るく光るとげのような突起物で獲物をおびき寄せる。

※　spine：名 ①とげ状突起物　②背骨

赤字部分の単語の同義語を(A)〜(D)の中から1つ選んでください。◀ 089-092

Q.089 The cloud is made of evaporated surface water, which eventually becomes large enough to **precipitate** rain or snow under its weight.

(A) soak up

(B) bring about

(C) collect

(D) prolong

Q.090 It has been found that rivers are **inundated with** non-native fish in more than a dozen states in the U.S.

(A) mixed with

(B) stimulated by

(C) swamped with

(D) balanced with

Q.091 African American artists living in Harlem, New York City, **strove** for cultural independence throughout the 1920s.

(A) wished

(B) tried

(C) prepared

(D) voted

Q.092 Parchment, a thin material made from goat or sheep's skin, was **supplanted** by paper in the 15th century.

(A) replaced

(B) supplemented

(C) rivaled

(D) imitated

学習歴 (/) (/) (/) (/) (/)

Q.089 ★★★ 　　　　　　　　　正解 (B) bring about

precipitate は他動詞で、「(あまり好ましくない事態を)引き起こす」。(A)は「〜を吸収する」、(C)は「〜を集める」なので、それぞれ「引き起こす」とは別の種類の言葉になります。(D)は「〜を長引かせる」でやや惜しいですが、precipitate の意味は「引き起こす」までで、「長引く」の意味合いは含みません。

【その他の品詞】名詞：precipitation「降水(量)」

【その他の同義語】cause, spark

［訳］雲は蒸発した地表水から成り、やがて大きくなり自らの重量により雨や雪を引き起こす。

Q.090 ★★★ 　　　　　　　　　正解 (C) swamped with

inundated(inundate)は他動詞で、意味は「①(人や物が) 〜をあふれさせる、殺到させる　②〜を水浸しにする、〜を氾濫させる」。今回は with を伴い「〜であふれている」となります。(C)の swamp には名詞の「沼」の意味もあります。(A)は「〜とまざっている」で、正解の「あふれる、殺到する」の意味がありません。(B)は「〜により活気づけられている」で、一見 OK そうですが、inundate は「殺到させる、あふれさせる」の意味のみで、「殺到した結果どうなった？」の判断はないので「活気づく」とポジティブな言葉に置き換えるのは性急な判断です。(D)は「〜でバランスがとられている」で、「あふれる、殺到」とは異なります。

【その他の品詞】名詞：inundation「①殺到　②氾濫」

【その他の同義語】flood

［訳］アメリカの 12 以上の州において川が外来種の魚であふれていることが判明している。

Q.091 ★★ 　　　　　　　　　正解 (B) tried

strove(strive)は自動詞で for を伴い「〜に向けて努力をした」を意味します。(A)は「希望した」なので、これは「感情」の表現です。一方で「努力をする」は「行動」を伴い、これが「希望する」との違いです。(C)は「準備をした」。「"準備をする"には"努力をする"ことを含む」との推測も可能ですが、(B)tried があるのでこちらが優先されます。(D)は「投票した」。

【その他の同義語】seek, struggle

［訳］ニューヨーク市のハーレムに住んでいたアフリカ系アメリカ人芸術家達が 1920 年代を通して文化的な独立を目指した。

Q.092 ★★★ 　　　　　　　　　正解 (A) replaced

supplanted(supplant)は他動詞、「〜に取って代わった」の意味で、今回は「取って代わられた」となります。(B)は「補われた」で、名詞の「補足」やカタカナの「サプリメント(栄養補助食品)」の意味もあります。ただし、英語では「サプリ」とは略しませんのでご注意を。(C)は「競争された、匹敵された」で、よく知られている名詞の「ライバル」以外の使い方です。「紙と競争する」状態では、まだ「紙に取って代わる」には至っていません。(D)は「模倣された、まねされた」で、名詞は imitation「まね、模倣」。これまた「紙を模倣する」からといって「紙に取って代わる」とするのは性急な判断です。

【その他の同義語】take the place of

［訳］薄いヤギや羊の皮でできた羊皮紙(ようひし)は 15 世紀に紙に取って代わられた。

 15 世紀に発明された印刷機が「羊皮紙→紙」への動きを加速させました。

赤字部分の単語の同義語を(A)〜(D)の中から1つ選んでください。 🔊 093-096

Q.093 It is believed that *Homo sapiens* **displaced** Neanderthals in
Europe roughly 40,000 years ago.

(A) met
(B) fought against
(C) coexisted with
(D) replaced

Q.094 In international agreements on greenhouse gas emissions,
independently **verifying** each country's CO2 output is crucial.

(A) authorizing
(B) reducing
(C) confirming
(D) setting

Q.095 The Roman Empire spent two years and sacrificed thousands of
soldiers to **suppress** a rebellion led by Spartacus, a slave leader.

(A) oppose
(B) crush
(C) react to
(D) negotiate with

Q.096 On April 22, Earth Day is celebrated in a large number of countries
to **enlighten** the public on the importance of the Earth's ecosystems.

(A) congratulate
(B) question
(C) educate
(D) update

学習歴 (/) (/) (/) (/) (/)

Q.093 ★★ 　　　　　　　　　　　　　　　正解 （D）replaced

displaced（**displace**）は他動詞で、意味は「①～に取って代わった　②～を立ち退かせた」。（A）は「～に出会った」なので、これだけでは「取って代わった」にはなりません。（B）は「～を相手に戦った」です。史実としては人間とネアンデルタール人が戦ったこともあり得ますが、単語の意味の理解で「"取って代わる"行為には必ず"戦い"が伴う」との解釈は無理があります。（C）は「～と共存した」なので、正解とは逆になります。名詞は coexistence。

【その他の品詞】名詞：displacement「①強制退去　②転換、置換」

【その他の同義語】supplant（Q.092）, take the place of

［訳］人類は約4万年前、ヨーロッパにおいてネアンデルタール人に取って代わったと信じられている。

Q.094 ★★ 　　　　　　　　　　　　　　　正解 （C）confirming

verifying（**verify**）は他動詞、「（正確さなど）を確認する、証明する」で今回は動名詞です。（A）は「～を許可すること」ですが、正確の趣旨は「本当かどうかの確認」で「許可」ではありません。（B）は「～を削減すること」なので、二酸化炭素の排出に関する内容としてはよくありますが、正解の「確認する」ではありません。（D）は「～を設定すること」で、今回は「排出量を独自に設定する」となりますが、正解は「排出量を独自に確認する」です。

【その他の品詞】名詞：verification「（正確さの）確認」　形容詞：verifiable「証明可能な」

【その他の同義語】prove, substantiate（Q.057）

［訳］温室ガス排出に関する国際合意においては各国の二酸化炭素排出量を独自に確認することが重要である。

Q.095 ★★ 　　　　　　　　　　　　　　　正解 （B）crush

suppress は他動詞で、意味は「①～を鎮圧する、鎮める　②（感情など）を抑える」。（A）は「～に反対する、対抗する」でやや惜しいですが、これは「反対・対抗の行動を起こす」までの意味で、「鎮圧する」というその後の結果と同義ではありません。（C）は「～に反応する」で、やはり「鎮圧する」と同義にはなりません。（D）は「～と交渉する」で名詞が negotiation。

【その他の品詞】名詞：suppression「①（反乱などの）鎮圧　②（感情の）抑制」

【その他の同義語】quell, vanquish

［訳］ローマ帝国は奴隷のリーダーであるスパルタカスに率いられた反乱を鎮圧するのに2年と何千もの兵士を費やした。

Q.096 ★★ 　　　　　　　　　　　　　　　正解 （C）educate

enlighten は他動詞で、「～を啓発する、教化する」という意味です。（A）は「～にお祝いをする」で、「啓発」とは異なります。（B）は「～に質問をする」。「啓発」とは「人に新しい知識を与え、導くこと」なので、「質問をする」のみでは「知識を与える」意味合いが抜けています。（D）は「～に最新情報を与える」で、確かにアースデーの趣旨にはこの意味が含まれるかもしれませんが、単語として enlighten に「最新情報」の意味はありません。

【その他の品詞】名詞：enlightenment「啓発、教化」

【その他の同義語】inform, teach

［訳］アースデーは国民に地球の生態系の重要さに関し啓発するために4月22日に多くの国で祝われる。

赤字部分の単語の同義語を(A)〜(D)の中から1つ選んでください。 🔊 097-100

Q.097 The Antikythera mechanism, a mechanical device dated to about
☐ 100 B.C., **attests to** Ancient Greece's advanced technological skills.

(A) demonstrates

(B) produces

(C) rivals

(D) requires

Q.098 The poet Emily Dickinson received the warm reviews she **deserved**
☐ when almost all her unedited works were published posthumously in
the 1950s.

(A) wished

(B) wrote

(C) read

(D) merited

Q.099 Heavily relying on prescription drugs could result in resistance to
☐ medications and **perpetuate** insomnia.

(A) contract

(B) transmit

(C) continue

(D) cure

Q.100 An increasing number of farmers are using Artificial Intelligence
☐ for essential tasks such as **sowing** seeds to grow crops more
efficiently.

(A) producing

(B) storing

(C) categorizing

(D) scattering

学習歴 (/) (/) (/) (/) (/)

Q.097 ★★★　　　　　　　正解 (A) demonstrates

attests(attest)は「自動詞：証明する、証拠となる　他動詞：〜を証明する、〜の証拠となる」で、今回は to を伴う自動詞です。(B)「〜を製造する」で、問題にあてはめると「アンティキティラ島の機械は古代ギリシャの進んだ科学技術力を作り出す」、つまり「1つの機械がギリシャの進んだ科学力を作る」との意味なので無理のある内容です。(C)は「〜に匹敵する」で、例えば「ローマ文化はギリシャ文化に匹敵」など2つの独立した物を対比して使います。しかし、問題文に当てはめると「機械は古代ギリシャの進んだ科学技術力に匹敵」となり不自然です。機械は古代ギリシャ文化の一部、独立したものではありません。(D)は「〜を必要とする」。
【その他の同義語】confirm(他動詞), prove(他動詞), show(他動詞)

［訳］紀元前約100年のものと推定されるアンティキティラ島の機械は古代ギリシャの進んだ科学技術力を証明するものである。

1901年に発見された装置で、天体の動きの計測用と推測されています。

Q.098 ★　　　　　　　　　正解 (D) merited

deserved(deserve)は他動詞＆自動詞で「他動詞：〜にふさわしい、値した　自動詞：値した」。問題文の趣旨は「エミリー・ディキンソンが受けるにふさわしい評価を得た」です。なお正解の merit は名詞扱いでカタカナになっていますが、英語では「①(単数形で)誉めるに値する価値②(複数形で)長所」の意味です。(A)は「〜を希望した」で、自ら望む行為です。一方、「ふさわしい」は他者の評価も含むので2つは別物です。(B)は「〜を書いた」、(C)は「〜を読んだ」なので、ともに「ふさわしい」という評価とは異なります。
【その他の同義語】be worthy of

［訳］詩人のエミリー・ディキンソンは未編集のほとんどの作品が彼女の死後の1950年代に発行された際、受けるに値する好意的な評価を得た。
　※ posthumously：副 死後に

Q.099 ★★★　　　　　　　正解 (C) continue

perpetuates(perpetuate)は他動詞で、意味は「〜を長引かせる、継続させる」。(A)は「①(病気)にかかる　②〜と契約を結ぶ　③〜を縮める」で、①が惜しいですが、文脈は「すでに不眠症にかかっている状況を長引かせる」を意味しますので、「(病気に)かかる」とは異なります。(B)の「(病気など)を伝染させる」は「病気を他者へうつす事」なので、これもやはり「病気を長引かせる」とは異なります。名詞は transmission「伝染、伝達」。(D)は「〜を治療する」なので正解とは逆ですね。
【その他の同義語】maintain, prolong, sustain　【その他の品詞】形容詞：perpetual「永続的な」

［訳］処方箋薬に重度に依存することは薬に対する抵抗力をつけることになり、不眠症を長引かせることになり得る。

Q.100 ★★　　　　　　　　正解 (D) scattering

sowing(sow)は「他動詞：〜をまく　自動詞：種をまく」で、今回は他動詞による動名詞です。(A)は「〜を作ること」、(B)は「貯蔵すること」、(C)は「分類すること」でいずれも「まく」とは異なるものです。
【その他の同義語】plant, spread

［訳］ますます多くの農家が作物をより効率的に育てるために種まきなどの重要な作業に人工知能を使っている。

赤字部分の単語の同義語を(A)～(D)の中から1つ選んでください。◀ 101-104

Q.101 Earth's crust is categorized into Oceanic and Continental, and both
abound with silicate, a mineral made from silicon and oxygen.

(A) are known for

(B) are reliant on

(C) are short of

(D) are filled with

Q.102 Due to an increasing demand for construction materials, sand and
gravel supplies have been **depleted** rapidly in some parts of the
world.

(A) drained

(B) increased

(C) restricted

(D) maintained

Q.103 Introduced through imported logs in the 1920s, Dutch elm disease
unleashed a devastating effect on American elm trees.

(A) released

(B) maximized

(C) canceled out

(D) softened

Q.104 Some bacteria **disguise** themselves as red blood cells by covering
their surfaces with broken red blood cells to evade the human body's
defense mechanisms.

(A) stretch

(B) camouflage

(C) reproduce

(D) feed

学習歴 (／) (／) (／) (／) (／)

Q.101 ★★★ 　　　　　　　正解 (D) are filled with

abound は自動詞で with と共によく使われ「〜で満杯である、満ちている」を意味します。(A) は「〜で知られている」なので、「満杯である(量・数が多い)」とは別の意味です。(B)は「〜に依存している」で、自動詞 rely の形容詞です。(C)は「〜が不足している」なので正解とは逆の意味ですね。

【その他の同義語】be full of, be packed with

[訳] 地球の地殻は海洋と大陸に分けられ、両方共にケイ素と酸素で出来ている鉱物であるケイ酸塩が豊富である。

※ crust：名 地殻　地理学などの重要単語です。

※ continental：形 大陸の

Q.102 ★★★ 　　　　　　　正解 (A) drained

depleted(deplete) は他動詞で、意味は「〜を使い果たす、激減させる」。今回は「(供給が)使い果たされる」となります。(B)は「増加される」で逆の意味。(C)は「制限される」。「建築材料の需要が増加していることにより、砂と砂利の供給が"制限される"」という推測(連想)はできますが、単語の意味として「使い果たす」と「制限する」は別です。名詞は restriction「制限」。(D)は「維持される」で、名詞は maintenance「維持、メンテナンス」。

【その他の品詞】名詞：depletion「資源の枯渇」

【その他の同義語】expend, run out of

[訳] 建築材料の需要が増加していることにより、砂と砂利の供給が世界のいくつかの地域で枯渇している。

Q.103 ★★★ 　　　　　　　正解 (A) released

unleashed(unleash) は他動詞で「〜を解き放った、発散した」という意味。名詞の leash「犬をつなぐひも」を手から離すイメージです。(B)は「〜を最大限にした」で惜しい選択肢です。確かに unleash の「解き放つ」は「何か強力なものを解き放つ」の意味を含みますが、ポイントは「もうすでに強力になっている何かを解き放つ」点です。(B)を問題文に入れると「壊滅的な影響を最大限にした」となり、意味が重複してしまいます。(C)は「〜を釣り合わせた、相殺した」。(D)は「〜を和らげた」なので正解とは逆です。

[訳] 1920 年代に輸入木材を通して入り込んだニレ立枯病(たちがれびょう)はアメリカのニレの木に壊滅的な影響を与えた。

Q.104 ★★ 　　　　　　　正解 (B) camouflage

disguise は他動詞で意味は「〜を偽る、変装させる」。(B)camouflage は名詞としては知られていますが、動詞形もあります。(A)は「〜を拡大する、大きくする」ですが、「偽る≒拡大する」との関係には無理があります。(C)「(動植物が)繁殖する」も「偽る、変装する」とはかけ離れた意味です。(D)は「〜に餌を与える」。

【その他の品詞】名詞：disguise「偽り、変装」

【その他の同義語】misrepresent

[訳] あるバクテリアは人体の防衛能力を回避するために、破壊された赤血球で自らの表面を覆い赤血球を装う。

※ evade：他動 〜を回避する

赤字部分の単語の同義語を(A)〜(D)の中から1つ選んでください。 ◀ 105-108

Q.105 Whitney Young, Jr., a civil rights leader who served presidential commissions, **championed** equal opportunities for African Americans.

(A) preferred
(B) proposed
(C) enjoyed
(D) defended

Q.106 By signing the Montreal Protocol, 197 countries **pledged** to phase out the production and consumption of ozone-damaging substances.

(A) began
(B) swore
(C) managed
(D) arranged

Q.107 Melatonin is a hormone that regulates a mammal's circadian rhythm, also known as the biological clock, and **induces** sleep.

(A) disrupts
(B) causes
(C) extends
(D) affects

Q.108 Unrestrained deforestation could leave the soil unprotected; the soil would be washed away by rainwater and **foul** the water of the surrounding area.

(A) thin down
(B) spill
(C) dirty
(D) soak up

学習歴 （ ／ ）（ ／ ）（ ／ ）（ ／ ）（ ／ ）

Q.105 ★★　　　　　　　　　　　　　　　正解 (D) defended

championed(champion)は他動詞で「〜を熱心に擁護した、〜を守った」。名詞で知られていますが今回は動詞としての用法です。(A)は「〜を好んだ」で、言葉の意味合いとしては近いですが、これのみでは champion に含まれる「擁護、戦う」は意味しません。(B)は「〜を提案した」で、「アフリカ系アメリカ人の平等な権利を提案した」となります。「擁護」するための行動の1つとして「提案」が入ることもあり得ますが、「権利を擁護する≒権利を提案する」の関係は不自然です。(C)は「〜を楽しんだ」。

【その他の同義語】espouse, protect, support

[訳] 公民権活動家のホイットニー・ヤング Jr. は大統領諮問委員会に属し、アフリカ系アメリカ人の平等な権利を擁護した。

Q.106 ★★　　　　　　　　　　　　　　　正解 (B) swore

pledged(pledge)は「他動詞：〜を誓った、約束した　自動詞：誓約した」で、今回は他動詞です。(A)は「〜を始めた」なので、「誓う」のような「自分の強い意思」を含むものとは別の性質の言葉です。(C)は「①どうにかして〜した　②〜を経営した、管理した」。(D)は「準備をした」なので、「誓った」とは異なります。

【その他の品詞】pledge：名詞「誓約」　【その他の同義語】promise

[訳] モントリオール議定書に署名することにより、197 か国がオゾン層破壊物質の製造・消費を段階的に廃止する事を誓った。
　※ phase out：句 〜を段階的に廃止する

Q.107 ★★　　　　　　　　　　　　　　　正解 (B) causes

induces(induce)は他動詞で、「〜を引き起こす、誘引する」。(A)は「〜を中断させる」で逆に近い意味になります。名詞は disruption「中断」。(C)は「〜を延長させる」。やや惜しいですが、正解の「〜を引き起こす」は本問では「起きている状態から眠りへと誘う、誘引する」の意味であり、(C)の「（すでに睡眠に入っている状態を）長びかせる」の意味はありません。(D)の「〜に影響を与える」は問題文中では「睡眠に影響を与える」で、「どういった影響か？」の意味はなく「睡眠を引き起こす」と同義にするのは拡大解釈です。

【その他の品詞】名詞：induction「誘導、導入」, inducement「誘導する物（原因）」
【その他の同義語】bring about, engender, stimulate　.

[訳] メラトニンは生物時計としても知られる哺乳類の概日リズムを調整するホルモンであり、眠りを引き起こす。
　※ circadian rhythm：名 概日（がいじつ）リズム（一般に言う“体内時計”のこと）

Q.108 ★★　　　　　　　　　　　　　　　正解 (C) dirty

foul は「他動詞：①〜を汚す　②（ボールなど）をファウルにする　自動詞：①汚れる　②ファウルを打つ」で、今回は他動詞です。(A)は「〜を薄める」で、問題文中では「土は雨水で流され周辺の水を薄める」となりますが、「汚す≒薄める」の関係は不自然です。(B)は「〜をこぼす」なので、これまた「汚す、汚れ」とは別の意味合いです。(D)は「〜を吸収する」でした。

【その他の品詞】名詞：foul「ファウル、反則」　形容詞：foul「①不潔な、臭い　②（言葉が）不愉快な、汚い」　【その他の同義語】pollute, taint

[訳] 無制限の森林伐採は土壌をむき出しにしかねず、土は雨水で流され周辺の水を汚染するであろう。

赤字部分の単語の同義語を(A)～(D)の中から1つ選んでください。 🔊 109-112

Q.109 The fossil of *Pakicetus*, the oldest whale that lived mostly on land some 50 million years ago, was discovered **embedded** in river sediments.

☐

(A) frozen
(B) crystalized
(C) buried
(D) decayed

Q.110 Founded in 1965, one of the primary missions of the United Nations Development Program is to **eradicate** poverty throughout the world.

☐

(A) control
(B) investigate
(C) publicize
(D) eliminate

Q.111 Selenium, a chemical element present in the soil, could **contaminate** the environment once discharged as industrial runoffs in large quantities.

☐

(A) improve
(B) protect
(C) pollute
(D) transform

Q.112 Every living organism **allocates** limited energy resources for the maintenance of its body, reproduction, and growth to ensure its survival.

☐

(A) distributes
(B) relies on
(C) cuts down
(D) uses up

学習歴 (/) (/) (/) (/) (/)

Q.109 ★★★　　　　　　　　　　正解　(C) buried

embedded(embed) は他動詞で「〜を埋め込む、はめ込む」。今回は「埋め込まれた」となります。(A)は「凍っている」。(B)は「結晶化している」で、名詞は crystal「結晶」。(D)は「腐っている」で、名詞の「腐敗」の意味もあります。間違いの３つとも「埋まっている」とは異なる意味でした。
【その他の同義語】lodge

[訳] 最古のクジラで約５千万年前に主に陸上に生息していたパキケトゥスの化石は川の堆積物の中に埋まっているのが見つかった。
Pakicetus：图 パキケトゥス　足が４本あり、外見上は犬や狼のようですが、分類上は cetacean [sitéiʃən]：「クジラ目」とされています。

Q.110 ★★★　　　　　　　　　　正解　(D) eliminate

eradicate は他動詞で「〜を根絶する、撲滅する」。(A)は「①〜を管理する　②〜を抑制する、制御する」で、②が惜しいですが、「根絶、撲滅」が「完全にゼロにする」一方、「抑制、制御」は「レベルを低めにするが、ゼロにはならない」ので、意味の強さに違いがあります。正解(D) eliminate が「〜を完全になくす」です。(B)は「〜を調査する」。(C)は「〜を宣伝する」で、国連開発計画には貧困を世に知らしめる役割はありますが、「根絶する」と同義ではありません。
【その他の品詞】名詞：eradication「根絶、撲滅」
【その他の同義語】root out, stamp out, wipe out

[訳] 1965 年に設立された国連開発計画の主な使命の１つは世界中の貧困の根絶である。

Q.111 ★★　　　　　　　　　　　正解　(C) pollute

contaminate は「〜を汚染する」。(A)の「〜を改善する」は正解とは逆ですね。(B)の「〜を保護する」もどちらかと言えば逆の意味です。(D)の「〜を一変させる」は「〜を汚染する」と同義にすると混乱を招きます。
【その他の品詞】名詞：contamination「汚染、公害」
【その他の同義語】foul, poison

[訳] 土壌中に存在する化学元素であるセレンは、いったん大量に産業流出として排出されると環境を汚染する可能性がある。

 セレンは少量であれば人体には必須ですが、多量だと害になります。

Q.112 ★★★　　　　　　　　　　正解　(A) distributes

allocates(allocate) は他動詞で「①〜を配分する　②(特定の目的のために) 〜を取っておく」。(B)は「〜に頼る」で、問題文中に入れても内容としては自然ですが、「振り分ける≒頼る」の関係は成り立ちません。(C)は「〜を削減する」で、(D)は「〜を使い切る」でした。
【その他の品詞】名詞：allocation「①割り当て　②配分」
【その他の同義語】allot

[訳] あらゆる生物は生存のために、限られたエネルギー源を身体の維持、繁殖、そして成長に分配する。

赤字部分の単語の同義語を(A)〜(D)の中から1つ選んでください。 ◀ 113-116

Q.113 Some members of the U.S. Congress did not believe that the Great Depression would **warrant** the establishment of new government programs.

(A) budget

(B) justify

(C) complete

(D) succeed

Q.114 Instead of vocal cords, birds use the syrinx—an organ attached at the base of their windpipe—to produce various audio signals and **convey** messages to other birds.

(A) memorize

(B) hear

(C) interpret

(D) send

Q.115 Extravehicular activity for astronauts involves enormous risk, partly because they have nothing to **grab** to stabilize themselves in space.

(A) carry

(B) stand on

(C) hold

(D) push

Q.116 One of the world's most **littered** items is cigarette butts, some of which could end up in the water supply.

(A) piled up

(B) tossed out

(C) used up

(D) trampled on

学習歴 (/) (/) (/) (/) (/)

Q.113 ★★★　　　　　　　　　　　　　　正解 (B) justify

warrant は他動詞で「①～の正当な理由となる、～を正当化する　②～を保証する、請け合う」で、「理由の根拠」がポイントになります。(B)justify の just「正しい」にも注目です。(A)は「～の予算を計上する」で、センテンスの意味は通じますが「理由づけをする、正当化する」の要素はありません。(C)の「～を完成させる、終える」も同様です。(D)は「～の後に続く」で、問題文中では「大恐慌は新しい政府の計画の制定の後に続く」と「時系列、順番」の話になってしまい、また「大恐慌」と「計画の制定」の順番が逆になっています。

【その他の品詞】名詞：warrant「①正当な理由　②令状」, warranty「保証書」

【その他の同義語】be worthy of, deserve（Q.098）, merit

[訳] アメリカ議会の議員の中には大恐慌は新しい政府の計画の制定を正当化するとは信じないものもいた。

Q.114 ★★　　　　　　　　　　　　　　　正解 (D) send

convey は他動詞で「①～を伝える、伝達する　②～を運ぶ、運搬する」。(A)は「～を記憶する」なので、「伝える」とは別の能力です。(B)は「～を聞く」で、これは正解の逆に近い意味です。(C)は「①～を解釈する ②～を通訳する」で、2 つのいずれも「伝える」とは別になります。

【その他の品詞】名詞：conveyer「①運搬人　②コンベヤーベルト」

【その他の同義語】communicate, transmit

[訳] 鳥は声帯の代わりに鳴管（めいかん）という気管の底についた器官を使い様々な音声信号を作り、メッセージを他の鳥に向け伝える。

Q.115 ★　　　　　　　　　　　　　　　　正解 (C) hold

grab は他動詞で「①～を不意につかむ　②～をひったくる」。(A)は「～を運ぶ」。(B)は「～の上に立つ」なので、「（手で）つかむ」とは異なります。(D)は「～を押す」なので、これまた「つかむ」とは別ですね。

【その他の品詞】名詞：grab「①ひっつかむこと　②略奪」

【その他の同義語】clutch, seize

[訳] 宇宙空間では体を安定させるためにつかむものが何もないことが一因で、宇宙飛行士の船外活動が大きな危険を伴う。

※ extravehicular：形 船外の　extra は「外の」、vehicular は vehicle「乗り物」の形容詞

Q.116 ★★　　　　　　　　　　　　　　　正解 (B) tossed out

littered（litter）は「他動詞：～を散らかす　自動詞：（ごみなどが）散らかす」で、今回は「散らかされた」となります。(A)は「積み重ねられた」で、文字通り「物を山積みにした」に過ぎず、「散らかす」の意味はありません。toss が明確に「～をぞんざいに放り投げる」です。(C)は「使いつくされた」で、これは「使用」の意味であり「散らかす、散乱させる」とは別の意味です。(D)は「踏みつけられた」なので、「"散らかされた"物が"踏みつけれらる"事はあり得ますが、意味として「散らかされる≒踏みつけられる」ではありません。

【その他の品詞】名詞：litter「ごみ、散らかった物」　なお液体の量を表す「リッター」は liter で発音は「リーター」になります。

【その他の同義語】clutter, scatter about

[訳] 世界で最も散らかる物品はタバコの吸い殻で、その中のいくらかは水道の中に入りこむことがあり得る。

赤字部分の単語の同義語を(A)〜(D)の中から1つ選んでください。 ◀ 117-120

Q.117 The overworking conditions of the American railroad workers had been **disregarded** until a federal law relating to an eight-hour workday was passed in 1916.

(A) debated
(B) worsened
(C) maintained
(D) ignored

Q.118 Since the 1970s, some zoologists have **advocated** using species translocation—the managed relocation of species from one place to another—to save endangered species.

(A) recommended
(B) experimented
(C) considered
(D) demanded

Q.119 As other forms of energy become more easily available, the coal industry is not expected to **revive** anytime soon.

(A) reappear
(B) recover
(C) modernize
(D) succeed

Q.120 Scientists were **astounded** that *Lyuba*, the mummified mammoth found in Russia, contained organs and skin in perfect condition.

(A) pleased
(B) puzzled
(C) amazed
(D) frustrated

学習歴 (/) (/) (/) (/) (/)

Q.117 ★ 　　　　　　　　　　　正解 (D) ignored

disregarded(disregard)は他動詞で「〜を軽視する、(故意に)〜に注意を払わない」。今回は「軽視された」の意味です。(A)は「討議された、ディベートされた」なので、「軽視」されていたら「討議」はされないはずです。(B)の「より悪化した」は惜しいですが、これは細かく言えば「悪い→より悪くなる」という「程度の変化」を伴う一方、「軽視された」にはこの意味がありません。(C)は「維持された」なので、「軽視」といったネガティブな意味合いはありません。

【その他の品詞】名詞：disregard「軽視、無視」

【その他の同義語】discount, brush aside

[訳] 1日8時間労働に関する連邦法が1916年に通過するまで、アメリカの鉄道労働者の過剰な労働量は軽視されていた。

Q.118 ★★★ 　　　　　　　　　　正解 (A) recommended

advocated(advocate)は他動詞で「〜を唱える、擁護する」なので、「意見の表明」がポイントです。(B)は「〜を実験する」で、これのみでは「意見の主張」である事は伝わりません。(C)の「〜を検討する」は、「意見の主張」と同義にするには程度が弱すぎます。(D)は「〜を要求する」で惜しいですが、demand の定義は「to request forcefully(強く依頼をする)」なので、「唱える、擁護する」と同義にするには強すぎます。(A)recommended の程度が良いのです。

【その他の品詞】名詞：advocate「提唱者」

【その他の同義語】champion(Q.105), favor, promote

[訳] 1970年代以来、動物学者達は絶滅危惧種を救うため、種をある場所から別の場所へ管理して移転させる、種の移転の使用を唱えている。

Q.119 ★ 　　　　　　　　　　　　正解 (B) recover

revive は「自動詞：①復興(復活)する　②生き返る　他動詞：①〜を復興(復活)させる　②〜を生き返らせる」で今回は自動詞です。re の意味と、viv が意味する「活力：(survive, vivid など)」が重要な点です。(A)は「再び現れる」なので惜しいですが、この単語は文字通りの意味のみで、「活力」の意味合いがありません。(C)は「近代化する」で惜しいですが、「復興する≒近代化する」とすると「何かが"復興する"際には常に"近代化する"」という無理のある定義づけになってしまいます。(D)の「成功する」も惜しいですが、re の「再度」の意味が不足しています。

【その他の品詞】名詞：revival「復興、復活」

[訳] 他の形態のエネルギーが容易に利用可能になるので、石炭産業がすぐに復興することは予想されていない。

Q.120 ★★★ 　　　　　　　　　　正解 (C) amazed

astounded(astound)は他動詞で「〜をびっくり仰天させた」。今回は「びっくり仰天させられた」となります。(A)は「喜ばされた」で、文字通り「喜び」が意味の中心であり「仰天、驚き」の意味合いが希薄です。(B)は「困らせられた、頭を悩ませられた」で、「困惑、悩み」なので、これもまた「仰天、驚き」はありません。(D)は「①挫折させられた　②イライラさせられた」で、これも正解とは異なる感情です。

【その他の同義語】startle, stun(Q.016), surprise

[訳] リューバというロシアで発見されたミイラ化したマンモスが完全な状態の内臓と皮膚を有していることに科学者は仰天させられた。

赤字部分の単語の同義語を(A)～(D)の中から1つ選んでください。 📢 121-124

Q.121 The deer mouse living at a high altitude has a higher metabolic rate
☐ to **cope with** a low-oxygen environment.

(A) breed in

(B) hunt in

(C) deal with

(D) nest in

Q.122 Beating their wings up to 80 times per second, the hummingbird's
☐ ability to hover and remain nimble in strong winds has **baffled**
scientists.

(A) disappointed

(B) alarmed

(C) confused

(D) interested

Q.123 Rainwater falling on vegetated areas **seeps** into the ground and
☐ reaches groundwater sources while providing the soil with nutrients.

(A) bursts

(B) turns

(C) gradually goes back

(D) flows slowly

Q.124 One moth species has developed a unique defense mechanism,
☐ which **surmounts** the echolocation of bats.

(A) overcomes

(B) utilizes

(C) adjusts

(D) amplifies

学習歴 (/) (/) (/) (/) (/)

Chapter 1

動詞

Q.121 ★★ 　　　　　　　　　　正解 (C) deal with

cope は自動詞で with を伴い「〜に対処する、〜を切り抜ける」。今回は「環境に対応する」との意味です。(A)は「〜で繁殖する」で「環境に"対処する"事ができるので"繁殖する"ことも可能になる」と推測は可能ですが、これは「文脈」ではなく「単語の意味を問う」問題なので「対処、対応≒繁殖」は無理があります。(B)は「〜で狩りをする」で、やはり「対処≒狩り」の関係は不自然。(D)は「〜で巣を作る」。

【その他の同義語】handle(他動詞), manage(他動詞)

[訳] 高地に住んでいるシロアシネズミは低酸素の環境に対応するため、高い新陳代謝率を有している。

Q.122 ★★★ 　　　　　　　　　　正解 (C) confused

baffled(baffle) は他動詞で「〜を困惑させる」。(A)は「〜をがっかりさせる」。やや惜しいですが、「がっかり」とは「事前に期待していたことと違っていたので落胆」することであり、正解の「困惑」にはこの点がありません。したがって、例えば「知らない単語を見て困惑する」を「知らない単語を見てがっかりする」と同義にすると違和感が生じます。(B)は「①〜を怖がらせる ②〜に警報を発する」で、やはり「困惑させる≒怖がらせる、警戒させる」とするには隔たりがあります。なお名詞では「①(突然の)恐怖、不安 ②警戒」。(D)は「〜に興味を持たせる」。

【その他の品詞】形容詞：baffling「困惑させるような」

【その他の同義語】confound, puzzle

[訳] 1秒につき最大80回の羽ばたきをするハチドリの強風の中で空中停止しつつ敏捷である能力は科学者を困惑させている。

※ nimble：形 俊敏な

Q.123 ★★★ 　　　　　　　　　　正解 (D) flows slowly

seeps(seep) は自動詞で「ゆっくり滲み出る」。into を伴うと「〜にゆっくり浸透する」です。(A)は「急に入り込む」なので、「ゆっくり浸透する」に比べるとスピードに違いがあります。(B)は「変化する」なので、今回は「雨水が地面に変化する」となり不自然です。(C)は「ゆっくり退却する」で、「ゆっくり」は正解と同じですが、seep に「退却」の意味はありません。

【その他の同義語】drip, percolate, ooze

[訳] 草木の生えているエリアに落下する雨水は地面にゆっくり浸透し、地下水に達すると同時に土に栄養素を与える。

Q.124 ★★★ 　　　　　　　　　　正解 (A) overcomes

surmounts(surmount) は他動詞で「(障害)を突破する、克服する」。(B)は「〜を活用する」で、問題文中では「コウモリの反響定位を活用する」となり、「突破、克服」とはかなり別種の意味です。(C)は「〜を調整する、正確になるように合わせる」で、これまた「突破」とは異なります。(D)は「〜を拡大する」ですが、surmount には「拡大」の意味はありません。

【その他の品詞】形容詞：surmountable「突破できる、克服できる」⇔ insurmountable「克服不可な」

【その他の同義語】conquer, counter, defeat

[訳] ある蛾の種は特徴のある防衛機能を有しており、コウモリの反響定位を突破する。

※ echolocation：名 反響定位

コウモリやクジラは超音波を発し、その反響により物体の位置を把握します。

赤字部分の単語の同義語を(A)〜(D)の中から1つ選んでください。 🔊 125-128

Q.125 Several attempts have been made to **probe** the sound quality of a
☐ Stradivarius, one of the world's most outstanding violins; thus far,
none have been conclusive.

    (A) study
    (B) maintain
    (C) improve
    (D) reproduce

Q.126 Some studies suggest that daylight saving time could help
☐ **conserve** electricity and stimulate the economy, while others differ.

    (A) distribute
    (B) sell
    (C) generate
    (D) save

Q.127 Although animal testing has proven effective in the development of
☐ new medicines, it inevitably **entails** ethical questions.

    (A) pursues
    (B) defines
    (C) answers
    (D) involves

Q.128 Despite a great deal of effort made by safety experts, the physical
☐ risks involving farming machinery **persisted** during the 20th
century.

    (A) increased
    (B) lasted
    (C) concentrated
    (D) declined

学習歴 (/) (/) (/) (/) (/)

Q.125 ★★　　　　　　　　　　　　　正解　(A) study

probe は他動詞＆自動詞で「他動詞：～を調べる　自動詞：調べる」。(B)は「～を維持する」なので、「調べる」とは別です。(C)は「～を改善する」。(D)は「～を再現する」で、やや惜しいですが、「調べる≒再現する」と関連付けるのは無理がありますね。確かに「再現する」は「調べる」の一部分になり得ますが、"再現する"以外にも"調べる"方法はあるはずなので、同義にするのは不自然です。

【その他の品詞】名詞：probe「①調査　②宇宙探査機」

【その他の同義語】examine, investigate, survey

[訳] 世界最高のバイオリンの一つであるストラディバリウスの音質を調査する試みがいくつか行われているが、今のところいずれも決定的なものではない。

17、18世紀の低い気温が木の材質に影響を与えた説が有力ですが、決定的ではありません。

Q.126 ★★　　　　　　　　　　　　　正解　(D) save

conserve は他動詞で「～を大切に使う、保護する」。(A)は「～を供給する、流通させる」。(B)は「～を売る」ですが、今回の内容は電力自由化の話ではありません。(C)は「～を発生させる、引き起こす」で、確かに電気に関連する言葉ですが「大切に使う、保護する」の意味はありません。

【その他の品詞】名詞：conservation「(資源などの)保存、保護」

【その他の同義語】preserve

[訳] ある研究はサマータイムが電気を節約し経済を活性化するのに役立つと言うが、他の研究は意見を異にする。

Q.127 ★★★　　　　　　　　　　　　正解　(D) involves

entails(entail) は他動詞で「～を伴う」。(A)は「～を追求する」ですが、「追求」は意図的な行為なので、「(動物実験は)必然的に倫理的な問題を追求する」と妙な意味になります。名詞は pursuit。(B)は「～を定義する」で、「伴う」とは異なります。(C)は「～に答える」なので、問題文中では「必然的に倫理的な問題に答える」となり、「～を伴う(引き起こす)」とは違う意味になってしまいます。

【その他の同義語】bring about, cause, produce

[訳] 動物実験は新薬の開発において効果的であると立証されているが、必然的に倫理的な問題を伴う。

Q.128 ★★　　　　　　　　　　　　　正解　(B) lasted

persisted(persist) は自動詞で「①(好ましくない現象などが)持続した　②主張した」。(A)は「増加した」。正解の「持続」は「現状維持」を意味するので、「増加する」と同義にするには程度が強すぎます。(C)は「集中した」。(D)は「降下した、減少した」。

【その他の品詞】名詞：persistence「粘り強さ」　形容詞：persistent「粘り強い」

【その他の同義語】continue, linger(Q.018), remain

[訳] 安全対策専門家の多くの努力にもかかわらず、農業機器にまつわる身体的危険は20世紀中続いた。

赤字部分の単語の同義語を(A)〜(D)の中から１つ選んでください。 📢 129-132

Q.129 The excessive level of nitrate in groundwater can **degrade** the quality of drinking water.

- (A) determine
- (B) improve
- (C) maintain
- (D) damage

Q.130 From ancient times, honey has been known to **inhibit** bacteria and fungi growth.

- (A) restrict
- (B) benefit from
- (C) promote
- (D) make use of

Q.131 American regionalism began during the Great Depression when artists started **embracing** life in small towns and focusing on familiar subjects.

- (A) accepting
- (B) painting
- (C) researching
- (D) realizing

Q.132 Ragtime, an African American music of the late 19th century, was **fused** with the blues to create jazz.

- (A) blended
- (B) compared
- (C) replaced
- (D) filled

学習歴 (/) (/) (/) (/) (/)

Q.129 ★★ 正解 (D) damage

degrade は他動詞で「①(地位・価値・品質など)を下げる ②(人など)の品位を下げる」という意味なので「悪影響を与える」というのがポイントです。英和辞典であまり触れない①が重要です。(A)は「〜を決定する」なので、「悪影響」の意味はありません。(B)は「〜を改善する」なので正解とは逆の意味。(C)の「〜を維持する」も違います。
【その他の品詞】名詞：degradation「下落」
【その他の同義語】harm

[訳] 地下水の硝酸塩の過剰なレベルは飲み水
の質を下げることがある。

硝酸塩が地下水に含まれることはよくありますが、水道水中のレベルは抑えられています。

Q.130 ★★★ 正解 (A) restrict

inhibit は他動詞で「〜を抑制する、防止する」。(B)は「〜から利益を得る」で、「抑制(下のレベルに押しとどめようとする動き)」とはだいぶ異なります。(C)は「〜を促進する」で、正解とは逆ですね。(D)は「〜を利用する」。
【その他の品詞】名詞：inhibition「抑制」
【その他の同義語】hinder, arrest, restrain

[訳] 古代の時代からハチミツはバクテリアと菌類の増殖を抑制すると知られていた。
　※ fungi：图 fungus「カビ」の複数形

Q.131 ★★ 正解 (A) accepting

embracing(embrace)は他動詞で「①(主義など)を受け入れる ②〜を抱きしめる」。今回は動名詞としての用法です。(B)は「〜を描く事」で、芸術に関する問題文の内容には沿っていますが、単語の意味として異なります。(C)は「〜を研究する事」ですが、「受け入れる≒研究する」とするには無理があります。(D)は「①〜に気が付く事 ②〜を実現する事」。②を取った場合でも「目標の達成」という意味なので、正解の「主義の受け入れ」とは隔たりがあります。
【その他の品詞】名詞：embrace「抱擁」
【その他の同義語】adopt, receive, welcome

[訳] アメリカ地域主義は大恐慌時に始まり、芸術家は小さな町での生活を受け入れ、見慣れた題材に注目し始めた。
　※ American regionalism：图 アメリカ地域主義　1930年代にアメリカ中西部で始まり、第二次世界大戦終結と共に収束した芸術運動です。

Q.132 ★★ 正解 (A) blended

fused(fuse)は「他動詞：〜を融合させる、溶かす　自動詞：融合する、溶ける」で、今回は「融合された」です。(B)は「比較された」、(C)は「取って代わられた」の意味です。(D)は「満たされた」で、問題文中では「ラグタイムはブルースで満たされた」となります。しかし、正解の「融合」とは「2つのものが溶け合って1つになる」ことですから別物です。例えば、主語を入れ替え「ボトルが水で満たされた」を「ボトルが水と融合された」に置き換えると不自然さが明確になります。
【その他の品詞】名詞：fusion「融合」
【その他の同義語】combine, incorporate, merge

[訳] アフリカ系アメリカ人の19世紀後半の音楽であるラグタイムは、ブルースと融合されジャズを作り出した。

赤字部分の単語の同義語を(A)〜(D)の中から1つ選んでください。◀ 133-136

Q.133
☐
As Rembrandt had several assistants with good painting skills, **discerning** the difference between Rembrandt's paintings and those of his assistants could be challenging for researchers.

(A) identifying
(B) underlining
(C) making
(D) explaining

Q.134
☐
Hundreds of thousands of people **thronged to** the first inauguration ceremony of Franklin Roosevelt in 1933.

(A) celebrated at
(B) swarmed into
(C) protested against
(D) marched towards

Q.135
☐
The vast majority of the plant kingdom is **comprised of** flowering plants, which appeared 130 million years ago.

(A) succeeded by
(B) supported by
(C) cleared of
(D) made up of

Q.136
☐
For the past few decades, the Kenyan government has **incinerated** tons of ivory seized from traffickers as a warning against the illegal ivory trade.

(A) burned
(B) crushed
(C) exhibited
(D) auctioned

学習歴 (/) (/) (/) (/) (/)

Q.133 ★★ 　　　　　　　　　　正解 (A) identifying

discerning(discern)は他動詞。意味は「①〜を識別(特定)すること　②〜を見つけること」で、今回は動名詞です。(B)は「①〜を強調すること　②〜に下線を引くこと」。①を取っても「違いを識別する」と「違いを強調する」は異なります。(C)は「〜を作ること」で、やはり「違いを識別する」と「違いを作る」は別です。(D)は「〜を説明すること」ですが、行動の順番としては「違いを(自分で)"識別"→違いを(他者に)"説明"」なので、2つは同義にはなりません。
【その他の品詞】形容詞：discernible「識別可能な」【その他の同義語】distinguish, differentiate

[訳] レンブラントは幾人かの優れた絵の技術を有した助手を雇っていたので、レンブラントと助手の絵の違いを識別することは研究者にとって困難になり得る。

Q.134 ★★ 　　　　　　　　　　正解 (B) swarmed into

thronged(throng)は「自動詞：殺到した　他動詞：〜に殺到した」で、今回は to を伴い、自動詞「〜に殺到した」。(A)は「〜で祝った」で、設問文中では「就任式で祝った」と自然ですが、「殺到した」には「祝う」の意味は含まれません。単語問題で重要なのは「単語の意味」であり、「センテンスの文脈の自然さ」ではない点を今一度思い出しましょう。(C)の「〜に対して抗議をした」も同様の理由で不正解となります。(D)は「〜に向けて行進をした」で惜しいですが、これには「殺到、混雑」の意味合いがありません。
【その他の品詞】名詞：throng「群衆」【その他の同義語】crowd, flock, gather

[訳] 1933年、フランクリン・ルーズベルトの初の就任式に数十万人の人々が殺到した。

Q.135 ★★ 　　　　　　　　　　正解 (D) made up of

comprised(comprise)は他動詞で「①〜を構成する　②〜から成る、〜を含む」。今回は of を伴い「〜で構成されている」となります。(A)は「〜によって跡を継がれる、継承される」で、問題文中の概要は「植物界の大半は顕花(けんか)植物に継承される」となってしまい「植物界の大半」と「顕花植物」が別個のようです。しかし、正しくは「植物界の大半≒顕花植物」の関係です。(B)は「〜に支えられている」なので、「植物界の大半は顕花植物に支えられている」となり、やはり「植物界の大半≒顕花植物」とは別です。(C)は「〜を取り除かれている」なので、「植物界の大半は顕花植物がない」といった正解とは逆に近いです。
【その他の同義語】compose, constitute(Q.021), form

[訳] 植物界の大半は1億3千万年前に出現した顕花植物で構成されている。
　※ kingdom：图（生物分類上の)界　以前は動物、植物の2つのみの分類でしたが現代では菌などを含めた5つに分ける考えが主流です。

Q.136 ★★★ 　　　　　　　　　　正解 (A) burned

incinerated(incinerate)は他動詞で「〜を焼却する、火葬する」。(B)は「〜を砕く」。(C)は「〜を展示する」で、警察が押収品をマスコミ向けに展示することはありますが、「焼却する」とは別です。(D)は「〜をオークションにかける」でした。
【その他の品詞】名詞：incineration「焼却、火葬」

[訳] 過去数十年にわたり、ケニア政府は違法な象牙取引に対する警告として、密輸業者から押収した何トンもの象牙を焼却している。
　※ trafficker：图（悪徳な)商人、取引をする人
　※ seize：他動 〜を押収する

赤字部分の単語の同義語を(A)〜(D)の中から1つ選んでください。 ◀ 137-140

Q.137 In one type of galaxy, stars have **diffused** and now look extremely
pale, which requires special telescopes to observe them.

(A) spread
(B) evolved
(C) clustered
(D) rotated

Q.138 In the 19th century, industrialization in the U.S. succeeded, partly
because there was little vested interest that **impeded** technological
development.

(A) administered
(B) encouraged
(C) caught up with
(D) obstructed

Q.139 Unlike the Earth, the surface of the Moon is **marred by** a lot of
craters because it does not have an atmosphere to protect itself
from meteoric impacts.

(A) spoiled by
(B) filled with
(C) decorated with
(D) buried under

Q.140 Largely aided by strong wind and dry air, the Great Chicago Fire of
1871 **blazed** for three days and killed approximately 300 people.

(A) flared
(B) split
(C) retreated
(D) stabilized

学習歴 (/) (/) (/) (/) (/)

Q.137 ★★★　　　　　　　　　　　　正解 (A) spread

diffused(diffuse)は「自動詞：①拡散する　②普及する　他動詞：①〜を拡散させる　②〜を普及させる」で、今回は自動詞です。(B)は「進化する」ですが、「物の変化」なので「拡散(空間・地理的な広がり)」とは別です。(C)は「密集している」なので正解とは逆。(D)は「回転する」で、名詞では rotation「回転」や、「(カタカナの)ローテーション、順番」。

【その他の品詞】名詞：diffusion「①拡散　②普及」

【その他の同義語】scatter, disperse(自動詞)

[訳] あるタイプの銀河は星が拡散し、今やとても青白く見え、観測するのに特別な望遠鏡を要する。

Q.138 ★★★　　　　　　　　　　　　正解 (D) obstructed

impeded(impede)は他動詞で「〜を妨げた、邪魔をした」。(A)は「①〜を管理した、統治した　②〜を運営した　③(薬など)を投与した」で、いずれも「妨げる」の意味はありません。名詞は administration。(B)は「①〜を促進した　②〜を励ました」なので、逆の意味に近いですね。(C)は「〜に追いついた」。

【その他の品詞】】名詞：impediment「障害、妨害」

【その他の同義語】disrupt, hinder, interfere with

[訳] 19世紀のアメリカの産業化は技術的な発展を妨げる既得権がほとんどなかったことが一因で成功した。

　※　vested interest：图 既得権、利権

Q.139 ★★★　　　　　　　　　　　　正解 (A) spoiled by

marred(mar)は他動詞で「〜を傷つける、(美観などを)損なう、台無しにする」。今回は by を伴い「〜で傷つけられている」です。(B)は「〜で一杯である」で文脈としては「多くのクレーターで一杯である」となり自然ですが、これには「傷つける、損なう」の意味はありません。(C)は「〜で飾られている」ですが、「きれいに見せるために飾る」が趣旨(名詞は decoration)なのでやはり「(美観を)損なう」とは相いれません。(D)は「〜の下に埋められた」ですが、正解の mar には「埋める」など地面に関する意味合いはありません。

【その他の同義語】damage, flaw, scar

[訳] 月面は隕石の衝突から自らを保護する大気を有しないので、地球とは異なり多くのクレーターで傷つけられている。

Q.140 ★★　　　　　　　　　　　　　正解 (A) flared

blazed(blaze)は自動詞で「①燃え立った　②光り輝いた」。(B)の「分裂した」は「燃え立った」とはかなり性質の異なる言葉です。(C)の「後退した」はどちらかと言えば逆に近いものです。(D)は「安定した」。

【その他の品詞】名詞：blaze「①炎　②強い光」

【その他の同義語】burn, flame

[訳] 強風と乾燥した空気にかなり煽られた1871年のシカゴ大火災は3日間にわたり燃え、およそ300人を死なせた。

赤字部分の単語の同義語を(A)～(D)の中から1つ選んでください。 ◀ 141-144

Q.141 In his outstanding essay, *Self-Reliance*, essayist Ralph Emerson
☐ **repudiated** the idea of conformity to social standards.

- (A) recommended
- (B) discussed
- (C) came up with
- (D) rejected

Q.142 During World War II, the U.S. government **diverted** a large number
☐ of business resources to the war effort.

- (A) loaned
- (B) transferred
- (C) transported
- (D) exported

Q.143 Fungi, such as mushrooms, are known to **extract** poisonous heavy
☐ metals from the soil and store them inside their body. The collected
metal is later recycled for industrial purposes.

- (A) produce
- (B) distinguish
- (C) take out
- (D) protect

Q.144 For its innovative cinematographic techniques, *Citizen Kane*,
☐ directed by Orson Welles in 1941, has been **lauded** as the best
movie ever made.

- (A) ranked
- (B) marketed
- (C) nominated
- (D) praised

学習歴 (/) (/) (/) (/) (/)

Q.141 ★★★　　　　　　　　　　　　　　正解 (D) rejected

repudiated（repudiate）は他動詞で「～を拒絶した」。（A）は「～を勧めた」なので、完全に逆の意味です。（B）は「～を論じた」とだいぶ中立的で、「拒絶」とは大きく違います。（C）は「～を考え出した」なので、これも「拒絶」とはかなり意味の乖離がありますね。
【その他の品詞】名詞：repudiation「拒絶、拒否」　【その他の同義語】disapprove, forswear

[訳] 傑出した評論である『自己信頼』においてラルフ・エマーソンは社会基準への服従を拒絶した。

『自己信頼』は後世の作家・思想家に影響を与えたと評されます。私は自信喪失時によくお世話になります。

Q.142 ★★　　　　　　　　　　　　　　　正解 (B) transferred

diverted（divert）は他動詞で「①～を別の目的・方向に転換した　②～の注意をそらした　③～に気分転換をさせた」。（A）は「～を貸し出した」なので「後日返却する」意味合いを含みますが、divert「転換」にはその意味はありません。（C）は「～を輸送した」で、「A から B へ移動する」という点では正解と共通ですが、これは文字通り輸送機関を使う場合に限られる一方、divert にはその意味合いはありません。（D）は「～を輸出した」で、やはり「転換」の意味はなく、幅広く「移転させる」を意味する（B）transfer が適切となります。
【その他の品詞】名詞：diversion「①転換　②気をそらすこと」
【その他の同義語】shift, reallocate, redirect

[訳] 第二次大戦中、アメリカ政府は大量のビジネス資源を戦争遂行へと転換した。

Q.143 ★★　　　　　　　　　　　　　　　正解 (C) take out

extract は他動詞で「①～を抽出する、取り出す　②～を抜粋する」。（A）は「～を作る」ですが、正解はマッシュルームが「重金属を土から抽出する（取り出す）」ので、「作る」訳ではありません。（B）は「～を識別する」はやや惜しいですが、あくまでも「識別・認識」という「判断」の意味であり、「抽出、取り出す」という「行動」とは別です。（D）は「～を守る」。
【その他の品詞】名詞：extraction「①抽出　②血統」
【その他の同義語】draw out, remove

[訳] マッシュルームのような菌類は毒性の重金属を土から抽出し、内部に貯蔵することで知られている。集められた金属は後に産業用にリサイクルされる。
　※ fungi：名 fungus「カビ」の複数形

Q.144 ★★★　　　　　　　　　　　　　　正解 (D) praised

lauded（laud）は他動詞で「～を褒め称える」。今回は「褒め称えられる」となります。（A）は「～と位置付けられている」なので、問題文中では「最高の映画と位置付けられている」となり自然ですし、このように褒め言葉としてよく使われます。ただし、rank そのものには「褒める、賞賛」の意味はなく、「失敗作と"位置付ける"」と使うことも可能なので同義にはできません。（B）は「売り出された」で、「プロモーション」に限定された言葉。（C）は「（賞・選挙候補などに）ノミネートされた」と状況が限定された言葉ですが、"褒める"手段は"ノミネートする"以外にもあるはずなので、同義とすることは無理があります。
【その他の同義語】exalt, glorify, hail

[訳] その革新的な映画的技法により、1941 年にオーソン・ウェルズによって監督された『市民ケーン』は現在までに制作された最高の映画として褒め称えられている。

赤字部分の単語の同義語を(A)～(D)の中から1つ選んでください。 ◀ 145-148

Q.145 In 1974, the United States District Court **affirmed** that Native
American tribes had the right to harvest fish in Washington State
according to the treaties signed in the 1850s.

(A) testified
(B) suspected
(C) confessed
(D) confirmed

Q.146 The newly developed ultra-thin silicon circuit breaks down quickly
when **saturated** with water, making it an ideal material for a new
medical tool.

(A) soaked
(B) polished
(C) washed
(D) sprinkled

Q.147 The lunar rock samples brought back to the Earth in 1969 failed to
corroborate any of the three theories regarding the formation of
the Moon.

(A) propose
(B) challenge
(C) spread
(D) confirm

Q.148 During an annular eclipse, one type of solar eclipses, most of the
Sun is **concealed** by the Moon and is observed as a bright ring.

(A) highlighted
(B) hidden
(C) approached
(D) illuminated

Q.145 ★★   正解 (D) confirmed

affirmed(affirm)は他動詞で「①（合意、判断など）を確認した、支持した ②〜を断言した」。(A)は「（証人などが）〜を証言した」で、法律用語として使われますが「合意を確認、支持」とは別です。(B)は「〜ではないかと思った」で、名詞は suspicion「①感づくこと ②容疑」。(C)は「〜と告白した」で名詞は confession。間違い3つ共に法律・裁判関係用語として使われますが、「確認、支持」とは別です。

【その他の品詞】名詞：affirmation「肯定、断言」 形容詞：affirmative「肯定的な、断定的な」

［訳］1974年、アメリカの地方裁判所はアメリカ原住民が1850年代に調印した条約に基づきワシントン州で魚を捕獲する権利があることを支持した。

Q.146 ★★★   正解 (A) soaked

saturated(saturate)は他動詞で「〜を浸す、ずぶぬれにする」。今回は「浸された」となります。(B)は「磨かれた」。(C)は「洗われた」でやや惜しいですが、例えば「地面が雨でずぶぬれになる」を「地面が雨で洗われる」と表現したら妙ですよね。(D)は「ふりかけられる」で、今回は（水をふりかけられる）ですが、「浸す、ずぶぬれ」と比べると程度が弱くなります。

【その他の品詞】名詞：saturation「①浸透 ②飽和状態」

【その他の同義語】drench, waterlog

［訳］新しく開発された極薄のシリコンの回路は水に浸されると容易に分解し、それが新しい医療器具として理想的なものにしている。

Q.147 ★★★   正解 (D) confirm

corroborate は他動詞で「〜を裏付ける、確証する」。(A)は「〜を提案する」なので、「理論を裏付ける」前の段階です。名詞は proposal。(B)は「〜に意義を唱える」なので、別の性質の言葉です。(C)は「〜を広める」で、これは「裏付け」といった確認作業とは異なります。

【その他の品詞】名詞：corroboration「裏付け、確証」

【その他の同義語】authenticate, substantiate（Q.057）, verify（Q.094）

［訳］1969年に地球に持ち帰られた月の岩石のサンプルは月の形成に関する3つの理論のいずれをも裏付けることはできなかった。

 巨大な天体が地球に衝突した際の破片が集まり形成された、とする説が有力です。

Q.148 ★★   正解 (B) hidden

concealed(conceal)は他動詞で、意味は「〜を隠す」。今回は「隠される」となります。(A)は「強調される」なので逆の意味になります。名詞の「重要な点、ハイライト」の意味もあります。(C)は「近づかれる」なので、これではまだ「隠す」状態ではありません。(D)は「照らし出される」でやはり逆の意味です。

【その他の品詞】名詞：concealer「コンシーラー（化粧品）」、concealment「隠し事、隠蔽」

【その他の同義語】blot out, cover, mask

［訳］日食の形の1つである金環食の間、太陽のほとんどは月によって覆われ、明るい環として観測される。

赤字部分の単語の同義語を(A)～(D)の中から1つ選んでください。 📢 149-152

Q.149 Forked lightning happens when the second lightning path **deviates** from the original lightning path.

☐

- (A) hangs
- (B) departs
- (C) emerges
- (D) bounces

Q.150 In the 1890s, the U.S. manufacturing output **outstripped** that of Britain for the first time.

☐

- (A) matched
- (B) outdid
- (C) lost to
- (D) closed in on

Q.151 A recent theory suggests that early humans, called the Clovis people, **colonized** the Americas roughly 13,000 years ago.

☐

- (A) settled
- (B) explored
- (C) reached
- (D) witnessed

Q.152 Uluru, also known as Ayers Rock, is a giant rock formation and a holy place for native Australians; **ascending** the rock has been prohibited at their request.

☐

- (A) photographing
- (B) camping on
- (C) carving
- (D) climbing

学習歴 (/) (/) (/) (/) (/)

Q.149 ★★★ 　　　　　　　　　　正解 (B) departs

deviates(deviate)は「自動詞：分離する、逸脱する　他動詞：〜を分離させる、逸脱させる」で、今回は自動詞です。(A)は「ぶら下がっている」。(C)は「出現する」で、設問文中では「元の稲光進路から出現する際に発生する」となりますが、「分離、逸脱」の意味がありません。(D)は「飛び跳ねる、はずむ」なので「分離する」とは別ですね。
【その他の品詞】名詞：deviation「逸脱、脱線」
【その他の同義語】deflect, diverge, veer

［訳］枝分かれ電光は2つ目の稲光の進路が元の稲光進路からそれる際に発生する。

Q.150 ★★★ 　　　　　　　　　　正解 (B) outdid

outstripped(outstrip)は他動詞で「〜を追い越した」。(B)outdid の原形は outdo です。(A)は「〜に追いついた、匹敵した」で惜しいですが、これでは「アメリカとイギリスは同じレベルになった」という意味で「追い越した」の前の段階です。正確な意味を意識しましょう。(C)は「〜に負けた」なので、とても「追い越した」とは言えない状況です。(D)は「(追い上げて)〜に近づいた」で、やはりまだ「追い越した」の前の段階です。
【その他の同義語】outpace, outperform, surpass(Q.052)

［訳］1890年代になりアメリカの製造業の生産量がイギリスを初めて追い抜いた。

Q.151 ★ 　　　　　　　　　　正解 (A) settled

colonized(colonize)は「他動詞：〜を植民地化した　自動詞：入植した」。今回は他動詞です。(B)は「〜を探検した、調査した」で、名詞は exploration「探検、調査」、explorer「探検家」、形容詞は exploratory「探検の、調査の」があります。(C)は「〜に到着した」ですが、これは文字通り「ある場所に到達した」に過ぎないので「植民地化した(住んだ)」と同義にするには無理があります。(D)は「〜を目撃した」なので、あくまでも「見た」にすぎません。名詞は「目撃者」。
【その他の品詞】】名詞：colony「植民地」, colonist：「入植者」形容詞：colonial「植民(地)の」
【その他の同義語】populate

［訳］最近の説はクロービス人といわれる初期の人類が1万3千年前にアメリカ大陸に植民したことを示している。

Q.152 ★★ 　　　　　　　　　　正解 (D) climbing

ascending(ascend)は「他動詞：〜に登る　自動詞：登る」で、今回は他動詞の動名詞「〜に登ること」という意味です。なお反意語は descend「(〜を)下る」。(A)は「〜の写真を撮ること」。(B)は「〜でキャンプをすること」なので、「登る」と同義にすると「山に"登ること"≒"キャンプをする"こと」という奇妙な定義になってしまいます。(C)は「〜を刻むこと」でしたが、これはやってはいけません…。
【その他の品詞】名詞：ascent「①登ること　②上昇」　形容詞：ascendant「①上昇している②優勢な」
【その他の同義語】mount, scale

［訳］エアーズロックとしても知られているウルルは巨大な岩でオーストラリア原住民にとっては聖なる地であり、岩を登る事は彼らの要請により禁止されている。
　※ Ayers Rock はイギリス人探検家、Uluru はオーストラリア原住民によって付けられた名称です。

赤字部分の単語の同義語を(A)〜(D)の中から1つ選んでください。 🔊 153-156

Q.153 At some coal mines of the19th century, operations were occasionally
hampered by sudden floods and fires.

   (A) characterized

   (B) worsened

   (C) hurried

   (D) hindered

Q.154 According to a theory of child development, one-year-old toddlers
become **intrigued by** objects around them and try to use them.

   (A) fascinated by

   (B) accustomed to

   (C) distracted by

   (D) awoken by

Q.155 After nearly a century of the temperance movement, the Prohibition
Era began in 1920, which **banned** the production, transport, and
consumption of alcohol.

   (A) decreased

   (B) regulated

   (C) monitored

   (D) prohibited

Q.156 Since the end of World War II, the U.S. Constitution has been
amended six times.

   (A) violated

   (B) enforced

   (C) adopted

   (D) revised

Q.153 ★★★　　　　　　　　　　正解 (D) hindered

hampered(hamper) は他動詞で「〜を妨げた、邪魔をした」、今回は「妨げられた、邪魔をされた」と受動態です。(A) は「特徴づけられた」で名詞は characterization「特徴づけること」、character「①特徴　②性格」、形容詞は characteristic「独特の」。(B) の「悪化された」は惜しいですが、「すでに存在する問題の状態が悪くなる」の意味であり、hamper にはこの「既に存在する問題」の意味はありません。(C) は「急がされた」。

【その他の同義語】hold up, impede(Q.138), inhibit(Q.130)

［訳］19 世紀のいくつかの炭鉱では突然の坑内水や火事により作業がしばしば妨げられた。

Q.154 ★★　　　　　　　　　　正解 (A) fascinated by

intrigued(intrigue) は「他動詞：〜の興味をそそる　自動詞：陰謀を企てる」で、今回は他動詞の「興味をそそられる」となります。(B) は「なれている」。(C) は「①気をそらされている ②気晴らしをされている」で名詞は distraction「①気の散ること ②気晴らし」。②の意味がやや惜しいですが「気晴らし」には「退屈している状態の解消法」の意味合いを伴いますが、intrigue にその意味はありません。(D) は「目を覚まされる」。

【その他の品詞】名詞：intrigue「陰謀」

【その他の同義語】attract, enthrall, interest

［訳］子供の発達に関する理論によると、1 歳の幼児は周囲の物に興味を持ち、使おうと試みるとの事である。

Q.155 ★　　　　　　　　　　正解 (D) prohibited

banned(ban) は他動詞で「〜を禁止した」。(A) は「〜を減少させた」ですが、「禁止」の意味は含みません。(B) regulated は「〜を規制した」で惜しいですが、これは「制限が加わる」に 過ぎず「禁止(完全になくなる)」まで踏み込んだ意味ではありません。制限はあるものの存続している意味です。名詞は regulation「規制」。(C) は「〜を監視した」ですが、「注意深く観察」の意味で、「禁止」するわけではありません。(D) prohibited のみが明確に「禁止した」です。名詞は prohibition。問題文の通り the Prohibition Era で「禁酒法時代」の意味です。

【その他の品詞】名詞：ban「禁止」

【その他の同義語】forbid, outlaw, proscribe

［訳］およそ 100 年の禁酒運動の後、アルコールの製造・輸送・消費を禁止する禁酒法時代が 1920 年代に始まった。

　※　temperance：名 ①節制　②禁酒(「temper：他動 〜を和らげる」から派生)

Q.156 ★★　　　　　　　　　　正解 (D) revised

amended(amend) は他動詞で「(法律など)を改正する」、今回は「改正される」です。(A) は「違反される」で、名詞は violation。(B) は「(法律など)が施行される」なので、「改正」とは別ですね。名詞は enforcement。(C) は「採択、承認される」で、名詞は adoption。不正解の 3 つとも法律に関する内容でしばしば使われますが、いずれも「改正」とは異なるものでした。

【その他の品詞】名詞：amendment「改正、修正」

【その他の同義語】alter, change

［訳］第二次世界大戦の終結以来、アメリカ憲法は 6 回改正されている。

大統領の任期を 2 期までとする修正条項は 1951 年に成立しました。

赤字部分の単語の同義語を (A) 〜 (D) の中から 1 つ選んでください。◀ 157-160

Q.157 Free radicals are atoms or molecules with unpaired electrons. They
rob other molecules of an electron to **remedy** this imbalance,
igniting a chain reaction of cell damage.

(A) prevent
(B) correct
(C) create
(D) worsen

Q.158 People visiting a national wildlife refuge must **adhere to** the
regulations of the U.S. Fish and Wildlife Service.

(A) read
(B) recall
(C) issue
(D) obey

Q.159 From the lunar module orbiting the Moon, the crew of Apollo 11 saw
a surface **strewn** with thousands of rocks.

(A) mixed
(B) scattered
(C) surrounded
(D) marked

Q.160 The Confederate States Army was estimated to have **enlisted** up to
1 million people during the Civil War.

(A) rescued
(B) recruited
(C) injured
(D) protected

学習歴 (/) (/) (/) (/) (/)

Chapter 1

動詞

Q.157 ★★　　　　　　　　　　　正解 （B） correct

remedy は他動詞で「〜を矯正する、治す」。(A)は「〜を防止する」なので「トラブルの未然の防止」ですが、「矯正」は「発生したトラブルを解決する」なので別の意味です。(C)は「〜を作り出す」なので、問題文中では「この不安定さを作り出すために」となり正解とは逆ですね。(D)は「〜を悪化させる」なのでやはり逆の意味です。

【その他の品詞】名詞：remedy「矯正(法)、治療(法)」

【その他の同義語】fix, redress, solve

[訳] フリーラジカル(遊離基：ゆうりき)とは電子が対になっていない分子や原子である。この不安定さを改善するために他の分子の電子を奪い、細胞損傷の連鎖反応を引き起こす。

フリーラジカルは様々な病気や老化現象の原因の1つと言われています。

Q.158 ★★★　　　　　　　　　　正解 （D） obey

adhere は自動詞。adhere to で「①(規則など)を守る　②(物が)〜にくっつく、張りつく」を意味します。なお選択肢はすべて他動詞ですが、見出し語と選択肢で他動詞&自動詞が混在している場合もあります。(A)は「〜を読む、解釈する」で、「"(規則を)守る"ために"読む、解釈する"」との推測はあり得ますが、2つの順番を入れ替えて"読む、解釈する"とは"守ること"」の定義は無理です。(B)の「〜を思い出す」は「〜を守る」とは言葉の性質がかなり異なります。(C)は「〜を発行する」なので、「訪問客が規制を発行する」となってしまいます。

【その他の品詞】名詞：adherent「支持者、信者」　形容詞：adherent「粘着力のある」

【その他の同義語】abide by(Q.029), follow(他動詞), observe(他動詞)

[訳] 国立野生動物保護区を訪問中の人々はアメリカ合衆国魚類野生生物局の規制に従わなくてはならない。

　※ refuge：名 保護区、安全地帯、避難場所　なお、refugee は「難民」

Q.159 ★★★　　　　　　　　　　正解 （B） scattered

strewn(strew) は他動詞で「(一面に)〜をまき散らす、ばらまく」。今回は「まき散らされた、ばらまかれた」という意味になります。(A)の「混ぜられた」には「散らされる、ばらまかれる」といった「散乱した状態」の意味がありません。(C)は「包囲されている、囲まれている」なので、やはり「一面にばらまく」とは別です。(D)は「①印をつけられた　②特徴付けられた」で、「まき散らす」とはだいぶ異なります。

【その他の同義語】litter(Q.116), spread

[訳] 月を周回している月着陸船からアポロ11号の乗組員は表面に何千もの岩がまき散らされているのを見た。

Q.160 ★★★　　　　　　　　　　正解 （B） recruited

enlisted(enlist) は「他動詞：①〜を軍隊に入れた　②〜の協力を求めた　自動詞：(enlist in)〜に入った、参加した」で、今回は他動詞。正解の(B)recruited はカタカナ語になっていますが、今回のように軍隊向けの意味もあります。(A)は「〜を救出した」なので、「人の採用」とは別です。(C)は「〜を負傷させた」で、かなり意味には隔たりがあります。(D)は「〜を保護した」で、これも「採用」と同義にするのは適切ではないですね。

【その他の品詞】名詞：enlistment「入隊」　【その他の同義語】enroll

[訳]アメリカ連合国陸軍(南軍)は南北戦争中、最大百万人を入隊させたとみられている。

赤字部分の単語の同義語を (A)〜(D) の中から１つ選んでください。◀ 161-164

Q.161 The scholar Jean-François Champollion spent years to **uncover** the
secret behind the Rosetta Stone, a mysterious slab found in Egypt.

(A) leak

(B) record

(C) guard

(D) expose

Q.162 Music therapy has been used for the past few decades to **soothe**
patients and bring desirable rehabilitation or surgery outcomes.

(A) calm

(B) diagnose

(C) communicate with

(D) prescribe

Q.163 When a person makes a correct assumption, the individual's brain
waves occur at a particular frequency, **reinforcing** the connection
between neurons.

(A) establishing

(B) strengthening

(C) complicating

(D) cutting

Q.164 After the historic Lunar landing by Apollo 11, the public interest in
space programs gradually **waned**.

(A) fell

(B) grew

(C) swung

(D) stabilized

学習歴 （ ／ ）（ ／ ）（ ／ ）（ ／ ）（ ／ ）

Q.161 ★ 　　　　　　　　　　　　　　　正解 (D) expose

uncover は他動詞で、意味は「(秘密など)を明らかにする」なので「隠れている秘密を探し出す」のがポイントです。(A)は「(秘密など)を漏らす」なので「明らかにする、探し出す」とは異なります。(B)は「～を記録する」で、この言葉も「秘密」の意味は含みません。(C)は「～を守る」なので、「秘密を守るために2年を費やした」と、かなり異なった意味になります。

【その他の同義語】detect, discover, find

[訳] 学者のジャン＝フランソワ・シャンポリオンはエジプトで発見された不思議な石板であるロゼッタストーンの秘密を明らかにするのに2年を費やした。

　※　プトレマイオス5世による勅令がギリシャ語を含む3つの言語によって刻まれた石碑の一部です。

Q.162 ★★ 　　　　　　　　　　　　　　　正解 (A) calm

soothe は他動詞で「～の気持ちを和らげる、なだめる」です。(B)は「～を診断する」で、問題文が医療に関するものなので自然に見えますが、単語の意味としては「気持ちを和らげる≒診断する」とはなりません。「診断中は気持ちが落ち着かない」人もいるはずです、私のように…。(C)は「～と意思疎通をする」ですが、これのみで「気持ちを和らげる」と同義とするのは性急な判断です。(D)は「～に処方薬を出す」で、医療の内容には適していますが、問題文では「音楽セラピーは患者に処方薬を出す」となってしまいます。なお名詞形では prescription「処方箋」、prescription drug「処方箋薬」。

【その他の品詞】形容詞：soothing「気持ちを和らげる」

【その他の同義語】comfort, console, solace

[訳] 音楽セラピーは過去数十年にわたり、患者の気持ちを和らげ、リハビリや手術の良い結果をもたらすために使われている。

Q.163 ★★ 　　　　　　　　　　　　　　　正解 (B) strengthening

reinforcing(reinforce) は他動詞で「～を強化する、補強する」。今回は現在分詞として使われています。(A)は「～を制定する、確立する」で、これは「何もないところに何かを制定する」ですが、正解の「強化、補強」は「すでに存在する何かに対する補強」です。(C)は「～を複雑にする」。(D)の「～を切断する」は正解とはほぼ逆の意味です。

【その他の品詞】名詞：reinforcement「強化、補強」

【その他の同義語】support, toughen

[訳] 人は正しい推測を行うと脳波が特定の波長で現れ、神経細胞間のつながりを強化する。

Q.164 ★★★ 　　　　　　　　　　　　　　　正解 (A) fell

waned(wane) は自動詞で「弱った、衰えた」。(B)は「強まった」なので、正解とは逆になります。(C)は swing の過去形で「揺れ動いた」なので「二方向への動き」ですが、正解の「弱まった」は一方向のみへの動きです。(D)の「安定した」は「弱った」とはだいぶズレてしまいます。

【その他の同義語】decline, diminish, flag

[訳] 歴史的なアポロ11号の月面着陸後、大衆の宇宙計画への興味は徐々に弱まった。

赤字部分の単語の同義語を (A)〜(D) の中から 1 つ選んでください。 🔊 165-168

Q.165 During the fossilization process, water containing mineral particles
infiltrates the body parts of a dead animal or plant.

(A) covers

(B) melts

(C) enters

(D) hardens

Q.166 A tremendous amount of CO2 in the atmosphere eventually ends
up in the ocean; the acidified seawater could **prevail** someday and
threaten marine life.

(A) appear

(B) float

(C) become widespread

(D) become dangerous

Q.167 Although ginkgo was ever-present during the Jurassic period, it is
now **confined** to a few Asian countries, where they are cherished.

(A) limited

(B) spread

(C) exported

(D) added

Q.168 The Civil War officially began when the Union Army **fortifying** its
base in South Carolina was fired upon by the Confederate Army.

(A) constructing

(B) visiting

(C) strengthening

(D) surveying

学習歴 (/) (/) (/) (/) (/)

Q.165 ★★★　　　　　　　　　　　　正解 (C) enters

infiltrates(infiltrate)は他動詞で、意味は「〜に浸み込む、浸透する」。(A)は「〜を覆う」なので、「水が死んだ動物や植物の部位を覆う」となりますが、「浸み込む(中に入りこむ)」とは別です。(B)は「〜を溶かす」で、(D)は「〜を硬くする」。間違いの3つはいずれも問題文に入れても自然ですが、「浸み込む」とは異なります。

【その他の品詞】名詞：infiltration「浸透、浸入」

【その他の同義語】percolate through, seep into(Q.123), soak into

[訳] 化石化のプロセス中、鉱物の粒子を含んだ水が死んだ動物や植物の部位に浸透する。

Q.166 ★★　　　　　　　　　　　　正解 (C) become widespread

prevail は自動詞で「①広まる、普及する　②優勢になる、打ち勝つ」。(A)の「出現する」はやや惜しいですがこれは文字通り「現れる」のみなので、「広まる、普及する」までは意味しません。(B)は「浮き上がる」なので、やはり「広まる、普及する」と同義にするのは不自然。(D)は「危険になる」で、問題文中では「酸化した海水はいつか危険になり」となり自然ですが、「prevail：広まる、普及する」の主語は危険なものとは限定されていません。「平和な時代が広まる」なども可能なので、同義ではありません。

【その他の品詞】名詞：prevalence「普及、流行」　形容詞：prevalent「普及している、広まっている」

【その他の同義語】predominate

[訳] 大量の大気中の二酸化炭素はやがて海中に集積し、酸化した海水はいつか広まり海洋生物を脅かしかねない。
　※ 二酸化炭素は大気中のみでなく、炭素循環(carbon cycle)により海にも吸収されますが、産業革命以降、量が急上昇しています。

Q.167 ★★　　　　　　　　　　　　正解 (A) limited

confined(confine)は他動詞で、「①〜を閉じ込める　②〜を制限する」。今回は「場所を限定されている」という意味になります。(B)は「広がった」で、逆の意味になります。名詞の「拡散」の意味もあります。(C)は「輸出された」なのでやはり逆に近いもので、名詞の「輸出(品)」も意味します。(D)は「加わった」なので、「わずかなアジアの数か国に加わっており」となりますが、やはり「限定」の意味合いを含みません。名詞は addition「①付加(物)　②足し算」。

【その他の品詞】名詞：confinement「①場所の制限、監禁　②制限」

【その他の同義語】restrict

[訳] ジュラ紀には銀杏(いちょう)はどこにでも存在したが、現代ではわずかなアジアの数か国のみに限定されており、そこでは大変大切にされている。
　※ ginkgo：图 銀杏　発音が「ギンコウ」なのがインパクトあります。

Q.168 ★★★　　　　　　　　　　　　正解 (C) strengthening

fortifying(fortify)は他動詞で「〜の防備を固める、〜を強化する」。今回は現在分詞です。(A)は「建設している」。主語を入れ替えて「家を建設する≒家の防備を固める」とすると、同義にするのは不自然だとわかります。家の防御・強化は「建設後」に行うものです。(B)は「訪問している」。(D)は「調査している」なので「防備を固める」とは別物です。

【その他の品詞】名詞：fortification「①防御　②要塞」

【その他の同義語】reinforce(Q.163), secure

[訳] 南北戦争はサウスカロライナ州の基地の防御を固めている北軍が南軍により攻撃されたときに正式に始まった。

赤字部分の単語の同義語を(A)〜(D)の中から1つ選んでください。 🔊 169-172

Q.169 Some phytoplanktons and zooplanktons **propagate** asexually by splitting themselves.

    (A) evolve

    (B) feed

    (C) swim

    (D) breed

Q.170 **Swirling** currents in the North Pacific Gyre create two large collections of garbage in the area—the Western Garbage Patch and the Eastern Garbage Patch.

    (A) Spinning

    (B) Fast-flowing

    (C) Expanding

    (D) Overlapping

Q.171 ITER, an experimental nuclear fusion reactor program, has been running since 2007. Its success **hinges on** overcoming extremely complex technological challenges.

    (A) competes with

    (B) depends on

    (C) differs from

    (D) interferes with

Q.172 The mechanized census was **instituted** in 1890 to make the counting process more efficient.

    (A) tested

    (B) established

    (C) considered

    (D) improved

学習歴 (/) (/) (/) (/) (/)

Q.169 ★★★　　　　　　　　　　　　正解　(D) breed

propagate は「自動詞：繁殖する、増殖する　他動詞：①～を繁殖させる、増殖させる　②～を普及させる」で、今回は自動詞です。(A)は「進化する」で惜しいですが、進化には「姿形などの変化」が必須な一方、「繁殖」は原則同じ生物が増えるのみで、「進化、変化」はしません。(D) breed が明確に「繁殖する」です。(B)は「(動物が餌を)食べる」、(C)は「泳ぐ」。
【その他の品詞】名詞：propagation「①繁殖　②普及」
【その他の同義語】multiply, reproduce

[訳] 植物プランクトンと動物プランクトンには分裂により無性生殖を行うものがある。

Q.170 ★★★　　　　　　　　　　　　正解　(A) Spinning

swirling(swirl)は「自動詞：渦をまく　他動詞：～を旋回させる」で、今回は自動詞の現在分詞で「渦をまいている」です。(B)は「早く流れている」でやや惜しいですが、これには「渦をまく、回転する」の意味はありません。(C)は「拡大している」。(D)は「重なり合っている」。
【その他の同義語】revolve, rotate, whirl(Q.067)

[訳] 北太平洋旋廻(せんかい)の渦を巻く海流は域内に
　　 2つの巨大なゴミの集積を作り出す。それらは西ゴ
　　 ミベルトと東ゴミベルトである。

現時点で160万平方キロの範囲に8万7千トンのゴミがあり、増加中とのことです。

　※　gyre [dʒáiər]：名 旋流、環流

Q.171 ★★★　　　　　　　　　　　　正解　(B) depends on

hinges(hinge)は自動詞で on と共に使い「～次第である、～にかかっている」となります。(A)は「～と競争する、争う」ですが、問題文中では「その成功はかなり複雑な技術的問題を克服することと競争することになる」とかなり妙な内容になります。(C)は「～と異なる」なので、「その成功はかなり複雑な技術的問題を克服することとは異なる」となり、正解とは逆に近い意味になります。(D)は「～に干渉する、邪魔をする」で、名詞は interference。
【その他の品詞】名詞：hinge「①ちょうつがい　②要点、かなめ」
【その他の同義語】rest on

[訳] 実験用核融合炉計画である ITER は2007年から稼働している。その成功はかなり複雑な技術的
　　 問題を克服することにかかっている。
　※　ITER：International Thermonuclear Experimental Reactor(国際熱核融合実験炉)の略。

Q.172 ★　　　　　　　　　　　　　　正解　(B) established

instituted(institute)は他動詞で、「(制度など)を始めた、設けた」。今回は「始められた」という意味。(A)は「試しに実験された、テストされた」で、「始める」の前の段階で同義とは異なります。(C)は「熟考された」で、「考えた」のみの状態なので、「始める」にはなりません。(D)は「改善された」なので「始められた」の後としてはあり得ますが、同義ではありません。
【その他の品詞】名詞：institution「①設立　②公共施設　③学会、協会　④制度、慣例」
【その他の同義語】found, launch, organize

[訳] 機械化された国勢調査は勘定の過程をより効率化するために1890年に開始された。
　※　census：名 国勢調査

赤字部分の単語の同義語を(A)〜(D)の中から1つ選んでください。 🔊 173-176

Q.173 The War Powers Resolution of 1973 requires U.S. Presidents to **confer** with Congress before the declaration of armed conflicts.

- (A) agree
- (B) consult
- (C) sign
- (D) register

Q.174 Investigative journalist Ida B. Wells **dedicated** her life to fighting racial injustice against African Americans.

- (A) complicated
- (B) committed
- (C) documented
- (D) enjoyed

Q.175 During dry seasons, red crabs living on the islands of the Indian Ocean burrow holes and stay there for months to **retain** their body moisture.

- (A) increase
- (B) absorb
- (C) lose
- (D) keep

Q.176 From 1916 through 1979, about six million African Americans **migrated** from the South to the North and West.

- (A) relocated
- (B) escaped
- (C) returned
- (D) commuted

学習歴 (/) (/) (/) (/) (/)

Q.173 ★★　　　　　　　　　　　　　　　正解　(B) consult

confer は自動詞で、「協議する、相談する」。(A)は「同意する」ですが、「協議、相談」だけでは協議する内容に対し「同意か？　反対か？」は不明なので「協議≒同意」は無理があります。(C)は「署名する」で、問題文中では「議会と共に署名する」との意味になり、正解の「協議、相談」とは程遠い内容になってしまいます。(D)は「登録する」と手続きの意味なので、これを「協議、相談」と解釈するのは不自然です。

【その他の品詞】名詞：conference「会議、協議」

[訳] 1973年の戦争権限法はアメリカ大統領に対し、武力衝突の布告前に議会と協議するよう命じている。

Q.174 ★★　　　　　　　　　　　　　　正解　(B) committed

dedicated(dedicate)は他動詞で、「(時間・精力など)を捧げた」。(A)は「～を複雑にした」なので、かなり意味が異なります。(C)は「(テレビ・新聞などで) ～の特集・記録を作った」で、カタカナにもなっている documentary「ドキュメンタリー」の動詞形です。問題文中では「人生の記録を作った」となるので「人生を捧げた」とはかなり差があります。(D)は「～を楽しんだ」ですが、「捧げた」と同義にするには乖離が大きすぎます。

【その他の品詞】名詞：dedication「献身、専念」　形容詞：dedicated「献身的な」
【その他の同義語】give, sacrifice

[訳] 調査ジャーナリストのアイダ・B・ウェルズはアフリカ系アメリカ人に対する人種差別との闘いのために人生を捧げた。

Q.175 ★★　　　　　　　　　　　　　　　正解　(D) keep

retain は他動詞で、「～を保つ、保持する、維持する」。(A)は「～を増やす」なので、明らかに別です。(B)は「～を吸収する」ですが、吸収してしまっては「保持、維持」できません。名詞は absorption「吸収」。(C)は「～を失う」なので、正解とは逆です。

【その他の品詞】名詞：retention「保持、維持」　【その他の同義語】hold, maintain, preserve

[訳] 乾燥した季節の間、インド洋の島に住んでいるアカガニは穴を掘り、体の水分を維持するために何か月間もそこに滞在する。
　※　burrow：他動 ～を掘る　自動 穴を掘る　名 穴

Q.176 ★★★　　　　　　　　　　　　　　正解　(A) relocated

migrated(migrate)は自動詞で「①移住した　②(動物が)渡った、移住した」。(B)は「逃げだした」で、言葉の意味として migrate には「逃げる」の意はありません。(C)の「帰還した」は問題文中では「アフリカ系アメリカ人が南部から北部や西部へ帰還した」となりますが、これだと「アフリカ系アメリカ人は元もと北部や西部にいた」という意味合いになってしまい migrate とは合いません。(D)は「通勤、通学した」。

【その他の品詞】名詞：migration「①移住　②(動物の)渡り、移住」
【その他の同義語】move, resettle

[訳] 1916年から1979年までの間、約6百万のアフリカ系アメリカ人が南部から北部や西部へ移住した。
　※　類似の重要単語は immigrate：自動 (外国から他国へ)移住する　例：immigrate to the U.S.
　　　emigrate：自動 (自国から他国へ)移住する　例：emigrate from Japan to the U.S.

赤字部分の単語の同義語を(A)〜(D)の中から1つ選んでください。 ◀ 177-180

Q.177 Ocean thermal energy **exploits** the difference in temperature between cold deep seawater and warm surface water to turn generators.

(A) uses
(B) highlights
(C) generates
(D) expands

Q.178 Beginning with two attempts made by Julius Caesar in 55 and 54 B.C., the Roman Empire spent several decades to finally **subjugate** Britain.

(A) conquer
(B) ward off
(C) explore
(D) match

Q.179 The American Museum of Natural History was established in 1869 to **foster** the public's interest in science and culture.

(A) bring back
(B) promote
(C) appreciate
(D) express

Q.180 Doctor Ronald Ross **validated** the theory that mosquitos were responsible for the spread of malaria, for which he received the Nobel Prize.

(A) proposed
(B) disproved
(C) proved
(D) worked on

学習歴 (/) (/) (/) (/) (/)

Q.177 ★★　　　　　　　　　　　　　正解 (A) uses

exploits(exploit)は他動詞で「①〜を利用(開発)する　②(人)を搾取する」。①と②ではかなり意味合いが異なりますが、どちらの意味でも頻繁に使われるので文脈に要注意です。(B)は「〜を目立たせる」で、名詞の意味は「呼び物」。(C)は「〜を作る」なので問題文中では「冷たい深海水と暖かい表面水の温度の差を作る」となってしまいます。(D)は「〜を拡大する」。
【その他の品詞】名詞：exploitation「①利用、開発　②搾取」形容詞：exploitative「搾取的な」
【その他の同義語】make the most of, make use of, utilize

[訳] 海洋熱発電は発電機を動かすため、冷たい深海水と暖かい表面水の温度の差を利用する。
　※ thermal：形 温度の　派生語 thermometer：名 温度計

Q.178 ★★★　　　　　　　　　　　　正解 (A) conquer

subjugate は他動詞で「〜を征服する」。(B)は「〜を撃退する」、つまり「追い払う」なので、追い払ってしまっては「征服」できません。(C)は「〜を探検する、調査する」なので、「征服」とは言い難いですね。(D)は「①〜に匹敵する　②〜と似合う」で、①を取っても「征服する」と同義とするには意味が弱すぎます。
【その他の品詞】名詞：subjugation「征服」
【その他の同義語】defeat, overpower, suppress(Q.095)

[訳] 紀元前55年と54年のジュリアス・シーザーによる2回の試みに始まり、ローマ帝国がイギリスをついに征服するまでに数十年を費やした。

Q.179 ★★　　　　　　　　　　　　　正解 (B) promote

foster は他動詞で「①〜を促進する、育成する　②(養子)を育てる」。(A)は「〜を取り戻す」で、惜しいですがこれは「一度無くなったものを取り戻す」の意味を含む一方、「促進する」にはこの意味はありません。したがって(B)promote がより適切。(C)は「①〜の良さがわかる　②〜を認識する　③〜に感謝する」ですが、3つとも「促進、育成」の意味はありません。(D)は「〜を表す」なので、「興味を表すために設立された」と妙な意味になります。
【その他の同義語】encourage, nurture, stimulate

[訳] アメリカ自然史博物館は1869年に大衆の科学と文化に対する興味を促進するために設立された。

Q.180 ★★　　　　　　　　　　　　　正解 (C) proved

validated(validate)は他動詞で、「①〜が正しいことを証明した　②〜を法的に有効にした」。(A)は「〜を提案した」で、これは文字通り「理論を提案して世に示した」までなので、「(理論が)正しいことを証明した」との意味ではありません。理論を提案したものの説として認められない場合も十分あり得ます。名詞は proposal。(B)は「〜に反証した、〜の間違いを証明した」で、正解とは逆ですね。(D)は「〜に取り掛かった、〜の作業をした」なので、「正しい」などの判断の意味は含みません。
【その他の品詞】名詞：validity「①妥当さ　②合法性」、validation「立証、確認」　形容詞：valid「①(理由が)妥当な、根拠がある　②合法的な」
【その他の同義語】confirm, substantiate(Q.057), verify(Q.094)

[訳] 医師のロナルド・ロスは蚊がマラリアの拡散の原因であるという理論を証明し、これによりノーベル賞を受賞した。

赤字部分の単語の同義語を(A)〜(D)の中から1つ選んでください。 📢 181-184

Q.181 The visual cortex—a part of the brain responsible for the reception and processing of visual stimuli—includes a specific area to **anticipate** the correct trajectory of a moving object.

    (A) judge

    (B) foresee

    (C) memorize

    (D) monitor

Q.182 For his extraordinary batting records of the 1920s and 30s, Babe Ruth is **extolled** as one of America's best sports heroes.

    (A) defined

    (B) considered

    (C) named

    (D) applauded

Q.183 People gradually forgot the origins of folktales, but the stories have been **imparted** orally from one generation to the next.

    (A) confessed

    (B) leaked

    (C) communicated

    (D) recommended

Q.184 The latest neuroscience technology allows disabled people to speak by **converting** brain waves into intelligible speech.

    (A) channeling

    (B) inserting

    (C) forcing

    (D) changing

学習歴 (/) (/) (/) (/) (/)

Q.181 ★★   正解 (B) foresee

anticipate は他動詞で、「〜を予想する、期待する」。なお(B)foresee の fore は「前の」を意味し、「前を見る→ foresee(予想する)」となります。同じ用法には forehead「おでこ」があります。(A)「〜を判断する」は惜しいですが、これには正解の「予想」に含まれる「今後、将来」の意味は含まれません。(C)の「〜を記憶する」は名詞 memory「記憶」の動詞形ですが、記憶する内容は「今かそれ以前」のもののはずで、「今後」ではありません。(D)は「〜を監視する」で、名詞では「モニター画面」も意味しますが、「予想する」ではありません。

【その他の品詞】名詞：anticipation「予測、期待」 形容詞：anticipatory「先を見越しての」
【その他の同義語】expect, forecast, predict

[訳] 視覚刺激の受信と処理の役割を負う視覚野は動く物体の正確な軌道を予想するための特定の部位を含む。

※ cortex：名 大脳皮質 ※ trajectory：名 軌道

Q.182 ★★★   正解 (D) applauded

extolled(extol)は他動詞で「〜を褒めたたえる、絶賛する」。今回は「褒めたたえられる」となります。(A)は「定義された」で、「褒める」などの意味はありません。(B)は「みなす」で、問題文中では「英雄の一人としてみなされている」となり自然ですが、ネガティブな文脈で使うこともあり、正解の「褒める」の意味はありません。(C)は「①名前をつけられる ②任命される」ですが、①②共に「褒める」の意味はありません。また「褒める≒②任命する」とした場合ですが、これだと「誰かを"褒める"事は常にその人を何かに"任命する"事」となり不自然さが目立ちます。

【その他の同義語】celebrate, commend, laud(Q.144)

[訳] 1920、1930年代の並外れた打撃記録により、ベーブ・ルースはアメリカの最も優れたスポーツの英雄の一人として褒めたたえられている。

Q.183 ★★★   正解 (C) communicated

imparted(impart)は他動詞で「①〜を伝える ②〜を与える」。今回は「伝えられている」です。(A)は「告白・白状される」で、犯罪・隠し事に使うものなのですが、「伝える」にはその意味合いはありません。名詞は confession。(B)は「漏らされる」で、秘密の情報に使われるので(A)同様に不自然となります。(D)は「推薦される」でした。

【その他の同義語】convey(Q.114), pass on, relate

[訳] 人は民話の起源を徐々に忘れるが、話はある世代から次の世代へと口頭で伝わっている。

Q.184 ★★   正解 (D) changing

converting(convert)は「他動詞：①〜を変換する ②(人)を改宗させる 自動詞：①変換する ②改宗する」で、今回は他動詞の動名詞です。(A)は「〜を特定の方向に向けること」ですが、これには「変換」の意味は含みません。(B)は「〜を挿入すること」で、「脳波を理解可能な言葉に挿入する」となってしまいます。(C)は「〜を無理やり押し込むこと」なので、(B)同様、「変換」とは別です。

【その他の品詞】名詞：convert「①転向者 ②改宗者」, convertible「コンバーチブル(屋根を取り外し可能な車)」, conversion「転換」【その他の同義語】transform, turn

[訳] 最新の神経科学技術は脳波を理解可能な言葉に変換することにより身体障害者が会話することを可能にする。

※ intelligible：形 理解可能な、明瞭な

赤字部分の単語の同義語を(A)〜(D)の中から1つ選んでください。 ◀ 185-188

Q.185 Once unknowingly downloaded through a URL or application
software, malicious software or malware **rummages through** a PC
and steals data.

(A) shuts down

(B) wears down

(C) logs onto

(D) searches through

Q.186 Humans' reliance on just a handful of crop species has been
a potential cause for concern. Adding more varieties to human
consumption will help **alleviate** food insecurity.

(A) estimate

(B) predict

(C) understand

(D) ease

Q.187 During World War I, the illustrator James Montgomery Flagg
produced the famous Uncle Sam recruitment poster to **elicit** the
public's emotional response.

(A) deal with

(B) look into

(C) bring out

(D) put down

Q.188 The irregular activity cycles of sunspots **perplexed** astronomers for
centuries until Heinrich Schwabe solved the mystery in 1843.

(A) fascinated

(B) irritated

(C) puzzled

(D) amused

学習歴 (/) (/) (/) (/) (/)

Q.185 ★★★　　　　　　　　　正解 (D) searches through

rummages(rummage)は自動詞で through と共に使うと「(何かを捜すために) 〜を引っかき回す、漁る」となります。(A)は「〜をシャットダウンする」なので、PC には合う言葉ですが、同義にするには意味が違いすぎます。(B)は「〜を消耗させる」で、問題文にあてはめると「PC を消耗させる」なので、正解の「何かを捜す」という意味はありません。(C)は「〜にログオンする」なので、まだ「捜す、引っかき回す」段階にはありません。

【その他の同義語】ransack(他動詞), rifle through

[訳] URL やアプリソフト経由で知らずにダウンロードされると、マルウエアといわれる悪意のあるソフトウエアは PC の中を探し回り、データを盗み出す。

Q.186 ★★★　　　　　　　　　正解 (D) ease

alleviate は他動詞で「〜を軽減する、緩和する」。(A)は「〜を評価する、見積もる」で、名詞の「評価、見積もり」の意味もあります。(B)は「〜を予測する」で、問題文に入れても自然ですが、「食糧不安を予測する」からといって「食糧不安を軽減する」と同じと判断するのは性急です。(C)は「〜を理解する」なので、正解とは別の性質の言葉です。

【その他の品詞】名詞：alleviation「軽減、緩和」
【その他の同義語】allay(Q.079), mitigate, relieve

[訳] 人類のごく僅かな種類の作物への依存は潜在的な懸念である。人間の飲食にさらに多様性を加えることが食糧不安を軽減するであろう。

Q.187 ★★★　　　　　　　　　正解 (C) bring out

elicit は他動詞で「〜を引き出す、誘い出す」。(A)は「〜に対応する」で、問題文中では「国民からの情動的な反応に対応する」となりますが、これは「反応を引き出す」とは別ですね。(B)は「①〜を調べる　②〜をのぞき込む」、(D)は「〜を抑える」なのでほぼ逆の意味です。

【その他の同義語】bring about, generate

[訳] イラストレーターのジェームス・モンゴメリー・フラッグは第一次世界大戦中、国民からの情動的な反応を引き出すために有名なアンクルサムの新兵募集用ポスターを作成した。
※ Uncle Sam：图 アメリカ政府を擬人化したキャラクターで、星条旗を模したシルクハットを被ったイラストが有名です。

Q.188 ★★★　　　　　　　　　正解 (C) puzzled

perplexed(perplex)は「〜を当惑させた、まごつかせた」。(A)は「〜を魅了した」なので、別種の感情です。名詞は fascination。(B)は「〜をいらつかせた」で怒りに近いので、「当惑」の感情とは別です。名詞は irritation。(D)は「〜を楽しませた」で、amusement park の名詞：amusement「楽しみ」の動詞形です。

【その他の同義語】baffle(Q.122), confound, mystify

[訳] 太陽黒点の不規則な活動はハインリッヒ・シュワーベが 1843 年にその謎を解明するまで何世紀もの間、天文学者を当惑させた。
※ 現在の所、太陽黒点は磁場の影響により 11 年周期で増減を繰り返すと考えられています。

赤字部分の単語の同義語を(A)〜(D)の中から1つ選んでください。 ◀ 189-192

Q.189 Frederick Cook **professed** to have reached the North Pole in 1908, though many scholars still doubt his claim.

(A) appeared

(B) proved

(C) claimed

(D) boasted

Q.190 John Gorrie was **mocked** in the newspaper when he patented the first ice-making machine in 1851, but now the device has been displayed at the Smithsonian Institution.

(A) criticized

(B) ignored

(C) applauded

(D) ridiculed

Q.191 Ever since they sneaked into the cargo of ships in the 16th century, fire ants have been spreading from their native country of Mexico to many parts of the world and **inciting** fear.

(A) feeling

(B) renewing

(C) fueling

(D) exporting

Q.192 About 70% of the population of Hawaii **resides** on the island of Oahu, where the state capital Honolulu is located.

(A) concentrates

(B) labors

(C) relies

(D) lives

学習歴 (/) (/) (/) (/) (/)

Chapter 1

動詞

Q.189 ★★ 　　　　　　　　　　　正解 (C) claimed

professed（profess）は他動詞で「①～を公言した、主張した　②～を信仰した」。意外と正確な意味が知られていませんが、「公言の内容の真偽を疑っている、批判的なトーン」が含まれるのがポイント。(A) は「～のようであった」で、これには「本当かどうか 100％確信がない」の意味合いがあり、この点では正解に近いですが、profess の「公言、主張」の要素がありません。(B) は「～を証明した」なので、「フレデリック・クックは北極に到達したことを証明した」となり、正解に含まれる「疑い、批判のトーン」が全くありません。(D) は「～を自慢した」で、問題文中では自然ですが、「公言する、主張する」には「自慢」の意味は含まれません。

【その他の品詞】名詞：profession「①公言　②職業」

[訳] フレデリック・クックは北極に 1908 年に到達したと公言したが、多くの学者が今でも彼の主張に疑問を持っている。

Q.190 ★★ 　　　　　　　　　　　正解 (D) ridiculed

mocked（mock）は「他動詞：～を冷やかす　自動詞：冷やかす」。今回は他動詞で、「冷やかされた」となります。(A)「非難された」は惜しいですが、この言葉には「冷やかし、冷笑」の意味合いがありません。名詞は criticism「非難」。(B) は「無視された」なので、冷たい待遇としては「冷やかす」と同じですが、「無視」は存在しないものとされることなので、「冷やかし」をされることすらありません。(C) は「賞賛された」で逆です。名詞は applause「賞賛、拍手」。

【その他の品詞】名詞：mockery「①あざけり　②嘲笑の的」

【その他の同義語】】make fun of, scoff at, sneer at

[訳] ジョン・ゴリーは 1851 年に初の氷製造機で特許を取得した際、新聞でばかにされたが、現代ではその装置はスミソニアン協会に展示されている。

Q.191 ★★★ 　　　　　　　　　　　正解 (C) fueling

inciting（incite）は他動詞で「(強い感情など) を駆り立てる」。今回は現在分詞になっています。(A) は「～を感じている」で、これでは「アカヒアリが恐怖を感じている」となってしまいます。(B) は「～を復活させている、繰り返している」なので、「再度、もう一度」の意味を含みますが、incite「～を駆り立てる」にはこの意味はありません。(D) は「～を輸出している」で、問題文の「世界の多くの地域に広がり」といった内容には自然ですが、「感情を駆り立てる」とは別です。今回は名詞では「燃料」の意味もある (C) fuel が適切です。

【その他の品詞】名詞：incitement「扇動、鼓舞」　【その他の同義語】ignite, inflame, instigate (Q.074)

[訳] 16 世紀に船の貨物に忍び込んで以来、アカヒアリは生息地のメキシコから世界の多くの地域に広がり、恐怖を引き起こしている。
　※ アカヒアリの起源に関する最近の仮説です。

Q.192 ★★ 　　　　　　　　　　　正解 (D) lives

resides（reside）は自動詞で意味は「居住する、住む」。(A) は「集中する」で、文脈としては「オアフ島に集中している」と自然ですが、正解は単に「住んでいる」で、「集中」の意味は含みません。名詞は concentration「集中」。(B) は「働く」ですが、住む場所と働く場所が別な例は無数にあるので、「住む≒働く」の関係は不自然です。(C) は「頼る」で、形容詞は reliant「頼っている」、名詞は reliance「依存」。

【その他の品詞】名詞：resident「住人」, residence「住居」

[訳] ハワイの人口の 70％は州都のホノルルがあるオアフ島に住んでいる。

赤字部分の単語の同義語を(A)〜(D)の中から1つ選んでください。 ◀ 193-196

Q.193 Research shows that over the past 400,000 years, global temperatures have increased, and sea levels have **oscillated** by a few hundred feet.

(A) seesawed
(B) dropped
(C) soared
(D) dived

Q.194 During the 20th century, the ratio of people living in the countryside **dwindled** in the U.S.

(A) stabilized
(B) doubled
(C) swung
(D) declined

Q.195 Most of the media and the traditional art community **grumbled about** the music score by John Cage, an avant-garde artist, as most of it was composed of total silence.

(A) complained about
(B) made fun of
(C) boycotted
(D) ignored

Q.196 In the 1960s, NASA started developing systems to **purify** water for Project Gemini, which laid the groundwork for the next Project Apollo.

(A) save
(B) refine
(C) transport
(D) produce

Q.193 ★★★　　　　　　　　　　　正解 (A) seesawed

oscillated(oscillate) は自動詞で「①(2 つの場所の間を) 変動する　②振動する」。(A) seesawed の名詞形の「シーソー」の動きのイメージです。(B)は「下がる」一方向のみの意味であり、「上昇」の点が不足しています。(C)は「急上昇する」なので、やはり「一方向のみ」になります。(D)は「急降下する」なので、不正解の 3 つはすべて一方向の動きのみに関する言葉です。

【その他の品詞】名詞：oscillation「変動、振幅」, oscilloscope：「オシロスコープ(電気信号を波状の線で表示する機器)」

【その他の同義語】swing

［訳］研究によると過去 40 万年にわたり地球の気温は上昇し、海面は数百フィートにわたり上昇と下降を繰り返している。

Q.194 ★★★　　　　　　　　　　　正解 (D) declined

dwindled(dwindle) は自動詞で「だんだん小さくなった、縮まった」。(A)は「安定した」で、名詞は stabilization「安定」。(B)は「倍増した」なので逆に近い意味です。類似のものでは triple「3 倍になる」、quadruple「4 倍になる」もあります。英語は何でも動詞にしてしまう特徴があります。(C)は「揺れ動いた」なので、増加、減少の両方を含みます。

【その他の同義語】contract(Q.006), diminish, shrink

［訳］20 世紀の間、アメリカにおける地方の人口の割合は縮小した。

Q.195 ★★★　　　　　　　　　　　正解 (A) complained about

grumbled(grumble) は自動詞で「ぶつぶつと不満(苦情)を言った」で、about を伴い「〜に関しぶつぶつと不満(苦情)を言った」となります。(B)は「〜をからかった」。(C)は「〜をボイコットした」、つまり「不買運動をした」の意味なので、「不満を言った」より程度が強すぎます。(D)は「〜を無視した」で、ネガティブな意味としては正解と共通ですが、「無視」をすると「不満を言う(口に出す行為)」ことすらできないはずなので、意味が矛盾してしまいます。

［訳］メディアと伝統的な芸術界の大部分は、そのほとんどが完全な沈黙により構成されていることからアヴァンギャルド芸術家ジョン・ケイジによる楽曲に関し不満を述べた。

　※ avant-garde：图 アヴァンギャルド

　※ この「4 分 33 秒」と題された「曲」は楽器の演奏がなく、観客のたてる雑音が「曲」であるという変わった解釈によるものでした。さすがアヴァンギャルド…。

Q.196 ★★★　　　　　　　　　　　正解 (B) refine

purify は他動詞で「①〜を浄化する　②〜を精練する」。(A)は「〜を節約する」なので、「浄化する(きれいにする)」とは別です。この 2 つを同義にすると、例えば「お金を節約する」は「お金を浄化する」と同じことになりますが、後者はまるでマネーロンダリング(money laundering)のようになってしまい、無理があります。(C)は「〜を輸送する」、(D)は「〜を作る」。

【その他の品詞】名詞：purification「浄化、精製」, purity「①清潔　②純粋」

【その他の同義語】distil, filter, process

［訳］NASA は 1960 年代に浄水のための装置の開発をジェミニ計画向けに始め、それは次のアポロ計画向けの基礎となった。

　※ lay the groundwork for：图 〜の基礎となる

赤字部分の単語の同義語を (A)〜(D) の中から1つ選んでください。 ◀ 197-200

Q.197 The Great Lakes in the U.S. were created after a vast glacier
☐ **scoured** the Earth's surface, and the melted ice water filled the
large geological depressions.

    (A) covered

    (B) crushed

    (C) rubbed

    (D) hit

Q.198 Different from the conventional forms of ballet, Isadora Duncan's
☐ innovative dance performance **captivated** the audience in Europe.

    (A) puzzled

    (B) reached

    (C) charmed

    (D) energized

Q.199 Anthropologists **deplore** the alarming rate of endangerment of
☐ languages; one language disappears every two weeks.

    (A) witness

    (B) regret

    (C) suffer

    (D) observe

Q.200 It has been speculated that when a person sees somebody is in
☐ pain, it **triggers** the reaction of nerve cells responsible for feeling
empathy.

    (A) prolongs

    (B) sets off

    (C) changes

    (D) slows down

Q.197 ★★★ 　　　　　　　正解 (C) rubbed

scoured(scour)は他動詞：「①〜をこすった　②〜を浸食した」。(A)は「〜を覆った」で、「こすった」とはかなり異なった動きです。(B)は「〜を粉々に砕いた」ですが、「こすった」に比べると程度が強すぎます。(D)の「〜にぶつかった」は惜しいですが、(C)rubbed が明確に「こすった」なのでこちらが優先されます。

［訳］アメリカの五大湖は巨大な氷河が地表をこすり、氷の溶けた水が大きなくぼ地を満たした後に形成された。
　※ depression：名 くぼみ、くぼ地
　※ 約1万4千年前に水が溜まり、湖が形成されたと考えられています。

Q.198 ★★★ 　　　　　　　正解 (C) charmed

captivated(captivate)は他動詞で「〜を魅了した、〜の心を奪った」。(A)は「〜を困惑させた」。(B)は「①〜に達した　②(影響が)〜に及んだ」。あまり知られていない②の意味はやや惜しいですが、(C)charm のように「魅了」という特定の意味がありません。(D)は「〜に活気を与えた」。これも惜しいですが、例えば主語と2者の順番を入れ替えて「新しいビルは町に活気を与える」を「新しいビルは町を魅了する」と変えると後者の不自然さが目立ちます。
【その他の品詞】名詞：captivation「魅惑、魅了」、形容詞：captive「心を奪われた、魅せられた」
【その他の同義語】enchant, enthrall, mesmerize

［訳］従来のバレエの形式とは異なったイザドラ・ダンカンの革新的なダンスパフォーマンスはヨーロッパの観客を魅了した。
　※ Isadora Duncan：20世紀前半に活躍したアメリカのダンサー

Q.199 ★★★ 　　　　　　　正解 (B) regret

deplore は他動詞で、「〜を遺憾・残念に思う」。(A)は「〜を目撃する」なので、「遺憾」のように感情を伴いません。(C)は「(苦痛など)を被る、経験する」ですが、「遺憾・残念」の感情とは別です。(D)は「〜を観測する」で、問題文に入れて意味は通りますが、やはり「遺憾」といった感情とは異なります。
【その他の品詞】形容詞：deplorable「嘆かわしい」　【その他の同義語】bemoan, sorrow over

［訳］人類学者は2週ごとに1つが消滅する、絶滅危惧言語の深刻な増加を嘆いている。
　※ 2010年頃の時点で約7000ある言語数は急速に減少しています。

Q.200 ★★★ 　　　　　　　正解 (B) sets off

triggers(trigger)は他動詞で「①〜を引き起こす　②(銃)の引き金を引く」。(A)は「〜を引き延ばす、長引かせる」ですが、trigger は「反応が起こる一瞬のプロセス」なので、「延長、長い」の意味はありません。(C)の「〜を変化させる」は、「(すでに存在するものを)変化させる」なので、「(発生していなかった事態を)引き起こす」と矛盾します。(D)は「〜を遅くする」。
【その他の品詞】名詞：trigger「①(物事の)誘因　②(銃の)引き金」
【その他の同義語】elicit(Q.187), initiate

［訳］人は他人が痛みに苦しんでいるのを見ると、共感の役割を担う神経細胞の反応を引き起こすと推測されている。
　※ 他人の経験に対し、鏡に映った自分のことのように反応することからミラーニューロン「mirror neuron」と呼ばれます。
　※ empathy：名 共感　sympathy は「同情」

赤字部分の単語の同義語を (A)〜(D) の中から 1 つ選んでください。 ◀ 201-204

Q.201 White-tailed deer have long legs, a physical feature that helps them **flee** when they run into predators.

(A) react

(B) attack

(C) escape

(D) jump

Q.202 In 1980, the U.S. Supreme Court ruled in favor of a patent on a man-made microorganism, which helped **spawn** many biotechnology companies for decades to come.

(A) produce

(B) finance

(C) transform

(D) deregulate

Q.203 In a traditional economic model, the prices of most goods and services are **dictated** by supply and demand.

(A) raised

(B) predicted

(C) slashed

(D) determined

Q.204 One form of thermal conversion **accumulates** waste materials and burns them at an extremely high temperature to produce oil and other fuels.

(A) processes

(B) recycles

(C) melts down

(D) builds up

学習歴 （ ／ ）（ ／ ）（ ／ ）（ ／ ）（ ／ ）

Q.201 ★   正解 (C) escape

flee は「自動詞：逃げる　他動詞：〜から逃げる」で、今回は自動詞です。(A)は「反応する」で、「"逃げる"は"反応"の一部」との解釈は可能ですが、二者の順番を入れ替えると「"反応すること"とは"逃げること"」という定義になり不自然さが目立ちます。(B)は「攻撃する」なので正解とは逆の意味に近いものです。(D)は「飛び上がる」で、「驚いて飛び上がる」との解釈も可能ですが、これのみで「逃げる」と同義にするのは拡大解釈です。

【その他の同義語】run away

[訳] オジロジカは長い脚を有しており、その身体的特徴は天敵と遭遇する際に逃げるのに役立つ。

Q.202 ★★★   正解 (A) produce

spawn は他動詞で「①〜を多量に生む、生産する　②(魚などが)〈卵〉を生む　自動詞：(卵)を生む」で、今回は他動詞です。(B)は「〜に資金提供をする」なので、これだけでは「多量に生む」の意味にはなりません。(C)は「〜を一変させる」なので、「既存の物に対する変化」となり、やはり正解の「多量、生み出す」の意味はありません。(D)は「〜の規制を撤廃する」なので文脈としては「バイオテクノロジー企業の規制を緩和することを促進した」と自然ですが、spawn には「多量に生む」のみで「規制」の意味は含みませんし、deregulate には「多量に生む」の意味はありません。

【その他の同義語】create, generate

[訳] アメリカ最高裁判所が 1980 年に下した人工の微生物に関する特許を支持する判決は、以降数十年にわたり数多くのバイオテクノロジー企業を生み出すことを促進した。

Q.203 ★★★   正解 (D) determined

dictated(dictate)は他動詞で「①〜を決定する、〜に影響する　②〜を命令する　③〜を口述する(書きとらせる)」。今回は「決定[影響]される」となります。(A)は「引き上げられる」ですが、正解は「決定、影響」なので「価格が下がる」場合もあり得ますので同義にするのは不自然です。(B)は「予測される」で、問題文中は「供給と需要によって予測される」となってしまい、正解に含まれる「影響力」の意味合いがありません。(C)は「削減される」で、問題文中では「価格が削減される(下がる)」となりますので、やはり正解の「決定、影響」と同義にするのは不自然です。

【その他の品詞】名詞：dictation「①命令　②口述試験、ディクテーション」
【その他の同義語】affect, control, influence

[訳] 伝統的な経済モデルでは、ほとんどの商品とサービスの価格は供給と需要によって決定される。

Q.204 ★★   正解 (D) builds up

accumulates(accumulate)は「他動詞：〜を蓄積する　自動詞：蓄積する」で、今回は他動詞です。(A)は「〜に加工処理を施す」で、「蓄積する」はあくまでも「集める」のみで、「加工処理」は含みません。(B)は「〜をリサイクルする」ですが、「蓄積する(集める)」の段階で「リサイクルする」と結論づけるのは性急です。(C)は「〜を溶かす」で、正解の「蓄積」の意味はありません。

【その他の品詞】名詞：accumulation「蓄積」
【その他の同義語】collect, gather, pile up

[訳] 熱変換の1つの形式では廃棄物を集積し、かなりの高温で燃やし、石油やその他の燃料を作り出す。

赤字部分の単語の同義語を(A)〜(D)の中から1つ選んでください。 🔊 205-208

Q.205 Roughly two years after the tragic accident of the Space Shuttle
Challenger, NASA **resumed** the program in 1988.

(A) canceled

(B) reassessed

(C) restructured

(D) restarted

Q.206 Saturn is **encircled** by a collection of rings that are mostly made of
small rocks and ice.

(A) featured

(B) emphasized

(C) protected

(D) surrounded

Q.207 Based on the groove of the tooth found in a dinosaur's skeleton,
paleontologists speculated that the dinosaur used venom to
subdue its prey.

(A) fight off

(B) attract

(C) defeat

(D) chase after

Q.208 The Metropolitan Museum of Art in New York has begun to
integrate Native American art into the American Wing; the former
was previously displayed at the African or Oceanian wing.

(A) exchange

(B) contrast

(C) unite

(D) alternate

学習歴 (/) (/) (/) (/) (/)

Q.205 ★★　　　　　　　　　　正解 (D) restarted

resumed(resume)は「他動詞：〜を再開した　自動詞：再開した」で今回は他動詞です。(A)は「〜をキャンセルした、中止した」なので、逆の意味になります。そして残りの選択肢は re 始まりなので、単語のその他の部分が持つ意味が重要になります。(B)は「〜を再度査定した」で、「査定した時点まで」の意味なので、その後の判断(計画の再開)の意味はありません。(C)は「〜を再構築、再編成した」なので、(B)と同様、「計画の再開」は意味しません。

【その他の品詞】名詞：resumption「再開」

【その他の同義語】reopen

[訳] スペースシャトル・チャレンジャー号の悲劇的な事故からおよそ 2 年後の 1988 年、NASA は計画を再開した。

Q.206 ★★　　　　　　　　　　正解 (D) surrounded

encircled(encircle)は他動詞で「〜を取り囲む」。今回は「囲まれている」となります。(A)は「特徴づけられている」で、文脈上はいたって自然ですが、「囲まれる≒特徴づけられる」との関係性は無理があります。何かを"特徴づける"方法は"囲む"以外にもあるはずです。(B)は「強調されている」。(C)は「保護されている」ですが、「保護されている≒囲まれている」と並べてみると、"保護される"方法は"囲まれる"以外にもあるはずなので不自然さが見えてきます。

【その他の品詞】名詞：encirclement「包囲」

【その他の同義語】circle, enclose, ring

[訳] 土星は主に小さな岩や氷でできた輪の集団に囲まれている。

Q.207 ★★　　　　　　　　　　正解 (C) defeat

subdue は他動詞で、「〜を制圧する、支配する」。(A)は「〜を撃退する」で惜しいですが、これは文字通り「攻撃された側は退く(遠くへ逃げる)」を意味します。正解は「制圧、支配」なので、逃げてしまった相手には当てはまりません。(B)は「〜を引き寄せる」。(D)は「〜を追いかける」なので、これでは「制圧する」とはなりません。

【その他の同義語】conquer, subjugate (Q.178), suppress (Q.095)

[訳] 恐竜の骨の中に見つかった歯の溝に基づき、古生物学者がその恐竜が獲物を抑え込むために毒を使ったと推測した。

　※ paleontologist：名 古生物学者

　※ venom：名 毒　poison 以外のこの単語も TOEFL では重要です。

Q.208 ★★　　　　　　　　　　正解 (C) unite

integrate は「他動詞：〜を統合する、統一する　自動詞：融和する」で今回は他動詞です。(A)は「〜を交換する」で、問題文では「アメリカ先住民芸術とアメリカ棟を交換」との意味になるので、「統合」とは矛盾します。(B)は「〜を対比させる(違いを目立たせる)」で、これも「統合」ではありません。(D)は「A と B を交互にする」なので、「アメリカ先住民芸術とアメリカ棟を交互に行う」となり、これも「統合」の趣旨とは異なります。

【その他の品詞】名詞：integration「①統合　②人種差別撤廃」※②の逆は segregation「人種隔離」

【その他の同義語】fuse (Q.132), incorporate, unify

[訳] ニューヨークのメトロポリタン美術館はアメリカ先住民芸術をアメリカ棟に統合させ始めている。前者は以前アフリカやオセアニア棟に展示されていた。

赤字部分の単語の同義語を(A)〜(D)の中から１つ選んでください。 🔊 209-212

Q.209 The air pollution blown from one state to another has been a serious
health issue in the U.S., forcing the government to **mediate**.

(A) consult

(B) intervene

(C) consider

(D) comply

Q.210 It has been suspected that tales about Pocahontas, the daughter of
a Native American chief during colonial America, were **embellished**
after she died.

(A) overstated

(B) discovered

(C) circulated

(D) written

Q.211 Objects with the same charge **repel** each other, while oppositely
charged objects do quite the opposite.

(A) attract

(B) light

(C) wear down

(D) drive off

Q.212 Despite being subjected to strong winds, some birds **elevate**
their nests up in tree branches to block attacks on their chicks by
predators.

(A) protect

(B) build

(C) hide

(D) raise

学習歴 （　／　）（　／　）（　／　）（　／　）（　／　）

Q.209 ★★★　　　　　　　　　正解 (B) intervene

mediate は「自動詞：仲裁する、調停する　他動詞：〜を仲裁する、調停する」で、今回は自動詞です。意味の趣旨は「自分以外の他者間のトラブルを仲裁」です。(A)は「相談する」で、問題文中では「政府が相談するように強いている」となり、政府がトラブルの当事者となってしまい「仲裁」ではなくなってしまいます。(C)は「熟考する」なので、「仲裁」に含まれる「行動」の意味がありません。(D)は「従う」。

【その他の品詞】名詞：mediation「仲裁、調停」、mediator「仲裁人、調停者」

【その他の同義語】arbitrate, intercede, moderate

[訳] 1つの州から別の州へと風で飛ばされる空気汚染はアメリカでは深刻な健康問題であり、政府に調停するよう強いている。

Q.210 ★★★　　　　　　　　　正解 (A) overstated

embellished(embellish)は他動詞で「①(話)に尾ひれをつけた　②〜を美しくした、装飾した」。今回は「尾ひれをつけられた」です。(B)は「発見された」なので、これだけでは「尾ひれ、装飾」の意味にはなりません。(C)は「広められた」でやや惜しいですが、これはあくまでも「多くの人に伝わるようになった」のみで「尾ひれ、装飾(内容の脚色)」とは別です。(D)は「書かれた」ですが、事実に忠実であることもあり得るので、「書かれる≒尾ひれがつく」とするのは拡大解釈です。

【その他の品詞】名詞：embellishment「①話の尾ひれ　②(過剰な)装飾」

【その他の同義語】color, exaggerate

[訳] アメリカ植民地時代のアメリカ先住民の酋長の娘であるポカホンタスにまつわる物語は彼女の死後、尾ひれをつけられたと思われている。

Q.211 ★★★　　　　　　　　　正解 (D) drive off

repel は他動詞で「①〜をはじく、はじき返す　②(敵など)を撃退する　③〜に不快感を与える」。(A)は「〜を引き寄せる」なので逆の動きになります。(B)は「〜を明るくする、点灯する」なので、「はじく」の物の動きに関する言葉とは異なります。(C)は「〜を消耗させる、〜を弱める」ですが、「はじく、はじき返す」ではありません。

【その他の品詞】名詞：repulsion「嫌悪、不快」, repellent「虫よけ」　形容詞：repulsive「不快な、いやな」　【その他の同義語】resist

[訳] 同じ電荷の物体は相互に反発し、一方で逆に電荷された物体は逆の結果となる。

Q.212 ★★　　　　　　　　　　正解 (D) raise

elevate は他動詞で「〜を高く上げる、(持ち)上げる」。名詞 elevator「エレベーター」はこの動詞の派生語です。(A)は「〜を保護する」で、「高く上げる」といった意味はありません。(B)は「〜を作る、建てる」で、問題文に入れると「巣を木の枝の中に作る」となり意味は自然ですが、「高める」の意味は含みません。(C)は「〜を隠す」ですが、「隠す方法」は「高く上げる」以外にもあるはずなので「高く上げる≒隠す」は無理があります。間違い3つはすべて問題文には合いますが、elevate にある「高める」の意味を持っていません。

【その他の品詞】名詞：elevation「①高めること　②海抜」　【その他の同義語】lift, uplift

[訳] 強風にさらされるにもかかわらず、いくつかの鳥はひな鳥に対する天敵からの攻撃を防止するため、巣を木の枝の中高くに持ち上げる。

赤字部分の単語の同義語を(A)〜(D)の中から1つ選んでください。 🔊 213-216

Q.213 Jean Piaget's popular theory was **formulated** to explain the four
☐ psychological developmental stages in children.

(A) reviewed
(B) favored
(C) developed
(D) challenged

Q.214 President Franklin Roosevelt implemented a string of reforms to
☐ revive the economy and to **avert** another economic crisis in the
1930s.

(A) tackle
(B) foresee
(C) prevent
(D) overcome

Q.215 The first **sanctioned** airmail flight took place between Petaluma
☐ and Santa Rosa in California in 1911.

(A) experimented
(B) publicized
(C) permitted
(D) recorded

Q.216 Their **protruding** eyes allow Hammerhead Sharks to have a full
☐ 360-degree view of the world.

(A) circling
(B) glowing
(C) projecting
(D) blinking

学習歴 (/) (/) (/) (/) (/)

Q.213 ★★　　　　正解 (C) developed

formulated(formulate) は他動詞で「〜を考案した、計画した」。今回は「考案された」となります。(A)は「再検討・批評された」なので、「考案(考え出す)」ではありません。(B)は「好まれた」。(D)は「意義を唱えられた」なので、「考案」とはだいぶ隔たりがあります。なおカタカナ語では「〜にチャレンジする」とポジティブな表現ですが、英語では「〜に意義を唱える、(人に)〜するよう挑む」とやや挑戦的な意味ですのでご注意を。

【その他の品詞】名詞：formulation「公式化、考案」, formula「①決まったやり方　②(数学)公式　③調理法」　【その他の同義語】draw up, devise, plan

[訳] ジャン・ピアジェの有名な理論は子供の4つの精神的発展段階を説明するために考案された。

Q.214 ★★★　　　　正解 (C) prevent

avert は他動詞で「①(災難・危険など)を避ける、防ぐ　②(目など)を背ける」。(A)は「(問題など)に取り組む」なので、「経済危機がすでに発生している」状態であれば自然ですが、正解の「避ける、防ぐ」は「経済危機がまだ発生していない」時に使うものです。(B)「〜を予知する」は惜しいですが、トラブルを"予見"したが、"避けられなかった"事態もあり得るので、「〜を避ける」と同義は不自然です。(D)は「〜を克服する」なので、(A)同様「経済危機がすでに発生している」状態なら OK ですが、正解の「避ける、防ぐ」は「まだ発生していない」状態です。

【その他の品詞】名詞：aversion「嫌悪」　形容詞：averse「嫌っている」
【その他の同義語】avoid, head off, stave off

[訳] フランクリン・ルーズベルト大統領は経済を回復し、新たな経済危機を回避するために一連の改革を1930年代に実施した。

Q.215 ★★　　　　正解 (C) permitted

sanctioned(sanction) は他動詞で「①〜を認可する　②〜を処罰する」。今回は「認可された」です。①と②でかなり意味が変わりますので文脈にご注意を。(A)は「実験された」ですが、「認可≒実験」との定義は不自然です。(B)は「宣伝された」。(D)は「記録された」ですが、2つの順番を入れ替え"記録をする"とは"認可する事"とすると妙です。世の中の"記録"を付ける事すべてが"認可"のためとは限りません。

【その他の品詞】名詞：sanction「①許可　②(sanctions と複数形で)制裁」　②は economic sanctions「経済制裁」としてよく使われます。　【その他の同義語】approve, authorize

[訳] 最初の認可された航空郵便飛行は1911年にカリフォルニアのペタルーマとサンタローザ間で行われた。

Q.216 ★★★　　　　正解 (C) projecting

protruding(protrude) は自動詞で「突き出る」。今回は現在分詞として「突き出ている」となります。なお(C)の project は名詞の「計画」以外の自動詞で「突き出る」という重要な意味です。(A)は「回転している」なので明らかに「突き出る」とは別です。(B)は「光っている」。(D)は「瞬きをしている」。

【その他の品詞】名詞：protrusion「①突き出る事　②突出部」
【その他の同義語】extend, stick out

[訳] ハンマーヘッド・シャークの突き出ている目は全360度の視界を可能にする。

赤字部分の単語の同義語を(A)〜(D)の中から1つ選んでください。 ◀ 217-220

Q.217 The unmanned spacecraft Phoenix landed on Mars, and its robot arm **scooped** the soil and analyzed it on the spot.

(A) loosened

(B) heated

(C) lifted

(D) ground

Q.218 As urbanization developed in the late 19th century, many people **forsook** the countryside and moved to larger cities.

(A) doubted

(B) disliked

(C) preserved

(D) deserted

Q.219 The reduced-gravity aircraft **negates** the Earth's gravity and produces weightlessness for 25 seconds by climbing and diving at a steep angle.

(A) cancels

(B) simulates

(C) measures

(D) increases

Q.220 Although now ranked as one of the best novels ever written, some critics **loathed** *Jane Eyre* when it was published in 1847.

(A) overlooked

(B) underestimated

(C) hated

(D) made fun of

学習歴 (/) (/) (/) (/) (/)

動

詞

Q.217 ★★ 　　　　　　　　　　　　正解 (C) lifted

scooped（scoop）は他動詞で「①～をすくい取った　②（マスコミが）スクープで（他社）を出し抜いた」の意味です。(A)は「～をほぐした」で問題文中にある「土」に合いますが、「すくい上げる」行為とは別です。(B)の「～を熱した」もやはり「すくい上げる」とは別です。(D)は grind の過去形の「～を砕いた」で、これも別の行為となります。

【その他の品詞】名詞：scoop「①大さじ、しゃくし　②スクープ」
【その他の同義語】extract（Q.143）, take out

［訳］無人探査機のフェニックスは火星に着陸し、ロボットアームが土をすくい取り、土をその場で分析した。

Q.218 ★★★ 　　　　　　　　　　　正解 (D) deserted

forsook（forsake）は他動詞で、「①～を見捨てた　②～をやめた」。「立ち去る、離れる」の意味合いが含まれるのが重要です。(A)は「～に疑問を持った、疑った」で、ネガティブな意味としては正解と同じですが、「去る、離れる」の意味は含まれません。(B)の「～を嫌った」も同様で、「田舎を"嫌った"から"見捨てた"」という推測はできたとしても「嫌った」だけでは「去る、離れる」を意味しません。(C)は「～を保存した、保護した」で、名詞は preservation「保存、保護」。

【その他の品詞】形容詞：forsaken「見捨てられた」
【その他の同義語】abandon（Q.019）, leave

［訳］19世紀に都市化が進むにつれ、多くの人が田舎を捨て大きな都市へ移住した。

Q.219 ★★★ 　　　　　　　　　　　正解 (A) cancels

negates（negate）は他動詞で「～を無効にする」。(B)は「～のシミュレーションをする」で、問題文に入れると「地球の重力をシミュレーションする」となり、「無効にする」とは異なります。(C)は「～を計測する」。(D)は「～を強める」。

【その他の品詞】名詞：negation「欠如、否定」　形容詞：negative「否定の」
【その他の同義語】neutralize, undo

［訳］低減重力飛行機は急角度での上昇と降下をすることにより地球の重力を失わせ、25秒間の無重力状態を作り出す。
※　宇宙飛行士訓練用のこの飛行機は、吐き気をもよおす人が続出するので Vomit Comet「嘔吐彗星」とも呼ばれます。

Q.220 ★★★ 　　　　　　　　　　　正解 (C) hated

loathed（loathe）は他動詞で「～をひどく嫌った」。(A)は「①～を見落とした　②（間違いなど）を大目にみた　③（建物が）～を見下していた」。(B)は「～を過小評価した」で、loathe 同様マイナスの表現ですが、「ひどく嫌う≒過小評価」とするのは無理があります（今回は hated もありますから）。名詞は underestimation。なお under の逆の over をつけると overestimate「～を過大評価する」になります。(D)は「～を笑いものにした」で(B)と同様マイナスの意味ですが、「ひどく嫌う」がかなり程度の強い表現なので同義にするには無理があります。

【その他の同義語】abhor, despise, detest

［訳］現代では最高の小説の1つとして評されるが、批評家の幾人かは『ジェーン・エア』が1847年に刊行された当時ひどく嫌った。

赤字部分の単語の同義語を(A)〜(D)の中から1つ選んでください。🔊 221-224

Q.221 The protein released from their tube feet allows starfish to **cling** onto a rock surface or coral reefs.

(A) spray

(B) land

(C) move

(D) stick

Q.222 After the broadcast of a 1938 science fiction radio drama, *War of the Worlds*, the radio station was **deluged** with phone calls from the terrified listeners.

(A) delighted

(B) flooded

(C) connected

(D) fed up

Q.223 When unable to secure permission from the Roman Catholic Church to divorce, Henry VIII of England **severed** ties with the Church.

(A) loosened

(B) reviewed

(C) strengthened

(D) disconnected

Q.224 Laboratory experiments show that once conditioned, an animal **opts** to push a button frequently, hoping to receive more food.

(A) continues

(B) hurries

(C) pretends

(D) chooses

学習歴 (/) (/) (/) (/) (/)

Q.221 ★★　　　　　　　　　　　正解　(D) stick

cling は自動詞で「①くっつく　②執着する」を意味します。なお、g の音はほとんど発音しません。正解(D)の名詞形が sticker「(のりで貼りつく)ステッカー」ですが、英語での発音は「スティッカー」なのでご注意を。(A)は「(液体を)吹きかける」で、名詞の「スプレー」が知られています。(B)は「着地する」でやや惜しいですが、「着地」したからといってそれを「くっつく」と表現するのは不自然さが目立ちます。試験の指示書きの「もっとも近い選択肢を選びなさい」を思い出しましょう。(C)の「移動する」も同様の理由により無理があります。
【その他の同義語】attach, hold fast

[訳] ヒトデの管足から放出されるたんぱく質は石の表面やサンゴ礁に張り付くことを可能にする。

Q.222 ★★★　　　　　　　　　　正解　(B) flooded

deluged(deluge)は他動詞で意味は「①〜に殺到した　②〜を氾濫させた」。今回は「殺到された」。(A)は「喜ばされている」で、形容詞は delightful「喜んでいる」。(C)は「つながっている」で「殺到」よりは程度がかなり弱いものです。(D)は「うんざりさせられている」ですが、電話が「殺到」したからといって必ずしも「うんざりしている」とするのは無理があります。
【その他の品詞】名詞：deluge「①殺到　②氾濫」【その他の同義語】inundate(Q.090), swamp

[訳] 1938 年の SF ラジオドラマ「宇宙戦争」の放送の後、ラジオ局には恐れおののいた聴取者からの電話が殺到した。

Q.223 ★★★　　　　　　　　　正解　(D) disconnected

severed(sever)は他動詞で「①(関係)を断絶した　②〜を切断した、切った」。なおスペルが似ている形容詞の severe「厳しい」と混同しないようにご注意を。(A)は「〜を緩めた」なので「断った、断絶した」まで事態は進んでいません。(B)は「〜を再検討した」なので、これだけで「断った」と言うのは性急な判断です。(C)は「〜を強化した」なので、正解とは逆に近い意味になります。名詞は strength「力、長所」。
【その他の品詞】名詞：severance「①(関係の)断絶　②切断」
【その他の同義語】break off, discontinue, terminate

[訳] ローマカトリック教会から離婚の許可を得ることができず、イギリスのヘンリー 8 世は教会との関係を断った。

Q.224 ★★★　　　　　　　　　　正解　(D) chooses

opts(opt)は自動詞で「選ぶ」。(A)は「続ける」なので、確かに問題文中では「もっと餌を求めボタンを頻繁に押すことを続ける」となり自然に見えますが「続ける」とは「以前にも同じ行動をしている」意味合いを伴います。opt「選ぶ」にはこの意味合いは含まれません。これは「同じ意味の単語を選ぶ問題」である点を思い出しましょう。(B)は「急ぐ」ですが、「選ぶ」行動がいつも急いでいるとは限りません。(C)は「ふりをする」でした。
【その他の品詞】名詞：option「選択肢、オプション」【その他の同義語】decide

[訳] 研究室での実験によると、一度条件付けをされると動物はもっと餌を求めボタンを頻繁に押すことを選ぶと示している。
　※ condition：[他動] 〜に条件付けをする
　※ 開発者の心理学者 B. F. Skinner の名から the Skinner box とも呼ばれます。

赤字部分の単語の同義語を(A)〜(D)の中から1つ選んでください。 ◀ 225-228

Q.225 ☐ The first solo transatlantic flight of 1927 by Charles Lindbergh, a former airmail pilot, **aroused** the public's interest in aviation.

(A) prolonged

(B) stimulated

(C) expressed

(D) represented

Q.226 ☐ International corporations have been under pressure to **halt** the expansion of their palm oil production, a four-billion-dollar business, for environmental concerns.

(A) further

(B) simplify

(C) discontinue

(D) fund

Q.227 ☐ Hydroelectric power plants are located along rivers or dams so that they can **harness** the power of the current.

(A) depend on

(B) generate

(C) utilize

(D) collect

Q.228 ☐ A human's inability to **recount** memories before the age of two to four years is called Childhood Amnesia.

(A) narrate

(B) write down

(C) lose

(D) cherish

Q.225 ★★ 　　　　　　　　　　　　正解 (B) stimulated

aroused（arouse）は他動詞で「（感情）を引き起こした、刺激した」。(A)は「〜を長引かせた」で すが、これは「すでに発生中の感情を長引かせた」事なので「（眠っていた感情を）引き起こした」 とは矛盾します。(C)は「〜を示した」で、問題文中にある interest と共に express interest「興味 を示す」としてよく使われますが、すると「大西洋横断飛行は大衆の興味を示した」と意味が不自 然になります。(D)は「〜を示した、象徴した」なので「眠っていた感情を引き起こす」とは別の意 味です。

【その他の品詞】名詞：arousal「覚醒、目覚める事」

【その他の同義語】spark, stir, trigger（Q.200）

［訳］元航空郵便パイロットであるチャールズ・リンドバーグによる 1927 年の初の単独大西洋横断 飛行は大衆の飛行に対する興味をかき立てた。

※ aviation：图 飛行、航空

Q.226 ★★ 　　　　　　　　　　　　正解 (C) discontinue

halt は「他動詞：〜を停止させる　自動詞：停止する」で今回は他動詞です。(A)は「〜を促進す る」なので意味が逆に近いですね。(B)は「〜を簡略化・簡素化する」なので、「停止」まで踏み込 んだ表現ではありません。名詞は simplification。(D)は「〜に資金を提供する」。

【その他の品詞】名詞：halt「停止」　形容詞：halting「ためらいがちの」

【その他の同義語】freeze, stop, terminate

［訳］国際企業は 40 億ドル産業であるパーム油生産の拡大を環境への影響を理由に停止するよう、 圧力にさらされている。

Q.227 ★★★ 　　　　　　　　　　　　正解 (C) utilize

harness は他動詞で「〜を利用する」。(A)は「〜に頼る」なので、「依存の状態」を意味しますが、 「利用する」は「そこにあるから自分の利益のために使う」ので、「依存」の意味合いはありません。 (B)は「〜を作り出す」なので、今回は「水流を作り出す」となってしまいます。正解は「水流を利用 する」です。(D)は「〜を集める」で、文字通りの意味なのでこれをもってして「（自らのために）利 用する」と同義とするのは拡大解釈です。

【その他の品詞】名詞：harness「①馬具　②安定ベルト」

【その他の同義語】use, exploit（Q.177）, make use of

［訳］水力発電所は水流の力を利用するために川やダムのそばにある。

Q.228 ★★★ 　　　　　　　　　　　　正解 (A) narrate

recount は他動詞で、「〜を詳しく述べる」。(B)の「〜を書き記す、記録する」は「書く作業、書 くプロセス」のことなので、「述べる」という口頭による他者に向けた発信型の行動とは別です。 (C)は「〜を失う」なので、正解とは異なります。(D)は「〜を大切にする」でした。

【その他の品詞】名詞：recount「投票の数え直し」

【その他の同義語】report, describe, relate

［訳］人間の 2 〜 4 歳時より以前の記憶を詳細に述べることができないことを幼児期健忘と呼ぶ。

※ 幼児期健忘の原因は未発達の脳神経などいくつかが指摘されていますが、現時点では確定はさ れていません。

赤字部分の単語の同義語を(A)～(D)の中から1つ選んでください。 🔊 229-232

Q.229 Jellyfish have **thrived** globally, causing problems for other marine
☐ creatures and fishery because the recent sea temperature rise
increases their reproduction rate.

(A) recovered

(B) fed

(C) flourished

(D) traveled

Q.230 During the height of its power, the Persian Empire launched
☐ repeated naval offenses against Athens, but each attempt was
thwarted by the Greek fleet.

(A) blocked

(B) predicted

(C) accompanied

(D) postponed

Q.231 The bank runs of 1907 greatly **unsettled** the New York stock
☐ market, which resulted in the creation of the Federal Reserve
System.

(A) regulated

(B) profited

(C) troubled

(D) energized

Q.232 **Procuring** water is a crucial and challenging issue for establishing
☐ permanent settlements on the Moon.

(A) Acquiring

(B) Refining

(C) Storing

(D) Distributing

Q.229 ★★　　正解　(C) flourished

thrived(thrive)は自動詞で「①成長する　②繁栄する、栄える」。(A)は「回復する」でかなり別の意味です。(B)は「(動物が餌を)食べる」で、「"食べた"結果として"成長する"」事はあり得ますが、これは「結果」であり「同義」ではありません。(D)は「移動する」。

【その他の同義語】prosper(Q.071), bloom

［訳］近年の暖かい海水温度はクラゲの繁殖率を高めるのでクラゲは世界中で成長し、他の海洋生物や漁業に問題を起こしている。

Q.230 ★★★　　正解　(A) blocked

thwarted(thwart)は他動詞で「～を阻止した、妨害した」。今回は「阻止された」となります。(B)は「予測された」ですが、「予測する→阻止する」の推測は性急です。「"予測"しても"阻止できない"」事態も十分あり得ます。(C)は「同伴された、一緒に行動された」なので、「阻止、妨害」の敵対的な行動とは別です。(D)の「延期された」ですが、例えば「運動会を"延期する"」は自然な行為ですが、「運動会を"阻止する、妨害する"」はとても自然とは言えません。

【その他の同義語】frustrate, impede(Q.138), obstruct

［訳］ペルシャ帝国はその最盛期にアテネに対し繰り返し海軍による攻撃を行ったが、試みのすべてはギリシャ艦隊により阻止された。
　※　launch：[他動] (攻撃など)を始める　naval：[形] 海軍による　名詞は navy「海軍」

Q.231 ★★★　　正解　(C) troubled

unsettled(unsettle)は他動詞で「～を混乱させた、不安定にさせた」。(A)「～を規制した」は、「混乱させた」とほぼ逆の意味です。(B)は「～に利益を与えた」。(D)は「～に活気を与えた」で、名詞 energy「エネルギー、活力」の動詞形です。

【その他の品詞】形容詞：unsettling「不安を引き起こす」

【その他の同義語】disturb, unnerve, upset

［訳］1907 年の銀行の取り付け騒ぎはニューヨーク株式市場を非常に混乱させ、連邦準備制度の成立につながった。
　※　この騒動までアメリカには中央銀行に相当する制度はなく、実際に設立されるまでにさらに 6 年経過しました。

Q.232 ★★　　正解　(A) Acquiring

Procuring(procure)は他動詞で「～を調達する、手に入れる」の意味で今回は動名詞の「～を調達すること」です。(B)は「①～を精製すること　②(態度など)を洗練させること」で、①を取ってしても「調達≒精製」は無理があります。(C)は「～を貯蔵すること」なので、「調達」の後の段階の言葉です。(D)は「～を配給すること」なので、これもやはり「調達後」ならばあり得る意味です。

【その他の品詞】名詞：procurement「調達」

【その他の同義語】obtain, secure

［訳］水を調達することは月での恒久的な植民地の設立のために重要で困難な問題である。

赤字部分の単語の同義語を (A)〜(D) の中から 1 つ選んでください。🔊 233-236

Q.233 In North America, the consumption of roundwood has been
increasing. Conifers, such as cedars and pines, **furnish** a quarter of
this total consumption.

    (A) affect

    (B) export

    (C) consume

    (D) supply

Q.234 Marine fish balance bodily levels of water and salt by gulping a lot of
seawater and **disposing of** excess salt through their gills.

    (A) breaking down

    (B) sucking in

    (C) throwing away

    (D) storing up

Q.235 Although the Interstate Commerce Commission was authorized to
regulate the railroad industry, railroad companies in the 19th century
found ways to **circumvent** the law.

    (A) avoid

    (B) interpret

    (C) break

    (D) revise

Q.236 At the inauguration ceremony, each U.S. president **recites** the oath
from the Constitution.

    (A) delivers a speech on

    (B) memorizes

    (C) repeats

    (D) writes down

Q.233 ★★　　　　　　　　　　　　　　正解　(D) supply

furnish は他動詞で「①〜を供給する　②(家などに)家具を取り付ける」。(A)は「〜に影響を与える」となり、正解の「針葉樹が4分の1を供給する」とはかなり意味が異なります。(B)は「〜を輸出する」ですが、furnish に「輸出」の意味はありません。(C)は「〜を消費する」。

【その他の品詞】名詞：furniture「家具」, furnishing「(家・部屋の)備品」

【その他の同義語】provide

[訳] 北アメリカでは丸太の使用が増加している。ヒマラヤスギや松などの針葉樹が総消費量の内の4分の1を供給している。

※ conifer：图 針葉樹　broadleaf tree「広葉樹」も同時に覚えておきましょう。

Q.234 ★★　　　　　　　　　　　　　　正解　(C) throwing away

disposing(dispose)は自動詞で of を伴い「〜を取り除く、処分する」。今回は動名詞「取り除くこと、処分すること」になります。なお他動詞では「①〜を配置すること　②(人)を〜する気にさせること」になります。(A)は「〜を分解する」。惜しい選択肢ですが、例えば「生ゴミを処分する」とは「ゴミがその場から無くなる」ことですが、「生ゴミを分解する」は「細かくなったものの、その場にまだ存在する」ことになり、この点は大きな違いです。(B)は「〜を吸収すること」で正解とは逆ですね。(D)は「〜を貯蔵すること」。

【その他の品詞】名詞：disposition「①処分　②配置　③傾向、気質」, disposal「①処分　②配置」

【その他の同義語】discard(Q.084), get rid of, rid

[訳] 海水魚は大量の水を飲み、余分な塩分をエラから取り除くことにより体内の水と塩分のレベルのバランスを取る。

※ gulp：他動 自動 (〜を)いっきに飲む(食べる)

Q.235 ★★★　　　　　　　　　　　　　正解　(A) avoid

circumvent は他動詞で「①(困難など)を回避する　②(場所)を迂回する」を意味します。(B)は「①〜を解釈する　②〜を通訳する」で、名詞は interpretation「①解釈　②通訳」。①を「自分の都合の良い方に"解釈する"→"回避する"」と捉える方もいるかもしれませんが、「解釈」は「頭の中での思考」であるのに対し、「回避」は「行動」で別物です。(C)の「〜を破る」ですが、正解の「回避する」は「法律を破らないで済む方法を探す」なので、「破る」とは明確な違いがあります。(D)は「〜を修正する」で、名詞は revision「修正」。

【その他の品詞】名詞：circumvention「回避」

【その他の同義語】avert(Q.214), bypass, evade

[訳] 州間通商委員会は鉄道産業を規制することを認可されていたが、19世紀の鉄道会社は法を回避する方法を探し出した。

Q.236 ★★　　　　　　　　　　　　　　正解　(C) repeats

recites(recite)は他動詞で「〜を暗唱する」。(A)は「〜に関する演説をする」ですが、これだと問題文は「宣誓に関する演説をする」となり「暗唱」とは別です。(B)は「〜を記憶する」なので「覚えるための過程」です。(D)は「〜を書き記す」。

【その他の品詞】名詞：recitation「暗唱」

【その他の同義語】quote

[訳] 就任式において、すべてのアメリカ大統領は憲法からの宣誓を暗唱する。

赤字部分の単語の同義語を(A)～(D)の中から1つ選んでください。🔊 237-240

Q.237 The origin of the Western theater goes back to the outdoor theater of ancient Athens, where many people **congregated**.

(A) performed

(B) enjoyed

(C) assembled

(D) sang

Q.238 The North Pole of the Earth **tilts** toward the Sun in June, and the Northern Hemisphere receives a lot more sunlight.

(A) bends

(B) rises

(C) expands

(D) leans

Q.239 In addition to cosmic rays and ultraviolet radiation, space suits are designed to **withstand** extreme cold and hot temperatures in space.

(A) endure

(B) reflect

(C) absorb

(D) circulate

Q.240 The Geneva Conventions of 1949 **oblige** its 196 member states to protect civilians during conflict.

(A) authorize

(B) motivate

(C) encourage

(D) require

学習歴 (/) (/) (/) (/) (/)

Q.237 ★★★　　　　　　　　　正解　(C) assembled

congregated(congregate) は自動詞で「集合した」。(A) は「演じた」で劇場に関する内容には自然な言葉ですが、「集合した≒演じた」は無理があります。(B) の「楽しんだ」もやはり「人が集合した≒楽しんだ」とは限りません。(D) の「歌った」も、「集合した」と同義にするのは不自然です。
【その他の品詞】名詞：congregation「集会」
【その他の同義語】collect, meet, throng (Q.134)

[訳] 西洋の劇場の起源は多くの人々が集まった古代アテネの屋外劇場へとさかのぼる。

Q.238 ★★　　　　　　　　　　　正解　(D) leans

tilts(tilt) は「自動詞：傾く　他動詞：〜を傾ける」で今回は自動詞です。(A)「曲がる」は惜しいですが、正解の「傾く」とは「あるものに傾斜が付く、物そのものの形は変わらない」に対し、「曲がる」は明らかに「物の形が(L字型などに)変わる」ので同義にはできません。「木の枝が曲がる」と「木の枝が傾く」を同じにはできませんね。(B)は「高くなる」ので「傾き」ではありません。(C)は「拡大する」。
【その他の品詞】名詞：tilt「傾き」
【その他の同義語】incline, tip

[訳] 地球の北極は6月には太陽に向かって傾き、北半球は多くの太陽光を浴びる。
※ 地軸は公転軌道(太陽の周囲を移動する軌道)に対し約23.4度傾いているのでこの現象が起こります。

Q.239 ★★　　　　　　　　　　　正解　(A) endure

withstand は他動詞で、「〜に耐える、持ちこたえる、逆らう」を意味します。(B)は「〜を反射する」。「寒さや高温を"反射する"から"耐える"ことができる」との連想はできますが、この2者を同義にすると例えば「100キロの重さに耐える≒100キロの重さを反射する」と奇妙な関係ができてしまいます。なお名詞は reflection。(C)は「〜を吸収する」ですが、正解は「低温や高熱に耐える」のみなので、「吸収する」は意味を限定し過ぎです。(D)は「〜を循環させる」で名詞は circulation。
【その他の同義語】cope with, resist, tolerate (Q.059)

[訳] 宇宙服は宇宙線や紫外線放射に加え、宇宙空間の極度の寒さや高温に耐えるように設計されている。

Q.240 ★★　　　　　　　　　　　正解　(D) require

oblige は他動詞で「〜を義務付ける」。「強制される」の意味を含む点が重要です。(A)は「〜に権限を与える」なので、「義務・強制」されてはいません。(B)は「〜に動機を与える」なので、「義務・強制」と同義にするには言葉の程度が弱すぎます。(C)は「①〜を促進する　②〜を励ます」で、これも「義務付ける、強制する」という強い意味合いは含みません。
【その他の品詞】名詞：obligation「義務」　形容詞：obligatory「義務的な」
【その他の同義語】force, bind, obligate

[訳] 1949年のジュネーヴ諸条約は196の加盟国に対し戦闘中の民間人の保護を義務付けている。

赤字部分の単語の同義語を(A)〜(D)の中から1つ選んでください。 ◀️ 241-244

Q.241 Seismic activities of active volcanoes in Antarctica have been closely observed since a series of small earthquakes could **precede** volcanic eruptions.

(A) come before

(B) coincide with

(C) cause

(D) intensify

Q.242 The history of department stores **embodies** the rise of American mass consumerism.

(A) encourages

(B) symbolizes

(C) summarizes

(D) contradicts

Q.243 It is widely believed that the amateur archaeologist Charles Dawson **concocted** the story in 1912 that he had found the fossilized remains of an early human.

(A) disclosed

(B) acknowledged

(C) denied

(D) invented

Q.244 The power outage caused by Hurricane Maria **underscored** the need for a new approach to energy infrastructure in Puerto Rico.

(A) created

(B) highlighted

(C) met

(D) assessed

学習歴 (/) (/) (/) (/) (/)

Q.241 ★★   正解 (A) come before

precede は「他動詞：①～の先に発生する　②～に優先する　自動詞：先に来る、先立つ」で今回は他動詞です。(B) は「～と同時に発生する」なので順番が矛盾します。(C) は「～を引き起こす」で、問題文中に当てはめると「地震が火山噴火を引き起こす」、つまり「原因」の記載となります。しかし正解は「地震が火山噴火の前に発生する」、と「前後関係」で「原因」の意味ではありません（学術的には地震が火山噴火の原因との説がありますが、今回は言葉の意味の説明です）。(D) は「～を強める」なので別の性質の言葉です。

【その他の品詞】名詞：precedence「①先行　②優先」, precedent「先例」

[訳] 小さな地震が火山噴火の前に発生する事があるので、南極の活火山の地震活動は綿密に観測されている。

※ seismic：形 地震に関する　seismology：名 地震学

Q.242 ★★★   正解 (B) symbolizes

embodies（embody）は他動詞で、「～を体現する、具現化する」。(A) は「～を促進する」で、問題文中に入れても文脈は自然ですが、「体現、具現」という「形にして現す」意味とは別です。(C) は「～を要約する、手短に説明する」ですが、「体現する、具現化する」には「要約、手短」の意味合いはありません。(D) は「～と矛盾する」と正解とはかなり異なった意味となり、(B) symbolizes（名詞の symbol の動詞形）が適切となります。

【その他の品詞】名詞：embodiment「具現化」

【その他の同義語】exemplify, represent, typify

[訳] デパートの歴史はアメリカの大量消費の繁栄を体現している。

Q.243 ★★★   正解 (D) invented

concocted（concoct）は他動詞で「（話など）をでっち上げた、捏造した」。(A) は「～を明らかにした」ですが「でっち上げ、捏造」といった意味はありません。名詞は disclosure「発表、発覚」でカタカナ語になりつつあります。(B) は「～を認めた」、名詞は acknowledgement。(C) は「～を否定した」。

【その他の品詞】名詞：concoction「でっち上げ、捏造」

【その他の同義語】fabricate, make up, manufacture

[訳] アマチュアの考古学者であるチャールズ・ドーソンは 1912 年に初期の人類の化石化した遺体を発見したことをでっち上げたと広く信じられている。

Q.244 ★★★   正解 (B) highlighted

underscored（underscore）は他動詞で「～を強調した」。(A) は「～を作り出した」で、問題文では「新しい取り組みへの必要性を作り出した」となります。やや惜しいですが、「強調した」は「すでに存在する物に注意を向けさせる」なので、「作り出す」とは意味が合いません。(C) は「～を満たした」で、今回は「必要性を満たした」となり、「強調」とは別の意味になります。(D) は「～を査定した、評価した」で、名詞は assessment。

【その他の同義語】emphasize, stress, underline

[訳] ハリケーン・マリアによって引き起こされた停電はプエルトリコにおけるエネルギー向けインフラに対する新しい取り組みへの必要性を強調した。

赤字部分の単語の同義語を(A)〜(D)の中から1つ選んでください。 🔊 245-248

Q.245 Fierce dust storms of the 1930s **interrupted** the agriculture of the Great Plains, a vast area east of the Rocky Mountains; the events forced 2.5 million people to leave their homes.

(A) transformed
(B) restarted
(C) expanded
(D) stopped

Q.246 The popularity of Charles Dickens's novel, *Oliver Twist*, has **transcended** time, and the story has been made into movies and plays for over a century.

(A) lost track of
(B) caught up with
(C) fell behind
(D) gone beyond

Q.247 Through the establishment of the League of Nations, President Woodrow Wilson **endeavored** to achieve world peace.

(A) hoped
(B) promised
(C) demanded
(D) attempted

Q.248 The New Mexico State Authorities **bungled** the management of a controlled fire in 2000, which developed into a huge wildfire and destroyed more than 300 structures and 48,000 acres of land.

(A) underestimated
(B) quit
(C) mismanaged
(D) overhauled

学習歴 (／) (／) (／) (／) (／)

Q.245 ★   正解 (D) stopped

interrupted（interrupt）は他動詞で「〜を阻害した、中断させた」。(A)は「〜を一変させた」なので違います。(B)は「〜を再開させた」なので正解とはほぼ逆の意味になります。(C)は「〜を拡大した」です。

【その他の品詞】名詞：interruption「阻害、中断」

【その他の同義語】break in, impede（Q.138）, obstruct

[訳] 1930 年代の激しい砂嵐はロッキー山脈の東の広大な地域であるグレートプレーンズの農業を阻害し、250 万の人々を家から追い払った。

Q.246 ★★★   正解 (D) gone beyond

transcended（transcend）は他動詞で「（概念など）を超越する」。(A)は「〜を忘れる」で、問題文に入れると「小説『オリバー・ツイスト』の人気は時間を忘れる」との奇妙な意味になり、「概念を超越」とは別の意味になります。(B)は「〜に追いつく」なので、「超越する（超える）」の手前の段階です。(C)は「〜に遅れる」。

【その他の同義語】rise above

[訳] チャールズ・ディケンズの小説『オリバー・ツイスト』の人気は時代を超え、1 世紀以上にわたり映画化や演劇化をされている。

Q.247 ★★   正解 (D) attempted

endeavored（endeavor）は自動詞で「努力した」。(A)は「希望した」で、やや惜しいですが、これは文字通り「希望、気持ち」のみで「希望を実現するための行動」は含まれません。一方、「努力した」には「努力の一環としての実際の行動」を含みますので、これが二者間の大きな違いです。(B)は「約束した」で、これも意味が文字通りなので「行動」の意味とは別です。(C)の「要求した」は「他者へ何かを強く求める」の意味ですが、正解の「努力した」には「他者への要求」の意味は含まれません。

【その他の品詞】名詞：endeavor「努力」

【その他の同義語】strive（Q.091）, try

[訳] 国際連盟の設立を通してウッドロー・ウィルソン大統領は世界平和を達成しようと努力した。

Q.248 ★★★   正解 (C) mismanaged

bungled（bungle）は他動詞で「〜で失敗した」。(A)は「〜を過小評価した」で、惜しい選択肢です。「野焼きの扱いを“過小評価し”、その結果山火事に発展した」との推測は可能ですが、“過小評価”とは別の理由による“失敗”もいくらでもあるはずなので、同義にするのは無理があります。正解の「失敗した」に最も適格な(C)mismanaged があるので、こちらが優先されます。(B)は「〜を止めた」なので、「失敗」とは別です。(D)は「（制度など）を徹底的に見直した」で、名詞の「オーバーホール」はカタカナ語になっています。

【その他の同義語】botch, fumble, mishandle

[訳] ニューメキシコ州当局は 2000 年に野焼きの扱いに失敗し、火は大規模な山火事に発展し 300 以上の建造物と 4 万 8 千エーカーの土地に被害が及んだ。

赤字部分の単語の同義語を(A)〜(D)の中から1つ選んでください。◀ 249-252

Q.249 Scientists working for the SETI project **sift through** a large volume of radio signals that come from space, looking for evidence of extraterrestrial life.

(A) receive

(B) examine

(C) share

(D) encode

Q.250 After World War II, supermarkets began to **proliferate** in the U.S. along with the easy availability of the automobile.

(A) appear

(B) compete

(C) multiply

(D) assemble

Q.251 Like other grazing animals, cattle **ingest** considerable amounts of soil.

(A) dig

(B) collect

(C) flatten

(D) eat

Q.252 Alcohol consumption can **depress** the activity of the central nervous system, slowing down the brain's ability to regulate the body and the mind.

(A) suspend

(B) lower

(C) confuse

(D) escalate

学習歴 （ ／ ）（ ／ ）（ ／ ）（ ／ ）（ ／ ）

Q.249　★★★　　　　　　　　　　　　　正解　(B) examine

sift は自動詞で through を伴い「〜を調べる」を意味します。他には「自動詞：ふるいにかける 他動詞：①〜をふるいにかける　②〜を調べる」の意味もあります。なお shift「交代制、シフト」と混同しないようにご注意を。(A)は「〜を受信する」で、文脈上「大量のラジオ信号を受信し」と自然ですが単語の意味として「調べる」とは別です。(C)は「〜を共有する」で、これも「調べる≒共有する」の関係が常に成り立つというわけはありません。(D)は「〜を暗号化する」なので、暗号にされたら「調べる」のは難しくなります。

【その他の同義語】analyze（他動詞）, investigate（他動詞）, probe（Q.125）

［訳］SETI 計画で働いている科学者は宇宙からの大量のラジオ信号を調べ、地球外生命体の証拠を捜している。
　※　SETI：圏 the Search for Extraterrestrial Intelligence 地球外知的生命体発見を目指す科学者による様々なプロジェクトの総称。

Q.250　★★★　　　　　　　　　　　　　正解　(C) multiply

proliferate は自動詞で「増加する」。(A)は「出現する」なので、「増加」ではありません。(B)は「競う」で、「増加する→競争が起こる」との推測はできますが、単語問題においては「単語そのものの意味」が重要で、「その後の事態の推測」は考慮に入れてはいけません。(D)の「集まる」は「分散していたものが 1 か所に集まる」の意味なので、「増加する、数が増える」訳ではありません。

【その他の品詞】名詞：proliferation「増加、拡散」
【その他の同義語】grow, increase in number, mushroom

［訳］第二次世界大戦後、アメリカのスーパーマーケットが自動車の入手の容易さと共に増加した。

Q.251　★★★　　　　　　　　　　　　　正解　(D) eat

ingest は他動詞で「(食べ物など)を摂取する」。(A)は「〜を掘る」。(B)は「〜を集める」で、これだけでは「食べる」にはなりません。(C)は「〜を平らにする」で、形容詞 flat の動詞形ですが、「食べる」とは全く異なります。

【その他の品詞】名詞：ingestion「摂取」 digestion「消化」も同時に覚えておくと便利です。
【その他の同義語】consume

［訳］他の放牧動物のように牛はかなりの量の土を摂取する。
　※　graze：圓 家畜が草を食べる　 他動 (家畜に)草を食べさせる

牛が土を食べる理由はリンや塩分を補給するためではないか、と推測されています。びっくり！

Q.252　★★　　　　　　　　　　　　　　正解　(B) lower

depress は他動詞で「①〜を弱める、押し下げる　②(人)を意気消沈させる」。(A)は「①〜を中断する　②〜を停学させる　③〜をつるす」で、名詞は suspension「①中断　②停学　③つるす事」。①は惜しいですが、正解は「弱める」なので、「中枢神経系の活動を中断させる」は同義にするには程度が強すぎます。(C)は「〜を混乱させる」で、これのみで「弱める」との判断は早急です。(D)は「〜を拡大（エスカレート）させる」、名詞は escalation。

【その他の品詞】名詞：depression「①下降　②憂鬱　③不況」
【その他の同義語】weaken, diminish, inhibit（Q.130）

［訳］アルコールの摂取は中枢神経系の活動を弱め、体と心を制御する脳の能力を弱める。

赤字部分の単語の同義語を(A)～(D)の中から1つ選んでください。◀ 253-256

Q.253
During the 1960s Great Chilean earthquake, the western margin of the Nazca oceanic plate **lurched** by more than 50 feet relative to the neighboring plate.

(A) leaned
(B) stretched
(C) shrank
(D) cracked

Q.254
Mount Rushmore National Memorial, the carved faces of four U.S. presidents, was created to **commemorate** the first 150 years of the country.

(A) emphasize
(B) worship
(C) evaluate
(D) celebrate

Q.255
Caves are usually formed when limestone is melted by **trickling** water that contains carbonic acid.

(A) rising
(B) rushing
(C) dripping
(D) boiling

Q.256
Astronomers were **exhilarated** to see the first-ever direct imagery of a black hole, which lies in the Virgo Cluster.

(A) shocked
(B) disappointed
(C) frightened
(D) excited

学習歴 （ ／ ）（ ／ ）（ ／ ）（ ／ ）（ ／ ）

Q.253 ★★★　　　　　　　　　　　　　　正解 （A） leaned

lurched（lurch）は自動詞で「急に傾いた、よろめいた」。問題文中では「海洋プレートが傾いた」との意味です。選択肢中では(A)の「動いた」が「最も近い」となります。(B)は「拡大した」。(C)は「縮んだ」で、(D)は「ひびが入った」でした。不正解の３つとも問題文中で自然なセンテンスにはなりますが、いずれも「傾く」とは意味が異なるものです。

［訳］1960年のチリ大地震の際、ナスカ海洋プレートの西端が隣のプレートに対し約50フィート傾いた。

　※　relative to：句 〜と比較して

Q.254 ★★★　　　　　　　　　　　　　　正解 （D） celebrate

commemorate は他動詞で、意味は「〜を祝う、記念する」。(A)は「〜を強調する」で、名詞はemphasis「強調」。設問文中の言葉を入れ替えて「誕生日を祝う」≒「誕生日を強調する」としたらかなり奇妙であることがわかるかと思います。(B)は「〜を崇拝する、拝む」ですが、「誕生日を祝う」≒「誕生日を崇拝する」としたらやはり妙です。(C)は「〜を値踏みする、査定する」なので、正解の「祝う」ではなく「評価を下す、価値を付ける」の意味です。

【その他の品詞】名詞：commemoration「記念」　形容詞：commemorative「記念の」

【その他の同義語】honor, pay tribute to

［訳］4人のアメリカ大統領の顔が彫られたラシュモア山国立記念碑は国の150周年を記念して作られた。

Q.255 ★★★　　　　　　　　　　　　　　正解 （C） dripping

trickling（trickle）は自動詞で「少しずつ流れる」で、今回は現在分詞で「少しずつ流れている」となります。(A)は「増している」。(B)は「勢いよく流れている」なので正解とは逆になります。(D)は「沸騰している」でした。

【その他の同義語】dribble

［訳］洞窟は通常、炭酸を含んだしたたり落ちる水によって石灰岩が溶かされて形成される。

Q.256 ★★★　　　　　　　　　　　　　　正解 （D） excited

exhilarated（exhilarate）は他動詞で「〜の心を浮き立たせた、陽気にした」で今回は「心が浮き立った」の意味です。(A)は「衝撃を受けた、驚いた」ですが、正解の「高揚した感情、陽気」の意味がありません。(B)の「がっかりした」は正解とは逆の感情です。(C)は「怖がった」で、やはり正解とはかけ離れた感情です。

【その他の品詞】名詞：exhilaration「高揚、陽気」

【その他の同義語】animate, enliven, thrill

［訳］天文学者はおとめ座銀河団にあるブラックホールの初の直接撮影の映像を見て心が浮き立った。

　※　世界中の電子望遠鏡を遠隔で接続し、目に見えないブラックホールを撮影しました。

赤字部分の単語の同義語を(A)～(D)の中から1つ選んでください。 🔊 257-260

Q.257 European robins rely on their internal compasses, guided by the Earth's magnetic field, for migration. Man-made radio signals could **disrupt** these compasses.

    (A) upset

    (B) go through

    (C) adjust

    (D) reach

Q.258 Transportation networks of canals and waterways were gradually **superseded** by the railroad in the early 19th century.

    (A) matched

    (B) replaced

    (C) modernized

    (D) aided

Q.259 Bilingualism **modifies** the structures of a crucial area of the brain by generating more grey matter, the brain tissue responsible for information processing.

    (A) establishes

    (B) stimulates

    (C) reshapes

    (D) complicates

Q.260 By imposing the Stamp Act of 1765, a new tax on every form of legal documentation, Britain **antagonized** colonists in America.

    (A) saddened

    (B) confused

    (C) annoyed

    (D) destroyed

学習歴 (/) (/) (/) (/) (/)

Q.257 ★★★ 　　　　　　　　　　　　正解 (A) upset

disrupt は他動詞で「〜を混乱[途絶]させる、妨害する」。(B)は「〜を貫通する、通過する」。(C)は「〜を調整する、正確になるように合わせる」で、これは正解の逆の意味です。名詞はadjustment。(D)は「〜に到達する」なので、「到達」したのみで「混乱」にはつながりません。
【その他の品詞】名詞：disruption「混乱、中断」　形容詞：disruptive「混乱を起こさせるような」
【その他の同義語】disturb, confuse, interfere with

[訳] ヨーロッパコマドリは渡りの際、地球の磁場に影響される体内コンパスを頼りにする。人間が発するラジオ信号がこれらのコンパスを攪乱することがあり得る。

Q.258 ★★★ 　　　　　　　　　　　　正解 (B) replaced

superseded(supersede) は他動詞で「〜に取って代わった」。今回は「取って代わられた」です。(A)の「匹敵された」は、「取って代わる前の段階」としては適切ですが、「匹敵」とは「2者の力が同じレベルの状態」なので「取って代わる」と同じにするには早すぎます。(C)は「近代化された」で、今回は「運河や水路は徐々に鉄道によって近代化された」と奇妙な内容になり、「取って代わられた」ではありません。(D)は「助けられた」で、逆の意味に近いものです。
【その他の同義語】displace(Q.093), supplant(Q.092), take the place of

[訳] 運河や水路による輸送網は19世紀初期には徐々に鉄道に取って代わられた。

Q.259 ★★ 　　　　　　　　　　　　　正解 (C) reshapes

modifies(modify) は他動詞で「〜を(一部)変更する」。正解(C)は reshape の shape から推測可能かもしれません。(A)は「〜を確立する」なので、「変更、変える」の意味がありません。(B)は「〜を刺激する、〜に活気を与える」で、やや惜しいですが、正解は「脳の重要な部分の構造を変更する」なので、「脳の重要な部分の構造を刺激する」ではありません。(D)は「〜を複雑にする」で、確かに「複雑にする」ことは正解の「変更をする」に含まれることもあり得ますが、逆に「簡単になるように構造を修正する」こともあり得ますので、「変更する≒複雑にする」では言葉の意味の幅を限定し過ぎです。
【その他の品詞】名詞：modification「変更」, modifier「修飾語句」
【その他の同義語】adapt(Q.048), adjust, alter

[訳] バイリンガルになることはつまり、情報処理の役割を担う脳細胞である灰白質をより多く作ることになり、脳の重要な部分の構造を変更する。

Q.260 ★★★ 　　　　　　　　　　　　正解 (C) annoyed

antagonized(antagonize) は他動詞で「〜を敵に回した、怒らせた」。(A)は「〜を悲しませた」で、形容詞 sad の動詞形です。(B)は「〜を混乱させた」で名詞は confusion。(D)は「〜を壊滅させた」なので、正解の「敵に回す、怒らせる」に比べ同義にするには程度が強すぎます。形容詞は destructive「破壊的な」、名詞は destruction「破壊」。distraction「①気の散ること　②気晴らし」と混同しないようにご注意を。
【その他の同義語】alienate(Q.066), chafe, exasperate

[訳] あらゆる法的書類に対する新しい税金である1765年の印紙法を課すことにより、イギリスはアメリカの入植者を敵に回した。

赤字部分の単語の同義語を(A)～(D)の中から1つ選んでください。🔊 261-264

Q.261 Young sunflowers have features that **modulate** their growth. They
☐　　　bend their stems to keep track of the sun, which helps them to grow
　　　　quickly.

(A) restart

(B) repeat

(C) memorize

(D) adjust

Q.262 Doctors warn that some toys expand when **immersed** in water and
☐　　　pose risks to children.

(A) boiled

(B) stretched

(C) dipped

(D) squeezed

Q.263 A team of U.S. federal agencies and universities release a weekly
☐　　　report on the country's drought conditions **classified** into five levels.

(A) condensed

(B) developed

(C) transformed

(D) categorized

Q.264 X-ray examination, the removal of the old material, and the
☐　　　application of new paint are the key steps in **restoring** old paintings.

(A) reproducing

(B) auctioning

(C) fixing

(D) examining

学習歴 （　/　）（　/　）（　/　）（　/　）（　/　）

Q.261 ★★★　　　　　　　　　　正解 (D) adjust

modulate は他動詞で「～を調整する」。(A)は「～を再開する」ですが、「再開」の逆の「中断」も「調整」には入り得ますので、「調整≒再開」と同義にするのは不自然です。(B)は「～を繰り返す」ので、問題文中では「成長を繰り返す」となりますが、正解の「調整する」には「繰り返し」の意味は含まれません。(C)は「～を記憶する」ですが、やはり「調整する」と同義にするのは不自然です。

【その他の品詞】名詞：modulation「調整」

【その他の同義語】control, govern, regulate

[訳] 若いひまわりは成長を調整する特徴を有している。太陽を見失わないように茎を曲げ素早い成長を可能にするのだ。

Q.262 ★★★　　　　　　　　　　正解 (C) dipped

immersed(immerse)は他動詞で「①～を浸す、沈める　②～を没頭させる」。今回は「浸される」となります。(A)は「沸騰させられる」ですが、「浸す≒沸騰」の関係は不自然ですね。(B)は「引っ張られる」で、(D)は「しぼられる」でした。

【その他の品詞】名詞：immersion「①浸すこと　②没頭」

【その他の同義語】bathe, soak

[訳] ある玩具は水に浸されると大きくなり子供に危険であると医師は警告している

Q.263 ★★　　　　　　　　　　正解 (D) categorized

classified(classify)は他動詞で「～を分類する、区分する」。今回は「分類された」となります。class「等級」から正解のイメージがつかめた方もいるかもしれません。(A)は「圧縮された」です。(B)は「発展された」なので、問題文中では「干ばつの状態を 5 つの段階に発展した」となってしまいます。(C)は「一変された」で、今回は「干ばつの状態を 5 つの段階に一変させる」となり、「分類」とは異なってしまいます。

【その他の品詞】名詞：classification「分類」

【その他の同義語】grade, group, sort

[訳] アメリカ連邦機関と大学のチームが国の干ばつの状態を 5 つの段階に分類した週間報告書を発行している。

Q.264 ★　　　　　　　　　　正解 (C) fixing

restoring(restore)は他動詞で「①(古い物)を修復する、復元する　②(混乱した状態など)を回復する」。今回は動名詞で「～を修復すること、復元すること」となります。(A)は「～を複製すること」、つまり「同じ物の再生産」なので「修復、復元」とは別です。(B)は「～をオークションにかけること」なので別の性質の言葉です。(D)は「～を調べること」で、"修復をする"には"調べる"ことが伴う」という状況はあり得ます。しかし、例えば 2 つの順番を逆にすると、例えば「単語の意味を調べる≒単語の意味を修復する」と奇妙な関係になってしまいます。正解の選択肢の確認には「見出し語→同義語」の自然さと同時に「同義語→見出し語」の自然さも重要です。

【その他の品詞】名詞：restoration「①修復、復元　②回復」

【その他の同義語】mend, renovate, repair

[訳] Ｘ線検査、古い材質の除去、新しい絵の具の塗装は古い絵画を修復する際に重要な手順である。

赤字部分の単語の同義語を(A)〜(D)の中から1つ選んでください。 ◀ 265-268

Q.265 Dropping molten glass into cold water results in a droplet-shaped glass; because of its unusual property, it is almost never **shattered** by anything.

(A) compressed

(B) cut

(C) bent

(D) smashed

Q.266 The United Nations Environment Program is **endorsed** by all U.N. member states and works on seven environmental protection and economic development programs.

(A) managed

(B) monitored

(C) approved

(D) funded

Q.267 Probably originating somewhere in Asia, the most widespread plague epidemic **afflicted** much of Europe during the mid-14th century.

(A) spared

(B) troubled

(C) appeared in

(D) vanished from

Q.268 Each element is **assigned** an atomic number equal to the number of protons in an atom of the element.

(A) offered

(B) conceded

(C) given

(D) promised

Q.265 ★★　　　　　　　　　　　　　正解　(D) smashed

shattered(shatter)は「他動詞：〜を粉々に砕く　自動詞：粉々に砕ける」。今回は「粉々に砕かれる」と他動詞の受動態です。(A)は「圧縮される」で、名詞は compression。(B)は「切られる」でやや惜しいですが、「砕く、粉々」の意味を含むのは今回の選択肢では(D)smashed のみです。(C)は「曲げられる」。

【その他の同義語】crush, disintegrate, pulverize(Q.049)

［訳］溶けたガラスを冷水にこぼすと水滴状のガラスの形になり、その変わった特性によりほとんど何によっても割れることはない。

※ 17 世紀にこの現象を広めたイギリスのルパート王子の名を取り、英語では Prince Rupert's drops、日本語ではこの現象が最初に確認されたと言われる国から「オランダの涙」と呼ばれます。

Q.266 ★★★　　　　　　　　　　　　正解　(C) approved

endorsed(endorse)は他動詞で「①〜を是認する、支持する　②(小切手などを)裏書する」で、今回は「是認・支持される」となります。(A)は「運営される」で、「是認・支持される」とは違います。(B)は「監視される、観察される」なので「是認」のような「意見の表明」の意味はありません。(D)は「資金を提供される」ですが、"是認"する方法は"資金提供"以外にもあるはずです。

【その他の品詞】名詞：endorsement「①是認、支持　②裏書」

【その他の同義語】affirm(Q.145), support

［訳］国連環境計画はすべての国連加盟国に承認され、環境保護や経済発展に関する 7 つの計画に従事する。

Q.267 ★★★　　　　　　　　　　　　正解　(B) troubled

afflicted(afflict)は他動詞で「〜を苦しめた」。(A)は「(人を苦難から)逃れさせた」で、逆の意味になっています。(C)は「〜に出現した」ですが、これには「苦しめる」の意味はありません。(D)は「〜から消え去った」なので、これも「苦しめた」とは大きく異なります。

【その他の品詞】名詞：affliction「苦難、難儀」

【その他の同義語】distress, plague, torment

［訳］おそらくアジアのどこかで発生したペストの最も広範な流行は 14 世紀の中頃にヨーロッパのほとんどを苦しめた。

※ plague：图 ペスト、伝染病　※ epidemic：图 (病気の)流行

Q.268 ★　　　　　　　　　　　　　　正解　(C) given

assigned(assign)は他動詞で「〜を割り当てる」。今回は「割り当てられている」です。(A)は「提案されている」。提案には「提案を受け入れる、断る」の 2 つの選択がありますが「割り当てる」にはこの意味合いはありませんので、この点が大きな違いです。(B)は「①事実と認められる　②(権利など)を与えられる」ですが、①②共に「しぶしぶ認める、与える」という意味合いが含まれる一方、assign「割り当てる」にはこの意味は含みません。名詞は concession「容認、譲歩」。(D)は「約束されている」ですが、文字通りあくまでも「約束」であり、「割り当てる」という「実際の行動」とは別です。

【その他の品詞】名詞：assignment「①割り当て　②任務　③宿題」

【その他の同義語】allocate, allot

［訳］あらゆる元素は原子番号を与えられており、番号は元素中の原子の陽子数と同じである。

赤字部分の単語の同義語を(A)〜(D)の中から1つ選んでください。 🔊 269-272

Q.269 Cosmic rays—made of high-speed protons and atomic nuclei—do not cause severe damage to humans on the ground because some of them are **deflected** by the Earth's magnetic field and the atmosphere.

(A) absorbed

(B) canceled out

(C) decreased

(D) turned aside

Q.270 The principle of modern western calligraphy explains that writing ought to be **slanted** to the right.

(A) extended

(B) stuck

(C) shifted

(D) leaned

Q.271 A poisonous substance produced by algae severely **impairs** sea lions' spatial memory function, leaving them unable to swim to find food.

(A) sharpens

(B) controls

(C) protects

(D) damages

Q.272 John Graunt **compiled** statistical data on the mortality rate of people living in 17th-century London, which laid the groundwork for today's demography.

(A) published

(B) obtained

(C) organized

(D) recovered

学習歴 (／) (／) (／) (／) (／)

Chapter 1

動詞

Q.269 ★★★　　　　　正解　(D) turned aside

deflected(deflect)は「他動詞：〜をそらす、片寄らせる　自動詞：それる、片寄る」。今回は他動詞で「そらされる」と受動態になっています。(A)は「吸収される」で、ほぼ逆の意味になってしまいます。名詞は absorption。(B)は「影響を取り除かれる、相殺される」で惜しいですが、これだと「宇宙線は地球の磁場と大気に取り除かれる」となりますが、正解の「そらす、片寄らせる」の進行方向の意味がありません。(C)は「弱められる」で、やはり進行方向の意味がないので(D) turned aside がベストとなります。

【その他の品詞】名詞：deflection「進路が逸れること」

【その他の同義語】他動詞：divert(Q.142)

[訳] 高速で移動する陽子と原子核である宇宙線は地球の磁場と大気にそらされるので地上の人間に深刻な害を及ぼすことはない。
　※ nuclei：图 nucleus [n(j)úːkliəs]「原子核」の複数形。nuclear は形容詞です。

Q.270 ★★　　　　　　正解　(D) leaned

slanted(slant)は「他動詞：〜を傾斜させる　自動詞：傾斜する」で、今回は「傾斜させられている」の意味です。(A)は「広げられている、拡大されている」で、「傾斜」とは別です。(B)は「貼りついている」。(C)は「(場所など)を変えられている」、つまり「場所を A から B へ移動される」なので、「傾き」とは別の意味です。

【その他の品詞】名詞：slant「①斜面　②(性格などの)傾向」, 形容詞：slanting「傾いた」

【その他の同義語】incline, slope, tilt(他動詞)　(Q.238)

[訳] 現代における西洋の書法の原則は書体は右に傾いているべきと説明している。
　※ calligraphy：图 書法、書道

Q.271 ★★★　　　　　正解　(D) damages

impairs(impair)は他動詞で「〜を弱める、悪くする」。(A)は「〜を鋭敏にする」なので正解とは異なります。(B)の「〜を制御する」も「損なう」とはズレています。(C)は「〜を保護する」でした。

【その他の品詞】名詞：impairment「弱めること、損なうこと」

【その他の同義語】harm, mar(Q.139), weaken

[訳] 藻によって発生した毒はアシカの空間記憶能力をかなり損ない、餌を探すために泳ぐことを不可能にする。
　※ algae：图 alga「藻」の複数形　※ spatial：圏 空間の

Q.272 ★★　　　　　　正解　(C) organized

compiled(compile)は他動詞で「(資料)を編集した、収集した」。(A)は「〜を発行した」で、「編集した」とは別です。この点は(B)は「〜を入手した」も同様。(D)は「〜を回収した、回復させた」、つまり「一度失われたものを取り戻す」ですが、compile は「一度失われた」という意味は含みません。

【その他の品詞】名詞：compilation「編集(物)」

【その他の同義語】collect, garner, put together

[訳] ジョン・グラントは 17 世紀のロンドンに住んでいる人々の死亡率に関する統計データを集計し、今日の人口統計学の基礎を築いた。
　※ mortality rate：图 死亡率　※ demography：图 人口統計学

赤字部分の単語の同義語を(A)〜(D)の中から1つ選んでください。🔊 273-276

Q.273 Scientists hope that genetically engineered mosquitoes with low reproduction rates **disseminate** new genetic information through reproduction, which will lead to the eventual death of mosquito populations.

(A) circulate
(B) seek
(C) exchange
(D) receive

Q.274 The government geologist was **astonished** to discover that the diamonds found in Colorado had been planted by someone; the diamond rush of 1872 turned out to be a hoax.

(A) led
(B) surprised
(C) allowed
(D) annoyed

Q.275 The horse-drawn farm machine developed by Cyrus McCormick in the 1830s greatly helped the farmers to **reap** more crops.

(A) grow
(B) gather
(C) improve
(D) plant

Q.276 A growing animal species population usually forces its members to **vie for** limited resources, resulting in uneven mortality among the individuals.

(A) cooperate on
(B) depend on
(C) search for
(D) compete for

学習歴 (/) (/) (/) (/) (/)

Q.273 ★★★　　　　　　　　　　正解　(A) circulate

disseminate は他動詞で「①〜を拡散させる　②(思想など)を広める」という意味です。(B)は「〜を探す」、(C)は「〜を交換する」で、いずれも「拡散させる」とは意味が別です。(D)は「〜を受けとる」なので、正解とは逆に近い意味になります。
【その他の品詞】名詞：dissemination「普及、流布」
【その他の同義語】disperse(Q.038), distribute, spread

[訳] 科学者は低い繁殖率に遺伝子改良を施された蚊が新しい遺伝子情報を繁殖を通して拡散し、蚊の集団の最終的な撲滅につながることを期待している。

これは「gene drive：遺伝子ドライブ」という遺伝子操作による品種改良手法で倫理面から反対する科学者もいます。

Q.274 ★★　　　　　　　　　　正解　(B) surprised

astonished(astonish)は他動詞で「〜を驚かせた」。今回は「驚かされた」と受動態です。(A)はlead の過去分詞で「〜する気にさせられた」で、「驚き」とは無縁です。(C)は「許可された」。(D)は「イライラさせられた」で、これも「驚き」ではありません。
【その他の品詞】名詞：astonishment「驚き」　形容詞：astonishing「驚くべき」
【その他の同義語】amaze, astound(Q.120), stun(Q.016)

[訳] 政府の地質学者はコロラド州で見つかったダイアモンドが誰かによって埋め込まれたものであることに驚いた。1872年のダイアモンドラッシュはでっちあげであることが判明した。
※ hoax：名 でっちあげ、捏造

Q.275 ★★　　　　　　　　　　正解　(B) gather

reap は他動詞で「①〜を収穫する、刈る　②(報酬など)を得る」。「(作物)を刈り取る」の意味のある gather が正解です。(A)は「〜を育てる」なので、「収穫」の前の段階です。(C)は「〜を改善する」で、問題文中では「作物を改善するのに役立った」と意味としては成立しますが、正解の「収穫する」ではありません。(D)は「〜を植える」なので、(A)と同様に正解の「収穫する」の前の段階です。不正解3つは「作物(crops)」と言葉としてはつながりますが、「収穫する」とは別の意味です。
【その他の同義語】acquire, obtain

[訳] サイラス・マコーミックにより1830年代に開発された、馬が引く農機具は農民がより多くの作物を収穫するのに非常に役立った。
※ horse-drawn：形 馬が引く

Q.276 ★★★　　　　　　　　　　正解　(D) compete for

vie は自動詞で「競う」。通常、vie for「〜を求めて競う」として使われます。(A)は「〜に関し協力する」なので正解とは逆になります。名詞は cooperation「協力」。(B)は「〜に依存する、頼る」で、問題文では「限りある資源に依存するよう強い」と、かなり違った意味になってしまいます。名詞は dependence「依存」。(C)は「〜を捜索する、探す」ですが、何かを"探す"ことが常に"(他者との)競争"を伴う訳ではないので、二者を同義にするのは無理があります。
【その他の同義語】contend, contest, jostle

[訳] 大きくなる動物の種の集団は個体に限りある資源のために競争するよう強いるようになり、その結果個体間の死亡率が不均衡になる。
※ mortality：名 死亡率

赤字部分の単語の同義語を(A)〜(D)の中から1つ選んでください。◀ 277-280

Q.277 Since producing a penny costs more than one cent, some U.S. lawmakers unsuccessfully proposed bills to **rectify** the problem.

(A) avoid

(B) correct

(C) identify

(D) discuss

Q.278 Mexico City is likely to suffer from earthquakes that occur hundreds of miles away as the city sits on soft sediments, which **magnify** vibrations.

(A) reduce

(B) reflect

(C) detect

(D) enlarge

Q.279 As it grows, a vine plant gets **tangled with** another tree or object. However, the plant keeps climbing so that it can absorb a lot of sunlight.

(A) replaced by

(B) covered with

(C) helped by

(D) twisted with

Q.280 A Tennessee law that prohibited political campaigns within 100 feet of polling stations was **upheld** by the U.S. Supreme Court.

(A) backed

(B) reversed

(C) issued

(D) heard

学習歴 (/) (/) (/) (/) (/)

Q.277 ★★★　　　　　　　　　　　　　正解 **(B) correct**

rectify は他動詞で「〜を是正する、直す」。(A)は「〜を避ける」なので、「避ける」ことでは問題を「是正(直す)」することはできません。(C)は「〜を特定する」で、「問題を"特定"し、その後に問題を"是正"」との展開はあり得ますが、2つは同義にはなりません。(D)は「〜を話し合う」なので、話をするのみでは「是正」にはなりません。

【その他の品詞】名詞：rectification「是正」

【その他の同義語】redress, remedy(Q.157), resolve

[訳] 1ペニーの製造には1セント以上かかるので、幾人かのアメリカの国会議員はこの問題を是正しようと法案を提出しているが失敗に終わっている。

※　penny：图 1セント硬貨

※　1セント硬貨の製造に約2セントかかりますが、廃止は物価上昇を招くとの反対論もあり現状のままです。

Q.278 ★★★　　　　　　　　　　　　　正解 **(D) enlarge**

magnify は他動詞で「〜を拡大する」。(A)は「〜を減少させる」なので、逆ですね。(B)は「〜を反射させる」。(C)は「〜を検知する、発見する」で、名詞は detection。地震に関する内容なので一見自然ですが、設問文中では「振動を検知する柔らかい堆積物」と不自然な内容になってしまいます。

【その他の品詞】名詞：magnification「拡大」　形容詞：magnificent「壮大な」

【その他の同義語】boost, increase, intensify

[訳] メキシコ市は振動を拡大させる柔らかい堆積物の上にあるので、数百マイル離れた場所で起こる地震の被害をうけやすい。

Q.279 ★★★　　　　　　　　　　　　正解 **(D) twisted with**

tangled(tangle) は他動詞で「〜をもつれさせる」。今回は with を伴い「〜ともつれる」と受動態です。(A)は「〜にとって代わられる」で、名詞は replacement「交代、代わり」。(B)の「〜で覆われている」はやや惜しいですが、この言葉には「からみあう、もつれる」という意味はありません。(C)は「〜に助けられる」なので、「もつれる」とは別の性質の言葉です。

【その他の品詞】名詞：tangle「①もつれ　②ごたごた、混乱」

【その他の同義語】entangle, intertwine, snarl

[訳] 蔓(つる)植物は成長するにつれ、他の木や物体ともつれる。しかし、沢山の日光を浴びるために成長を続ける。

Q.280 ★★　　　　　　　　　　　　　　正解 **(A) backed**

upheld(uphold) は他動詞で「①〜を支持した、是認した　②(名声など)を維持した、保った」。今回は「支持された、是認された」という意味です。(B)は「取り消された、覆された」で、名詞は reversal「取り消し、反転」ですが、正解とは逆です。(C)は「発行された」。(D)「審理された」は、hear the case「申し立てを審理する」などとして使われることはありますが、"審理"時はまだ判決がでていないので"支持する"と同じではありません。

【その他の同義語】affirm(Q.145), endorse(Q.266), support

[訳] 投票所から100フィート以内での政治活動を禁止するテネシー州の法律はアメリカ最高裁判所にて支持された。

赤字部分の単語の同義語を(A)〜(D)の中から1つ選んでください。 ◀ 281-284

Q.281 ☐ The ocean documentary films of Jean Painleve have been **acclaimed** for their unique presentation of undersea creatures with avant-garde music.

    (A) complimented

    (B) studied

    (C) produced

    (D) shown

Q.282 ☐ Cat eyes **gleam** in the dark because there is a special layer behind their retina, which reflects the incoming light into their eyes.

    (A) widen

    (B) pale

    (C) narrow

    (D) flash

Q.283 ☐ The American Buffalos, a significant spiritual symbol of Native Americans, were nearly **annihilated** in the 19th century partly due to habitat loss.

    (A) targeted

    (B) hunted

    (C) tamed

    (D) destroyed

Q.284 ☐ The American force **repulsed** the British troops at Yorktown in 1781, securing the victory over Britain in the American War of Independence.

    (A) combatted

    (B) negotiated with

    (C) warded off

    (D) led

学習歴 (/) (/) (/) (/) (/)

Q.281 ★★★　　　　　　　　　　　正解　(A) complimented

acclaimed(acclaim) は他動詞で「〜を賞賛する」。今回は「賞賛されている」です。(B)は「研究されている」で、同義にすると「賞賛される≒研究される」の関係になりますが、"賞賛する"方法は"研究する"以外にもあるはずなので、同義とするには無理があります。(C)は「作られる」、(D)は「上映される」で、共にこれだけでは「賞賛」は意味しません。

【その他の品詞】名詞：acclaim「賞賛」

【その他の同義語】admire, extol(Q.182), laud(Q.144)

［訳］ジャン・パンルヴェによる海洋ドキュメンタリー映画は海底生物をアヴァンギャルドな音楽でユニークに表現していることにより賞賛されている。

　※　有名なジャック＝イヴ・クストーより先に 1930 年代から海洋ドキュメンタリー映画を作成しました。

Q.282 ★★　　　　　　　　　　　　正解　(D) flash

gleam は自動詞で「きらりと光る、かすかに光る」。(A)は「拡大する」で、形容詞 wide の動詞形ですが、「光」関連の意味はありません。(B)は「(光・色が)暗くなる、薄くなる」で、光に関するものですが、「光・色の程度が弱まっている」状態を強調しているので正解の「きらりと光る」とは違いがあります。(C)は「細くなる」で、「光る」とは別の性質のものでした。

【その他の品詞】名詞：gleam「かすかな光、きらめき」

【その他の同義語】glow, shine, sparkle

［訳］猫の目は網膜の後ろの特別な層が入ってくる光を目の中に反射させるので、暗闇の中で光る。

　※　retina：图 網膜

Q.283 ★★★　　　　　　　　　　　正解　(D) destroyed

annihilated(annihilate) は他動詞で「〜を全滅(絶滅)させた」、今回は「全滅させられた」です。(A)は「標的にされた」ですが、これだけで意味の程度の強い「全滅、絶滅」と同義にするのは拡大解釈です。(B)の「狩猟された、追跡された」も同様の理由により同義にはなりません。(C)は「飼いならされた」でした。

【その他の品詞】名詞：annihilation「絶滅」

【その他の同義語】exterminate, obliterate(Q.081), wipe out

［訳］アメリカ原住民にとって重要な精神的シンボルであるアメリカン・バファローは生息地の減少が一因で 19 世紀にほとんど絶滅させられた。

Q.284 ★★★　　　　　　　　　　　正解　(C) warded off

repulsed(repulse) は他動詞で「①〜を撃退した　②〜に嫌悪感を与えた」。(A)は「〜と闘った」で惜しい選択肢ですが、文字通りの意味で「(戦いに)勝った、負けた、引き分けた」などは意味しませんので、「撃退した」と同義にするのは不自然です。(B)は「〜と交渉した」、(D)は「〜を率いた」でやはり異なります。

【その他の品詞】名詞：repulsion「①撃退　②嫌悪」、形容詞：repulsive「不快な」

【その他の同義語】fight off, drive back

［訳］アメリカ軍はイギリス兵をヨークタウンで 1781 年に撃退し、アメリカ独立戦争における勝利を確実にした。

赤字部分の単語の同義語を(A)～(D)の中から1つ選んでください。◀ 285-288

Q.285 The discovery of gold in California in 1848 invited hundreds of thousands of gold-seekers, and the resulting gold rush **accelerated** the development of the American West.

(A) financed
(B) illustrated
(C) included
(D) stepped up

Q.286 The Sacramento—San Joaquin River Delta, an inland delta where two rivers **converge**, is at the forefront of California's water supply.

(A) separate
(B) flood
(C) meet
(D) flow

Q.287 People with aichmophobia are easily **perturbed** at the sight of a syringe pointing at them.

(A) interested
(B) distracted
(C) worried
(D) delighted

Q.288 Slavery was officially **abolished** in the United States when Georgia ratified the thirteenth amendment to the Constitution in 1865.

(A) investigated
(B) criticized
(C) ended
(D) introduced

学習歴 (/) (/) (/) (/) (/)

Chapter 1

動詞

Q.285 ★★ 　　正解 （D）stepped up

accelerated（accelerate）は「他動詞：〜を加速させた　自動詞：加速した」で今回は他動詞です。（A）は「〜に資金提供をした」ですが、世の中の物事の"加速"の理由が常に"資金提供"によるものとは限りませんので同義にするには無理があります。（B）は「〈実例〉を説明した」なので「加速」の意味はありません。（C）は「〜を含んだ」なので、「ゴールドラッシュはアメリカ西部の発展を含んだ」となり、二者の立場が逆転しています。

【その他の品詞】名詞：acceleration「加速」, accelerator「アクセル、加速装置」この名詞がカタカナの「車のアクセル」ですが、英語ではカタカナのように略さないのでご注意を。

【その他の同義語】expedite, hasten（Q.007）, speed up

［訳］1848年のカリフォルニアでの金の発見は何十万もの金採掘者を引き付け、それから始まったゴールドラッシュはアメリカ西部の発展を加速させた。

Q.286 ★★★ 　　正解 （C）meet

converge は自動詞で「（線・道などが）集まる、集中する」。（A）は「分かれる、分離する」なので逆の意味に近いです。（B）は「氾濫する」なので全く別の意味の言葉です。（D）は「流れる」のみの意味なので、「集まる、集中する」の意味がありません。

【その他の品詞】名詞：convergence「（1点への）集中」　形容詞：convergent「1点に集中する」

【その他の同義語】come together, gather, intersect

［訳］サクラメント─サンワーキン川デルタは2つの川が合流する内陸デルタであり、カリフォルニアの水供給の中心である。

　※　forefront：名 （活動の）中心

Q.287 ★★★ 　　正解 （C）worried

perturbed（perturb）は他動詞で「〜を狼狽（ろうばい）させる、〜の心をかき乱す」を意味し、今回は「狼狽させられる」です。（A）は「興味を持たされる」で、「狼狽」とはかなり別の感情です。（B）の「気をそらされる」も同様。（D）は「喜ばされる」でした。

【その他の同義語】agitate, disturb, unsettle（Q.231）

［訳］先端恐怖症の人は注射器が自分に向いているだけで簡単に狼狽する。

　※　aichmophobia：名 先端恐怖症

 phobia は「恐怖症」を意味します。例：acrophobia「高所恐怖症」

Q.288 ★★ 　　正解 （C）ended

abolished（abolish）は他動詞で「〜を廃止した」。今回は「廃止された」の意味です。（A）は「調査された」なので、「廃止、なくす事」とは別です。（B）は「批判された」ですが、これのみで「奴隷制度が廃止された」と解釈するのは性急です。（D）は「導入された」で、正解とは逆です。

【その他の品詞】名詞：abolishment「廃止」, abolitionist「廃止論者」

【その他の同義語】eliminate, terminate, repeal

［訳］奴隷制度はアメリカでは1865年にジョージア州が憲法修正第13条を批准した際に正式に廃止された。

赤字部分の単語の同義語を(A)～(D)の中から1つ選んでください。 ◀ 289-292

Q.289 Analyzing radio waves released by planetary bodies, radio
telescopes **ushered in** a new era in astronomy.

(A) introduced
(B) contributed to
(C) survived
(D) prepared for

Q.290 Critics often **cite** *Light in August* as one of the best novels by
William Faulkner, although the author preferred *A Fable*, the winner
of the Nobel Prize and National Book Award.

(A) interpret
(B) misrepresent
(C) mention
(D) emphasize

Q.291 When an invasive species is introduced into a new region, it could
multiply quickly and **devastate** the area.

(A) settle
(B) ruin
(C) protect
(D) dominate

Q.292 With his 1957 album *Birth of the Cool*, Miles Davis **cast off** the
conventional Bebop Jazz in favor of innovative musical techniques.

(A) shed
(B) transformed
(C) imitated
(D) adopted

学習歴 (/) (/) (/) (/) (/)

Chapter 1

動詞

Q.289 ★★★　　　　正解 (A) introduced

ushered（usher）は他動詞で「〜を案内した」ですが、今回の ushered in「〜の始まりを告げた、先駆けとなった」でよく使われます。(B)は「〜に貢献した」で、問題文中では「天文学における新時代の始まりに貢献した」となり自然ですが、これは「先駆け、始まり」の意味合いを含みませんので同義にするのは不自然です。なお名詞は contribution。(C)の「〜を生き残った」もやはり「先駆け、始まり」の意味はありません。(D)は「〜に備えた」です。正解の「電波望遠鏡は新時代の始まりを告げた」は、電波望遠鏡が新時代を作り出した状況ですが、「電波望遠鏡は新時代に備えた」となると電波望遠鏡は新時代に合わせる状況です。

【その他の品詞】名詞：usher「案内係」　【その他の同義語】signal

[訳] 天体が発生する電波を分析する電波望遠鏡は天文学における新時代の始まりを告げた。

Q.290 ★★　　　　正解 (C) mention

cite は他動詞で「①〜に言及する　②〜を引用する」。(A)は「①〜を解釈する　②〜を通訳する」。正解の「言及」は「話に出す」程度なので、「解釈する」とは別の行動です。(B)は「〜を誤って伝える」ですが、cite に「誤り」の意味合いはありません。(D)は「〜を強調する」ですが「言及」と比べると「強調」は言葉の程度が強すぎます。名詞は emphasis「強調」、形容詞は emphatic「断定的な」。

【その他の品詞】名詞：citation「①言及　②引用」
【その他の同義語】name, refer to

[訳] 評論家はしばしばウイリアム・フォークナーの最も優れた小説の1つとして『八月の光』に言及するが、著者自身はノーベル賞と全米図書賞の受賞作品である『寓話』を好んだ。

Q.291 ★★★　　　　正解 (B) ruin

devastate は他動詞で、意味は「〜を完全に破壊する、荒廃させる」。(A)は「〜に定住する」であり、「破壊」の類の意味はありません。(C)は「〜を保護する」なので、逆の意味に近いですね。(D)は「〜を支配する、〜の優位を占める」で、問題文中では「急速に増加し環境を支配しかねない」となります。一方、正解は「完全に破壊する」ですが、"破壊"をしたら"支配する"ものは残らなくなるので、二者を同義とするのは不自然です。

【その他の品詞】名詞：devastation「荒廃」　形容詞：devastating「破壊的な」
【その他の同義語】destroy, ravage, waste

[訳] 外来種が新しい地域に持ち込まれると急速に増加し、その地域を破壊し得る。

Q.292 ★★　　　　正解 (A) shed

cast は他動詞で off と共に句動詞として「(不要なもの)を捨て去る」を意味します。(B)は「〜を一変させる」で、問題文中では「従来型のビーバップ・ジャズを一変させ」となり「捨てる」ではありません。(C)は「〜を真似る」なので、「従来型のビーバップ・ジャズを真似て」となり、「捨て去る」とはほぼ逆の意味です。(D)は「〜を取り入れた」なのでやはり正解とは逆になります。

【その他の品詞】名詞：cast「①投げる事　②鋳型、ギブス　③配役」
【その他の同義語】discard（Q.084）, get rid of

[訳] 1957年のアルバム『クールの誕生』でマイルス・デイヴィスは従来型のビーバップ・ジャズを捨て、革新的な音楽テクニックを選んだ。

※ in favor of：句 〜を選んで

赤字部分の単語の同義語を(A)〜(D)の中から1つ選んでください。 ◀ 293-296

Q.293 Ferdinand Hayden, a geologist, known for his pioneering exploration
☐ of the Rocky Mountains, **spearheaded** the creation of Yellowstone
National Park.

(A) encouraged

(B) led

(C) predicted

(D) sponsored

Q.294 *Silent Spring*, a pioneering book about the harmful effects of
☐ pesticides on the environment, was largely **dismissed** as totally
hysterical when published in 1962.

(A) considered

(B) accepted

(C) rejected

(D) publicized

Q.295 An experiment highlights the possibility that just like humans,
☐ rodents **succumb to** peer pressure and eat food they know is unfit
to eat.

(A) stand up to

(B) pass over

(C) adjust to

(D) surrender to

Q.296 Since the earliest cases dating back to 7,000 B.C., tuberculosis had
☐ long been **dreaded** as an incurable disease.

(A) rejected

(B) stereotyped

(C) feared

(D) viewed

学習歴 （ ／ ）（ ／ ）（ ／ ）（ ／ ）（ ／ ）

Q.293 ★★★　　　　　　　　　　　正解 **(B) led**

spearheaded(spearhead)は他動詞で「〜の先頭に立った」。spear「槍(やり)」とhead「先頭、頭」から成る単語なので、「先、先頭」の意味合いが重要です。(A)は「①〜を促進した　②〜を励ました」でかなり惜しいですが、これは「他者に働きかける」意味のもので、正解の「先頭」の意味がありません。テスト指示書きの<u>closest in meaning(意味が<u>最も近い</u>もの)</u>を思い出しましょう。(C)は「〜を予言した」。(D)は「〜のスポンサーになった、後援をした」で、より明確には「資金を提供した」ですが、spearhead「先頭に立つ」にその意味はありません。
【その他の品詞】名詞：spearhead「①先頭　②槍の穂先」
【その他の同義語】head

[訳] ロッキー山脈の先駆的な探検で知られる地質学者のフェルディナンド・ヘイデンはイエローストーン国立公園設立の先頭に立った。

Q.294 ★　　　　　　　　　　　正解 **(C) rejected**

dismissed(dismiss)は他動詞で「①〜を退けた、軽んじた　②〜を解任した　③〈クラスなど〉を終えた」の意味で、今回は「退けられた、軽んじられた」です。(A)は「みなされた」で文脈上自然ですが、これには「退ける、軽んじる」のネガティブな意味はありません。(B)は「受け入れられた」なので、正解とは逆ですね。(D)は「宣伝された」。
【その他の品詞】名詞：dismissal「①解雇　②解散」　形容詞：dismissive「見下すような」
【その他の同義語】disregard(Q.117), shrug off, spurn

[訳] 殺虫剤の環境への悪影響に関しての先駆的な本である『沈黙の春』は1962年の出版時には完全なヒステリーであるとして、その大部分が退けられた。

Q.295 ★★★　　　　　　　　　　　正解 **(D) surrender to**

succumbは自動詞で、toを伴い「〜に屈服する」の意味です。(A)は「〜に立ち向かう、対抗する」なので反対の意味になります。(B)は「〜を見落とす」なので、別の性質の言葉です。(C)は「〜に適応する」でやや惜しいですが、正解の「屈服」は意味合いがはるかに強いので同義にするのは無理があります。なお名詞はadjustment。
【その他の同義語】give in to, submit to, yield to

[訳] ある実験はネズミが人間のように同調圧力に屈し、食べるのに適していないと知っているものを食べる可能性があることを示している。
　※ peer：名 同僚、仲間

Q.296 ★★　　　　　　　　　　　正解 **(C) feared**

dreaded(dread)は他動詞で「〜をひどく恐れた」。今回は「恐れられた」となります。(A)は「拒否された」なので、「恐れられた、怖がられた」という感情の表現とは大きく異なります。(B)は「型にはめられた」で、これも「恐れ」の気持ちとは別。(D)は「見なされた」で中立的な言葉なので、やはり「恐れ」の意味はありません。
【その他の品詞】名詞：dread「恐怖」　形容詞：dreadful「恐ろしい」
【その他の同義語】be afraid of

[訳] 遡ること紀元前7千年の初期の例以来、結核は不治の病として長い間恐れられていた。
　※ tuberculosis：名 結核　TBとして略されることもあります。

赤字部分の単語の同義語を(A)〜(D)の中から1つ選んでください。 ◀ 297-300

Q.297 With their ability to hold water, desert plants such as succulent
plants can endure in inhospitable areas, while others **wither**.

(A) bend

(B) spread

(C) adjust

(D) dry up

Q.298 The poaching of wildlife in Zimbabwe temporarily **subsided** in the
1980s after the introduction of a community-based conservation
program.

(A) leveled off

(B) diminished

(C) reappeared

(D) boomed

Q.299 The rights movement for people with disabilities gained momentum
in the 1940s and **culminated** in 1973 with the enactment of the
Rehabilitation Act.

(A) succeeded

(B) emerged

(C) climaxed

(D) lost strength

Q.300 Before the successful mission of the Apollo program, sending
humans to the Moon had been **deemed** almost impossible.

(A) declared

(B) regarded

(C) proven

(D) diagnosed

Q.297 ★★　　　　　　　　　　正解 (D) dry up

wither は自動詞で「しぼむ、しおれる」。(A)は「折れ曲がる」で、より細かく言えば「あるものに角度がついて直線ではなくなる（例：腕が曲がる）」となり、「しぼむ」やしぼむことにより発生する「サイズが縮小すること」の意味はありません。(B)は「拡散する」ですが、正解とは異なった性質のものです。(C)の「順応する」ですが、これだけでは「しぼむ、しおれる」を意味しません。
【その他の同義語】shrink, shrivel, wilt

[訳] 水を保有する能力により、他の植物がしぼむ一方で多肉植物などの砂漠植物は荒れ果てた地域での生息が可能である。
　※ inhospitable：形 荒れ果てた
　※ 多肉植物とはサボテンなど内部に水を貯える植物の総称です。

Q.298 ★★　　　　　　　　　　正解 (B) diminished

subsided(subside) は自動詞で「(騒ぎが)収まった、平常の状態に戻った」。(A)は「横ばいになった」なので、これは「密猟が同じレベルで続いている」との意味です。一方、正解は「収まった（活動が減少した）」なので、2つは別の意味です。(C)は「再発した」なので、「収まった」とはほぼ逆の意味になってしまいます。(D)も「急増した」なので、やはり意味が異なります。
【その他の同義語】abate, die down, ease

[訳] ジンバブエにおける野生動物の密猟は地元主導の保護活動の導入後、1980年代には一時的に減少した。
　※ poaching：名 密猟

Q.299 ★★★　　　　　　　　　正解 (C) climaxed

culminated(culminate)は自動詞で「頂点に達した」です。(A)は「成功した」でかなり惜しいですが、「頂点」と比べると意味の程度が弱いです。特に今回は(C)climaxedがあるので、意味としてはこちらがより適切です。(B)は「出現した」で、かなり別の性質の言葉です。(D)は「力を失った」。正解の「頂点に達した」の後の時点であれば正解になり得るかもしれませんが、「頂点に達した」と同義にするのは不自然です。
【その他の品詞】名詞：culmination「頂点」
【その他の同義語】peak

[訳] 身体障害者の権利に関する運動は1940年に勢いを増し、1973年のリハビリテーション法の制定で頂点に達した。
　※ momentum：名 勢い、はずみ

Q.300 ★★　　　　　　　　　　正解 (B) regarded

deemed(deem)は他動詞で「AをBだと考える」。今回は「～と考えられた」と受動態です。(A)は言葉は近いですが、「～と宣言された」なので、「考えられた」に比べると程度が強すぎます。名詞は declaration「宣言」。(C)も「～と立証された」なので、やはり断定しすぎです。(D)は「～と診断された」で主に病気の診断に使うものです。名詞は diagnosis「診断」で、形容詞は diagnostic「診断上の」。
【その他の同義語】consider, judge

[訳] アポロ計画で成功した飛行の前は人間を月に送り込むことはほぼ不可能と考えられていた。

赤字部分の単語の同義語を(A)～(D)の中から1つ選んでください。 ◀ 301-304

Q.301 A panel of experts has recommended that tourism on the Himalayas
☐ be restricted because the glaciers are **receding** at alarming rates.

    (A) cracking

    (B) spreading

    (C) reappearing

    (D) retreating

Q.302 The truth about Cleopatra, the last ruler of the Ptolemaic Kingdom,
☐ may have been **distorted** through dozens of paintings, novels, and
movies created after her death.

    (A) reproduced

    (B) revealed

    (C) misrepresented

    (D) commercialized

Q.303 Today, archaeologists **collaborate** with specialists from other fields
☐ in order to make their findings more solid.

    (A) cooperate

    (B) compete

    (C) catch up

    (D) negotiate

Q.304 As potential judges of the country's highest court, the U.S. Supreme
☐ Court nominees are **scrutinized** by the Senate.

    (A) closely examined

    (B) frequently consulted

    (C) warmly welcomed

    (D) deeply admired

学習歴 (/) (/) (/) (/) (/)

Q.301 ★★★　　　　　　　　　正解 (D) retreating

receding(recede)は自動詞で「減退している、遠ざかっている」。今回は現在進行形で使われています。(A)は「割れている」ですが、「減退」とは減少する事である一方、「割れる」は割れたものがまだそのまま存在するので同義扱いにはできません。(B)「広がっている」は正解(退く)とは逆ですね。(C)は「再び現れている」で、名詞は reappearance「再出現」。

【その他の品詞】名詞：recession「景気後退」, recess「休暇、休会」

【その他の同義語】withdraw

[訳] 専門家会議は氷河が警戒すべき速度で減退しているのでヒマラヤでの観光は制限されるべき、と提言をしている。

Q.302 ★★　　　　　　　　　　正解 (C) misrepresented

distorted(distort)は他動詞で「①(事実など)を歪めた、曲解した　(顔の表情)をゆがめた」、今回は「歪められた」となります。(A)は「再現された」で、文脈上は「絵画、小説、映画を通して再現された」と自然ですが、「歪める」の意味は含みません。(B)は「明らかにされた」で、問題文中で「絵画、小説、映画を通して明らかにされた」となり、これも「歪める、曲解」の意味はありません。(D)は「商業化された」なので文脈上は OK ですが、何かを"曲解する"ことは常に"商業化する"ことである、との定義はかなり極端です。

【その他の品詞】名詞：distortion「①曲解　②ゆがみ」

【その他の同義語】falsify, misinterpret, twist

[訳] プトレマイオス王国の最後の支配者であるクレオパトラの真実は死後に作られた数多くの絵画、小説、映画を通して歪められたかもしれない。

Q.303 ★★　　　　　　　　　　正解 (A) cooperate

collaborate は自動詞で「協力する、合作する」。(B)は「競争する、張り合う」なので、逆の意味です。なお corroborate「〜を裏付ける、確証する」と混同しないようご注意を。(C)は「追いつく」なので、これも通常二者が競争関係に近い状態の際に使われます。(D)は「交渉する」なので、正解の「協力する」前の段階としてはあり得ますが、「"交渉した"けれども合意に達しなかった」も十分あり得るので、「協力する≒交渉する」とするには差があります。

【その他の品詞】名詞：collaboration「協力」　形容詞：collaborative「協同の、共同の」

【その他の同義語】join forces, work jointly, work together

[訳] 現代において考古学者は調査結果をより強固なものにするために他の分野の専門家と協力する。

Q.304 ★★★　　　　　　　　　正解 (A) closely examined

scrutinized(scrutinize)は他動詞で「〜を綿密に審査する(調べる)」で、今回は「綿密に審査される」。(B)は「頻繁に相談される」で、「相談される(頼りにされる)」と「審査される(調査の対象になる)」は同義にはなりません。(C)は「暖かく迎えられる」でやはり「調べられる」とは別です。(D)は「とても尊敬される」で、名詞は admiration「尊敬」。

【その他の品詞】名詞：scrutiny「綿密な調査、吟味」

【その他の同義語】probe(Q.125), research, review

[訳] 国の最上級裁判所の判事候補として、アメリカ最高裁判所判事の候補者は上院により綿密に審査される。

赤字部分の単語の同義語を(A)～(D)の中から1つ選んでください。 ◀ 305-308

Q.305 When plants are fossilized, they are **entombed** in sedimentary rocks, leaving clear outlines on the rock surface.

(A) buried

(B) hardened

(C) exposed

(D) spread

Q.306 In his first presidential inaugural speech, Abraham Lincoln tried to **sway** the Southern states to stay in the Union.

(A) persuade

(B) order

(C) beg

(D) remind

Q.307 While Argentine ants from different nests often **grapple** with each other in their native country, those in the U.S. do not because they have evolved from a smaller group and are closely related.

(A) struggle

(B) communicate

(C) cooperate

(D) interfere

Q.308 During its long evolutionary process, a river **exerts** forces on the channel, eroding it and depositing soil in the riverbed.

(A) increases

(B) balances

(C) exercises

(D) lessens

学習歴 (/) (/) (/) (/) (/)

Q.305 ★★★　　　　　　　　　　　　正解　(A) buried

entombed(entomb)は他動詞で「①〜を埋める　②〜を埋葬する」。今回は「埋められる」の意味です。(B)は「固められる」で、今回の化石の内容からイメージしやすいかと思いますが、これこそ「ひっかけ」なのでご注意を。(C)は「露出される」で、「埋める」とはほぼ反対の意味です。(D)は「拡散される」ですが、正解の「埋める」にはこの意味は含まれません。
【その他の品詞】名詞：entombment「埋葬」

［訳］植物が化石化されると堆積岩に埋められ、岩の表面にきれいな輪郭を残す。

Q.306 ★★　　　　　　　　　　　　　正解　(A) persuade

swayは「他動詞：①(人・意見など)を動かす、左右する　②〜を揺らす　自動詞：①(人・意見など)が動く、左右する　②揺れる」で、今回は他動詞です。(B)は「〜に命令する」なので、言葉の意味合いが強すぎます。(C)は「〜に懇願する」で、言い換えれば「頼み込む」となるので低姿勢すぎます。(D)は remind A to do B「A に B をすることを思い出させる(念を押す)」ですが、swayにはこの意味はありません。名詞は reminder「(思い出させるための)注意」。
【その他の品詞】名詞：sway「①影響力　②振動」
【その他の同義語】affect, influence, win over

［訳］初の大統領宣誓演説で、エイブラハム・リンカーンは南部諸州を合衆国に留まらせるよう影響を与えようと試みた。

Q.307 ★★★　　　　　　　　　　　　正解　(A) struggle

grappleは自動詞で「①格闘する、取っ組み合う　②(問題に)取り組む」。(B)は「意思疎通を図る」なので、かなり意味が異なります。(C)は「協力する」なので正解とはほぼ逆の意味です。(D)は「干渉する、邪魔をする」でかなり惜しいのですが、(A)struggle「戦う、争う」に比べると意味の強さの程度において劣ります。テスト指示書きの「closest in meaning(意味が最も近いもの)」を今一度思い出しましょう。
【その他の品詞】名詞：grapple「格闘」
【その他の同義語】battle, fight

［訳］異なる巣のアルゼンチンアリは母国では取っ組み合いをするが、アメリカではそうではない。彼らは小さな集団から進化し、近い関係にあるからだ。

Q.308 ★★　　　　　　　　　　　　　正解　(C) exercises

exerts(exert)は他動詞で「(力など)を及ぼす、用いる、使う」。(A)は「〜を増加させる」。「行使、使う」は「そのままの状態のものを行使」なので、増加という「変化」の意味を含む言葉とは別です。(B)は「〜の釣り合いを取る」なので、「水路に力の釣り合いを取って浸食し」となり、正解の「水路に力を及ぼし浸食し」とはかなり違いがあります。(D)は「〜を弱める」なので、(A)とは逆ですが、やはり「変化」の類の言葉なので「そのままの状態のものを行使」とは異なります。
【その他の品詞】名詞：exertion「①行使　②努力」
【その他の同義語】apply, wield

［訳］長い進化の過程において、川は水路に力を及ぼし浸食し、川底に土を堆積させる。
　※ channel：图 水路 erode：他動 〜を浸食する　自動 浸食する

赤字部分の単語の同義語を(A)〜(D)の中から1つ選んでください。 ◀ 309-312

Q.309 The U.S. government awarded a $49 million contract to a
☐ consortium of six companies to **undertake** the Hoover Dam Project
in 1931.

(A) handle

(B) evaluate

(C) finance

(D) cooperate on

Q.310 A large number of neuroscientists **vowed** to withdraw from the
☐ Human Brain Project, a Pan-European project on neuroscience,
unless their demand for organizational changes was taken seriously.

(A) promised

(B) planned

(C) attempted

(D) managed

Q.311 Carnegie Hall was due to be **demolished** to build a commercial
☐ facility before New York City bought the site in 1960.

(A) renovated

(B) decorated

(C) destroyed

(D) relocated

Q.312 *The Adventures of Huckleberry Finn* has been regarded as one
☐ of the most beloved American novels partly because the story is
couched in everyday language.

(A) published

(B) printed

(C) detailed

(D) expressed

Q.309 ★★ 　　　　　　　　　　正解 (A) handle

undertake は他動詞で「(仕事など)に着手する、〜を引き受ける」。(B)は「〜を査定する、評価する」段階なので、「着手(実施すること)」と同じではありません。(C)の「〜に資金提供する」は(4千9百万ドルの契約)からイメージしやすいですが、undertake には「資金提供」の意味はありません。(D)は「〜に関し協力する」で、問題文中に「6企業から成る企業体」とあるので、一見自然ですが、正解にすると「着手する≒協力する」の関係になります。しかし「協力」とは2者以上の人物(団体)が前提なので、この前提を含まない「着手する」と同義にはなりません。

【その他の品詞】名詞：undertaking「(受注した)仕事、業務」

【その他の同義語】assume, tackle, take on

[訳] アメリカ政府はフーバーダム建設計画を1931年に始めるために6企業から成る企業体に4千9百万ドルの契約を与えた。

Q.310 ★★ 　　　　　　　　　　正解 (A) promised

vowed(vow)は他動詞で「〜を誓った」。(B)「〜を計画した」は「誓った」と同様に「何かを達成しようとする意思」を含み惜しいですが、vow にはある「厳粛で拘束力を伴う」意味合いが plan には含まれません。(C)は「〜を試みた」で、名詞の「試み」も意味しますが、「実行」の意味合いなので、「誓い」とは異なります。(D)は「①どうにかして〜した　②〜を経営した、管理した」でやはり「実行」を意味しますので、「誓い」とは別の性質の言葉です。

【その他の品詞】名詞：vow「誓い」

【その他の同義語】pledge(Q.106), swear

[訳] 多くの神経科学者が神経科学に関する汎(はん)欧州計画であるヒューマン・ブレイン・プロジェクトから組織改革に関する彼らの要求が真剣に捉えられない場合、離脱すると誓った。

Q.311 ★★★ 　　　　　　　　　　正解 (C) destroyed

demolished(demolish)は他動詞で「〜を完全に取り壊す」。今回は「完全に取り壊される」となります。(A)は「改修される」で惜しいですが、改修は取り壊さない状態で手を加えることなので、「取り壊す」とは別です。名詞は renovation「改修」。(B)は「飾りつけられる」なので「壊す」意味はありません。(D)は「移転される」ですが、“壊された”建物がすべて“移転される”決まりはないので「取り壊す≒移転」の関係は不自然ですね。

【その他の同義語】obliterate(Q.081), raze, tear down

[訳] カーネギーホールは、ニューヨーク市が1960年にその土地を買い取る前には商業施設を建設するために取り壊される予定になっていた。

Q.312 ★★★ 　　　　　　　　　　正解 (D) expressed

couched(couch)は「ソファ」でおなじみの couch ですが動詞もあり、今回は他動詞の「〜を表現する」を「表現された」として使っています。(A)の「出版された」は惜しいですが、couch は「表現する」のみで、必ずしも「(刊行物として)出版する」とは限りません。(B)は「印刷された」。(C)は「詳細に述べられた」で、couch には「詳細」の意味は含まれません。

【その他の同義語】put, state, word

[訳] 『ハックルベリー・フィンの冒険』は日常の言葉で表現されており、最も愛されているアメリカの小説の1つとみなされている。

赤字部分の単語の同義語を(A)〜(D)の中から1つ選んでください。 ◀ 313-316

Q.313
☐
There have been a few theories explaining how the slabs were **towed** from the quarries to various places on Easter Island to erect Moai statues.

(A) rolled
(B) pulled
(C) shouldered
(D) pushed

Q.314
☐
Commensalism is one of the four forms of symbiosis, in which one species **derives** benefits, while the other species neither benefits nor suffers.

(A) offers
(B) offsets
(C) obtains
(D) maximizes

Q.315
☐
It has been found that dogs, just like humans, **mimic** each other's facial expressions and body movements to socialize.

(A) imitate
(B) memorize
(C) appreciate
(D) observe

Q.316
☐
The human brain receives, stores, and finally **retrieves** information if necessary.

(A) regains
(B) alters
(C) erases
(D) analyzes

学習歴 (/) (/) (/) (/) (/)

Q.313 ★★★　　　　　　　　　　　正解 (B) pulled

towed(tow)は他動詞で「(ロープなどで) 〜を牽引する、引っぱる」。今回は「牽引された」となります。(A)は「転がされた」なので、明らかに手法が「(ロープで)牽引」とは別です。(C)は「肩で担がれた」でこれも「牽引」とは別です。石板を肩に担ぐのは大変すぎます…。(D)は「押された」なので「牽引、引っぱる」とは逆ですね。

【その他の同義語】drag, draw, tug

[訳] 石板がどのようにして採石場からイースター島の様々な場所にモアイ像建造のために牽引されたかを説明するわずかな数の説が存在する。

※ quarry：名 採石場

Q.314 ★★　　　　　　　　　　　　正解 (C) obtains

derives(derive)は「他動詞：〜を得る、引き出す　自動詞：由来する」で、今回は他動詞です。(A)は「〜を提供する」なので、正解とは逆です。(B)は「〜を相殺する、埋め合わせる」なので、問題文では「1つの種が利益を相殺する一方」となり、正解の「利益を得る」段階には至っていません。(D)は「〜を最大限にする」で、惜しいですが「得る」よりはかなり程度が強いので同義として使うのは不自然です。

【その他の同義語】acquire, extract(Q.143), gain

[訳] 片利共生(へんりきょうせい)は4つの共生の形態の内の1つであり、1つの種が利益を得る一方、他方が利益も得なければ被害を受ける事がない。

※ 共生(symbiosis)の逆がよく知られている parasitism：名 「寄生」です。

※ サメに守られているコバンザメ(remora)が片利共生の一例です。

Q.315 ★★★　　　　　　　　　　　正解 (A) imitate

mimic は他動詞で「①〜の真似をする　②(物が) 〜に似ている」。(B)は「〜を記憶する」。「"真似をする"ためには"記憶する"必要がある」との推測はできますが、2つを同義にすると、例えば「数式を記憶する」≒「数式をまねる」と奇妙な関係が成立してしまいます。(C)は「①〜の良さがわかる　②〜を認識する　③〜に感謝する」ですが、3つ共に「真似」の意味はありません。(D)は「〜を観察する」で、これは「見ているのみ」なので「真似」はしません。

【その他の品詞】名詞：mimicry「真似、ものまね」

【その他の同義語】copy, impersonate

[訳] 人間と全く同様に、犬同士は交流をするためにお互いの表情や体の動きを真似することが判明している。

Q.316 ★★　　　　　　　　　　　　正解 (A) regains

retrieves(retrieve)は他動詞で「〜を引き出す、回収する」。(B)は「〜を部分的に変更する」なので、「引き出す」とは別です。(C)は「〜を消去する」なので、消されてしまっては「引き出す」ことはできません。(D)は「〜を分析する」で、これは回収後のプロセスとしては適切ですが、「引き出す」と同義にはなりません。名詞は analysis。

【その他の品詞】名詞：retrieval「回収、回復」

【その他の同義語】bring back, reclaim, recover

[訳] 人間の脳は情報を受信、蓄積、そして最後に必要があれば引き出す。

赤字部分の単語の同義語を(A)〜(D)の中から1つ選んでください。 ◀ 317-320

Q.317 The locals **divulged** few details about the remains of the legendary
city in Honduras known as the City of the Monkey God.

(A) revealed

(B) remembered

(C) found

(D) recorded

Q.318 The first sound film, *The Jazz Singer* of 1927, **heralded** the arrival
of a new era in Hollywood.

(A) quickened

(B) announced

(C) guaranteed

(D) coincided with

Q.319 Although space seems like a complete vacuum, interstellar gas—
hydrogen and helium—**permeates** most of it.

(A) increases in

(B) fills

(C) influences

(D) creates

Q.320 At the time of his death, the wealth of J.P. Morgan was **reckoned** to
be 68 million dollars, about $1.4 billion in today's worth.

(A) considered

(B) announced

(C) designated

(D) hoped

学習歴 (／) (／) (／) (／) (／)

Q.317 ★★★   正解 (A) revealed

divulged(divulge)は他動詞で「(秘密)を漏らした、〜を暴露した」。(B)は「〜を覚えていた」なので、これのみでは「秘密を漏らした(話した)」と同義とは言えません。(C)の「〜を見つけた」もやはり「秘密を漏らした」ではありません。(D)は「〜を記録した」でした。
【その他の同義語】disclose

［訳］地元民はホンジュラスにある「猿神の都市」として
　　　知られる伝説の都市の遺跡に関し詳細を少ししか
　　　漏らさなかった。

1000年程前まで存在したと推測され研究が続いている古代都市ですが、まだ全体像は不明のままです。

Q.318 ★★★   正解 (B) announced

heralded(herald)は他動詞で「〜を告知した、〜の先触れとなった」。「周りに知らしめる」の意味合いがポイントです。(A)は「〜を早めた」ですが、正解は「発声映画はハリウッドの新しい時代の到来を告げた」なので、「到来を早めた」ではありません。(C)は「〜を確実にした」で、問題文では「ハリウッドの新しい時代の到来を確実にした」となり理解可能ですが、heraldにある「周りに知らしめる」意味合いがありません。(D)の「〜と同時発生した」も文脈上自然ですが、やはり「周りに知らしめる」という意味合いは皆無です。
【その他の品詞】名詞：herald「先触れ、前触れ」
【その他の同義語】signal, usher in

［訳］初の発声映画である1927年の『ジャズ・シンガー』はハリウッドの新しい時代の到来を告げた。
　※　映画史初期のメインであった無声映画(silent film)に対し、音声付きの映画は当初、発声映画
　　　(sound film, talking film, talkies)と呼ばれました。

Q.319 ★★★   正解 (B) fills

permeates(permeate)は他動詞で「①〜の全体に行き渡る　②(液体などが)〜に染みわたる」を意味します。(A)は「〜で増加している」で、問題文中では「星間ガスがほとんどの部分において増加している」となりますが、正解の趣旨は「宇宙空間の全体に星間ガスが存在する」なので、「増加している」とは別です。(C)は「〜に影響を与える」で、名詞では「影響(力)」、形容詞はinfluential「影響力のある」です。(D)は「〜を作る」なので、「全体に行き渡る」とは別ですね。
【その他の品詞】名詞：permeation「①浸透　②普及」
【その他の同義語】pervade, spread through

［訳］宇宙は完全に真空に見えるが、水素とヘリウムなどの星間ガスがほとんどの部分に充満している。

Q.320 ★★★   正解 (A) considered

reckoned(reckon)は他動詞で「①〜と推測した、思った　②〜を計算した」で、今回は「推測された」となります(文脈上は②を入れても意味は通じます)。(B)は「発表された」ので、「推測」とは大きく異なります。(C)は「指定された」ので、やはり「推測」ではありません。名詞はdesignation。(D)は「希望された」でした。
【その他の同義語】regard, estimate

［訳］死亡時にJ.P.モルガンの資産は6,800百万ドル(今日の価値では14億ドル)と推測された。

赤字部分の単語の同義語を(A)〜(D)の中から1つ選んでください。 🔊 321-324

Q.321 Located in southern Jordan, the high mountains surrounding
☐ the ancient city of Petra protected the city from bandits trying to
plunder it.

(A) rob

(B) enter

(C) explore

(D) climb

Q.322 Since the Arctic sea ice has been melting at an increasing rate, new
☐ regulations will be needed for ships **plying** over the ocean.

(A) drilling

(B) fishing

(C) anchoring

(D) navigating

Q.323 In the early 20th century, some university presidents began to
☐ **contemplate** the idea of a junior college system.

(A) welcome

(B) implement

(C) try out

(D) consider

Q.324 An increasing water demand as a consequence of population
☐ growth may **aggravate** water shortages in many parts of the world.

(A) worsen

(B) demonstrate

(C) delay

(D) create

学習歴 (/) (/) (/) (/) (/)

Q.321 ★★★　　　　　　　　　　　正解　(A) rob

plunder は他動詞で「〜を略奪する」。(B)は「〜の中に入る」ですが、問題文に bandits「盗賊」があるからといって、「略奪」とは結び付けられません。(C)は「〜を探検する、調査する」ですが、やはりこれだけで「略奪」と結び付けるのは無理があります。(D)は「〜を登る」なのでやはり「略奪」ではありませんね。

【その他の品詞】名詞：plunder「略奪（品）」

【その他の同義語】loot(Q.046), pillage, ransack

[訳] 南ヨルダンにある古代都市ペトラを囲っている高い山々は略奪をしようと試みる盗賊から都市を守った。

巨大な岩を彫刻して作られた神殿が有名な、世界遺産にも指定されている遺跡です。

Q.322 ★★★　　　　　　　　　　正解　(D) navigating

plying(ply) は自動詞で「(船などが)定期的に往復する、航海する」。今回は現在分詞です。(A)は「掘削作業をしている」なので、「船の往復(航海)」とは異なります。(B)は「漁業をしている」で、「漁業」をするには「航海」も含みますが、船の"航海"は"漁業"以外が目的であることもあり得るので「航海≒漁業」は無理があります。(C)は「停泊している」で、船が止まっている状態です。

【その他の同義語】travel

[訳] 北極海の氷は急速に溶けているので、海上を航行する船向けの新しい規制が必要になるだろう。

Q.323 ★★　　　　　　　　　　　正解　(D) consider

contemplate は他動詞で「〜をじっくり考える」。(A)は「〜を歓迎する」ですが、正解は「考える」段階なので、まだ「歓迎する」と決めたわけではありません。(B)は「〜を実施する」なので、明らかに「熟考」の段階を過ぎています。名詞は implementation。(C)は「〜を実際に試す」なので、問題文中では「短大を実際に試しはじめた」となりますが、「じっくり考える」とは異なります。

【その他の品詞】名詞：contemplation「熟考」　形容詞：contemplative「物思いにふける」

【その他の同義語】ponder(Q.070), reflect on, think deeply

[訳] 20世紀初頭、幾人かの大学の学長が短大制度のアイデアを検討しはじめた。

Q.324 ★★★　　　　　　　　　　正解　(A) worsen

aggravate は他動詞で、「(病気など)をさらに悪化させる」。悪化とは「すでに存在する問題の状況を悪くすること」で、正解探しにはこの点が重要です。(B)は「〜を証明する」で、「水不足を証明する」として意味は通じますが、「悪化」ではありません。(C)は「〜を遅らせる」なので「水不足を遅らせる」となり「悪化」とは程遠くなります。(D)の「〜を作り出す」が惜しいですが、「悪化」に含まれる「すでに存在する問題」と矛盾します。

【その他の品詞】名詞：aggravation「悪化」

【その他の同義語】compound, exacerbate

[訳] 人口増加の結果による水に対する増加中の需要は世界の多くの地域で水不足を悪化させるかもしれない。

赤字部分の単語の同義語を(A)〜(D)の中から1つ選んでください。 🔊 325-328

Q.325 The industrialist Howard Hughes **amassed** an enormous fortune through acquisition and investment in the film, aviation, and real estate industry.

(A) boasted
(B) contributed
(C) collected
(D) wasted

Q.326 The Everglades National Park was established in 1947, **encompassing** about 20% of the Everglades wetlands in Florida.

(A) administering
(B) excluding
(C) developing
(D) containing

Q.327 It is true that wastewater discharge is **diluted** with ocean water, but the increasing amount of the discharge could go beyond the ocean's capacity.

(A) weakened
(B) processed
(C) colored
(D) polluted

Q.328 Agatha Christie's detective novel, *The Murder of Roger Ackroyd*, **provoked** heated debate because its plot was highly unconventional.

(A) witnessed
(B) caused
(C) avoided
(D) renewed

学習歴 (/) (/) (/) (/) (/)

Q.325 ★★★   正解 （C）collected

amassed（amass）は他動詞で「〜を蓄積した、積み上げた」。mass「大量」から推測できたかもしれません。(A)は「①〜を自慢した　②(利点)を有した」で、①②いずれも「蓄積する、積み上げる」といった「動き、過程」に関する意味はありません。(B)は「〜を寄付した」で、どちらかといえば正解とは逆です。(D)は「〜を浪費した」なので、これもかなり意味の差が大きいですね。
【その他の同義語】accumulate（Q.204）, gather, pile up

[訳] 実業家のハワード・ヒューズは映画、航空、そして不動産業の取得や投資を通して巨額の富を蓄積した。

Q.326 ★★★   正解 （D）containing

encompassing（encompass）は他動詞で「①〜を含む、包含する　②〜を取り巻く、取り囲む」。今回は現在分詞「含んでいる」として使われています。(A)は「①〜を管理している、統治している　②〜を運営している　③(薬など)を投与している」。①②を取って「①湿地の約20%を管理している　②湿地の約20%を運営している」としても「湿地の約20%を含んでいる」と同義とするには無理があります。(B)は「〜を除外している」なので正解の逆になります。(C)の「〜を発展させている」も「含む」との関連はありません。
【その他の同義語】include

[訳] エバーグレーズ国立公園は1947年に設立され、フロリダのエバーグレーズの湿地の約20%を含んでいる。

Q.327 ★★   正解 （A）weakened

diluted（dilute）は他動詞で「①〜を薄める　②〜の効果を弱める」。今回は「薄められる」となります。(B)は「処理される」で惜しい選択肢です。「薄める」も確かに「処理の一手段」ですが、逆に「濃くする」も処理の手段になりえます。したがって「薄める≒処理する」の関係は無理があります。今回は(A)weakened がより明確に同義となります。(C)は「色を付けられた、染められた」。(D)は「汚染された」。
【その他の品詞】名詞：dilution「薄める事」
【その他の同義語】thin out, water down

[訳] 廃水排出は海水によって薄められることは事実であるが、ますます増える排出は海の適応力を超えることもあり得る。

Q.328 ★★   正解 （B）caused

provoked（provoke）は他動詞で「①(騒ぎなど)を引き起こした　②〜を怒らせた」。(A)は「①〜を目撃した　②(時代、時期が)〜を経験した」なので、「他者が引き起こした出来事を見る、経験する」である一方、provoke は「自らが騒ぎを引き起こす」である違いがあります。(C)は「〜を避けた」なので逆の意味です。名詞は avoidance。(D)は「〜を繰り返した」ですが、provoke には「再度、二度」の意味はありません。名詞は renewal。
【その他の品詞】名詞：provocation「挑発」　形容詞：provocative「人を怒らせるような」
【その他の同義語】elicit（Q.187）, touch off, trigger（Q.200）

[訳] アガサ・クリスティーの探偵小説『アクロイド殺し』はあらすじが非常に奇抜であり、激しい議論を巻き起こした。

赤字部分の単語の同義語を(A)〜(D)の中から1つ選んでください。 ◀ 329-332

Q.329 In the early 20th century, scientists **frowned upon** the
☐ supercontinent theory, which speculated that the present six
continents resulted from the breakup of a supercontinent that
existed hundreds of millions of years ago.

(A) disapproved of
(B) came up with
(C) welcomed
(D) tested

Q.330 The Senate repeatedly **forestalled** President Millard Fillmore's
☐ attempts to appoint a new Supreme Court justice in 1852.

(A) voted
(B) frustrated
(C) supervised
(D) banned

Q.331 Some member states of the Colorado River Compact of 1922 felt
☐ that the treaty would force them to **curtail** their water use.

(A) restrict
(B) manage
(C) delay
(D) reevaluate

Q.332 In the late 19th century, the Boston social activist Harriet Hemenway
☐ organized tea parties, where she **implored** her guests to stop
wearing feathered hats.

(A) advised
(B) reminded
(C) begged
(D) pressed

学習歴 (/) (/) (/) (/) (/)

Q.329 ★★ 　　　　　　　　　正解 (A) disapproved of

frowned(frown)は自動詞で、upon と共に「〜に難色を示した、〜を認めなかった」、frowned のみでは「眉をしかめた」となります。(B)は「〜を考えついた」。(C)は「〜を歓迎した」で、問題文中では「科学者は超大陸説を歓迎した」となり正解とは逆です。(D)は theory に付くと「〜を検討(確認)する」を意味しますが、「難色」などの意味は含みません。

【その他の品詞】名詞：frown「しかめっ面」

[訳] 20世紀前半、科学者は超大陸説に難色を示した。それは現在の6大陸は何億年も前に存在した超大陸が分割した結果であると推測したものであった。

この超大陸は Pangaea(パンゲア)と呼ばれ、超大陸説は現在再評価されています。

Q.330 ★★★ 　　　　　　　　　正解 (B) frustrated

forestalled(forestall)は他動詞で「(機先を制して) 〜を防いだ、阻止した」。特に「機先を制する」の、様々な策(行動)を講じる意味があるのが特徴です。(A)は「投票によって支持した」となり、逆の意味になります。(C)は「監視・監督した」。(D)の「禁止した」は、「大統領の試みが失敗した」との意味では正解と共通ですが、これは「法的な拘束力を伴う一方的な命令」なので、「機先を制する、策を講じる」といった行動とは別です。

【その他の同義語】hinder, prevent, thwart(Q.230)

[訳] 上院はミラード・フィルモア大統領の新しい最高裁判事を任命しようとする 1852 年の試みを繰り返し阻止した。

Q.331 ★★★ 　　　　　　　　　正解 (A) restrict

curtail は他動詞で「〜を削減する、短縮する」。(B)は「①(難しい問題)をどうにかする ②〜を経営する、管理する」。②であると問題文中では「水の使用を管理する」と理解可能ですが、「削減」するまでは意味しません。(C)の「〜を遅らせる」はあくまでも「タイミング、時期の遅れ」なので、「削減、短縮」とは別です。(D)は「〜を再評価する、検討し直す」で、「削減する」といった踏み込んだ意味はありません。

【その他の品詞】名詞：curtailment「削減、短縮」

【その他の同義語】cut back on, decrease, reduce

[訳] 1922 年のコロラド川協定に署名した州の中には条約は水の使用を制限することを強いることになるだろう、と感じた州もあった。

　※ compact：图 協定、条約　まれな用法で treaty と同じ意味です。

Q.332 ★★★ 　　　　　　　　　正解 (C) begged

implored(implore)は他動詞で「(援助など)を嘆願(懇願・哀願)した」。(A)は「〜に忠告した」なので、「嘆願、懇願」よりはいわゆる「上から目線」になっています。(B)は「〜に思い出させた」。(D)は「〜に強要した」なので、「嘆願」とは逆の意味に近くなってしまいます。

【その他の同義語】entreat, plead with(Q.022)

[訳] 19世紀後半、ボストンの社会活動家のハリエット・ヘメンウェイは茶会を催し、そこで招待客に羽根飾りのある帽子をかぶる事を止めるように嘆願した。

赤字部分の単語の同義語を (A)〜(D) の中から1つ選んでください。◀ 333-336

Q.333 A conservation group has reported that many more animals have
☐ been **squashed** on the highways because the worsening drought
conditions force them to leave their habitat in search of food and
water.

(A) spotted
(B) flattened
(C) chased
(D) rescued

Q.334 The U.S. Navy was established in 1775 to **deter** pirates and to
☐ protect American merchant ships.

(A) assault
(B) harass
(C) observe
(D) discourage

Q.335 Because their eyes are sensitive to even the faintest lights, owls can
☐ **swoop onto** prey during the night.

(A) watch out for
(B) step on
(C) search for
(D) dive towards

Q.336 The Babylonians believed that solar eclipses **foretold** misfortunes
☐ to their kings, so they appointed a substitute king to avoid disaster.

(A) prevented
(B) predicted
(C) suffered
(D) increased

学習歴 (/) (/) (/) (/) (/)

Chapter 1

動詞

Q.333 ★★ 　　　　　　　　　　　　　正解 (B) flattened

squashed(squash)は「他動詞：①～を押しつぶす　②(暴動など)を鎮圧する　自動詞：つぶれる」。今回は他動詞で「押しつぶされる」。(A)は「気が付かれる」。(C)は「追いかけられる」で、名詞「追跡」も意味しますが、「押しつぶす」とは別です。(D)は「救出される」でこれも「押しつぶす」とは大違いです。

【その他の品詞】名詞：squash「(飲み物&スポーツ)スカッシュ」。※英語での発音は「カ」ではなく「クァ」なのでご注意を。

【その他の同義語】compress, crush

[訳] 悪化し続ける干ばつが動物に餌と水をもとめて生息地を離れるようにさせ、多くの動物がハイウエイ上で押しつぶされている、と保護グループが報告をしている。

Q.334 ★★★ 　　　　　　　　　　　　正解 (D) discourage

deter は他動詞で「～を抑止する、思いとどまらせる」。(A)は「～を急襲する、襲い掛かる」ですが、「抑止」は「急襲(攻撃)」をさせない行為なので、これはいけません…。(B)は「～に嫌がらせをする」なので、「抑止」どころか攻撃を誘う行為です。(C)は「～を監視する」で、「敵を監視する」との意味で使われることもあります。しかし、deter に含まれる「相手の攻撃を思いとどまらせる」の意味合いはなく、あくまでも「監視する(見ている行為)」にとどまるので、(D) discourage が適切となります。

【その他の品詞】名詞：deterrence「(行動としての)抑止、阻止」, deterrent「抑止するもの」　形容詞：deterrent「抑止する、阻止する」

【その他の同義語】prevent, dissuade, inhibit(Q.130)

[訳] アメリカ海軍は海賊を抑止し、アメリカの商船を守るために 1775 年に創設された。

Q.335 ★★★ 　　　　　　　　　　　　正解 (D) dive towards

swoop は自動詞で「①突然飛びかかる　②急襲する」。名詞の「①急降下　②急襲」も意味します。今回のように onto, down などの前置詞をよく伴います。(A)は「～を警戒する」。(B)は「～を踏みつける」ですが、"飛びかかる、急襲する"方法は"踏みつける"以外にも多くあるはずなので同義とするには無理があります。(C)は「～を捜す」なので、これでは「飛びかかる」にはなりません。

【その他の品詞】名詞：swoop「①(鳥の)急降下　②急襲」

【その他の同義語】descend

[訳] フクロウの目はわずかな光にさえ敏感なので、夜間に獲物に襲い掛かることができる。

Q.336 ★★★ 　　　　　　　　　　　　正解 (B) predicted

foretold(foretell)は他動詞で「～を予言した」。(A)は「～を防いだ」なので、問題文では「日食は王に対する不運を防いだ」となり、正解の「予言した」とはかなり異なります。名詞は prevention。(C)は「～の害を被った」なので、「日食は王に対する不運を被った」と、日食という自然現象が被害を受けるような、妙な内容になってしまいます。(D)は「～を増加させた」で、「日食は王に対する不運を増加させた」と意味は通じますが、正解の「予言」とは別の意味です。

【その他の同義語】anticipate(Q.181), foresee

[訳] バビロニア人は、日食は王に対する不運を予言するものと信じていた。そして災難を避けるため、代理の王が任命された。

eclipse ＝(太陽・月の)食、lunar eclipse ＝月食も覚えておきましょう。

赤字部分の単語の同義語を(A)〜(D)の中から1つ選んでください。◀ 337-340

Q.337 It is estimated that from 30 to 40% of the food produced in the U.S.
has been **squandered** annually.

(A) exported

(B) wasted

(C) consumed

(D) purchased

Q.338 The treaty signed in 1977 declared that the U.S. would **relinquish**
control of the Panama Canal in 1999.

(A) take back

(B) turn over

(C) establish

(D) strengthen

Q.339 A study on human sleep found that more than half of sleep talking is
mumbling sounds, while the rest is intelligible sounds.

(A) murmuring

(B) snoring

(C) yelling

(D) buzzing

Q.340 Made of rock and ice, rock glaciers **creep** down mountain slopes
under the influence of gravity.

(A) slide irregularly

(B) move slowly

(C) move occasionally

(D) slide quickly

Q.337 ★★★　　　　　　　　　正解　(B) wasted

squandered(squander) は他動詞で「〜を浪費する」。今回は「浪費されている」となります。(A)は「輸出されている」で「浪費」とはかなり別の意味です。(C)は「消費されている」で、「浪費」同様、「使われる」を意味する点では OK です。しかし、「消費」は中立的なトーンなのに対し、「浪費」は「無駄遣い」と批判的なトーンを含むので同義にはなりません。(D)は「購入されている」でした。名詞は purchase。

[訳] アメリカで毎年製造される食品の 30%から 40% は無駄にされていると推測されている。

Q.338 ★★★　　　　　　　　　正解　(B) turn over

relinquish は他動詞で「〜を譲渡する、放棄する」。(A)は「〜を取り戻す」なので、ほぼ反対の意味ですね。(C)は「〜を設立する」なので「放棄」の前の段階になります。(D)は「〜を強化する」ですが、問題文中の「管理権の放棄」とはかなり異なります。

【その他の同義語】give up, hand over, surrender

[訳] 1977 年に調印された条約は、アメリカはパナマ運河の管理権を 1999 年に放棄すると宣言した。

Q.339 ★★★　　　　　　　　　正解　(A) murmuring

mumbling(mumble) は「自動詞：ぶつぶつ言う　他動詞：〜をぶつぶつ言う」。今回は ing をつけて現在分詞「ぶつぶつ言っている」の意味です。(B)は「いびきをかいている」で、「ぶつぶつ言う」とは別ですね。(C)は「叫んでいる」なので、これまた「ぶつぶつ」とは大違いです。(D)は「(虫などが)ブンブン言っている、ブザー音の」なので、「人がぶつぶつ言う」とはだいぶ違います。

【その他の同義語】mutter

[訳] 人間の睡眠に関する研究は寝言の半分以上はぶつぶつ言う音であり、残りが理解可能な音声であることを発見した。
　※　intelligible：形 理解可能な

Q.340 ★★　　　　　　　　　　正解　(B) move slowly

creep は自動詞で「①ゆっくり進む(動く)　②腹ばいで進む」。(A)は「不規則的に滑り落ちる」ですが、「ゆっくり進む」は「遅いスピードで一定」しているので、「ゆっくり≒不規則」の関係は成り立ちません。(C)の「たまに動く」も同様の理由により不可となります。(D)の「急に滑り落ちる」も「ゆっくり進む」とはかなり異なります。

【その他の品詞】名詞：creep「腹ばい、徐行」、the creeps(口語)「ゾッとする事」

[訳] 岩と氷でできた岩石氷河は重力の影響で山の斜面をゆっくりと下る。

氷の部分は岩に隠れて見えず、年に最大でも数メートルしか移動しないのが特徴です。

赤字部分の単語の同義語を (A) 〜 (D) の中から 1 つ選んでください。 ◀ 341-344

Q.341 In ancient Greece, the statues of offenders in sports competitions were erected to **humiliate** them.

☐

(A) embarrass

(B) scold

(C) accuse

(D) honor

Q.342 While archaeological records traced the origin of primates about 65 million years ago, the molecular clock—an analysis of genetic mutations—**yields** contradictory results.

☐

(A) provides

(B) denies

(C) examines

(D) requires

Q.343 The polar bear population has **fluctuated** over the years due to climate change and hunting.

☐

(A) swung

(B) declined

(C) stabilized

(D) jumped

Q.344 Although slime molds have no brain, they successfully navigate when **confronting** a maze by using spatial memory.

☐

(A) facing

(B) detecting

(C) escaping

(D) entering

学習歴 (/) (/) (/) (/) (/)

Q.341 ★★　　　　　　　　　　　正解　(A) embarrass

humiliate は他動詞で「～に恥をかかせる、顔に泥を塗る」。「恥、みっともないと感じる感覚」がポイントです。(B)「～をしかりつける」で惜しいですが、これには「恥を感じさせる」意味はありません。例えば親が子供をしかることを「子供に恥をかかせる」と考えるのは拡大解釈です。(C)は「～を非難する」で、(B)と同様ネガティブな言葉で惜しいですが、やはり「恥をかかせる」の意味はありません。名詞は accusation。(D)は「①(勲章などを)与える　②～に敬意を表する」で、ほぼ逆の意味でした。

【その他の品詞】名詞：humiliation「屈辱」　形容詞：humiliating「屈辱的な」

【その他の同義語】mortify, shame

[訳] 古代ギリシャではスポーツ競技の違反者を恥じ入らせるために彼らの像が建てられた。

Q.342 ★　　　　　　　　　　　正解　(A) provides

yields(yield)は「他動詞：①～をもたらす　②(作物)を産出する　③(譲歩して)～を譲る自動詞：①(土地が)産出する　②降参する」で、今回は他動詞です。(B)は「～を否定する」なので、今回の正解の「矛盾した結果をもたらしている」とは異なります。(C)は「～を調査する」なので、これも「もたらす」とは別の意味です。(D)は「～を必要とする、要求する」で、「矛盾した結果を必要とする」となってしまいます。

【その他の品詞】名詞：yield「①産出(高)　②利回り、報酬」

【その他の同義語】bear, generate, produce

[訳] 考古学上の記録は霊長類の発生を約6千5百万年前に辿ったが、遺伝子突然変異の分析である分子時計は矛盾した結果をもたらしている。

分子時計の分析によると8千5百万年前との結果もあり、結論は出ていません。

Q.343 ★★★　　　　　　　　　　正解　(A) swung

fluctuated(fluctuate)は自動詞で「上下変動している」なので、「上下両方向の動きを伴う点」が重要です。(B)は「降下している」なので、「上昇する」意味が抜けています。(C)は「安定している」で、「変動」の意味がありません。(D)は「急増している」なので、(B)とは逆に「下降する」の意味がありません。

【その他の品詞】名詞：fluctuation「変動」

【その他の同義語】oscillate(Q.193)

[訳] ホッキョクグマの総数は気候変動や狩りによって長年にわたり変動をしている。

Q.344 ★★　　　　　　　　　　　正解　(A) facing

confronting(confront)は他動詞で「①(困難など)に直面する、対峙する　②(困難が)～に立ちはだかる」。今回は①の現在分詞です。なお①では「困難に立ち向かう側」、②では「困難」が主語になるので、用法に注意しましょう。(B)は「～を探知する」ですが文字通りの意味であり、正解の「困難、直面、対峙」といった深刻な意味合いは含みません。(C)は「～を逃れる」なので、正解「直面する」とはほぼ反対の意味です。(D)は「～に入る」で、(B)同様「困難」などの意味合いは含みません。

【その他の品詞】名詞：confrontation「直面、対峙」　形容詞：confrontational「敵対的な」

【その他の同義語】face up to, tackle, meet

[訳] 粘菌は脳を持たないものの、迷路に直面すると空間記憶を使いうまく移動する。

※ なぜ空間記憶を有しているかに関しては研究中です。

赤字部分の単語の同義語を(A)〜(D)の中から1つ選んでください。 ◀ 345-348

Q.345 Secretary of State William Seward and his Russian counterpart
☐ negotiated over Alaska Purchase in 1867, which was **derided** as
Seward's Icebox by its critics.

(A) labeled

(B) described

(C) scorned

(D) remembered

Q.346 Through countless variations of colors and brush strokes, great
☐ paintings **evoke** profound emotions in a viewer's mind.

(A) confuse

(B) plant

(C) share

(D) cause

Q.347 During its formation, Mercury **collided** with a massive planetary
☐ object, resulting in the loss of most of its crust and mantle.

(A) landed

(B) appeared

(C) approached

(D) crashed

Q.348 The new international rules for marine traffic are expected to **curb**
☐ the sound produced by the ship's propeller and to reduce stress on
marine life.

(A) reflect

(B) utilize

(C) absorb

(D) restrain

Chapter 1

動詞

Q.345 ★★★　　　　　　　　　　　　正解 (C) scorned

derided(deride)は他動詞で「～をばかにした、あざけった」。今回は「ばかにされた」を意味し、(C) scorned がそれに該当します。(A)は「レッテルを貼られた、（不正確に）～と呼ばれた」でネガティブな言葉なので惜しい選択肢ですが、label には「ばかにする、嘲笑」といった意味はありません。(B)は「評された、述べられた」で、ネガティブな意味はありません。(D)は「覚えられた」。

【その他の品詞】名詞：derision「嘲笑、あざけり」　形容詞：derisive「嘲笑的な」

【その他の同義語】jeer at, mock(Q.190), ridicule

[訳] 国務長官ウィリアム・スワードとロシアの国務長官はアラスカ購入をめぐって 1867 年に交渉した。この件は「スワードの冷蔵庫」として批評家からはばかにされた。

※ counterpart：图 対応する人(物)

Q.346 ★★★　　　　　　　　　　　　正解 (D) cause

evoke は他動詞で「(感情など)を呼び起こす」。(A)は「～を混乱させる」なので、今回は「絵画は鑑賞者の心の中の深い感情を混乱させる」となり、「呼び起こす」とは違います。(B)は「～を植え付ける」で今回は「感情を鑑賞者の中に外から植え付ける」となりますが、正解の「(中に潜んでいる感情を)呼び起こす」とは程遠い意味です。(C)は「～を共有する」でした。

【その他の品詞】名詞：evocation「(感情などを)呼び起こすこと」　形容詞：evocative「感情を喚起するような」

【その他の同義語】arouse(Q.225), elicit(Q.187), kindle

[訳] 様々な色や筆使いを通して偉大な絵画は鑑賞者の心の中に深い感情を呼び起こす。

Q.347 ★★　　　　　　　　　　　　　正解 (D) crashed

collided(collide)は自動詞で「衝突した」。(A)は「上陸した」で、「2 つの天体が接触する」という意味では共通ですが、例えば「車が衝突する」を「車が上陸する」と置き替えるとかなり奇妙であるように、同義とは言えないものです。(B)は「出現した」なので、これだけでは「衝突、ぶつかる」を意味しません。(C)は「近づいた」なので、これまた「衝突」してはいません。なお(C)には「人に接触する(話しかける)」がありますが、その場合は「人」に対して使います。

【その他の品詞】名詞：collision「衝突」　【その他の同義語】hit, smash

[訳] 水星は形成時に巨大な天体と衝突し、地殻とマントルのほとんどを失った。

地球と比較し、水星の地殻とマントルが薄い理由として提唱されている説です。

Q.348 ★　　　　　　　　　　　　　　正解 (D) restrain

curb は「～を抑制する、抑える」。(A)は「～を反射する」なので、これでは「抑制」とはなりません。(B)は「～を活用する」。(C)は「～を吸収する」で、(A)とは逆の意味です。確かに"吸収される"と結果として"抑制される"ことにはなりますが、(D)restrain が意味として「抑制する」なので、こちらが優先されます。「意味が最も近い選択肢」との指示書きを思い出しましょう。

【その他の品詞】名詞：curb「①抑制　②(道路の)縁石、へり」　※ curve「曲線」、carve「～を切る」と混同しないようご注意を。

【その他の同義語】control, inhibit(Q.130), restrict

[訳] 海洋航海向けの新しい国際ルールは船のプロペラによる音を抑え、海洋生物へのストレスを軽減することを期待されている。

赤字部分の単語の同義語を(A)〜(D)の中から1つ選んでください。 🔊 349-352

Q.349 A team of researchers **unearthed** the oldest church's remains in
sub-Saharan Africa, which belonged to the Kingdom of Aksum, an
ancient empire.

(A) surveyed

(B) exhibited

(C) dug up

(D) protected

Q.350 The discovery of fire **enticed** *Homo erectus* to cook meat, thereby
greatly improving the quality of their diet and survival rates.

(A) allowed

(B) forced

(C) tempted

(D) prepared

Q.351 The names of NASA's missions and spacecraft are decided largely
based on a guideline **specifying** the criteria.

(A) meeting

(B) detailing

(C) applying

(D) revising

Q.352 Throughout the 19th century, many Americans living in the
countryside had to **haul** water from wells to their house.

(A) pour

(B) drain

(C) transport

(D) pump

学習歴 (/) (/) (/) (/) (/)

Q.349 ★★★ 正解 (C) dug up

unearthed(unearth)は他動詞で「①～を発掘した、発見した　②～を暴いた、明らかにした」。(A)は「～を調査した」で、惜しいですが、すでに発見済みの物を"調査する"状況もありえますので、「発見≒調査」とするのは無理があります。(B)は「～を展示した」で、名詞は exhibition「展示」。(D)は「～を保護した」。

【その他の同義語】excavate

[訳] 研究者のチームが古代帝国のアクスム王国のものであるサハラ以南のアフリカで最も古い教会の遺跡を発掘した。

 アクスム王国はエチオピア北部に紀元前5世紀から10世紀頃まで存在した王国です。

Q.350 ★★★ 正解 (C) tempted

enticed(entice)は他動詞で「[enticed A to do ～]A を～する気にさせた」の意味です。「誘う、誘導する、そそのかす」といった意味合いを含むのがポイント。(A)は「～が(～するのを)可能にした」で、文脈上自然ですが「誘う」などの意味はありません。(B)は「～に強要した」。(D)は「～に準備をさせた」なので、これも「誘う、そそのかす」といった意味とは別の性質の言葉です。

【その他の品詞】名詞：enticement「誘惑」　形容詞：enticing「誘惑する」
【その他の同義語】allure, attract, lure(Q.088)

[訳] 火の発見はホモ・エレクトスに肉を調理する気にさせ、食事の質と生存率を大幅に改善した。

 ホモ・エレクトスは約200万年前に生存したヒト科の一種です。

Q.351 ★★ 正解 (B) detailing

specifying(specify)は他動詞で「～を明記する、明示する」。今回は現在分詞として使われています。(A)は「～を満たしている」で、meet criteria「基準を満たす」との表現は確かにありますが、今回は「基準を満たしているガイドライン」と妙な意味になってしまいます。(C)は「～を応用している」なので、「基準を応用しているガイドライン」とこれも不自然。(D)は「～を改訂している」。

【その他の品詞】名詞：specification「①詳細、明細　②(複数形で)仕様書」　形容詞：specific「明確な、具体的な」
【その他の同義語】define, prescribe, lay down

[訳] NASAの計画や宇宙探査機の名は基準を明記しているガイドラインに主に則って決められる。

Q.352 ★★★ 正解 (C) transport

haul は他動詞で「①～を運ぶ、運搬する　②～を引きずる、引っ張る」。(A)は「～を注ぐ」で、問題文中では「井戸から家へ水を注ぐ」となり、「注ぐ」という行為がこの状況では妙ですし、「運ぶ≒注ぐ」との関係も無理があります。(B)は「(場所から水)をはけさせる、排水する」で、土地から水を取り除く方法なので、「運搬」とは別です。(D)は「(ポンプで)～を吸い出す」ですが、haul には「運ぶ」のみで、「ポンプ、吸い出す」の意味はありません。

【その他の同義語】carry, move

[訳] 19世紀を通して、地方に住んでいる多くのアメリカ人は井戸から家へ水を運ぶことをしなくてはならなかった。

赤字部分の単語の同義語を(A)〜(D)の中から1つ選んでください。 ◀ 353-356

Q.353 In his essay on civil disobedience published in 1848, essayist Henry
☐ David Thoreau **lamented** America's declaration of war on Mexico.

(A) supported

(B) described

(C) sorrowed over

(D) condemned

Q.354 The U.S. Constitution stipulates that Congress **convenes** in regular
☐ session on January 3 every year.

(A) votes

(B) gathers

(C) debates

(D) closes

Q.355 The Endangered Species Act has **empowered** federal agencies to
☐ impose up to $50,000 fines on offenders.

(A) authorized

(B) warned

(C) advised

(D) required

Q.356 Edward VIII of England **renounced** his rights to the throne and
☐ married an American civilian woman in 1937.

(A) gave up

(B) exercised

(C) hated

(D) stood up for

Q.353 ★★ 　　　　正解 (C) sorrowed over

lamented（lament）は「他動詞：〜を嘆いた、悲しんだ　自動詞：嘆いた、悲しんだ」で、今回は他動詞です。(A)は「〜を支持した」。(B)は「〜述べた」で、名詞は description。(D)は「〜を強く非難した」で、正解同様ネガティブな意味があるため惜しい選択肢ですが、「嘆く、悲しむ」と「強く非難（怒りに近い感情）」とは別の意味です。名詞は condemnation。

【その他の品詞】形容詞：lamentable「嘆かわしい、悲しむべき」

【その他の同義語】deplore（Q.199）, bemoan

[訳] 1848年に出版された市民不服従に関する評論の中で随筆家のヘンリー・デイヴィッド・ソローはアメリカのメキシコに対する宣戦布告を嘆いた。

Q.354 ★★★ 　　　　正解 (B) gathers

convenes（convene）は「自動詞：開会する　他動詞：〜を開会する」で今回は自動詞です。「人が集まる」の意味の(B)gather が正解。(A)は「投票する」なので、議会の役割の1つですが、「開会する」と同義にはできません。(C)は「討論する」でやはり議会の活動には使われますが「開会」とは別です。(D)は「閉会する」なので正解とは真逆ですね。

【その他の同義語】assemble, congregate（Q.237）, meet

[訳] アメリカ憲法は議会が毎年1月3日に通常国会を召集するよう規定している。

1月3日から翌年の1月3日までが1つの会期「session」です。しかし、1月3日からとは早い！

Q.355 ★★★ 　　　　正解 (A) authorized

empowered（empower）は他動詞で語源（em と power）の理解に慣れれば意味が推測できます。意味は「〜に権限を与える」です。(B)は「〜に警告する」なので、「絶滅危惧種法が連邦省庁に警告する」と妙な関係になってしまいます。(C)は「〜に忠告する」なので、正解の「（自分で可否を判断できる）権限」の意味がありません。(D)は「〜を要求する」で、法律につく言葉としては自然ですが、問題文中では「罰金を違反者に科す権限を要求している」となるので、正解の「権限を与えている」とは全く異なります。

【その他の品詞】名詞：empowerment「権限移譲」

【その他の同義語】license, qualify

[訳] 絶滅危惧種法は連邦省庁に最大5万ドルの罰金を違反者に科す権限を与えている。

Q.356 ★★★ 　　　　正解 (A) gave up

renounced（renounce）は他動詞で「〜を放棄[断念]した」。(B)は「（権限など）を行使した」。(C)は「〜を嫌った」なので、マイナスの表現であるのは正解と共通ですが、それでも「放棄した」を「嫌った」と同義にしては混乱を招きます。例えば「仕事（学校）が"嫌い"だけど、"放棄"せずに続けている」はいくらでもあるはずです。(D)は「〜のために立ち上がった、〜を擁護した」。

【その他の品詞】名詞：renunciation「放棄、断念」

【その他の同義語】relinquish, waive

[訳] イギリスのエドワード8世は王座を放棄し、アメリカ人の民間人女性と1937年に結婚した。

赤字部分の単語の同義語を (A)〜(D) の中から１つ選んでください。 ◀ 357-360

Q.357 Having left behind their reservations, the majority of Native Americans today **dwell in** large cities.

- (A) work in
- (B) live in
- (C) commute to
- (D) relocate to

Q.358 After the massive eruption of Indonesia's Mount Tambora in 1815, a dust cloud **enveloped** the Earth for a few years.

- (A) heated
- (B) darkened
- (C) damaged
- (D) surrounded

Q.359 Seismic waves are divided into surface waves and body waves; the former travel through the Earth's surface, while the latter run through the Earth's interior and more likely to **dissipate** as they move away from the epicenter.

- (A) intensify
- (B) slow down
- (C) speed up
- (D) vanish

Q.360 By taking photos and videos that otherwise would be unavailable, aerial survey **facilitates** archaeological activities on the ground.

- (A) replaces
- (B) enables
- (C) monitors
- (D) undertakes

学習歴 （ ／ ）（ ／ ）（ ／ ）（ ／ ）（ ／ ）

Q.357 ★★　　　　　　　　　　　　　　　　正解　(B) live in

dwell は自動詞で「①住む、居住する　②思いにふける」。in を伴い「～に住む」です。(A)は「～で働く」なので「住む」とは別ですね。(C)は「～に通勤(通学)する」で、やはり「住む」わけではありません。(D)は「～に移転する」で、「住む」の前の段階であり同義にはできません。名詞は relocation。

【その他の品詞】名詞：dwelling「住所、すみか」, dweller「住人」

【その他の同義語】reside

[訳] 自らの居留地を離れ、今日のネイティブアメリカンの大半は大都会に住んでいる。

Q.358 ★★★　　　　　　　　　　　　　　　正解　(D) surrounded

enveloped(envelop)は他動詞で「～を覆った、包んだ」。(A)は「～を熱した」。(B)は「～を暗くした」。「覆われた→暗くなった」との推測は可能ですが、単語問題で問われているのは「単語そのものの意味」で、「その後どうなったかの推測」ではありません。(C)は「～に損害を与えた」なので、やはり「覆った≒損害を与えた」とするのは無理があります。

【その他の品詞】名詞：envelope(※語尾は pe)「①包み、覆い　②封筒」, envelopment「包囲」

【その他の同義語】enclose, encircle(Q.206)

[訳] 1815 年に発生したインドネシアのタンボラ山の巨大な噴火の後、粉塵雲が地球を数年にわたり覆った。

Q.359 ★★★　　　　　　　　　　　　　　　正解　(D) vanish

dissipate は「自動詞：(雲・霧などが)散る、消える　他動詞：(雲・霧など)を散らす、消す」で、今回は自動詞です。(A)は「強まる」なので逆の意味。(B)は「減速する」ですが、問題文中では「地震波が減速する」との意味になりますが、「散る、消える」ではありません。(C)は「速度が早まる」なので、これも異なります。

【その他の品詞】名詞：dissipation「消散、霧散」

[訳] 地震波は表面波と実体波に分かれる。前者は地表を伝わる一方、後者は地球の中を伝わり、震源地から離れるにつれ、より消散しやすい。

※ epicenter：图 震源地

Q.360 ★★　　　　　　　　　　　　　　　　正解　(B) enables

facilitates(facilitate)は他動詞で「～を容易にする、～を促進する」。最近ではカタカナ語で定着しつつあります。(A)は「～にとって代わる」なので、「促進する」よりはかなり意味の程度が強く、同義にするのは不自然です。名詞は replacement「交代、代わり」。(C)は「～を監視する、チェックする」で、"監視した"結果、作業が"容易になる"という推測は成り立ちますが、単語問題は「単語そのものの意味」が重要です。「促進する≒監視する」は不自然です。(D)は「①～を引き受ける　②～を始める、～に取りかかる」なので、これでは航空測量が自ら考古学の作業をすることになってしまいます。

【その他の品詞】名詞：facilitation「容易にすること」, facilitator「進行係」

【その他の同義語】accelerate(Q.285), ease, hasten(Q.007)

[訳] 他の手段では得られない写真やビデオを撮ることにより、航空測量は地上の考古学の作業を容易にする。

※ otherwise：圓 別の方法で、そうでなければ

赤字部分の単語の同義語を(A)〜(D)の中から1つ選んでください。 ◀ 361-364

Q.361 Until replaced by a steam-powered mode of transportation such as the railroad, the stagecoach had been **traversing** the U.S. to carry passengers and mail.

- (A) exploring
- (B) wandering
- (C) industrializing
- (D) crossing

Q.362 The Food and Drug Administration is authorized to **inspect** manufacturers and their products for safety.

- (A) investigate
- (B) visit
- (C) regulate
- (D) penalize

Q.363 As highly dependent on oxygen to survive, brain cells begin to die in less than five minutes if **deprived of** an oxygen supply.

- (A) exposed to
- (B) influenced by
- (C) flooded with
- (D) stripped of

Q.364 In the Mandan, a Native American tribe living in North Dakota, women as well as men were responsible for **cultivating** the field.

- (A) farming
- (B) protecting
- (C) surveying
- (D) watering

学習歴 (/) (/) (/) (/) (/)

Q.361 ★★★   正解 (D) crossing

traversing(traverse) は他動詞で「〜を横断する、横切る」。今回は進行形「〜を横断していた」として使われています。(A)は「〜を探検していた」で、「アメリカを移動していた」という趣旨では正解と共通ですが、これには traverse に含まれる「横断、横切る」という動きに関する意味がありませんし、traverse にはそもそも「探検」の意味はありません。(B)は「〜をあてもなくさまよっていた」で(A)と同様、部分的には良いのですが traverse には「あてもなく、さまよう」といった意味がありません。(C)は「〜を産業化していた」なので、「横断」とは異なります。

【その他の同義語】go across, travel across

[訳] 鉄道などの蒸気駆動の輸送手段により取って代わられるまでは、幌馬車は乗客と郵便を運んでアメリカを横断していた。

Q.362 ★★   正解 (A) investigate

inspect は他動詞で「〜を検査する、詳しく調べる」。(B)は「〜を訪れる」で、確かに問題文のような企業を「検査」する際に「訪問」を含むこともあり得ます。ただし「検査≒訪問」との定義にすると、例えば「セールス員が顧客を訪問する」が「セールス員が顧客を検査する」になってしまい、かなり妙です。「見出し語→同義語」と同時に「同義語→見出し語」の関連性も確認を。(C)は「〜を規制する」で、「検査」ではありません。(D)は「〜を罰する」で、名詞は penalty「罰、ペナルティ」。

【その他の品詞】名詞：inspection「調査、視察」、inspector「検査官、監査官」
【その他の同義語】check, probe(Q.125), scrutinize

[訳] 食品医薬品局は製造業者と製品を安全確認のために検査することを許可されている。

Q.363 ★★   正解 (D) stripped of

deprived(deprive) は他動詞で「deprive A of B：A から B を奪う」の用法でよく使われます。今回は「〜を奪われる」となります。(A)は「〜にさらされる」。(B)は「〜に影響される」なので、これのみでは「奪われる」と同義にはなりません。(C)は「〜に殺到される」。

【その他の品詞】名詞：deprivation「はく奪」
【その他の同義語】rob

[訳] 生存のために酸素にかなり依存をしているため、脳細胞は酸素の供給を絶たれると 5 分以内に死に始める。

Q.364 ★★   正解 (A) farming

cultivating(cultivate) は他動詞で「①〜を耕す ②(技術など)を養う ③(人との)関係を築く」。今回は動名詞です。(B)は「〜を保護すること」。(C)は「〜を調査すること」で、「耕す」ではありません。(D)は「〜に水を与えること」で、「耕す」という行為の１つですが、畑を"耕す"には"水を与える"以外のこともあるので、同義とするには意味の範囲が狭すぎます。

【その他の品詞】名詞：cultivation「①耕作 ②養成、洗練」 形容詞：cultivated「①耕作された ②(人が)洗練された」
【その他の同義語】plow

[訳] ノースダコタに住むアメリカ先住民であるマンダン族では男性同様、女性も畑を耕す責任を負った。

赤字部分の単語の同義語を(A)〜(D)の中から1つ選んでください。◀ 365-368

Q.365 Many scientists believe that dark energy, a mysterious form of energy that accounts for roughly 68% of the total energy of the universe, **counteracts** gravity.

(A) offsets
(B) generates
(C) strengthens
(D) simulates

Q.366 Research indicates the brain of visually impaired people might be wired differently from sighted people to **heighten** other senses.

(A) adjust
(B) intensify
(C) use
(D) minimize

Q.367 The questions of how Stonehenge was formed with 25-ton stones have **bewildered** academics for years.

(A) interested
(B) puzzled
(C) excited
(D) annoyed

Q.368 One species of carnivore plants attracts insects with their nectar and **snare** them with sticky glues.

(A) trap
(B) eat
(C) poison
(D) feed

学習歴 （　/　）（　/　）（　/　）（　/　）（　/　）

Q.365 ★★★ 　正解 (A) offsets

counteracts（counteract）は他動詞で「①〜に反対に作用する、対抗する　②〜を打ち消す、中和する」。(B)は「〜を引き起こす、製造する」で、問題文中では「重力を引き起こす」となり正解とは逆の方向性になってしまいます。(C)は「〜を強化する」で、これも正解の逆に近いです。(D)は「〜のシミュレーションをする」。

【その他の品詞】名詞：counteraction「反作用、中和作用」

【その他の同義語】cancel out, negate（Q.219）, neutralize

[訳] 多くの科学者は宇宙の全エネルギーの約68%を占める謎のエネルギーであるダークエネルギーは重力に反対に作用していると信じている。

　※ ビッグバンの後、宇宙が現在も膨張を続けている原動力がダークエネルギーでは、と推測されています。

Q.366 ★★ 　正解 (B) intensify

heighten は「他動詞：①〜を増す、強める　②〜を高くする　自動詞：①増す、強まる　②高まる」で今回は他動詞です。(A)は「〜を調整する、正確になるように合わせる」で惜しいですが、「調整をして弱める」場合もあり得るので、「増す≒調整」の関係にはできません。(C)は「〜を使う」なので、別の性質の言葉です。(D)は「〜を最小限にする」と正解とは逆です。minimum で名詞「最小限度」、形容詞「最小限度の」。

【その他の品詞】名詞：height「高さ」　形容詞の high の派生語ですが、スペルが異なるのでご注意を！

【その他の同義語】enhance（Q.042）, magnify（Q.278）, strengthen

[訳] 視覚障害者の脳は他の感覚を強めるため、健常者とは違った繋がり方をしている可能性を研究は示している。

Q.367 ★★★ 　正解 (B) puzzled

bewildered（bewilder）は他動詞で「〜を当惑させている、まごつかせている」。(A)は「〜に興味を持たせている」。(C)は「〜を興奮させている」。(D)は「イライラさせている」で、怒りの感情に近いので「当惑」とは違います。

【その他の品詞】名詞：bewilderment「当惑」

【その他の同義語】baffle（Q.122）, confound, perplex（Q.188）

[訳] ストーンヘンジが25トンの岩によりどうやって建造されたかという問題は学者を長年にわたり悩ませている。

Q.368 ★★ 　正解 (A) trap

snare は他動詞で「〜を罠で捕る」。(B)の「〜を食べる」ですが、何かを"罠で捕る"ことがあっても、必ずしもそれを"食べる"とは限りません。(C)の「〜に毒を与える」はやや惜しいですが、言葉の順番を入れ替え"毒を与える"≒罠で捕る」とすると不自然さが目立ちます。(D)は「〜に餌を与える」なので、どちらかと言えば逆の意味ですね。

【その他の品詞】名詞：snare「罠」

【その他の同義語】catch, ensnare, entrap

[訳] 肉食植物のある種は昆虫を花蜜でおびき寄せ、粘り気のある接着剤で罠にかける。

赤字部分の単語の同義語を(A)〜(D)の中から1つ選んでください。 ◀ 369-371

Q.369 Without surgery or antibiotic treatment, an infected appendix could
☐ **rupture** and become life-threatening.

(A) burst

(B) swell

(C) hurt

(D) harden

Q.370 One state formation theory suggests that mountains or seas
☐ **circumscribing** living areas forced people to unite rather than to
divide.

(A) surrounding

(B) characterizing

(C) supporting

(D) crossing

Q.371 On the deep ocean floor lies a whale fall, the remains of a dead
☐ whale, giving rise to a small ecosystem **composed of** a diverse
range of species.

(A) consumed by

(B) attached to

(C) made of

(D) related to

Q.369 ★★★　　　　　　　　　　　　　　　正解 (A) burst

rupture は自動詞＆他動詞で、意味は「自動詞：破裂する　他動詞：〜を破裂させる」。(B)は「腫れる、膨張する」なのでやや惜しいですが、"破裂"はしません。(C)の「痛む」ですが、"破裂"すれば"痛む"のは当然ですが、2者の順番を入れ替えると「"痛む"こととは"破裂する"こと」と妙な定義になります。(D)は「硬くなる」。

【その他の品詞】名詞：rupture「破裂」

[訳] 手術や抗生物質治療無しでは、感染した虫垂は破裂し生命を危険にさらすかもしれない。
　※　antibiotic：名 抗生物質
　※　appendix：名 ①虫垂、盲腸　②付録、付属物

Q.370 ★★★　　　　　　　　　　　　　　　正解 (A) surrounding

circumscribing（circumscribe）は他動詞で「①〜を囲む　②〜を制限する」、今回は「〜を囲んでいる」となります。(B)の「〜を特徴づけている」は「生活地域を特徴づける」となりますが、これでは「囲んでいる」という位置関係を示す意味にはなりません。この点は(C)の「〜を支えている」も同様です。(D)の「〜を横断している」は位置関係を意味するものの「囲む」とは別です。

【その他の品詞】名詞：circumscription「①取り囲むこと　②制限」
【その他の同義語】encircle（Q.206）, envelop（Q.358）

[訳] ある国家形成理論は、生活地域を囲んでいる山や海が人々に分裂するのではなく団結することを余儀なくしたことを示唆している。

Q.371 ★　　　　　　　　　　　　　　　　　正解 (C) made of

composed（compose）は他動詞で、意味は「①〜を構成する、作り出す　②〜を創作する、作曲する」。今回は of を伴い、「〜で構成されている、出来ている」となります。(A)は「〜により消費され（食べられ）ている」。(B)は「〜にくっ付いている」。(D)は「〜に関連している」。

【その他の品詞】名詞：composition「①構成　②創作、作曲」　形容詞：composite「混成の、合成の」
【その他の同義語】constiute, form

[訳] 深海の底にある死んだクジラの死骸である鯨骨（げいこつ）生物群集は、様々な種で構成されており、小さな生態系を作り出す。
　※　lies a whale fall（動詞、主語）の語順は、文頭にある On the deep ocean floor「前置詞始まりの副詞句」による「倒置」。

Chapter 2

【名詞】

名詞は、単語の知識がないと、
文脈から判断するのが難しくなります。
しっかり身につけましょう。

赤字部分の単語の同義語を(A)～(D)の中から1つ選んでください。◀ 372-375

Q.372 Since the word anthropology is from the Greek anthropos ("human") and logia ("study"), it covers many **facets** of human civilization, from biological evolution to cultural diversity.

   (A) aspects

   (B) facts

   (C) traditions

   (D) eras

Q.373 It has been indicated that **a myriad of** coffee species are at the risk of disappearance due to climate change.

   (A) scores of

   (B) half of the

   (C) some

   (D) existing

Q.374 One common **misconception** about wolves is that they are highly aggressive towards humans.

   (A) disagreement

   (B) observation

   (C) debated issue

   (D) false idea

Q.375 In the Copper Basin of Tennessee, a large number of trees growing in the **vicinity** of the mining operations were cut down to burn copper ore. Sulfur from the burning process damaged the surrounding area.

   (A) thick forests

   (B) deep valleys

   (C) surrounding areas

   (D) grand landscapes

学習歴 (/) (/) (/) (/) (/)

Q.372 ★★★　　　　　　　　　　　　　　　　　正解 (A) aspects

facets(facet) は「①(問題などの)面、様相　②(多面体の)一面」の意味です。一般的には①での使用頻度が高くなります。(B)の「事実」は問題文中では「人類文明の多くの事実を取り扱う」となり自然ですが、「物事の側面、見地」だけを見て「事実」とするのは拡大解釈です。(A)aspectsが最も適切となります。(C)は「伝統」。(D)は「時代」ですが、age 以外の言葉として重要なものです。
【その他の同義語】feature, respect, side

[訳] 人類学という言葉はギリシャ語の anthropos(人間)と logia(学業)が起源であり、生物学的進化から文化的多様性まで人類文明の多くの側面を取り扱う。

Q.373 ★★★　　　　　　　　　　　　　　　　　正解 (A) scores of

myriad は「多数、無数」で今回のように a myriad of「多数(無数)の〜」として使われます。数量に関する意味で、ヒントになる言葉はあえて書いていませんので「The 語彙力」問題です。(B)の「半分」、(C)の「いくつか」は明らかに数が少なすぎます。(D)の「現存の」は数の意味とは全く別ですね。
【その他の同義語】army, host, multitude

[訳] 多くのコーヒーの種が気候変動により消滅の危機に瀕していると指摘されている。

Q.374 ★　　　　　　　　　　　　　　　　　　　正解 (D) false idea

misconception は「誤解、誤った考え」。単語に含まれる concept「考え、発想」からも予測ができるかもしれません。(A)の「意見の相違」はネガティブな意味としては正解と同じですが、disagreement は「二者間の意見の相違」、misconception は「一者が他者へ持つ見解」なので、この点が大きな違いです。(B)は「(観察に基づく)意見」の意味がありますが misconception に含まれる「誤った〜」の意味合いはありません。動詞 observe の名詞です。(C)は「議論されている問題」なので、やはり「誤り」の意味を含んでいません。
【その他の品詞】他動詞：misconceive「〜を誤認する」
【その他の同義語】erroneous idea, misunderstanding

[訳] 狼に関するよくある誤解は人間に対しとても攻撃的であるということである。

Q.375 ★★★　　　　　　　　　　　　　　　　　正解 (C) surrounding areas

vicinity は「①近隣、近所　②距離の近さ」。問題文中では「採鉱作業場の近隣に生えている多くの樹木」として使われています。(A)は「生い茂った森林」なので、問題文中の内容には合いますが、正解の「近隣」の意味はありません。(B)は「深い谷」、(D)は「壮大な風景」で不正解です。
【その他の同義語】neighborhood, surroundings

[訳] テネシー州の Copper Basin では採鉱作業場の近隣に生えている多くの樹木が銅鉱石を燃やすために伐採された。燃焼により発生した硫黄が周辺の地域に損害を与えた。
　※ ore：图 鉱石
　※ 1850 年代から栄えた採掘場ですが、燃やされた鉱石から発生した硫黄が酸性雨 (acid rain) として降り注ぎ、環境に被害を与えました。

赤字部分の単語の同義語を(A)〜(D)の中から1つ選んでください。◀ 376-379

Q.376 High-**velocity** winds blowing from west to east at high altitudes make up what is known as the jet stream.

- (A) pressure
- (B) speed
- (C) energy
- (D) temperature

Q.377 The ice sheets of Greenland and Antarctica, the source of almost all the freshwater ice on Earth, are thought to be the **remnants** of the last Ice Age.

- (A) sources
- (B) symbols
- (C) traces
- (D) consequences

Q.378 Icons, mostly displaying sacred images, are the objects of **veneration** in some religious denominations.

- (A) worship
- (B) envy
- (C) fascination
- (D) curiosity

Q.379 The Luddites, members of a skilled worker group in early 19th century Britain, feared their jobs would be replaced by machines and expressed their **grievances** by destroying the factories' machinery.

- (A) complaints
- (B) dilemmas
- (C) anxieties
- (D) sentiments

学習歴 (/) (/) (/) (/) (/)

Q.376 ★★　　　　　　　　　　　　　　　正解 (B) speed

velocity は「速度」の意味で、TOEFL では speed 以外のこの単語も重要です。(A) は「圧力」。
(C) の「エネルギー」を「速度、速さ」と置き換えると混乱が生じます。(D) は「気温」でした。

[訳] 高い高度で西から東へ吹く高速の風はジェット気流として知られる風を作り出す。

Q.377 ★★★　　　　　　　　　　　　　　正解 (C) traces

remnants(remnant) は「残り、残余、遺物」。(A) の「源、源泉」は問題文中に入れると「氷床は後
期氷河期の源」となりますが、正解の趣旨は「氷河期にあった氷床の一部分が現代に残っている」
なので、「源」とは関係ありません。(B) の「象徴」には「残り」に含まれる「以前から継続して存在
している」という意味がありません。(D) は「結果」です。正解の「残り、残余」とは「大部分はなく
なって、僅かな部分が残っている」という意味ですが、「結果」には「大部分がなくなっている」や
「僅かな部分が残っている」の意味はありません。
【その他の同義語】remainder, remains

[訳] グリーンランドと南極の氷床(ひょうしょう)
は地球上の淡水のほとんど全ての源であり、後
期氷河期の残りであると思われている。 地球上の90％以上の淡水(fresh water)
はこの2か所の氷の中にあります。

Q.378 ★★★　　　　　　　　　　　　　　正解 (A) worship

veneration は「崇拝、尊敬」。なお (A) worship は他動詞で「〜を崇拝する」の意味です。(B) は「ね
たみ、うらやみ」で、形容詞は envious「ねたんでいる」。(C) は「魅了、魅惑」で、他動詞 fascinate
の名詞形です。(D) は「好奇心」なので、「崇拝」とは大きく違う感情です。
【その他の品詞】他動詞：venerate「〜を崇拝、尊敬する」
【その他の同義語】adoration, respect

[訳] 主に神聖な像を描写しているイコンは幾つかの宗教の宗派では崇拝の対象である。
　※ icon：图 IT 用語の「アイコン」はこの言葉の派生語です。宗教画の意味のカタカナでは発音は
　　「イコン」で、ギリシャ語にならったものです。
　※ denomination：图 宗派

Q.379 ★★★　　　　　　　　　　　　　　正解 (A) complaints

grievances(grievance) は「(不当な扱いに対する) 不平、不満」。(B) は「ジレンマ、板挟み」で、
これは「1 つの事態に対する 2 つの相反する感情」ですが、「不平、不満」は 2 つの感情ではなく
「ストレートに嫌である」という感情です。(C) の「心配、懸念」は、ネガティブな感情としては正
解と共通ですが、感情の程度として弱く、また「不平、不満」は他者や環境に対するネガティブな
感情ですが、「心配、懸念」はそうとは限りません。(D) には「感情」以外にも「感想、意見」という
意味もありますが、ネガティブな感想・意見に使うとは限定されていないので「不平」と同義に
はできません。
【その他の品詞】他動詞＆自動詞：grieve「〜を悲しませる / 悲しむ」
【その他の同義語】dissatisfaction

[訳] 19 世紀初期のイギリスにおける熟練労働者グループのメンバーであるラダイト(機械化反対主
　　義者)は彼らの仕事が機械に取って代わられることを恐れ、工場の機械を破壊することにより不
　　満を表明した。

赤字部分の単語の同義語を(A)〜(D)の中から1つ選んでください。◀ 380-383

Q.380 In animal behavioral studies, a tracking **apparatus** must be carefully attached so that it does not interfere with their ability to move.

(A) device
(B) number
(C) index
(D) label

Q.381 Escaping the Earth's gravity presented a major **obstacle** to the early Space Age.

(A) danger
(B) climax
(C) advantage
(D) barrier

Q.382 **Encroachment** on grassland by shrub species may bring negative consequences, including soil erosion and food loss for livestock.

(A) Reliance
(B) Invasion
(C) Breeding
(D) Feeding

Q.383 Victor Hugo's play, *Hernani*, a complete **antithesis** of the traditional French play, caused a heated debate and violence among the audience on the premiere day.

(A) opposite
(B) remake
(C) version
(D) anticlimax

学習歴 （　/　）（　/　）（　/　）（　/　）（　/　）

Q.380 ★★ 正解 (A) device

apparatus は「①装置、機器　②(政治に関する)機関、機構」です。同義の(A)device よりはレベルが上の単語です。(B)の「番号」は追跡用番号としてネット通販でお馴染みですが、正解の「機械の類」の意味がありません。(C)は「①(測定機器の)指針　②本の索引　③(統計)指数」で①が大変惜しいですが、これは文字通り「機械の一部(針の部分)」なので意味を限定しすぎで、(A)device が適切になります。(D)は「ラベル、貼り札」で機械の類の意味はありません。
【その他の同義語】equipment, machine, tool

[訳] 動物行動の研究において追跡用装置は動物の動きを邪魔しないように慎重に取り付けられなくてはならない。
　※ behavioral：形 行動の

Q.381 ★ 正解 (D) barrier

obstacle は「障害物、邪魔、支障」。(A)の「危険」は惜しいですが、obstacle「障害」のより明確な定義は「何かをするため(どこかへ行くため)に邪魔になるもの」で、自分が行動しなければ害を被りません。一方、「危険」は自分が行動しなくても害を被ることがあります。また二者を同義にすると、例えば「TOEFL で得点を取ることが留学への障害になる」が「留学への危険になる」になり不自然さが目立ちます。(B)は「絶頂、最高潮」で、(C)は「利点」。
【その他の同義語】difficulty, hindrance, impediment(Q.138 では動詞として掲載)

[訳] 地球の重力から逃れることは初期の宇宙時代に大きな障害であった。

Q.382 ★★★ 正解 (B) Invasion

Encroachment は「侵入、侵害」。問題文中の shrub(低木)がわからないと困惑するかもしれませんが、TOEFL では重要なアカデミック単語の１つです。(A)は「依存」で、自動詞が rely。(C)は「繁殖すること」、(D)は「餌を食べること」。なので不正解の３つはいずれも「侵入」という行動とは別のものです。
【その他の品詞】自動詞：encroach「侵入、侵害する」
【その他の同義語】incursion, intrusion, trespass

[訳] 牧草地への低木種の侵入は土壌悪化や家畜の餌の消失など有害な結果をもたらすかもしれない。

Q.383 ★★★ 正解 (A) opposite

antithesis は「対照、正反対」。(B)は「リメーク、再映画化作品」なので、問題文中では「伝統的なフランスの演劇の完全なリメーク」となり、意味的には自然ですが、「対照、正反対」とは全く異なります。(C)は「〜版」なので、「伝統的なフランスの演劇の完全版」となり、これまた意味として問題はありませんが見出し語とは別です。(D)は正解と同じ anti- ですが「期待外れの結果、尻つぼみの結果」なので、「伝統的なフランスの演劇の完全なる期待外れの結果」と、正解とはかなり性質が異なります。
【その他の同義語】contrast, reverse

[訳] 伝統的なフランスの演劇とは完全に対照的なものであるヴィクトル・ユーゴーの『エルナニ』は初演日に観客間に激しい論争や暴力を引き起こした。

赤字部分の単語の同義語を(A)〜(D)の中から１つ選んでください。📢 384-387

Q.384 After Albert Einstein's death, his son Hans granted the autopsy of his father's body with the **stipulation** that it would be done only for scientific purposes.

(A) conclusion
(B) suggestion
(C) condition
(D) assumption

Q.385 Lewis Hine, a photographer from Wisconsin, is credited with helping end child labor in the U.S. by documenting the **predicament** of working children at the beginning of the 20th century.

(A) trouble
(B) unemployment
(C) number
(D) welfare

Q.386 Of all cetaceans, the **ratio** of brain weight to body weight is the highest among dolphins, surpassing whales and killer whales.

(A) contribution
(B) connection
(C) value
(D) proportion

Q.387 Because of his **upbringing**, Charles Darwin was anti-slavery and argued over the issue with the captain of HMS Beagle during his famous survey voyage.

(A) religion
(B) education
(C) philosophy
(D) livelihood

学習歴 （ ／ ）（ ／ ）（ ／ ）（ ／ ）（ ／ ）

Q.384 ★★★　　　　　　　　　　正解　(C) condition

stipulation は「①(〜という)条件、要求事項　②規定、規約」。(A)は「①結論　②終わり　③条約の締結」で、③の「締結」の意味は stipulation には含まれません。(B)は「提案」。正解の「条件(従わなければならない事)」は相手に対し優位な状態で出すもので強い意味合いですが、「提案」はこれに比べるとかなり控えめな姿勢の意味です。(D)は「仮定、仮説」。
【その他の品詞】他動詞：stipulate「(〜という事)を規定する」
【その他の同義語】precondition, provision, requirement

[訳] アルバート・アインシュタインの死後、息子のハンスは科学的な目的のためにのみとの条件付きで父の遺体の検死解剖を許可した。
　※ autopsy：名 検死解剖

Q.385 ★★★　　　　　　　　　　正解　(A) trouble

predicament は「苦境、困難な状況」。(B)は「失業」で、確かに「苦境の一つ」とは考えられますが、同義とすると、「世の中の全ての"困難"は"失業"である」と妙な定義になります。TOEFLの単語問題は「文脈が合う」ではなく「単語の意味が合う」が重要である点を思い出しましょう。(C)の「数」は、(児童労働者の数を記録)と意味は自然ですが、「苦境」とは全く異なる性質のものです。(D)は「①福祉　②幸福」でした。
【その他の同義語】difficult situation, quandary

[訳] ウィスコンシン州出身の写真家ルイス・ハインは20世紀初頭の児童労働者の苦境を記録することによりアメリカの児童労働を終わらせたとされている。

Q.386 ★　　　　　　　　　　正解　(D) proportion

ratio は「比率、割合」。(A)は「貢献」で、問題文中では「体重に対する脳の重量の貢献」となってしまいます。(B)は「接続」なのでやはり「比率」とは全く別の意味ですね。(C)は「価値」でした。
【その他の同義語】percentage

[訳] 全てのクジラ目の中でも体重に対する脳の重量の比率はイルカがクジラやシャチをしのいでいる。
　※ cetacean：名形 クジラ目(の)
　※ 目(もく)は英語では order という主に7つに分けられる生物の分類階級の1つ。

Q.387 ★★★　　　　　　　　　　正解　(B) education

upbringing は「(子供時代の)養育、しつけ、生い立ち」。up + bring と分割するとイメージがわくかもしれません。(A)は「宗教」なので、あきらかに別です。形容詞は religious「①宗教に関する　②信心深い」。(C)は「哲学」で、形容詞は philosophical「哲学の」。(D)は「生計、暮らし」で惜しいですが、これが生活全般を幅広く意味する言葉なのに対し、upbringing は「子供のしつけ、養育」という特定の意味なので同義にするのは無理があります。今回は education が最適になります。
【その他の同義語】nurture

[訳] チャールズ・ダーウィンは生い立ちが原因で反奴隷制度主義であり、有名な調査探検中に HMS ビーグル号の船長と奴隷制度をめぐって口論になった。

Chapter 2　名詞

赤字部分の単語の同義語を(A)～(D)の中から1つ選んでください。 ◀ 388-391

Q.388 Instead of beating their large fins, eels undulate their long body against the water for **propulsion**.

(A) thrust

(B) attack

(C) camouflage

(D) warning

Q.389 President Theodore "Teddy" Roosevelt refused to shoot a bear during a hunting **excursion**. Thereafter, toy bears were named "Teddy Bear" after the president.

(A) trip

(B) practice

(C) season

(D) competition

Q.390 Much to the **consternation** of researchers, one experiment showed that calorie-restricted monkeys survived longer than those on regular diets.

(A) excitement

(B) dismay

(C) amusement

(D) reluctance

Q.391 France was **on the brink of** bankruptcy in the 1780s because of its costly involvement in the American Revolutionary War and massive spending by the court.

(A) concerned about

(B) out of

(C) about to go into

(D) saved from

学習歴 (/) (/) (/) (/) (/)

Q.388 ★★ (A) thrust

propulsion は「推進力、推進」。(B)は「攻撃」。(C)は「カムフラージュ（カモフラージュ）、偽装」で、カタカナ語では「カモフラ」と略して使いますが、英語では略しませんのでご注意を。(D)の「警告」も、やはり「推進」とはかけ離れた意味です。

【その他の同義語】 impulse, moving forward, push

［訳］大きなヒレをばたつかせる代わりに、ウナギは長い胴体を水に対しうねらせて推進力を得る。

※ undulate [ʌ́ndʒulèɪt]：他動 ～をうねらせる

Q.389 ★ (A) trip

excursion は「小旅行、遠足」。(B)の「練習」は「狩りの練習中に熊を撃つこと」と自然ですが、「小旅行≒練習」はかなり不自然です。(C)の「季節」も a hunting season「狩りの季節」となりやはり内容的には OK ですが、「旅行」と「季節」を一緒にするのは無理があります。(D)は「競技会」ですが、全ての"競技会"が"小旅行"を伴うとは限りませんので、同義にはなりません。

【その他の同義語】 outing, tour

［訳］セオドア・"テディ"・ルーズベルト大統領は狩りの小旅行中に熊を撃つことを拒み、後に熊のぬいぐるみは大統領にちなんでテディーベアと名付けられた。

※ Teddy は Theodore の愛称です。

Q.390 ★★★ (B) dismay

consternation は「驚き、うろたえ」。辞書によっては「驚き」としか説明がありませんが、「うろたえ」に示される通り、どちらかと言えばネガティブなトーンの言葉です。(A)の「興奮」はストレートにポジティブな意味です。(C)の「楽しみ」も同様の理由で不正解となります。(D)は「躊躇、ためらい」。不正解の 3 つ共に感情に関する言葉ですが、いずれも「驚き」ではありません。

【その他の同義語】 anxiety, bewilderment（Q.367 では動詞として掲載）, shock

【その他の品詞】 他動詞：consternate「～を仰天させる」

［訳］研究者にとって驚いたことに、ある実験はカロリーを制限したサルが通常の食事をしたサルより長生きすることを示した。

 近年聞かれる「長寿にはカロリーを控えるのが良いのでは」という説の根拠の 1 つとして挙げられるのがこの実験です。

Q.391 ★★ (C) about to go into

brink は「①瀬戸際、間際 ②（絶壁・がけなどの）縁」。on the brink of で「（危機などの）瀬戸際にある」となります。なお(C)に関した be about to ～は「～しようとしている」の意味です。(A)は「～を心配している」なので、まだ「瀬戸際」とは言えません。(B)の「～の外に」も「瀬戸際」とはかなり異なった段階です。(D)の「～から救われた」はどちらかと言えば逆の意味になってしまいます。

【その他の同義語】 edge, verge

［訳］アメリカ独立戦争への高い代償を伴う関与と王室の巨額の支出により 1780 年代のフランスは破産の瀬戸際であった。

※ court：名 王室、宮廷

赤字部分の単語の同義語を(A)〜(D)の中から1つ選んでください。 ◀ 392-395

Q.392 Although still the worst single source of dust pollution, the partial recovery of Owens lake has been regarded as the **fulfillment** of a promise made by Los Angeles authorities.

(A) evidence

(B) intent

(C) attainment

(D) reminder

Q.393 The establishment of AT&T, the world's largest telecommunications company, was the natural **outgrowth** of a partnership started by its founder Alexander Bell in the late 19th century.

(A) cause

(B) relationship

(C) consequence

(D) value

Q.394 Plants prevent excessive water loss by controlling the tiny **pores** on their leaves in response to environmental conditions and changes.

(A) lids

(B) cells

(C) veins

(D) holes

Q.395 Vesta, the largest asteroid in the asteroid belt, is probably **a relic** of the primordial solar system.

(A) a moon

(B) a component

(C) a trace

(D) a planet

学習歴 (/) (/) (/) (/) (/)

Q.392 ★ 正解 （C）attainment

fulfillment は「(義務、約束などの)履行、実現、遂行」です。問題文中では「ロスアンゼルス当局による誓約の履行」として使われています。(A)は「証拠」なので、「誓約の証拠」となり「実現」とは別です。(B)は「意図(何かをしようとする気持ち)」でやはり「実現」ではありません。他動詞は intend「～を意図する」、もう１つの名詞は intention「意図」で、ややフォーマルな intent よりカジュアルな表現です。(D)は「①思い出させるもの　②督促状」なので、①の「誓約を思い出させるもの」と仮定しても「履行、実現」とは異なるものです。

【その他の品詞】他動詞：fulfill「(義務、約束など)を履行、実現、遂行する」
【その他の同義語】accomplishment, achievement, realization

[訳] 現時点でも最悪の粉塵公害の源の１つであるが、オーエンズ湖の部分的な回復はロスアンゼルス当局による誓約の履行と見なされている。

Q.393 ★★★ 正解 （C）consequence

outgrowth は「自然な結果、副産物」。(A)は「原因」なので、「結果」の逆になります。(B)は「関係」ですが、問題文中では「アレクサンダー・ベルによってはじめられた共同事業の自然な関係であった」となります。ただし、この「関係」に該当する部分は「The establishment of AT&T(AT&Tの設立)」なので、「企業の設立＝関係」とは妙な定義です。(D)の「価値」も「結果、副産物」とは意味がかなり異なります。

【その他の同義語】outcome, result

[訳] 世界最大の通信企業である AT&T の設立は19世紀後半に創設者のアレクサンダー・ベルによってはじめられた共同事業の自然な結果であった。

Q.394 ★★★ 正解 （D）holes

pores(pore)は「(葉、皮膚などの)気穴、気孔」。(A)は「蓋(ふた)」で、「葉の上の小さな蓋を閉じる」と自然ですが、「穴」ではありません。(B)は「細胞」なので、「穴」とはかなり異なる意味です。(C)は「葉脈」で、植物の内容としては適していますが、「穴」ではありません。

【その他の同義語】opening

[訳] 植物は環境や変化に反応し、葉の上の小さな穴を閉じることにより水分の過剰な消失を制御する。

Q.395 ★★ 正解 （C）a trace

relic は「①遺物、残存物、遺跡　②(過去の風習・信仰など)名残」。(A)は「①衛星　②月」なので「遺物」とは別の性質の言葉です(ヴェスタは月や衛星ではなく小惑星です)。(B)は「構成要素」ですが、これには「遺物」に含まれる「過去から引き続き存在している」の意味合いがありません。(D)の「惑星」は(A)と同様の理由により不正解となります。

【その他の同義語】remains, remnant(Q.377)

[訳] 小惑星帯の最大の小惑星であるヴェスタはおそらく原始太陽系の遺物であろう。
　※　primordial：形 原始の、最初の

小惑星帯とは火星と木星の間にある小惑星が集中しているエリアです。

赤字部分の単語の同義語を(A)〜(D)の中から1つ選んでください。 ◀ 396-399

Q.396 The figurative art of the Upper and Middle Paleolithic offers **a glimpse into** the consequences of the biological mutation which likely equipped *Homo sapiens* with characteristic human behaviors, such as abstract thinking.

(A) a deep comprehension of
(B) a partial understanding of
(C) a useful perspective on
(D) a new proof of

Q.397 Benjamin Franklin is known not only as one of the authors of the Declaration of Independence but also as a scientist of high **caliber**.

(A) society
(B) income
(C) quality
(D) demand

Q.398 Since its **inception** in 1776, the Congressional Gold Medal has been awarded to individuals with distinguished contributions to the country.

(A) planning
(B) adoption
(C) birth
(D) ceremony

Q.399 The **Compromise** of 1790, which included relocating the nation's capital to the South, eased the heightened tension between the Northern and Southern states.

(A) Dialogue
(B) Forgiveness
(C) Surrender
(D) Accommodation

Q.396 ★　　　　　正解 (B) a partial understanding of

glimpse は「①おぼろげな理解　②ちらっと見ること」で、a glimpse into で「〜のおぼろげな理解」となります。(A)の「深い理解」は「理解」の部分は良いのですが、「深い」が違っています。(C)の「役に立つ見解」も「役に立つ」が「おぼろげ」とはかなり異なります。(D)の「新しい証拠」は「新しい」、「証拠」の2点ともに正解とは違ってしまっています。

[訳] 後期・中期古石器時代の造形美術は、抽象的思考を含む典型的な人間の行動をホモ・サピエンスに与えたであろう生物学的な突然変異の結果を垣間見せる。
　※　figurative art：图 造形芸術(現実に存在する人・物を描写する芸術)
　※　脳の変異により発生した抽象的思考を含む behavioral modernity「現代的行動」が他の霊長類より人間が進歩した理由である、とする説があります。

Q.397 ★★★　　　　　正解 (C) quality

caliber は「①能力、度量　②品質　③(大砲などの)口径」の意味です。なお(C)quality に関して、物に対し使われる印象を持つ方がいますが、実際は人間に対しても使われます。(A)は「社会」ですが、選択肢直前の high と共に high society「上流社会」という意味もあります。この意味をご存じで選んだ方はかなりの語彙力ですが、正解の「能力」にはこの意味はありません。(B)は「収入」なので明らかに「能力」ではありません。(D)は「需要」なので「高い需要」というフレーズは自然ですが、今回の「能力」とは別です。
【その他の同義語】aptitude, capability, talent

[訳] ベンジャミン・フランクリンは独立宣言の起草者の1人であるのみでなく優れた能力の科学者として知られている。

Q.398 ★★★　　　　　正解 (C) birth

inception は「①開始　②発端」。(A)は「計画立案」で惜しいですが、これは「開始」の前の段階なので同義にはできませんね。(B)は「採用」なので、「賞の採用」との意味が妙であるのと同時に「開始≒採用」との定義も無理があります。動詞は adopt。(D)は「式」なので、勲章制度に関する問題文の内容には合っていますが、「始まり」の意味ではありません。
【その他の同義語】beginning, inauguration

[訳] 1776年の開始以来、議会名誉黄金勲章は国に対し優れた貢献を行った人物に対し与えられている。

Q.399 ★　　　　　正解 (D) Accommodation

compromise は「妥協」。(A)は「対話」で、「問題解決に向けての話し合い」の意味も含むので大変惜しいですが、これはあくまでも「妥協を生み出すための手段」、「結論はまだでていない」状態です。したがって「妥協」と同義にするのは時期尚早です。(B)の「許し」もやや惜しいですが、「妥協」は双方の歩み寄りであるのに対し「許し」は一方から他方に与える物なので、この点の違いは明白です。(C)は「降伏」なので、「妥協」と同義にするには程度が強すぎます。
【その他の品詞】compromise：「自動詞：妥協する　他動詞：(信頼など)に傷をつける」
【その他の同義語】concession

[訳] 「1790年妥協」は国の首都の南部への移転を含み、北部と南部州の緊張を緩和した。
　※　妥協の一環として主都を当時の暫定首都フィラデルフィアから現在のワシントン D.C. に移転することが決まりました。

Chapter 2

名詞

赤字部分の単語の同義語を(A)〜(D)の中から1つ選んでください。 📢 400-403

Q.400 Following up on the idea favored in ancient Rome, Renaissance artists focused on the proportions of the human body with renewed **fervor**.

(A) preference

(B) passion

(C) creativity

(D) curiosity

Q.401 The first-ever **ordinance** to control road traffic was issued in New York in 1909 when the road was jammed mainly with horse wagons.

(A) license

(B) law

(C) questionnaire

(D) certificate

Q.402 The oil tanker accident—the spilling of 11 million gallons of crude oil into the Gulf of Alaska and the resulting death of up to a quarter of a million seabirds—was found to have been caused by the **negligence** of the oil company and the captain.

(A) carelessness

(B) conduct

(C) skepticism

(D) confusion

Q.403 The Farmers' Alliance was formed to ease the **plight** of American farm owners during the agricultural crisis of the late 1800s.

(A) debts

(B) workloads

(C) difficulties

(D) doubts

学習歴 （ ／ ）（ ／ ）（ ／ ）（ ／ ）（ ／ ）

Q.400 ★★★   正解 (B) passion

fervor は「情熱」。(A)は「好み」なので、「２つ以上の選択肢がある中で何かを選ぶ」ですが、fervor は「強い感情」の意味のみで、「選択肢」という概念は含みません。(C)の「創造性」は文脈的には自然ですが、同義にすると「あらゆる"熱意"は"創造性"である」となり、意味が限定され過ぎてしまいます。(D)は「好奇心」なので「何かを知りたいという欲求」ですが、fervor には「知る、知識」といった意味はありません。

【その他の品詞】形容詞：fervent「熱心な」

【その他の同義語】eagerness, emotion, enthusiasm

[訳] 古代ローマで好まれた思想を追求し、ルネッサンス期の芸術家は新たな情熱を持って人体の比率に注目した。

※ ダ・ヴィンチによる手足を広げた人物を描いた「ウィトルウィウス的人体図」がこの時代の「調和・バランス」へのこだわりの一例です。

Q.401 ★★★   正解 (B) law

ordinance は「条例、法令」。(A)は「ライセンス、免許」、つまり「何かを行うための資格」ですが、「条例、法令」は「命令」なのでこの点は大きな違いです。(C)は「アンケート、質問票」なので、これは明らかに別ですね。なお「アンケート」はフランス語から派生した日本語で英語ではありませんのでご注意を。(D)は「証書、証明書」で、「命令」の類ではありません。動詞 certify「～を証明する」の名詞形です。

【その他の同義語】order, rule, statute

[訳] 主に荷馬車で道路が渋滞していた 1909 年、初の路上の交通を取り締まるための法令はニューヨークで発令された。

Q.402 ★★   正解 (A) carelessness

negligence は「怠慢、不注意」。(B)は「行為、行い」なので、この単語のみでは「怠慢」などのネガティブな言葉とは結び付けられません。「他動詞：①～を行う ②(楽曲など)を指揮する 自動詞：指揮する」の意味もあります。(C)は「懐疑(的な考え)」で、形容詞は skeptical「懐疑的な」。懐疑心があれば事故は起こらなかったはずなので正解とは逆に近いものです。(D)は「混乱」ですが、正解の「怠慢、不注意」の状態とはかなり別の心理状態です。

【その他の品詞】形容詞：negligent「怠慢な、不注意な」 他動詞：neglect「～を怠る」

【その他の同義語】delinquency, neglect, irresponsibility

[訳] 1,100 万ガロンの原油がアラスカ湾に流出し、最大 25 万羽の海鳥が死んだ石油タンカー事故は石油会社と船長の怠慢により引き起こされたと判定されている。

Q.403 ★★★   正解 (C) difficulties

plight は「苦境、逆境」の意味です。(A)は「①借金、負債 ②(他人に感じる)恩義」で、①は確かに「苦境」といってもいいかもしれませんが、「世の中の全ての"苦境"は"借金"であるか？」といえばそうではありませんね。"借金"以外の"苦境"もあるはずです。(B)は「仕事量」ですが、「多い仕事量」という意味ではなく中立的な意味なので「苦境」というネガティブな言葉と同義にはなりません。(D)は「疑惑」。

【その他の同義語】predicament (Q.385), trouble

[訳] 農業者同盟は1800 年代後半の農業危機の間、アメリカ人農場主の苦境を和らげるために創設された。

赤字部分の単語の同義語を(A)～(D)の中から1つ選んでください。 ◀ 404-407

Q.404 The Astor Place Riot of 1849 was a violent fight between the
supporters of a working-class American actor and those of a well-
known British actor over who qualified for a Shakespearean play;
both groups served as **proxies** for the opposing actors.

(A) assistants

(B) leaders

(C) advisors

(D) substitutes

Q.405 Although voting in elections, possessing properties, and getting
married are taken for granted today, they were **privileges** reserved
for full Roman citizens in ancient Rome.

(A) necessities

(B) conditions

(C) activities

(D) rights

Q.406 James W. Rouse, the developer of one of America's first shopping
malls, was also a leading **proponent** of urban renewal in the 1950s,
which helped him earn the Presidential Medal of Freedom.

(A) entrepreneur

(B) recipient

(C) executive

(D) supporter

Q.407 With the deepened knowledge of the surface geology of Mars,
astronomers have been trying to understand the **enigma**
surrounding the details of its interior.

(A) background

(B) history

(C) mystery

(D) danger

Q.404 ★★★ 　　　　　　　　　　正解 （D）substitutes

proxies（proxy）は「①代理人　②代理権」。（A）はあくまでも「助手」なので、誰かの「代理」をするわけではありません。（B）の「指導者」もやはり「代理人」とはとても言えない立場です。（C）の「相談役」はやや惜しいですが、正解の「代理人」は「他者の代わりに対外的な活動をする」の意味で、「相談」の意味合いは含まれませんし、「相談役」には「対外的な活動をする」意味はありません。今回は（D）substitutes が正解として優先されます。

【その他の同義語】agent, representative, surrogate

［訳］アスタープレイスの暴動は1849年に発生した、誰がシェイクスピア劇に適任かをめぐるアメリカ労働者階級の俳優とイギリスの有名俳優の支持者の間の暴力的な争いであり、両グループは対立する役者の代理の役を果たした。

Q.405 ★★ 　　　　　　　　　　　正解 （D）rights

privileges（privilege）は「権利、特権、特典」。（A）は「必需品」で、daily necessities「日用必需品」などとして使います。「特権（権利）」ではなく「物」です。また「必需品」は「ある人にとって必要なもの」ですが、「特権（権利）」は「必要か否かはその人が判断する（不要と判断することもあり得る）」、という違いもあります。（B）は「事情、状況」、（C）は「活動」なので、問題文中の「投票、資産の所有、結婚」と関連はありますが、やはり「特権」とは異なります。

【その他の品詞】他動詞：privilege「〜に特権を与える」　形容詞：privileged「①特権を有する②〜するとは光栄である（to do）」

【その他の同義語】advantage, entitlement, prerogative

［訳］現代において選挙における投票、資産の所有、結婚などは当然の事とされているが、古代ローマにおいては正式なローマ市民のための特権であった。

Q.406 ★★★ 　　　　　　　　　　正解 （D）supporter

proponent は「主唱者、支持者」。（A）は「事業家」なので、これのみでは「主唱者」の意味は含みません。（B）は「受賞者」なので、問題文中の「大統領自由勲章」には合いますが、「主唱者、支持者」とは別の意味です。（C）は「役員、重役」と役職の意味なので、「主唱者」とはかなり異なります。

【その他の同義語】advocate（Q.118では動詞として掲載），champion（Q.105では動詞として掲載），defender

［訳］アメリカ初のショッピングモールの一つの開発業者であるジェームズ・W・ラウスは、1950年代の都市再開発の主要な提唱者であり、この事は彼に大統領自由勲章をもたらす助けになった。

Q.407 ★★★ 　　　　　　　　　　正解 （C）mystery

enigma は「謎」の意味です。（A）は「（物事の）背景知識、基本情報」で、「謎」といった意味はありません。（B）の「歴史」に関しても同様で、2つを同義にすると「全ての"謎"とは"歴史"である」と妙な定義になってしまいます。（D）は「危険」ですが、やはり「全ての"謎"とは"危険"である」とするのは不自然です。

【その他の同義語】puzzle, riddle

［訳］火星の表面に関する深い知識を使い、天文学者は内部の詳細を取り巻く謎の解明を試みている。

 特に火星のマントルの構造や動きに関しては不明な点が多いと言われています。

225

赤字部分の単語の同義語を(A)〜(D)の中から1つ選んでください。 ◀ 408-411

Q.408 Having achieved tremendous success in business, Cornelius
☐ Vanderbilt used his economic **clout** to undercut his competitors.

(A) influence
(B) prosperity
(C) forecast
(D) growth

Q.409 The **magnitude** of human influence on the Earth is illustrated by 30
☐ trillion tons of every kind of structure humans have ever produced,
including buildings, automobiles, and smartphones.

(A) emergence
(B) formation
(C) calculation
(D) size

Q.410 In the Maya Civilization, cacao was an important source of
☐ **sustenance** for every social group. Merchants bartered their cacao
beans for other foods, and the rich enjoyed a chocolate drink after
dinner.

(A) employment
(B) enjoyment
(C) food
(D) status

Q.411 The IUCN, an international organization on nature conservation,
☐ acknowledged the **shortcomings** of its report on the number of
endangered species.

(A) facts
(B) merits
(C) strengths
(D) disadvantages

学習歴 (/) (/) (/) (/) (/)

Q.408 ★★★ 　　　　　　　　　　 正解 (A) influence

clout は「影響力」の意味です。(B)は「繁栄」で economic prosperity「経済的繁栄」として使われます。「"繁栄"し、その後に"影響力"を行使するようになる」との推測(連想)は可能ですが、これは推測の問題ではないので「単語の意味」として直結するものが正解です。(C)は「予測」で economic forecast「経済予測」として使われますが「影響力」ではありません。(D)は「成長」で、economic growth「経済成長」として使われますが、「影響力≒成長」は無理があります。なお同じ形容詞でも economic「経済に関する」、economical「経済的な(値段がお得な)」と意味が異なりますのでご注意を。

【その他の同義語】leverage, sway (Q.306 では動詞として掲載), weight

[訳] ビジネスにおいてかなりの成功を収めた後、コーネリアス・ヴァンダービルトは競争相手を弱体化するために経済的影響力を行使した。

※ undercut：[他動] 〜を弱める

Q.409 ★ 　　　　　　　　　　　　 正解 (D) size

magnitude は「①大きさ　②重大性　③(地震の単位)マグニチュード」。(A)は「出現」なので、これでは「大きさ(サイズ)」の意味を持ちません。(B)「形成(形作られること)」や(C)「計算」もやはり(A)と同様にこれでは「大きさ」を意味することにはなりません。

【その他の同義語】volume, extent, immensity

[訳] 地球上での人間の影響の大きさはビル、車、スマートフォンなどを含む人間が今まで製造した30兆トンのあらゆる種類の構造物によって説明される。

 人間の活動により追加・変更された地球環境を anthrosphere (人類圏)と言います。

Q.410 ★★★ 　　　　　　　　　　 正解 (C) food

sustenance は「①食べ物　②生計の維持、生活のための財政」。(A)は「雇用」なので、sustenance の「②生計」をとってみても同義とするには意味が限定され過ぎています。(B)の「楽しみ」は個人的には「食べ物≒楽しみ」ですが、語学的な観点では NG です。(D)は「①(物事の)事態　②社会的地位」。「①(物事の)事態」がやや sustenance「②生計、生活全般」と似ていますが、①は幅の広い意味で、「生計、生活」という特定の意味はありませんので、同義とするには違いがありすぎます。

【その他の品詞】他動詞：sustain「①(家族など)を養う　②〜を持続させる」
【その他の同義語】fare, nutrition

[訳] マヤ文明ではカカオはあらゆる社会集団にとっての重要な食べ物の一つであった。商人はカカオ豆を他の食品と交換し、富裕層は夕食の後にチョコレート飲料を楽しんだ。

Q.411 ★★★ 　　　　　　　　 正解 (D) disadvantages

shortcomings (shortcoming) は「欠点、短所」。short から推測できる可能性があります。また問題文中の acknowledge は「ためらいがちに認める」である点に気が付くと正解にたどり着けます。(A)は「事実」なので、「欠点」とは明らかに別物です。(B)の「長所」は正解とは真逆の意味になってしまいます。(C)の「強み」もやはり逆の意味になります。

【その他の同義語】drawback, unfavorable feature, weakness

[訳] 自然保護に関する国際機構である IUCN は絶滅危惧種の数に関する報告書における不備を認めた。

Chapter 2

名詞

赤字部分の単語の同義語を(A)〜(D)の中から1つ選んでください。 ◀ 412-415

Q.412 Because some people consider that the word Anasazi carries negative **connotations**, Ancestral Puebloan has been preferred to describe the Native American tribe.

(A) nuances

(B) features

(C) opinions

(D) results

Q.413 Since the brain does not fossilize, the analyses of early human brains are conducted by observing the **imprints** of the brain left inside the skull.

(A) regions

(B) tissues

(C) marks

(D) injuries

Q.414 In late-17th-century America, **currency** was in short supply, partly because repeated armed conflicts caused pay increases for soldiers.

(A) wheat

(B) medicine

(C) social welfare

(D) money

Q.415 A **fracture** in the Earth's crust, caused by an earthquake, is called a fault.

(A) bend

(B) crack

(C) layer

(D) wave

学習歴 (/) (/) (/) (/) (/)

Q.412 ★★★ 　　　　　　　　　　　正解 (A) nuances

connotations(connotation)は「言外的意味、暗示する内容」で「言葉の意味合い」が重要なポイントです。正解の(A)はカタカナ語にもなっています。(B)は「特徴」ですが、これは「言葉の意味合い」以外の物理的特徴・身体的特徴も含むので同義にはなりません。(C)の「意見」は正解と同様言葉に関する意味ですが、「意見」は connotation の「言外、暗示」という意味は含まず、より明確なものです。(D)の「結果」はかなり意味の差が大きいものです。
【その他の同義語】undertone

[訳]「アナサジ」という言葉はネガティブな意味合いがあると考える人もいるので、そのアメリカ先住民を呼ぶのに「古代プエブロ人」が好まれている。
　※ Anasazi には「古い敵」という意味があるので、現代では避けられつつあります。
　※ ancestral：形 先祖代々の

Q.413 ★★★ 　　　　　　　　　　　正解 (C) marks

imprints(imprint)は「痕跡、跡」。(A)の「部位、部分」は脳の特定部分を働きごとに区分けする際に使われるので、意味をご存じで選んだ方はかなりの語彙力です。また「頭蓋骨の中に残された脳の部位を観察する」と内容も自然ですが、これだと「脳がそのまま残っている」という状況になり、「痕跡」ではありません。(B)でも「組織細胞」が残っている状況になり、やはり「痕跡」とは別です。(D)は「損傷、傷害」でした。
【その他の品詞】他動詞：imprint「①〜を強く印象付ける　②(判など)を押す」
【その他の同義語】impression, trace

[訳] 脳は化石化することがないので、初期人類の脳の分析は頭蓋骨の中に残された脳の痕跡を観察することにより行われる。

Q.414 ★ 　　　　　　　　　　　　　正解 (D) money

currency は「通貨」です。(A)は「小麦」なので明らかに別です。同時に barley「大麦」も覚えておきましょう。(B)の「薬」もやはり全く別物です。(C)は「社会福祉」ですが、「通貨≒社会福祉」の定義はかなり混乱を招きます。

[訳] 17 世紀後半のアメリカでは繰り返しの武力衝突が兵士への支払いを増やしたのが一因で、通貨の供給が不足していた。

Q.415 ★★★ 　　　　　　　　　　　正解 (B) crack

fracture は「①割れ目　②(骨などが)折れること」。(A)の「曲がり、カーブ」で、「割れ目」とは全く別物です。(C)は「地層、層」なので「割れ目」とは程遠い意味になります。(D)の「波」は地震とは結び付きますが、「割れ目」ではありません。
【その他の品詞】fracture「他動詞：①〜を粉砕する　②〜を折る　自動詞：①割れる　②折れる」
【その他の同義語】fissure, gap

[訳] 地震によって引き起こされる地殻の割れ目は断層と呼ばれる。
　※ fault：名 断層　TOEFL では地理関係の重要単語です。

赤字部分の単語の同義語を(A)～(D)の中から1つ選んでください。📢 416-419

Q.416 Chronic emotional stress can affect underlying conditions and turn
☐ them into more serious **ailments**.

(A) feelings

(B) limitations

(C) tendencies

(D) diseases

Q.417 The Academic Art paintings of the Middle Ages show sophisticated
☐ **depictions** of legendary subjects.

(A) features

(B) portrayals

(C) manners

(D) outfits

Q.418 As the **luster** of the Taj Mahal's marble was lost due to air pollution
☐ and acid rain, restoration projects were implemented over the years.

(A) boldness

(B) paint

(C) gloss

(D) atmosphere

Q.419 The considerable **hardships** of the Great Famine of the 19th
☐ century forced hundreds of thousands of Irish people to immigrate to
the United States.

(A) droughts

(B) burdens

(C) experiences

(D) disappointments

学習歴 (/) (/) (/) (/) (/)

Q.416 ★★★　　　　　　　　　　　正解 (D) diseases

ailments（ailment）は「病気」の意味です。（A）は「感情、気持ち」なので、「病気」とは別の性質の意味です。（B）には「能力の限界」という意味がありますが、これをもってして「病気」としてしまうのは拡大解釈です。（C）の「性質、傾向、癖」もこれを「病気」と同義と定義づけてしまうのは無理があります。

【その他の同義語】disorder, illness, sickness

［訳］慢性的な精神的ストレスは基礎疾患に影響を与え、より深刻な病気に発展させるかもしれない。
※ chronic：形 慢性的な　underlying condition：名 基礎疾患

Q.417 ★★　　　　　　　　　　　　正解 (B) portrayals

depictions（depiction）は「描写、叙述」。（A）は「特徴」で、問題文中では「神話上の題材の洗練された特徴を示している」となり自然ではありますが、二者の順番を入れ替え「全ての"特徴"とは"描写"である」とするとかなり不自然さが目立ちます。（C）は「行儀、礼儀作法」なので別の性質の言葉です。（D）は「①道具一式　②服装一揃え」なのでやはり「描写」とは無関係です。なお他動詞は outfit「（装備を）〜に供給する」。

【その他の品詞】他動詞：depict「〜を描写する」
【その他の同義語】description, representation

［訳］中世のアカデミック美術の絵画は伝説上の題材の洗練された描写を表している。

Q.418 ★★★　　　　　　　　　　　　正解 (C) gloss

luster は「①光沢、つや　②栄光、名声」。（A）は「目立つこと、大胆さ」で人間以外にも使われるので、その点は良いのですが"目立つこと"とは「光沢、つや」である」との定義は妙です。また「"目立つこと"が必ずしも「②栄光、名声」に結び付く」とは限りません。（B）は「塗料、ペンキ」でやや惜しいですが、あくまでも「絵具」の意味なので「光沢」と同義にはできません。"光沢"以外にも"絵具"の役割はあります。（D）は「雰囲気、ムード」なので、同義にするには「光沢」だと意味が限定され過ぎてしまいます。

【その他の同義語】radiance（Q.044 では動詞として掲載）, sheen

［訳］タージマハルの大理石の光沢は大気汚染と酸性雨により失われたので、復興計画が長年にわたり実施された。

Q.419 ★　　　　　　　　　　　　　正解 (B) burdens

hardships（hardship）は「苦難、難儀」。hard から意味が推測できたかもしれません。（A）は「干ばつ、日照り」で「苦難」の一例ではありますが、同義にすると「苦難≒干ばつ」と極端な定義になってしまいます。（C）の「経験」は中立的な意味で「苦難」とは程遠いものです。（D）は「期待はずれのこと、がっかりすること」ですが、hardship「苦難」には「事前の期待」の意味はありませんし、「苦難」と同義にするには言葉の意味合いが弱すぎます。

【その他の同義語】plight（Q.403）, ordeal, torment

［訳］19 世紀の大飢饉によるかなりの苦難は何十万ものアイルランド人にアメリカへ移住することを強いた。

Chapter 2

名詞

赤字部分の単語の同義語を(A)〜(D)の中から1つ選んでください。 ◀ 420-423

Q.420 Although radiocarbon dating is generally regarded as a dependable method to determine the age of organic material, it has its **detractors**.

(A) critics

(B) inventors

(C) practitioners

(D) admirers

Q.421 Some studies imply that increasing temperatures in the Middle East might exceed the human **threshold** in the future.

(A) interests

(B) qualities

(C) responsibilities

(D) limitations

Q.422 The mirror test on chimpanzees helped zoologists have a good **grasp** of the animal's ability of self-recognition.

(A) assumption

(B) understanding

(C) recollection

(D) example

Q.423 After the Civil War broke out, Virginia and three other states decided to swear **allegiance** to the Confederacy.

(A) loyalty

(B) revenge

(C) secrecy

(D) neutrality

学習歴 (/) (/) (/) (/) (/)

Q.420 ★★★　　　　　　　　　　　　　正解　(A) critics

detractors(detractor)は「批判者、酷評家」。(B)は「発明者」で、動詞 invent の名詞形です。(C)は「①実践する人　②専門家　③弁護士、開業医」で3つのいずれの意味も「批判」の意味合いは含んでいません。(D)は「称賛者、ファン」なので「批判者」とは逆の意味です。

【その他の品詞】detract「自動詞：(価値などを)減らす　他動詞：～をそらす」

［訳］放射性炭素年代測定は一般的に有機物の年代を確認するための信頼できる手法であるとみなされているが、批判する人たちがいる。

※　radiocarbon dating：图 放射性炭素年代測定→死んだ動植物の中に含まれる炭素の減少のスピードから生存していた年代を測定する方法です。

Q.421 ★★★　　　　　　　　　　　　　正解　(D) limitations

threshold は「①(ある刺激が身体的・心理的反応を引き起こす)限界点　②入口、敷居」。(A)は「関心事、趣味」なので、「限界」とはかなり意味の差が大きいものです。(B)は「特質、特性」で、問題文中では「人間の特質を超えるかもしれない」となりますが、「限界」と同じではありません。(C)は「責任、負担」なので、これも「限界」とは異なります。

［訳］いくつかの研究は中東における気温の上昇は将来的には人間の限界を超えるかもしれないことをほのめかしている。

Q.422 ★　　　　　　　　　　　　　　　正解　(B) understanding

grasp は「①理解(力)　②つかむこと」。(A)は「推測」、つまり「仮定をすること」ですが、grasp「理解」は「推測、仮定」とは別の思考プロセスです。動詞形は assume「～と仮定する」。(C)は「回想、思い出すこと」なので、「理解」の一部には含まれることもあり得ますが、「全ての"理解"とは"回想"のこと」とするのは不自然です。(D)の「例」は、問題文中では「動物の自己認識の能力に関する良い例を得る」となり、センテンスとして理解は可能な内容ですが、単語の意味として「理解≒例」の関係は無理があります。

【その他の品詞】他動詞：grasp「①～を理解する　②～をつかむ」

【その他の同義語】comprehension, knowledge

［訳］チンパンジーに対するミラーテストは動物学者が動物の自己認識の能力に関する良い理解を得る助けになった。

※　ミラーテストとは動物が鏡に写った姿を自分自身の物として認識(自己認識)する能力があるかを測定する実験です。

Q.423 ★★★　　　　　　　　　　　　　正解　(A) loyalty

allegiance は「忠誠、献身」。なお(A)loyalty を royalty「①王位　②著作権使用料(印税)」と混同しないようご注意を。(B)は「復讐」なので、問題文中では「南部連邦に復讐を誓う」と自然ではありますが、「忠誠、献身」とはほぼ反対の意味合いになってしまいます。(C)は「秘密、秘密厳守」で、「"秘密"を誓う」は「"忠誠"を誓う」の一例として扱うことは出来ますが、「忠誠≒秘密」と言葉の定義を同じにするのは不自然。(D)は「中立」で、「南部連邦に中立を誓う」となるので、明らかに「忠誠を誓う」よりは距離を置いた関係を意味します。

【その他の同義語】adherence(Q.158 では動詞として掲載), faithfulness

［訳］南北戦争の開戦後、ヴァージニアと他の3州は南部連合に忠誠を誓うことを決定した。

赤字部分の単語の同義語を(A)〜(D)の中から1つ選んでください。 ◀ 424-427

Q.424 Moa, a three-meter bird native to New Zealand, was driven to
☐ **extinction** after humans arrived in the 13th century.

(A) hiding

(B) evolution

(C) disappearance

(D) competition

Q.425 Hydraulic fracturing involves injecting sand-containing water into
☐ **bedrock** to create fractures through which oil and natural gas flow
upward.

(A) petroleum

(B) clay

(C) magma

(D) ground

Q.426 Charles Dickens created a deep **rift** with book illustrator George
☐ Cruikshank when he found fault with Cruikshank's work.

(A) division

(B) partnership

(C) understanding

(D) concern

Q.427 Nikola Tesla, the developer of the alternating current (AC) motor,
☐ experienced a major **setback** when he clashed with Thomas
Edison, the developer of the direct current (DC) system.

(A) embarrassment

(B) defeat

(C) improvement

(D) transformation

学習歴 (/) (/) (/) (/) (/)

Q.424 ★★ 　　　　　　　　　　　　正解 (C) disappearance

extinction は「絶滅」。なお(C)disappearance は「消える」のみでなく、「生物の死滅、消滅」の意味もあります。(A)は「隠れ場所、隠れること」で、やや惜しいですが、「隠れ場所に追いやられた」ではまだ鳥は生存していることになり、「絶滅」は死んでいるので決定的な違いがあります。(B)は「進化」。(D)は「競争」で「他の生物との"競争"が原因で"絶滅"した」という推測はできますが、これは「単語の意味」問題であり、言葉の意味として二者は同義にはなりません。
【その他の品詞】形容詞：extinct「死滅した」　他動詞：extinguish「(火など)を消す」
【その他の同義語】annihilation(Q.283 では動詞として掲載), death, extermination

[訳] ニュージーランド原産の 3 メートルの鳥であるモアは 13 世紀に人間が到着した後、絶滅に追いやられた。

Q.425 ★ 　　　　　　　　　　　　　正解 (D) ground

bedrock は「①岩盤、床岩　②根本、根底」。②の用法が知られていますが、TOEFL では①も重要です。(A)の「石油」は oil 以外の名称で、他には crude oil「原油」も重要です。(B)は「粘土」で、土の一種なので「岩盤」と一緒にするのは困難です。(C)の「マグマ」は、元は岩石ですが溶けた状態なので「岩盤」ではありません。

[訳] 水圧破砕(すいあつはさい)法は石油や天然ガスが上に流れ出る割れ目を作るため、砂を含む水を岩盤に注入する。
　※ hydraulic fracturing：图 水圧破砕法

Q.426 ★★★ 　　　　　　　　　　　　正解 (A) division

rift は「①亀裂、不和　②切れ目、すき間」。lift と混同しないようご注意を。問題文中の found fault with「〜を非難した」のフレーズを知らなくても fault「欠陥、短所」に気付くと正解のタイプは特定できます(今回はネガティブタイプ)。(B)は「(ビジネス上の)協力」なので、ネガティブとは真逆です。(C)の「理解」もタイプは(B)同様なので、これも外れます。(D)の「心配、懸念」はネガティブなタイプとしては有望ですが、「気に病む、心配する」という意味なので、「亀裂、不和(人と仲が悪い)」とは別です。
【その他の同義語】estrangement, schism, split

[訳] チャールズ・ディケンズは挿絵画家のジョージ・クルックシャンクの作品を非難した際、彼との間に深い亀裂を作り出した。
　※ find fault with：句 〜を非難する

Q.427 ★★★ 　　　　　　　　　　　　正解 (B) defeat

setback は「敗北、頓挫」。set「置く」、back「後ろに」との構成から推測可能かもしれません。(A)は「きまりの悪さ、困惑」で「敗北、頓挫」同様ネガティブな言葉ですが、"敗北"をすると"きまりの悪さ"を感じるか、というと必ずしもそうとは限りません。(C)の「改善」はどちらかと言えば正解とは逆に近い意味です。(D)は「変化」でした。
【その他の同義語】blow, frustration, misfortune

[訳] 交流モーターの開発者であるニコラ・テスラは直流システムの開発者であるトーマス・エジソンと衝突した際に大きな敗北を喫した。

Chapter 2

名
詞

赤字部分の単語の同義語を(A)〜(D)の中から1つ選んでください。 🔊 428-431

Q.428 The word "salad bowl" and "kaleidoscope" have been added to
☐ "the melting pot" to describe the source of America's cultural
supremacy.

(A) diversity
(B) superiority
(C) imagination
(D) popularity

Q.429 The loss of plant cover reduces the soil's ability to hold water, which
☐ causes further **deterioration** in the quality of soil.

(A) variety
(B) decline
(C) resistance
(D) improvement

Q.430 A group of prehistoric bird species, the **forebears** of modern birds,
☐ was abundant during the Mesozoic era.

(A) predators
(B) ancestors
(C) substitutes
(D) descendant

Q.431 The scientific contributions made by Robert Hooke have been
☐ largely ignored for centuries because he earned the **enmity** of
Isaac Newton, President of the Royal Society.

(A) attention
(B) suspicion
(C) support
(D) hostility

学習歴 (/) (/) (/) (/) (/)

Q.428 ★★ (B) superiority

supremacy は「①（権威を伴った）優位、優越性　②支配権、覇権」。(A)の「多様性」は問題文の趣旨にはピッタリですが、言葉の意味として「優位」ではありません。典型的なひっかけです。(C)は「想像力」なのでかなり意味がずれてしまいます。(D)の「人気」は「優位」とポジティブな意味としては共通点があり、「アメリカの文化的人気を述べる際に」と問題文中で自然ですが、「優位、優越性」は「質・状態共に権威(authority)がある」との定義なので「人気(人に好かれる)」とは別の意味になります。

【その他の品詞】形容詞：supreme「最高の」

【その他の同義語】excellence, primacy, leadership

[訳] アメリカの文化的優位を述べる際に「サラダボウル」や「万華鏡」という言葉が「人種のるつぼ」に追加をされている。

異なった人種のアイデンティティを保ちながら共存する状態を saladbowl, kaleidoscope と言います。

Q.429 ★★★ (B) decline

deterioration は「悪化、低下」。舌を噛みそうな発音なのでご注意を。(A)は「多様性、変化」なので、「悪化」とはかなり意味の差が大きいものです。(C)は「抵抗力」なので、正解とはどちらかと言えば逆に近い意味となります。(D)は「改善」なので反対の意味ですね。

【その他の品詞】他動詞＆自動詞：deteriorate「〜を悪化させる / 悪化する」

【その他の同義語】degradation(Q.129 では動詞として掲載), drop, worsening

[訳] 植物による保護の消失は土壌の水分を維持する力を失わせ、土の質のさらなる悪化を引き起こす。

Q.430 ★★★ (B) ancestors

forebears(forebear)は「先祖」。(A)は「天敵」。(C)は「代わり、代理」で、意味そのものが違いますが、同時に「先祖」に含まれる「時代をさかのぼる」意味合いが無いのも特徴です。他動詞「〜を代わりに使う」、自動詞「代理をする」の意味もあります。(D)は「子孫」なので逆でした。他動詞「〜を下る」、自動詞「下る」が descend です。

【その他の同義語】forefather

[訳] 現代の鳥の先祖である古代の鳥類のグループが中生代に大量に存在した。

　※　the Mesozoic era：图 中生代(約 2 億 5,000 万〜 6,600 万年前のジュラ紀を含む年代区分)

Q.431 ★★★ (D) hostility

enmity は「恨み、敵意(感情)」で、enemy「敵(人)」から派生した別の名詞です。(D)hostility の形容詞は hostile「敵対的な」。問題文中の ignored for centuries「数世紀に渡り無視されている」から、正解はネガティブな言葉である可能性に気が付けます。(A)は「注意」なので、これには「恨み」などの悪い感情の意味はありません。(B)は「怪しむ感情、疑い」でやや正解に近いものではありますが、「恨み(嫌う感情)」とは違いがあります。(C)は「支持」なので、ほぼ逆の意味になってしまいます。

【その他の同義語】animosity, antipathy, hatred

[訳] 王立協会の事務局長であるアイザック・ニュートンの恨みを買ったので、ロバート・フックによる科学的貢献は数世紀に渡りかなり無視されている。

光の正体を巡る見解の対立で、フックの肖像画が残されないほど嫌われていたとのことです。

赤字部分の単語の同義語を(A)～(D)の中から1つ選んでください。🔊 432-435

Q.432 The overhunting of wolves in Yellowstone National Park in the 1920s
☐ upset the **equilibrium** among various species and changed the
landscape of the area for the worse.

(A) dependence
(B) communication
(C) stability
(D) rivalry

Q.433 Although easily available on the market today, some people feel
☐ **ambivalence** towards genetically modified foods.

(A) fear
(B) anger
(C) relief
(D) indecision

Q.434 It is widely believed that when the Ice Age ended due to climate
☐ change, the hunter-gathering people began **a transition to**
agriculture.

(A) changes in
(B) trials of
(C) a move to
(D) a contribution to

Q.435 A good **analogy** can be made between looking for a needle in a
☐ haystack and searching for extraterrestrial intelligence.

(A) contrast
(B) observation
(C) difference
(D) similarity

学習歴 (/) (/) (/) (/) (/)

Q.432 ★★★　　　　　正解 (C) stability

equilibrium は「均衡、釣り合い」、つまり「複数の力がお互いに相殺されバランスが取れている状態」です。(A)の「依存」はやや惜しいですが、「あるものが他者にたよる状態」なので、equilibrium に含まれる「お互いに〜」の意味はありません。(B)の「コミュニケーション、意思疎通」は「均衡」とは別の性質の言葉です。(D)の「競争、対抗」には「均衡、釣り合い」の意味はありません。なお、これから派生した別の名詞、及び他動詞が rival です。

【その他の同義語】balance

［訳］イエローストーン国立公園における 1920 年代の狼の行き過ぎた狩りは様々な種の間の均衡を乱し、地域の景観を悪化させた。

Q.433 ★★★　　　　　正解 (D) indecision

ambivalence は「(相反する)感情の交錯、ためらい」。(D)indecision にも暗示される「2 つ以上の選択肢の間で揺れ動く感情」がポイントです。(A)は「恐怖」なので恐い、とのみ感じる意味です。(B)の「怒り」も(A)と同様で怒りを感じるのみで、「その他の感情」は存在しません。(C)もやはり「安心」のみの意味で他の感情は含みません。

【その他の品詞】形容詞：ambivalent「相反する感情を持った、あいまいな」

【その他の同義語】conflicting feelings, hesitation, uncertainty

［訳］今日の市場では容易に手に入るものの、ある人々は遺伝子組み換え食品に対し相反した感情を持っている。

Q.434 ★　　　　　正解 (C) a move to

transition は a transition to で「〜への移行、変化」。(A)は「〜における変更」で、「農業の / 農業における変更」となるので正解の趣旨の「狩猟採集から農業へ変わる」とは異なります。(B)は「〜の試し、試み」で、「農業の試み」となり意味は自然ですが、「移行」の意味はありません。(D)は「〜への貢献」で、今回は農業がすでに始まっている意味になるので、正解の「移行」とは相いれません。

【その他の品詞】自動詞：transition「移行する」　名詞：transit「①通過　②乗り継ぎ　③輸送」

【その他の同義語】change, development, evolution

［訳］気候変動により氷河期が終わった時に狩猟採集民は農業への移行を開始したと広く信じられている。

Q.435 ★★　　　　　正解 (D) similarity

analogy は「類似(点)、似かより」。(A)は「対比」、つまり「真逆なこと」なので正解とはまさに真逆になってしまいます。(B)は「(観察に基づく)所見、意見」なので、別の性質の言葉です。(C)の「違い」も(A)と同様「類似」とは逆の意味となります。

【その他の同義語】likeness, parallel, resemblance

［訳］干し草の中に針を探すことと地球外生命体を探すことの間には適切な類似点を見出せるかもしれない。

※ a needle in a haystack：图 干し草の中の針 探す事が非常に難しい物を意味します。

※ extraterrestrial：形 地球圏外の　图 地球外生命体、ET　ex「外」　terra (e)「地球、陸地」

239

赤字部分の単語の同義語を(A)～(D)の中から1つ選んでください。 ◀ 436-439

Q.436 America's **affection towards** fine art did not fully develop until people acquired enough wealth to pay for it in the 18th century.

(A) fondness for

(B) loyalty towards

(C) knowledge of

(D) response to

Q.437 In the 1860s, the medical director of the US Army Medical Department issued a **decree** to appoint medical inspectors to prepare monthly medical reports, which had not been practiced before.

(A) command

(B) statement

(C) plan

(D) proposal

Q.438 A solar nebula, a huge disk of gas and dust, exploded 4.6 billion years ago. The scattered gas and dust eventually merged to form the current **configuration** of the sun and planets of the solar system.

(A) concentration

(B) number

(C) movement

(D) layout

Q.439 Ornithologist Florence Augusta Merriam Bailey was greatly admired by her peers for her independent **streak** and immense contribution to the field.

(A) research

(B) characteristics

(C) expertise

(D) career

学習歴 (/) (/) (/) (/) (/)

Q.436 ★★ 　　　　　　　　正解 （A）fondness for

affection は「愛着、愛情」で towards を伴い「〜に対する愛着」です。(B)の「〜への忠誠」は「愛着」共々、通常ポジティブな意味として使われ、重なる部分もありますが「忠誠」は「義務」的な意味合いがある一方 affection「愛情」にはこの意味はありませんので(A)fondness for がより適切です。(C)は「〜に関する知識」。(D)は「〜に対する反応」。
【その他の品詞】形容詞：affectionate「愛情深い」 【その他の同義語】attachment, love

［訳］アメリカの美術品に対する愛着は 18 世紀になり人々が支払いをするのに十分な富を蓄えるまで充分に発展することはなかった。

Q.437 ★★★ 　　　　　　　　正解 （A）command

decree は「布告、法令、政令」。つまり「命令なので強制力を持つ」点がポイントです。(B)は「声明文」なので、これには「布告」が持つ強制力がありません。(C)の「計画」は「〜する意図」を含みますが、「命令」の持つ強制力はありません。(D)は「提案」なので、強制とは程遠い意味になります。
【その他の品詞】他動詞：decree「〜を布告する、命じる」
【その他の同義語】law, order, ordinance（Q.401）

［訳］1860 年代にアメリカ陸軍医療部隊医長は以前には実施されていなかった月例医療報告書を準備するために予防衛生官を任命するよう布告を出した。
　※ inspector：図 検査官

Q.438 ★★★ 　　　　　　　　正解 （D）layout

configuration は「①配置、配列　②形状、外形」。(A)の「集中」は、「太陽系に太陽と惑星が集中している」とすればイメージは理解できますが、問題文中では「太陽系の太陽と惑星の配置を形成する」なので、「集中」ではありません。(B)の「数」は問題文中では「現在の太陽系の太陽と惑星の数を形作るため」となり、「数を形作る」とは妙ですし、「配置（レイアウト）」と「数」は別です。(C)は「動き」。
【その他の同義語】arrangement, formation, makeup

［訳］ガスと塵でできた巨大な円盤である太陽系星雲が 46 億年前に爆発した。拡散されたガスと塵は現在の太陽系の太陽と惑星の配置を形成するためにやがて集まった。

Q.439 ★★ 　　　　　　　　正解 （B）characteristics

streak は「①気質、傾向　②筋、しま　③(勝利の)連続」。(A)は「研究」で、問題文中では「独立した研究により非常に尊敬された」となり自然に意味は通じますが、「気質、傾向(人の性格)」とは別の性質のものです。(C)は「専門知識、専門技術」で他の名詞は expert「専門家」があります。(D)の「経歴」は「独立した経歴により非常に尊敬された」となります。人の“経歴”は当人の“気質”により築かれる部分もありますが、言葉の定義として「気質、傾向≒経歴」はかなり混乱を招きます。
【その他の同義語】attribute, quality

［訳］鳥類学者のフローレンス・オーガスタ・メリアム・ベイリーは独立した気質と専門分野への多大な貢献により同僚から非常に尊敬された。
　※ ornithology：図 鳥類学 舌を噛みそうですが学問名も覚えておきましょう。birdlogy なんて言葉があれば楽ですが、ないのです…。

赤字部分の単語の同義語を(A)～(D)の中から1つ選んでください。 ◀ 440-443

Q.440 Created as poems about the **nobility** of lords or knights, Chanson gained its popularity in Medieval Europe.

- (A) confidence
- (B) dishonor
- (C) dignity
- (D) goodwill

Q.441 *The Murders in the Rue Morgue*, published in 1841 by Edgar Allan Poe, is considered the **forerunner** of today's detective novels.

- (A) draft
- (B) remake
- (C) translation
- (D) predecessor

Q.442 Postcards sent from back home boosted **morale** among the soldiers overseas during World War I and II.

- (A) confidence
- (B) popularity
- (C) productivity
- (D) cooperation

Q.443 The discovery of transposon, a DNA segment that moves to another part of the same genome, changed the **notion** of genetic evolution.

- (A) rate
- (B) cause
- (C) method
- (D) concept

学習歴 (/) (/) (/) (/) (/)

Q.440 ★★　　　　　　　　　正解　(C) dignity

nobility は「①気高さ、高尚さ　②貴族階級、上流階級」。(A)は「①信頼、信用　②自信、確信」で、より明確な例は「①人に対する信頼　②自分の能力に対する自信」などです。後者の意味を取っても「"自信"のある人が常に"気高さ"がある」とは限りません。(B)は「不名誉」なので、正解とは逆になります。(D)は「親善、善意」、つまり「友好的な姿勢」で、大きなズレはないですが「気高さ」と置き換えると少々大げさです(今回は dignity「気品、尊厳」があります)。
【その他の品詞】形容詞：noble「①気高い、高潔な　②貴族の」
【その他の同義語】honor, integrity, righteousness

[訳] 領主や騎士の高潔さに関する詩として作られたシャンソンは中世ヨーロッパで人気を得た。

現代ではシャンソンはフランス歌曲として認識されていますが、元々は詩でした。

Q.441 ★★★　　　　　　　　正解　(D) predecessor

forerunner は「先駆け、先駆者」。(D) predecessor の pre もヒントになります。(A)は「草稿、下書き」で、例えば「小説Aの"下書き"」と言えば小説Aと"下書き"は同じもののバージョン違いです。しかし、「小説Aは小説Bの"先駆け"」と言えば二者は別個のものです。(B)の「リメーク」は「『モルグ街の殺人』は現代の推理小説のリメーク」となり、立場が逆転しています。(C)の「翻訳」は「『モルグ街の殺人』は現代の推理小説の翻訳」となってしまいます。
【その他の同義語】antecedent, precursor

[訳] 1841年に刊行されたエドガー・アラン・ポーによる『モルグ街の殺人』は現代の推理小説の先駆けとみなされている。

Q.442 ★★★　　　　　　　　正解　(A) confidence

morale は「士気、意気込み」、つまり「やる気」です。なお、たった一文字の違いですが moral「(複数形で)道徳、モラル」と混同しないようご注意を。(B)は「人気」で正解同様、ポジティブな意味ですが、「士気、やる気」とは異なります。(C)は「生産性」で、「"士気"が高まるから"生産性"も高まる」という推測は出来ますが、「士気」は感情なので「生産性」とは異なります。(D)は「協力」でした。
【その他の同義語】spirit

[訳] 母国から送付されるポストカードは第一次、第二次世界大戦中に海外に派遣されていた兵士たちの士気を高めた。

Q.443 ★　　　　　　　　　　正解　(D) concept

notion は「①概念、考え　②見解、意見」の意味です。(A)は「①割合　②速度」なので、「概念、考え」という人間の思考とは別の性質の言葉です。(B)の「原因」は「遺伝子の進化に関する原因」となり自然ですが、「概念」と同義にするには意味が限定され過ぎています。(C)の「手法(手段)」もやはり「概念」という物の考え方とは別です。
【その他の同義語】idea, understanding, view

[訳] 同じゲノム内で別の場所に移動するDNAの一部であるトランスポゾンの発見は遺伝子の進化に関する考えを変えた。

この移動が一因となり生物の突然変異・進化が起こると考えられています。

Chapter 2　名詞

赤字部分の単語の同義語を(A)～(D)の中から1つ選んでください。 ◀ 444-447

Q.444 From an evolutionary **standpoint**, reproducing sooner could ensure the survival of the species, particularly when its mortality rate is high.

(A) purpose
(B) perspective
(C) process
(D) response

Q.445 Inside the King's **Chamber** of the Great Pyramid of Giza, an empty stone coffin was the only object found.

(A) Tomb
(B) Observatory
(C) Temple
(D) Compartment

Q.446 Michigan was chosen as the location of a car manufacturing plant in the early 20th century because the state had already acquired large investment capital through the **lumber** industry.

(A) log
(B) steel
(C) paper
(D) oil

Q.447 Probability theory is used in genetics to estimate how likely certain **traits** pass down to the next generation.

(A) diseases
(B) capabilities
(C) features
(D) cells

学習歴 (/) (/) (/) (/) (/)

Q.444 ★★　　　　　　　　　　　正解 (B) perspective

standpoint は「観点、見地、見方」、つまり「物事の見方、捉え方」の事です。stand「立つ」、point「点」から意味が推測できるかもしれません。(A)の「目的」は問題文中では(進化の目的からすると)となり、フレーズとして少々妙な意味になります。(C)の「過程(プロセス)」は「進化の過程」としてよく使われますが、今回の「物事の見方、捉え方」とは別です。(D)は「反応」です。

【その他の同義語】angle, point of view, viewpoint

[訳] 進化の観点からすると、特に致死率が高い場合にはより早く繁殖をすると種の生存を確実にし得る。

人間の乱獲により平均寿命が短縮している魚は早い段階で繁殖する傾向にあるようです。

Q.445 ★★　　　　　　　　　　　正解 (D) Compartment

chamber は「①(建物の)特別室　②(協会などの)会議所、議院」。(A)は「墓」。ピラミッドは(この大ピラミッドを含め)通常、墓として建造されるのでこれを選ぶのは不思議ではないですが、ひっかけです。今回はピラミッドの中の特定の部屋に関する内容です。(B)は「観測所」で動詞 observe の名詞形の1つです。(C)は「神殿」。

【その他の同義語】cubicle

[訳] ギザの大ピラミッドの王の間の中では空の石の棺が唯一の発見された物であった。

Q.446 ★★　　　　　　　　　　　正解 (A) log

lumber は「材木」。(B)の「鉄鋼」は問題文の(車工場)からイメージされたかもしれませんが、これこそ「The ひっかけ」なので今の内に悔しんで本試験で挽回しましょう。(C)の「紙」は惜しいですが、「材木」を「紙」として使うと世の中大混乱になることは容易に想像できます…。(D)も(車工場)から推測されるかもしれませんが、「The ひっかけ Part 2」でした。

【その他の同義語】wood

[訳] ミシガン州が20世紀初頭に車工場の場所として選ばれたのは州が材木産業を通じてすでに大量の投資資本を蓄えていたからである。

Q.447 ★★　　　　　　　　　　　正解 (C) features

traits(trait)は「特徴、特色」。(A)の「病気」は問題文中では「特定の病気が次の世代へ受け継がれるか」となり自然で、また確率論で予測される項目に入る可能性はありますが、単語の意味として同義ではありません。同義にすると例えば「TOEFL の"特徴"」が「TOEFL の"病気"」と変換可能になってしまいます。TOEFL の単語問題は「単語の意味が同じ」が正解で「文脈上あてはまる」ではありません。(B)の「能力」は「特徴の一つとして〜の能力を有する」と考える事は可能ですが、同義にはなりません。(D)の「細胞」は「特徴」とは根本的に異なる性質の言葉です。

【その他の同義語】attribute, quality, streak(Q.439)

[訳] 確率論はどの程度の確率で特定の特徴が次の世代へ受け継がれるかを予測するために遺伝学で使われる。

赤字部分の単語の同義語を(A)～(D)の中から1つ選んでください。 ◀ 448-451

Q.448 Since the late 19th century, American magazines and newspapers
☐ have often featured **caricatures** of politicians or influential
entrepreneurs as a means of criticizing them.

(A) parodies

(B) portraits

(C) scandals

(D) articles

Q.449 Although Title IX—a federal **mandate** issued in 1972—applies to
☐ many federally funded programs, it is particularly credited to the
advancement of women in college sports.

(A) subsidy

(B) instruction

(C) reminder

(D) document

Q.450 The clouds of Venus are so thick that they reflect about 80% of the
☐ Sun's **glare**.

(A) glow

(B) heat

(C) magnetic field

(D) gravity

Q.451 In Medieval Europe, the mechanical clock became a more
☐ dependable **instrument** than the water clock and sundial.

(A) method

(B) forecast

(C) implement

(D) index

学習歴 (/) (/) (/) (/) (/)

Q.448 ★★★　　　　　　　　　　　　　正解　(A) parodies

caricatures（caricature）は「風刺画」。(B)の「肖像画」は惜しいですが、中立的なもので「風刺」といった意味は含みません。(C)は「スキャンダル、醜聞」ですが、確かに何かが"スキャンダル"が発生すれば、それを題材にした"風刺画"が描かれる可能性はありますが、これは「推測」なので、「同義」ではありません。(D)の「記事」は(B)と同様に中立的なもので「風刺」の意味はありません。
【その他の品詞】他動詞：caricature「〜を風刺的に描く、漫画化する」
【その他の同義語】satire

［訳］19世紀後半以降、アメリカの雑誌・新聞は政治家や有力な実業家を批判する手段の一つとして彼らの風刺画を掲載している。

Q.449 ★★★　　　　　　　　　　　　　正解　(B) instruction

mandate は「①命令　②委任統治」。(A)は「補助金」で、問題文の一部 many federally funded programs「連邦政府によって資金提供される多くの計画」を見るとひっかかるかもしれませんが、出題部分は a federal mandate「連邦令」、つまり「命令」であって「補助金」ではありません。(C)は「①思い出させるもの　②督促状」。②が惜しいですが、これは「忘れているかもしれないので念を押す」意味合いを含む一方、mandate にはその意味がありません。(D)は「書類」でした。
【その他の品詞】他動詞：mandate「①〜を命ずる　②〜に権限を与える　③〜の統治を委任する」　形容詞：mandatory「強制的な」
【その他の同義語】decree（Q.437）, directive, ordinance（Q.401）

［訳］1972年に公布された連邦令第9章は連邦政府により資金提供される多くの計画に適用されるが、特に大学スポーツにおける女性の進出に貢献しているとされる。

Q.450 ★★　　　　　　　　　　　　　　正解　(A) glow

glare は「(ぎらぎらする)光、まぶしい光」。(B)の「熱」は惜しいですが、電気製品などは「光」ってはいなくても「熱」を発するものがあるように、「光≒熱」は常に成立するわけではありません。(C)は「磁場、磁界」なので光のように目には見えません。(D)は「重力」です。
【その他の品詞】自動詞：glare「(太陽などが)ぎらぎら光る」
【その他の同義語】blaze, radiance（Q.044 では動詞として掲載）, strong light

［訳］金星の雲はとても濃いので太陽光の約80%を反射する。

Q.451 ★　　　　　　　　　　　　　　　正解　(C) implement

instrument は「道具、器具」。(A)の「方法、方式」はつまり「手順(最初に〜する、次に〜する)、プロセス」なので「道具(手で触れるもの)」とは別です。(B)「予測」もやはり手で触れるものではありません。(D)は「①(測定機器の)指針　②本の索引　③(統計)指数」で①が大変惜しいですが「機械の針の部分」の意味で、また③は「数値」なので、「道具、機械(手で触れるもの)」とは別です。結果として(C)implement が最も適切になります。
【その他の品詞】形容詞：instrumental「①機械の　②楽器の　③役に立つ」
【その他の同義語】apparatus（Q.380）, device, tool

［訳］中世ヨーロッパにおいて機械時計は水時計や日時計より信頼ができる道具になった。

赤字部分の単語の同義語を(A)〜(D)の中から1つ選んでください。 ◀ 452-455

Q.452 During the War of 1812, the White House was set on fire by the British, and Washington D.C. was thrown into total **disarray**.

(A) despair

(B) defeat

(C) disorder

(D) terror

Q.453 The arch, a design developed during the Bronze Age to support weight high above the ground, was a real **breakthrough** in architecture.

(A) creation

(B) factor

(C) progress

(D) tradition

Q.454 According to a theory on animal behavior, when predators attack a large herd of animals, the lower-rank individuals at the **periphery** of the herd are likely to suffer the most.

(A) rear

(B) center

(C) interior

(D) edge

Q.455 The level of oxytocin, a hormone produced in the brain, influences the **temperament** of certain kinds of dogs.

(A) character

(B) intelligence

(C) growth

(D) infancy

学習歴 (/) (/) (/) (/) (/)

Chapter 2
名詞

Q.452 ★★★ 　　　　　　　　　　　　正解 （C） disorder

disarray は「無秩序、混乱、乱れ」。(A)は「絶望」。正解と同様に負の意味の言葉です。しかし、「絶望：希望(hope)が無い」と「無秩序：秩序(order)が無い」から、hope「希望」、order「秩序」を取り出すと、「hope：今後に対する期待の感情」、「order：物事が適切な状態にあること」の違いが明確になります。(B)は「①敗北　②相手を負かす事」で①が惜しいですが、例えば「サッカーの試合で"敗北"」を「サッカーの試合で"無秩序"」と置き換えたら妙です。(D)の「恐怖」もネガティブな意味ですが、「混乱」と同義にするのは無理があります。

【その他の品詞】他動詞：disarray「〜を乱す」

【その他の同義語】chaos, confusion, mayhem

[訳] 米英戦争の間、ホワイトハウスはイギリス軍により火をつけられ、ワシントン DC は完全な混乱に陥った。

Q.453 ★★ 　　　　　　　　　　　　　正解 （C） progress

breakthrough は「①大きな進歩、躍進、大発見　②打開、突破口」。break「〜を破る」と through「〜を通して」から言葉のイメージがわくかもしれません。(A)は「作品、産物」で、中立的な意味であり、「大発見」といった賛辞ではありません。(B)の「要因」もこれ単独では「大発見」のポジティブな意味はありません。(D)の「伝統」は「以前から続くもの」なので、どちらかと言えば「発見」とはほぼ反対の意味になります。

【その他の同義語】development, improvement, quantum leap

[訳] 地上高くで重量を支えるために青銅器時代に開発されたデザインであるアーチは建築における重要な大発見であった。

Q.454 ★★★ 　　　　　　　　　　　　正解 （D） edge

periphery は「周辺部分」。(A)は「後部」で、問題文中では「群れの後部」となります。正解の「周辺部分」の一部とみなすことは出来ますが、順番を入れ替え「後部≒周辺部分」とすると「全ての"後部"は"周辺部分"である」との妙な定義になり、同義にはならないと解ります。(B)の「中央」は「周辺」とは逆です。(C)の「内部」は「中央」よりは場所の広さが拡大され、「群れの内部にいる下位の個体が」となり、「周辺」よりは明らかに意味するスペースが広くなります。

【その他の同義語】fringe, rim, margin

[訳] 動物行動に関する理論によると、天敵が動物の大きな群れを襲撃すると群れの端にいる下位の個体が最も被害を受けやすいとのことである。

　※　herd：名（動物の）群れ

Q.455 ★★ 　　　　　　　　　　　　　正解 （A） character

temperament は「①(生まれつきの)気質、気性　②激しい気性」。なお、temper も同じ意味を持ちます。(B)は「知性」なので、「犬の知性に影響を与える」と自然な内容ですが、「気質、気性」と同義にするには「知性(頭の良さのレベル)」は意味が限定され過ぎています。(C)は「成長」なので、別の性質の言葉です。(D)は「幼少期」で、「時期」の話なので「気質(心のあり様)」とは別です。なお、別の名詞には infant「幼児」があります。

【その他の品詞】形容詞：temperamental「①気まぐれな　②気質に関する」

【その他の同義語】disposition, personality, tendency

[訳] 脳内で分泌されるホルモンであるオキシトシンの量はある種の犬の気質に影響を与える。

赤字部分の単語の同義語を(A)〜(D)の中から1つ選んでください。 🔊 456-459

Q.456 Jupiter's atmosphere is mostly made of hydrogen and helium, and the lowest atmospheric layer is partially made of thick ammonia **fumes**.

(A) particles
(B) gasses
(C) crystals
(D) molecules

Q.457 Unlike other natural disasters such as earthquakes, the **onset** of a hurricane is detectable, and people can take precautionary safety measures.

(A) danger
(B) approach
(C) intensity
(D) beginning

Q.458 In recognition of her contribution to racial equality, singer Marian Anderson was appointed as a **delegate to** the United Nations.

(A) representative to
(B) secretary to
(C) lawyer for
(D) assistant to

Q.459 With his instantly recognizable voice and masterful trumpet playing, Louis Armstrong is regarded as a real **trailblazer** in jazz.

(A) pioneer
(B) entertainer
(C) genius
(D) performer

学習歴 (/) (/) (/) (/) (/)

Q.456 ★★★ 正解 (B) gasses

fumes(fume)は「(強臭のある)ガス、煙、蒸気」。(A)は「粒子」で、「ガス」もかなり拡大して見れば「粒子」が見えてきますが、ここでは一般的な言葉の定義なので、(B)gasses が適切となります。(C)の「結晶」の場合も(A)と同様の理由により細かく見ればガスの中に結晶がある場合もありますが、一般的な理解としては「ガス」とは別です。(D)の「分子」はより小さい世界の話になりますが、やはり「ガス」と同義にすると混乱を招きます。

【その他の品詞】自動詞：fume「いら立つ、いきり立つ」

【その他の同義語】smoke, steam, vapor

[訳] 木星の大気はほとんど水素とヘリウムで出来ており、そして最下の大気層は部分的に濃いアンモニアのガスで出来ている。

Q.457 ★★★ 正解 (D) beginning

onset は「①(よくない事の)始まり ②攻撃」。(A)の「危険」は正解と同様にネガティブな意味ですが、「始まり」の意味はなく、「攻撃」とも違う意味です。(B)の「接近」は「距離」に関する言葉なので、「始まり」ではなく、これのみでは「攻撃」でもありません。(C)の「強度、強さ」は「ハリケーンの強度は探知可能」と理解は可能ですが、「始まり、発生」とは別です。

【その他の同義語】birth, outset, inception(Q.398)

[訳] 地震などの他の自然災害とは異なりハリケーンの発生は探知可能であり、人々は予防のための安全策をとることが可能である。

Q.458 ★★ 正解 (A) representative to

delegate は to を伴って「～への派遣団員、代表者」を意味します。今回は「代理人」を意味する(A) representative が最適となります。(B)は「～の秘書」なので「派遣団員」とは合いません。なお、アメリカなどでは Secretary of State「国務長官」としても使われますが、今回の正解とは意味が別です。(C)は「～の弁護士」、(D)は「～の助手」なので、いずれの場合も「派遣団員」と同義にはなりません。

【その他の品詞】名詞：delegation「①派遣団 ②(権利の)委任」

【その他の同義語】ambassador, emissary, envoy

[訳] 人種平等への貢献が認められ、歌手のマリアン・アンダーソンは国連への派遣団員に任命された。
 ※ in recognition of：[句] ～をねぎらって、～を感謝して

Q.459 ★★★ 正解 (A) pioneer

trailblazer は「草分け、開拓者」。trail「(舗装されていない)小道、山道」、blaze「炎」から、「何か凄そうな意味では？」と推測可能かもしれません。「その分野の最初の人」であるのがポイントです。(B)は「エンターテイナー、芸能人」で、問題の内容的にはピッタリですが、「草分け(最初の人)」の意味はありません。(C)の「天才」はやや惜しいですが、やはり「最初」の意味がなく、2番目、3番目でも能力があれば「天才」と呼ばれることも有り得ます。(D)は「パフォーマー、演者」でした。

【その他の同義語】innovator

[訳] すぐにそれとわかる声と熟達したトランペット奏法でルイ・アームストロングはジャズにおける真の草分けと認識されている。

赤字部分の単語の同義語を(A)〜(D)の中から１つ選んでください。 ◀ 460-463

Q.460 Founded in 1967, the world's first food bank welcomes financial aid in addition to food **donations**.

(A) services

(B) stamps

(C) contributions

(D) deliveries

Q.461 Close observation in the wild provides researchers with better **insight into** the ecology of animals.

(A) chances to study

(B) understanding of

(C) implements to look into

(D) traces of

Q.462 Although he earned the **esteem** for his exceptional artistic talent, painter William Sidney Mount chose to avoid the limelight.

(A) wealth

(B) admiration

(C) award

(D) envy

Q.463 All the planets in the solar system, except for the Earth, are named after Roman and Greek **deities**.

(A) emperors

(B) priests

(C) gods

(D) temples

学習歴 (/) (/) (/) (/) (/)

Q.460 ★ 　　　　　　　　　　　　　　　【正解】(C) contributions

donations(donation)は「寄付(金)、寄贈(品)」。(A)の「サービス」は問題文中の food と共に「食事のサービス(食料の提供)」になり、これだと「フードバンクが食事のサービスを受ける」と妙な意味になります。(B)の「スタンプ」は food stamp で「食料切符」となり、切符と交換に食料をもらう制度なので、「寄付」とは全く別です。(D)の「配達」は food delivery で「食事の配達」となり、「フードバンクが食事の配達を受ける」となってしまいます。

【その他の品詞】donate：他動詞「①〜を寄付する　②(臓器など)を提供する」　自動詞「寄付する」

【その他の同義語】charity, relief, aid

[訳] 1967 年に設立されたその世界初のフードバンクは食糧の寄付に加え金銭的な援助も歓迎している。

Q.461 ★★ 　　　　　　　　　　　　　　【正解】(B) understanding of

insight は「見識、洞察(力)」で into と共に「〜への見識、洞察(力)」となります。(A)は「研究の機会」で、文脈的には「動物の生態に関するより良い研究の機会」と自然ですが、これは「タイミング、時期」なので「見識」とは別です。(C)は「〜を調査するための道具」なので、「見識」といった人間の知識とは異なります。(D)は「〜の痕跡」なので、「動物の生態に関するより良い痕跡」となり、正解の趣旨の「研究者が得る見識」とはかなり違いが出てきます。

【その他の品詞】形容詞：insightful「洞察力のある」

【その他の同義語】appreciation, comprehension, grasp(Q.422)

[訳] 野生での近距離の観察は研究者に動物の生態に関するより良い見識を与える。

Q.462 ★★ 　　　　　　　　　　　　　　　　【正解】(B) admiration

esteem は「尊敬、尊重」。(A)の「財産、富」は問題文中では「並外れた芸術的才能で財産を集めた」で意味は通じますが、"財産"があるから常に"尊敬"を集められるとは限りませんので同義にはなりません。(C)の「賞」を同義にすると、「人から"尊敬"を集めるとは"賞"を集めること」と妙な定義になります。(D)は「ねたみ」なので、正解とはかなり違った意味になります。なお形容詞は envious「ねたんでいる」。

【その他の品詞】他動詞：esteem「〜を尊敬する、尊重する」

【その他の同義語】regard, respect, veneration(Q.378)

[訳] 画家のウィリアム・シドニー・マウントは並外れた芸術的才能で尊敬を集めたものの、注目を避けることを選んだ。

　※ limelight：名 注目

Q.463 ★★★ 　　　　　　　　　　　　　　　【正解】(C) gods

deities(deity)は「①神　②神格、神性」。神様は god だけではないのです。(A)は「皇帝、天皇」なので、人間として位は高いですが「神」ではありません。(B)の「①聖職者、司祭　②僧侶」も同様の理由により不正解です。(D)は「神殿」でした。

【その他の同義語】divinity

[訳] 地球を除いたすべての惑星はローマとギリシャの神々にちなんで名付けられた。

なお、earth と sun は 1150 年頃まで使われていた Old English「古英語」から派生したものです。

赤字部分の単語の同義語を(A)～(D)の中から１つ選んでください。 🔊 464-467

Q.464 The Jazz Age of the 1920s, a period of cultural transformation
☐ involving music and dance, helped make New York a **hub** of the
entertainment industry.

   (A) city

   (B) fringe

   (C) branch

   (D) center

Q.465 The Clean Water Act gives the Environmental Protection Agency
☐ considerable **discretion over** water pollution control.

   (A) knowledge about

   (B) time for

   (C) choice about

   (D) success in

Q.466 Since the 1950s, political campaign **tactics** have largely shifted from
☐ personal interactions with voters to large-scale TV advertisements.

   (A) means

   (B) commercials

   (C) funds

   (D) messages

Q.467 Water, an energy source, and organic compounds are the three
☐ basic **ingredients** of life.

   (A) possibilities

   (B) forms

   (C) stages

   (D) components

学習歴 (/) (/) (/) (/) (/)

Q.464 ★★ 　　　　　　　　　　　　　　　　正解 （D） center

hub は「（活動の）中心、中枢」で、近年では空港を表現する際に使われることもあります。（A）の「都市」は文字通りの意味で、「中心」の意味はありません。（B）は「①（活動の）非主流派　②外辺、へり」なので、正解とは逆になります。（C）は「部門」の意味があり、「エンターテインメント産業の一部門」となり意味は通じますが、これは「エンターテインメント産業に複数ある部門の中の１つ」であり、正解の「エンターテインメント産業の中心、中枢」ではありません。

【その他の同義語】core, epicenter, nerve center

［訳］1920 年代のジャズ・エイジは音楽やダンスを交えた文化的変化の時期であり、ニューヨークをエンターテインメント産業の中心にするのに貢献した。

Q.465 ★★ 　　　　　　　　　　　　　　　　正解 （C） choice about

discretion は「①権限、自由裁量　②慎重さ、思慮分別」。over を伴い「〜に関する権限」となります。なお（C）の choice には「選択する権利、自由」の意味もあります。（A）は「〜に関する知識」で、問題文中では「水質汚染規制に関するかなりの知識」となりますが、"かなりの知識"があっても"権限"があるとは限りません。（B）「〜の時間」も同様です。（D）の「〜における成功」は言葉のイメージ的には「権限」とつながりそうですが、単語の意味として「成功≒権限」は不自然です。"権限"はあるが"失敗"することもあり得ます。

【その他の品詞】形容詞：discreet「慎重な」、discretionary「自由裁量の」

【その他の同義語】freedom, option

［訳］水質安全法は環境保護局に水質汚染規制に関するかなりの権限を与えている。

Q.466 ★★★ 　　　　　　　　　　　　　　　　正解 （A） means

tactics（tactic） は「①手法、手段　②戦術」。なお、strategy「戦略」を②の同義にしている辞書もありますが、現実には strategy「大きなプラン」、tactic「strategy 達成のための個別の行動（戦術）」として使われるのが一般的です。（B）の「コマーシャル」は「手法、手段」の一部にはなり得ますが、同義にするには意味が限定され過ぎています。（C）は「資金」。（D）の「メッセージ、伝言」も（B）同様、「手法、手段」の中に含まれることはありますが、「メッセージ≒手段」とすると混乱を招きます。

【その他の品詞】形容詞：tactical「戦術的な」

【その他の同義語】approach, move, technique

［訳］1950 年代以降、政治キャンペーンの手法は有権者との個別のふれあいから大規模な TV 広告へと転換している。

Q.467 ★ 　　　　　　　　　　　　　　　　正解 （D） components

ingredients（ingredient） は「①構成要素、要因　②成分、材料」。（A）の「可能性」は「構成要素」とは別の性質の言葉で、possibilities of life「生命が存在する可能性」という意味になります。（B）の「形状、形態」は「構成要素」が集まり完成したものなので、同義にするのは不自然です。forms of life「生命の形態（例：動物、植物など）」として使います。（C）の「段階」もかなり意味が異なり、stages of life「人生の段階（例：幼少期、成人期など）」となります。

【その他の同義語】constituent（Q.021 では動詞として掲載）、element

［訳］水、エネルギー源、そして有機化合物は生命の３つの基本構成要素である。

赤字部分の単語の同義語を(A)〜(D)の中から1つ選んでください。 🔊468-471

Q.468 The initial report, which stated that a newly found virus was
☐ responsible for chronic **fatigue**, was later disproven.

(A) tiredness
(B) pain
(C) hunger
(D) fever

Q.469 Even small changes in genes could influence the genetic
☐ **predisposition** to certain diseases.

(A) resistance
(B) change
(C) solution
(D) tendency

Q.470 Carl Linnaeus is accredited with the development of **taxonomy**,
☐ in which every organism is given a name composed of two Latin
words.

(A) biology
(B) estimation
(C) anatomy
(D) classification

Q.471 While considerable **headway** has been made, there is still much to
☐ be done to reduce poverty in some parts of the world.

(A) effort
(B) progress
(C) wealth
(D) argument

学習歴 (/) (/) (/) (/) (/)

Q.468 ★★ 　　　　　　　　正解 (A) tiredness

fatigue は「疲労、疲れ」。(B)は「痛み」で、問題文中では chronic pain「慢性的な痛み」となり、これはよく使われる表現ですが「疲労」ではありません。(C)の「空腹、飢餓」も同様の理由で不正解となります。(D)の「熱」も「疲労」と同義にすると混乱が起きますので、やはり不正解です。
【その他の品詞】他動詞：fatigue「〜を疲れさせる」　主に受動態で使用
【その他の同義語】weariness

[訳] 新しく発見されたウイルスが慢性的な疲れの原因であると述べた最初の報告は、後に誤りであることが判明した。

chronic fatigue syndrome「慢性疲労症候群」の原因は諸説ありますが、現時点では不明のままです。

Q.469 ★★ 　　　　　　　　正解 (D) tendency

predisposition は「①（病気にかかりやすい）素質、体質　②傾向」。(A)は「抵抗（力）」なので predisposition に含まれる「病気にかかりやすい」と逆の意味になります。(B)の「変化」は問題文中では「ある種の病気に対する遺伝的変化に影響を与える」となり、意味は理解可能ですが、「（病気にかかりやすい）素質、体質」とは意味が合いません。(C)は「解決（法）」です。
【その他の品詞】他動詞：predispose「①〜を病気にかかりやすくする　②[predispose A to B]「AをBするように仕向ける」
【その他の同義語】inclination

[訳] 遺伝子の小さな変化でさえ、ある種の病気に対する遺伝的素因に影響を与えることがある。

Q.470 ★★★ 　　　　　　　　正解 (D) classification

taxonomy は「分類学」、The TOEFL な単語です。(A)は「生物学」で、分類学は生物学の一部ではありますが、あくまでも一部（生物を分類する役割）を占めるに過ぎないので、同義語としては(D)classification が適切となります。(B)は「①（人や状況に対する）評価、意見　②（数量に関する）計算」ですが、「分類」は「基準に基づいた客観的な判断」なので、この点から①は不可となります。また②「（数量や価値に関する）計算」に関する意味は「分類」には入りません。(C)は「解剖学」なので別の分野です。
【その他の同義語】categorization

[訳] カール・リンネはあらゆる生物に2つのラテン語の単語で構成された名を与える分類学の発展に関し功績があるとされる。

トキは *Nipponia nippon* となり「属名（generic name) ＋ 種名（specific name）」の順に斜体で、属名の1文字目は大文字で書きます。

Q.471 ★★★ 　　　　　　　　正解 (B) progress

headway は「前進、進展、進歩」。(A)の「努力」は「たくさんの努力はされたものの」と意味は理解できますが、「"努力"はしたけど"前進"しなかった」もあり得るので、2つを同義にはできません。(C)の「富、財産」は異なる性質のものです。(D)の「①論点　②口論」はやはり「前進」とは異なります。
【その他の同義語】advance, stride

[訳] たくさんの前進はあるものの、世界のいくつかの地域ではまだ貧困の削減をする余地がある。

赤字部分の単語の同義語を (A)〜(D) の中から1つ選んでください。 🔊 472-475

Q.472 Although the extra dimensions model is expected to solve many
☐ scientific questions, it has remained a **conjecture** because nobody
has been able to conclusively prove it.

(A) fiction
(B) survey
(C) speculation
(D) report

Q.473 Throughout the **duration** of the Last Glacial Period, much of Alaska
☐ remained ice-free and full of greenery and wildlife.

(A) warm season
(B) early part
(C) entire period
(D) last stage

Q.474 The jewel beetle camouflages itself by adjusting the **glitter** of its
☐ wings to evade predators.

(A) color
(B) width
(C) structure
(D) sparkle

Q.475 Despite its limited capability, an increasing variety of genetic testing
☐ has been introduced in the market to predict genetic **destiny**.

(A) strength
(B) fate
(C) evolution
(D) diversity

学習歴 (/) (/) (/) (/) (/)

Q.472 ★★★　　　　　　　　　　正解 (C) speculation

conjecture は「推測、推考」。(A)の「作り話」ですが、正解の「推測」も場合によっては「推測の結果が間違っていた」もあり得ますが、「作り話」と置き換えるのは極端です。(B)の「調査」はかなり異なる性質の言葉です。(D)の「報告(書)」も「"報告書"の中に"推測"が含まれる」事はあるかもしれませんが、同義ではありません。

【その他の品詞】他動詞：conjecture「～を推測する」

【その他の同義語】guess, supposition

[訳] 余剰次元理論は多くの科学的な疑問に答えると期待されているが、誰も決定的に証明することができていないので推測のままになっている。
　※ extra dimensions：名 余剰次元　存在の可能性が提唱されている4次元以上の空間
　※ model：名 理論

Q.473 ★★　　　　　　　　　　正解 (C) entire period

duration は「継続期間、存続期間」。(A)の「温かい期間」の「温かい」の意味は duration「継続(存続)期間」という「一貫して続いている期間」には含まれません。(B)の「初期」も同様で、「初め」という意味はやはり「継続」とは別の意味です。(D)の「最後の段階」も同様の点で不正解となります。不正解の3つは全て正解と同義にするには意味が限定され過ぎています。

【その他の同義語】course, length, span

[訳] 最終氷期の継続期間の間、アラスカのほとんどは氷がなく、緑と野生動物に溢れていた。
　※ The Last Glacial Period：名 最終氷期　約7万年前～1万年前まで続いた最後の氷期

Q.474 ★★　　　　　　　　　　正解 (D) sparkle

glitter は「①輝き、きらめき　②きらびやかさ、華麗さ」。(A)の「色」は「輝き(明るさ)」とは別ですね。(B)は「幅」で、形容詞が wide。(C)は「構造」。

【その他の品詞】自動詞：glitter「①ぴかぴか光る、輝く　②(服装などが)派手である、きらびやかである」

【その他の同義語】gleam(Q.282 では動詞として掲載), glint, shine

[訳] 玉虫は天敵を避けるため、羽の輝きを調節することにより偽装をする。
　※ evade：他動 ～を巧みにかわす

Q.475 ★　　　　　　　　　　正解 (B) fate

destiny は「運命、宿命」。(A)は「強さ」で動詞 strengthen の名詞形です。(C)の「進化」はやや惜しいですが、「運命」には「自分でコントロールできない決められた出来事」という意味合いがある一方、「進化」にはこれがありません。(D)はカタカナになっている「多様性」で、他動詞＆自動詞は diversify「(～を)多様化する」、形容詞は diverse「多様な」。

【その他の品詞】他動詞：destine「～と運命づける」

【その他の同義語】fortune

[訳] 制限された性能ではあるものの、多くの遺伝子テストが遺伝子的な運命を予測するために市場に導入されている。

赤字部分の単語の同義語を(A)〜(D)の中から1つ選んでください。 ◀ 476-479

Q.476 Caterpillars feed on **foliage** and become pupas before turning into butterflies.

(A) flowers

(B) seeds

(C) leaves

(D) fruits

Q.477 Thanks to its picturesque landscape and **proximity** to major cities, the Delaware River attracted many landscape artists in the 1920s.

(A) contrast

(B) closeness

(C) relation

(D) distance

Q.478 Physics, perhaps one of the oldest academic fields dating back to Ancient Greece, is the **underpinning** of science and technology.

(A) base

(B) application

(C) mixture

(D) advancement

Q.479 In many developing nations, urban sprawl has been taking place at a rapid rate with considerable **implications** for animal habitats.

(A) chances

(B) difficulties

(C) rewards

(D) consequences

学習歴 (/) (/) (/) (/) (/)

Q.476 ★★★　　　　　　　　　　正解 (C) leaves

foliage は「(集合的に)葉、群葉」。(A)の「花」は植物の一部である点では「葉」と共通で惜しいですが、別の部位です。飾り付け用の場合は stalk「茎」とあわせて flower と言うこともありますが、これも「葉」と同義にするのは不自然です。(C) leaves が最も適切となります。(B)の「種」は同じ植物に関する言葉ですが、かなり意味の差があります。(D)は「果実」でした。

[訳] 毛虫は葉を食べ、蝶になる前にはさなぎになる。
　※ caterpillar：图 毛虫　pupa：图 さなぎ

「キャタピラー」は走行装置の名称にもなっていますが、これは毛虫の動きから付けられたのではと言われています。

Q.477 ★★★　　　　　　　　　　正解 (B) closeness

proximity は「近さ、近接」。(A)は「対比」で、問題文中では「景観の美しさと主要都市への対比から多くの風景画家を引き付けた」となり、意味は汲み取れますが、正解の「主要都市への近さから」とは大きく異なります。(C)の「関係」は「(距離の)近さ」とは性質が異なりますし、これのみには「近い関係」といった意味はありません。(D)の「距離」が惜しい選択肢ですが、これは中立的な意味で、文字通りの「距離」と同時に「遠方、遠距離」の意味もあります。しかし、これは正解の「近さ」とは真逆の意味になります。

[訳] 景観の美しさと主要都市への近さからデラウエア川は 1920 年代に多くの風景画家を引き付けた。

Q.478 ★★★　　　　　　　　　　正解 (A) base

underpinning は「土台、基礎」。(B)「応用、適用」は「物理学は科学技術の応用である」としてフレーズとしては成立しますが、問題文の「土台、基礎(支える中心となる部分)」の意味とは異なります。(C)は「混合物、合成品」と 2 つ以上の物を混ぜた物の意味ですが、「土台、基礎」にはこの意味はありません。(D)の「発展」は「物理学は科学技術の発展である」となり妙な意味になります。
【その他の同義語】cornerstone, foundation, groundwork

[訳] 恐らく古代ギリシャにさかのぼる最古の学術分野の一つである物理学は科学技術の基礎である。

Q.479 ★★★　　　　　　　　　　正解 (D) consequences

implications(implication)は「①(複数形で)影響、結果　②(犯罪との)かかわり合い　③含み、暗示」。(A)の「①好機、チャンス　②機会」は①②共に「影響、結果」とは別ですね。(B)の「困難」は文脈的には自然で、また implications は深刻な影響の意味で使われ得ますが、影響が常に「困難」になるとは限らず、同義にするには無理があります。かなりハイレベルな「ひっかけ」です。(C)は「報酬、ほうび」なので、これも「影響、結果」の例としてはあり得ますが、(B)と同様の理由により同義にするのは無理があります。
【その他の品詞】他動詞：implicate「〜を犯罪に関係させる」
【その他の同義語】result, ramifications, repercussions

[訳] 多くの発展途上国では都市乱開発(アーバンスプロール)が動物の生息地へのかなりの影響を伴いながら急速に発生している。
　※ habitat：图 生息地

Chapter 2

名詞

赤字部分の単語の同義語を(A)〜(D)の中から1つ選んでください。 🔊 480-483

Q.480 Their **preeminence** in paleontology turned the friendship between Othniel Marsh and Edward Cope into a bitter rivalry, which was called the Bone Wars.

(A) excellence

(B) competition

(C) faith

(D) involvement

Q.481 Large-scale construction projects must involve a careful **assessment** of their potential impact on the environment.

(A) assistance

(B) description

(C) estimate

(D) announcement

Q.482 For the first time in its 150-year history, the U.S. National Academy of Sciences amended its rules to expel any member for the **breach** of its code of conduct.

(A) compliance

(B) application

(C) violation

(D) misunderstanding

Q.483 The Twenty-second Amendment to the U.S. Constitution puts a **constraint** on the number of terms a president can serve, limiting him or her to two.

(A) clause

(B) recommendation

(C) decision

(D) restriction

Q.480 ★★★　　　　　　　　　　　　正解 (A) excellence

preeminence は「優秀、抜群、傑出」。(B)の「競争」に特に「優秀」といった誉め言葉の意味はありません。(C)は「①信念、確信　②(人に対する)信頼、信用」。①は「気持ちの強さ」の意味なので「優秀さ」とは別です。②はポジティブな意味としては正解と共通ですが、これは「人が他者に持つ評価」で、この点は preeminence「優秀」には含まれていません。(D)の「かかわり合い、関与」も(C)同様、「優秀」といった意味とは別です。

【その他の品詞】形容詞：preeminent「極めて優秀な、抜群の」

【その他の同義語】prominence, superiority, supremacy (Q.428)

[訳] 古代生物学における彼らの優秀さがオスニエル・マーシュとエドワード・コープの友情を激しいライバル関係へと変化させ、それは「化石戦争」と呼ばれた。

Q.481 ★　　　　　　　　　　　　　　正解 (C) estimate

assessment は「①(人、物に対する)判断、評価　②(課税用の)査定」。(A)の「援助」は、「潜在的な影響に関する慎重な援助」と妙な意味になってしまいます。(B)は「描写、記述」で、これは「あるがままを記す」ですが、「評価、査定」は「判断をする行為」なのでこの点が大きな差になります。(D)の「告知、発表」は「評価、査定」とはかなり別の性質の言葉です。

【その他の品詞】他動詞：assess「〜を評価、査定する」

【その他の同義語】appraisal, determination, evaluation

[訳] 大規模な建設プロジェクトは環境への潜在的な影響に関する慎重な判断を伴わなければならない。

Q.482 ★★　　　　　　　　　　　　　正解 (C) violation

breach は「違反、不履行」。(A)はカタカナ語にもなっていますが「従う事、追従、コンプライアンス」で「違反」とは逆の意味です。自動詞では comply「従う」。(B)は「①応用、適用　②応募」なのでかなり意味の違いが明確です。(D)の「誤解」は「何かを"誤解"して結果として"違反"になる」と推測はできますが、順番を入れ替え「全ての"違反"は"誤解"である」とかなり極端な定義になってしまいます。

【その他の品詞】他動詞：breach「(約束など)を破る、破棄する」

【その他の同義語】contravention, infraction, infringement

[訳] 150年の歴史上初めて、アメリカ科学アカデミーは規則に違反したいかなる会員も退会させるようにするため、行動綱領を改定した。

※ code of conduct：图 行動綱領

Q.483 ★★　　　　　　　　　　　　　正解 (D) restriction

constraint は「制限、拘束」。(A)は「(法律などの)条項」なので、ご存じで選んだ方は素晴らしい語彙力です。ただし、「任期を2期までとする条項を課している」と意味は通じますが、あらゆる"制限"を"条項"と置き換えるのはかなり不自然です。(B)の「提案、提言」は「制限」にくらべると拘束力が極端に弱い意味になります。(C)の「決断、決定」には「制限」の意味が含まれません。

【その他の品詞】他動詞：constrain A to B「A に無理に B をさせる」

【その他の同義語】curb, check, limit

[訳] アメリカ合衆国憲法修正第22条は大統領の任期を2期までとする制限を課している。

赤字部分の単語の同義語を(A)〜(D)の中から1つ選んでください。 📢 484-487

Q.484 Studies in the **sequence** where sedimentary rock layers are formed is a branch of geology called stratigraphy.

(A) order

(B) era

(C) soil

(D) crust

Q.485 After having been dismissed as university professors over political issues, the Grimm Brothers found their **vocations** as the authors of fairy tales.

(A) happiness

(B) occupations

(C) recreations

(D) identities

Q.486 The Spanish Empire reached its **zenith** in the late 16th century after a naval battle with the Ottoman Empire and the annexation of Portugal.

(A) goal

(B) lowest point

(C) final stage

(D) peak

Q.487 Illustrator Norman Rockwell took photographs of the object before painting to provide his works with greater **fidelity**.

(A) accuracy

(B) variety

(C) energy

(D) efficiency

学習歴 （ / ）（ / ）（ / ）（ / ）（ / ）

Q.484 ★ 　　　　　　　　　　　　　　正解 （A) order

sequence は「①順序　②連続　③映画の場面」。(B)は「時代」で、「堆積岩の層が形成される時代」と自然ですが、「順序(順番)」とは全く別の意味です。(C)は「土壌」なので別の性質の言葉です。この点に関しては(D)の「地殻」も同様です。

【その他の品詞】形容詞：sequential「連続して発生する」
【その他の同義語】arrangement

[訳] 堆積岩の層が形成される順序を研究する地質学の一分野は層序学(そうじょがく)という。

この学問によって、化石の年代を発見された層の古さから推測することが可能です。

Q.485 ★★ 　　　　　　　　　　　　　正解 （B) occupations

vocations(vocation)は「①天職　②職業　③適性、才能」。(A)の「幸福」は「"天職"を見つければ"幸福"になれる」との推測はできますが、単語の意味としては別です。(C)の「レクリエーション、休養」はかなり別の性質の言葉です。(D)の「①身元、本人であること　②自己同一性」には「天職、職業、才能」の3点は含まれません。なんとなく選んでしまう気持ちは理解できますが、やはり違います。

【その他の品詞】形容詞：vocational「①職業に関する　②職業訓練の」
【その他の同義語】career, job, profession(Q.189 では動詞として掲載)

[訳] 政治的な理由により大学教授の職を解雇された後、グリム兄弟はおとぎ話の作者として天職を見つけた。

ドイツ国王の政策に反対し、他の教授と共に大学を解雇されました。

Q.486 ★★★ 　　　　　　　　　　　　　正解 （D) peak

zenith は「頂点、最高潮、絶頂」。(A)の「目標」は惜しいですが、これは「主に自らが事前に設定する」もので、この意味は zenith には含まれません。また「"目標"を低く設定する」という表現もあるので、「目標≒頂点」にはならない場合もあり得ます。(B)の「最下点」は正解とは逆で、(C)の「最終段階」もやはり「頂点」からはほど遠い意味になります。

【その他の同義語】climax, height(Q.366 では動詞として掲載), summit

[訳] スペイン帝国はオスマン帝国との海戦とポルトガルの併合の後、16 世紀後半に頂点に達した。
　※ annexation：名 併合

Q.487 ★★★ 　　　　　　　　　　　　　正解 （A) accuracy

fidelity は「①(複製作業などの)正確さ、真に迫っていること　②忠実、忠誠」。(B)の「多様性」は全く別の意味です。(C)の「エネルギー」は、「作品にかなりのエネルギーをもたらすために」と意味は通じますが、「正確さ」ではありません。(D)は「能率、効率」。
【その他の同義語】exactness, faithfulness, precision

[訳] イラストレーターのノーマン・ロックウェルは作品にかなりの正確さをもたらすために、描く前に画題の写真を撮った。

赤字部分の単語の同義語を(A)〜(D)の中から１つ選んでください。 🔊 488-491

Q.488 With its exact causes unknown, honeybee colonies have been
☐   disappearing rapidly since the end of the 20th century, and the
outlook for population recovery is unclear.

(A) cure
(B) status
(C) future
(D) plan

Q.489 In ancient Rome, the chariot race was run by four **factions**, all of
☐   which attracted loyal fans and financial backers.

(A) villages
(B) militaries
(C) groups
(D) regions

Q.490 Despite intervention by King George II, the **friction** between the
☐   colonial states of Maryland and Pennsylvania over their territory
continued for decades.

(A) trial
(B) dispute
(C) negotiation
(D) inconsistency

Q.491 Nocturnal animals make use of their extremely sensitive visual and
☐   auditory features when **dusk** falls.

(A) winter
(B) hail
(C) rain
(D) twilight

学習歴 （ ／ ） （ ／ ） （ ／ ） （ ／ ） （ ／ ）

Q.488 ★★　　　　　　　　　　　　　　正解 (C) future

outlook は「展望、見通し」。つまり「今後の予測」の意味合いがポイントとなります。(A)は「解決法、治療法」で、「個体数回復の解決法は不明である」と意味は通じますが、これには outlook の「展望、今後の予測」の意味はありません。(B)は「①事態　②社会的地位」で、①が惜しいですが、これは別途説明する言葉を伴わない限り「現在の事態」のことで、outlook の「今後の」の意味はありません。(D)の「計画」は「今後何か行動する」との意味合いがありますが、「展望」は単に「今後の予測」なのでこの点の違いがあります。

[訳] 蜜蜂の集団が 20 世紀の終わり以降、原因不明のまま急速に消滅しており、個体数回復の見通しは不明である。

population は動植物にも使います、念のため。

Q.489 ★★★　　　　　　　　　　　　　正解 (C) groups

factions(faction)は「派閥、徒党」で、現代の政治などの「派閥」にも使われます。今回は「集団」としての(C)groups が最も適切となります。(A)の「村」は確かに人の「集団」で構成されていますが、あらゆる"派閥(集団)"を"村"と表現するのは妙です。これは(B)の「軍隊」も同様。全ての"派閥"を"軍隊"と定義(同時に逆の定義も)するのは変ですね。(D)の「地域」が不正解なのもやはり同様の理由によります。

【その他の品詞】形容詞：factional「党派の、党派的な」

【その他の同義語】clique, party, side

[訳] 古代ローマでは二輪戦車の競争は 4 つの派閥によって行われ、全ての派閥は忠実なファンや財政的支援者を引き付けた。

　※　chariot：图 二輪戦車

Q.490 ★　　　　　　　　　　　　　　　正解 (B) dispute

friction は「①(感情面での)軋轢、不和　②摩擦」。(A)は「①裁判　②試練、苦労」。①は"軋轢"がすぐに"裁判"になるとは限りません。②は「ある人に降りかかった困った事態」で、正解の「軋轢、不和」は 2 者間で起こるトラブルです。(C)の「交渉」は"'軋轢'の発生→'交渉'する」という展開はあり得ますが、同義ではありません。(D)は「一貫性の無さ」なので、「感情面の軋轢、不和」とは別の性質の言葉です。

【その他の同義語】argument, conflict, disagreement

[訳] 国王ジョージ 2 世による仲裁にもかかわらず、メリーランドとペンシルベニア植民地州の間の土地をめぐる軋轢は数十年にわたり続いた。

Q.491 ★★　　　　　　　　　　　　　　正解 (D) twilight

dusk は「夕暮れ時、たそがれ」。(A)の「冬」は「夕暮れ」の「1 日の特定の時間帯」とは別です。(B)は「あられ、ひょう」、(C)は「雨」。不正解の 3 つは全て気象に関するものですが、「夕暮れ」ではありません。

【その他の同義語】evening, sunset

[訳] 夜行性の動物は夕暮れになると非常に敏感な視覚と聴覚の特徴を活用する。

　※　nocturnal：形 夜行性の

赤字部分の単語の同義語を(A)〜(D)の中から1つ選んでください。📢 492-495

Q.492 Philosopher Jürgen Habermas first defined the concept of the public **sphere** as a forum where citizens from every walk of life could express their views for the betterment of society.

    (A) debate

    (B) field

    (C) interest

    (D) land

Q.493 The recent discovery of the Asian giant hornet in Washington State indicates that they might **gain a foothold** in the West Coast and pose a threat to honeybee colonies.

    (A) feed on a large amount of food

    (B) secure a strong position

    (C) carry out an assault

    (D) make an appearance

Q.494 During the Mesopotamian civilization, artifacts were already made with gold, copper, and **gems**.

    (A) crowns

    (B) medals

    (C) glasses

    (D) jewels

Q.495 The gravitational pull of the moon and the sun causes high and low **tides** on the Earth.

    (A) currents

    (B) temperatures

    (C) winds

    (D) altitudes

学習歴 （ / ）（ / ）（ / ）（ / ）（ / ）

Q.492 ★★　　　　　　　　　　　　　　正解 (B) field

sphere は「①(活動などの)範囲、領域　②球体、丸い物」。(A)の「討論」は問題文中では public debate「公共討論」となり普通に使われる言葉で、問題文の概要には合っていますが、「ひっかけ」です。単語の意味で「範囲、領域≒討論」にはなりません。(C)の「利益」も public interest「公共の利益」で、「社会の改善のために見解を述べる」と合いそうですが、これも「ひっかけ」です。「範囲、領域≒利益」にはなりません。(D)の「土地」は public land「公共の土地」となりやや惜しいですが、sphere は「活動範囲、領域」という「概念」であって「土地(つまり地面)」ではありません。

【その他の品詞】形容詞：spherical「球状の」

【その他の同義語】area, arena, domain

[訳] 哲学者ユルゲン・ハーバーマスは公共圏の概念を、あらゆる階層の人々が社会の改善のために見解を述べる場所である、と初めて定義した。

※ walk of life：图 職業、社会的地位

Q.493 ★★★　　　　　　　　　　正解 (B) secure a strong position

foothold は「足がかり、強固な足場」で、gain a foothold「足がかりを得る」としてよく使われ、「ここを拠点に更に拡大する」との意味合いを含みます。(A)の「大量の餌を食べる」には「足がかり」の意味合いがありません。(C)は「攻撃を行う」ですが、「足がかりを得る」と比べ意味が強すぎます。(D)は「出現する」と文字通りの意味で、(A)の場合と同様、「足がかり」の点が不足しています。したがって(B)secure a strong position が最適になります。

【その他の同義語】base, footing

[訳] ワシントン州での最近のオオスズメバチの発見は彼らが西海岸に足がかりを得て蜜蜂の集団に脅威を与えるかもしれないことを示している。

Q.494 ★★　　　　　　　　　　　　　　正解 (D) jewels

gems(gem)は「①宝石　②貴重な物、人」。なお(D)jewels には宝石類全般を意味する集合名詞としての jewelry もあり、今ではカタカナ語にもなっています。(A)は「王冠」で、高級な物である点は gems と同じですが、頭に被るものであり、同義にするには不自然です。(B)の「勲章、メダル」もやはり高価なものですが、「宝石」ではありませんね。(C)の「鏡」は光に反射はしますが、「宝石」とは異なります。

[訳] メソポタミア文明中には工芸品はすでに金、銅、宝石で出来ていた。

Q.495 ★　　　　　　　　　　　　　　　正解 (A) currents

tides(tide)は「①潮流、潮　②(世間の)風潮、形勢」。(B)の「気温」は「地球上の高温と低温を引き起こす」とセンテンスを作れますが、「潮流」とは全く別です。(C)の「風」も同様です。(D)の「高度」は「地球上の高高度と低高度を引き起こす」となりますが、「何に関する高度なのか」が不明であり内容的にも不自然です。

【その他の品詞】形容詞：tidal「潮の」

【その他の同義語】flow, stream

[訳] 月と太陽の引力は地球上の満潮と干潮を引き起こす。

※ 月の半分程度ですが、太陽も地球の潮に影響を与えます。

赤字部分の単語の同義語を(A)～(D)の中から1つ選んでください。◀ 496-499

Q.496 The Wabash River is the largest northern **tributary** of the Ohio
River and home to diverse fish and bird species.

    (A)   mouth

    (B)   branch

    (C)   delta

    (D)   bank

Q.497 In 1832, South Carolina declared a federal tariff unconstitutional,
which highlighted the **discord** with the federal government.

    (A)   conflict

    (B)   impatience

    (C)   credibility

    (D)   cooperation

Q.498 A sudden **outburst** of the Sun's corona releases a stream of
plasma, which reaches the Earth in a few days and could seriously
damage its communication system.

    (A)   increase

    (B)   implosion

    (C)   rotation

    (D)   explosion

Q.499 Algae scrubber, a water cleaning system using algae, which lost
popularity in the 1970s due to its high cost, has been enjoying a
resurgence.

    (A)   reputation

    (B)   support

    (C)   revival

    (D)   success

Q.496 ★★★ 　　　　　　　　　　　　　　正解 (B) branch

tributary は「①(川の)支流　②属国」。(A)は「(川の)入り口」の意味もあり、ご存じで選んだ方の語彙力は凄いですが、これは川の一部なので「支流」ではありませんね。(C)は「(河口の)三角州、デルタ」。(D)は「土手、川岸」。不正解の3つは全て川に関連したものですが、「支流」ではありません。

[訳] ウォバッシュ川はオハイオ川の北部の最大の支流で様々な魚や鳥の種の生息地である。

Q.497 ★★ 　　　　　　　　　　　　　　　正解 (A) conflict

discord は「不一致、不調和、仲たがい」。(B)は「①せっかちな事、我慢のなさ　②切望」で、もっと簡単に言えば「早く～をしたいという感情」です。したがって、これは「不一致、不調和、仲たがい」といった「険悪な関係」とは別です。(C)は「信頼性、信用できること」なので、問題文では「この事は連邦政府との信頼性を強調した」とポジティブな内容になってしまいます。(D)の「協力」も(C)同様、意味が正解とは逆に近いものになります。
【その他の品詞】形容詞：discordant「①調和しない　②(音程など)調子が外れた」
【その他の同義語】friction(Q.490), strife

[訳] サウスカロライナ州は1832年に連邦関税を憲法違反と宣告し、この件は連邦政府との不一致を強調した。
　※ declare A B：[他動] A を B であると宣告する

Q.498 ★★ 　　　　　　　　　　　　　　　正解 (D) explosion

outburst は「爆発、噴出」。out「外へ」、burst「破裂する」から推測できたかもしれません。(A)の「増加」は「太陽コロナの突然の増加であり」と意味は自然でやや惜しいですが、「爆発」と同義にするには程度が違います。(B)は「内側への破裂、内部崩壊」の意味で explosion の反意語です。自動詞は implode。(C)の「回転」もこれだけで「爆発」との関連性はありません。
【その他の同義語】burst, eruption, flare-up

[訳] 太陽コロナの突然の爆発はプラズマの流れを放出し、それは地球に数日で到達し通信システムを破壊することがあり得る。

Q.499 ★★★ 　　　　　　　　　　　　　　　正解 (C) revival

resurgence は「復活、復興」。(A)の「①評判　②名声」は②が惜しいですが、「復活、復興」は「一度失った人気を再度得る」意味合いがある一方、reputation にはこれがありません。(B)の「支持」も同様の理由により不正解となります。(D)の「成功」は、確かに部分的には合っていますが、「復活、復興」の「再度取り戻す」の意味がありませんので、re- を含む(C) revival が正解となります。
【その他の品詞】形容詞：resurgent「再起の、復活した」
【その他の同義語】comeback, rebirth, return

[訳] 藻を使った浄水システムである藻集塵器(もしゅうじんき)は1970年代には高コストにより不人気であったが、復活を果たしている。
　※ scrubber：[名] 集塵器(しゅうじんき)　scrub：[他動][自動] (～を)ごしごし洗うの派生語

赤字部分の単語の同義語を(A)〜(D)の中から1つ選んでください。 ◀ 500-503

Q.500 Although palpitations are not regarded as life-threatening by
☐ themselves, they could be a **symptom** of a severe cardiac
condition.

(A) worsening
(B) virus
(C) sign
(D) disease

Q.501 Most medical **terminology** has developed from Greek and Latin.
☐ Clinical terminology comes primarily from Greek, while anatomical
terminology is mainly derived from Latin.

(A) education
(B) history
(C) expertise
(D) vocabulary

Q.502 In the American South, large plantations produced cotton, most of
☐ which was exported to Britain to make **threads**.

(A) clothes
(B) carpets
(C) curtains
(D) fibers

Q.503 Salmon hatch in **creeks**, but swim downstream after a few years to
☐ live in the ocean.

(A) lakes
(B) streams
(C) ponds
(D) swamps

Q.500 ★★ 　　　　　　　　　　　　　　正解 (C) sign

symptom は「①症状　②兆候、きざし」。(A) は惜しいですが「悪化」で、言い換えれば「悪い→より悪くなる」という「程度の変化」を伴う意味ですが、symptom にはこの意味は含まれません。(B) の「ウイルス」は症状の原因にはなり得ますが、同義ではありません。(D) の「病気」は大変惜しいですが、正解は「病気の症状（病気にかかったと判断するための身体的・精神的特徴）」で病気そのものではありません。

【その他の品詞】形容詞：symptomatic「前兆となる」

【その他の同義語】indication, manifestation

[訳] 動悸は、それ自体は命にかかわるとは見なされていないが、深刻な心臓の状態を示す症状であるかもしれない。

※ palpitations：名 (複数形で) 動悸、胸騒ぎ
※ cardiac：形 心臓(病)の

Q.501 ★★★ 　　　　　　　　　　　　　正解 (D) vocabulary

terminology は「専門用語」。(A) の「教育」は問題文中では「医療教育」として意味は通じますが、「専門用語」という「言葉」に関する意味ではありません。(B) の「歴史」も「医療の歴史」とフレーズそのものには問題はありませんが、やはり「言葉」とは違います。(C) は「専門知識、専門技術」で惜しいですが、正解は「用語」のみの意味であり「知識」と同義にするには意味の範囲が狭すぎます。また、expertise は「専門技術」の意味もありますが、terminology には「技術」の意味はありません。

【その他の同義語】jargon, language, nomenclature

[訳] ほとんどの医療用語はギリシャ語とラテン語から派生しており、臨床用語は主にギリシャ語から、解剖学的用語は主にラテン語から派生している。

※ anatomical：形 解剖学上の、体の構造に関する　派生語 anatomy：名 解剖(学)、人体

Q.502 ★ 　　　　　　　　　　　　　　　　正解 (D) fibers

threads (thread) は「糸」。(A) の「服」は明らかに「糸」で出来ていますが、みなさんも「服」を意味するつもりで「糸」と言うことはしないと思いますので、(D) fibers「繊維」がより適切です。(B) の「カーペット」や (C) の「カーテン」も同様に「糸」で出来ていますが、同義にするのは不自然です。

【その他の同義語】string

[訳] アメリカ南部では大きな農園（プランテーション）が綿を製造し、そのほとんどは糸を作るためにイギリスへ輸出された。

Q.503 ★★ 　　　　　　　　　　　　　　　正解 (B) streams

creeks (creek) は「小川」です。なお (B) streams には「流れ」以外に「小川」の意味もあります。(A) の「湖」は、「陸地に囲まれ、川などによる水の供給や排水がない水域」が基本の定義です。(C) の「池」も湖と大きさの違いはありますが、「たまった水」の意味なので、「小川」といった水が流れている場所とは異なります。(D) は「沼地」。

【その他の同義語】river

[訳] 鮭は小川で孵化するが、数年後には海で生息するために川を下って泳ぐ。

※ hatch：自動 孵化する、卵がかえる　他動 ①〈卵〉をかえす、孵化させる　②〈陰謀など〉を企てる

赤字部分の単語の同義語を(A)～(D)の中から１つ選んでください。 📢504-507

Q.504 A 19th-century French explorer recorded Angkor Wat's **grandeur** in
☐ his journals, which later inspired the French's interest in the temple.

    (A) history

    (B) architecture

    (C) greatness

    (D) appearance

Q.505 Methane clathrate, abundant methane gas trapped in deep-sea ice,
☐ has some **drawbacks** to be qualified as a promising energy source.

    (A) merits

    (B) disadvantages

    (C) exceptions

    (D) elements

Q.506 A tremendous amount of space **debris** has been flying at extremely
☐ high speeds around Earth's orbit, posing great risks to satellites and
astronauts.

    (A) radiation

    (B) fuel

    (C) radiation

    (D) waste

Q.507 The first academic study on the **menace** posed by mercury
☐ poisoning was conducted by the German Chemist Alfred Stock.

    (A) question

    (B) dilemma

    (C) danger

    (D) obstacle

Q.504 ★★★ 　　　　　　　　　　　　正解 (C) greatness

grandeur は「壮大さ、威厳」。grand「壮大な」から意味が推測できたかもしれません。(A) の「歴史」は、これのみで「壮大さ」と同義にするには無理があります。(B) は「①建築様式　②建物」で、問題文中では「アンコールワットの建築様式を記録し」となり内容的には OK ですが、「壮大さ」とは違います。(D)の「①出現　②外見」は文字通りの意味で、②には「壮大さ」の意味はありません。

【その他の品詞】形容詞：grand「壮大な」

【その他の同義語】magnificence, majesty, splendor

[訳] 19 世紀のフランス人探検家はアンコールワットの壮大さを日誌に記録し、それが後にフランスのアンコールワットに対する興味を駆り立てた。

Q.505 ★★★ 　　　　　　　　　　　　正解 (B) disadvantages

drawbacks(drawback) は「欠点、障害」。draw「引っ張る」、back「後ろへ」から意味が推測できるかもしれません。(A) は「長所、美点」なので、正解とは逆の意味になります。(C) の「例外」も「欠点」とは異なった性質の言葉です。(D)は「①構成要素　②元素」ですが、①②共に「欠点」の意味はありません。

【その他の同義語】downside, shortcoming, weakness

[訳] 深海の氷に閉じ込められた大量のメタンガスであるメタンクラスレートは将来有望なエネルギー源になるには幾つかの欠点がある。

メタンクラスレートは利点がありますが、同時に採掘の際のコストも懸念されています。

Q.506 ★★★ 　　　　　　　　　　　　正解 (D) waste

debris は「(破壊された物の) 破片、瓦礫、残骸」。なお語尾の s は発音せず、不可算名詞の扱いとなります。今回は「廃棄物」の意味がある(D)waste が最適です。(A) は「放射線、放射能」なので、手で触れることのできる「破片、廃棄物」とは異なります。(B) の「燃料」は手で触れますが、「廃棄物」と同義にするのは不自然です。(C)は放射能で、「廃棄物」とはかなり意味の隔たりが大きいものです。

【その他の同義語】pieces, scraps, litter

[訳] 大量の宇宙ゴミが地球の軌道を高速度で飛行しており、人工衛星や宇宙飛行士に大きな危険をもたらしている。

Q.507 ★★ 　　　　　　　　　　　　　正解 (C) danger

menace は「危険な物(人)、脅威」。(A) の「問題」は主に「①(勉強などで解答をする)問題　②(真実かどうか疑惑があるという)問題　例：この報告書には"問題"がある　③(議論や解決を要する)問題　例：憲法解釈の"問題"」です。②の趣旨は「疑惑、疑念」なので「危険、脅威」とは別です。③はやや惜しいですが、「危険、脅威」と比べて意味の程度が弱すぎます。(B)の「ジレンマ、板挟み」は「1 つの事態に対する 2 つの相反する感情」ですが、「脅威」は「ひたすら怖い！」なので「相反する感情」はありません。(D)の「①(道を先に進む際の)障害　②(事態の進捗の)障害」もやはり「危険、脅威」に比べると意味が弱すぎます。

【その他の品詞】他動詞：menace「(人)を脅かす」

【その他の同義語】risk, hazard, threat

[訳] 水銀中毒による危険に関する最初の学術的な研究はドイツ人化学者のアルフレッド・ストックにより行われた。

Chapter 2

名詞

赤字部分の単語の同義語を(A)～(D)の中から1つ選んでください。 ◀ 508-511

Q.508 Just like humans, many animal species establish a **hierarchy**; an injured leader is replaced by another or a leader is chosen through a fight.

(A) harmony
(B) consensus
(C) grading
(D) routine

Q.509 The Gabarnmung Rock Art, painted by Native Australians 28,000 years ago, is marveled for its vivid colors and design's **intricacy**.

(A) complexity
(B) innovation
(C) originality
(D) elegance

Q.510 A production of cultured meat, also known as lab-grown meat, involves an **infusion** of nutrients into stem cells.

(A) alteration
(B) expansion
(C) introduction
(D) investigation

Q.511 The **outbreak** of typhus among French soldiers during the French invasion of Russia forced them to retreat.

(A) severe shortage
(B) sudden appearance
(C) growing awareness
(D) gradual discovery

学習歴 (/) (/) (/) (/) (/)

Q.508 ★★ 　　　　　　　　　　　　　正解 (C) grading

hierarchy は「階級（組織）、階層（制度）」。カタカナでは「ヒエラルキー」とされますが、英語の発音は「ハイアラーキー」です。(A)は「調和」ですが、"調和" を取る方法は "階級" を作る以外にもあるはずなので、同義にはできません。(B)の「意見の一致」も「階級」とは異なります。(D)は「いつもの決まったやり方、ルーティン」なので、「階級」と同義にするのは不自然です。
【その他の品詞】形容詞：hierarchical「階級（組織）の、階級（制度）の」
【その他の同義語】pecking order, social order

［訳］ 多くの動物の種は人間のように階級を作り、怪我をしたリーダーが他に交代されたり、リーダーが喧嘩を通して選ばれたりする。

Q.509 ★★★ 　　　　　　　　　　　　正解 (A) complexity

intricacy は「複雑さ、込み入ったこと」。(B)は「革新、刷新」。二者の順番を入れ替え「革新≒複雑さ」とした場合、"複雑さ" 以外にも "革新" を達成する要素はあるはずなので、同義には無理があります。(C)は「独創性」ですが、"独創性" があることは必ずしも "複雑さ" を意味するとは限りません。(D)の「優雅さ」は、今回の芸術関係においては「"複雑" なデザイン」から「"優雅" なデザイン」をイメージするかもしれませんが、例えば「"複雑" な機械」を「"優雅" な機械」と言い換えると不自然さが目立ちます。
【その他の品詞】形容詞：intricate「複雑な」

［訳］ Gabarnmung の岩絵はオーストラリア先住民により 2 万 8 千年前に描かれ、その鮮やかな色とデザインの複雑さにより感嘆されている。
※ marvel：[他動] [自動]（〜に）感嘆する

Q.510 ★★★ 　　　　　　　　　　　　正解 (C) introduction

infusion は「注入」。(A)は「改造、変更」なので、問題文中では「栄養素を幹細胞に改造することを伴う」とも読めますが、これでは「栄養素＝幹細胞」になってしまいます。正解は「栄養素を幹細胞に注入」なので「栄養素」と「幹細胞」は独立した存在です。(B)の「拡大」は文字通り「大きくなること」ですが、正解の「注入」は場所が移動する一方、大きさは変わりません。(D)の「調査」は「注入」とは全く別の性質の言葉です。
【その他の品詞】他動詞：infuse「①〜を注入する　②（思想など）を植え付ける」
【その他の同義語】injection, insertion

［訳］ 実験室飼育肉とも呼ばれる培養肉の製造は栄養素を幹細胞に注入することを伴う。
※ cultured：[形] 培養された　他動詞の culture には「〜を培養する」とまれな用法があります。

Q.511 ★ 　　　　　　　　　　　　正解 (B) sudden appearance

outbreak は「（病気・戦争などの）勃発、突然の発生」。(A)は「深刻な不足」なので、「勃発、発生」とは別です。「フランス兵士の間の発疹チフスの深刻な不足が」と妙な意味になってしまいます。(C)の「高まっている理解」はあくまでも「理解」のことなので、「勃発」とは全く別のものです。(D)の「徐々の発見」は正解の反対の意味に近いものです。
【その他の同義語】epidemic, explosion, upsurge

［訳］ フランスのロシア侵攻中、フランス兵士間における発疹チフスの突然の発生が彼らに退却を余儀なくさせた。

赤字部分の単語の同義語を(A)〜(D)の中から1つ選んでください。 ◀ 512-515

Q.512 Even after the fateful flight by Otto Lilienthal, the Wright Brothers never lost their **aspiration** to fly until their success in 1903.

(A) choice

(B) ability

(C) tendency

(D) desire

Q.513 It is speculated that a massive asteroid that hit the Earth about 66 million years ago was responsible for the **demise** of the dinosaurs.

(A) emergence

(B) death

(C) spread

(D) evolution

Q.514 The Black Sox affair, a match-fixing event involving the 1919 World Series, is a major **blemish** in the history of American baseball.

(A) dishonor

(B) turning point

(C) defeat

(D) game

Q.515 The **quest** for a better understanding of the chemical decomposition process of paper and the faint smell it produces is expected to help preserve old books.

(A) demand

(B) preparation

(C) technique

(D) pursuit

学習歴 (/) (/) (/) (/) (/)

Q.512 ★★★ 　　　　　　　　　　正解 (D) desire

aspiration は「願望、切望、野心」。(A)の「選択」は文字通り「2つ以上の選択肢から選ぶ」であり、「願望」といった感情に関する意味はありません。(B)の「能力」も「スキル」の意味なので感情とは別です。(C)の「傾向」は惜しいですが、言い換えると「自分では気付いていない可能性がある癖」で、「願望」とは違いがあります。また tendency は「あまり好ましくない癖」に関して主に使います。

【その他の品詞】自動詞：aspire「熱望する」　形容詞：aspiring「野心のある」
【その他の同義語】aim, ambition, goal

[訳] オットー・リリエンタールの悲劇的な飛行の後でさえ、ライト兄弟は1903年の成功まで飛行への願望を失う事はなかった。
　※　オットー・リリエンタールは初めてグライダーの飛行を成功させた技術者です。

Q.513 ★★★ 　　　　　　　　　　正解 (B) death

demise は「①死亡　②物事の終わり」。(A)は「出現」なので、逆の意味になります。(C)の「拡散、分散」は問題文中では「巨大な小惑星が恐竜の拡散の原因である」となり、まるで恐竜にとってプラスの出来事のようになります。(D)の「進化」もかなり異なった意味となります。

【その他の同義語】annihilation（Q.283では動詞として掲載）, disappearance, extinction（Q.424）

[訳] 地球に約6千6百年前に衝突した巨大な小惑星が恐竜の死滅の原因であると推測されている。

巨大小惑星はメキシコのユカタン半島に衝突したと思われます。

Q.514 ★★★ 　　　　　　　　　　正解 (A) dishonor

blemish は「①(名声への) 汚点　②汚れ、シミ」。(A)は dis に honor「名誉」が付く構成です。(B)は「転機、転換点」で、良い出来事に関し使われるので、正解とは逆に近くなります。(C)の「敗北」は野球に関する内容には自然で惜しいですが、これは「勝負、対戦での負け」であり、正解の blemish は「名声、名誉が傷つく事」を指していますので違います。(D)の「試合」は野球関連の言葉ですが、「汚点」ではありません。

【その他の同義語】disgrace, flaw, stain

[訳] 1919年のワールドシリーズに関連した八百長であるブラックソックス事件はアメリカ球界史の大きな汚点である。
　※　当時のシカゴ・ホワイトソックス選手は薄給が故にユニフォームが汚れ、ブラックソックスと呼ばれたようです。
　※　match fixing：图 八百長

Q.515 ★★ 　　　　　　　　　　正解 (D) pursuit

quest は「探求、探索」。(A)の「①要求　②需要」の①は「他者に対する強い依頼」で、一方の quest は「自らの目的のために追い求める事」なので差が明確です。(B)の「準備」は「匂いに関するより良い理解への準備」とかなり不自然な内容になってしまいます。(C)の「技術」は「探求、探索」の手段の一つとはなり得ますが、同義にするのは不自然です。

【その他の品詞】自動詞：quest「探求する」
【その他の同義語】hunt, investigation, search

[訳] 紙の化学分解の過程とそれが発するかすかな匂いに関するより良い理解への探求は古書を保存するのに役立つと期待されている。

赤字部分の単語の同義語を(A)～(D)の中から1つ選んでください。 ◀ 516-519

Q.516 The American Civil War was triggered by the **secession** of 11
☐ states, which took place after Abraham Lincoln's election to the
presidency.

    (A) declaration
    (B) withdrawal
    (C) establishment
    (D) taxation

Q.517 Titan, Saturn's largest moon, is also the only moon in the solar
☐ system with a thick orange **haze** made mostly of nitrogen.

    (A) soil
    (B) ice
    (C) crust
    (D) fog

Q.518 Research indicates that economic **disparities** are often responsible
☐ for the difference in educational opportunities.

    (A) reforms
    (B) indexes
    (C) inequalities
    (D) slumps

Q.519 Designated as a Los Angeles Historic-Cultural Monument in 2006,
☐ the Capitol Records Building resembles a **stack** of vinyl records.

    (A) box
    (B) pile
    (C) bag
    (D) crate

学習歴 (/) (/) (/) (/) (/)

Q.516 ★★★　　　　　　　　　　　　正解 (B) withdrawal

secession は「脱退、分離」。(A)は「宣言」で、問題文の内容から「11州が"脱退"する際に"宣言"をした」といったフレーズが思い浮かぶかもしれませんが、言葉の意味としては「脱退≒宣言」ではありません。(C)の「設立」は「11州の設立により引き起こされた」と史実とは違うものの意味としては通じますが、物事の順序として「脱退→設立」という流れはあり得ても、単語の意味としては「脱退≒設立」ではありません。(D)は「課税、徴税」でした。
【その他の品詞】自動詞：secede「脱退する」
【その他の同義語】breakaway, defection, split

[訳] アメリカ南北戦争はエイブラハム・リンカーンの大統領当選後に発生した11州の脱退により引き起こされた。

Q.517 ★★　　　　　　　　　　　　　正解 (D) fog

haze は「もや、かすみ」。(A)は「土壌、土」なので全く別物ですね。(B)の「氷」は溶けた後にはその水分が「もや」になることはあるかもしれませんが、同義にはなりません。(C)の「地殻」もかなり異なる性質のものです。
【その他の品詞】haze「他動詞：〜をもやで包み込む　自動詞：もやがかかる」　形容詞：hazy「もやのかかった」
【その他の同義語】fume（Q.456）, mist, vapor

[訳] 土星の最大の衛星であるタイタンは主に窒素で構成されたオレンジ色の濃いもやでおおわれている太陽系で唯一の衛星である。

Q.518 ★★★　　　　　　　　　　　　正解 (C) inequalities

disparities（disparity）は「不均衡、相違」。(A)の「改革」は問題文中では economic reforms「経済改革」と自然なフレーズにはなりますが、「不均衡」ではありません。「"改革"の結果として"不均衡"が起こる」との推測は可能ですが、言葉としては同義ではありません。(B)の「指数」も economic indexes「経済指数」となりフレーズとしては OK ですが、これだけでは「不均衡」とは言えません。(D)の「停滞、スランプ」は economic slumps「景気低迷」で惜しいですが、正解の「不均衡」を言い換えると「複数の人（物）の間にある差」で、一方の「停滞」にはこの意味はありません。
【その他の同義語】difference, disproportion, imbalance

[訳] 研究によると経済的な不均衡はしばしば教育上の機会に違いを与えることがある。

Q.519 ★　　　　　　　　　　　　　　正解 (B) pile

stack は「山、積み重ね」。(A)の「箱」は「ビニール盤レコードの入った箱」として理解できますが、「積み重ね」といった意味はありません。(C)の「袋」も同様の理由で不正解となります。(D)は「木枠」ですが、やはりこれのみでは「積み重ね」と同義になりません。
【その他の品詞】stack「他動詞：〜を積み重ねる　自動詞：積み重なる」
【その他の同義語】heap, mound, mountain

[訳] 2006年にロスアンゼルス文化遺産に指定されたキャピトル・レコード社ビルはビニール盤レコードの山に似ている。

「プラスチック製レコード」は vinyl record（ヴァイノルの発音に要注意）が一般的。ただし「ビニール袋」は plastic bag。ややこしい…。

赤字部分の単語の同義語を(A)〜(D)の中から1つ選んでください。 ◀ 520-523

Q.520 Located at an elevation of 2,300 meters, Machu Picchu is suspected
☐ of having been the **vestiges** of a palace for the Inca Emperor.

(A) treasures

(B) walls

(C) reminders

(D) remains

Q.521 Artifacts with intricate **trappings** have been excavated in the Greek
☐ Island of Santorini, where a volcanic eruption destroyed much of the
town in the 16th century B.C.

(A) decorations

(B) designs

(C) illustrations

(D) colors

Q.522 Social **mobility** typically refers to the vertical movement of
☐ an individual's social status through a career change, family
inheritance, or marriage.

(A) flexibility

(B) awareness

(C) interaction

(D) security

Q.523 Jerome Kern reached the **pinnacle** of his music career when he
☐ composed the musical *Show Boat*.

(A) starting point

(B) twilight

(C) summit

(D) second phase

学習歴 (/) (/) (/) (/) (/)

Q.520 ★★★ 　　　　　　　　　　　　　正解 (D) remains

vestiges(vestige)は「名残、痕跡」。(A)は「財宝、宝物」で、確かに過去・現在共にマチュピチュの価値は「財宝」に相当しますが、今回の内容は「インカ帝国の宮殿の名残」で、全く別の意味です。(B)の「壁」は「インカ帝国の宮殿の壁」となり意味は理解可能ですが、「名残」と言うには意味が限定され過ぎています。(C)の「思い出させるもの」は、例えば「家族の写真」は"家族を思い出すなあ〜"と感じさせる reminder の役割がありますが、マチュピチュを見て"インカ帝国を思い出すな〜"となる人が多いとも限らないので、言葉としては同義にはなりません。

【その他の同義語】remainder, remnant(Q.377), traces

[訳] 海抜 2,300 メートルに存在するマチュピチュはインカ帝国皇帝の宮殿の名残ではないかと思われている。

Q.521 ★★★ 　　　　　　　　　　　　正解 (A) decorations

trappings(trapping)は「①装飾、飾り ②馬具」。(B)の「設計、デザイン」は「複雑な設計が施された工芸品」となり自然ですが、例えば「複雑な"設計"のビル」を「複雑な"装飾"のビル」と置き換えると不自然さが目立ちます。(C)は「(本や新聞の中の)挿し絵」なので、「工芸品に施された装飾」とはかなり別の意味です。(D)の「色」も「複雑な配色」となりますが、「装飾、飾り」とは異なります。

【その他の同義語】adornment, ornament

[訳] 複雑な装飾が施された工芸品が発掘されているギリシャのサントリーニ島は、紀元前 16 世紀の火山噴火が町のほとんどを破壊した場所である。

　※ excavate：他動 〜を発掘する

Q.522 ★★ 　　　　　　　　　　　　　　　正解 (A) flexibility

mobility は「①(社会の階層の)流動性、変化 ②(物の)可動性、移動性」。(B)の「意識」は「気が付く事」なので、「流動性」とは別です。問題文中の social と共に「社会意識(世の中の諸問題に対する意識)」となります。(C)は「相互作用」で、「2 人の間の行動・影響力の伝達」。なお social interaction で、「社会的相互作用(人間の間のコミュニケーション)」。(D)は「安心、保証」。ちなみに social security で「社会保障」です。

【その他の品詞】形容詞：mobile「可動性の」 名詞：mobile「携帯電話」

【その他の同義語】adjustability, progression

[訳] 社会的流動性とは通常、キャリアの変更、家族からの相続財産、結婚などで個人の社会的立場が縦断的に(上下に)移動することを言う。

　※ vertical：形 縦断的な、垂直の　inheritance：名 相続(財産)

Q.523 ★★★ 　　　　　　　　　　　　　　正解 (C) summit

pinnacle は「(名声・キャリアなどの)頂点、絶頂」。なお(C)summit は国の首脳が集まる会議の「サミット」の意味もあります。(A)は「出発点」なので、「音楽キャリアの出発点」と自然ですが、「頂点、絶頂」は全く別の場所(状態)です。(B)は「末期、衰退期」の意味で、「絶頂」とは逆に近いものです。(D)の「第二段階」は文字通りの意味で、これには「良い、悪い」の明確な意味はありません。

【その他の同義語】height(Q.366 では動詞として掲載), heyday, zenith(Q.486)

[訳] ジェローム・カーンはミュージカル『ショー・ボート』を作曲した際、音楽キャリアの頂点に達した。

赤字部分の単語の同義語を(A)〜(D)の中から1つ選んでください。 🔊 524-527

Q.524 The **specks** of a meteorite found in Australia revealed that the
atmospheric chemical makeup of prehistoric Earth had been largely
different than previously believed.

- (A) microorganisms
- (B) cracks
- (C) particles
- (D) photographs

Q.525 The federal program on malaria control during World War II evolved
into a new **entity**, the Centers for Disease Control and Prevention
(CDC), in 1946.

- (A) hospital
- (B) field
- (C) industry
- (D) establishment

Q.526 Since the discovery of their remains in 1829, the **prejudice** against
Neanderthals has been so deep-rooted that the word Neanderthals
is considered an insult.

- (A) anger
- (B) discrimination
- (C) behavior
- (D) indifference

Q.527 The Fourteen Points, a declaration made by U.S. President
Woodrow Wilson, urged other nations to increase transparency with
regards to international **pacts**.

- (A) negotiations
- (B) organizations
- (C) markets
- (D) treaties

学習歴 (/) (/) (/) (/) (/)

Q.524 ★★ 　　　　　　　　　　　　　　　　正解 (C) particles

specks（speck）は「①粒子　②小さな点」。なお specifications「（機械の）性能、仕様書」の短縮形の spec（s）と混同しないように。(A)の「微生物」は小さいという意味では正解と共通ですし、隕石から想像されるイメージとしては有り得ますが、TOEFL の単語問題は文脈ではなく単語の意味そのものが重要です。(B)は「割れ目」なので明らかに「粒子」とは異なります。(D)の「写真」は（オーストラリアで発見された隕石の写真）と自然ですが、明らかに別物です。
【その他の同義語】grain, small piece

[訳] オーストラリアで発見された隕石の粒子は、古代の地球における大気の化学的構成が以前信じられていたものとは大きく違っていたことを示した。
　※ 隕石は、meteorite：（地面に落下した状態の）隕石、meteor：（大気圏に入り落下中の）隕石、meteoroid：（宇宙空間を飛行中の）流星体、の３つに分かれます。多い！

Q.525 ★★ 　　　　　　　　　　　　　　　正解 (D) establishment

entity は「①団体、実在物　②存在」。(A)の「病院」は「団体」の一つではありますが、役割（意味）として限定され過ぎています。(B)の「分野」は例えば「医療、スポーツなどの分類」なので「団体」とは違います。(C)の「産業」も「医療産業、スポーツ産業」などがありますが、「団体の集合体」なので、entity「（個別の）団体」とは異なります。
【その他の同義語】institute, organization

[訳] 第二次世界大戦中のマラリア抑制のための連邦計画は 1946 年に新しい団体であるアメリカ疾病予防管理センターへと発展した。

Q.526 ★ 　　　　　　　　　　　　　　　　正解 (B) discrimination

prejudice は「偏見、先入観」。(A)の「怒り」は世の中には正当な"怒り"もあるはずなので、全ての"怒り"を"偏見"とするのは不自然です。(C)の「行動」は中立的な意味で、（ネガティブな意味の形容詞が付かなければ）この言葉には「偏見」の意味はありません。(D)の「無関心」は惜しいですが、文字通り「興味や関心が無い」程度の冷たい感情です。一方の「偏見、先入観」には dislike（嫌うこと）、hostility（敵意）といった強いネガティブな感情が含まれ得る点が違います。
【その他の品詞】他動詞：prejudice「〜に偏見を抱くようにさせる」
【その他の同義語】bigotry, intolerance, partiality

[訳] 1829 年の遺骨の発見以来、ネアンデルタール人への偏見は根強く、「ネアンデルタール人」という言葉は侮辱とみなされている。
　※ 日、英共に辞書では「野蛮な人」とも定義されています。う〜ん…。

Q.527 ★★★ 　　　　　　　　　　　　　　　正解 (D) treaties

pacts（pact）は「条約、協定」。同義語の(D)treaty 以外の語彙として重要です。(A)の「交渉」は惜しいですが、「交渉」はまだ「条約、協定」を締結していない状態なので同義にはできません。(B)の「組織」は問題文中では（国際組織）と自然ですが、「条約」ではありません。(C)の「市場」はやはり「条約」とは違うものです。
【その他の同義語】accord, agreement, convention

[訳] ウッドロー・ウィルソンアメリカ大統領による宣言である「十四か条の平和原則」は他国に対し、国際条約に関する透明性を高めるよう促した。

赤字部分の単語の同義語を(A)〜(D)の中から1つ選んでください。 🔊 528-531

Q.528 The Bauhaus, the German art school established in the 1910s, was the **vanguard** of modernist art, including architecture.

☐

- (A) gallery
- (B) forefront
- (C) tradition
- (D) collection

Q.529 Studying twins generates a crucial understanding of how genetic **endowments** and environmental factors influence personality development.

☐

- (A) risks
- (B) changes
- (C) qualities
- (D) tests

Q.530 Among the Eurasian nomads of 3,500 BC, the horse was viewed as an animal of **prestige**.

☐

- (A) status
- (B) peace
- (C) friendship
- (D) intellect

Q.531 Each DNA molecule consists of two **strands**, each one connected with a long sequence of bases.

☐

- (A) loops
- (B) balls
- (C) cells
- (D) strings

Q.528 ★★★ 　　　　　　　　　正解 (B) forefront

vanguard は「(文化や社会運動の)先導者、指導的地位」。(A)の「画廊、ギャラリー」は芸術の内容には適していますが、「先導者」といった意味とは無関係です。(C)の「伝統」は「昔の習慣などを現代・未来に伝える」ですが、vanguard をより明確にすると「新しい運動の先導者」の意味です。(D)の「コレクション、所蔵品」は芸術の文脈には自然ですが、「先導者」とは異なる性質のものです。

【その他の同義語】cutting edge, front line, spearhead(Q.293 では動詞として掲載), trailblazer (Q.459)

［訳］バウハウスとは 1910 年代に設立されたドイツの芸術学校であり、建築を含む現代芸術の先導的存在であった。

Bauhaus はドイツ語で「建築の家」を意味します。

Q.529 ★★ 　　　　　　　　　正解 (C) qualities

endowments(endowment) は「①素質、才能　②寄付」。(A)の「危険、リスク」は、問題文中では「遺伝的なリスクと環境的な要因」と意味は通じますが、「素質、才能」とは全く別の意味です。(B)の「変化」も「遺伝的な変化」と自然ですが、やはり「素質」ではありません。(D)の「テスト」も genetic test「遺伝子テスト」となり、これ自体は問題ないのですが、「素質」などとは同義にはなりません。

【その他の品詞】他動詞：endow「①(才能など)を授ける　②(団体など)に寄付を与える」
【その他の同義語】talent, faculty, gift

［訳］双子を研究することは遺伝的な素質と環境的な要因が人格形成にどのような影響を与えるかに関し貴重な理解をもたらす。

Q.530 ★★ 　　　　　　　　　正解 (A) status

prestige は「名声、威信」。(B)は「平和」で、馬のイメージには合うかもしれませんが、「名声≒平和」とするには意味の差が大きいでしょう。(C)の「友情」は「名声」共々、ポジティブな意味ですが同義にするのは不自然です。(D)は「知性、知力」で、やや惜しいですが、これは端的に言えば「頭の良さ」です。しかし、「頭が良い≒名声がある」とするのは無理があるでしょう。「頭が良くても残念ながら名声を得られない」場合もあり得ます。

【その他の品詞】形容詞：prestigious「名声のある」
【その他の同義語】eminence, importance, stature

［訳］紀元前 3500 年のユーラシア大陸の遊牧民の間では、馬は名声を示す動物として見られていた。

Q.531 ★★ 　　　　　　　　　正解 (D) strings

strands(strand) は「糸、縄」で今回は DNA の「2 本の鎖」を意味します。(A)は「輪、ループ」なので、これは「切れ目のない円形」です。DNA の 2 本の鎖はらせん状にねじれていますが、「輪」ではありません。(B)の「玉、球」は明らかに「糸、鎖」とは別です。(C)は「細胞」なので、問題文の内容には一見自然ですが、DNA は細胞の中にあるものですし、「糸、鎖」と同義にするのは無理があります。

【その他の同義語】filament, thread(Q.502)

［訳］それぞれの DNA 分子は 2 つの鎖で構成されており、それぞれは長い塩基対の列によりつながっている。

　※ base：图 塩基対

赤字部分の単語の同義語を(A)〜(D)の中から1つ選んでください。◀ 532-535

Q.532 The world's oldest form of **assembly** is found in Ancient Athens, where only adult males were allowed to participate.

(A) commerce

(B) trial

(C) gathering

(D) education

Q.533 The Golden Gate Bridge, spanning almost two miles between the northern end of the San Francisco Peninsula and Marin County, represents an incredible engineering **feat**.

(A) accomplishment

(B) skill

(C) experiment

(D) project

Q.534 Some chimpanzees exhibit savage behaviors: one group carries out a daring **raid** against another to gain food.

(A) mission

(B) invasion

(C) plan

(D) harassment

Q.535 The Janzen–Connell **hypothesis** explains how herbivores and predators keep the spread of particular trees in check and leave room for others to blossom, and has been widely supported since the 1970s.

(A) experiment

(B) research

(C) observation

(D) theory

学習歴 (/) (/) (/) (/) (/)

Q.532 ★ 正解 (C) gathering

assembly は「①集会、会合　②組み立て」。②同様、TOEFL では①も重要です。(A)は「商業、通商」。(B)は「①裁判　②ためし、試み」ですが、①をとっても「集会」と同義にすると混乱を招きます。(D)の「教育」は学校という制度を取れば人の集まりなので「集会」に近くはなりますが、「教育≒集会」と配置をすると不自然さが目立ちます。
【その他の品詞】assemble「自動詞：集合する　他動詞：①～を集合させる　②～を組み立てる」
【その他の同義語】conference, congregation（Q.237 では動詞として掲載）, meeting

［訳］世界最古の集会形式は古代アテネに存在し、そこでは成人男性のみが参加を許された。

Q.533 ★★ 正解 (A) accomplishment

feat は「偉業、手柄」の意味で、de が付くと「①敗北　②相手を負かす事」となります。feet（発音は同じ）と混同しないようご注意を。(B)は「技術」なので「能力」の意味ですが、「偉業」は成し遂げた「結果」なので同義にはなりません。(C)は「実験」なのでかなり意味の違いがあります。(D)は「計画」なので、これのみでは絶賛の意味である「偉業」と同義にはなりません。
【その他の同義語】achievement, attainment, fulfilment

［訳］サンフランシスコ半島の北端とマリン郡の間に約 2 マイル広がるゴールデンゲートブリッジは素晴らしい工学技術の偉業を象徴している。

Q.534 ★★ 正解 (B) invasion

raid は「①奇襲攻撃、突然の襲撃　②警察の捜索」。(A)の「使命、任務」には「他者から与えられた役目」の意味合いがありますが、raid にはこの点はありません。(C)の「計画」は中立的な意味合いなので、「奇襲、襲撃」は同義にするには意味が限定され過ぎています。(D)の「いやがらせ」はネガティブな意味としては正解同様ですが「攻撃、襲撃」といった「暴力行動」を伴わないタイプのハラスメントもあります。
【その他の品詞】他動詞＆自動詞：raid「①(～を)急襲する　②(～を)家宅捜索する」
【その他の同義語】aggression, assault, attack

［訳］チンパンジーの中には獰猛な行動をとるものが存在し、あるグループが他のグループへ大胆な奇襲攻撃をしかけ食べ物を手に入れる。
　※ savage：形 獰猛な

Q.535 ★★ 正解 (D) theory

hypothesis は「仮説、推測」。TOEFL の王道単語の一つです。(A)の「実験」は「仮説を立証するための手段」であり、「実験(手段)」と「仮説(実験の結果により導き出される結論)」の間には違いがあります。(B)の「研究」は「仮説発表までのプロセス」としては OK ですが、「仮説(研究の結果)」とは別です。(C)の「観察」もやはり、「"観察"の結果"仮説"ができる」事はあっても二者は同義にはなりません。
【その他の品詞】他動詞＆自動詞：hypothesize「(～と)仮定する」　形容詞：hypothetical「仮説の」

［訳］ジャンゼン・コンネル仮説は、草食動物や天敵がどのようにして特定の木の拡散を抑え他の植物が栄える余地を与えるかを説明し、1970 年代から幅広く支持されている。
　※「動物が木の周辺に落ちた種や若木を食べ、その木の他のエリアへの増殖を抑制する」という説です。
　※ keep ～ in check：句 ～を抑制する
　※ blossom：自動 栄える、花をつける(開く)

赤字部分の単語の同義語を(A)～(D)の中から1つ選んでください。 🔊 536-539

Q.536 Contrary to the popular belief that Albert Einstein single-handedly developed the general theory of relativity, he received a lot of help during its **genesis** from his friends and colleagues.

    (A) trial

    (B) beginning

    (C) midpoint

    (D) last stage

Q.537 In the 17th century, the British King issued an act to Colonial America in order to tightly regulate the **timber** trade and save the high-quality timber for export to Britain.

    (A) wood

    (B) tea

    (C) cotton

    (D) coal

Q.538 The Great Boston Fire of 1872, which razed 65 acres of the city's commercial district, provided a major **impetus** for introducing stricter building regulations.

    (A) compensation

    (B) requirement

    (C) incentive

    (D) permission

Q.539 Long before being designated as the national bird of the U.S., bald eagles had been held in **reverence** by Native Americans.

    (A) captivity

    (B) sympathy

    (C) awe

    (D) favor

学習歴 (/) (/) (/) (/) (/)

Q.536 ★★★　　　　　　　　　　　正解 (B) beginning

genesis は「①発端、形成、起源　②創世記」。(A)は「(性能を測定するための)テスト、トライアル」なので「形成、起源」といった「時期、タイミング」とは別であり、同時に trial には「始め」といった意味はありません。(C)は「中盤」なので、「時期、タイミング」の意味である点は OK ですが、その時期として別の意味です。(D)の「最終段階」も同様の理由により不正解となります。
【その他の同義語】creation, inception (Q.398), origin

[訳] アルバート・アインシュタインは一人で一般相対性理論を構築したとの通説とは逆に、初めには彼は友人や同僚から多くの援助を得た。
※ single-handedly：副 援助なしで、一人で　contrary (to)：副 〜とは逆に

Q.537 ★　　　　　　　　　　　　　正解 (A) wood

timber は「①材木　②樹木」。(B)の「お茶」は問題文に「イギリス」とあるので引っ掛かりやすいかもしれません。正解共々植物由来ですが同義にすると混乱を起こしてしまいます。(C)の「綿」も同様の理由により不正解となります。(D)の「石炭」は植物由来ですが、「材木」と同義にすると混乱を招きます。なお問題文にはヒントになる言葉を入れていないため、まさに語彙力勝負の問題でした。厳しいですが、こういった訓練の積み重ねも通して本試験に備えましょう。
【その他の同義語】log, lumber (Q.446)

[訳] 17 世紀、イギリス国王はアメリカ植民地向けに材木の通商を厳しく規制し、質の良い材木をイギリスへの輸出に確保するための法令を出した。

Q.538 ★★★　　　　　　　　　　　正解 (C) incentive

impetus は「(事態を動かす)きっかけ、勢い」。(A)は「賠償、償い」で、火事の内容には一見自然ですが、「厳格な建造物規制を導入する大きな賠償」と不自然です。(B)の「必要条件」は、例えば「TOEFL スコアは留学の必要条件」を「留学のきっかけ、勢い」と置き換えるのは不自然さが目立ちます。(D)の「認可、許可」も「勢い」と同義にするには差があり過ぎます。
【その他の同義語】encouragement, impulse, stimulus

[訳] 町の商業地域の 65 エーカーを焼き払った 1872 年のボストン大火はより厳格な建造物規制を導入する大きなきっかけになった。

Q.539 ★★★　　　　　　　　　　　正解 (C) awe

reverence は「崇敬、尊敬」。(A)は「捕らわれの身、拘束」。held in captivity の場合の hold は他の選択肢の場合とは異なり「〜を拘束する」で、held in captivity では「捕獲されている」となります。(B)は「同情心」で、かなり別の感情の意味となります。(D)は「好意、愛顧」で、正解同様、ポジティブな意味ですが、「好意、愛顧」に比べると「崇敬、尊敬」は程度が強く同義にするには差があります。今回は(C)の「畏怖、畏敬」が「closest in meaning (最も意味が近い)」となります。
【その他の品詞】他動詞：revere「〜を崇拝する、あがめる」
【その他の同義語】adoration, esteem (Q.462), veneration (Q.378)

[訳] アメリカの国鳥に指定されるずっと以前にハクトウワシはアメリカ先住民により崇められていた。
※ hold A in B：A を B に値すると思う

赤字部分の単語の同義語を(A)〜(D)の中から1つ選んでください。◀ 540-543

Q.540
☐ Istanbul, Turkey's most populous city, is known for its uniqueness since it reflects the historical **heritage** of the East and West.

(A) importance

(B) competition

(C) conservation

(D) tradition

Q.541
☐ People of the 17th century observed Kirch's Comet, one of the brightest comets of the century that approached the Sun, with **incredulity**.

(A) horror

(B) fascination

(C) skepticism

(D) respect

Q.542
☐ There is still a lot of **contention** about the exact reason for the volcanic activities of the Hawaiian Islands.

(A) uncertainty

(B) speculation

(C) interpretation

(D) disagreement

Q.543
☐ After World War II, the supply of chemical fertilizer to the military shifted towards civilian use to produce an abundant **harvest**.

(A) flour

(B) soil

(C) crop

(D) livestock

学習歴 (/)(/)(/)(/)(/)

Q.540 ★ 　　　　　　　　　　　　　　正解 (D) tradition

heritage は「①伝統、文化的遺産　②相続遺産」。(A) の「重要性」は文脈としては「東洋と西洋の歴史上の重要性を反映する」と自然ですが、言葉の順番を入れ替え「重要性≒伝統」とすると「全ての"重要性"は"伝統"である」と妙な定義になります。(B) の「競争」は「東洋と西洋の歴史上の競争を反映する」と理解は可能ですが、「伝統」とは異なります。(C) の「保護」は正解の「伝統」と共に「伝統を保護する」といった表現はありますが、二者は同義ではありません。
【その他の同義語】culture, legacy

［訳］トルコで最多人口の都市であるイスタンブールは東洋と西洋の歴史上の伝統を反映する特徴で知られている。

Q.541 ★★★ 　　　　　　　　　　　　正解 (C) skepticism

incredulity は「懐疑、容易に信じない気持ち」。(A) の「恐怖」は「懐疑」とは明らかに別の感情です。(B) は「魅惑、うっとりとした状態」で、これも「懐疑」ではないですね。動詞 fascinate の名詞形です。(D) の「尊敬」もやはり「懐疑」とは異質なものです。不正解の３つ共に感情の意味ではありますが、全て「懐疑、疑い」とは異なります。
【その他の品詞】形容詞：incredulous「①(人が) 容易に信じない　②(表情が) 疑り深い」
【その他の同義語】disbelief, doubt, suspicion

［訳］17 世紀の人々は、その百年間で最も明るい彗星の一つであるキルヒ彗星が太陽に近づくのを懐疑を抱きつつ見つめた。

日中でも観測可能だったほど明るく、ニュートンがケプラーの法則 (Kepler's laws) を立証するための参考の１つになっています。

Q.542 ★★ 　　　　　　　　　　　　　正解 (D) disagreement

contention は「①議論、口論　②主張、論点」。(A) は「不確実性」ですが、例えば「天気の"不確実性"」を「天気の"議論"」にすると不自然さが出てきます。(B) は「推測」で、「議論」という「言葉での言い争い」とは別です。(C) の「解釈、説明」は、問題文中では「原因に関してはまだ多くの解釈がある」と理解は可能ですが、これはあくまでも「理解、判断」の意味なので、「議論、口論」といった激しい言い争いとは別です。
【その他の品詞】contend「他動詞：〜と主張する　自動詞：①論争する　②争う」
形容詞：contentious「議論を巻き起こすような」
【その他の同義語】controversy, discord (Q.497), debate

［訳］ハワイ諸島沖の火山活動の正確な原因に関してはまだ多くの議論がある。
　※　the Hawaii hotspot と言われる火山地帯で、他の火山と違いプレートの境界線から離れているのが特徴です。

Q.543 ★ 　　　　　　　　　　　　　　　正解 (C) crop

harvest は「作物の収穫 (高)」。(A) の「小麦粉」は収穫された「作物」を精製して作られるので同義にはなりません。(B) の「土壌」は作物と違い食べ物でもないのでかなり意味の差が大きいです。(D) は「家畜」と動物なので「作物」ではありません。
【その他の品詞】他動詞＆自動詞：harvest「〜を収穫する / 収穫する」
【その他の同義語】produce, yield (Q.342 では動詞として掲載)

［訳］第二次世界大戦後、化学肥料の軍隊への供給は多量の作物を生産するため民間へとシフトした。

赤字部分の単語の同義語を(A)〜(D)の中から1つ選んでください。 ◀ 544-547

Q.544 The former U. S. Attorney General Francis Biddle declined the position as a representative to the United Nations Economic and Social Council amid **dissension** expressed by some senators.

☐

- (A) skepticism
- (B) opposition
- (C) disappointment
- (D) apprehension

Q.545 Riots and demonstrations over race issues typified much of the **upheaval** of 1960s America.

☐

- (A) disturbance
- (B) society
- (C) history
- (D) culture

Q.546 During the Georgia Gold Rush, huge gold reserves were discovered on a **tract** of land, where Native Americans lived for generations.

☐

- (A) large area
- (B) rich area
- (C) dry segment
- (D) small patch

Q.547 Despite her contribution to the discovery of pulsars, Jocelyn Bell Burnell was not awarded the Nobel Prize in Physics. Her fellow astrophysicists protested against this **oversight**.

☐

- (A) inattention
- (B) arrogance
- (C) nomination
- (D) discrimination

学習歴 (/) (/) (/) (/) (/)

Q.544 ★★★ 　　　　　　　　　正解 (B) opposition

dissension は「意見の反対、意見の相違」。(A)は「懐疑(的な考え)」なので「反対」と同様にネガティブな意味ですが、言い換えると「ある事に対し本当(真実)かどうか疑っている事」なので、「意見の反対」とは別です。(C)の「落胆」はかなり違いが明確です。(D)も「(何か悪いことが起こるかもしれない、という)心配、懸念」で、「意見の反対」ではありません。
【その他の品詞】自動詞：dissent「異議を唱える」　名詞：dissent「(主に公権力への)異議」
【その他の同義語】contention(Q.542), discord(Q.497), friction(Q.490)

[訳] 元アメリカ司法長官のフランシス・ビドルは何人かの上院議員が反対を表明する中、国連経済社会理事会の代表としての職を辞退した。
　※　amid：前置詞 ～の最中に

Q.545 ★★★ 　　　　　　　　　正解 (A) disturbance

upheaval は「(社会や政治の)大混乱、大変動」。(B)の「社会」は「1960年代のアメリカの社会の大部分」で自然な内容ですが、「大混乱」とは全く別です。(C)の「歴史」も同様の理由により不正解となります。(D)の「文化」も、「"大混乱"を引き起こすような"文化"」もあり得ますが、単語の意味として「混乱≒文化」は極端な定義付けです。
【その他の同義語】disarray(Q.452), turmoil, uproar

[訳] 人種問題をめぐる暴動やデモは1960年代のアメリカの大混乱の大部分を象徴していた。
　※　typify：他動 ～を象徴する、～の典型となる

Q.546 ★★★ 　　　　　　　　　正解 (A) large area

tract は「①広い土地　②(空や海の)広がり」。(B)の「肥沃なエリア」は「肥沃な」と正解の「広い～」が相容れません。(C)の「乾燥した区画」は「乾燥」と「広い」が全く合いません。(D)の「狭い一区画」は「狭い」と「広い」が真逆の関係になっています。
【その他の同義語】expanse, extent, stretch

[訳] ジョージア・ゴールドラッシュ中、巨大な金の埋蔵が、アメリカ原住民が何世代にもわたり住んでいた広い土地の上に見つかった。

1830年代に活況を呈した採掘も1840年代にはカリフォルニアのブームに取って代わられました。

Q.547 ★★★ 　　　　　　　　　正解 (A) inattention

oversight は「①過失、見落とし　②監督、監視」。①と②ではかなり意味が異なりますので文脈で判断しましょう。(B)は「傲慢さ」で、「過失」共々ネガティブな意味ではありますが、「全ての"過失"とは"傲慢さ"のこと」との定義はかなり極端です。(C)の「ノミネーション、推薦」はノーベル賞に関する内容で使われるには違和感はありませんが、「過失」ではありません。(D)の「差別」は「同僚の天文物理学者達はこの差別に対し抗議をした」と、意味はいたって自然で選ぶのも無理のない選択肢ですが、「過失、見落とし」と同義にするには程度が強すぎます(今回はinattention があります)。
【その他の同義語】carelessness, fault, negligence

[訳] パルサーの発見に対する貢献にもかかわらず、ジョスリン・ベル・バーネルはノーベル物理学賞を与えられず、同僚の天文物理学者達はこの過失に対し抗議をした。
　※　pulsar：名 パルサー　短い間隔で電磁波を発する天体

赤字部分の単語の同義語を(A)〜(D)の中から1つ選んでください。 ◀ 548-551

Q.548 As a rule, researchers are required to obtain the informed **consent** of the participants in a study.

- (A) opinion
- (B) permission
- (C) analysis
- (D) advice

Q.549 The painter Robert Henri was a leading member of the Ashcan School, an art movement with a great **zeal** for vivid portrayals of poor New York districts.

- (A) respect
- (B) passion
- (C) talent
- (D) reputation

Q.550 The National Museum of the American Indian building is noted for its curved lines depicting natural rock formations, and stands as **a testimony to** the unique cultures and traditions of Native Americans since its opening in 2004.

- (A) the value of
- (B) the confidence in
- (C) the evidence of
- (D) the cost of

Q.551 By the third quarter of the 19th century, iron production had become the **backbone** of the U.S. economy.

- (A) modernized sector
- (B) declining sector
- (C) oldest sector
- (D) major sector

学習歴 (/) (/) (/) (/) (/)

Q.548 ★★ 　　　　　　　　　　　　　　　　正解 (B) permission

consent は「同意、承諾」。informed consent「告知に基づく同意」は近年医療ではカタカナで使われつつあります。なお、カタカナ語の「コンセント」は和製英語で、英語では outlet, socket です。(A)の「意見」と「同意」との差は明確です。informed opinion「見聞に基づいた意見」として使われます。(C)「分析」、(D)「助言」共に「同意」とは別ですね。

【その他の品詞】自動詞：consent「同意する」
【その他の同義語】agreement, approval, assent

［訳］一般に研究者は研究において告知に基づく参加者の同意を得ることを要求される。

Q.549 ★★★ 　　　　　　　　　　　　　　　正解 (B) passion

zeal は「熱意、熱心」。(A)は「尊敬、敬意」。問題文中では「躍動的な描写に対する強い尊敬」で理解はできますが、例えば「英語学習への"熱意"」を「英語学習への"尊敬"」としたら妙ですね。(C)の「才能」は「躍動的な描写に対する素晴らしい才能」となり自然ですが、「"熱意"があっても残念ながら"才能"には恵まれない」場合もあり得ます。(D)の「①評判　②名声」の②は「熱意、熱心」と同様、ポジティブな意味ですが、やはり「熱意≒名声」は妙ですね。「熱意」は「自ら持つもの」ですが、「名声」は「他者からの評価」も関連します。

【その他の品詞】形容詞：zealous「熱心な、熱狂的な」, overzealous「熱心すぎる」
【その他の同義語】eagerness, fervor(Q.400), spirit

［訳］ロバート・ヘンライはアシュカン派というニューヨークの貧困地域の躍動的な描写に対する強い熱意を持つ芸術運動の主要なメンバーであった。

Q.550 ★★ 　　　　　　　　　　　　　　　　正解 (C) the evidence of

testimony は「①証し、証拠　②(裁判での)証言」。to を伴い「〜の証し」となります。(A)の「価値、値打」は「自由の価値として存在している」と意味は通じますが、「自由の証しとして存在している」とは別です。(B)は「①信頼、信用　②自信、確信」で、①②共に人の強い感情に起因する言葉ですが、これは「証し、証拠」には含まれません。(D)の「①費用　②犠牲、損失」は「証し」とはだいぶ性質の違った言葉になります。

【その他の品詞】他動詞&自動詞：testify「〜を証言する / 証言する」
【その他の同義語】proof, testament, demonstration

［訳］アメリカ・インディアン国立博物館の建物は自然の岩層を表現する曲線で有名であり、2004年の開館以来、アメリカ先住民のユニークな文化と伝統の証しとして存在している。

Q.551 ★ 　　　　　　　　　　　　　　　　　正解 (D) major sector

backbone は「①主力、中心勢力　②背骨」。スペルから②はイメージできたかもしれませんが、①の意味も重要です。今回は(D)の「主要な部門」が最も近い物です。(A)の「近代化された部門」は、言葉のイメージとしては正解共々ポジティブな意味ですが「どんな物でも"近代化"されると必ず"主力"になる」かと言えば、これに当てはまらない事態もあり得ます。(B)は「衰えている部門」なので逆の意味に近いです。(C)の「最も古い部門」ですが、(A)と同様に「全ての"最も古い"物が"主力"であるか」と言えばそうではない場合もあり得ます。

【その他の同義語】foundation, mainstay

［訳］19世紀の第3四半期には製鉄はアメリカ経済の主力になった。

赤字部分の単語の同義語を(A)～(D)の中から1つ選んでください。 ◀ 552-555

Q.552 Astronomers have been speculating what created Valles Marineris,
☐ a collection of deep **trenches** on Mars, which run for 4,000
kilometers.

(A) craters
(B) trails
(C) ditches
(D) caves

Q.553 Humboldt squids have a large **aggregation** of glowing organs
☐ which enable them to communicate with each other under the dark
deep-sea environment.

(A) pair
(B) section
(C) variety
(D) cluster

Q.554 Although it had already been regarded as a masterpiece by the art
☐ critics in France, the Mona Lisa achieved global fame after its **theft**
in 1911.

(A) repair
(B) stealing
(C) auction
(D) discoloration

Q.555 The automobile production in the US gained **momentum** after the
☐ introduction of the assembly line in the 1910s.

(A) publicity
(B) funding
(C) acceptance
(D) energy

Q.552 ★★   正解 (C) ditches

trenches(trench)は「①（深い）溝、くぼみ　②海溝」です。(A)の「クレーター」は形としてご存じの通り「円形」なので、trench の「細長い」とは違っています。また隕石などの衝突によって作られるものと定義されますが、trench にはこれは当てはまりません。(B)は「①引きずった跡、痕跡　②（踏みならされてできた）道」で、trench には「引きずった〜、踏みならされた〜」の意味はありません。また、trail には「深い〜」の意味はありません。(D)は「ほら穴、洞窟」で、これは山斜面の中に横方向に出来ていますが、trench は「地面の中の細長い溝、くぼみ」です。

【その他の同義語】channel, gutter

[訳] 天文学者は火星上に4千キロに渡って続く多数の深い溝であるマリネリス峡谷を作ったのは何であるのかを推測している。

Q.553 ★★★   正解 (D) cluster

aggregation は「集団、集合体」。(A)の「組」は問題文中では「光る内臓で出来た大きな1組」となり、「集団」よりは明らかに数が少なくなっています。(B)の「部分」は「光る内臓の大きな部分」となり、「集団」とは異なった性質です。(C)の「種類、多様性」はやや惜しいですが、「集団」に含まれる「密集した状態」の意味がありません。バラバラに存在しても variety です。

【その他の品詞】aggregate「他動詞：〜を集める　自動詞：集合する」

【その他の同義語】accumulation（Q.204 では動詞として掲載）, collection, group

[訳] アメリカオオアカイカは光る内臓で出来た大きな集合体を有し、それは暗い深海の環境でお互いに意思疎通をすることを可能にする。

Q.554 ★★   正解 (B) stealing

theft は「盗み、窃盗」。泥棒は thief です。(A)の「修復」は絵画には当てはまりますが、「盗み、窃盗」ではありません。(C)の「オークション」も「盗み」と同義にしては混乱を招いてしまいます。(D)は「変色」でした。discolor で自動詞「変色する」、他動詞「〜を変色させる」です。

【その他の同義語】larceny

[訳] フランスの芸術評論家の間ではすでに傑作とみなされていたが、モナリザは1911年の盗難事件以降、世界的な名声を得た。

※ 犯人は元美術館職員で2年後にイタリアで発見されましたが、その間はピカソが取り調べを受けるなど大騒ぎでした。

Q.555 ★★★   正解 (D) energy

momentum は「勢い、はずみ」。(A)の「宣伝」はやや惜しいですが、これは「世間の注目」で、「勢い、はずみ」は「事態を前に進める、物を動かす」ものなので(D)energy が最適となります。(B)は「資金」なので、「自動車生産を勢いづけるための要素の一つ」にはなりますが、言葉の定義として「勢い≒資金」は不自然です。(C)は「①喜んで受け入れること　②（考えの）受け入れ、容認」で①がやや惜しいですが、これは「外から来る人・物を歓迎する」で、「勢い、はずみ」の「事態を前に進める、物を動かす」とは異なります。

【その他の同義語】impetus（Q.538）, impulse, stimulus

[訳] アメリカでの自動車生産は1910年代の流れ作業の導入以来勢いを増した。

赤字部分の単語の同義語を(A)〜(D)の中から1つ選んでください。 📢 556-559

Q.556 Kepler-186f, the newly discovered planet in the constellation Cygnus, holds **clues** indicating it may be hospitable to life.

(A) expectations

(B) hints

(C) facts

(D) features

Q.557 Violinist Jascha Heifetz, one of the best violinists of all time, displayed a great **aptitude** for the instrument at an early age.

(A) curiosity

(B) passion

(C) respect

(D) faculty

Q.558 *The Legend of Sleepy Hollow*, a story that gave the reader a real **fright**, was written by Washington Irving while he was staying in England.

(A) grief

(B) entertainment

(C) excitement

(D) terror

Q.559 Improvement in **sanitation**, including safe disposal of sewage, has been one of the main contributors to explosive population growth since the 19th century.

(A) nutrition

(B) cleanliness

(C) city planning

(D) agriculture

学習歴 (/) (/) (/) (/) (/)

Q.556 ★ 　　　　　　　　　　　　　　　　　　　正解 （B） hints

clues（clue）は「手掛かり、かぎ、糸口」。(A)の「予測、期待」は人間の感情なので、「手掛かり」といった情報とは言葉の性質が異なります。(C)の「事実」は断定的な情報なので「手掛かり」と同義にはできません。(D)は「特徴、特色」。「生命が居住可能であるかもしれない事を示す特徴を有している」と一見 OK ですが、二者の順番を入れ替え、「TOEFL の"特徴"」を「TOEFL の"手掛かり"」と変えてみると同義にはならない事がわかります。

【その他の品詞】形容詞：clueless「理解をしていない、知識を有していない」
【その他の同義語】indication, lead, sign

［訳］白鳥座に発見されたケプラー 186f は生命が生息可能であるかもしれない事を示す手掛かりを有している。
　※ hospitable：形 居住可能な、快適な　constellation：名 ①星座　②集団　Cygnus：名 白鳥座

Q.557 ★★★ 　　　　　　　　　　　　　　　　　　正解 （D） faculty

aptitude は「才能、適正、素質」。(A)は「好奇心」、つまり「何かを知りたいという欲求」なので「才能」とは別です。(B)は「情熱」で、「情熱≒才能」になればいいと個人的には思うのですが、"情熱"があるから必ずしも"才能"がある」とはならないのが残念ながら現実なので同義にするには無理があります。(C)は「尊敬」。なお、(D)faculty には ①学部　②教授陣、全教職員」の意味もあります。

【その他の同義語】endowment（Q.529）, facility, gift

［訳］史上最高のヴァイオリニストの 1 人であるヤッシャ・ハイフェッツは楽器に対する才能を若い時から示していた。

Q.558 ★★ 　　　　　　　　　　　　　　　　　　　正解 （D） terror

fright は「恐怖」。flight ではありませんのでご注意を。(A)の「悲嘆、悲しみ」は同じ感情に関するものでも「恐怖」とは別です。(B)は「娯楽」ですが、ある種の娯楽（映画・遊園地など）は「恐怖」を提供するものもありますが、同義にはなりません。(C)は「興奮」です。

【その他の品詞】他動詞：frighten「〜を怖がらせる」　形容詞：frightful「恐ろしい」
【その他の同義語】dread（Q.296 では動詞として掲載）, fear, horror

［訳］読者に真の恐怖を与えた『スリーピー・ホロウ』はワシントン・アーヴィングがイギリスに滞在していた際に書かれた。

話の舞台は 18 世紀のアメリカで、数回にわたり映画化されています。

Q.559 ★★★ 　　　　　　　　　　　　　　　　　　正解 （B） cleanliness

sanitation は「公衆衛生、衛生設備」。(A)は「栄養」で、日本では栄養、食べ物を公衆衛生に含める考え方もありますが、英単語の具体的な定義は「① clean water supply（きれいな水の供給）　② sewage disposal system（下水処理制度）　③ removal of waste（ゴミの除去）」の 3 点なので、英単語の意味としては(B)cleanliness が最も近いものです。いや〜、厳しいですが、今のうちに正確に理解し、本試験時に楽に解答しましょう。(C)の「都市計画」には「公衆衛生」が含まれ得ますが、同義にするには意味の定義が広すぎます。(D)は「農業」でした。

【その他の同義語】hygiene

［訳］安全な下水の処理を含む公衆衛生における改善は 19 世紀の爆発的な人口増加の主な要因の一つである。

赤字部分の単語の同義語を(A)～(D)の中から1つ選んでください。 ◀ 560-563

Q.560 Most gasses do not have a characteristic **odor** in their natural state; chemical substances are added to enable people to detect leaks.

(A) color

(B) vapor

(C) weight

(D) smell

Q.561 Lowell, Massachusetts became known as the center of the American Industrial Revolution after **textile** mills were built in the 1820s.

(A) fabric

(B) paper

(C) steel

(D) flour

Q.562 Until the **advent** of the printing press in the 15th century, books were copied by hand, which made them out of reach of ordinary people.

(A) accuracy

(B) arrival

(C) comeback

(D) improvement

Q.563 Three large masts gave clipper ships greater **thrust** and speed than other sailing ships of the 19th century.

(A) lift

(B) distance

(C) push

(D) weight

学習歴 (/) (/) (/) (/) (/)

Q.560 ★ (D) smell

odor は「(特に不快な)匂い、香り」。order「命令」と混同しないようご注意を。なお「不快な」が主な意味なので、辞書では同義とされることのある aroma, scent, fragrance の使用は要注意です。(A)の「色」は問題文中では「ほとんどのガスは色がなく」と自然ですが、「匂い」ではありません。(B)は「蒸気」で、vaporize は「他動詞：〜を蒸発させる　自動詞：蒸発する」です。(C)は「重量」。

[訳] ほとんどのガスは自然の状態では特徴のある匂いはなく、人にガス漏れを気付かせるために化学物質が加えられている。

Q.561 ★★ (A) fabric

textile は「織物、布地」。(B)の「紙」は「紙工場」と自然ですが、「織物」とは別です。(C)の「鋼鉄」も「工場」と共に使うことは自然ですが、物として全く別です。(D)は「小麦粉」でした。簡単に答えが見つからないよう、ヒントになる単語はあえて入れていません。「the 語彙問題」です。ここで本当の意味の語彙力を身に付けましょう。
【その他の同義語】cloth

[訳] マサチューセッツ州ローウェルは 1820 年代に織物工場が建造されて以来、アメリカ産業革命の中心として知られるようになった。
　※　mill：名 製造工場、製粉所

Q.562 ★★★ (B) arrival

advent は「出現、到来」。(A)は「正確さ」で「印刷機による正確さ」と理解はできますが、「印刷機の出現」とは異なります。(C)は「復活」なので、「一度消えた(人気がなくなった)」という前提を含みますが、「出現」にはその点はありません。(D)の「改善」は問題文中では「印刷機の改善」、つまり「すでに存在していた印刷機の質が良くなった」となり「出現、到来」と矛盾します。
【その他の同義語】appearance, emergence, introduction

[訳] 15 世紀の印刷機の出現までは本は手により複製され、一般の人々には手の届かないものであった。

Q.563 ★★ (C) push

thrust は「①推進力　②ぐっと押す事」。(A)は「揚力(ようりょく)、持ち上げる力」の意味があるので船に関して使われることもありますが、これは「水に浮かぶ力」なので「推進力(前に進む力)」とは別です。(B)の「距離」は船の航続距離として理解できますが、やはり「推進力」とは異なります。(D)は「重量」です。
【その他の品詞】他動詞：thrust「①(突然) 〜をぐいと押す、突っ込む　②〜を突き刺す」
【その他の同義語】impetus(Q.538), momentum(Q.555), propulsion(Q.388)

[訳] 3 つの大きなマストはクリッパー船に他の 19 世紀の帆船よりもより大きな推進力とスピードを与えた。

赤字部分の単語の同義語を(A)〜(D)の中から1つ選んでください。🔊 564-567

Q.564 ☐ Ethnologist Thor Heyerdahl visited Easter Island to prove the **premise** of his theory that people from South America originally settled on the island.

(A) existence

(B) summary

(C) assumption

(D) formulation

Q.565 ☐ Thomas Edison's **penchant** for developing new devices resulted in over 1,000 patents in the US and other countries.

(A) liking

(B) talent

(C) research

(D) fame

Q.566 ☐ According to a psychological theory, when smokers find a **discrepancy** between their smoking habits and their desire for good health, some of them solve the problem by finding reasons to justify their smoking habit.

(A) relationship

(B) confusion

(C) comparison

(D) contradiction

Q.567 ☐ Maria Montessori developed an educational program in which young children learn basic skills in reading, writing, and **arithmetic**.

(A) conversation

(B) exercise

(C) socialization

(D) calculation

学習歴 (/) (/) (/) (/) (/)

Q.564 ★★ 　　　　　　　　　　正解 （C) assumption

premise は「①（〜という）前提、根拠　②家屋敷、（土地・付属物付きの）建物」。「ある推論を証明するための基本前提」というのが意味の趣旨です。今回は「〜という仮定」を意味する assumption が最も近い意味になります。（A)の「存在」は「自らの理論の存在を証明する」となりますが、どんな理論であれ提唱すれば「存在」はしますし「それが正しいかは別問題」、「基本前提」とは別です。（B)は「要約」ですが、「基本前提、根拠」とはかなり異なった意味です。（D)は「公式化、考案」ですが、今回は「理論を考案する行為、考案する過程」なので、「前提」という「理論の内容に関する言葉」とは別物です。

[訳] 民族学者トール・ヘイエルダールは元は南アメリカから来た人々がイースター島に入植したという自らの理論の前提を証明するために島を訪れた。

Q.565 ★★★ 　　　　　　　　　　正解 （A) liking

penchant は「嗜好（しこう）、強い好み」。（B)の「才能」は、「人が何かを自然にうまくできる能力」であり、「嗜好」とは「当人の好み、何かをしたがる傾向」です。何かに対する"好み、傾向"があるから必ず"うまくできる"とは残念ながら限りません。（C)の「研究」は「嗜好」とは別の性質の言葉です。（D)の「著名、名声」は意味として「嗜好」の中には含まれません。
【その他の同義語】inclination, predilection, preference

[訳] トーマス・エジソンの新機器開発への嗜好はアメリカと他の国々での１千以上の特許という結果になった。

Q.566 ★★★ 　　　　　　　　　　正解 （D) contradiction

discrepancy は「矛盾、食い違い、相違」。（D)の動詞形は contradict「他動詞：〜と矛盾する　自動詞：矛盾する」です。（A)の「関係」は中立的な意味合いで「矛盾」というネガティブな意味はありません。（B)の「混乱」を言い換えると「不明確さ」です。一方、正解の「不一致」は例えば「データ A とデータ B は矛盾している」といった状況があり得ますが、これは「矛盾していることが判明している」ので「不明確さ（混乱）」はありません。（C)の「比較」もやはり「A と B を比べる」といった文字通りの意味なので、「不一致」ではありません。
【その他の品詞】形容詞：discrepant「矛盾している」
【その他の同義語】difference, dissimilarity, inconsistency

[訳] ある心理学理論によると、喫煙者が喫煙癖と良い健康への願いとの間の矛盾に気が付くと、彼らの中には喫煙癖を正当化する理由を見つけることによりその問題を解決する人がいる。

Q.567 ★ 　　　　　　　　　　正解 （D) calculation

arithmetic は「算数、計算」。（A)は「会話」、（B)は「運動」で共に「計算」とは大きく異なります。（C)は「社交的な交流」。
【その他の品詞】形容詞：arithmetical「算数に関する」

[訳] マリア・モンテッソーリは子供たちが読み、書き、算数の基本能力を習うための教育プログラムを開発した。

20 世紀前半に形成された子供の自発性に任せた教育法で、日本を含め世界中に施設があります。

赤字部分の単語の同義語を(A)〜(D)の中から1つ選んでください。🔊 568-571

Q.568 During the Victorian era, finding new varieties of orchids bordered
on an **obsession** for the rich. So-called "orchid hunters" were
regularly sent overseas to find new varieties.

 (A) entertainment

 (B) addiction

 (C) income

 (D) entitlement

Q.569 At the end of the 18th century, the negotiations between the U.S.
and France over the U.S.-Britain peace treaty reached a diplomatic
impasse.

 (A) deadlock

 (B) settlement

 (C) compromise

 (D) failure

Q.570 In the mid-19th century New York City, a group was formed by
several people who were determined to promote the **virtues** of
vegetarianism.

 (A) concepts

 (B) merits

 (C) recipes

 (D) dishes

Q.571 The loss of a $125 million spacecraft, a major **blunder**, was caused
because NASA used the metric system, while the manufacturer
used the English system to operate the craft.

 (A) mistake

 (B) tragedy

 (C) mission

 (D) crisis

学習歴 (/) (/) (/) (/) (/)

Q.568 ★★　　　　　　　　　　　正解　（B）addiction

obsession は「①執念　②取りつかれること」。「①熱中　②中毒」の(B)が正解となります。
(A)の「娯楽」は「新しいランの花の種を見つけることは娯楽に近いもの」となり意味は通じますが、「執念」は同義にするには意味が強すぎます。(C)は「収入」なので、言葉の性質が異なります。(D)は「(付与される)資格、権利」なので、「執念」とは全く違いますね。
【その他の品詞】他動詞：obsess「(妄想など)〈人に〉取りつく」　形容詞：obsessive「取りつかれたような」
【その他の同義語】infatuation, preoccupation

[訳] ヴィクトリア朝時代において新しいランの花の種を見つけることは富裕層にとって執念に近いものであった。新しい種を見つけるために、いわゆる "ランの花ハンター" が定期的に海外へ派遣された。

※ border (on)：[自動]〜に近い

Q.569 ★★★　　　　　　　　　　正解　（A）deadlock

impasse は「袋小路、行き詰まり」。(B)の「①解決、和解　②定住」は①が内容的には合いますが、「袋小路」とは逆に近いものです。(C)の「妥協」は「双方が譲って決着させる」事なので、これまた「袋小路」とは大きく違います。(D)の「失敗」は惜しいですが、正解の「袋小路」は「進捗がない状態」であるものの、まだ「失敗」と決まった状態ではありませんので、同義にすると誤解を招くことになります。
【その他の同義語】dead end, stalemate, standstill

[訳] 18世紀の終わりに米英平和条約をめぐる米仏の交渉は外交上の袋小路に陥った。

Q.570 ★★　　　　　　　　　　　正解　（B）merits

virtues(virtue) は「①美点、長所　②美徳、高潔さ」。(A)の「構想、コンセプト」には「美点」に含まれるポジティブな意味はありません。(C)の「レシピ、調理法」は「菜食主義のレシピ」となり自然ですが、「美点≒レシピ、調理法」と定義すると virtues は食べもの関連以外には使えなくなってしまいます。この点の不自然さは(D)の「料理」でも同様です。
【その他の品詞】形容詞：virtuous「高潔な」
【その他の同義語】advantage, excellence, strength

[訳] 19世紀半ばのニューヨーク市で菜食主義の利点を広める決意を固めた人々によりグループが形成された。

Q.571 ★★★　　　　　　　　　　正解　（A）mistake

blunder は「大失敗、へま」。The loss of a $125 million spacecraft「1億2,500万ドルの宇宙探査機の消失」とあるので、ネガティブな意味である所までは選択肢を絞れます。(B)の「悲劇」には「大失敗、へま」に含まれる批判的なトーンがありません。(C)の「使命、任務」にはネガティブな意味がないのですぐに候補から外れます。(D)の「危機」は「危険」の類なので、「(人による)失敗、ミス」の意味がありません。
【その他の同義語】error, fault

[訳] 大失敗である1億2,500万ドルの宇宙探査機の消失は探査機の操作に NASA がメートル法を使い、製造業者がヤードポンド法を使ったが故に引き起こされた。

1999年に火星に突入した探査機消失の原因とされています。

赤字部分の単語の同義語を(A)〜(D)の中から1つ選んでください。 ◀ 572-575

Q.572 Although the **poll** conducted in 1824 accurately predicted that
Andrew Jackson would win the popular vote to become the U.S.
President, the margin of victory was so small that it necessitated an
election in the House of Representatives.

(A) debate
(B) survey
(C) review
(D) experiment

Q.573 During the 15th century, the **bulk** of the spice trade in the Middle
East was controlled by Venice.

(A) majority
(B) route
(C) entirety
(D) supply

Q.574 New Amsterdam was established in the 17th century by Dutch
inhabitants on the southern tip of Manhattan Island.

(A) residents
(B) merchants
(C) workers
(D) nobles

Q.575 Female reindeer display great **perseverance** during winter because
they carry a high percentage of body fat.

(A) appetite
(B) patience
(C) intelligence
(D) productivity

学習歴 (/) (/) (/) (/) (/)

Q.572 ★ 　　　　　　　　　　正解 （B） survey

poll は「①世論調査　②選挙　③投票数」。(A)は「討論、ディベート」なので、大統領選挙の内容には自然ですが、「世論調査」ではありません。(C)は「①(制度などの)見直し、再検討　②批評」。poll は「人の意見の採集」なので、①をとっても「制度の見直し」とは異なります。(D)は「実験」。

[訳] 1824 年に行われた世論調査はアンドリュー・ジャクソンが一般投票で勝ってアメリカ大統領に当選すると正確に予測したが、あまりの僅差であったために下院での選挙を必要とした。
　※ 半数以上の electors（選挙人）を獲得できない場合、下院が大統領、上院が副大統領を選出します。
　※ the House of Representatives：图 下院

Q.573 ★★ 　　　　　　　　　　正解 （A） majority

bulk は「大半、大部分」。(B)の「ルート、航路」は、「香辛料貿易のルートはヴェネツィアにより支配されていた」と意味は自然ですが、明らかに量的な意味とは異なります。(C)は「全体、全部」なので、これは逆に多すぎます。(D)の「供給」は「香辛料の貿易の供給」と意味は通じますが、これでは「大半」といった「量」は判断できません。
【その他の同義語】most, the largest part

[訳] 15 世紀の間、中東における香辛料の貿易の大半はヴェニスによって支配されていた。

Q.574 ★★ 　　　　　　　　　　正解 （A） residents

inhabitants(inhabitant) は「住民、居住者」。(B)は「商人」と職業に関するものなので、「住民」と同義にするには差がありすぎます。なお、merchandise で「商品」、他動詞の「〜を取引する、売買する」となります。(C)の「労働者」は(B)よりも一般的な言葉ですが、「住民」の中には「労働者」以外も含むはずですね。(D)は「貴族」でした。
【その他の品詞】自動詞：inhabit「住む、居住する」
【その他の同義語】dweller, occupant

[訳] ニューアムステルダムは 17 世紀にマンハッタン島の南端のオランダ人住民により作られた。
　※ 1664 年にイギリスが領有し、ニューヨークと改名しました。

Q.575 ★★ 　　　　　　　　　　正解 （B） patience

perseverance は「忍耐(力)」。(A)は「食欲」で、「かなりの食欲を発揮する」と自然ですが、「忍耐」ではありません。(C)の「知性」も「かなりの知性を発揮する」となりますが「忍耐」との差は明確です。(D)の「生産力」も「忍耐(耐えること)」とは異なります。
【その他の品詞】自動詞：persevere「我慢する」
【その他の同義語】endurance, persistence（Q.128 では動詞として掲載）, tenacity

[訳] メスのトナカイは高い割合の体脂肪を有しているので、冬の間、かなりの忍耐力を発揮する。

トナカイはこの体脂肪を燃焼しながら冬を越します。

赤字部分の単語の同義語を(A)～(D)の中から1つ選んでください。 🔊 576-579

Q.576 ☐ Analyses on the hand bones of Neanderthals suggest that they possessed a **knack** for handwork, which requires high precision.

(A) preference

(B) need

(C) skill

(D) wish

Q.577 ☐ As more private companies venture into the space industry, the manned mission to Mars has been within the **realm** of possibility.

(A) area

(B) opening

(C) age

(D) edge

Q.578 ☐ In 1992, a huge comet approaching Jupiter was broken apart by Jupiter's gravity, and the **residue** left huge marks on Jupiter's surface.

(A) shadows

(B) crusts

(C) gaps

(D) leftovers

Q.579 ☐ Two galaxies, located more than one billion light-years from the Earth, gradually merged into one; the newly formed galaxy looks like a pale **smudge** in space.

(A) stain

(B) lamp

(C) ring

(D) disk

Q.576 ★★★ 正解 （C） skill

knack は「こつ、才能、技巧」。(A)の「好み」は「手作業への好みを有していた」として意味は通じますが、"好み"があるからと言って必ずしも"こつ、才能"があるとは限りませんので、同義にはなりません。(B)は「必要性、入用」なので、全く別の性質の言葉です。(D)の「願い、願望」も(A)と同様の理由で「こつ、才能≒願い、願望」にはなりません。

【その他の同義語】aptitude, endowment, flair

[訳] ネアンデルタール人の手の骨の分析は彼らが正確さを必要とする手作業のこつを有していたことを示している。

※ precision：图 正確さ

Q.577 ★★ 正解 （A） area

realm は「①領域、範囲　②(学問・興味の)分野」。within the realm of possibility で「可能性の範囲内」となります。(B)は「①開始　②すき間　③空地　④好機、チャンス」などで、③をとっても「地面やその上の空間」、④は「時期、タイミング」なので「領域(活動・興味・意識が及ぶ範囲を示す概念)」の意味はありません。(C)の「時代」は「時間」の概念なので、「活動・興味・意識」とは別です。(D)の「端」は「領域、範囲」より意味が限定され過ぎています。

【その他の同義語】domain, scope, sphere

Chapter 2
名
詞

[訳] より多くの民間企業が宇宙産業に参入するにつれ、火星への探査飛行は可能性の範囲に入ってきている。

Q.578 ★★★ 正解 （D） leftovers

residue は「残り、残余」。(D)leftover は left「残された」から意味が推測できるかもしれません。(A)の「影」は「彗星の影が表面に大きな跡を残した」となりますが、「輪郭」のような物なので、「彗星の残り」とは別です。(B)の「地殻(天体表面の厚い地層)」は言葉の性質として「残り」とは異なったものです。(C)の「割れ目、すき間」は言い換えれば「空間」なので、「残り」といった「物質」を表すものとは異なります。

【その他の品詞】形容詞：residual「残りの」

【その他の同義語】remainder, remains, remnant

[訳] 1992 年、木星に近づいた巨大な彗星が重力により分解され、その残りが表面に大きな跡を残した。

Q.579 ★★★ 正解 （A） stain

smudge は「しみ、汚れ」。(B)の「明かり、ランプ」ですが、内容が天文学に関するもので、問題文中では「その新しい銀河は宇宙の薄暗い明かりのように見える」となり自然ですが、「しみ」ではありませんね。(C)の「輪」も銀河の形をイメージすると当てはまりそうですが、「しみ」ではありません。(D)の「円」も(C)同様にイメージ的には OK ですが、意味としては不正解となります。

【その他の品詞】他動詞：smudge「～を汚す、～にしみをつける」

【その他の同義語】blot

[訳] 地球から 10 億光年離れた 2 つの銀河は徐々に 1 つに融合し、その新しい銀河は宇宙の薄暗いしみのように見える。

 luminous infrared galaxies「高光度赤外線銀河」と言われる太陽の 1 兆倍の赤外線を発する銀河同士が融合する際の現象です。

赤字部分の単語の同義語を(A)〜(D)の中から1つ選んでください。 ◀ 580-583

Q.580 Despite a lack of concrete evidence, Robert Peary's North Pole **expedition** of 1909 has been widely accepted as the world's first.

(A) discovery

(B) observation

(C) experiment

(D) journey

Q.581 Many birds have the ability to increase the **efficacy** of their communication by adjusting their calls, chirps, and cries to different noise conditions.

(A) effectiveness

(B) frequency

(C) quantity

(D) variety

Q.582 Aviator Amelia Earhart's unshakeable **conviction** enabled her to accomplish the first female solo Transatlantic Flight in 1932.

(A) hope

(B) belief

(C) popularity

(D) fantasy

Q.583 In **disbelief,** paleontologists discovered a predatory dinosaur with a duck-like look, which is believed to have lived 75 million years ago.

(A) incredulity

(B) excitement

(C) anxiety

(D) horror

学習歴 （　/　）（　/　）（　/　）（　/　）（　/　）

Q.580 ★★   正解 (D) journey

expedition は「遠征(隊)、探検(隊)」。(A)の「発見」は文脈としては自然ですが、順番を入れ替え「"発見"とは"遠征"である」とすると不自然さが目立ちます。「見出し語→同義語」の自然さと同時に「同義語→見出し語」の確認もしましょう。(B)は「観測」ですが、全ての"観測"が"遠征"を伴う訳ではありません。(C)の「実験」は意味として明確に「遠征」とは異なります。
【その他の同義語】exploration

[訳] 確固たる証拠はないものの、ロバート・ピアリーの1909年の北極遠征は世界初として広く受け入れられている。
※ ただし、現在もピアリーが世界初であることへの疑問も呈されています。

Q.581 ★★★   正解 (A) effectiveness

efficacy は「効果、有効性」。(B)の「頻度」は「コミュニケーションの頻度を高める」で内容は理解できますが、これは「効果(行為によりもたらされる望み通りの結果)」とは別です。(C)の「量」も、「効果≒量」とすると「何であれ"効果"を高めるには"量"を増やすことが必要」との理解になりますが、これが当てはまらない場合も多くあるはずです。(D)の「多様性」は言い換えると「種類」なので、「効果」とは異なります。
【その他の同義語】efficiency, strength, usefulness

[訳] 多くの鳥は異なった雑音の中、鳴き声を調整することによりコミュニケーションの効果を高める能力を有している。
※ call, chirp, cry は3つ共に「鳴き声」です。

Q.582 ★   正解 (B) belief

conviction は「①確信、信念 ②説得力 ③有罪の宣告」。③は①②との違いの差が大きいのでご注意を。(A)の「希望」は正解に近い要素も含む感情で惜しいですが、「確信、信念」に比べると程度が弱いので、(B)belief が「closest in meaning(意味が最も近い)」となります。(C)の「人気」は当人ではなく「周りの人からの評価」となります。(D)は「想像、空想」なので、「確信」とはかなり隔たりがあります。
【その他の品詞】他動詞：convince「〜を説得する」, convict「〜を有罪と判決する」
【その他の同義語】faith, persuasion

[訳] 飛行家アメリア・イアハートの揺るぎない信念が1932年に初の女性による単独大西洋横断飛行を可能にさせた。
※ aviator：图 飛行家　カタカナで「アビエイター」と表記されますが、発音は「エビエイター」です。

Q.583 ★★   正解 (A) incredulity

disbelief は「(信じられないという)驚き、不信」。belief「信念」の反義語です。(B)の「興奮」は正解と同様に強い感情を意味しますが、「(信じられないという)驚き」とは別の物です。(C)は「不安、心配」なので「驚き」とは違いますね。(D)の「恐怖」は(B)のように強い感情ですが、「驚き」とは異なります。
【その他の同義語】doubt, skepticism

[訳] 古生物学者は7千5百万年前に生息していたと思われるアヒルのような外見の捕食性の恐竜を発見し呆気にとられた。

Halszkaraptorという名の姿もユニークな水陸両生(amphibian)の小型恐竜です。

Chapter 3

【形容詞】

動詞と同様に出題頻度の高い形容詞、
あなどってはいけません。

赤字部分の単語の同義語を(A)〜(D)の中から1つ選んでください。 🔊584-587

Q.584 Daguerreotype, the first successful form of photography, created a **burgeoning** demand for portraits by the mid-19th century.

    (A) virtually unlimited

    (B) constantly changing

    (C) very constant

    (D) rapidly growing

Q.585 Over the course of the 20th century, the difference between paleontology and other disciplines such as archaeology became **blurred**.

    (A) unclear

    (B) crucial

    (C) meaningful

    (D) apparent

Q.586 The scientific name *Falco peregrinus* is a very **apt** description of the peregrine falcon, a raptor widespread in the world, because the word "peregrinus" is Latin for "wanderer."

    (A) brief

    (B) imaginative

    (C) formal

    (D) suitable

Q.587 The ability to maintain stable body heat through a high metabolic rate in order to adapt to variable ambient temperature is **inherent** in endotherms, including humans and birds.

    (A) unlimited

    (B) active

    (C) short-lived

    (D) natural

学習歴 (/) (/) (/) (/) (/)

Q.584 ★★★　　　　　　　　　　　正解　(D) rapidly growing

burgeoning は「急激に増加する」。(A)の「実質無限の」は惜しいですが、正解の「増加する」を「実質無限」と同義にすると、例えば「予約が"急増"する」を「予約が"実質無限"になる」とかなりあり得ない状況になります。(B)の「常に変化する」は「増加」とは別の性質の言葉です。(C)の「かなり安定した、継続している」は惜しいですが、「急激」や「増加」とは異なります。

【その他の品詞】自動詞：burgeon「①急に発展する　②新芽を出す」

【その他の同義語】blooming, flourishing

[訳] 初の成功した形式の写真であるダゲレオタイプは19世紀半ばまでに肖像写真の急増する需要を作り出した。

Q.585 ★★★　　　　　　　　　　　正解　(A) unclear

blurred は「不明瞭な、かすんだ」。(B)は「重要な」なので明らかに「重要性」に関する言葉であり「不明瞭な」という「状況、状態」とは異なります。(C)の「意味のある、有意義な」も(B)と同じタイプの言葉なので、やはり「不明瞭な」とは別です。(D)の「明らかな」は正解とは真逆ですね。問題文にはヒントになる部分を入れなかったので、「The 語彙力」な問題でした。

【その他の品詞】他動詞 & 自動詞：blur「～をぼんやりさせる / ぼんやりする」

【その他の同義語】vague

[訳] 20世紀において、古代生物学と考古学など他学問との違いは不明瞭になった。
　※ discipline：图 学問分野

Q.586 ★　　　　　　　　　　　　　正解　(D) suitable

apt は「①ふさわしい、適切な　②[be apt to do]～する傾向がある」。(A)の「短い」は apt には含まれない意味です。仮に長くても「ふさわしい、適切な」事柄もあるはずです。(B)の「想像力に富んだ」の「想像力」の意味も apt にはありません。(C)の「①公式な　②儀礼的な」は①は文脈的に理解可能ですが、「適切な」を全て「公式な」と置き換えると混乱を招きます。

【その他の品詞】名詞：aptitude「適性、才能」　【その他の同義語】fitting, proper

[訳] *Falco peregrinus* という学名は、世界に広く分布する猛禽類であるハヤブサの適切な説明である。なぜならば peregrinus は「放浪者」を意味するラテン語であるからだ。
　※ raptor：图 猛禽類　爪、くちばしが鋭く、捕食性の大型鳥類の総称

Q.587 ★★　　　　　　　　　　　　正解　(D) natural

inherent は「固有の、生まれつきの」。(A)の「無限である」ですが、"固有、生まれつき"と同義にすると、問題文では「変化する周囲温度に適応する能力が無限」となりますが、不自然ですね。何百度の高温に適応はできません。今回は(D)natural があるのでこちらが closest in meaning「最も意味が近い」になります。(B)の「活発である」にも「固有、生まれつき」の意味はありません。また(C)の「一時的な」は、どちらかと言えば反対に近い意味です。

【その他の品詞】名詞：inherence「固有」

【その他の同義語】fundamental, inborn（Q.702）, intrinsic（Q.680）

[訳] 変化する周囲温度に適応するために高い代謝率を通して安定した体熱を維持する能力は、人間や鳥を含む内温動物に固有の物である。
　※ endotherm：图 内温動物（人間や鳥など体内の代謝により体温を調整する機能を持つ動物）
　※ [派生語] ectotherm：图 外温動物（爬虫類など外気温により体温が変化する動物）
　※ ambient：圏 周囲の

赤字部分の単語の同義語を(A)〜(D)の中から1つ選んでください。 ◀ 588-591

Q.588 A large ice sheet covered much of northern North America during
the Pleistocene; when it melted, the water may have been **laden**
with sand and rocks.

(A) filtered
(B) polluted
(C) loaded
(D) balanced

Q.589 After **lengthy** negotiations, 44 countries signed the Bretton Woods
agreement, which established a new international monetary system
in the post-World War II era.

(A) secret
(B) prolonged
(C) intense
(D) successful

Q.590 The water sharing of the Nile River has been a matter of **grave**
concern to northeastern African countries as the regional economy
steadily develops.

(A) public
(B) ongoing
(C) environmental
(D) serious

Q.591 One of the leading museums in America, the Whitney Museum
houses a **superb** collection of modern art, including Edward
Hopper and Andy Warhol.

(A) marvelous
(B) private
(C) comprehensive
(D) permanent

学習歴 (/) (/) (/) (/) (/)

Q.588 ★★★ 　　　　　　　　　　　　　　　　正解 (C) loaded

laden は「①満たされている　②荷物が積まれている　③(病気などで)苦しんでいる」。(A)の「濾過されている」は「水は砂と岩で濾過されていた」となり意味は通じますが、「満たされている」とは全く別ですね。(B)の「汚染されている」を同義にすると「何かで"満たされている"とは"汚染されている"こと」と極端な定義になります。(D)の「バランスが取れている」は「水は砂と岩でバランスが取れている」となり、同義にするには程度が弱すぎます。

【その他の品詞】他動詞 & 自動詞：lade「〜に荷物を積む / 荷物を積む」

【その他の同義語】filled, full

［訳］更新世の間、巨大な氷床が北アメリカの北部のほとんどを覆っており、氷が解けた際には水は砂と岩で満たされていたかもしれない。

※ Pleistocene：图 更新世　約 260 万年〜 1 万 2 千年前までの氷河期で TOEFL 頻出の地質区分。

Q.589 ★★ 　　　　　　　　　　　　　　　　正解 (B) prolonged

lengthy は「①(時間的に)非常に長い　②長ったらしい、冗長な」。(A)の「秘密の」は時間の長さとは別です。(C)の「激しい、強烈な」は「激しい交渉の結果」と文脈的には OK ですが、これは「感情の程度の強弱」であり「時間の長さ」とは別です。「"激しい"交渉をして"短い"時間で終わる」もあり得ます。(D)の「成功した」も時間の概念とは異なります。

【その他の品詞】名詞：length「(時間的な・物質的な)長さ」

【その他の同義語】long, protracted

［訳］かなり長い交渉の結果、44 か国が第二次大戦後の新しい国際貨幣制度を確立したブレトン・ウッズ協定に署名した。

Q.590 ★★ 　　　　　　　　　　　　　　　　正解 (D) serious

grave は「①深刻な、重大な　②厳粛な」。名詞の「お墓」のイメージが形容詞になっています。(A)は「①大衆の　②周知の」で、②でも文字通りの意味なので、これのみでは「深刻な」と同義にはなりません。(B)は「進行中の」で、これは「時期、タイミング」に関するものなので、「深刻な(状況の程度)」とは異なります。(C)の「環境に関する」はイメージ的には「深刻な」につながりますが、言葉の定義としては別の物です。

【その他の品詞】名詞：gravity「①深刻さ、重大さ　②重力」 【その他の同義語】critical

［訳］地域経済が発展するにつれ、ナイル川の水の共有は北東アフリカの国々にとって深刻な問題になっている。

Q.591 ★★ 　　　　　　　　　　　　　　　　正解 (A) marvelous

superb は「素晴らしい、見事な」。super からポジティブなイメージがつかめたかもしれません。(B)の「私的な」は private collection で「私蔵」となりアートの内容には沿いますが、「素晴らしい」と同義にはなりません。(C)の「総合的な、包括的な」も言葉のイメージは「素晴らしい」共々ポジティブですが、「素晴らしい≒総合的な」の定義は無理ですね。TOEFL の単語問題は「文脈」ではなく「単語の意味の一致が重要」だと再認識をしましょう。(D)の「永久的な」は permanent collection「常設展」となりますが、同義ではありません。

【その他の同義語】gorgeous, magnificent, splendid

［訳］アメリカの主要な美術館の一つであるホイットニー美術館はエドワード・ホッパーやアンディ・ウォーホルを含む素晴らしい現代アートのコレクションを有している。

Chapter 3

形容詞

赤字部分の単語の同義語を(A)〜(D)の中から1つ選んでください。 ◀ 592-595

Q.592 With the development of psychoanalysis, Sigmund Freud's contributions to modern psychology are **immeasurable** as well as contentious.

- (A) incalculable
- (B) visible
- (C) very abstract
- (D) highly practical

Q.593 In the 1890s, two newspapers in New York City were **notorious** for their sensationalized coverage to increase circulation.

- (A) greedy
- (B) profitable
- (C) infamous
- (D) eager

Q.594 When the production of color motion picture films increased in the 1950s, the audience was largely **receptive**.

- (A) welcoming
- (B) lukewarm
- (C) critical
- (D) respectful

Q.595 The **wanton** destruction of wolves in the 1920s brought them to an extinct status in the U.S.

- (A) systematic
- (B) senseless
- (C) illegal
- (D) rapid

学習歴 (/) (/) (/) (/) (/)

Q.592 ★　　　　　　　　　　　　　正解 (A) incalculable

immeasurable は「莫大な、無限な」。measure からイメージできたかもしれません。反意語は measurable（形）「計測できる程度の」。(B)は「①明らかな　②目に見える」で、①を取っても「莫大な」と同義にするには程度が弱すぎます。(C)は「とても曖昧な」なので、別の性質の言葉です。(D)は「①効果的な、実用的な　②現実的な、実際に実行可能な」で正解同様、誉め言葉ですが、「①効果　②実現の可能性」の2つに意味を絞ったもので、「莫大な（影響が広範囲な）」と同義にするには意味が限定され過ぎています。

【その他の品詞】他動詞 & 自動詞：measure「〜を測定する / 測定する」　名詞：measure「寸法、測定」　副詞：immeasurably

【その他の同義語】limitless, unlimited

[訳] 精神分析の発展をもって、ジークムント・フロイトの現代心理学に対する貢献は計り知れないものであると同時に議論の的でもある。

Q.593 ★★　　　　　　　　　　　　正解 (C) infamous

notorious は「悪名高い」。(A)の「欲深い」は正解共々100%ネガティブな意味なので惜しいですが、正解に含まれる「悪名が周りに知られている」の意味はありません。また「悪名の一例」として「欲深さ」が含まれ得ますが、同義ではありません。(B)の「儲かっている」は「扇情的な内容で儲かっていた」と自然ですが、順番を替えて「儲かっている≒悪名高い」と定義したら世の中悪者だらけです…。(D)は「熱心な」でした。

【その他の品詞】名詞：notoriety「悪い評判、悪名」　副詞：notoriously

[訳] 1890年代のニューヨークでは2つの新聞が発行部数を増やすための扇情的な内容で悪名高かった。

Q.594 ★★★　　　　　　　　　　　正解 (A) welcoming

receptive は「（〜を）受け入れる、（〜に）理解がある」。(B)は「生ぬるい」なので、どちらかと言えば正解とは逆に近いですね。(C)は「①批判的な　②重要な　③鑑識眼のある」なので、①を取っても正解とは真逆です。(D)の「敬意を表する」は正解共々ポジティブな意味ですが、「敬意」を含むので receptive と同義にするにはやや意味の程度として丁寧すぎます。(A) welcoming「歓迎する」の程度が意味として最も適切（closest in meaning）です。

【その他の品詞】他動詞：receive「①〜を受け入れる　②〜を受け取る」　名詞：reception「歓迎（会）、受け入れ」

【その他の同義語】favorable, hospitable, open

[訳] カラー映画の製作が1950年代に増加した際、観客はとても快く受け入れた。

Q.595 ★★★　　　　　　　　　　　正解 (B) senseless

wanton は「理不尽な、むちゃな」。(A)の「組織的な」は今回の文脈としては「組織的な殺戮は」となりネガティブな意味が自然に強調されますが、単語の意味として“組織的な”には“理不尽な”のネガティブな意味合いは含まないため、同義にはなりません。(C)の「違法な」は正解同様、ネガティブな意味ですが、wanton は倫理的な概念の言葉なので「違法」といった法律論とは別です。(D)は「急速な」で、「スピード、ペース」の意味であり「理不尽な」とは異なります。

【その他の同義語】needless, unjustified, unwarranted

[訳] 1920年代の理不尽な殺戮はアメリカにおいて狼を絶滅の状態に陥らせた。

赤字部分の単語の同義語を(A)～(D)の中から1つ選んでください。 ◀ 596-599

Q.596 The pharmaceutical industry has to satisfy **stringent** regulations on
☐ the drug manufacturing process set by the government.

    (A) domestic

    (B) various

    (C) existing

    (D) tight

Q.597 Pop artists of the 1960s employed **mundane** objects such as
☐ canned soup or road signs to transform the concept of art as people
knew it.

    (A) solid

    (B) specific

    (C) ordinary

    (D) eye-catching

Q.598 Since most piping plovers construct nests on the beach,
☐ the hatchlings could be **vulnerable** to high tide and human
disturbances, in addition to natural predators such as crows.

    (A) visible

    (B) accessible

    (C) unprotected

    (D) used

Q.599 Inuit are **indigenous** people who inhabit the Arctic regions of
☐ Canada, Greenland and northern Alaska.

    (A) migrant

    (B) minority

    (C) prehistoric

    (D) native

学習歴 (/) (/) (/) (/) (/)

Q.596 ★★★ 正解 (D) tight

stringent は「(規則などが)厳しい、過酷な」。(A)は「①国内の　②家庭内の」なので「厳しい」といった「程度」の意味とは別の物です。(B)の「様々な」は「規制が" 様々" → 規制が" 厳しい"」といったイメージの連鎖ができそうですが、various の意味の趣旨は「種類の多さ」であって「厳格さの程度」ではありません。(C)は「現存する、現在の」です。

【その他の品詞】名詞：stringency「厳重さ」　副詞：stringently

【その他の同義語】rigid, strict

[訳] 製薬産業は政府によって設定された薬品製造に関する厳しい規制に従わなくてはならない。

Q.597 ★★★ 正解 (C) ordinary

mundane は「ありふれた、世俗的な」。(A)は「固形の」で、確かに問題文中の「缶詰、道路標識」は固形ですが、「ありふれた」と同義ではありません。(B)の「特定の」は対象を絞る意味の言葉で、「ありふれた」の「価値判断」の意味はありません。(D)の「人目を引く」は正解とはかけ離れた意味です。

【その他の同義語】commonplace, everyday, regular

[訳] 1960年代のポップ・アートの芸術家は人々が知っている芸術の概念を一変させるために缶詰スープや道路標識といったありきたりの物を使用した。

Q.598 ★★★ 正解 (C) unprotected

vulnerable は「①脆弱である、攻撃されやすい　②傷つきやすい、弱い」。(A)の「目にみえる」は文字通りの視覚的な意味なので、この情報だけでは「脆弱」とは言えません。(B)は「(場所・人に)近づきやすい」で、例えば accessible by car などとして使われ「脆弱性、攻撃」といったネガティブな意味はありません。(D)の「慣れている」は問題文中では「小鳥は高波や人間による干渉に慣れる」となるので、これではほぼ逆の意味になってしまいますね。

【その他の品詞】名詞：vulnerability「脆弱性」

【その他の同義語】defenseless, exposed, unguarded

[訳] ほとんどの笛小千鳥(ふえこちどり)は岸辺に巣を作るので、小鳥は生来の天敵であるカラスに加え、高波や人間による干渉にも脆弱になり得る。

※ hatchling：图 孵化幼生(ふかようせい)　孵化直後の動物

Q.599 ★★★ 正解 (D) native

indigenous は「(動植物がある土地に)固有の、原産の」。(A)の「移住性の」は、「ある土地に固有の」とほぼ逆の意味です。なお動詞の migrate(Q.176)は出題済です。(B)は「少数派の、少数民族の」ですが、例えば日本人がアメリカに移住すればアメリカでは「少数派」ですが、決してアメリカの「先住民」にはなりません。(C)の「有史以前の」は時代に関するもので、「土地固有の」とは完全に別の性質のものです。

【その他の同義語】local

[訳] イヌイットはカナダの北極地方、グリーンランド、アラスカ北部に住む先住民である。

Chapter 3 形容詞

赤字部分の単語の同義語を(A)～(D)の中から1つ選んでください。 ◀ 600-603

Q.600 Freshwater accounts for 3% of all water on Earth, and only a
☐ **minuscule** amount of freshwater is available at the surface, with
the rest being stored as ice, snow, and groundwater.

(A) considerable

(B) fixed

(C) sufficient

(D) tiny

Q.601 The Human Genome Project—the **arduous** task of analyzing all
☐ gene types and the sequences of base pairs in human DNA—was
completed in 2003.

(A) urgent

(B) demanding

(C) important

(D) complex

Q.602 A member of Oulipo, a group of French writers founded in 1960,
☐ published a unique novel; its **noteworthy** feature was the total
absence of the letter "e" throughout the book.

(A) remarkable

(B) literary

(C) innovative

(D) authentic

Q.603 It has been suggested that the current rise in temperature has been
☐ **unparalleled** in the past 2,000 years.

(A) frequent

(B) unpredictable

(C) matchless

(D) unchanging

学習歴 (/) (/) (/) (/) (/)

Q.600 ★★　　　　　　　　正解　(D) tiny

minuscule は「非常に小さい」。mini からイメージが湧いたかもしれません。(A)の「かなりの」は正解とは真逆です。(B)の「固定された」は、これのみでは大小が不明なので「非常に小さい」とは言えません。(C)の「充分な」は明確な量を意味してはいませんが、明らかに「非常に小さい」とは異なる意味です。

【その他の同義語】diminutive, infinitesimal, small

[訳] 淡水は地球上のすべての水の 3%を占める。そして、僅かな量の淡水は表面に存在し、残りは氷や雪や地下水として存在している。

※ account（for）: 自 〜を占める

Q.601 ★★★　　　　　　　正解　(B) demanding

arduous は「困難な、努力を要する」。(A)の「緊急の」は問題文中では「緊急な作業」と意味は通じますが、「急ぐ必要がある（urgent）」との意味は arduous には含まれません。(C)の「重要な」も文脈的には自然ですが、「重要な≒困難な」と順番を入れ替えると不自然ですね。「"簡単（困難ではない）"だけれども"重要"なこと」は世の中にいくらでもあるはずです。(D)の「複雑な」も「全ての"困難な"ことは"複雑な"ことである」と極端な定義になります。

【その他の同義語】challenging, difficult, trying

[訳] 全ての遺伝子のタイプと塩基対の配列の分析という困難な作業であるヒトゲノム計画は 2003 年に完了した。

Q.602 ★★　　　　　　　　正解　(A) remarkable

noteworthy は「注目に値する、目立った」。(B)の「文学の」は literature「文学」の形容詞形で、別の性質の言葉です。(C)の「革新的な」は問題文の本の特徴に合致する惜しい選択肢ですが、「The ひっかけ」です。innovative には「新しい、進歩した、独創的な」といった意味合いがありますが、「注目に値する」と同義にするには意味の範囲が限定され過ぎています。(D)はカタカナにもなりつつある「本物の、信頼性のある」ですが、noteworthy には「本物か？　信頼できるか？」を確かめる意味合いはありません。

【その他の同義語】extraordinary, memorable

[訳] ウリポと呼ばれる 1960 年に設立されたフランス人作家の集団のメンバーがユニークな小説を出版した。その注目すべき特徴は本全体の中に e の文字が完全に存在しないことであった。

特定のアルファベットや単語を使用せず書く lipogram「リポグラム」という技法です。

Q.603 ★★★　　　　　　　正解　(C) matchless

unparalleled は「並ぶものがない、無比の」。反意語は parallel（形）「①相当する　②平行の」。parallel「平行の」からも意味が推測出来たかもしれません。趣旨としては「気温上昇が過去に並ぶものがないくらい大きい」、と強調されている点がポイントです。(A)は「頻繁の」、つまり「頻度」に関する物です。(B)の「予測不可能な」も、「大きさの強調」とは別です。(D)は「不変である」。un 始まりの選択肢が不正解でした。このようなパターンもあり得ますので、慣れておきましょう。

【その他の品詞】名詞：parallel「①平行線（面）　②類似点　③匹敵する物（人）」
【その他の同義語】unequalled, unique, unrivalled

[訳] 現代の気温上昇は過去 2 千年の中でも例がないと言われている。

Chapter 3

形容詞

赤字部分の単語の同義語を(A)〜(D)の中から1つ選んでください。 ◀ 604-607

Q.604 The **majestic** view of Mont Blanc, the highest mountain in Western Europe, attracts a large number of climbers and tourists.

(A) panoramic

(B) mountainous

(C) overhead

(D) splendid

Q.605 Many plant seeds remain **dormant** under extreme heat or cold and begin to germinate when the condition improves.

(A) inactive

(B) buried

(C) protected

(D) alive

Q.606 Some celebrities and entrepreneurs have been known to display **benevolent** behavior through charities.

(A) proactive

(B) caring

(C) elegant

(D) admirable

Q.607 The geocentric model was developed based on a highly **intuitive** sense that the Earth was the center of the universe.

(A) logical

(B) religious

(C) instinctive

(D) incredible

Q.604 ★★ 正解 (D) splendid

majestic は「荘厳な、威厳のある」。(A)は「パノラマのような、広大な眺めの」で、山に関する内容にはピッタリですが、あくまでも「視界が広い」の意味で、「"荘厳な（威厳がある）"とは"視野が広い"こと」と定義するのはかなり無理があります。(B)の「山地の、山の多い」は地理的な意味なので、「荘厳な」にはなりません。(C)の「頭上の」も山を見上げるイメージと結びつくものの、「荘厳な」とは異なります。間違いの選択肢が3つとも文脈としては自然でしたが、「単語の本来の意味」が重要である点を再認識しましょう。

【その他の品詞】名詞：majesty「①威厳 ②（Majesty として国王・女王に対する敬称）陛下」
副詞：majestically
【その他の同義語】grand, magnificent, stately

[訳] 西ヨーロッパの最高峰であるモンブランの荘厳な風景は多くの登山者と観光客を引き付ける。

Q.605 ★★★ 正解 (A) inactive

dormant は「①休眠中の、眠っている ②休止状態にある、潜在している」。(B)の「埋められている」ですが、「"休眠中"でも地上にいる（"埋められて"はいない）」動植物は数多くあります。(C)の「保護されている」には「休眠」の意味はありません。(D)の「生きている」には「休眠中の」状態を含みますが、二者を同義にするのは混乱を招きます。

【その他の品詞】名詞：dormancy「①休眠 ②活動停止状態」
【その他の同義語】sleeping

[訳] 多くの植物の種（たね）はかなりの高温や低温の間は休眠し、状況が改善すると発芽を始める。
※ germinate：[自動] 発芽する

Q.606 ★★★ 正解 (B) caring

benevolent は「慈悲深い、善意の」。「他者に対する思いやりの感情」がポイントです。(A)「積極的な」は文字通り「自ら進んで」の意味のみなので「慈悲深い」といった感情の意味はありません。(C)の「優雅な」は正解と同様ポジティブな言葉ですが、主に「外見・作法」に関するもので、benevolent に含まれる「他者に対する思いやりの感情」の意味はありません。(D)は「称賛に値する」で、一見やや惜しいですが、例えば皆さんが週7日英語を勉強することは"称賛に値します"が、"慈悲深い"わけではありませんよね。ゆえに同義にはなりません。

【その他の品詞】名詞：benevolence「慈悲、善意」 副詞：benevolently
【その他の同義語】generous, kind, well-intentioned

[訳] ある著名人や実業家は慈善行為を通じて慈悲深い行為を示すことで知られている。
※ philanthropy：[名] 慈善行為

Q.607 ★★★ 正解 (C) instinctive

intuitive は「直感的な」。(A)の「理論的な」は正解の「直感的な」とは対極の意味になります。(B)の「宗教的な」を「直感的な」と同義にしてしまうと混乱を招きます。(D)は「驚くべき」です。

【その他の品詞】名詞：intuition「直感」 副詞：intuitively 【その他の同義語】intuitional

[訳] 天動説は地球が宇宙の中心である、という非常に直感的な感覚に基づき発展した。

赤字部分の単語の同義語を(A)〜(D)の中から１つ選んでください。 🔊 608-611

Q.608 Before the establishment of the Army Nurse Corps in 1901,
hundreds of females and males worked as volunteer nurses in
sometimes **austere** conditions.

(A) crowded

(B) simple

(C) unhealthy

(D) temporary

Q.609 Research suggests that **stagnant** water heated by geothermal heat
gradually melted part of the ice sheet during the last Ice Age.

(A) warm

(B) salty

(C) rushing

(D) motionless

Q.610 For his unique philosophy of architectural designs, Frank Lloyd
Wright has been regarded as one of the most **notable** architects of
the twentieth century.

(A) well-known

(B) revolutionary

(C) intellectual

(D) modern

Q.611 Annually, millions of tons of **fertile** topsoil have been washed away
by rain or flood globally.

(A) loose

(B) rich

(C) exposed

(D) shallow

Q.608 ★★★ 　　　　　　　　　　　　正解 （B） simple

austere は「①（生活様式が）質素な　②（人が）厳格な」。(A)の「混雑した」は問題文の 100 年以上前の看護師の労働環境としてはあり得たと思いますが、「質素な」と同義にするには意味（スペースに関するもの）が限定され過ぎています。(C)の「不健康な」も文脈的に自然ですが、「質素≒不健康」は極端な定義です。(D)の「暫定的な、一時的な」は「ボランティアの」からイメージしやすいですが、「厳しい」とは異なります。

【その他の品詞】名詞：austerity「質素、厳格」

【その他の同義語】plain

[訳] 1901 年の陸軍看護隊の設立前は何百もの男女がボランティアの看護師として時には質素な環境の中で働いた。

Q.609 ★★★ 　　　　　　　　　　　　正解 （D） motionless

stagnant は「①（水などが）よどんだ、沈滞した　②不景気な、不活発な」。(A)の「温かい」は問題文中では「地熱により熱された温かい水」として自然ですが、「よどんだ」とは別です。(B)の「塩分を含んだ」も「よどんだ」といった「状態」を意味する物とは別です。(C)の「勢いよく動く」は正解とは逆の意味合いになります。

【その他の品詞】他動詞＆自動詞：stagnate「（水などを）よどませる / よどむ」

【その他の同義語】standing, still

[訳] 調査によると地熱により熱されたよどんだ水が最終氷期の間に氷床の一部を徐々に溶かした、との事だ。

Q.610 ★★ 　　　　　　　　　　　　　正解 （A） well-known

notable は「有名な、注目すべき、著しい」。(B)の「革命的な」は惜しい選択肢で、正解同様誉め言葉ですが、これは「とても新しい」という意味である一方、notable にはこの意味はありません。(C)の「知的な」も惜しいですが、「有名な」と同義にするには「知性、頭の良さ」に意味が集中し過ぎています。(D)の「近代的な、現代風の」はこれのみで「注目すべき」と同義にするのは不自然です。

【その他の品詞】他動詞：note「①～に気が付く　②～に言及する　③～を書き留める」　副詞：notably

【その他の同義語】noteworthy（Q.602）, prominent, remarkable

[訳] 建築上のデザインに関するユニークな哲学においてフランク・ロイド・ライトは 20 世紀の最も有名な建築家の 1 人であるとみなされている。

Q.611 ★★ 　　　　　　　　　　　　　正解 （B） rich

fertile は「①（土地が）肥沃な　②多産の、繁殖力のある　③創造力の豊かな」。反意語は infertile「①不毛な　②繁殖能力のない」です。(A)の「ゆるい」は「やわらかさ」に関する意味で、「肥沃（農産物がよくできる事、生産性が良い）」とは別です。この点は(C)の「むき出しになった」も同様です。(D)の「浅い」も、やはり「生産性が良い」とは異なります。

【その他の品詞】名詞：fertility「①肥沃　②繁殖力」

【その他の同義語】fruitful, productive

[訳] 毎年何百万トンもの肥沃な表土が世界中で雨や洪水により押し流されている。

赤字部分の単語の同義語を(A)〜(D)の中から１つ選んでください。 🔊 612-615

Q.612 The **conventional** carbon capture and storage method is to directly inject liquified CO2 into rock formation located several kilometers underground.

(A) economical
(B) simplest
(C) standard
(D) practical

Q.613 That reducing exposure to environmental factors such as second-hand smoke or automobile exhaust cuts down health risks has been supported by **overwhelming** evidence.

(A) circumstantial
(B) available
(C) objective
(D) enormous

Q.614 In the middle of the 19th century, the Pennsylvania Railroad helped stimulate the growth of **affluent** suburbs in Pennsylvania and expanded into other states.

(A) wealthy
(B) peaceful
(C) crowded
(D) residential

Q.615 Studies indicate that **obese** people have less diverse microbes in their intestines than those with different physiques.

(A) aged
(B) tall
(C) overworked
(D) overweight

Q.612 ★　　　　　　　　　　　正解 (C) standard

conventional は「①従来の、慣例的な　②型にはまった、平凡な」。「長い間、広く使用されている」という趣旨です。(A)の「経済的な」は「金額的な安さ」に特化した意味なので、「長い間、広く」の意味はありません。(B)の「最も簡単な」は「最も簡単な手法」と自然ですが、「従来の」の意味は含みません。(D)は「①効果的な、実用的な　②現実的な、実際に実行可能な」。惜しいですが①②共に「長い間、広く使用されている」という意味はありません。「“効果的”だから“長い間、広く使用されている”」と考えるのは「言葉の定義」とは別です。

【その他の品詞】名詞：convention「①(社会の)習慣　②協定、条約　③総会、大会」
【その他の同義語】customary, orthodox, traditional

[訳] 二酸化炭素貯留の従来の手法は液化二酸化炭素を地下数キロメートルにある岩層に注入する方法である。

工場などから発生した二酸化炭素の貯蔵法です。

Q.613 ★★　　　　　　　　　　正解 (D) enormous

overwhelming は「(量が)圧倒的な、(程度が)非常に強い」で、今回は「(量が)圧倒的な」に合う enormous が正解です。(A)は「状況的な」で、circumstantial evidence「状況証拠」となり、「圧倒的な」とはかなり意味の差が大きいものです(なお状況証拠は通常弱いものとされる)。(B)は「入手可能な」なので、「程度の強さ」とは別の性質の言葉です。(C)の「客観的な」は、つまり「他者の意見に影響されない」ことで、「“客観的な”証拠なので“圧倒的な”証拠になる」と推論はできますが、「単語の意味」としては異なりますから、(D)enormous が closest in meaning となります。

【その他の品詞】他動詞：overwhelm「①〜を力で圧倒する　②〜を感情的に参らせる」
【その他の同義語】huge, immense, tremendous

[訳] 間接喫煙や自動車の排ガスといった環境要因との接触の削減は健康上のリスクを減らすということが圧倒的な証拠により確認されている。

Q.614 ★★　　　　　　　　　　正解 (A) wealthy

affluent は「豊かな、裕福な」。(B)の「①穏やかな　②平和な」は、正解同様にポジティブな意味ですが affluent の「お金に余裕のある」という意味はありません。(C)の「混雑した」は人の多さの意味なので、「豊かな」とは別の性質の言葉です。(D)の「住宅用の」は文字通りの意味で、「豊かな、お金に余裕のある」の意味は含みません。

【その他の品詞】名詞：affluence「裕福、豊富」
【その他の同義語】prosperous, rich

[訳] 19世紀中頃、ペンシルバニア鉄道は州の裕福な近郊地域の成長を刺激し、他の州へと拡大した。

Q.615 ★★★　　　　　　　　　正解 (D) overweight

obese は「肥満の」。(A)は「高齢の」で、age は「他動詞：〜を老けさせる　自動詞：年をとる」の用法もあります。(B)の「背の高い」は、これのみでは「肥満の」とは言えません。(C)は「働き過ぎの」。

【その他の品詞】名詞：obesity「肥満」　【その他の同義語】fat, plump

[訳] 研究によると肥満の人は異なった体型の人より腸内の微生物の種類の幅がせまいとの事である。
　※ intestine：名 腸　※ physique：名 体格

Chapter 3

形容詞

赤字部分の単語の同義語を(A)～(D)の中から1つ選んでください。 🔊 616-619

Q.616 While evaluation tests for job performance or personality have made significant contributions, occasionally they have come under the criticism of being **biased** in favor of certain demographics.

(A) incomplete

(B) outdated

(C) one-sided

(D) ill-prepared

Q.617 An effect of light pollution becomes evident when artificial light makes the star's **feeble** light invisible.

(A) flickering

(B) natural

(C) weak

(D) bright

Q.618 Blue was incorporated into the stained glass of cathedrals during the Middle Ages, which enhanced its value as a **divine** color.

(A) rare

(B) traditional

(C) sacred

(D) vivid

Q.619 Made of rock and clay, an aquiclude is nearly **impermeable to** water.

(A) closed to

(B) sensitive to

(C) empty of

(D) full of

学習歴 (/) (/) (/) (/) (/)

Q.616 ★★　　　　　　　　　　　　　正解　(C) one-sided

biased は「(人・意見などが) 偏った、偏見を抱いた」。(A) の「不完全な」は正解同様、ネガティブな意味ですが、あくまでも「足りていない部分がある」という量の事なので、「意見が偏った」とは別です。(B) は「時代遅れの」で、文脈としては自然ですが、順番を入れ替え「"時代遅れ"の車」を「"偏った (偏見を抱いた)"車」と置き換えると妙です。(D) は「準備不足の」は別の性質の言葉です。

【その他の品詞】名詞：bias「偏見、先入観」　他動詞：bias「(人)に偏見を持たせる」

【その他の同義語】prejudiced

[訳] 職務成績や人格に関する評価テストは大きな功績を残している一方、特定の属性に対し偏りがあるとの批判にさらされている。
　※　demographics：图 (社会における) 属性、人口統計

Q.617 ★★　　　　　　　　　　　　　正解　(C) weak

feeble は「① かすかな、微弱な　② (体力・勢いなどが) 弱い」。(A) は「点滅する」で、星に関する内容向けとしては自然ですが、「かすかな」といった「程度、強弱」に関する意味は含みません。(B) の「自然な」は、これだけでは「かすかな」と同義にはなりません。(D) の「明るい」は正解とはほぼ反対の意味合いです。

【その他の品詞】副詞：feebly「かすかに」

【その他の同義語】faint, pale

[訳] 光公害の影響は人工の光が星のかすかな光を見えなくする際に明らかになる。

Q.618 ★★　　　　　　　　　　　　　正解　(C) sacred

divine は「① 神聖な　② 神の」。(A) の「まれな、希少な」は「数、量が少ない事により価値がある」ですが、これのみで「神聖な」と同義にするのは大げさです。(B) の「伝統的な」も大聖堂が出てくる問題文としては自然ですが、順番を入れ替え「"伝統的な"手法」を「"神聖な"手法」と置き換えると妙です。(D) は「あざやかな、鮮明な」という意味です。

【その他の品詞】名詞：divinity「神性、神格」　副詞：divinely

【その他の同義語】holy

[訳] 青は中世には大聖堂のステンドグラスに組み込まれ、その事が神聖な色としての価値を高めた。
　※　cathedral：图 大聖堂

Q.619 ★★★　　　　　　　　　　　　正解　(A) closed to

impermeable は to を伴い「～に対し不浸透性の、しみ通らない」。反意語は permeable (形)「浸透性の」です。(B) は「～に敏感である」なので全く意味が異なります。(C) は「～が空である」と「状態」のことなので、正解の「しみ通らない (物が通過しない)」という「特質」とは別です。(D) の「～で満たされている」は (C) の逆で、やはり「状態」に関する意味です。

【その他の同義語】impenetrable (to), resistant (to)

[訳] 岩石と粘土で出来た難透水層は水に対しほとんど不浸透性である。
　※　aquiclude：图 難透水層　水を多く含む aquifer「帯水層」も TOEFL の必須英単語です。

赤字部分の単語の同義語を(A)～(D)の中から1つ選んでください。 ◀ 620-623

Q.620 During the space station Skylab's mission of 1973, the relationship between the crew and ground controllers became **tense** over the workload volume.

- (A) hostile
- (B) strained
- (C) close
- (D) unequal

Q.621 Located in the bone marrow, the hematopoietic stem cell is **bustling with** producing hundreds of billions of blood cells every day.

- (A) essential for
- (B) busy with
- (C) concerned with
- (D) efficient at

Q.622 Pterosaur, the first flying vertebrate, was the **dominant** species in the sky before the bird appeared.

- (A) primitive
- (B) large
- (C) rare
- (D) major

Q.623 President Theodore Roosevelt was known to be a **prolific** writer, publishing dozens of books on politics, history, and nature.

- (A) productive
- (B) best-selling
- (C) prize-winning
- (D) celebrated

Q.620 ★ 　　　　　　　　　　　　　　正解 （B） strained

tense は「① 張り詰めた、緊張した　② ピンと引っ張った」。より明確には「1. 緊張（nervousness）　2.不安（anxiety）」の２つが混在している状態を表します。（A）の「敵対的な」は一見惜しいですが、文字通り「敵意」の意味合いなので、「緊張、不安」とは異なり、意味合いも強すぎます。（C）の「親密な」は逆に近い意味です。（D）の「不平等な」は「乗組員と地上管制官との関係は仕事量をめぐって」からイメージされるかもしれませんが、言葉としては別の性質のものです。
【その他の品詞】他動詞 & 自動詞：tense「～を緊張させる / 緊張する」　名詞：tension「緊張」
【その他の同義語】stressful, uneasy

[訳] 1973 年の宇宙ステーションスカイラブの探査飛行中、乗組員と地上管制官との関係は仕事量をめぐって張り詰めたものであった。

Q.621 ★★★ 　　　　　　　　　　　　　正解 （B） busy with

bustling は「忙しい、騒がしい」で今回は with を伴って「～に忙しい」となります。（A）は「～にとって必須である」で問題文中では「血液細胞を作り出すのに必須である」と自然に見え "必須" なので結果として "忙しい" 状態になる」との推測はできますが、今までの例の通り「推測」は NG です。（C）は「～に関係している」なので、「忙しい」という状況とは異なります。（D）の「～において効率的である」は「忙しい≒効率的」とすると不自然な関係になります。
【その他の品詞】自動詞：bustle「忙しく働く」　【その他の同義語】active (in)

[訳] 骨髄に存在する造血幹細胞は毎日何千億個もの血液細胞を作り出すのに忙しい。
　※ bone marrow：名 骨髄　stem cell：名 幹細胞

Q.622 ★★ 　　　　　　　　　　　　　　正解 （D） major

dominant は「支配的な、優勢な、主要な」。（A）は「原始の、原始時代の」なので、「時代」に関する意味です。（B）の「巨大な」はあくまでも「大きさ、サイズ」に関するもので、「支配的な（立場として他者より有利）」の意味ではありません。（C）の「まれな」はかなり異なった性質の言葉です。
【その他の品詞】他動詞 & 自動詞：dominate「～を支配する / 支配する」　名詞：dominance「支配、優越」
【その他の同義語】predominant, superior, supreme

[訳] 最初の空を飛ぶ脊椎動物である翼竜類は鳥が出現するまでは空の支配的な種であった。
　※ vertebrate：名 脊椎動物　※ 派生語 invertebrate：名 無脊椎動物
　※ Pterosaur の p は発音しません。

Q.623 ★★★ 　　　　　　　　　　　　　正解 （A） productive

prolific は「①（作家が）多作の　②多産の、たくさん産む」。（B）は「ベストセラーの」ですが、「多作の」は文字通り「多くの作品を作り出す」という意味であり、必ずしも「売れている」わけではありません（残念ながら…）。（C）の「受賞歴のある」も類似の理由により同義にはなりません。（D）の「有名な」も、順序を入れ替え「"有名な"≒"多作の"」とすると不自然ですね。

[訳] セオドア・ルーズベルト大統領は多作な作家として知られており、政治、歴史、自然に関する何十冊もの本を出版した。

Chapter 3

形容詞

赤字部分の単語の同義語を(A)～(D)の中から1つ選んでください。 🔊 624-627

Q.624 The ability of an albatross to fly 1,000 kilometers a day is
contingent on dynamic soaring, a highly efficient flying technique.

(A) known as

(B) responsible for

(C) efficient in

(D) dependent upon

Q.625 Astronauts must go through months of **rigorous** physical and
technical training to be qualified for actual space missions.

(A) prolonged

(B) essential

(C) severe

(D) personalized

Q.626 During the winter months, people living in the northern United
States and Canada are subject to **biting** Arctic wind.

(A) strong

(B) dry

(C) high-speed

(D) cold

Q.627 During the Ordovician, the first plants colonized the land and
developed **rigid** stems in order to carry nutrients and water from
underground to their leaves.

(A) stiff

(B) long

(C) efficient

(D) flexible

学習歴 (/) (/) (/) (/) (/)

Q.624 ★★★

contingent は「①(〜を)条件とする　②起こり得る、偶然の」、つまり A is contingent on B = 「A があるのは B のおかげ」です。(A)の「〜として知られている」は、「1,000 キロ飛行する能力は動的上昇として知られている」となり意味は通じますが、「〜のおかげ」ではありません。(B)の「〜の原因である」を当てはめると「1,000 キロ飛行する能力は動的上昇の原因である」となり因果関係が真逆になってしまいます。(C)は「〜において効率が良い」という意味ですが「効率性」は contingent には含まれません。

【その他の品詞】名詞：contingent「代表団、派遣団」, contingency「不測の事態」
【その他の同義語】conditional

[訳] アホウドリが 1 日 1,000 キロメートル飛行する能力は動的上昇という非常に効率的な飛行技術に依存している。

※　様々な風の流れに乗り長距離移動をするスゴイ生物なのですが、警戒心が薄く捕獲が簡単なために日本語では「アホウドリ」の名称になってしまいました…（涙）

Q.625 ★★★

rigorous は「①厳しい、厳格な　②正確な、厳密な」。(A)の「長期な」は問題文中の「何か月もの」からイメージが湧きやすく、また「"厳しい""長期の"トレーニング」という推測もできますが、「"厳しい"≒"長期の"」という定義は誤解を招きます。正解の(C)severe が明確に「厳しい」を意味しています。(B)の「必須の」も「厳しい」ではありません。(D)の「個別の」はこれのみで「厳しい」と同義にするのは不自然です。

【その他の品詞】名詞：rigor「①厳しさ、厳格さ　②正確さ、厳密さ」　副詞：rigorously
【その他の同義語】demanding, harsh, stringent(Q.596)

[訳] 宇宙飛行士は実際の宇宙での任務への資格を得るために何か月もの厳しい身体・技術トレーニングを経験しなくてはならない。

Q.626 ★★

biting は「①身を切るように寒い　②(皮肉などが)鋭い」。(A)の「強い」は「強弱」の意味なので、「寒さ(温度)」とは別です。(B)の「乾燥した」は「寒い」とつながるイメージがありますが、地域によっては"熱く"+"乾燥"した風"もあり得ます。(C)の「高速の」は「スピード」の点に関するものなので「寒い」とは全く異なります。

【その他の品詞】他動詞：bite「①(寒さが) 〜を刺激する　②〜を噛む」　自動詞：bite「①寒さが刺激する　②噛む」
【その他の同義語】chilly, icy, sharp

[訳] 冬の期間中、アメリカ北部やカナダに住んでいる人々は冷たい北極の風にさらされる。

Q.627 ★★

rigid は「①硬い、柔軟性のない　②厳格な」。(B)の「長い」は「硬さ」とは別の性質のものです。(C)の「効率のいい」もやはり「硬い」とは異なります。(D)の「柔軟性のある」は正解とは真逆の意味になります。

【その他の品詞】名詞：rigidity「①硬さ　②厳格さ」　【その他の同義語】hard, inflexible

[訳] オルドビス紀に最初の植物が上陸し、地下から葉へ水と栄養素を運ぶために硬い茎を発達させた。

※　stem：图 茎　※生命の誕生は海→陸の順です。
※　オルドビス紀は 4 億 8 千〜 4 億 4 千万年前の地質時代です。

赤字部分の単語の同義語を(A)〜(D)の中から1つ選んでください。 ◀ 628-631

Q.628 The movie and play *Evita* is based on Eva Perón's **meteoric** rise to Argentina's first lady.

☐
- (A) unexpected
- (B) swift
- (C) political
- (D) steady

Q.629 Earthquakes may cause tiny underground spaces filled with mineral-rich water to open; in such cases, the water may evaporate and crystallize to form **precious** metals such as gold.

☐
- (A) light
- (B) durable
- (C) shiny
- (D) rare

Q.630 The Arecibo Observatory traced the origin of **bizarre** radio waves back to a dwarf galaxy lying three billion light-years away.

☐
- (A) weak
- (B) odd
- (C) long-range
- (D) repeated

Q.631 Plateaus are flat and higher than the **adjacent** areas since they are made either from volcanic activities or the rise of the Earth's crust.

☐
- (A) mountainous
- (B) neighboring
- (C) populated
- (D) inland

学習歴 (/) (/) (/) (/) (/)

Q.628　★★★　　　　　　　　　　正解　(B) swift

meteoric は「①瞬く間の、急速な　②流星の」。(A)の「予想外の」ですが、これは文字通り「事前に予想していなかった」であり、「瞬く間の」という「スピード、速さ」とは別です。(C)の「政治的な」は問題文の内容には自然ですが、やはり異なります。(D)は「安定した、一定した」です。
【その他の品詞】名詞：meteor「(大気圏に入り落下中の)隕石、流星」　副詞：meteorically
【その他の同義語】overnight, rapid, speedy

[訳] 映画や演劇の『エヴィータ』はエヴァ・ペロンのアルゼンチンのファースト・レディーへの瞬く間の出世に基づいている。

Q.629　★　　　　　　　　　　　　正解　(D) rare

precious は「高価[貴重]な、大切な」で、precious metal は「貴金属」を意味します。(D) rare には「少ないので価値がある」意味合いも含まれます。(A)の「軽い」は「貴重な」とは別の性質の言葉です。なお light metal で「軽金属(アルミニウム、チタニウムなど)」。(B)は「耐久性のある」なので、「高価な」といった「価値」に関する物とは別です。なお他動詞＆自動詞は endure「(〜を)耐える」で名詞は endurance「我慢、持久力」。(C)は「輝く」なので問題文中の「金」のイメージにつながりますが、言葉の意味として常に「高価な≒輝く」となる訳ではありません。
【その他の同義語】expensive, priceless, valuable

[訳] 地震は鉱物を多量に含む水で満たされた小さな地下の空間を割ることがある。その水は蒸発し、結晶化して金のような希少金属を作る。
　※　precious (noble) metal：图 貴金属(金、銀と6つの白金族元素(The platinum-group metals)の計8種類)
　※　evaporate：自動 蒸発する

Q.630　★★★　　　　　　　　　　正解　(B) odd

bizarre は「奇妙な、奇怪な」。(A)の「弱い」は問題文中では「弱い電波の発生源」と自然ですが、「奇妙な≒弱い」という定義は妙です。(C)の「長距離の」は「30億光年彼方」からイメージしやすいですが、文字通り「距離」の意味です。(D)の「繰り返しの」は「頻度」に関するものなので、「奇妙」とは全く別の性質の言葉です。
【その他の品詞】副詞：bizarrely「奇異に」
【その他の同義語】peculiar, strange

[訳] アレシボ天文台はその奇妙な電波の発生源を30億光年彼方にある、わい小銀河へとたどった。
　※　dwarf：圈 小型の
　※　2020年に望遠鏡部分が老朽化のために突然崩壊し、観測所としての役割は終えました。

Q.631　★★★　　　　　　　　　　正解　(B) neighboring

adjacent は「隣接した、近隣の」。(A)の「山地の、山の多い」は明らかに「隣接した」とは別の意味です。(C)は「居住されている」で、「隣接、近隣」の意味はありません。(D)は「内陸の」なので、これだけでは「隣接した」を意味することにはなりません。
【その他の同義語】adjoining, immediate, nearby

[訳] 高原は火山活動や地殻の上昇から作られているため、隣接する地域よりも平坦で高い。
　※　plateau：图 高原、大地　地理関係の重要単語です。

赤字部分の単語の同義語を(A)〜(D)の中から1つ選んでください。 🔊 632-635

Q.632 A dogs' olfactory sense is at least 10,000 times more **acute** than that of humans due to a large number of olfactory receptors.

- (A) peculiar
- (B) useful
- (C) sharp
- (D) complex

Q.633 Academic researchers are expected to have **detached** views of the subjects they are studying.

- (A) objective
- (B) personal
- (C) ethical
- (D) sympathetic

Q.634 The Louisiana Purchase of 1803, the acquisition of French-controlled territory in North America, was a **shrewd** political move by President Thomas Jefferson.

- (A) bold
- (B) risky
- (C) clever
- (D) dramatic

Q.635 Developed in the early 20th century, the paper cup was a very **novel** product when sharing glasses of water was quite common.

- (A) successful
- (B) clean
- (C) expensive
- (D) innovative

学習歴 (/) (/) (/) (/) (/)

Q.632 ★★ 　　　　　　　　　　　　　　　 正解 (C) sharp

acute は「①(感覚が)鋭い　②激しい、ひどい、深刻な」。(A)は「①独特[固有]の　②奇妙な、一風変わった」で、①②共に「感覚が鋭い」といった意味は含みません。また問題文中でも「1万倍独特である、奇妙である」とまさに奇妙な意味になってしまいます。(B)の「役立つ」は文脈的にはOKですが、順番を入れ替え「"役立つ"とは"感覚が鋭い"こと」とすると妙ですね。(D)の「複雑な」は「嗅覚が複雑である」と妙な意味になってしまいます。

【その他の品詞】名詞：acuteness「①鋭さ　②深刻さ」　副詞：acutely

【その他の同義語】delicate, sensitive

[訳] 犬の嗅覚は多数の嗅覚受容体により、最低でも人間より1万倍鋭敏である。

　※ olfactory：形 嗅覚の　生物学の頻出英単語なので要チェックです。

Q.633 ★★ 　　　　　　　　　　　　　　　 正解 (A) objective

detached は「①公平な、超然とした　②分離した、独立した」。(B)の「個人的な」は「公平な」とは違い、同時に問題文中では personal view(個人的見解)となり、この点も正解の「公平な見解」とは異なります。(C)の「倫理的な」は言い換えれば「道徳的に正しい」ことなので、「公平な、超然とした(個人的感情を挟まない)」とはかなり異なります。(D)の「同情的な」は「超然とした(個人的感情を挟まない)」とはほぼ逆の意味です。

【その他の品詞】他動詞：detach「〜を取り外す」　名詞：detachment「①超然とした態度　②分離」

【その他の同義語】disinterested, neutral

[訳] 学術研究者は研究対象に対し、公平な見解を持つことを期待されている。

Q.634 ★★★ 　　　　　　　　　　　　　　　 正解 (C) clever

shrewd は「①抜け目のない　②賢明な、明敏な」。(A)は「大胆な」なので「大胆な政治的動き」と自然ですが、言い換えると「勇気のある、恐れを知らない」となり、いずれも「抜け目のない」とは差が大きいです。(B)の「危険な」はかなり意味の差が大きいですね。(D)の「劇的な、印象的な」は「見栄え、雰囲気」に関するもので、やはり「抜け目のない」とは別物です。

【その他の品詞】名詞：shrewdness「抜け目のなさ」　副詞：shrewdly

[訳] 北米フランス領の取得である1803年のルイジアナ買収は、トーマス・ジェファーソン大統領による抜け目のない政治的動きであった。

Q.635 ★★ 　　　　　　　　　　　　　　　 正解 (D) innovative

novel は「奇抜な、新しい種類の」で、名詞としての「小説」以外の重要な意味です。(A)の「成功した」は問題文中では「成功した製品」となり、いたって自然ですが「奇抜な≒成功した」の定義は極端です。(B)の「清潔な」も文脈上は自然ですが、やはり「奇抜な≒清潔な」にはなりません。(C)の「高価な」は「水のグラスを共有することが非常に一般的であった時代」からイメージはできますが、同義にするには違いが大き過ぎます。

【その他の品詞】名詞：novelty「奇抜さ、目新しさ」

【その他の同義語】groundbreaking, inventive, original

[訳] 20世紀初頭に開発された紙コップは、水のグラスを共有することが非常に一般的であった時代には斬新な製品であった。

Chapter 3

形容詞

赤字部分の単語の同義語を(A)〜(D)の中から1つ選んでください。 🔊 636-639

Q.636 The early ancestor of mammals had slender legs positioned vertically against their body, which made their **agile** movement possible.

(A) quick
(B) forward
(C) random
(D) sideways

Q.637 Some consumers are **wary of** privatizations of social infrastructures because the new owners might resort to price hikes.

(A) opposed to
(B) indifferent to
(C) terrified of
(D) cautious about

Q.638 The novel, *All Quiet on the Western Front* is based on the author's **grim** combat experience of World War I as a conscripted soldier.

(A) true
(B) horrible
(C) unforgettable
(D) life-changing

Q.639 Immanuel Kant is one of the **foremost** philosophers during the Enlightenment and had a profound influence on ethics, metaphysics, and political philosophy.

(A) most misunderstood
(B) most independent
(C) earliest
(D) leading

Q.636 ★★★ 　　　　　　　　　　　　　正解 (A) quick

agile は「機敏な、身軽な、素早い」。(B)は「前方への」と「方角」の意味なので「機敏な」とはかなり異なる物です。(C)の「ランダムな、無作為の」は「ランダムな動きを可能にした」と自然ですが、「機敏な(素早い)」とは別の性質の意味です。(D)は「横の、横方向の」なので文字通り「方向、方角」に関する語彙です。

【その他の品詞】名詞：agility「機敏、軽快さ」　副詞：agilely
【その他の同義語】nimble, swift

[訳] その哺乳類の初期の祖先は体に対して垂直に細い脚を配置されており、それが機敏な動きを可能にした。
　※ vertically：副 垂直に

Q.637 ★★★ 　　　　　　　　　　　　　正解 (D) cautious about

wary は of を伴い「〜に慎重な、用心深い」、つまり「警戒している」です。(A)の「〜に反対の」は正解同様、「歓迎していない」感情では同じですが、程度が強すぎます(今回は cautious があります)。(B)の「無関心な」は、「慎重な」までにも至っていない心理状態です。(C)は「〜を恐れている」でネガティブな意味では正解と同じですが(A)同様、程度が強すぎます。

【その他の品詞】名詞：wariness「慎重さ、用心」　副詞：warily
【その他の同義語】careful (about), watchful (for), suspicious (of)

[訳] 一部の消費者は、新しい所有者が値上げを行うかもしれないので社会インフラの民営化には慎重である。
　※ resort (to)：自動 (望ましくない手段に)頼る、訴える
　※ price hike：名 値上げ

Q.638 ★★ 　　　　　　　　　　　　　　正解 (B) horrible

grim は「過酷な、残酷な」。(A)の「真実の」は問題文中の「著者の徴兵兵士としての」には合致しますが、正解の部分は「過酷な戦闘体験」であり「真実の」だと意味が異なります。(C)の「忘れられない」はネガティブな意味にも使われますが、この意味だけで「過酷な」と同義にはなりません。(D)の「人生を一変させる」も、これのみで「過酷な」と置き換えるのは無理があります。

【その他の品詞】副詞：grimly「恐ろしく、厳しく」
【その他の同義語】brutal, cruel, merciless

[訳] 小説『西部戦線異状なし』は、著者の徴兵兵士としての第一次世界大戦における過酷な戦闘体験に基づいている。

Q.639 ★★ 　　　　　　　　　　　　　　正解 (D) leading

foremost は「主要な、第一位の、一番先の」。(A)は「最も誤解されている」で、「最も誤解されている哲学者の内の１人」として意味は通じますが、「主要な」とは全く別です。(B)の「最も独立した」も同様にこれのみでは「主要な」と同義にはなりません。(C)の「最も初期の」は「順番」に関するもので、「主要な」という「重要性」の意味はありません。

【その他の同義語】preeminent, premier, principal

[訳] イマヌエル・カントは啓蒙主義の主要な哲学者の内の１人であり、倫理学、形而上学、政治哲学に大きな影響を与えた。

赤字部分の単語の同義語を(A)〜(D)の中から1つ選んでください。📢 640-643

Q.640 The eggs and larvae of fireflies become **luminous** under certain conditions.

(A) pale

(B) expanded

(C) hard

(D) shining

Q.641 Cereal grass, including barley, wheat, and maize, are the **staple** crop as well as important export items in many countries.

(A) abundant

(B) affordable

(C) main

(D) traditional

Q.642 With its **outlandish** features, such as a large body with tiny wings unfit for flying, the dodo is popular and used in the novel *Alice in Wonderland* long after its extinction.

(A) attractive

(B) various

(C) physical

(D) unusual

Q.643 Before organized universities appeared in the 11th century, higher education in Medieval Europe had been in a **rudimentary** stage.

(A) basic

(B) critical

(C) transitional

(D) sensitive

学習歴 (/) (/) (/) (/) (/)

Q.640 ★★★　　　　　　　　　　　　　正解 （D）shining

luminous は「明るい、光を発する、輝く」。（A）は「（光・色が）暗い、薄い」と同じ光に関するものですが「光の程度が弱まっている」点を強調しているので「明るい」とは異なります。（B）の「拡大した」は「光」に関する物とは別で、この点は（C）の「固い」も同様です。
【その他の同義語】fluorescent, glowing, incandescent

［訳］ホタルの卵や幼虫は、特定の条件下で明るくなる。

Q.641 ★★　　　　　　　　　　　　　　正解 （C）main

staple は「主要な」。（A）の「豊富な」は大変惜しいですが、これは「数量」に関する物で、「主要な」は「重要性」です。「"豊富（量が多い）"だから"主要"になる」との推測は可能ですが、展開の推測から導き出すのは不正解で、「単語の意味として同じが正解」になります。（B）は「（値段などが）手頃な」なので「価格」に関するものです。（D）の「伝統的な」は言い換えると「過去から今まで続いている重要性」ですが、staple にこの意味合いはありません。
【その他の品詞】名詞：staple「①主要産物　②主要素、主成分」
【その他の同義語】chief, essential, principal

［訳］大麦、小麦、トウモロコシなどの穀物草は、多くの国で重要な輸出品であるだけでなく、主要作物である。

Q.642 ★★★　　　　　　　　　　　　　正解 （D）unusual

outlandish は「奇妙な、風変わりな」。（A）の「魅力的な」は問題文中では「大きな体などの魅力的な特徴で」となり自然ですが、「魅力的な≒奇妙な」と順番を入れ替えるとかなり妙なのが解ります。（B）の「様々な」は「種類」の意味なので「奇妙な」とはかなりかけ離れています。（C）の「身体的な」も「奇妙」と同義にはなりません。
【その他の品詞】副詞：outlandishly「風変わりに」
【その他の同義語】bizarre（Q.630）, odd, peculiar

［訳］飛行に適さない小さな翼を持つ大きな体などの奇妙な特徴で、ドードーは人気があり、絶滅のかなり後になって小説『不思議の国のアリス』で使用されている。
※ 乱獲、外来種により 17 世紀後半に絶滅させられるまでモーリシャス島に生息していました。

Q.643 ★★★　　　　　　　　　　　　　正解 （A）basic

rudimentary は「初歩的な、基本的な、原始的な」。（B）は「①重大な、危機の　②批評に関する」で、①を取っても「初歩的な（レベルが下である）」とは全く別です。（C）は「過渡期の」、つまり「1つの段階から次の段階に移る」なので「初歩的」な意味はありません。（D）は「①取り扱い要注意の　②敏感な」となり、いずれも「初歩的」といったレベル表現とは異なります。
【その他の同義語】elementary, undeveloped, unsophisticated

［訳］11 世紀に組織化された大学が登場する前は、中世ヨーロッパの高等教育は初歩的な段階にあった。

Chapter 3

形容詞

赤字部分の単語の同義語を(A)～(D)の中から1つ選んでください。 ◀ 644-647

Q.644 ☐ Integrated pest management is an **alternative** pest control method that aims to reduce the pest population rather than eliminate them.

(A) experimental

(B) effective

(C) another

(D) affordable

Q.645 ☐ Abraham Lincoln's birthplace, a **modest** log cabin in Kentucky, has been designated as a National Historic Site.

(A) wooden

(B) humble

(C) legendary

(D) spacious

Q.646 ☐ During the Leonid meteor shower of 1833, many people panicked, but **rational** observers counted the number of the meteors for future studies.

(A) reasonable

(B) curious

(C) eager

(D) trained

Q.647 ☐ For roughly a quarter of a century, Benjamin Franklin published an almanac, in which he emphasized, among other things, a **frugal** way of life.

(A) harmonious

(B) productive

(C) sparing

(D) democratic

学習歴 (/) (/) (/) (/) (/)

Q.644 ★ 正解 (C) another

alternative は「①代わりの ②(二者のうち)どちらか1つを選ぶべき」、つまり「代替案」の意味です。(A)は「実験用の」なので、「代わりの」とは全く別の性質の言葉です。(B)は「効果的な」。(D)は「(値段などが)手頃な」なので「価格」に関するものです。
【その他の品詞】他動詞 & 自動詞：alter「〜を変える / 変わる」 名詞：alternative「①別の可能性、代替案 ②二者択一、選択すべきもの」 【その他の同義語】different, substitute

[訳]「総合的病害虫管理」は害虫の集団を完全に除去するのではなく、削減することを目的とする代替害虫駆除方法である。
　※ 農薬の使用量を抑えつつ、植物の品種改良等も行う新しい手法です。

Q.645 ★ 正解 (B) humble

modest は「①質素な、控えめな ②謙虚な ③適度な」。(A)の「①木製の ②動作がぎこちない」は①は小屋に関する言葉としてはいたって自然ですが、「控えめな」といった「印象」に関する語彙ではありません。(C)の「伝説の」は、確かに小屋の評価としては適切な言葉ですが、「控えめな」とは言葉の性質としてかなり異なります。(D)は「広い」でした。
【その他の品詞】名詞：modesty「①質素 ②謙虚さ ③適度」 副詞：modestly
【その他の同義語】plain, simple

[訳] エイブラハム・リンカーンの生家であるケンタッキー州の質素な丸太小屋は、アメリカ合衆国国立史跡に指定されている。

Q.646 ★★ 正解 (A) reasonable

rational は「①理性的な、理性の ②合理的な」。反意語は irrational(形)「①理性のない ②不合理な」です。(B)は「好奇心の強い、知りたがっている」で、「理性的な(道理や論理に基づいて行動する)」とは違う意味です。(C)は「熱心な」で、「理性的な」にはこの意味は含まれません。(D)は「熟練した、訓練を受けた」で、問題文中では「熟達した観察者」と自然ですが、「理性的な」には「訓練」という意味合いは含まれません。
【その他の品詞】名詞：rationale「理論的根拠」 副詞：rationally
【その他の同義語】clearheaded, sane

[訳] 1833年の獅子座流星群の間、多くの人々がパニックに陥ったが理性的な観察者は将来の研究のために流星の数を数えた。
　※ Leonid：形 獅子座の 派生語 Leo：名 獅子座

Q.647 ★★ 正解 (C) sparing

frugal は「質素な、節約をしている」。(A)の「調和の取れた」はアメリカ建国の父「The Founding Fathers」のイメージには合いますが、「質素な」といったお金の節約に関する意味合いとは異なります。(B)は「生産的な」、つまり「物や結果を多く出す状態」なので、これも別の性質の言葉です。(D)の「民主的な」も(A)と同様、ベンジャミン・フランクリンのイメージには合いますが、そこがひっかけでした。
【その他の品詞】名詞：frugality「質素、倹約」
【その他の同義語】austere(Q.608), economical, plain

[訳] およそ四半世紀にわたりベンジャミン・フランクリンは年鑑を出版し、とりわけ質素な生き方を強調した。
　※ among other things：(いくつかある内)とりわけ、中でも

Chapter 3

形容詞

赤字部分の単語の同義語を(A)〜(D)の中から1つ選んでください。 ◀ 648-651

Q.648 The author of the novel *Frankenstein* had remained **anonymous** for five years until Mary Shelley's name was printed on the second edition of the book.

    (A) missing

    (B) unknown

    (C) silent

    (D) poor

Q.649 After the Civil War, the Radical Republicans accused President Lincoln of being too **lenient with** the defeated South on the reconstruction plan.

    (A) hard on

    (B) suspicious of

    (C) grateful for

    (D) forgiving of

Q.650 Pavement materials such as concrete and asphalt are **impervious** to rainfall, and the resulting runoff could flood the street.

    (A) damaging

    (B) exposed

    (C) sensitive

    (D) resistant

Q.651 While the Outer Space Treaty is **explicit** about the peaceful use of the Moon and other celestial bodies, it leaves room for the commercial mining of asteroids.

    (A) neutral

    (B) clear

    (C) vague

    (D) silent

学習歴 (/) (/) (/) (/) (/)

Q.648 ★★ 　　　　　　　　　　正解 (B) unknown

anonymous は「匿名の」。(A)は「行方不明の」で、一方「匿名の」は「名前を公表していない、特定されていない」なので、「行方不明」と同義にしては事件になってしまいます。(C)は「沈黙している」で、これは「発言をしていない」のみの意味なので、「匿名」ではありません。(D)は「貧しい」。
【その他の品詞】名詞：anonymity「①匿名　②無名」　副詞：anonymously
【その他の同義語】unidentified, unnamed

[訳] 小説『フランケンシュタイン』の著者はメアリー・シェリーの名前が本の第2版に印刷されるまで、5年間匿名のままであった。

Q.649 ★★★ 　　　　　　　　　　正解 (D) forgiving of

lenient は「寛大な、大目に見る」で with を伴い「〜に寛大な」となります。(A)は「〜に手加減しない、厳しい」なので、真逆ですね。(B)の「〜を疑っている」も「寛大な」とは程遠い意味になります。(C)は「〜に感謝している」で(A)、(B)よりは惜しいです。しかし「寛大な」は立場が上の「有利な」人が使うもので、これが grateful にはありません。
【その他の品詞】名詞：leniency「寛大さ」　副詞：leniently
【その他の同義語】merciful (to), soft (on), tolerant (of)

[訳] 南北戦争後、急進的共和党員はリンカーン大統領が再建計画において敗北した南部に寛大すぎると非難した。
　※ リンカーンは共和党の大統領です、念のため。

Q.650 ★★★ 　　　　　　　　　　正解 (D) resistant

impervious は「①不浸透性の、通さない　②無感覚な、鈍感な」。(A)の「害を与える」を同義にしつつ順番を変えると「全ての"害を与える"ものは"不浸透性"である」という妙な定義になってしまいます。(B)の「(風雨などに)さらされた」は「舗装材料は降雨にさらされ」と意味は自然ですが、これのみでは「不浸透(雨を通さない)」の意味にはなりません。(C)の「過敏な、傷つきやすい」もこれを「不浸透性の」と置き換えるには意味の差が大きすぎます。
【その他の同義語】impenetrable (to), impermeable (to)(Q.619)

[訳] コンクリートやアスファルトなどの舗装材料は降雨に対して不浸透であり、結果として発生する排水は通りにあふれる可能性がある。
　※ pavement：图 舗装(道路)　※ runoff：图 排水

Q.651 ★★★ 　　　　　　　　　　正解 (B) clear

explicit は「明確な、明白な、公然の」。反意語は implicit（形）「暗黙の」。(A)は「中立的な」で「平和的利用について中立的である」と意味は通じますが、「明確な」に比べると意味の程度が弱いです。(C)は「曖昧な」なので、正解とは反対の意味ですね。(D)の「沈黙している」も「明確」とは反対の意味に近くなってしまいます。
【その他の品詞】副詞：explicitly「明白に」
【その他の同義語】direct, precise, specific

[訳] 宇宙条約は月やその他の天体の平和的利用について明確であるが、小惑星の商業採掘の余地を残している。
　※ celestial body：图 天体

Chapter 3
形容詞

赤字部分の単語の同義語を(A)〜(D)の中から1つ選んでください。◀ 652-655

Q.652 Just like plankton in a spoonful of seawater, **numerous** protozoa are present in a tiny amount of soil, helping organic matter decompose.

(A) many

(B) active

(C) poisonous

(D) little

Q.653 Some European countries have introduced the carbon tax, a tax imposed on the carbon content of fossil fuels, on a **piecemeal** basis.

(A) gradual

(B) voluntary

(C) permanent

(D) temporary

Q.654 In his **somber** address to the nation, President Lyndon Johnson announced that the NASA Launch Operations Center would be renamed as the John F. Kennedy Space Center.

(A) annual

(B) passionate

(C) cheerful

(D) solemn

Q.655 **Colloquial** expressions are sometimes regarded as improper for formal written languages.

(A) Wordy

(B) Vague

(C) Conversational

(D) Emotional

学習歴 (/)(/)(/)(/)(/)

Q.652 ★   正解 (A) many

numerous は「多数の」。(B)の「活発の」には数の意味合いはありません。(C)の「有毒な」もやはり同じ理由で不正解となります。名詞 poison「毒」の派生語です。(D)は「小さな」ですので数ではなくサイズを表しているのみです。

【その他の品詞】副詞：numerously「数多く」

【その他の同義語】a multitude of, multiple, various

[訳] スプーン1杯の海水の中のプランクトンのように、少量の土壌中には多数の原虫が存在し、有機物が分解するのを助ける。

　※ protozoa：名 protozoan / protozoon「原虫（単細胞の微生物）」の複数形

Q.653 ★★★   正解 (A) gradual

piecemeal は「段階的な、少しずつの」で piece「破片」からイメージがわくかもしれません。(B)は「自発的な」なので「段階的な」の意味する「ペース配分」の意味がありません。(C)の「永久的な」も「ペース配分」とは異なります。(D)の「一時的な、仮の」は「仮の事なので、いずれ終わる」との意味を含みますが、piecemeal にはこの意味はありません。

【その他の同義語】incremental, step-by-step

[訳] いくつかのヨーロッパの国々では化石燃料中の炭素含有量に対する税金である炭素税を段階的に導入している。

Q.654 ★★★   正解 (D) solemn

somber は「①厳粛な　②憂鬱な　③薄暗い」。(A)の「例年の」は「厳粛な」といった雰囲気に関するものとは全く別です。(B)の「情熱的な」は、「厳粛な」の意味する「重い雰囲気」とはかなり違いがあります。(C)は「愉快な、元気な」で、明らかに正解とは逆ですね。

【その他の同義語】gloomy, serious

[訳] リンドン・ジョンソン大統領は国民に向けた厳粛な演説の中で、NASA 打ち上げ管制センターをジョン・F・ケネディ宇宙センターに改名すると発表した。

　※ address：名 演説

Q.655 ★★★   正解 (C) Conversational

colloquial は「口語の、日常会話の」。(A)は「言葉数の多い、冗長な」なので、「口語≒言葉数が多い」と定義すると、こういった例もあり得ますが、同義語とするのは不自然です。(B)の「曖昧な」は、これのみで「口語の」と置き換えるのは無理があります。(D)の「①感情的な②感動的な」も"口語"表現が必ずしも"感情的、感動的"とは限りません。

【その他の品詞】名詞：collocation「コロケーション（単語同士の組み合わせのパターン）」

副詞：colloquially

【その他の同義語】idiomatic

[訳] 口語表現は、フォーマルな書き言葉には不適切であると見なされることがある。

赤字部分の単語の同義語を(A)〜(D)の中から1つ選んでください。 ◀ 656-659

Q.656 In the 1830s, the first steamship with a screw propeller was launched, and gradually the sailing ship became **obsolete**.

(A) inexpensive

(B) outdated

(C) invisible

(D) unprofitable

Q.657 In the Western economy, two **consecutive** quarters with negative growth in terms of GDP are regarded as a recession.

(A) fiscal

(B) additional

(C) successive

(D) previous

Q.658 The James Webb Space Telescope is NASA's **ambitious** project for the Next Generation Space Telescope, featuring a multi- layered sunshield, gold-coated mirror, and infrared detectors.

(A) expensive

(B) brand-new

(C) challenging

(D) sophisticated

Q.659 The U.S. Presidential candidate picks his/her running mate out of the list of **prospective** vice-presidential nominees before the party's convention.

(A) potential

(B) multiple

(C) cooperative

(D) appealing

学習歴 (/) (/) (/) (/) (/)

Q.656 ★★★　　　　　　　　　　　　正解 **(B) outdated**

obsolete は「時代遅れの」。(A)の「安い」は「金額」に関する物なので「時代」に関する物とは明らかに別ですね。(C)の「①目に見えない　②姿を隠している」はイメージとしては「時代遅れになる→目に見えなくなる」としてつながりそうですが、「時代、時期」と「見えない、見かけない」といった視覚に関する意味とは異なります。(D)は「利益にならない」。

【その他の同義語】outmoded, out-of-date

［訳］1830 年代にスクリュー・プロペラを搭載した最初の蒸気船が進水し、徐々に帆船は時代遅れになった。

Q.657 ★★　　　　　　　　　　　　　正解 **(C) successive**

consecutive は「連続した」。(A)「①会計の　②国庫の」は「連続した」とは全く別物ですね。なお fiscal quarter で「会計四半期」となります。(B)の「追加の」は「２つの追加の」と理解できますが、「連続」の意味は含まれません。また「追加」とは「すでに何か存在する物」があるのが前提であり、これも「連続した」とは異なる点です。(D)「以前の」もやはり違いますね。

【その他の品詞】副詞：consecutively「連続して」

［訳］欧米経済では、GDP に対してマイナス成長を伴う 2 連続四半期が景気後退と見なされる。

Q.658 ★　　　　　　　　　　　　　　　正解 **(C) challenging**

ambitious は「①(計画などが)困難を伴う、意欲的な、野心的な　②(性格的に)野心的な」。(A)の「値段の高い」は「"野心的な"計画だから"値段が高い"」と推測可能ですが、あくまでも「金額」に特化しているので同義にはなりません。(B)は「最新の」。確かに「"野心的な"計画」というフレーズは「"最新の"計画」の紹介として使われがちですが、言葉としては別です。(D)の「洗練された」も「困難な、難しい」とは異なります。

【その他の品詞】名詞：ambition「野心、大望」　副詞：ambitiously
【その他の同義語】arduous (Q.601), difficult, demanding

［訳］ジェームズ・ウェッブ宇宙望遠鏡は、多層の日光防御、金のコーティングを施した反射鏡、赤外線検出器を備えた次世代宇宙望遠鏡向けの NASA の野心的なプロジェクトである。

Q.659 ★★　　　　　　　　　　　　　正解 **(A) potential**

prospective は「見込みのある、将来の、予想される」、つまり「可能性」の意味です。(B)の「多くの」は問題文中では「多くの副大統領候補者」と意味は通じますが、「数」の意味なので、「見込みのある」という「可能性」とは別です。(C)の「協力的な」は順番を入れ替えると "協力的な"友人 ≒ "見込みのある"友人 と妙ですね。(D)は「①魅力的な　②哀願するような」なので、「可能性」に関するものではありません。

【その他の品詞】名詞：prospect「①予測、展望　②見込み客」
【その他の同義語】possible

［訳］アメリカ大統領候補は、党大会の前に見込みのある副大統領候補者のリストから副大統領候補を選ぶ。

　※　running mate：图 下位候補者（大統領にとっての副大統領）

Chapter 3

形容詞

353

赤字部分の単語の同義語を(A)〜(D)の中から1つ選んでください。 ◀ 660-663

Q.660 The fossil of the oldest known bat was found with its skeleton **intact** at the Green River Formation of western Colorado.

(A) unchanged

(B) buried

(C) damaged

(D) exposed

Q.661 The temporary capital in the 1790s and a major industrial city during the Industrial Revolution, Philadelphia is **replete with** historical sites.

(A) famous for

(B) surrounded by

(C) comparable with

(D) filled with

Q.662 It is estimated that the Earth's atmosphere had been largely **devoid of** oxygen until about 2.5 billion years ago.

(A) made of

(B) balanced with

(C) mixed with

(D) free of

Q.663 **Mutual** trust and respect between the signatory nations is the key component of any international treaty.

(A) Unspoken

(B) Shared

(C) Basic

(D) Long-standing

Q.660 ★★★　　　　　　　　　　　正解　(A) unchanged

intact は「そのままの、手つかずの、無傷の」。なお、今回のような「形容詞＋名詞」の語順にならない形容詞の用法を叙述用法と言います。(B)の「埋められた」は化石のイメージとして OK ですが、「そのままの」とは全く別の意味ですね。(C)の「損傷を受けた」は正解の意味とは真逆です。(D)の「(風雨などに)さらされた、むき出しの」も「そのままの」とはかなり異なった状況と言えます。

【その他の同義語】undamaged

[訳] 知られている最も古いコウモリの化石は、コロラド州西部のグリーン・リバー累層(るいそう)で骨格をそのままにした状態で発見された。

※ formation：图 累層 地層のこと

Q.661 ★★★　　　　　　　　　　　正解　(D) filled with

replete は with を伴い「～で満ちている」となります。(A)の「～で有名な」は「フィラデルフィア史跡で有名である」といたって自然ですが、「何かで"満たされている"≒"有名になる"」と考えてしまうのは不自然です。(B)の「～で囲まれている」は「周辺を囲まれている」で、「(内部、中が)満ちている」とは別です。(C)は「～と比較できる」なので、全く別の性質の言葉です。

【その他の品詞】名詞：repletion「充満、充実」

【その他の同義語】full (of), loaded (with), packed (with)

[訳] 1790 年代の暫定的な首都であり、産業革命時の主要な工業都市であるフィラデルフィアは史跡で満ちている。

Q.662 ★★★　　　　　　　　　　　正解　(D) free of

devoid は of を伴い「～がない、～を欠いている」。(A)は「～で出来ている」で「ほとんど酸素で出来ていた」となってしまいます。(B)の「～でバランスが取れている」も詳細な程度は不明ですが「～がない」に比べれば「量が多い」と考えるのが妥当です。(C)の「～と混ざっている」も「大気は 25 億年前までほとんど酸素と混ざっていた」となり「～がない」とは意味が異なりますね。

【その他の同義語】bare (of), empty (of), lacking (in)

[訳] 地球の大気は約 25 億年前までほとんど酸素を欠いていたと推定されている。

Q.663 ★　　　　　　　　　　　　　正解　(B) Shared

mutual は「①相互の、相互的な　②共通の」。「お互いの」という意味合いがポイントになります。(A)の「暗黙の」は「署名国間の暗黙の信頼」となり意味は良いのですが、「お互いの」の意味がありません。(C)の「基本的な」も文脈的には自然ですが、これには「お互い」といった「相手」を想定した意味合いがありません。(D)は「長期にわたる」でした。

【その他の品詞】副詞：mutually「相互に」

【その他の同義語】common

[訳] 署名国間の相互信頼と尊重は、あらゆる国際条約の重要な構成要素である。

※ signatory：形 参加調印した　图 調印国

赤字部分の単語の同義語を(A)〜(D)の中から1つ選んでください。 🔊 664-667

Q.664 Andrew Jackson had been **seething over** his defeat in the previous
presidential election until his eventual victory in 1828.

(A) ashamed of

(B) angry at

(C) saddened by

(D) shocked at

Q.665 Standing for extended periods of time may put **undue** pressure on
lower limbs and exacerbate underlying heart conditions.

(A) excessive

(B) downward

(C) unexpected

(D) constant

Q.666 In order to survive in a dry environment, desert animals such as
camels drink a **prodigious** amount of water in a few minutes.

(A) proper

(B) fixed

(C) huge

(D) necessary

Q.667 As early as the latter period of the Bronze Age, humans may have
produced iron of **inferior** quality.

(A) ordinary

(B) outstanding

(C) substandard

(D) reasonable

学習歴 (/) (/) (/) (/) (/)

Q.664 ★★★ 　　　　　　　　　　　　　　　正解 (B) angry at

seething は「①腹を立てている　②沸騰している、煮えたぎっている　③（群衆などが）騒然としている」で、over を伴い「〜に腹を立てている」です。(A)の「〜を恥じている」は「腹を立てている」とは別感情です。(C)の「〜に悲しまされている」も同様に正解とは異なる意味合いです。(D)の「〜に衝撃を受けている」も「腹を立てている（怒り）」と同義にするのは無理がありますね。
【その他の品詞】自動詞：seethe「①腹を立てる　②沸騰する　③（群衆などが）騒然とする」
【その他の同義語】enraged (at), furious (at), indignant (at)

[訳] アンドリュー・ジャクソンは、1828 年に最終的に勝利するまで、前回の大統領選挙での敗北に関して腹を立てていた。

Q.665 ★★★ 　　　　　　　　　　　　　　　正解 (A) excessive

undue は「①過度の　②不当な、不法な」。反意語は due（形）「①正当な　②支払い期日の来た　③到着時刻で」。(B)は「下向きの」で、「下肢に下向きの圧力をかける」と自然な内容になりますが、「過度の」とは異なります。(C)の「予想しない」は「過度の」といった「量、程度」とは異なるものです。(D)の「一定した、絶えず続く」は「期間」の意味なので、やはり「量、程度」とは別になります。
【その他の品詞】副詞：unduly「過度に」
【その他の同義語】extreme, inordinate

[訳] 長時間立つことは下肢に過度の圧力をかけ、潜在的な心臓病を悪化させることがあるかもしれない。
　※ exacerbate：他動 〜を悪化させる
　※ underlying：形 潜在的な、根底にある
　※ limb：名 手足

Q.666 ★★★ 　　　　　　　　　　　　　　　正解 (C) huge

prodigious は「驚異的な、けた外れの」。(A)は「適切な」なので、「驚異的な」と同義にするには控えめすぎますね。(B)は「決まった、一定の」なので、これだけでは「驚異的な（多い）」との意味には結びつけられません。(D)は「必要な」なので、やはりこれでは「多い」とは言えません。
【その他の品詞】名詞：prodigy「神童、天才」　副詞：prodigiously
【その他の同義語】enormous, immense, tremendous

[訳] 乾燥した環境で生き残るために、ラクダなどの砂漠の動物は数分で驚異的な量の水を飲む。

ラクダは一度に 100 リットル以上の水を飲むそうです。尊敬します。真似しませんけど…。

Q.667 ★★★ 　　　　　　　　　　　　　　　正解 (C) substandard

inferior は「①劣っている、下級の　②（階級などが）下の」。反意語は superior（形）「上級の、優秀な」。(A)の「普通の」は明らかに程度としての差があります。(B)の「顕著な、目立った」は真逆になりますね。(D)の「妥当な、ほどよい」は「劣っている」よりは上のレベルを意味しています。
【その他の同義語】low-grade, poor, second-class

[訳] 人類は青銅器時代の後期にすでに質の劣った鉄を作っていたかもしれない。

Chapter 3

形容詞

赤字部分の単語の同義語を(A)～(D)の中から1つ選んでください。◀ 668-671

Q.668 During his reelection campaign of 1948, President Harry Truman
☐ launched a **grueling** speaking tour by train to reach out to voters.

    (A) nationwide

    (B) long

    (C) stimulating

    (D) tiring

Q.669 Because of the living environment with little sunlight, low
☐ temperature, and high pressure, deep-sea fish have developed
weird physical characteristics.

    (A) diverse

    (B) similar

    (C) external

    (D) peculiar

Q.670 Research indicates that infants have a biologically **innate** sense of
☐ numbers, which could be used to predict their future arithmetic skills.

    (A) incredible

    (B) natural

    (C) acquired

    (D) unmistakable

Q.671 Like many geometric shapes, a large number of organisms,
☐ including humans, are **symmetrical** in shape.

    (A) pointed

    (B) balanced

    (C) curved

    (D) complex

学習歴 (/) (/) (/) (/) (/)

Q.668 ★★★　　　　　　　　　　　　　　　　正解 （D） tiring

grueling は「激しい、厳しい、疲れさせるような」。(A)の「全国にわたる」は地理的表現なので、完全に別です。(B)の「①長い　②退屈な」はイメージ的には「激しい→長い」とつながるかもしれませんが、言葉の定義としては「激しい（程度の強弱）」、「長い（時間の長さ）」と別です。また、②の「退屈な」も grueling にはありません。(C)は「活気にあふれた、刺激的な」なので、「疲れさせるような」という意味はありません。

【その他の同義語】arduous（Q.601）, demanding, taxing

［訳］1948年の再選運動中、ハリー・トルーマン大統領は有権者と意思疎通を図るため、列車での激しい演説ツアーを開始した。

Q.669 ★★　　　　　　　　　　　　　　　　　正解 （D） peculiar

weird は「奇妙な、不思議な、気味の悪い」。(A)の「多様な」は「種類」に関する物です。(B)の「似たような」は「奇妙」とはかなり異なる性質の言葉です。(C)の「外面的な」は「奇妙な」とは異なる性質の言葉です。

【その他の品詞】副詞：weirdly「奇妙に」
【その他の同義語】bizarre（Q.630）, odd, outlandish（Q.642）

［訳］低日光、低温、高圧な生活環境のために、深海魚は奇妙な身体的特性を発展させている。

Q.670 ★★★　　　　　　　　　　　　　　　　正解 （B） natural

innate は「①生まれつきの　②固有の、本質的な」。(A)は「驚くべき」なので、「程度の強弱」に関するものです。(C)は「①後天的な　②習得した」なので、「生まれつき」とは逆になります。(D)の「明らかな」は「数に関する明らかな感覚」と自然ですが、「明らかな」とは「現時点では明白なので確認できる」の意味ですが、それが「生まれつきかどうか」まではわかりません。

【その他の品詞】副詞：innately「生来、本質的に」

［訳］研究によると乳児は生物学的に数に関する生来の感覚を持っており、それは将来の数学的技能の予測に利用が可能であるとの事だ。

Q.671 ★★★　　　　　　　　　　　　　　　　正解 （B） balanced

symmetrical は「①（左右）対称の　②均整の取れた」。(A)は「尖った、鋭い」なので幾何学模様の形としてはありえますが、「対称の」とは別の意味になってしまいます。(C)の「曲線状の」もやはり幾何学模様の一つですが、同義にはなりません。(D)の「複雑な」も、やはり「対称」とは言い難いものです。

【その他の品詞】名詞：symmetry「（左右）対称、均整」　副詞：symmetrically
【その他の同義語】proportional

［訳］多くの幾何学的形状と同様、人間を含む多くの生物は形状が対称的である。

Chapter 3

形容詞

赤字部分の単語の同義語を(A)～(D)の中から1つ選んでください。◀︎ 672-675

Q.672 A large volume of studies show that the increase in the amount of CO_2 in the atmosphere is **commensurate with** the increase in the use of fossil fuels.

(A) responsible for

(B) in contrast with

(C) connected with

(D) corresponding with

Q.673 With his deep understanding of comparative anatomy, paleontologist Georges Cuvier exhibited an uncanny ability to reconstruct fossils from **fragmentary** remains.

(A) buried

(B) ancient

(C) incomplete

(D) burnt

Q.674 *City Lights*, the romantic comedy directed by and starring Charlie Chaplin, gave hope to the American audience **despondent** in the aftermath of the Great Depression.

(A) poor

(B) upset

(C) doubtful

(D) unhappy

Q.675 Until recent studies suggest otherwise, sharks, for the most part, have been seen as a highly **solitary** species.

(A) unaccompanied

(B) violent

(C) territorial

(D) unintelligent

学習歴 (/) (/) (/) (/) (/)

Q.672 ★★★　　　　　　　　　　正解　(D) corresponding with

commensurate は with を伴い「①〜と比例している、釣り合った　②〜と合致している」。「CO_2 量の増加は化石燃料の使用の増加に比例している」です。(A)は「〜の原因である」ですが、commensurate には「原因」の意はなく、また「CO_2 量の増加は化石燃料の使用の増加の原因である」と因果関係が真逆になります。(B)の「〜と対照的である」は「反比例」に近いものです。(C)は「〜と関連している」で、「〜と比例している」もその一例と言えますが「関連≒比例」とすると混乱を招きます。

【その他の同義語】proportional to, proportionate to

[訳] 多くの研究は大気中の CO_2 量の増加は化石燃料の使用の増加に比例していることを示している。

Q.673 ★★　　　　　　　　　　　正解　(C) incomplete

fragmentary は「不完全な、断片的な、破片の」。(A)の「埋められている」は化石に関する内容とイメージ的には合いますが「断片的な」という意味とは全く別です。(B)の「古代の」は「時代」に関するものです。(D)は「燃やされた」ですが、「断片的な」にはこの意味は含まれませんので、同義とするのは不可となります。

【その他の品詞】名詞：fragment「①断片　②破片」　【その他の同義語】imperfect, partial

[訳] 古生物学者ジョルジュ・クヴィエは比較解剖学に関する深い理解を持ち、断片的な遺物から化石を再構築する超人的な能力を示した。
　※ uncanny：形 超人的な　※ anatomy：名 解剖学
　※ 哺乳類、魚類と幅広い研究で有名なフランスの学者です。

Q.674 ★★★　　　　　　　　　　正解　(D) unhappy

despondent は「元気のない、失望した」。(A)の「貧しい」は、貧しくても"元気な"方もいるはずなので、同義にはなりません。(B)の「(怒りの感情を含んで)うろたえた、気が動転した」は正解同様、ネガティブな意味ですが意味は異なります。(C)の「①(人が)疑問を抱いている　②(物事が)疑わしい」は、①がやや惜しいものの同義ではありません。

【その他の品詞】名詞：despondency「落胆、失望」　副詞：despondently
【その他の同義語】depressed, discouraged, miserable

[訳] チャーリー・チャップリンが監督・主演したロマンチックコメディ『街の灯』は、大恐慌の余波で元気のないアメリカの観客に希望を与えた。
　※ aftermath：名 (災害などの)余波

Q.675 ★★　　　　　　　　　　　正解　(A) unaccompanied

solitary は「①単独の、孤独な　②(場所などが)めったに人の訪れない」。(B)の「暴力的な」はサメの一般的なイメージとは合いますが、「単独の」とは異なります。(C)は「縄張り意識の強い」で、意味をご存じで選ばれた方はかなりの語彙力ですが、やはり「単独の」とは別の意味合いですね。(D)の「知性の高くない」も「単独の」とは異なる意味合いです。

【その他の同義語】lone

[訳] 最近の研究がそうでないことを示唆するまで、サメはたいてい非常に単独性の種と見なされていた。
　※ otherwise：副 違ったふうに
　※ for the most part：たいてい、普段は

Chapter 3

形容詞

赤字部分の単語の同義語を(A)〜(D)の中から1つ選んでください。 🔊 676-679

Q.676 Recent DNA analysis suggested that the giraffe has four **distinct** species instead of one as previously believed.

    (A) native

    (B) rare

    (C) different

    (D) related

Q.677 Partly due to his drinking habit, President Warren G. Harding became increasingly **frail** in the first half of 1923.

    (A) forgetful

    (B) restless

    (C) weak

    (D) short-tempered

Q.678 When a huge glacier partially melts or slightly deforms due to its own weight, the glacier still looks **static** to human eyes because the process takes place very slowly.

    (A) invisible

    (B) immobile

    (C) impressive

    (D) vague

Q.679 It is highly likely that Mad Cow Disease, a neurodegenerative disease, is caused by a prion, a **faulty** protein.

    (A) rare

    (B) mysterious

    (C) flawed

    (D) poisonous

学習歴 (/) (/) (/) (/) (/)

Q.676 ★ 　　　　　　　　　　　　　正解 （C）different

distinct は「①別個の、独特な　②はっきりした、明確な」。反意語は indistinct（形）「不明瞭な、区別がはっきりしない」。(A)の「①（動植物がある土地に）固有の　②生まれつきの」ですが、「別個の、独特な」に「ある土地の」といった概念は含みません。②を取っても「4つの生まれつきの種」と妙です。(B)の「希少な」も「別個の≒希少な」の定義にするのは不自然です。(D)の「関連した」は「別個の」とは逆になります。
【その他の品詞】他動詞 & 自動詞：distinguish「〜を区別する / 区別する」　名詞：distinction「①区別　②特徴　③卓越」　副詞：distinctly
【その他の同義語】disparate, individual, separate

［訳］最近の DNA 分析は、キリンが以前に考えられていたように1つではなく4つの異なる種を持っていることを示唆した。

Q.677 ★★ 　　　　　　　　　　　　　正解 （C）weak

frail は「①弱い、ひ弱な　②壊れやすい」。(A)は「忘れっぽい」なので、正解共々ネガティブな意味ですが、「弱い≒忘れっぽい」とするとかなり混乱を招きます。(B)は「落ち着かない」なので、「弱い」とはかなり差が大きいものです。(D)の「短気な」はどちらかと言えば「弱い」とは逆の意味合いに近いでしょう。
【その他の品詞】名詞：frailty「①虚弱、もろさ　②欠点、弱点」
【その他の同義語】debilitated, feeble

［訳］1923 年前半、ウォレン・G・ハーディング大統領は飲酒習慣が一因でますます虚弱になった。

Q.678 ★★ 　　　　　　　　　　　　　正解 （B）immobile

static は「①静止状態の、活気のない　②静電気の」。(A)は「①目に見えない　②姿を隠している」。①を問題文中に入れると趣旨が「氷河が人間の目には見えなくなる」となってしまいます。正解は「変形プロセスが非常に遅い」で、氷河は見えています。(C)の「印象深い」は「静止状態」といった「動き」に関する物とは別です。(D)の「ぼやけた」も(A)と同様の理由により「静止状態の」とは異なります。
【その他の品詞】名詞：static「静電気」
【その他の同義語】unmoving, motionless, still

［訳］巨大な氷河が自らの重さのために部分的に溶けたり、わずかに変形する際、プロセスが非常に遅いため、人間の目にはまだ静止状態に見える。

Q.679 ★★ 　　　　　　　　　　　　　正解 （C）flawed

faulty は「①欠陥のある　②誤った」。(A)の「珍しい」は「珍しいタンパク質」と至って自然ですが、これで「欠陥のある」とは言えません。(B)の「不思議な」も「欠陥のある→欠陥の原因が不明→不思議な」と3段階の推測ができますが、同義としては不正解です。(D)の「有毒な」は病気の内容には最適ですが、言葉の定義を「欠陥のある≒有毒な」とすると"欠陥のある"部品は総じて"有毒な"部品ということになってしまいます。「欠陥」と「毒」は別物です。
【その他の品詞】他動詞：fault「〜を非難する」　名詞：fault「①欠陥　②過失」
【その他の同義語】damaged, defective, imperfect

［訳］神経変性疾患である狂牛病は、欠陥のあるタンパク質であるプリオンによって引き起こされる可能性が高い。

赤字部分の単語の同義語を(A)～(D)の中から1つ選んでください。 📢 680-683

Q.680 The repetition of sounds, specifically the repetition of the same or similar consonant and vowel sounds, is **intrinsic** in poetry.

□

    (A) effective

    (B) popular

    (C) frequent

    (D) fundamental

Q.681 The use of genetic engineering for medicine or agriculture has been a subject of **scholarly** debate for a long time due to ethical concerns.

□

    (A) academic

    (B) intense

    (C) open

    (D) endless

Q.682 Sloths, because of their diet of tree leaves with little nutrition and a slow metabolism rate, live at a very **sluggish** pace.

□

    (A) slow

    (B) uniform

    (C) rhythmic

    (D) manageable

Q.683 Throughout his professional career, the playwright George Bernard Shaw made headline news with his **flamboyant** behavior.

□

    (A) arrogant

    (B) irresponsible

    (C) showy

    (D) generous

学習歴 (/) (/) (/) (/) (/)

Q.680 ★★★   正解 (D) fundamental

intrinsic は「固有の、本来備わっている」。(A) の「効果的な」は、「子音と母音の繰り返しは詩において効果的である」として自然ですが、「固有の」とは別です。(B) の「人気がある」も「固有の≒人気がある」との定義は拡大解釈です。(C) の「頻繁な」は「子音と母音の繰り返しは詩において頻繁なもの」とこれも自然ですが、「頻度」に関するものなので、やはり「固有の」とは異なります。

【その他の品詞】副詞：intrinsically「本来」
【その他の同義語】basic, essential

[訳] 音の繰り返し、特に同じだったり類似した子音と母音の繰り返しは詩に固有のものである。
　　※ vowel：名 母音　※ consonant：名 子音

Q.681 ★★★   正解 (A) academic

scholarly は「①学問的な　②(人が)学者らしい」。scho から school をイメージして正解された方、お見事です。(B) の「激しい、強烈な」は(激しい議論)と文脈的には OK ですが、これは「学問的な」とは全く別です。(C) の「開かれている」は open debate で「公開討論」になりますが、やはり「学問的な」ではありません。(D) の「終わりのない」は文字通り「期間」に関するものです。

【その他の品詞】名詞：scholar「学者」
【その他の同義語】educational, intellectual

[訳] 医学や農業のための遺伝子工学の使用は倫理的な懸念のために長い間、学術的な議論の対象となっている。

Q.682 ★★★   正解 (A) slow

sluggish は「①緩慢な、不活発な　②怠惰な」。(B) の「統一された」はつまり「同じ」なので、「緩慢な」といった「スピード、ペース」とは別です。(C) の「リズミカルな、律動的な」は正解とはむしろ逆の意味合いになってしまいます。(D) の「(無理なく)制御可能な」を「緩慢な」と同義にすると混乱を招きます。

【その他の品詞】名詞：sluggishness「①不活発　②怠惰」　副詞：sluggishly
【その他の同義語】inactive, inert (Q.800), slack

[訳] 栄養の少ない木の葉といった食事や遅い代謝速度のために、ナマケモノは非常に緩慢なペースで生きている。

Q.683 ★★★   正解 (C) showy

flamboyant は「①(言動が) 華々しい、きらびやかな　②けばけばしい」。(A) は「傲慢な」とかなり批判的なトーンなので、同義にするには程度が強すぎます。(B) は「無謀な、向こう見ずな」、つまり「無責任な」ですが、「華々しい」にはこの意味がありません。(D) は「寛大な、気前の良い」で、「他者への思いやり」なので、「(自分の言動が) 華々しい」とは別です。名詞は generosity。

【その他の品詞】名詞：flamboyance「華々しさ」　副詞：flamboyantly
【その他の同義語】ostentatious, theatrical

[訳] プロとしてのキャリアを通じて、劇作家ジョージ・バーナード・ショーは、華やかな行動でニュースの見出しを飾った。

Chapter 3

形容詞

365

赤字部分の単語の同義語を(A)〜(D)の中から1つ選んでください。 ◀ 684-687

Q.684 Magma is a **fluid** molten rock found underground, while lava is
magma that reaches the earth's surface through a volcano.

(A) boiling

(B) glowing

(C) moving

(D) liquid

Q.685 Research is being done to find **definitive** proof that humans' facial
diversity is due to the diversity of DNA codes.

(A) scientific

(B) conclusive

(C) factual

(D) actual

Q.686 The Maunder Minimum, a period of the **conspicuous** absence of
sunspot activities for unknown reasons, lasted from 1645 to 1715.

(A) long

(B) evident

(C) rare

(D) temporary

Q.687 While some of the British Prime Minister Winston Churchill's
statements seem rather **blunt**, people like to quote them.

(A) contradictory

(B) rude

(C) vague

(D) illogical

学習歴 (/) (/) (/) (/) (/)

Q.684 ★★ 　　　　　　　　　　　　　　　正解 (D) liquid

fluid は「液体の」。反意語は solid（形）「固体の」。(A) の「沸騰している」はマグマのイメージとしては適切ですが、「液体の」とは別です。まさに「The ひっかけ」です。(B) の「白熱している」もイメージ的にはありますが、これまた全く別の性質の言葉です。(C) の「移動している」は固体・液体ともに当てはまるので「液体の≒移動している」にはなりません。a moving object in the sky を「空中の液体の物体」とは理解しないはずです。

【その他の品詞】名詞：fluid「液体」　fluidity：「流動性」

[訳] マグマは地下で見つかる流体の溶融岩であり、溶岩は火山を通って地球の表面に到達するマグマである。

 物としては同じですが、地下にある時は「マグマ」、地上に出たら液体・岩石共に「溶岩」と呼びます。

Q.685 ★★★ 　　　　　　　　　　　　　　正解 (B) conclusive

definitive は「①決定的な、最終的な　②信頼のおける」。「物事の信頼度が高い」ことがポイントです。(A) の「科学的な」は「科学的な証拠」とかなり自然ですが、「決定的な≒科学的な」と定義するのは不自然な場合もあります。(C) の「事実に基づく」は「事実に基づく証拠」となりかなり自然ですが、文字通りの意味です。また"事実に基づく"証拠は今後も新たに出てくる可能性がありますが、"決定的な"証拠はもう今後は出てきません。(D) の「実際に存在する」は「決定的な」に比べると程度が弱すぎます。

【その他の品詞】副詞：definitively「決定的に」
【その他の同義語】absolute, deciding, final

[訳] 人間の顔の多様性は、DNA コードの多様性によるものであるという決定的な証拠を見つけるための研究が行なわれている。

Q.686 ★★ 　　　　　　　　　　　　　　　正解 (B) evident

conspicuous は「①顕著な、人目を引く　②わかりやすい、明白な」。(A) の「長期の」はあくまでも「期間」に関するものです。(C) の「貴重な」は「めったにない」といった「頻度」に関する語彙で、「人目を引く、引かない」とは別の性質の言葉です。(D) の「一時的な、仮の」は「仮の事なので、いずれ終わる」との意味を含みますが、conspicuous はこの意味を含みません。

【その他の品詞】副詞：conspicuously「顕著に」
【その他の同義語】obvious, apparent, visible

[訳] 1645 年から 1715 年まで続いたマウンダー極小期は、未知の理由による太陽黒点の顕著な欠乏期間である。

 この現象を発見した天文学者の名から付けられた名称です。

Q.687 ★★ 　　　　　　　　　　　　　　　正解 (B) rude

blunt は「①そっけない、ぶっきらぼうな　②（刃・先端などが）鈍い」。(A) は「矛盾している」なので、別の性質の言葉です。(C) の「曖昧な」とは、つまり「意味が不明確な」なので、「そっけない」とは異なります。(D) は「非論理的な」ですが、「そっけない」は「論理」に関する意味を含みませんので不正解となります。

【その他の品詞】名詞：bluntness「そっけなさ、ぶっきらぼう」　副詞：bluntly
【その他の同義語】curt, outspoken

[訳] イギリスのウィンストン・チャーチル首相の発言の中には、かなりぶっきらぼうに思えるものもあるが、人々はそれらを引用するのが好きである。

赤字部分の単語の同義語を(A)〜(D)の中から1つ選んでください。 ◀ 688-691

Q.688 *Gastornis*, a large flightless bird of the Paleocene epoch, was once thought to be a **ferocious** carnivore because of its huge skull and beak.

(A) flying

(B) smart

(C) wild

(D) ruling

Q.689 In the late 20th century, it increasingly became **obvious** that Pluto's status as a planet was in dispute.

(A) apparent

(B) acceptable

(C) possible

(D) doubtful

Q.690 Helen Keller, who was deaf and blind since her early childhood, received **invaluable** support from her teacher Anne Sullivan.

(A) extremely useful

(B) very warm

(C) long-continued

(D) highly intensive

Q.691 Written with **eloquent** and plain language, writer Thomas Paine's seminal booklet, *Common Sense*, helped persuade largely indifferent people of the Thirteen American Colonies to support the independence cause.

(A) encouraging

(B) persuasive

(C) brief

(D) detailed

学習歴 (/) (/) (/) (/) (/)

Q.688 ★★★　　　　　　　　　　　　　正解 (C) wild

ferocious は「①どう猛な　②猛烈な」。(A)の「空を飛ぶ」は（巨大な飛べない鳥である）から推測されたかもしれませんが、「どう猛な」という気質とは別です。また(B)の「賢い」は「どう猛な」とはかなり異なる気質です。(D)の「優勢な、支配的な」は「立場」に関する言葉であり、やはり「気質」とは異なりますね。
【その他の品詞】名詞：ferocity「どう猛さ」　【その他の同義語】aggressive

［訳］暁(ぎょう)新世時代の巨大な飛べない鳥であるガストルニスは、かつては巨大な頭蓋骨とくちばしのためにどう猛な肉食動物であると考えられていた。
　※ beak：名くちばし　※ Paleocene epoch：名暁新世時代 約6,600万年〜5,600万年前の地質時代

Q.689 ★　　　　　　　　　　　　　　　正解 (A) apparent

obvious は「明らかな」。(B)は「容認できる」ですが、「明らかな」には「容認」の意味合いはありません。(C)の「可能性のある」は言葉の意味の強さとしても「明らかな」よりは弱くなっています。(D)の「①(物事が)疑わしい　②(人が)疑問を抱いている」は正解とはほぼ逆の意味合いになってしまいますね。
【その他の同義語】clear, evident, readily discernible

［訳］20世紀後半には、冥王星の惑星としての地位が論争になっていることがますます明確になった。　　2006年に dwarf planet「準惑星」と認定されました。

Q.690 ★★　　　　　　　　　　　　　　正解 (A) extremely useful

invaluable は「非常に貴重な」。valu から value「価値」をイメージできたかも知れません。ただし、今回の in は「強調の役割」で「非常に貴重な」の意味であり、「否定」の「貴重ではない」ではないためトリッキーです。valuable「貴重な」を強調して「非常に貴重な」となります。(B)の「非常に温かい」は「非常に温かい支援を受けた」と自然ですが、これは言い換えると「friendly で caring な、人としての感情」にまつわる意味です。一方、「非常に貴重な」は「価値」です。(C)の「長期にわたる」は「期間」の意味。(D)の「かなり集中的な、激しい」は「密度の濃さ」に関するもので、「貴重(価値)」とは別です。
【その他の同義語】precious(Q.629), valuable, valued

［訳］幼い頃から耳が聞こえず、目が見えなかったヘレン・ケラーは教師のアン・サリバンから非常に貴重な支援を受けた。

Q.691 ★★★　　　　　　　　　　　　　正解 (B) persuasive

eloquent は「①説得力のある　②雄弁な」。(A)の「励ますような」は「落ち込んでいる人に元気を与えるような」ですが、「説得力のある」は「特定の考えに賛同するように影響を与える」です。なお②の「雄弁な」も問題文中では自然で、これは fluent があてはまりますが、やはり encouraging「励ますような」ではありません。(C)は「短い」と「長さ」の意味なので「説得力」とは別です。(D)の「詳細な」の意味は「説得力のある」には含まれません。
【その他の品詞】名詞：eloquence「雄弁さ」　【その他の同義語】convincing, forceful

［訳］説得力があり平易な言葉で書かれた作家トーマス・ペインの影響力のある小冊子『コモン・センス』は、非常に無関心な13のアメリカ植民地の人々を、独立の大義を支持するよう説得するのに役立った。
　※ seminal：形影響力の強い

Chapter 3　形容詞

赤字部分の単語の同義語を(A)～(D)の中から1つ選んでください。 ◀ 692-695

Q.692 As early as the 16th century, newspapers in colonial America started carrying advertisements for a **nominal** fee.

(A) small

(B) fixed

(C) standard

(D) weekly

Q.693 The Mausoleum at Halicarnassus, one of the Seven Wonders of the Ancient World, was a **colossal** tomb built in an ancient Greek city, present-day Turkey.

(A) very sacred

(B) very large

(C) highly decorated

(D) highly expensive

Q.694 Dandelion has a **hollow** stem that contains latex, a white milky juice.

(A) straight

(B) long

(C) flexible

(D) empty

Q.695 Even otherwise **sensible** people have been misled to believe that the Egyptian Pyramids were built by slaves, which was dramatized in movies.

(A) reasonable

(B) suspicious

(C) honest

(D) naive

学習歴 (/) (/) (/) (/) (/)

Q.692 ★★★ 正解 (A) small

nominal は「①（金額などが）わずかな　②名ばかりの、名目上の」。(B)は「固定された」なので、これでは金額の大小はわかりません。(C)の「標準的な」は具体的な数値は不明ですが、「わずかな」よりは明らかに大きい、と判断するのが妥当です。(D)は「週ごとの」なので、金額の大小とは別です。

【その他の同義語】minimal, tiny

[訳] 早くも 16 世紀には植民地時代のアメリカの新聞はわずかな料金で広告を掲載し始めた。

Q.693 ★★★ 正解 (B) very large

colossal は「巨大な、並外れた」。(A)の「とても神聖な」は、「とても神聖な霊廟」といたって自然ですが、大きさの意味ではありません。(C)「かなり飾り付けをされた」もやはり大きさではありません。この点は(D)の「とても高価な」も同様です。

【その他の品詞】名詞：colossus「①古代世界の七不思議のアポロの巨像　②巨像」, coliseum (colosseum)「大競技場」

【その他の同義語】giant, massive, vast

[訳] 古代世界の七不思議の一つであるハリカルナッソスのマウソロス霊廟（れいびょう）は古代ギリシャの都市、現在のトルコに建てられた巨大な墓であった。
　※ mausoleum：名 霊廟
　※ 王マウソロスと妻のための霊廟で、日本の国会議事堂のデザインにも影響を与えた、という説もあります。

Q.694 ★ 正解 (D) empty

hollow は「①空洞のある　②くぼんだ　③うわべだけの」。(A)の「まっすぐな」は表面上の形に関する意味です。(B)の「長い」も同様です。(C)の「柔軟性のある」は「性質」に関する意味となります。短い問題文でしたが、うまく解答できたでしょうか？

【その他の品詞】他動詞：hollow「①〜をくり抜く　②〜をくぼませる」　名詞：hollow「①空洞②くぼみ　③（心・気持ちの）空しさ」

【その他の同義語】vacant, void

[訳] タンポポはラテックスという白い乳汁を含む中が空洞の茎を有する。

Q.695 ★★ 正解 (A) reasonable

sensible は「分別のある、賢明な」。sens を見て sense「感覚」に気が付いた方は正解の可能性が高くなります。(B)は「疑い深い」で sensible よりもどちらかと言えばネガティブな意味ですし、sensible にはこの意味合いは含まれません。(C)の「正直な」は(B)よりはポジティブですが、つまり「嘘をつかない」なので、「賢い」とは全く異なりますね。(D)はカタカナでは「繊細な」として好意的な意味ですが、英語では主に「世間知らずな」として使われるのでご注意を。

【その他の品詞】名詞：sensibility「感受性」　副詞：sensibly

【その他の同義語】prudent, rational（Q.646）, intelligent

[訳] 他の点では賢明な人々でさえも映画で脚色されたようにエジプトのピラミッドは奴隷によって建てられたと誤解させられ信じている。

奴隷というより、優れた食料の待遇により募集した労働者だったというのが有力説です。

赤字部分の単語の同義語を(A)〜(D)の中から1つ選んでください。 ◀ 696-699

Q.696 The Grand Canyon's current **scenic** landscape may have formed
☐ several million years ago by the water erosion of the Colorado River.

    (A) rocky

    (B) complex

    (C) picturesque

    (D) hostile

Q.697 Nonpoint source pollution comes from diverse sources in the forms
☐ of rainfall or runoff, whereas point source pollution comes from a
definite source such as a factory or pipe.

    (A) common

    (B) commercial

    (C) particular

    (D) public

Q.698 The **inevitable** decline of fossil fuel reserves has led to the current
☐ search for various alternative energy sources.

    (A) sharp

    (B) certain

    (C) present

    (D) possible

Q.699 Although some argue it is not **optimal** for fast typing, the QWERTY
☐ keyboard has remained the most popular since the 1870s.

    (A) enough

    (B) ideal

    (C) convenient

    (D) useful

Q.696 ★★　　　　　　　　　　正解　(C) picturesque

scenic は「①風光明媚な、景色の良い　②風景の」。(A)の「岩の多い」はどちらかと言えば逆ですね。(B)の「複雑な」と「景色の良い」はかなり異質な物同士になります。(D)は「(環境が)生存に適さない」ですが、「景色の良い」とは全く異なります。

【その他の品詞】名詞：scene「①風景　②(映画などの)場面」

[訳] グランドキャニオンの現在の風光明媚な風景は、コロラド川の水浸食によって約数百万年前に形成されたのかもしれない。

Q.697 ★　　　　　　　　　　　正解　(C) particular

definite は「①明確に限定された、一定の　②明確な、確実な、確信した」。よりわかりやすく言えば、(C)の「特定の」になります。(A)は「ありふれた、並みの」ですが、正解の「特定の」には「ありふれた」といった意味合いはありません。(B)の「商業の」は「特定の」とは異なる性質の言葉です。(D)は「公共の」でした。

【その他の品詞】副詞：definitely「絶対に」
【その他の同義語】fixed, specific

[訳]「非特定汚染源負荷」は降雨、または排水の形で多様な出所から発生するのに対し、「特定汚染源負荷」は工場やパイプなどの明確に限定された出所から発生する。
※ 非特定汚染源負荷は汚染源をピンポイントで特定しにくく、対応が難しいのが特徴です。

Q.698 ★　　　　　　　　　　　正解　(B) certain

inevitable は「必然的な、避けられない」。(A)の「急激な」は問題文中では「化石燃料埋蔵量の急激な減少」と自然ですが、「必然的な」とは別です。(C)の「現在の」も「時期的」な表現なので「必然的」とは置き換えられません。(D)の「可能性のある」はやや惜しいですが、「必然的な」と同義にするには程度が弱すぎます。

【その他の品詞】名詞：inevitability「不可避」　副詞：inevitably
【その他の同義語】inescapable, unavoidable

[訳] 化石燃料埋蔵量の必然的な減少は現在の様々な代替エネルギー源の探求につながっている。

Q.699 ★★★　　　　　　　　　正解　(B) ideal

optimal は「最適の、最上の」。(A)は「十分な」なので、「最適な」と同義にするには程度が弱すぎます。(C)の「便利な」は一見惜しいですが、"最適な"気温を"便利な"気温と置き換えると不自然さが目立ちますね。(D)の「役に立つ」は「高速タイピングの役には立たない」とかなり自然で惜しいですが、(A)同様、「最適(これより上のものはない)」と同義にするにはやはりこれも程度が弱いので、(B)ideal「理想的な」がベストです。

【その他の同義語】best, superior, optimum

[訳] 一部の人は高速タイピングには最適ではないと主張しているが、QWERTY(クワーティ)配列のキーボードは 1870 年代以来最も人気がある。
※ キーボードの英字最上段の左から 6 文字を取ってこの名が付けられました。

Chapter 3

形容詞

赤字部分の単語の同義語を(A)〜(D)の中から1つ選んでください。◀ 700-703

Q.700 From the 1850s through the 1930s, Chicago experienced
phenomenal economic growth, due to successful manufacturing,
expanding railroad networks, and booming real estate speculation.

(A) moderate

(B) sudden

(C) long-term

(D) remarkable

Q.701 Different bird species have developed various shapes and sizes of
beaks, which make them **deft at** obtaining any particular food they
feed on.

(A) selective in

(B) careful about

(C) eager for

(D) skilled at

Q.702 Research indicates that toddlers as young as two years old have
inborn tendencies to conform to others.

(A) natural

(B) cooperative

(C) evident

(D) emotional

Q.703 The **triumphant** reign of the first emperor Augustus set the scene
for the long prosperity of the Roman Empire.

(A) long-standing

(B) victorious

(C) brutal

(D) peaceful

Q.700 ★★ 　　　　　　　　　　　正解 （D） remarkable

phenomenal は「①驚くべき、並外れた　②現象に関する」。(A)は「①適度な　②節度のある」で、①を取っても「驚くべき」よりは程度が弱すぎます。(B)の「突然の」は「意外性、タイミング」に関する物で、「驚くべき」の「称賛」とは別です。(C)は「長期の」ですが、全ての"驚くべき"事が"長期"にわたって続くとは限りません。

【その他の品詞】名詞：phenomenon「事象、現象」　副詞：phenomenally
【その他の同義語】extraordinary, miraculous, outstanding

[訳] 1850年代から1930年代にかけて、シカゴは製造業の成功、鉄道網の拡大、不動産投機の活況を呈し、驚異的な経済成長を遂げた。
　※ speculation：图 投機

Q.701 ★★★ 　　　　　　　　　　　正解 （D） skilled at

deft は at を伴い「～に関し手際のよい、器用な」となります。(A)は「～において選り好みをする」で、「気質」の意味なので「器用さ」とは別です。(B)の「～に関し慎重な」もやはり「気質」に類する物となります。(C)の「～に熱心な」も同様です。

【その他の品詞】名詞：deftness「器用さ」　副詞：deftly
【その他の同義語】expert (at, in, on), proficient (at, in), skillful (at, in)

[訳] 異なる鳥種は様々な形や大きさのくちばしを発展させ、それが自分達が食べる特定の餌を得るのに手際よくさせている。

Q.702 ★★★ 　　　　　　　　　　　正解 （A） natural

inborn は「生まれつきの、生まれながらの」で、文字通り「生まれた時点で備わっている」ことがポイントです。(B)は「協力的な」なので「協力的な傾向」となり自然ですが、「生まれつきの」とは異なります。(C)は「明らかな、明白な」で、これも研究観察の時点で傾向を有していることを意味しますが、「生まれた時点で備わっていた」までは意味していません。(D)の「感情的な」もやはり「生まれた時点で」とは無縁なものです。

【その他の同義語】inherited, innate (Q.670)

[訳] 研究は2歳の幼い子どもが他人に従う生まれつきの傾向を有している事を示している。
　※ toddler：图 幼児　※ conform：自動 従う

Q.703 ★★★ 　　　　　　　　　　　正解 （B） victorious

triumphant は「①成功した、勝利を得た　②勝ち誇った」。(A)の「長期にわたる」ですが、例えば「"長期にわたる"不況」とネガティブな意味でも使えるので、「成功した」と同義になるものではありません。(C)は「残忍な、冷酷な」と、「気質」に関するもので、意味も「成功した」とはかなり差があります。(D)の「平和な、穏やかな」は正解同様、ポジティブ意味ではありますが、「勝利、成功」の意味合いはありません。

【その他の品詞】名詞：triumph「成功、勝利」　副詞：triumphantly
【その他の同義語】successful

[訳] 初代皇帝アウグストゥスの成功した治世は、ローマ帝国の長い繁栄のための下準備となった。
　※ reign：图 治世、統治　※ set the scene for ～：句 ～の準備をする

赤字部分の単語の同義語を(A)～(D)の中から1つ選んでください。 ◀ 704-707

Q.704 The physicist Wilhelm Röntgen's **fortuitous** experience during an experiment in 1895 led to the discovery of X-rays.

(A) unique
(B) fortunate
(C) life-threatening
(D) mystical

Q.705 One of the primary missions of the Federal Trade Commission is the protection of consumers against **deceptive** business practices.

(A) misleading
(B) discriminatory
(C) unregulated
(D) aggressive

Q.706 Successfully demonstrated first in 1878, electric streetlights became **ubiquitous** by the end of the 19th century in the U.S.

(A) widespread
(B) profitable
(C) advanced
(D) economical

Q.707 The **tenacious** efforts by female activists over a century brought white American women the nationwide right to vote in 1920.

(A) collective
(B) outstanding
(C) voluntary
(D) patient

学習歴 (/) (/) (/) (/) (/)

Q.704 ★★★　　　　　　　　　　正解　(B) fortunate

fortuitous は「（良い結果をもたらす）偶然の」で、「タイミング、時期」に類する意味がポイントです。(A)の「独特な、類のない、ユニークな」は「特殊性、希少性」の意味で、「タイミング、時期」ではありません。(C)の「命を危うくするような」は全く別の性質の言葉です。(D)の「神秘的な」は「偶然の」と同義にするには意味が大げさです。

【その他の品詞】名詞：fortune「①富、財産　②運勢　③幸運」　副詞：fortuitously
【その他の同義語】lucky, chance, serendipitous

［訳］物理学者ヴィルヘルム・レントゲンの 1895 年の実験中における偶然の経験は X 線の発見につながった。

Q.705 ★★★　　　　　　　　　　正解　(A) misleading

deceptive は「詐欺的な、人をだますような」。(B)は「差別的な」ですが、「人を"だます"」と「人を"差別する"」の間には明確な違いがあります。(C)の「規制されていない」には「詐欺、だます」といった特定の意味は含みません。(D)の「①積極的な　②攻撃的な」には「だます」の意味はありません。

【その他の品詞】他動詞：deceive「〜をだます」　名詞：deception「だますこと」　副詞：deceptively
【その他の同義語】deceitful, false, fraudulent

［訳］連邦取引委員会の主な使命の 1 つは、詐欺的なビジネス慣行からの消費者の保護である。

Q.706 ★★★　　　　　　　　　　正解　(A) widespread

ubiquitous は「至る所にある、遍在する」、つまり「よく見かける」です。確実に舌をかみそうな発音ですね…。(B)の「儲かっている」ですが、「"よく見かける"から"儲かっている"はず」という推測はできますが、言葉の定義としては異なります。(C)の「高度な、進歩した」は「レベルが上がった」の意味で、「よく見かける」とは違いますね。(D)の「経済的な」は「金額的な安さ」で、「"金額が安い"ので、普及して"よく見かける"ようになった」という推測はありますが、やはり意味が異なることから、正解は(A)となります。

【その他の同義語】common, general, prevalent（Q.166 では動詞として掲載）

［訳］1878 年に初めてデモンストレーションに成功し、電気街灯は 19 世紀末までに米国で至る所に存在するようになった。

Q.707 ★★★　　　　　　　　　　正解　(D) patient

tenacious は「粘り強い、執拗な」。(A)の「集団的な」は「集団的な努力」として自然ですが、「粘り強い」ではありません。(B)の「傑出した、素晴らしい」は文脈的には自然になり惜しいですが、「粘り、執拗」の意味がありません。(C)の「自発的な」も「粘り強い」との意味の差が大きいものです。

【その他の品詞】名詞：tenacity「粘り強さ」　副詞：tenaciously
【その他の同義語】determined, persistent（Q.128 では動詞として掲載）, stubborn

［訳］1 世紀以上にわたる女性活動家の粘り強い努力は、アメリカの白人女性に 1920 年の全国的な投票権をもたらした。

Chapter 3

形容詞

赤字部分の単語の同義語を(A)～(D)の中から1つ選んでください。 🔊 708-711

Q.708 ☐ Although today noted for his **illustrious** career as a novelist, F. Scott Fitzgerald did not achieve commercial success during his lifetime.

(A) prominent

(B) literary

(C) life-long

(D) pioneering

Q.709 ☐ Cape Canaveral, Florida, has been chosen to launch NASA's rockets partly due to its proximity to the equator, although its **precarious** weather occasionally postpones the launch.

(A) tropical

(B) insecure

(C) foggy

(D) seasonal

Q.710 ☐ Medical professionals have warned that the **imprudent** use of antibiotics creates resistant strains of bacteria, making the cure more difficult.

(A) unauthorized

(B) long-term

(C) unwise

(D) irregular

Q.711 ☐ Compared with black pepper, white pepper has a more **subtle** flavor and is more common in Asian dishes.

(A) pronounced

(B) fresh

(C) slight

(D) superior

学習歴 (/) (/) (/) (/) (/)

Q.708 ★★★ 　　　　　　　　　　　　正解 (A) prominent

illustrious は「有名な、傑出した、素晴らしい」。(B)の「文学の」は「文学の経歴」と自然ですが、これだけでは「有名な」にはなりません。(C)の「終生の、一生の」は「期間」の意味です。(D)の「先駆的な、草分け的な」は、つまり「前例にない事を行う」です。正解同様、誉め言葉で惜しい選択肢ですが、この意味は illustrious には含まれません。

【その他の品詞】他動詞：illustrate「①〜を例証する　②〜に挿絵を入れる」
【その他の同義語】eminent, notable（Q.610）, noteworthy（Q.602）

[訳] 今日では小説家としての輝かしい経歴により知られているが、F・スコット・フィッツジェラルドは生前には商業的成功を収めることはなかった。

代表作の *The Great Gatsby* も当時は 2 万部の売上でした。

Q.709 ★★★ 　　　　　　　　　　　　正解 (B) insecure

precarious は「①不安定な、運次第の　②危険な」。(A)の「熱帯の」ですが、フロリダの南部は熱帯ですが言葉としては別です。(C)の「霧の多い」は、「不安定な≒霧の多い」と同義にしてしまっては混乱を招きます。(D)は「①特定の季節に起こる　②季節の」ですが、言い換えると①②共に「季節により決まっているパターンの」という意味なので「不安定な」とは逆です。

【その他の同義語】uncertain, unpredictable, unstable

[訳] フロリダ州ケープカナベラルは、不安定な天候が時折打ち上げを延期させるが、赤道に近いため、NASA のロケットを打ち上げるために選ばれている。

Q.710 ★★ 　　　　　　　　　　　　　正解 (C) unwise

imprudent は「軽率な、向こう見ずな」。反意語は prudent（形）「慎重な、賢明な」。(A)の「未認可、無許可の」は「軽率な」と同様ネガティブな意味ですが、「軽率」には「認可、許可」の意味はないので、同義にするのは無理があります。単語問題は文脈ではなく単語の意味を問う点を再認識しましょう。(B)の「長期にわたる」も例えば「"長期にわたる"繁栄」とポジティブな文脈で使うこともあり得るので、「軽率な」とは言えません。(D)は「不規則な」ですが、順番を変えると「"不規則な"スケジュール」が「"軽率な"スケジュール」となり妙ですよね。したがって正解は(C) unwise となります。

【その他の品詞】名詞：prudence「慎重さ、賢明さ」　副詞：imprudently
【その他の同義語】foolhardy, irresponsible, rash

[訳] 医療専門家は、抗生物質の軽率な使用は細菌の耐性株を作り出し、治療法をより困難にすると警告している。
 ※ strain：[名] 品種、種類

Q.711 ★★ 　　　　　　　　　　　　　正解 (C) slight

subtle は「①かすかな、希薄な　②微妙な、難解な」。(A)は「はっきりとした、明白な」なので、「かすかな」とはほぼ逆の意味になってしまいます。(B)の「新鮮な」は「鮮度」に関するもので、「かすかな」とは異なる性質の言葉です。(D)は「優れた、上質な」で、「かすかな」には含まれない意味です。名詞は superiority「優越、卓越」。

【その他の品詞】名詞：subtlety「①微妙な点　②巧妙さ」　副詞：subtly
【その他の同義語】faint, low-key, subdued（Q.207 では動詞として掲載）

[訳] 黒コショウと比較すると白コショウはよりかすかな風味を持っており、アジア料理でより一般的である。

赤字部分の単語の同義語を(A)〜(D)の中から1つ選んでください。 🔊 712-715

Q.712
☐ Rough-skinned newts are covered in the same **toxic** substance present in pufferfish, which is produced by bacteria and causes severe paralysis.

    (A) poisonous

    (B) natural

    (C) chemical

    (D) sticky

Q.713
☐ It has been speculated that the sonar signals produced by ships or submarines make whales **disoriented**, leading to cetacean stranding.

    (A) exhausted

    (B) excited

    (C) terrified

    (D) lost

Q.714
☐ The **illegitimate** practice of racial segregation in public schools was prohibited by the ruling of the U.S. Supreme Court in 1954.

    (A) institutional

    (B) long-standing

    (C) unlawful

    (D) customary

Q.715
☐ Subliminal messaging, flashing of **unnoticeable** messages to the viewer, has been banned in some countries.

    (A) brief

    (B) invisible

    (C) unspoken

    (D) illegal

学習歴 (/) (/) (/) (/) (/)

Q.712 ★★ 　　　　　　　　　　　　　正解 (A) poisonous

toxic は「有毒な」。(B)の「自然の」は全く別物ですね。(C)の「化学的な」は同義にするとあらゆる"化学"物質が"有毒"物質になってしまいます。(D)は「粘着性の、べとつく」でした。問題文には難度の高い語彙をいろいろ入れたので判読力が試されたかもしれませんが、結果はいかがだったでしょうか？
【その他の同義語】venomous

[訳] サメハダイモリは、フグ種にあるのと同じ有毒物質で覆われている。それは細菌によって作られ、重度の麻痺を引き起こす。
　※ newt：名 イモリ　※ pufferfish：名 フグ　※ paralysis：名 麻痺

Q.713 ★★ 　　　　　　　　　　　　　正解 (D) lost

disoriented は「①方向を失っている　②頭が混乱している」。(A)は「疲れている」なので、いずれもネガティブな意味ですが、「方向を失っている≒疲れている」は常に成立するとは限りません。今回は(D)lost があります。(B)の「興奮している」は、かなり意味の差が大きいものです。(C)の「怖がっている」も「方向を失っている」という意味合いは含まれません。
【その他の品詞】他動詞：disorient「～を混乱させる」　名詞：disorientation「方向感覚の喪失」

[訳] 船や潜水艦によって生成されたソナー信号はクジラの方向を失わせ、座礁鯨(ざしょうくじら)をもたらすと推測されている。
　※ strand：他動 ～を岸辺に乗り上げさせる、座礁させる
　※ cetacean stranding：名 何かしらの原因でクジラが浅瀬に乗り上げ、動けなくなる現象。

Q.714 ★★★ 　　　　　　　　　　　　正解 (C) unlawful

illegitimate は「違法な」。反意語は legitimate（形）「①合法な　②正当な、道理に合った」。(A)は「制度上の」なので、「違法な（誤った）」という意味はありません。(B)は「長年の」で、「長年の慣行」としてよくあるフレーズですが、「違法な」とは異なります。(D)は「習慣的な」で、文脈的には自然にあてはまりますが、やはり「違法な」という意味は含みません。
【その他の品詞】他動詞：legitimize「～を合法とする」　名詞：legitimacy「①合法性　②妥当性」　副詞：illegitimately
【その他の同義語】illicit, illegal, invalid

[訳] 公立学校における人種隔離の違法な慣行は、1954 年の米国最高裁判所の判決によって禁止された。

Q.715 ★★ 　　　　　　　　　　　　　正解 (B) invisible

unnoticeable は「目立たない、人目につかない」。反意語は noticeable（形）「目立つ、顕著な」。notice の部分から推測できるかもしれません。(A)の「短い」は確かにサブリミナル効果の特徴ですが、言葉の意味として「目立たない」は「人の意識、認識」に関するもので、「短い（時間の長さ）」とは別です。(C)は「無言の、暗黙の」で、これもサブリミナルの特徴ですが、例えば「"目立たない"間違い」を「"無言の"間違い」と言うことはできません。(D)の「違法な」も「人の意識、認識」とはかなり異なります。
【その他の同義語】undetectable, unseen

[訳] 視聴者へ目立たないメッセージを点滅させるサブリミナルメッセージングは、一部の国で禁止されている。

赤字部分の単語の同義語を(A)〜(D)の中から1つ選んでください。🔊 716-719

Q.716 After the inauguration ceremony, the U.S. President is to attend several **sumptuous** inaugural balls to thank their supporters.

(A) luxurious

(B) charitable

(C) all-night

(D) official

Q.717 Although still used in some law enforcement agencies, the polygraph test is said to be unreliable in obtaining **truthful** information.

(A) secret

(B) useful

(C) detailed

(D) correct

Q.718 The U.S. Supreme Court ruled in 1905 that the state's **compulsory** vaccination program was legal.

(A) required

(B) local

(C) voluntary

(D) annual

Q.719 In Medieval Europe, tomatoes were widely regarded as unappetizing due to **imprecise** information spread by an influential botanist.

(A) inaccurate

(B) damaging

(C) sensitive

(D) confidential

Q.716 ★★★　　　　　　　　　　　　　　正解 (A) luxurious

sumptuous は「豪華な、贅沢な」。(B)は「慈善の、チャリティーの」ですから、「豪華な」といった意味はありません。(C)の「夜通しの」は「時間の長さ」がポイントなので「豪華さ」と同義ではありません。(D)は「公式の」ですが、「"公式"でも質素なイベント」もあり得ますので、二者が同義とは限りません。

【その他の品詞】副詞：sumptuously「豪華に」

【その他の同義語】costly, rich, expensive

[訳] 就任式の後、アメリカ大統領は支持者に感謝するためにいくつかの豪華な就任式舞踏会に出席することになっている。

※ ball：图 舞踏会　※ be to ～：～することになっている

Q.717 ★★　　　　　　　　　　　　　　　　正解 (D) correct

truthful は「①(話が)真実の、本当の　②(人が)正直な、誠実な」。truth から正解のイメージが湧いたかもしれません。(A)の「秘密の」は「秘密の情報」とあり得るフレーズですが「真実を語る」とはかなり異なります。(B)の「役に立つ」ですが、「真実を語る」のポイントは「本当か？　嘘か？」なので「役、利点」といった意味合いは含みません。(C)の「詳細な」も、やはり「本当か？嘘か？」といった意味とは異なります。

【その他の同義語】faithful, precise

[訳] 一部の法執行機関では依然として使用されているが、ポリグラフ検査は真実の情報を得るのに信頼性がないと言われる。

Q.718 ★★　　　　　　　　　　　　　　　　正解 (A) required

compulsory は「強制的な、義務的な」。compulsory education で「義務教育」です。(B)の「地元の」は全く別の性質の言葉です。(C)は「任意の」なので「強制的な」とは反対の意味になります。(D)は「毎年の」でした。

【その他の品詞】名詞：compulsion「①強制　②強い衝動」

【その他の同義語】forced, mandatory(Q.449 では名詞として掲載), obligatory(Q.240 では動詞として掲載)

[訳] アメリカ最高裁判所は 1905 年に州の強制予防接種プログラムが合法との判決を下した。

Q.719 ★　　　　　　　　　　　　　　　　　正解 (A) inaccurate

imprecise は「①不正確な　②あいまいな」。反意語は precise(形)「正確な」。(B)の「有害な」は文脈的にはとても自然で惜しいですが、例えば「"不正確な"時刻表」を「"有害な"時刻表」と変えたらかなり妙になりますね。「TOEFL の単語問題は文脈ではなく単語本来の意味が重要」というポイントを何度も思い出しましょう。(C)の「①取り扱い要注意の　②敏感な」は、「情報」にはよく付きますが、これでは「不正確な」とは言えません。(D)の「機密の」は「不正確な」とは異なります。

【その他の品詞】名詞：precision「正確さ」　副詞：imprecisely

【その他の同義語】false, incorrect, wrong

[訳] 中世ヨーロッパでは、トマトは影響力のある植物学者によって広められた不正確な情報のためにおいしくないものと広く考えられていた。

※ unappetizing：圀 おいしくない、食欲をそそらない

Chapter 3

形容詞

赤字部分の単語の同義語を(A)～(D)の中から1つ選んでください。 ◀ 720-723

Q.720 Diamonds were first mined in India in the 4th century B.C., and have
☐ established a reputation as **peerless** for more than two millenniums.

(A) unbreakable

(B) timeless

(C) unrivalled

(D) inaccessible

Q.721 Seismologists set up **elaborate** networks of sensors to detect the
☐ tremors of earthquakes on the mountains of the Olympic Peninsula,
Washington State.

(A) underground

(B) high-priced

(C) regional

(D) complex

Q.722 Investment in educational programs requires a lot of time and
☐ patience to produce **tangible** results.

(A) intended

(B) impressive

(C) long-term

(D) concrete

Q.723 The opening day of the first modern musical, *The Black Crook*, in
☐ 1866 is considered a **decisive** moment in the history of Broadway.

(A) solemn

(B) crucial

(C) sacred

(D) chaotic

学習歴 (/) (/) (/) (/) (/)

Q.720 ★★　　　　　　　　　　　　正解　(C) unrivalled

peerless は「比類のない、無比の」、つまり「他に比べるものがない」状態です。peer「(立場など)同等の人、同僚」、less「～がない」のイメージです。(A)は「壊せない」で、ダイヤの「固さ」から連想しやすいですが、「比べるものがない」と同義にするには意味が限定され過ぎています。(B)は「①時代を超越した　②永遠の」で、またもやイメージはピッタリですが、これは「時間、時代」に関するものです。(D)は「入手しにくい」で、これもイメージ的にはありですが、peerless には「入手」といった意味合いはありません。

【その他の品詞】名詞：peer「(立場など)同等の人、同僚」

【その他の同義語】unequalled, unmatched, unparalleled(Q.603)

[訳] ダイヤモンドは紀元前4世紀にインドで最初に採掘され、2千年以上にわたり比類のない存在としての評判を確立した。

Q.721 ★★　　　　　　　　　　　　正解　(D) complex

elaborate は「精巧な、手の込んだ」。(A)は「地下の」で、確かにこの手法も「精巧な」の一例ですが、地下に埋める以外にも"精巧な"手法はあるはずです。(B)の「高額な」は「精巧な→高額な」の連想はできますが、「同義」ではありません。(C)の「地域の」は地理的な概念です。

【その他の品詞】elaborate：他動詞「～を精巧に作り上げる」／自動詞「詳述する」　名詞：elaboration「①入念さ　②詳しい追加説明」　副詞：elaborately

【その他の同義語】complicated, intricate(Q.509 では名詞として掲載), sophisticated

[訳] 地震学者は、ワシントン州オリンピック半島の山中で地震の揺れを検出するために、センサーの精巧なネットワークを設定した。

　※ tremor：[名] 揺れ、微震　※ peninsula：[名] 半島

Q.722 ★★★　　　　　　　　　　　　正解　(D) concrete

tangible は「①目に見える、明白な　②触れることができる、有形の」。反意語は intangible(形)「①目に見えない　②触ることのできない」。(D)concrete は形容詞では「明白な、実際の」の意味です。(A)の「意図された」は「意図された結果」と自然ですが、tangible には「人の意図」の意味はありません。(B)の「素晴らしい」は「目に見える」とは異なる性質の言葉です。(C)の「長期的な」は文字通り「期間」の意味です。

【その他の同義語】actual, real

[訳] 教育プログラムへの投資には、目に見える成果を出すために多くの時間と忍耐が必要である。

Q.723 ★★　　　　　　　　　　　　正解　(B) crucial

decisive は「①重大な、決定的な　②明白な、疑問の余地のない　③決断力のある」。(A)は「厳粛な、荘厳な」ですが、decisive には「重要性」の意味はありますが、solemn に含まれる「深刻さ、厳粛さ」がありません。closest in meaning を思い出しましょう。(C)の「神聖な」の意味は「重大な」には含まれません。(D)の「混沌とした」は、かなり異なる意味です。

【その他の品詞】他動詞&自動詞：decide「～を決定する/決定する」　名詞：decisiveness「決断力」、decision「決定」

【その他の同義語】critical, momentous, pivotal

[訳] 1866年の最初の現代ミュージカル『ブラック・クルック』の初日は、ブロードウェイの歴史の中で重大な瞬間と考えられている。

Chapter 3

形容詞

赤字部分の単語の同義語を(A)〜(D)の中から1つ選んでください。 ◀ 724-727

Q.724 Until the end of the 19th century, American cities largely lacked coordinated city planning and expanded in a **haphazard** manner.

(A) similar
(B) random
(C) customary
(D) risky

Q.725 Texas State Authority has introduced guidelines to promote the **judicious** use of antibiotics for livestock owners.

(A) efficient
(B) limited
(C) regular
(D) wise

Q.726 Porcupines have an olfactory defense, which releases a **pungent** odor to warn predators.

(A) strange
(B) lingering
(C) stinging
(D) faint

Q.727 By replacing wooden materials with concrete, the industrial architect Albert Kahn made buildings of the early 20th century **sturdy**.

(A) tough
(B) spacious
(C) tall
(D) economical

Q.724 ★★★　　　　　　　　　　　　　　　正解 (B) random

haphazard は「①無計画な、でたらめの　②偶然な」。(A)の「似たような」はかなり意味の差が大きいものです。(C)の「習慣的な」はどちらかと言えば逆の意味に近いです。(D)の「危険な」はやや惜しいですが、"無計画"だからといって"危険だ"と言うのはやや拡大解釈です（今回はrandom があります）。なお haphazard の hazard は名詞の「危険」ですが、単語の意味としては「無計画な」で"危険"の意味はありません。

【その他の品詞】副詞：haphazardly「無計画に」

【その他の同義語】disorganized, indiscriminate, unsystematic

[訳] 19世紀の終わりまで、アメリカの都市は調和された都市計画をかなり欠き、無計画な方法で拡大した。

Q.725 ★★★　　　　　　　　　　　　　　　正解 (D) wise

judicious は「慎重な、思慮分別のある」。(A)の「効率の良い」は、「効率の良い使用」と自然ですが、「慎重」といった「姿勢、態度」とは別です。(B)の「限定された」も抗生物質に関する内容に対して自然に見えますが、やはり「慎重」の意味する「姿勢、態度」とは異なります。例えば「"制限された"量」を「"慎重な"量」と置き換えると不自然さが目立ちます。(C)の「定期的な」は「間隔、タイミング」の意味なのでやはり「姿勢、態度」とは違いますね。

【その他の品詞】他動詞＆自動詞：judge「〜の判決を下す、〜を判断する / 判決を下す、判断する」　名詞：judge「判事」　副詞：judiciously

【その他の同義語】prudent, rational（Q.646）, sensible（Q.695）

[訳] テキサス州当局は、家畜所有者のために抗生物質の慎重な使用を促進するためのガイドラインを導入している。

Q.726 ★★★　　　　　　　　　　　　　　　正解 (C) stinging

pungent は「①（味覚・嗅覚を）強く刺激する　②辛辣な、痛烈な」。(A)の「変わった」を同義にすると「全ての"変わった"ものとは"強く刺激する"もの」という妙な定義になってしまいます。(B)の「なかなか消えない」はやや惜しいですが、これは「期間、時間」に関するもので「強く刺激する（刺激の強弱）」とは異なります。(D)の「かすかな」は真逆ですね。

【その他の品詞】名詞：pungency「①刺激　②辛辣さ」　副詞：pungently

【その他の同義語】penetrating, sharp, strong

[訳] ヤマアラシは嗅覚防御を持っており、天敵に警告するために強い刺激の臭いを放出する。
　※　porcupine：图 ヤマアラシ

Q.727 ★★　　　　　　　　　　　　　　　　正解 (A) tough

sturdy は「頑丈な」。(B)は「広い」なので、「空間」に関する語彙です。(C)の「高い」も「頑丈な」とは別の性質の言葉です。(D)は「経済的な（金額的に安い）」でした。

【その他の品詞】名詞：sturdiness「頑丈」　副詞：sturdily

【その他の同義語】durable, solid, strong

[訳] 木の材料をコンクリートに置き換えることで、産業建築家アルバート・カーンは20世紀初頭の建物をより頑丈にした。

Chapter 3

形容詞

赤字部分の単語の同義語を(A)～(D)の中から1つ選んでください。🔊 728-731

Q.728 ☐ A new theory suggests that an **inclined** ramp circling the Great Pyramid of Giza lifted heavy stones during the construction.

(A) angled

(B) elevated

(C) external

(D) extended

Q.729 ☐ While medical research findings on animals are often **applicable** to humans, there are also cases which prove otherwise.

(A) unrelated

(B) inadequate

(C) safe

(D) suitable

Q.730 ☐ Nightcap oaks, a species of only about 100 surviving individual trees, grow in a very **secluded** rainforest of Australia.

(A) thick

(B) picturesque

(C) isolated

(D) huge

Q.731 ☐ After the French defeat in the Franco-Prussian War, most of the French public became **apathetic** towards the maintenance of the French Empire.

(A) hostile

(B) sensitive

(C) sympathetic

(D) indifferent

学習歴 （ ／ ） （ ／ ） （ ／ ） （ ／ ） （ ／ ）

Q.728 ★★ 　　　　　　　　　　　　正解　(A) angled

inclined は「①傾いた、角度の付いた　②(〜する)傾向がある　③(〜に)関心がある、〜したい」。(B)は「持ち上げられた」で、確かにピラミッドの上の部分では斜道が"持ち上げられている"と言えますが、「傾き」は「高い・低い」とは別です。(C)の「外面の」は「ピラミッドを周回する外面の斜道」と意味は通じますが、「角度」の意味ではありません。(D)は「延長された」なので、「長さ」の意味です。
【その他の品詞】名詞：inclination「①傾斜　②傾向」
【その他の同義語】slanting(Q.270 では動詞として掲載), sloping

[訳] 新しい理論は、ギザの大ピラミッドを周回する傾斜した斜道が建設中に重い石を持ち上げた事を示唆している。

Q.729 ★★ 　　　　　　　　　　　　正解　(D) suitable

applicable は「適用可能な、当てはまる」。反意語は inapplicable(形)「適用できない」。(A)の「無関係な」はどちらかと言えば逆に近いものです。(B)の「不十分な」は「量」に関する物なので、別の性質の言葉です。(C)の「安全な」は、"安全"なので"適用できる"と推測可能ですが、例えば「自動車産業にはこの規制が"適用可能"である」を「自動車産業にはこの規制が"安全"である」と置き換えると成立しません。
【その他の品詞】他動詞 & 自動詞：apply「〜を適用する / 適用する」　名詞：application「適用」
【その他の同義語】useful, fitting, relevant

[訳] 動物に関する医学研究の結果は多くの場合、人間に適用可能であるが、そうでないことが判明するケースもある。

Q.730 ★★★ 　　　　　　　　　　　正解　(C) isolated

secluded は「人里離れた、平静な、隠遁した」。(A)の「濃い」は「濃い熱帯雨林」と自然ですが、意味としては全く別です。(B)の「絵画のように美しい」は「視覚的情報」に関するもので、これも「人里離れた」といった「環境、状況」の意味とは異なります。(D)の「巨大な」も全く異なる性質の言葉です。
【その他の品詞】名詞：seclusion「①隔絶　②隠居」
【その他の同義語】remote

[訳] ナイトキャップオークは、僅か約 100 本の木だけが生き残っている種で、オーストラリアのかなり人里離れた熱帯雨林に生息している。

Q.731 ★★★ 　　　　　　　　　　　正解　(D) indifferent

apathetic は「①無関心な　②無感情の」。(A)は「敵対的な」なので、同義にするには意味が強すぎます。(B)は「敏感な、傷つきやすい」なので、「関心のあり・なし」とは別です。(C)は「同情的な」なので、「関心」がある状態ですね。
【その他の品詞】名詞：apathy「①無関心　②無感情」　副詞：apathetically
【その他の同義語】unconcerned, uninterested, uninvolved

[訳] 普仏戦争におけるフランスの敗北の後、フランス国民のほとんどはフランス帝国の維持に対して無関心になった。

Chapter 3

形容詞

赤字部分の単語の同義語を (A)〜(D) の中から1つ選んでください。 🔊 732-735

Q.732 Ray Bradbury's *Fahrenheit 451*, a classic dystopian fiction, portrays a **pessimistic** scenario of the future authoritarian society.

- (A) dramatic
- (B) gloomy
- (C) realistic
- (D) frightening

Q.733 Disappointed with the political infighting they witnessed in England, the Founding Fathers of the United States were initially **dubious about** the benefits of the political party system.

- (A) opposed to
- (B) doubtful about
- (C) ungrateful to
- (D) sentimental about

Q.734 Capillaries play a **vital** role in carrying oxygen and nutrients, together with the removal of carbon dioxide and other waste materials throughout the body.

- (A) supporting
- (B) critical
- (C) biological
- (D) dual

Q.735 According to the principle of osmosis, water molecules of less **saline** solution pass through a membrane and move into more saline solution.

- (A) sticky
- (B) fatty
- (C) acidic
- (D) salty

学習歴 (/) (/) (/) (/) (/)

Q.732 ★★   正解 （B）gloomy

pessimistic は「悲観的な」。反意語は optimistic（形）「楽観的な」。（A）の「劇的な」は小説にはあてはまる言葉ですが、もし"劇的な"が"悲観的な"という意味合いを含むのであれば、同時に"楽観的な"という意味合いも含むはずです。（C）の「①写実的な　②現実的な」は、言い換えれば「悲観的、楽観的どちらも含む」ので「悲観的な」と限定できません。（D）の「恐ろしい」は正解同様ネガティブな意味ですが、「気持ちが落ち込むような（悲観）」と「恐ろしい（恐怖）」には明確な差があります。
【その他の品詞】名詞：pessimism「悲観主義」　【その他の同義語】bleak, despairing, hopeless

［訳］レイ・ブラッドベリの古典的なディストピア（暗黒郷）小説である『華氏451度』は、将来の独裁主義社会の悲観的な事態を描いている。
※ dystopian：形 暗黒郷の　utopian「理想郷の」の逆の意味です。
※ authoritarian：形 独裁主義の
※ 華氏451度、摂氏233度（233 degrees Celsius）は紙が燃える温度で、小説中で行われる焚書から付けられました。

Q.733 ★★★   正解 （B）doubtful about

dubious は「①半信半疑の　②疑わしい、怪しげな」。今回は about と共に「〜に半信半疑の」、つまり「確信が持てないでいる」です（なお②の用法は He is a dubious person.「彼は怪しい人物である」と①とは異なります）。（A）の「〜に対して反対である」は程度が強すぎます。（C）は「〜に対して恩知らずである」でかなりネガティブな意味です。（D）は「〜に対し感傷的な、涙もろい」なので「確信が持てない、持てる」とは別の性質の言葉です。
【その他の同義語】skeptical (about), suspicious (of), wary (of)（Q.637）

［訳］イギリスで目撃した政治的内輪揉めに失望していたアメリカ建国の父達は、当初、政党制度の恩恵について半信半疑であった。

Q.734 ★   正解 （B）critical

vital は「①極めて重要な、不可欠の　②生命の」。（A）の「補助的な」は同義にするにはかなり控え目の意味です。（C）の「生物学的な」は問題文の内容には合いますが、これのみでは「重要な」は意味しません。（D）の「二重の」には「重要性」の意味はありません。
【その他の品詞】名詞：vitality「①生命力　②活気」　副詞：vitally
【その他の同義語】crucial, essential, necessary

［訳］毛細血管は、全身に広がり、酸素や栄養素を運び、二酸化炭素やその他の廃棄物を除去するという重要な役割を果たしている。
※ capillary：名 毛細血管

Q.735 ★★★   正解 （D）salty

saline は「塩分を含んだ、塩辛い」。同義語共々 sal 始まりで簡単なので、その分問題文の語彙を難しくしましたが、いかがだったでしょうか？（A）は「粘着性の、べとつく」で、やや惜しいですが、これには「塩分」の意味がありません。この点は（B）の「脂っこい」も同様です。（C）は「酸性の」で、acid「酸」の形容詞形でした。
【その他の品詞】名詞：salinity「塩分」

［訳］浸透の原理によれば塩分の少ない溶液の水分子は膜を通過し、より塩分の多い溶液に移行する。
※ osmosis：名 浸透（性）　※ membrane：名 （生物の）膜

Chapter 3

形容詞

391

赤字部分の単語の同義語を(A)〜(D)の中から1つ選んでください。 ◀ 736-739

Q.736 Delivered the day before his death, Martin Luther King Jr.'s last speech was particularly memorable and **prophetic**.

(A) predictive

(B) symbolic

(C) emotional

(D) forceful

Q.737 Feeding the rapidly increasing world population is one of the **pressing** issues the world faces today.

(A) urgent

(B) global

(C) moral

(D) unresolved

Q.738 Although Antarctica is the coldest and most **desolate** region on Earth, a few hundred non-native species have been brought in unknowingly ever since the researchers and tourists arrived.

(A) protected

(B) peaceful

(C) unproductive

(D) unexplored

Q.739 Ambroise Vollard, one of the most **astute** art dealers of the time, sponsored the first art exhibition for Paul Cézanne in 1895.

(A) clever

(B) wealthy

(C) influential

(D) knowledgeable

学習歴 (/) (/) (/) (/) (/)

Q.736 ★★★ 　　　　　　　　　　　　　正解 (A) predictive

prophetic は「予言的な、予言する」。(B)の「象徴的な」は文字通りの意味で「予言、今後」の意味はありません。(C)の「①感動的な　②感情的な」は「感動的なスピーチ」としてよくあるフレーズですが、やはり「予言」とは異なります。この点は(D)の「力強い」も同様です。

【その他の品詞】名詞：prophet「予（預）言者」、prophecy「予（預）言」　副詞：prophetically

［訳］彼の死の前日に行われたマーティン・ルーサー・キング・ジュニアの最後のスピーチは特に記憶に残り、予言的であった。

Q.737 ★ 　　　　　　　　　　　　　　正解 (A) urgent

pressing は「差し迫った、急を要する」。(B)の「地球全体の」は「地球全体の問題」と自然ですが、あらゆる「"差し迫った"問題」を「"地球全体の"問題」と置き換えるのは大げさです。(C)の「道徳上の」も文脈的には良いですが、「差し迫った≒道徳上の」の関係は常に成立するとは限りません。(D)の「未解決の」も問題文にはうまく当てはまりますが、意味としては差が大きいものです。

【その他の品詞】他動詞＆自動詞：press「〜を押す / 押す」

【その他の同義語】burning, grave（Q.590）, serious

［訳］急速に増加する世界人口を養うことは、世界が今日直面する差し迫った問題の一つである。

Q.738 ★★ 　　　　　　　　　　　　正解 (C) unproductive

desolate は「荒涼とした、不毛の」。(A)の「保護された」は別の性質の言葉です。(B)の「①穏やかな　②平和な」も「荒涼とした」とは程遠い意味です。(D)の「未探検の」は「最も未探検の地域」と南極のイメージにはピッタリですが、desolate には「探検」の意味はありませんし、仮に"不毛な"土地を"探検"してもその土地が不毛である点は変わりません。

【その他の同義語】bleak, infertile, waste

［訳］南極は地球上で最も寒く、最も荒涼とした地域であるが、研究者や観光客が到着して以来、数百種の外来種が知らず知らずのうちに持ち込まれている。

Q.739 ★★★ 　　　　　　　　　　　　正解 (A) clever

astute は「①抜け目のない、ずるい　②機敏な」。(B)の「裕福な」は「資金面」の意味なので、「抜け目のない」といった「人格評価」とは別です。(C)の「影響力のある」には「抜け目のない」といった意味は含まれません。(D)の「見識のある」はあくまでも「知識が豊富である」なので、これでは「抜け目のない」という意味にはなりません。

【その他の品詞】副詞：astutely「抜け目なく」

【その他の同義語】shrewd（Q.634）

［訳］当時、最も抜け目のない美術商の一人であったアンブロワーズ・ヴォラールは、1895 年にポール・セザンヌの最初の美術展を後援した。

Chapter 3

形容詞

赤字部分の単語の同義語を(A)〜(D)の中から1つ選んでください。 ◀ 740-743

Q.740 The employees of the United States Geological Survey are required
to perform **impartial** analyses on various fields, including geology,
geography, and biology.

(A) neutral
(B) statistical
(C) multilevel
(D) detailed

Q.741 The **auditory** organs of the grasshopper are located in their
abdomen.

(A) reproductive
(B) hearing
(C) visual
(D) digestive

Q.742 Sperm whales remain **submerged** for more than an hour, partly
because of a large amount of a unique protein, which helps them
store oxygen in their muscles.

(A) asleep
(B) afloat
(C) motionless
(D) underwater

Q.743 According to the latest studies, the earliest known dinosaur,
Nyasasaurus, was **meek** compared with other dinosaur species that
appeared in the next epoch.

(A) mild
(B) brutal
(C) huge
(D) smart

学習歴 (/) (/) (/) (/) (/)

Q.740 ★★ 　　　　　　　　　　　　　　　正解 (A) neutral

impartial は「公平な、偏見のない」。反意語は partial（形）「不公平な」。(B) は「統計に関する」。「数字・統計は嘘をつかない」といったコメントは数字・統計の利点を強調する際によく聞きますが、言葉の定義として「公平な≒統計に関する」は不自然です。(C) は「多層的な」で、これは「多くの段階を経る」までは意味しますが、「公平な」とは別の性質の言葉です。(D) の「詳細な」は「細かい、包括的な」までは意味しますが、必ずしも「公平な」といった「価値基準」を意味する語彙ではありません。

【その他の品詞】名詞：impartiality「公平、公正」 副詞：impartially

【その他の同義語】detached（Q.633）, equitable, objective

[訳] アメリカ地質調査所の職員は、地質学、地理学、生物学など、さまざまな分野で公平な分析を行うよう要求されている。

Q.741 ★★★ 　　　　　　　　　　　　　　　正解 (B) hearing

auditory は「聴覚の」。audio の audi の部分を思い出した方は正解に辿り付けたかもしれません。(A) は「生殖用の」なので明らかに意味が異なりますね。(C) の「視覚の」も明らかに別ですね。(D) は「消化の」で、やはり違います。なお名詞は digestion、他動詞＆自動詞は digest「(〜を)消化する」です。

【その他の同義語】acoustic

[訳] バッタの聴覚器官は腹部に位置している。

Q.742 ★★★ 　　　　　　　　　　　　　　　正解 (D) underwater

submerged は「水中に隠れた、海面下の」。(A) は「寝ている」なので明らかに別です。(B) の「浮いている」は「海面下」とはかなり差があります。この点に関しては (C) の「動きがない」も同様です。

[訳] マッコウクジラは、筋肉内に酸素を蓄えるのを助ける大量のユニークなタンパク質が一因で、1時間以上水中に滞在する。

このタンパク質のおかげで哺乳類ですが水中で生活できます。マッコウクジラの睡眠時間は1日に2時間程度です。うらやましい…。

Q.743 ★★★ 　　　　　　　　　　　　　　　正解 (A) mild

meek は「おとなしい、控えめな」。なお (A) の mild は「食べ物・気候」以外の「性質、気質」にも使います。(B) の「残忍な、冷酷な」は明らかに逆と言っていいでしょう。(C) の「巨大な」は「おとなしい（気質）」とは異なる性質の言葉です。(D) は「賢い」ですが、「おとなしい≒賢い」との関係は場合によってはあるかもしれませんが、必ずしも成立するものではありません。

【その他の品詞】副詞：meekly「おとなしく」

【その他の同義語】obedient, quiet, tame

[訳] 最新の研究によると、最も初期の有名な恐竜ニャササウルスは、次の時代に現れた他の恐竜種と比較しておとなしい気質であった。

※ 「恐竜とは断定できない」とする説もあります。

Chapter 3

形容詞

赤字部分の単語の同義語を(A)〜(D)の中から1つ選んでください。 ◀ 744-747

Q.744 Extending thousands of kilometers from the Sun, the corona is a very **expansive** outer atmospheric layer of the Sun.

(A) hot

(B) bright

(C) thin

(D) broad

Q.745 Traditional economic theories hold that industrialization is **conducive** to economic growth.

(A) equal

(B) comparable

(C) beneficial

(D) responsive

Q.746 Scientists and engineers were **elated at** the high-resolution images of Jupiter and the volcanic activities of its moon Io, sent by Voyager 1.

(A) shocked by

(B) curious about

(C) joyful about

(D) confused by

Q.747 A complete departure from the long-held belief, the heliocentric model seemed absolutely **ludicrous** to many in the Middle Ages.

(A) insignificant

(B) silly

(C) revolutionary

(D) contradictory

学習歴 (/) (/) (/) (/) (/)

Q.744 ★ (D) broad

expansive は「①広大な ②拡張的な、発展的な」。(A)の「熱い」は全く異なる性質の言葉です。この点は(B)の「明るい」も同様です。(C)の「薄い」は「薄い外大気層」と意味は通じますが、「広大な(大きさ)」とは別の意味です。
【その他の品詞】名詞：expansion「拡張、拡大」 他動詞＆自動詞：expand「～を広げる／広がる」 副詞：expansively
【その他の同義語】spacious, vast, wide

［訳］太陽から数千キロメートルに渡り広がるコロナは、太陽の非常に広大な外大気層である。
　※ 太陽表面より上空にあるコロナの温度の方がはるかに高いのですが、理由は解明されていません。

Q.745 ★★★ (C) beneficial

conducive は「助長する、助けとなる」。(A)の「等しい」は「工業化は経済成長と等しい」となりますが、これは「A と B が平等」で、conducive の「A が B を助ける」という意味合いがありません。この点は(B)の「比較できる」も同様です。(D)は「敏感な、すぐに反応する」で「工業化は経済成長に反応する」となり、事態の順番が「経済成長→工業化」ですが、正しくは「工業化→経済成長」です。
【その他の同義語】advantageous, favorable, helpful

［訳］伝統的な経済理論は、工業化が経済成長を助長すると考える。
　※ hold：[他動] ～と考える、みなす

Q.746 ★★★ (C) joyful about

elated は at を伴い「～に大喜びの、意気揚々とした」。(A)は「～に衝撃を受けた」で、"衝撃"を受け、その後に"喜び"に変わる"という事態もあり得ますが、それでは拡大解釈になってしまいます。(B)の「～に対し好奇心の強い、知りたがっている」の「知りたい」という感情は「大喜びの」には含まれません。(D)の「～により混乱している」は「大喜びの」とはかなり異なった状態です。
【その他の品詞】名詞：elation「大喜び、大得意」
【その他の同義語】delighted (by, at, with), excited (about, by ,at), exultant (at, with)

［訳］科学者やエンジニアは、ボイジャー１号によって送られた木星と衛星イオの火山活動の高解像度画像に大喜びであった。

Q.747 ★★★ (B) silly

ludicrous は「馬鹿げた、こっけいな」。(A)の「取るに足らない」はやや惜しいですが、ludicrous に含まれる「foolish：馬鹿げた」の意味がありません。(C)の「画期的な」は誉め言葉ですね。(D)の「矛盾した」も(A)と同様、foolish の意味はありません。
【その他の品詞】副詞：ludicrously「こっけいに」
【その他の同義語】foolish, ridiculous

［訳］長年の信念から完全に逸脱した地動説は、中世の多くの人々にとって非常に馬鹿げた物に思えた。

天動説は Q.607 intuitive の問題文に出た the geocentric model です。

赤字部分の単語の同義語を(A)～(D)の中から1つ選んでください。 ◀ 748-751

Q.748 Living on the fertile lands along the Tigris and Euphrates, Sumerians were able to use the **surplus** food they produced to establish urban settlements.

  (A) nutritious

  (B) quality

  (C) excess

  (D) profitable

Q.749 A new study that the human brain does not produce neurons (nerve cells) throughout a person's life casts doubt on **prior** findings that indicate the opposite.

  (A) past

  (B) convincing

  (C) unconfirmed

  (D) existing

Q.750 Working at material at the scale of one billionth of a meter, nanotechnology has **versatile** applications, including medicine, energy, and food manufacturing.

  (A) multipurpose

  (B) practical

  (C) industrial

  (D) potential

Q.751 Animals living in cities face **inadvertent** health risks when feeding on garbage put out by humans.

  (A) environmental

  (B) considerable

  (C) various

  (D) accidental

学習歴 (/) (/) (/) (/) (/)

Q.748 ★★　　　　　　　　　　　　　正解　(C) excess

surplus は「余った、過剰の、余分な」。(A) は「栄養のある」で、全く別の意味です。名詞は nutrition「栄養」。(B) は「質の良い」。(D) の「儲かっている」もやはり量に関する意味ではありません。したがって正解は (C) の excess となります。

【その他の品詞】名詞：surplus「余り、残り、過剰」

【その他の同義語】extra

[訳] チグリスとユーフラテス川沿いの肥沃な土地に住んでいたシュメール人は、生産した余剰食料を使って都市の居住地を確立した。

※ 紀元前 4,500 ～ 1,900 年頃まで栄えた世界最古の都市文明です。

Q.749 ★　　　　　　　　　　　　　正解　(A) past

prior は「（時間・順序が）前の」、つまり「順序」に関する言葉です。この点から (B) の「説得力のある」は不正解であると分かりますね。(C) の「未確認の」は、やはり「順序」に関する語彙ではありません。(D) の「現存の」は「前の」とは明らかに別ですね。

【その他の品詞】名詞：priority「①優先事項　②優先権」

【その他の同義語】earlier, preceding（Q.241 では動詞として掲載）, previous

[訳] 人間の脳が生涯を通じてニューロンという神経細胞を作り出すことはない、という新しい研究は逆を示唆している以前の発見に疑問を投げかけている。

※ なんともガッカリですが、今後の反証に期待です…。

Q.750 ★★★　　　　　　　　　　　　正解　(A) multipurpose

versatile は「①多様な、用途の広い　②多才な、多芸な」。(B) の「①効果的な、実用的な　②現実的な、実際に実行可能な」は「実用的な用途」といって自然ですが、「多様な」とは異なります。(C) の「産業用の」は「医学、エネルギー、食品製造を含む産業用の用途」と産業名が連記されており、これを選ぶのも不思議ではないですが、「産業用の」には「多様な（種類の多さ）」の意味はありません（いや、キビシイ…）。この点は (D) の「潜在的な」も同様です。

【その他の品詞】名詞：versatility「①用途の広さ　②多才」

【その他の同義語】adjustable, multifaceted

[訳] 10 億分の 1 メートル単位の材料を使うナノテクノロジーは医学、エネルギー、食品製造を含む多様な用途がある。

※ nano：10 億分の 1

Q.751 ★★★　　　　　　　　　　　　正解　(D) accidental

inadvertent は「①不慮の、偶然の　②不注意の」。(A) の「環境上の」は「不慮の（意図しない）」とは全く異なります。(B) の「かなりの」は「量、程度」に関する語彙です。(C) の「様々な」は「様々な健康上のリスク」とよくある表現になりますが、やはり、「意図しない」といった意味はありません。

【その他の品詞】副詞：inadvertently「不慮に、偶然に」

【その他の同義語】unintended, unintentional

[訳] 都市に住む動物は人間が出したゴミを食べる際、不慮の健康上のリスクに直面する。

赤字部分の単語の同義語を (A)〜(D) の中から 1 つ選んでください。 🔊 752-755

Q.752 A quite **pervasive** tendency to overemphasize personality and deemphasize situational factors in judging a person's bad behavior is called the fundamental attribution error.

- (A) widespread
- (B) troubling
- (C) recent
- (D) unconscious

Q.753 Considerable water pressure under the deep-sea environment poses a **formidable** challenge to scientific exploration.

- (A) technological
- (B) difficult
- (C) physical
- (D) continual

Q.754 A member of the carp family, the goldfish was first bred in ponds in ancient China for **ornamental** purposes.

- (A) domestic
- (B) recreational
- (C) decorative
- (D) educational

Q.755 The **plausible** explanation for the structure of the Earth's inner core is that it is mostly made of iron and nickel.

- (A) simple
- (B) accurate
- (C) possible
- (D) thorough

学習歴 (/) (/) (/) (/) (/)

Q.752 ★★★   正解 (A) widespread

pervasive は「(主に好ましくない事が)広がっている、普及している」。(B)の「困った、やっかいな」は「困った傾向」として成立しますが、「広がり、普及」の意味がありません。(C)の「最近の」は「時代、時期」の意味のみで、「広がっている、普及している」までは意味しません。(D)の「無意識の」は「無意識の傾向」と自然ですが、「広がっている」わけではありません。
【その他の同義語】pervading, prevalent (Q.166 では動詞として掲載)

[訳] 人の悪い行ないを判断する際、人格を過度に強調し、状況要因を無視する広範な傾向は「根本的な帰属の誤り」と呼ばれる。
※ 帰属バイアスと言われる現象の一例です。心理学での「帰属」とは他者の行動や出来事の原因を推測することです。

Q.753 ★★   正解 (B) difficult

formidable は「難しい、手ごわい、手に負えない」。(A)は「科学技術上の」ですが、世の中には科学技術以外にも"難しい"問題があるはずです。(C)の「身体的な」も文脈的には自然ですが、「難しい≒身体的な」の定義は無理があります。(D)の「継続的な」は「時間」の概念ですが、「難しい」は「難度」です。
【その他の同義語】arduous (Q.601), grueling (Q.668), taxing

[訳] 深海の環境下のかなりの水圧は、科学的探査に難しい課題をもたらす。

Q.754 ★★   正解 (C) decorative

ornamental は「装飾用の、飾り立てた」。(A)は「①国内の　②家庭内の」なので「場所」に関する意味です。(B)の「娯楽用の、休養の」は「装飾用の→娯楽用の」はイメージ的にあり得そうですが「娯楽用の→装飾用の」とすると、例えば"娯楽用"設備が"装飾用"設備となり妙です。(D)の「教育用の」は全く違う意味ですね。
【その他の品詞】名詞：ornament「装飾、飾り」　副詞：ornamentally

[訳] 鯉の亜種である金魚は、装飾的な目的のために古代中国の池で最初に飼育された。

Q.755 ★★★   正解 (C) possible

plausible は「①妥当性のある　②もっともらしい」。反意語は implausible (形)「信じがたい、怪しい」。(A)の「簡単な」は「妥当性のある、なし」とは別の性質の言葉です。(B)の「正確な」は「正確な説明」と自然ですが、「妥当性のある」よりは断定的な意味になってしまいます。この点に関しては(D)の「完璧な」も同様です。
【その他の品詞】名詞：plausibility「もっともらしさ」　副詞：plausibly
【その他の同義語】likely, probable, reasonable

[訳] 地球の内核の構造の妥当性のある説明は、主に鉄とニッケルでできているというものである。

地球内部の基本的構造は上から「地殻(crust)→マントル(mantle)→核(core)」です。

Chapter 3

形容詞

赤字部分の単語の同義語を(A)〜(D)の中から1つ選んでください。 ◀ 756-759

Q.756
The **gifted** 18-year-old chemist William Perkin produced the first man-made dye by chance during an experiment.

(A) determined
(B) talented
(C) fortunate
(D) passionate

Q.757
It has been speculated that a tulip bulb's value, a rare species during 17th-century Europe, was **equivalent** to the price of a house.

(A) sensitive
(B) related
(C) comparable
(D) superior

Q.758
It has been speculated that Campbell's monkeys form complex messages by combining six distinct calls, including warnings of **imminent** danger.

(A) potential
(B) physical
(C) close
(D) slight

Q.759
Recent research indicates that the **abrupt** mass disappearance—the death of three quarter of the marine and terrestrial species—which took place about 200 million years ago, was caused by volcanic activities.

(A) sudden
(B) mysterious
(C) prehistoric
(D) permanent

学習歴 (/) (/) (/) (/) (/)

Q.756 ★　　　　　　　　　　　　　　　正解 (B) talented

gifted は「才能のある」。gift からイメージがつかめたかもしれません。(A)の「断固とした」には「才能」の意味合いはありません。この点は(C)の「運のよい」も同様です。(D)の「情熱的な」は「感情の強さ」は意味しますが、「才能」の意味合いはありません。

【その他の品詞】名詞：gift「①才能　②贈り物」

【その他の同義語】accomplished, brilliant, skilled

[訳] 才能ある 18 歳の化学者ウィリアム・パーキンは、実験中に偶然最初の合成染料を作り出した。

※ 1856 年に偶然、紫色を作り出し 18 歳で特許を取得しました。

Q.757 ★★　　　　　　　　　　　　　　正解 (C) comparable

equivalent は「同等の、同義の、対応する」。(A)は「敏感である（影響を受けやすい）」で、これでは「同等」とは言えません。(B)の「関連している」は、これのみでは「同等の」とは言えません。例えば TOEFL は留学に"関連"していますが、「TOEFL（語学テスト）= 留学」と"同等"にするのは妙です。(D)は「優れた、上質な」なので、「同等の」より程度が強すぎてしまいます。

【その他の品詞】名詞：equivalent「同等のもの、相当物」、equivalence「同価値」

【その他の同義語】equal, interchangeable, synonymous

[訳] 17 世紀ヨーロッパの希少種であるチューリップの球根の価値は家に相当するものであったと推測されている。

※ オスマン帝国から輸入され、人気のあまり世界初の資産バブルを引き起こしました。

Q.758 ★★★　　　　　　　　　　　　　正解 (C) close

imminent は「切迫した、差し迫った」。(A)は「潜在的な」なので「潜在的な危険性」となり、よく使われるフレーズですが「切迫した」に比べ程度が弱めなものです。(B)の「身体的な」は「切迫した」という「状況」に関する語彙とは異なります。(D)の「僅かな」は「切迫した」とはどちらかと言えば逆になりますね。

【その他の品詞】名詞：imminence「切迫」　副詞：imminently

【その他の同義語】approaching, coming, forthcoming

[訳] キャンベルモンキーは、差し迫った危険性に関する警告を含む 6 つの異なる鳴き声を組み合わせることで複雑なメッセージを形成すると推測されている。

 生息地であるシエラレオネでのイギリス人総督の名から付いた名称です。

Q.759 ★★　　　　　　　　　　　　　　正解 (A) sudden

abrupt は「①突然の、不意の　②（言葉・態度などが）無骨な」。言い換えると「時期・タイミング」に関する意味なので(B)の「不可思議な」とは明らかに別です。(C)の「有史以前の」は「時期・タイミング」には関連しますが、特定の地質時代に関する意味合いです。(D)の「永久的な」は「突然の」とは全く異なりますね。

【その他の同義語】unexpected

[訳] 最近の研究は、約 2 億年前に起こった海洋・陸上種の 4 分の 3 の死という突然の大量絶滅が火山活動によって引き起こされたことを示している。

赤字部分の単語の同義語を(A)〜(D)の中から1つ選んでください。 ◀ 760-763

Q.760 While the U.S. Federal Reserve System is highly **autonomous**, it is accountable to Congress, its architect.

(A) objective

(B) respected

(C) secretive

(D) independent

Q.761 The cost of developing alternative materials to plastic would be **trivial** compared with the cost of cleaning up millions of tons of plastic waste produced annually.

(A) enormous

(B) changeable

(C) acceptable

(D) unimportant

Q.762 Infection with a seemingly **innocuous** virus can cause serious symptoms such as a digestive disorder.

(A) tiny

(B) undetectable

(C) harmless

(D) inactive

Q.763 Far from the popular image of a **sterile** place, Lower Kane Cave of Wyoming is rich in microbes living in acid water.

(A) remote

(B) lifeless

(C) rocky

(D) depressing

学習歴 (/) (/) (/) (/) (/)

Q.760 ★★　　　　　　　　　　　　正解 (D) independent

autonomous は「独立した、自治権のある」。(A)は「客観的な」で、これは「私的な感情も排除し、中立を保つ」です。一方、「独立した」は、「他者からの干渉を排除し、自らの利益を追求する」です。ゆえに「"独立した"国家」とは言いますが「"客観的な"国家」とはまず言いません。(B)の「尊敬されている」は「他者からの評価」で、「独立した」とは別です。(C)は「秘密主義の」なので、「独立した」と同義にするのは不自然です。

【その他の品詞】名詞：autonomy「自治権、自律性」　副詞：autonomously
【その他の同義語】self-governing, self-ruling

[訳] 米連邦準備制度は非常に独立性があるが、その立案者である議会に対して説明責任を負う。
　※ accountable：形 説明責任がある　※ architect：名 立案者、創造者

Q.761　★★　　　　　　　　　　　　正解 (D) unimportant

trivial は「ささいな、取るにたりない」。(A)の「巨大な」は見事に真逆です。(B)の「変化しやすい」は「ささいな」の「量や程度」とは別の性質の言葉です。(C)の「容認できる」はやや惜しいですが、意味の強さとして「ささいな」よりもやや強めなので、(D)unimportant が適切。

【その他の品詞】名詞：trivia「①ささいな事　②雑学」
【その他の同義語】insignificant, nominal(Q.692), paltry

[訳] プラスチックに代わる材料を開発するためのコストは、毎年出る何百万トンものプラスチック廃棄物を除去するコストと比較すればささいなものであろう。

Q.762　★★★　　　　　　　　　　　正解 (C) harmless

innocuous は「①無害の　②(言動が)無難な」。(A)は「小さな」で、あくまでも「サイズ」を意味しており「無害、有害」とは無関係です。(B)は「検出不可能な」ですが、これは言い換えれば「気が付くことのできない」で、やはり「無害、有害」とは別になります。(D)の「不活性の」ですが、つまり「活動を行っていない」なので、これも「無害、有害」とは異なります。なお、ウイルスには有益なものもあるので、「ウイルスは"有害"だから、それが"不活発"になることは"無害"を意味する」という推測は成り立ちません。

【その他の同義語】non-toxic, safe

[訳] 一見無害なウイルスに感染すると、消化器疾患などの重篤な症状を引き起こす可能性がある。
　※ digestive：形 消化に関する

Q.763　★★★　　　　　　　　　　　正解 (B) lifeless

sterile は「①(土地が)不毛の、荒れた　②不妊の　③無菌の、殺菌された」。(A)の「遠い」は明らかに別の性質の言葉です。(C)の「岩だらけの」は「洞窟」からイメージしやすいですが、sterile は「土地が〜」で「岩」ではありません。(D)の「気が滅入るような」は人の感情に関するものである一方、sterile は場所(土地)に関するものです。

【その他の品詞】他動詞：sterilize「①(土地)を不毛にする　②〜を不妊にする　③〜を殺菌する」
名詞：sterilization「①(土地を)不毛にする事　②不妊にする事　③殺菌」
【その他の同義語】desolate(Q.738), infertile, unproductive

[訳] 不毛な場所という一般に持たれている印象とは全く異なり、ワイオミング州のローワー・ケイン洞窟は、酸性水に住んでいる微生物が豊富である。

Chapter 3

形容詞

赤字部分の単語の同義語を(A)〜(D)の中から1つ選んでください。◀ 764-767

Q.764 Alexander Fleming's failure in an experiment led to the discovery of a highly **potent** antibiotic, Penicillin.

    (A) revolutionary

    (B) anticipated

    (C) popular

    (D) effective

Q.765 Of the two types of igneous rock, the crystals of plutonic rock are highly **coarse**.

    (A) rough

    (B) bright

    (C) clear

    (D) small

Q.766 Mostly native to Africa, antelope species are **fierce**, territorial, and not easily domesticated.

    (A) cautious

    (B) clever

    (C) independent

    (D) aggressive

Q.767 Pregnant women and children who meet the income guidelines are **eligible** for a U.S. federal financial assistance program.

    (A) eager

    (B) thankful

    (C) essential

    (D) qualified

Q.764 ★★★ 　　　　　　　　　　　　　　正解 （D）effective

potent は「強力な、強い」。(A)の「革命的な」は正解同様、誉め言葉ですが、これは「とても新しい」の意味である一方、potent にはこの意味はありませんし、意味として強すぎるのも問題です。(B)の「期待されている」は文字通りの意味で、「強力な」とは全く別の性質の言葉です。(C)は「人気のある」ですが、例えば「"人気のある"俳優」を「"強力な"俳優」と置き換えると不自然さが目立ちますね。

【その他の品詞】名詞：potency「(薬などの)効果」　副詞：potently

【その他の同義語】powerful, very strong

[訳] アレクサンダー・フレミングの実験中の失敗は、非常に強力な抗生物質であるペニシリンの発見につながった。
　※　実験中、カビの周りに細菌が増えなかった事に気付き、カビを使った薬を作ったと言われています。

Q.765 ★★ 　　　　　　　　　　　　　　　正解 （A）rough

coarse は「①きめの粗い　②粗雑[粗悪]な」。短い問題文ですが、その分使用語彙のレベルを上げてあります(愛のムチです)。(B)の「明るい」は「結晶は明るい」となり、意味は理解できますが、「きめの粗さ」とは別です。(C)の「透明な」も結晶につながるイメージがありますが、やはり「きめの粗い」と同義ではありません。(D)の「小さな」ですが、「きめの粗い」場合の粒子は通常「大きい」と理解されます。

【その他の品詞】副詞：coarsely「粗雑に」

[訳] 2 種類の火成岩のうち、深成岩の結晶は非常に粗い。
　※　igneous rock：图 火成岩　マグマが冷却し固まりできた岩石の総称
　※　plutonic rock：图 深成岩　火成岩の内、マグマが地下深くで固まりできた岩石

Q.766 ★★ 　　　　　　　　　　　　　　　正解 （D）aggressive

fierce は「①どう猛な、荒々しい　②激しい、強烈な」。(A)の「慎重な」はかなり意味の違いがあります。(B)の「抜け目のない」も「どう猛な」とは大きく異なります。(C)の「独立心のある」も「どう猛な」に含まれる「凶暴性」は意味しません。

【その他の品詞】副詞：fiercely「どう猛に、激しく」

【その他の同義語】ferocious（Q.688）

[訳] 主にアフリカ原産のレイヨウ(アンテロープ)種は、どう猛で縄張り意識がかなり強く、容易に飼いならされない。
　※　domesticate：他動 ～を飼いならす

Q.767 ★★ 　　　　　　　　　　　　　　　正解 （D）qualified

eligible は「対象となる、適格な」。(A)は「熱望している」で、「感情」にまつわる意味です。この点は(B)の「感謝している」も同様で、「援助プログラムに感謝している」となり意味は通じますが、正解とはかなり違う内容になってしまいます。(C)の「必須である」は「援助プログラムに対し必須である」となり意味は理解可能ですが、「対象となる」とは大きく違います。

【その他の品詞】名詞：eligibility「資格があること、適任」

【その他の同義語】entitled（Q.045 では動詞として掲載）, suitable

[訳] 所得に関するガイドラインを満たす妊婦と子供は、米国連邦財政援助プログラムの対象となる。

赤字部分の単語の同義語を(A)～(D)の中から1つ選んでください。◀ 768-771

Q.768 Patrick Henry, an attorney and **ardent** supporter of the American
☐ Revolution, has been noted for his remark, "Give me liberty, or give
me death!"

    (A) longtime

    (B) noble

    (C) passionate

    (D) generous

Q.769 It is feared that the **negligible** amount of soot produced by a single
☐ space flight could be greatly multiplied and become damaging to the
environment if the space tourism industry becomes a reality.

    (A) considerable

    (B) moderate

    (C) insignificant

    (D) certain

Q.770 Realism in international relations, which emphasizes **candid**
☐ assessment of state's behaviors, has gained influence after World
War II.

    (A) traditional

    (B) frank

    (C) careful

    (D) gloomy

Q.771 When **humid** air coming from the Gulf of Mexico meets the cold air
☐ blowing from the North, the mixed air rotates violently and creates a
tornado.

    (A) damp

    (B) warm

    (C) rising

    (D) heated

学習歴 (/) (/) (/) (/) (/)

Q.768 ★★★　　　　　　　　　　　　正解 (C) passionate

ardent は「熱烈な、情熱的な」。(A)の「長年の」は「長年の支持者」としてよく使われ、「熱烈な」とつながる印象ですが、意味としては「期間の長さ」であり「熱烈な(感情の強さ)」とは別です(文脈より単語の意味が重要です)。(B)の「①気高い、高潔な　②貴族の」は、つまり「①道徳、倫理感がある　②家系が良い」で、①を取っても「熱烈な」とは別ですね。(D)は「寛大な、気前の良い」で、「他者への思いやりがある」なので、「熱烈な」とは異なります。

【その他の品詞】副詞：ardently「熱烈に」

【その他の同義語】enthusiastic, fervent(Q.400 では名詞として掲載)、zealous(Q.549 では名詞として掲載)

[訳] 弁護士でアメリカ革命の熱心な支持者のパトリック・ヘンリーは、「自由を与えよ。然(しか)らずんば死を！」という発言で知られている。
　　※ attorney：名 弁護士(lawyer) の同義語

Q.769 ★★★　　　　　　　　　　　　正解 (C) insignificant

negligible は「わずかな、取るに足りない」。(A)は「かなりの」なので真逆になります。(B)は「適度な、中くらいの」なので、まだ量として大きすぎます。(D)は「ある程度の、いくらかの」で、明確な量ではないですが、「わずかな」よりは多い量を意味する言葉です。

【その他の品詞】他動詞：neglect「～を怠る、無視する」　名詞：neglect「怠慢、無視」

【その他の同義語】minimal, nominal(Q.692)、trivial(Q.761)

[訳] 宇宙観光産業が現実のものになれば、1 回の宇宙飛行で生み出されるごくわずかな煤(すす)の量が大きく増加し、環境にダメージを与える恐れがある。
　　※ soot：名 煤、煤煙(ばいえん)

Q.770 ★★★　　　　　　　　　　　　正解 (B) frank

candid は「率直な、遠慮のない」、つまり「あるがままの」です。(A)の「伝統的な」は、つまり「過去から今まで続いている重要性」ですが、candid にこの意味合いはありません。(C)の「慎重な」は「率直な」とはほぼ逆の意味合いです。(D)の「陰鬱な、悲観的な」に含まれる「暗い状況」の意味は candid にはありません。

【その他の品詞】副詞：candidly「率直に」

【その他の同義語】honest, open, straightforward

[訳] 国家の行動を率直に評価する国際関係における現実主義は、第二次世界大戦後に影響力を得ている。

Q.771 ★★　　　　　　　　　　　　　正解 (A) damp

humid は「湿気の多い、湿っぽい」。(B)の「暖かい」だけでは「湿気が多い」という意味はありません。「暖かく、乾燥した風」もあり得ます。この点については(C)「上昇する」も同様です。(D)の「熱せられた」も「湿気」の意味はなし、となります。

【その他の品詞】他動詞：humidify「～を湿らす」　名詞：humidity「湿気」

【その他の同義語】moist, muggy

[訳] メキシコ湾から来る湿気の多い空気が北から吹く冷たい空気とぶつかると、混合した空気が激しく回転し、竜巻を作り出す。

赤字部分の単語の同義語を(A)〜(D)の中から1つ選んでください。 ◀ 772-775

Q.772 In a democratic country, checks and balances among legislative,
☐ executive, and judicial branches are **imperative**.

(A) coordinated

(B) crucial

(C) adequate

(D) evident

Q.773 Deep under the mid-ocean ridge of the South Pacific Ocean,
☐ communities of microbes have been living with **meager** nutrients.

(A) abundant

(B) inadequate

(C) organic

(D) chemical

Q.774 Some animal species have developed **drab** colors so that they can
☐ blend in with the background and a predator's eyes.

(A) contrasting

(B) clear

(C) uniform

(D) dull

Q.775 Rich in vitamin C and **nourishing**, potatoes became a staple food
☐ in Ireland in the 19th century.

(A) plentiful

(B) affordable

(C) tasty

(D) nutritious

学習歴 （ ／ ）（ ／ ）（ ／ ）（ ／ ）（ ／ ）

Q.772 ★★★　　　　　　　　　　　正解 （B）crucial

imperative は「不可欠な、必須の」。(A)の「調和されている」は「チェックとバランスが調和されている」で、意味は通じますが、「不可欠な」ではありません。(C)の「十分である」は、「チェックとバランスが十分である」と断言していますが、正解の趣旨は「チェックとバランスが十分であるべき」との主張です。(D)は「明白な、明らかな」で、「チェックとバランスが明白である」とやはり断言になっています。

【その他の同義語】critical, essential, vital（Q.734）

［訳］民主主義国家では、立法府、行政府、司法府間のチェックとバランスが不可欠である。

Q.773 ★★★　　　　　　　　　　正解 （B）inadequate

meager は「不十分な、貧弱な」。(A)の「多量の」は完全に逆になります。(C)の「有機体の」は「微生物のコミュニティは有機体の栄養素で」となり、「微生物」のイメージから選ぶかもしれませんが、「量（不十分な）」の意味ではありません。この点は(D)「化学的な」も同様です。

【その他の同義語】scarce, paltry, scanty

［訳］南太平洋の中央海嶺(かいれい)の深いところでは、微生物のコミュニティはわずかな栄養素で生息している。
　※ mid-ocean ridge：图 中央海嶺（数千キロにわたる海底山脈）

Q.774 ★★★　　　　　　　　　　　正解 （D）dull

drab は「①単調な、つまらない　②(くすんだ)茶色の」。明らかにネガティブなトーンであるのがポイントです。(A)の「対照的な」は「2つ以上の種類の対比」なので、「単調な」ではありません。(B)の「透明な」も「単調な」のネガティブな意味はありません。(C)の「統一された」もこれをもってして「単調な」とするのは拡大解釈です。

【その他の同義語】boring, dreary, monotonous

［訳］ある動物の種は、背景と天敵の目に溶け込むように単調な色を発達させている。

Q.775 ★★　　　　　　　　　　　　正解 （D）nutritious

nourishing は「栄養のある」。(A)の「豊富な」は「数量」に関する語彙で、明らかに別の意味です。(B)の「(値段などが)手頃な」もやはり「栄養」とは無関係です。(C)の「おいしい」もやや惜しいですが、「栄養」と「うまみ」が一致しない例は多々あります。

【その他の品詞】他動詞：nourish「（栄養などを）〜に与える、育てる」　名詞：nourishment「栄養、食べ物」

［訳］ビタミン C が豊富で栄養豊富なジャガイモは、19 世紀にアイルランドで主食になった。

Chapter 3

形容詞

赤字部分の単語の同義語を(A)～(D)の中から1つ選んでください。 🔊 776-779

Q.776 Zoologists have theorized that the chimpanzees living in Guinea perform **ritual** acts such as placing rocks into piles just like humans.

(A) creative

(B) simple

(C) ceremonial

(D) conscious

Q.777 Astronomers hope that primitive forms of life exist on Jupiter's moon Europa, despite its **frigid** environment.

(A) vacuum

(B) freezing

(C) very dry

(D) extremely hot

Q.778 Since the availability of **arable** land has been decreasing globally, research has been done to make fruits and vegetables suitable to grow in a small urban environment.

(A) productive

(B) vacant

(C) inexpensive

(D) flat

Q.779 A flock of flying birds establish **reciprocal** relationships among its individuals by switching the leading position, the position facing the strongest wind currents.

(A) far-sighted

(B) time-saving

(C) give-and-take

(D) one-sided

学習歴 (/) (/) (/) (/) (/)

Q.776 ★★　　　　　　　　　　　正解 (C) ceremonial

ritual は「儀式の」。(A)は「創造的な、独創的な」、つまり「物作りに関する(才能がある)」なので、「儀式」とは関係ありません。(B)の「簡単な」は「簡単な行為」となりますが、これでは「儀式の」とは言えません。(D)の「意識的な」も「儀式」の意味は含みません。

【その他の品詞】名詞：ritual「儀式」

[訳] 動物学者は、ギニアに住むチンパンジーは人間と同じように石を山のようにして置くなどの儀式的行為を行っていると推論している。

Q.777 ★★★　　　　　　　　　　　正解 (B) freezing

frigid は「①寒さの厳しい　②冷淡な」。(A)の「真空の」は「寒さ」とは別物です。(C)は「極端に乾燥した」ですが、「暑くて乾燥している状況」もあり得るので、「寒い≒乾燥」にはなりません。(D)の「極端に暑い」は正解とは真逆の意味ですね。

【その他の同義語】biting(Q.626), chilly, icy

[訳] 天文学者は極寒の環境にもかかわらず、木星の衛星エウロパに原始的形態の生命が存在することを望んでいる。

Q.778 ★★★　　　　　　　　　　　正解 (A) productive

arable は「耕作に適する、耕地向きの」。(B)は「(土地などが)空いている」で、文脈的には自然になりますが、全ての"空き地"を"耕作用"と理解するのは不自然です。(C)の「値段が安い」は「耕作」とは無関係です。(D)の「平坦な」は flat land「平坦地」ですが、あくまでも「地形」に関するもので、「耕作」の意味はありません。

【その他の同義語】cultivatable(Q.364 では動詞として掲載)

[訳] 耕地を利用できる可能性が世界的に減少しているので、小さな都市環境での栽培に適した果物や野菜を作るための研究が行われている。

　※ arable land：名 耕地(農業に適した土地)

Q.779 ★★★　　　　　　　　　　　正解 (C) give-and-take

reciprocal は「互恵的な、相互の」。(A)は「先見の明がある」で文脈的には自然ですが、reciprocal の「互恵、相互」の意味はありません。この点に関しては(B)の「時間の節約の」も同様です。(D)の「不公平な、一方のみの」は「互恵的な」の逆になりますね。

【その他の品詞】他動詞 & 自動詞：reciprocate「～に報いる / 報いる」　名詞：reciprocation「返礼」　副詞：reciprocally「相互に」

【その他の同義語】complementary, mutual(Q.663)

[訳] 飛行中の鳥の群れは、最も強い風の流れに直面する先頭の位置を交代することによって、個体間の互恵関係を確立する。

　※ この種の助け合いを reciprocal altruism「互恵的利他主義」と言います。

　※ flock：名 群れ

Chapter 3

形容詞

赤字部分の単語の同義語を(A)〜(D)の中から1つ選んでください。 ◀ 780-783

Q.780 **Sustainable** agricultural practices are expected to protect ecological balance while satisfying human needs for abundant food.

- (A) Economically profitable
- (B) Internationally recognized
- (C) Ethically correct
- (D) Environmentally friendly

Q.781 French stage actress, Sarah Bernhardt, made an **indelible** impression on the audience during her American tours in the late 19th to the early 20th century.

- (A) unmistakable
- (B) enduring
- (C) artistic
- (D) immediate

Q.782 Infectious plant diseases are caused by bacteria, viruses, and fungi and could be worsened by warm weather with **intermittent** rain.

- (A) tropical
- (B) heavy
- (C) periodic
- (D) sudden

Q.783 Not **contented** with his pioneering role in television technology, Vladimir Zworykin embarked on innovation in the electron microscope.

- (A) preoccupied
- (B) satisfied
- (C) concerned
- (D) bored

学習歴 (/) (/) (/) (/) (/)

Q.780 ★★ 　　　　　　　　　　正解 （D）Environmentally friendly

sustainable は「（環境に関し）①環境を保護しつつ　②資源を活用する」と「継続できる」。（A）の「経済的に利益になる」ですが、近年言われている Sustainable Development Goals（SDGs）「持続可能な開発目標」からイメージされるかもしれませんが、従来の言葉の定義は①②の2点です。（B）は「国際的に認知されている」。（C）の「倫理的に正しい」はイメージ的には sustainable とつながりますが、言葉の定義としては前記の通り「環境保護」、「資源の活用」です。
【その他の品詞】他動詞：sustain「①（家族など）を養う　②〜を持続させる」　副詞：sustainably

[訳] 持続可能な農業慣行は、豊富な食料に対する人間のニーズを満たしながら生態学的バランスを保護することが期待されている。

Q.781 ★★★ 　　　　　　　　　　　正解 （B）enduring

indelible は「忘れられない、消すことのできない」。（A）の「明らかな、間違いようのない」は、「消すことのできない」に含まれる「今後も覚えている」といった意味合いは含まれません。（C）の「芸術的な」にもやはりこの意味はありません。（D）の「①直接の　②即座の」は「観客に直接の（即座の）印象を与えた」と意味は理解できますが、「今後も覚えている」という意味はありません。
【その他の同義語】lasting, permanent, unforgettable

[訳] 19世紀後半から20世紀初頭にかけて、フランスの演劇俳優サラ・ベルナールは、アメリカツアー中、観客に忘れられない印象を与えた。

Q.782 ★★★ 　　　　　　　　　　　正解 （C）periodic

intermittent は「断続的な、間欠性の」。（A）は「熱帯の」ですが、問題文中の「暖かい天候に」からイメージされたかもしれませんが、単語としては別です。（B）の「激しい」ですが、「断続的な」は「頻度」に関する物なので、「激しい（強度）」とは異なります。（D）の「突然の」、つまり「予測ができない」は「断続的な」とは矛盾します。
【その他の同義語】infrequent, occasional

[訳] 感染性植物病は、細菌、ウイルス、真菌によって引き起こされ、断続的な雨を伴う暖かい天候によって悪化する可能性がある。

Q.783 ★★ 　　　　　　　　　　　　正解 （B）satisfied

contented は「満足している」。問題文としては「先駆的な役割に満足することなく」です。なお、同じ意味の content（形）「満足している」は叙述的用法（後に名詞が来ない用法）のみとして使います。（A）は「夢中になっている、気を取られている」ですが、「先駆的な役割に夢中になることなく」となり、かなり妙です。（C）は「関係している、関心をもっている」ので、これも「満足」ではありません。（D）の「退屈している」は「満足」とはかなり異なる意味です。
【その他の品詞】名詞：content「満足」　副詞：contentedly
【その他の同義語】glad, pleased

[訳] テレビ技術における先駆的な役割に満足することなく、ウラジーミル・ツヴォリキンは電子顕微鏡の革新に着手した。

 1930年代にテレビ技術を開発した発明家です。

　※ embark (on)：自動（新しい事に）乗り出す

赤字部分の単語の同義語を(A)〜(D)の中から1つ選んでください。 ◀ 784-787

Q.784 Developed in 1793, Eli Whitney's cotton gins made the separation of cotton seeds from cotton easier and removed a **tedious** process of cotton production.

(A) boring

(B) complicated

(C) demanding

(D) dangerous

Q.785 The latest studies suggest that an **astronomical** two trillion stars are born annually. The Galaxy produces at least one star each year and there are an estimated two trillion galaxies in the entire observable universe.

(A) enormous

(B) unbelievable

(C) estimated

(D) average

Q.786 As Halley's Comet approaches the Sun every 76 years, part of it becomes melted by the Sun's heat and produces the **striking** 100-million-kilometer tail.

(A) long

(B) shiny

(C) dramatic

(D) broad

Q.787 Research has been done to collect enough **empirical** evidence proving that forming mental images improves memories.

(A) promising

(B) existing

(C) circumstantial

(D) observed

学習歴 (／) (／) (／) (／) (／)

Q.784 ★★★　　　　　　　　　　　　　　正解　(A) boring

tedious は「退屈な、うんざりする」。(B)は「複雑な」なので、「退屈な」という「印象」に関する意味とは別です。(C)の「過酷な」は、つまり「キツイ」なので、「退屈な」とは違いますね。(D)の「危険な」も「退屈な」とは意味がかなり異なります。

【その他の同義語】dull, monotonous, tiresome

[訳] 1793 年に開発されたイーライ・ホイットニーの綿繰り機械は種を綿から分離しやすくし、退屈な綿の生産プロセスを取り除いた。

Q.785 ★★　　　　　　　　　　　　　　　正解　(A) enormous

astronomical は「①(数量が)天文学的な、けた外れに大きな　②天文(学上)の」。内容は天文学ですが、今回の意味は①です。(B)の「信じがたい」は大変惜しいですが、文字通りの意味でありastronomical の「数量が多い」といった特定の意味はありません。また、例えば「"信じがたい"話」を「"数量が多い"話」と言い換えると違いが明確になりますね。(C)の「推定の」は、(推定 2 兆)と意味は通じますが、「数量が多い」という意味ではありません。(D)の「平均の」も(平均 2 兆)と自然に読めますが、やはり「数量が多い」という意味はありません。

【その他の品詞】名詞：astronomy「天文学」　副詞：astronomically

【その他の同義語】immense, huge, prodigious(Q.666)

[訳] 最新の研究は、2 兆個という天文学的な数の恒星が毎年生まれていることを示唆している。銀河系は毎年少なくとも 1 つの恒星を作り出し、観測可能な宇宙全体には 2 兆個の銀河があると推定されている。

※ the Galaxy は太陽系を含む「銀河系」、galaxy が一般的な意味での「銀河」です。

Q.786 ★　　　　　　　　　　　　　　　　正解　(C) dramatic

striking は「印象的な、著しい、目立つ」。(A)の「長い」は「1 億キロの尾」からイメージしやすいですが、別の性質の言葉です。この点は(B)の「輝く」も同様です。(D)の「幅の広い」は物質的な大きさですが、"印象的な"物が常に"幅が広い"かと言えば、そうではありません。

【その他の品詞】他動詞：strike「〜を感銘させる」　副詞：strikingly

【その他の同義語】impressive, remarkable, spectacular

[訳] ハレー彗星が 76 年ごとに太陽に近づくと、その一部は太陽の熱で溶け、印象的な長さ 1 億キロの尾を作り出す。

Q.787 ★★★　　　　　　　　　　　　　　正解　(D) observed

empirical は「実験(経験)に基づいた、実証的な」。empirical evidence で「経験的証拠：理論で無く実際の実験で観察・確認された証拠」。(D)observed「観察された」が正解です。(A)の「将来有望な」に含まれる「将来の、今後の」の意味は empirical にはありません。(B)の「現存の」もそのままの意味であり、「実際の実験で観察された」を意味する物ではありません。(C)の「状況的な」は、circumstantial evidence で「状況証拠」ですが、正解とはほぼ逆の意味です。

【その他の同義語】factual, experimental, observational

[訳] 心的イメージ形成が記憶を改善することを証明するのに十分な経験的証拠を収集するための研究が行われた。

言葉を覚える際には、その言葉とそれにまつわるイメージを同時に覚えると記憶率が高まると言われます。

Chapter 3

形容詞

赤字部分の単語の同義語を(A)～(D)の中から1つ選んでください。◀ 788-791

Q.788 The Sahara is a **barren** region that had once been rich in rainfall and full of greenery until about 5,000 years ago.

(A) sandy

(B) hot

(C) dusty

(D) fruitless

Q.789 Great scientists or adventurers are driven in no small measure by an **insatiable** curiosity to explore the unknown.

(A) intellectual

(B) uncontrollable

(C) academic

(D) innocent

Q.790 The Goddard Space Flight Center, a major NASA research laboratory, is **renowned** for a lot of successful space missions.

(A) responsible

(B) distinguished

(C) crucial

(D) useful

Q.791 Legend has it that Archimedes was completely **engrossed in** a mathematical problem when killed by an invading Roman soldier.

(A) nervous about

(B) troubled by

(C) preoccupied by

(D) bored with

学習歴 (/) (/) (/) (/) (/)

Q.788 ★★ 　　　　　　　　　　正解 (D) fruitless

barren は「①(土地が)不毛の　②(植物が)実を結ばない　③内容のない、退屈な」、つまり「植物が育たない」です。(A)は「砂だらけの」で砂漠のイメージには合いますが、同義にすると「全ての"不毛な"土地は"砂だらけ"の土地である」と不自然な定義になります。(B)の「熱い」も砂漠には自然ですが、これだけで「不毛な」にはなりません。(C)は「ほこりだらけの」という「見た目」に関する意味なので、「植物が育たない」とは異なります。

【その他の同義語】desolate(Q.738), infertile, sterile(Q.763)

[訳] 不毛なサハラ地方はかつて約5,000年前まで降雨量が豊富で緑に満ちていた。

Q.789 ★★★ 　　　　　　　　　正解 (B) uncontrollable

insatiable は「飽くことを知らない、貪欲な」。(A)の「知的な」は intellectual curiosity(知的好奇心)となりますが、「終わりがない」ではありません。(C)は「学術的な」。(D)の「①純真な　②無罪の　③無邪気な」は、いずれも「貪欲な」とは意味の差が大きいものです。結果として(B)が closest in meaning になります。

【その他の同義語】inextinguishable, unquenchable, voracious

[訳] 偉大な科学者や冒険家は、未知を探求する飽くことのない好奇心によって少なからず駆り立てられる。

　※ in no small measure：少なからず、かなり

Q.790 ★★ 　　　　　　　　　　正解 (B) distinguished

renowned は「有名な、高名な」。(A)は「責任を負っている」で、「多くの成功した宇宙探査飛行の責任を負っている」となり、いたって自然ですが、これには「有名な(名声)」の意味がありません。この点は(C)の「重要な」も同様です。(D)の「役に立っている」も「多くの成功した宇宙探査飛行の役に立っている」となり意味は理解できるものの、やはり「名声」の類の意味はありません。

【その他の品詞】名詞：renown「名声」

【その他の同義語】illustrious(Q.708), notable(Q.610), noteworthy(Q.602)

[訳] NASAの主要な研究所であるゴダード宇宙飛行センターは、多くの成功した宇宙探査飛行で有名である。

Q.791 ★★★ 　　　　　　　　　正解 (C) preoccupied by

engrossed は in を伴って「～に夢中になって、没頭した」。(A)の「～に神経質な」は「夢中、没頭」とはかなり異なった精神状態です。この点は(B)の「～に困っている、悩んでいる」も同様です。(D)の「～に退屈している」は「夢中になっている」とは反対の意味ですね。

【その他の品詞】他動詞：engross「～を夢中にさせる」　名詞：engrossment「夢中、没頭」

【その他の同義語】absorbed (in), enthralled (by), involved (in)

[訳] 伝説によると、アルキメデスは侵略してきたローマの兵士によって殺されたとき、数学の問題に完全に夢中になっていたとの事だ。

 アルキメデスの最期の言葉は "Do not disturb my circles!" だと言われています。

　※ Legend has it that ～：～という伝説がある

Chapter 3

形容詞

419

赤字部分の単語の同義語を(A)〜(D)の中から1つ選んでください。 🔊 792-795

Q.792 Impressionists such as Claude Monet preferred to paint **serene** landscapes or contemporary city life, which was a complete departure from the traditional academic art in France.

    (A) peaceful

    (B) aesthetic

    (C) country

    (D) dramatic

Q.793 At the age of 20, Violinist Nadja Salerno-Sonnenberg fascinated the audience at a premier violin competition with her **dazzling** performance.

    (A) eccentric

    (B) competitive

    (C) brilliant

    (D) nuanced

Q.794 The **acrimonious** relationship between the U.S. government and Standard Oil led to the breakup of the company into 34 smaller companies in 1911.

    (A) bitter

    (B) unstable

    (C) complicated

    (D) unusual

Q.795 Concerned about the **reckless** use of food additives by some manufacturers, chemist Harvey Wiley was instrumental in the passage of the Pure Food and Drug Act of 1906.

    (A) intentional

    (B) unauthorized

    (C) irresponsible

    (D) frequent

学習歴 (/) (/) (/) (/) (/)

Q.792 ★★　　　　　　　　　　　　正解　(A) peaceful

serene は「①のどかな、穏やかな　②(心が)落ち着いた、平静な」。(B)の「美的感覚のある」は主に「視覚」に関する意味で、「のどかな」といった「雰囲気」とは別になります。(C)の「田舎の」は「のどかな」からイメージしやすいですが、都会の中でも"のどかな"場所はあるはずなので、それも含め"田舎の"とするのは不自然です。(D)の「劇的な」は「のどかな」とは反対の意味になってしまいますね。

【その他の品詞】名詞：serenity「①のどかさ　②(心の)落ち着き」　副詞：serenely

【その他の同義語】calm, quiet, restful

［訳］クロード・モネのような印象派は、フランスの伝統的なアカデミック美術から完全に離れ、穏やかな風景や同時代の都市生活を描くことを好んだ。

Q.793 ★★★　　　　　　　　　　　正解　(C) brilliant

dazzling は「①すばらしい　②まぶしい、目もくらむほどの」。(A)は「風変わりな、エキセントリックな」で、dazzling とは異なります。(B)は「競争心の強い、競争力のある」ですが、「競争」の意味合いは dazzling にありません。なお動詞 compete の形容詞形です。(D)は「微妙なニュアンス(差異)のある」で「すばらしい」と同義にするには意味が限定され過ぎています。

【その他の品詞】他動詞：dazzle「①〜の目を奪う　②〜の目をくらませる」　副詞：dazzlingly

【その他の同義語】amazing, splendid, superb(Q.591)

［訳］20歳の時、ヴァイオリニストのナージャ・サレルノ＝ソネンバーグは、見事な演奏で主要なバイオリンコンクールで観客を魅了した。

Q.794 ★★★　　　　　　　　　　　正解　(A) bitter

acrimonious は「とげとげしい、辛辣な」で、かなり意味の程度の強い言葉です。(B)の「(状況や精神状態が)不安定な」は文字通り「安定していない」なので、「とげとげしい」と結びつけるには程度が弱すぎます。この点は(C)「複雑な」も同様です。(D)の「①普通でない　②(誉め言葉として)並外れた」も①をとっても「とげとげしい」とは別の性質の言葉です。

【その他の品詞】副詞：acrimoniously「とげとげしく、辛辣に」

【その他の同義語】acrid, hostile

［訳］米国政府とスタンダード・オイルの間のとげとげしとした関係は、1911年に社を小さな34社に分割する事態へとつながった。

Q.795 ★★　　　　　　　　　　　　正解　(C) irresponsible

reckless は「無謀な、向こう見ずな」。(A)の「意図的な」は、「食品添加物の意図的な使用」と自然で、正解同様ネガティブな文脈で使われることが多いですが、これのみで「無謀」の意味にはなりません。(B)は「無許可の」で、「無許可の使用」とこれもかなり自然ですが、reckless には「許可」の意味合いは含まれません。(D)の「頻繁の」は「頻度」に関する中立的なもので、「無謀な」の批判的な意味はありません。

【その他の品詞】副詞：recklessly「無謀に」

【その他の同義語】devil-may-care, imprudent(Q.710), rash

［訳］一部のメーカーによる食品添加物の無謀な使用を懸念し、化学者ハーベイ・ワイリーは1906年の純正食品・医薬品法の通過に尽力した。

※ additive：名 添加物　※ instrumental：形 貢献する、役に立つ

赤字部分の単語の同義語を(A)〜(D)の中から1つ選んでください。 🔊 796-799

Q.796 One of the major concerns for marine exploration is the protection of the fauna **endemic** to the environment.

(A) beneficial

(B) foreign

(C) critical

(D) local

Q.797 Of a few hundred **edible** mushrooms, only a few dozen of them have been grown for commercial purposes.

(A) eatable

(B) known

(C) seasonal

(D) wild

Q.798 *The Grapes of Wrath* by John Steinbeck portrays the **dismal** life of a farming family displaced from their home in the 1930s.

(A) everyday

(B) chaotic

(C) blessed

(D) distressed

Q.799 Inspired by what they had seen in Italy, French royalties of the 16th century created **opulent** gardens featuring geometric flowerbeds, fountains, and statues.

(A) sophisticated

(B) expensive

(C) huge

(D) indoor

学習歴 (/) (/) (/) (/) (/)

Q.796 ★★★ 　正解 (D) local

endemic は「(動植物・病気が)一地方特有の、固有の」で、つまり「特定の場所独特の」です。(A) の「利益になる」には「特定の場所」の意味合いは含まれません。(B)の「無関係な、相いれない」は「環境に無関係な動物相」となり、どちらかと言えば「固有の」とは反対の意味になります。(C)の「重要な」には(A)同様、「特定の場所」の意味がありません。

【その他の品詞】名詞：endemic「(一地方特有の)病気」

【その他の同義語】indigenous (Q.599), native

[訳] 海洋探査の主要な関心事の1つは、環境に固有の動物相の保護である。

※ fauna：名 動物相(特定の地域に生息する様々な動物をまとめた総称)

Q.797 ★★★ 　正解 (A) eatable

edible は「食用に適した」。通常の英語教材ではめったにお目にかからない「The TOEFL」な単語です。(B)は「世間に知られている」ですが、これには「食用」の意味合いは含まれません。この点は(C)の「季節限定の」も同様です。(D)の「野生の」は「"野生の"キノコ≒"食用に適した"キノコ」とみなしてしまうとかなり危険ですね…。

[訳] 数百の食用キノコのうち、商業目的で栽培されているのは数十だけである。

Q.798 ★★ 　正解 (D) distressed

dismal は「①惨めな、悲惨な ②陰気な、憂うつな」。(A)は「日々の、日常の」で、「惨めな」とはかなり異なります。(B)の「混乱した、混沌とした」は文字通り「混乱」がポイントなので、「惨めな、悲惨な」とは別です。(C)の「恵まれた」は正解とは反対の意味に近いです。

【その他の品詞】副詞：dismally「陰気に」

【その他の同義語】despondent (Q.674), gloomy, miserable

[訳] ジョン・スタインベックの『怒りの葡萄』は、1930年代に家を追い出された農家の悲惨な生活を描いている。

※ wrath：名 怒り

Q.799 ★★★ 　正解 (B) expensive

opulent は「豪華な、富裕な」。(A)の「①洗練された ②精巧な」はやや惜しいですが、これにはopulent に含まれる「お金がかかる」という意味がありません。(C)は「巨大な」で、「"巨大"だから"お金がかかる"はず」と推測は可能ですが、今までの例の通り言葉の定義としては別です。(D)の「屋内の」は indoor garden「屋内庭園」として使われますが、言葉としては「豪華な」とは別です。

【その他の品詞】名詞：opulence「富裕、豊富」

【その他の同義語】costly, luxurious, sumptuous (Q.716)

[訳] イタリアで見たものに触発され、16世紀のフランスの王族は幾何学模様の花壇、噴水、彫像を備えた豪華な庭園を作った。

Chapter 3

形容詞

423

赤字部分の単語の同義語を(A)～(D)の中から1つ選んでください。◀ 800-803

Q.800 Among eight elements of noble metals, gold is one of the most
□ chemically **inert** and therefore serves as useful machine parts.

(A) rare
(B) idle
(C) safe
(D) active

Q.801 Consisting of memories of personal experiences that took place
□ throughout one's life, autobiographical memory plays a pivotal role in
the maintenance of **coherent** self-identity.

(A) positive
(B) unique
(C) logical
(D) fundamental

Q.802 The **intimate** friendship between Sigmund Freud and Carl Jung
□ ended over their difference in approaches to psychology.

(A) close
(B) long
(C) uneasy
(D) professional

Q.803 A large volume of evidence indicates that putting off a **gratifying**
□ experience in order to achieve a long-term goal brings highly
rewarding results later.

(A) delightful
(B) useful
(C) personal
(D) challenging

学習歴 (/) (/) (/) (/) (/)

Q.800 ★★★　　　　　　　　　　　　　　　　　　正解 (B) idle

inert は「①不活性の、不活発な　②(物理学)自動力のない」。(A)の「貴重な」は金のイメージに合いますが、今回は金の化学的特徴の内容です。(C)の「安全な」を同義にすると、例えば「この場所は"安全"」が「この場所は"不活性"」となり、かなり妙です。(D)の「活発な」は正解とは反対の意味合いですね。

【その他の品詞】名詞：inertia「①不活発　②(物理学)惰性、慣性」

【その他の同義語】dormant(Q.605), inactive

[訳] 8 ある貴金属の元素の内、金は化学的に最も不活性であるものの1つで役立つ機械部品として使われる。

金は「化学的に不活性」なので部品としてさびにくいという利点があります。

Q.801 ★★★　　　　　　　　　　　　　　　　　　正解 (C) logical

coherent は「首尾一貫した、論理的な」。(A)の「肯定的な、積極的な」は「肯定的な自己同一性の維持」と理解はできますが、これは「首尾一貫性、論理性」とは異なります。(B)の「独特な」は、つまり「他にはない、珍しい(貴重さ)」という意味なので、これも「首尾一貫性、論理性」ではありません。(D)の「根本的な、基本の」を同義にすると、例えば「"首尾一貫した"説明」が「"根本的な"説明」となり、どうも不自然です。

【その他の品詞】名詞：coherence「首尾一貫性」　副詞：coherently

【その他の同義語】consistent, rational(Q.646), organized

[訳] 生涯を通じて起こった個人的な経験の思い出で構成された自伝的記憶は一貫した自己同一性の維持において極めて重要な役割を果たす。

※ pivotal：形 重要な

Q.802 ★★　　　　　　　　　　　　　　　　　　　正解 (A) close

intimate は「①親密な、親しい　②個人的な　③(知識などが)詳細な」。(B)の「長い」は「親密な」とイメージが結びつきやすいですが、あくまでも「期間」の意味なので、(A)close が適切になります。(C)の「不安定な、落ち着かない」は「親密な」とはかなり意味が異なります。(D)は「仕事上の」なので、これも「親密な」と一緒にするのは不自然です。

【その他の品詞】名詞：intimacy「親密さ」　副詞：intimately

[訳] ジークムント・フロイトとカール・ユングの親密な友情は、心理学へのアプローチの違いをめぐって終わりを迎えた。

Q.803 ★★　　　　　　　　　　　　　　　　　　　正解 (A) delightful

gratifying は「心地のよい、満足な」。(B)は「役に立つ」なので、「心地よい」という感情に関する意味とは別です。この点は(C)の「個人的な」も同様です。(D)の「難しい、難解な」は逆に近いものです。

【その他の品詞】他動詞：gratify「①～を喜ばせる　②(欲望)を満たす」

【その他の同義語】enjoyable, pleasant, satisfying

[訳] 多くの証拠は、長期的な目標を達成するために心地よい経験を延期することは後に非常に報いのある結果をもたらすと示している。

delayed gratification「満足遅延耐性」という資質です。一例は「今は遊ぶのを我慢し勉強すれば、後で留学・進学の夢が実現する」。よし、うまくまとまった！

赤字部分の単語の同義語を(A)～(D)の中から1つ選んでください。🔊 804-807

Q.804 □ Federal Project Number One, a part of the governmental project during the Great Depression, was an example of a **steadfast** commitment by the federal government to every citizen's welfare.

(A) humanitarian

(B) national

(C) determined

(D) conditional

Q.805 □ The Bull River area of northwestern Montana has plentiful annual rainfall, producing **lush** vegetation.

(A) diverse

(B) tall

(C) local

(D) green

Q.806 □ Nobel laureate Albert Schweitzer, a **compassionate** missionary doctor, helped thousands of people in Africa.

(A) respected

(B) charismatic

(C) sympathetic

(D) courageous

Q.807 □ During non-rapid eye movement sleep (NREM), human brains are less **responsive** to external stimuli.

(A) indifferent

(B) sensitive

(C) suited

(D) accustomed

学習歴 (/) (/) (/) (/) (/)

Q.804 ★★★　　　　　　　　　　　正解 (C) determined

steadfast は「①変わることのない、断固とした　②忠実な」。(A) は「人道主義的な」で文脈的には自然ですが、言葉としての steadfast には「人道主義」の意味合いは含まれません。この点は(B)の「国家的な」も同様です。(D)は「条件付きの」なので、正解とは逆に近い意味です。名詞 condition の形容詞形です。

【その他の品詞】副詞：steadfastly「断固として」
【その他の同義語】constant, firm, resolute

[訳] 大恐慌時の政府事業の一部である連邦政府事業第1号は、全市民の福祉に対する連邦政府の変わることのない献身の一例であった。

 この事業により約4万人の困窮する芸術家に仕事が与えられました。

Q.805 ★★★　　　　　　　　　　　正解 (D) green

lush は「(植物が)青々と茂った、青草の多い」。rush ではありませんのでご注意を。(A) は「多様な」なので、「種類」の意味です。(B)の「背の高い」はあくまでも「高さ」に関するものです。(C)の「地域特有の」は「地域特有の植物」と自然ですが、言い換えれば「珍しい」に近い意味で、これのみで「青々と茂った」と言い換えるのは無理があります。

[訳] モンタナ州北西部のブル川地域には毎年沢山の降雨があり、緑豊かな植物を生み出す。
※ vegetation：图 (集合的な)植物

Q.806 ★★　　　　　　　　　　　　正解 (C) sympathetic

compassionate は「哀れみ深い、思いやりのある」。(A)の「尊敬されている」は正解同様、好意的な意味合いですが、定義としては異なります。(B)の「カリスマ的な」には「哀れみ、思いやり」の意味は含まれません。この点については(D)の「勇気のある」も同様です。名詞は courage「勇気」。

【その他の品詞】名詞：compassion「哀れみ、同情」　副詞：compassionately
【その他の同義語】understanding

[訳] ノーベル賞受賞者のアルバート・シュヴァイツァーは哀れみ深い宣教師の医師で、アフリカの何千人もの人々を救った。
※ laureate：图 受賞者

Q.807 ★★　　　　　　　　　　　　正解 (B) sensitive

responsive は「すぐに反応する、敏感な」。問題文中では否定形で、「脳は外部刺激に対する反応が少ない」となります。(A) は「無関心な」で、どちらかと言えば逆です。(C)の「適している」は「脳は外部刺激に対して適していない」と妙な意味になります。(D)の「慣れている」は「脳は外部刺激に対して慣れていない」で、これは「敏感な」とは逆に近い意味です。

【その他の品詞】respond：自動詞「①反応する　②返答する」　他動詞「～に返答する」　名詞：response「①反応　②返答」
【その他の同義語】reactive

[訳] ノンレム(NREM)睡眠の間、人間の脳は外部刺激に対する反応が少ない。
※ ノンレム(NREM)睡眠：rapid eye movement(REM：急速眼球運動)のない、深い眠り(夢を見ない)。レム(REM)睡眠：浅い眠り(夢を見る)。
※ stimuli：图 刺激　stimulus の複数形

Chapter 3

形容詞

赤字部分の単語の同義語を(A)～(D)の中から1つ選んでください。 🔊 808-811

Q.808 Americans with Disabilities Act was enacted in 1990 after years of **strenuous** efforts by a wide range of civil rights activists and lobby groups.

(A) organized

(B) voluntary

(C) tireless

(D) conscious

Q.809 The bark of the birch tree was used by Native Americans to construct canoes because it is **pliable** and easily available.

(A) flexible

(B) inexpensive

(C) strong

(D) waterproof

Q.810 The Union Army offered amnesty to soldiers who had previously fled to the Confederate States Army, instead of **punitive** measures.

(A) preventive

(B) disciplinary

(C) proactive

(D) conventional

Q.811 The **preliminary** data shows that the humpback whale population has made a remarkable comeback in the western Indian Ocean.

(A) reliable

(B) initial

(C) statistical

(D) published

Q.808 ★★★ 正解 (C) tireless

strenuous は「激しい、熱心な、非常に活発な」。(A)の「組織化された」は「幅広い公民権運動家やロビー団体」からイメージしやすいですが、「激しい」という「程度の強さ」とは別です。(B)の「自発的な」は「激しい」の意味には含まれません。(D)は「意識的な、意図的な」で、やや惜しいですが、「激しい」と同義にするには程度が弱すぎます。

【その他の品詞】副詞：strenuously「精力的に」

【その他の同義語】aggressive, tenacious(Q.707), energetic

[訳] 障害を持つアメリカ人法は、幅広い公民権運動家やロビー団体による長年の激しい努力の後、1990年に制定された。

Q.809 ★★★ 正解 (A) flexible

pliable は「①曲げやすい、柔軟な　②従順な、融通のきく」。(B)の「安い」は柔軟性とは全く別の性質の言葉です。(C)の「頑丈な」は「"柔軟"で"頑丈"」という並列の説明はあり得ますが、言葉として「頑丈」に「柔軟」の意味はありません。(D)の「防水の」は「曲げやすい」とは別の性質の言葉です。

【その他の同義語】elastic, malleable, pliant

[訳] 白樺の木の樹皮は、柔軟で入手が容易なので、カヌーを組み立てるためにネイティブアメリカンによって使用された。
　※ bark：名 樹皮 動詞の「吠える」とは別のこの意味も TOEFL では重要です。

Q.810 ★★★ 正解 (B) disciplinary

punitive は「①罰の、懲戒的な　②厳しい」。(A)の「防止的な」は preventive measure「防止措置」とよくあるフレーズですが、「罰の」とは全く別です。(C)は「率先した、積極的な」ですが、これには「罰、懲戒的」の意味はありません。(D)の「①型にはまった　②慣習的な」は①②いずれを取っても、「罰の」とはかなり異なった意味です。

【その他の品詞】名詞：punishment「懲罰」　他動詞：punish「～を罰する」

【その他の同義語】penal

[訳] 北軍は以前に南軍に逃れた兵士に、懲罰的措置の代わりに恩赦を提示した。
　※ amnesty：名 恩赦

Q.811 ★★ 正解 (B) initial

preliminary は「予備[準備]の、前置きの」、つまり「現時点での(今後変わるかもしれない)」です。選択肢では「最初の」を意味する(B)が最も近く正解となります。(A)の「信頼性のある」の「信頼性」は preliminary にはありません。(C)の「統計に関する」にある「統計」の意味も preliminary は含みません。(D)の「発表された」は文字通りの意味なので、「予備の、現時点での」といった意味はありません。

【その他の品詞】名詞：preliminary「①予備行為　②予備試験」　副詞：preliminarily

【その他の同義語】first, early, preparatory

[訳] 予備的なデータは、ザトウクジラの個体数がインド洋西部で顕著な復活を遂げたことを示している。

赤字部分の単語の同義語を (A)～(D) の中から１つ選んでください。◀ 812-815

Q.812

With its power to blast furnaces at higher temperatures, the steam engine proved **indispensable** for cheap steel production in the 18th century.

(A) famous

(B) helpful

(C) necessary

(D) suitable

Q.813

The U.S. government estimates that hundreds of thousands of the nation's infrastructures, including roads and bridges, are in **dire** need of repair.

(A) chronic

(B) basic

(C) continual

(D) alarming

Q.814

The development of anesthesia in the 19th century had a **profound** influence on the way surgeries were performed.

(A) deep

(B) positive

(C) direct

(D) recognizable

Q.815

Corinth, an ally of Sparta, was a highly **exuberant** city-state until conquered by the Romans around the 2nd century B.C.

(A) independent

(B) civilized

(C) lively

(D) respectable

学習歴 (/) (/) (/) (/) (/)

Q.812 ★★ 　　　　　　　　　　　　正解 (C) necessary

indispensable は「不可欠な、絶対に必要な」。反意語は dispensable（形）「なくても良い」。(A) の「有名な」は for を伴うと概要は「蒸気機関は鋼の生産で有名である」というかなり違う意味になります。(B)の「役に立つ」は「蒸気機関は鋼の生産に役に立つ」と自然ですが、これだと「鋼の生産にとって蒸気機関が不可欠、必要」の意味としては不足です。(D)の「適切である」は「蒸気機関は鋼の生産に適切である」とこれも自然ですが、「不可欠、必要（これがないと困る）」という意味はありません。

【その他の品詞】dispense：自動詞「なしで済ませる」　他動詞「〜を分配する」

【その他の同義語】requisite, imperative（Q.772）, vital（Q.734）

[訳] 溶鉱炉を高温で燃やす能力を用い、蒸気機関は 18 世紀の安価な鋼の生産に不可欠であることが判明した。

※ furnace：图 溶鉱炉

Q.813 ★★★ 　　　　　　　　　　　　正解 (D) alarming

dire は「①（危険などが）差し迫った　②恐ろしい、ひどい」、つまり「深刻で緊急の」という意味です。(A)は「慢性的な」なので、同義になるには程度が弱すぎます。(B)の「基本的な」は言葉の性質として別のものです。(C)の「（悪い事態が）継続している」はやや惜しいですが、「深刻」「緊急」といった強い程度の意味はありません。(D)alarming の「緊急性」が closest in meaning となります。

【その他の同義語】critical, grave（Q.590）, pressing（Q.737）

[訳] 米国政府は、道路や橋を含む何十万もの国のインフラが差し迫った修理を必要としていると推定している。

Q.814 ★★ 　　　　　　　　　　　　正解 (A) deep

profound は「①（影響などが）重大な、甚大な　②（学識などが）深遠な、難解な　③深い」。(B)の「建設的な、役に立つ」は「建設的な影響を与えた」と自然ですが、「重大、甚大」と比べると意味の程度が弱く、(A)deep が適切になります。この点については(C)の「直接の」も同様です。(D)の「認識可能な」も(B)同様、文脈としては自然ですが意味の程度が控えめです。

【その他の品詞】副詞：profoundly「深く」

【その他の同義語】fundamental, radical, significant

[訳] 19 世紀の麻酔の開発は、手術の方法に重大な影響を与えた。

※ anesthesia：图 麻酔

Q.815 ★★★ 　　　　　　　　　　　　正解 (C) lively

exuberant は「活気に満ちた、生き生きとした」。(A)の「独立した」には「活気」の意味合いはありません。(B)の「文明化された、教養のある」もこの点同様です。(D)の「きちんとした、立派な」も「活気に満ちた」とは言えません。

【その他の品詞】名詞：exuberance「①活気　②豊富」　副詞：exuberantly

【その他の同義語】ebullient, spirited, energetic

[訳] スパルタの同盟国であるコリントは、紀元前 2 世紀頃にローマ人に征服されるまで、非常に活気に満ちた都市国家であった。

※ ally：图 同盟国、盟友

赤字部分の単語の同義語を (A)〜(D) の中から 1 つ選んでください。 ◀ 816-819

Q.816 **Ripe** potatoes contain a certain amount of glycoalkaloid, a bitter
chemical substance that protects the plant from insects.

(A) Raw

(B) Organic

(C) Young

(D) Mature

Q.817 Attila the Hun—the ruler of the Huns, who controlled much of
Central and Eastern Europe around the 5th century—is often
depicted as a **ruthless** leader.

(A) charismatic

(B) fearless

(C) merciless

(D) determined

Q.818 With the Declaration of Independence, the 13 former British colonies
declared that they were now **sovereign** states.

(A) democratic

(B) independent

(C) federal

(D) neutral

Q.819 Lois Weber, the first successful female director, dealt with capital
punishment in her films, a very **controversial** issue for Hollywood
in the 1910s.

(A) urgent

(B) timely

(C) social

(D) disputed

学習歴 (/) (/) (/) (/) (/)

Q.816 ★★ 　　　　　　　　　　　　　　　　　正解 **(D) Mature**

ripe は「①熟した、実った　②円熟した、熟達した　③機が熟した、準備の整った」。(A)の「生の」、つまり「調理されていない」は「熟した(成長の度合い)」とは別です。(B)の「有機栽培の」は「栽培の手段」なので、意味の差が大きいものです。(C)の「未熟な」は逆でした。

【その他の品詞】自動詞：ripen「熟す」

【その他の同義語】fully grown, mellow

[訳] 熟したジャガイモには、植物を昆虫から保護する苦い化学物質であるグリコアルカロイドが一定量含まれている。

Q.817 ★★ 　　　　　　　　　　　　　　　　　正解 **(C) merciless**

ruthless は「無慈悲な、無情な」、つまり「他者への厳しい態度」です。(A)の「カリスマ的な」は指導者の描写によく付きますが、「カリスマ的な≒無慈悲な」は成立しません。(B)の「恐れを知らない」はつまり「勇気のある」なので、これも「無慈悲な」とはかなり違います。(D)の「断固とした」は、つまり「意志の固い」ですが、「無慈悲な」といったネガティブな意味ではありません。

【その他の品詞】副詞：ruthlessly「無慈悲に」

【その他の同義語】brutal, harsh, relentless

[訳] アッティラ・ザ・フンは、5世紀頃に中央ヨーロッパと東欧の大部分を支配していたフン族の支配者であり、しばしば冷酷な指導者として描かれている。

Q.818 ★★★ 　　　　　　　　　　　　　　　　正解 **(B) independent**

sovereign は「主権を有する、独立の」。(A)は「民主主義の」ですが、"主権・独立"国家であっても"民主主義"ではない国もあり、同義ではありません。(C)の「連邦制の」ですが、"主権・独立"国家で"連邦制"ではない国の方が多い状況でもあり、やはり同義にはなりません。(D)の「中立な」は「主権のある、独立した」とは別の性質の言葉です。

【その他の品詞】名詞：sovereign「君主、国王」、sovereignty「主権」

【その他の同義語】autonomous (Q.760), self-governing, self-ruling

[訳] 独立宣言で13の旧英国植民地は今や主権国家であると宣言した。

Q.819 ★ 　　　　　　　　　　　　　　　　　　正解 **(D) disputed**

controversial は「論争の的になる、議論の余地のある」。(A)「緊急の」は正解同様、深刻な意味合いですが、これには「議論、論争」の意味がありませんし、順番を変えて "緊急の"事態とは"議論の的になる"事態" とすると不自然です。(B)の「ちょうど良い時期の」もやはり「議論」の意味は含みません。(C)の「社会的な、社会に関する」は死刑制度からイメージするかもしれませんが、やはり言葉の意味として「議論」の要素はありません。

【その他の品詞】名詞：controversy「議論、論争」　副詞：controversially

【その他の同義語】contentious

[訳] 初めて成功を収めた女性映画監督であるロイス・ウェーバーは、1910年代のハリウッドにとっては非常に論争の的である死刑制度を扱った。

※ capital punishment：名 死刑、極刑

Chapter 3

形容詞

赤字部分の単語の同義語を(A)〜(D)の中から1つ選んでください。 📢 820-823

Q.820 The Moorea reefs of French Polynesia have proven to be remarkably
☐ **resilient to** an army of starfish and El Niño.

    (A) strong against

    (B) dependent on

    (C) sensitive to

    (D) beneficial to

Q.821 In Medieval Europe, carpentry was a **lucrative** trade, and
☐ carpenters formed guilds to protect their interests.

    (A) profitable

    (B) respected

    (C) low-paid

    (D) temporary

Q.822 Braille was created by the French educator Louis Braille as a highly
☐ **ingenious** way to communicate with the blind.

    (A) successful

    (B) suitable

    (C) resourceful

    (D) realistic

Q.823 Early humans probably acquired bipedal movement ability several
☐ million years ago, by developing a slightly curved spine, angled thigh
bones, **stout** big toes, and many other physical adaptations.

    (A) flat

    (B) strong

    (C) long

    (D) short

Q.820 ★★★　　　　　　　　　　正解　(A) strong against

resilient は to を伴い「①〜に対する回復力がある（耐久性がある）　②〜に対し弾力のある」。(A)strong against「〜に対し頑丈な」が最も適切となります。(B)の「〜に依存している」は「エルニーニョ現象に対してかなり依存している」となり意味は理解可能ですが、「回復力」とは無縁です。この点は(C)の「〜に対して敏感である」も同様です。(D)の「〜の利益になる」は「エルニーニョ現象に対してかなり利益になる」と正解の趣旨との差がかなりあります。

【その他の品詞】名詞：resiliency「①回復力　②弾力性」

[訳] フランス領ポリネシアのモーレア礁（しょう）は、ヒトデの大群とエルニーニョ現象に対してかなり回復力があることが証明されている。

　※　reef：名 礁　水面より下に隠れた岩

Q.821 ★★　　　　　　　　　　　正解　(A) profitable

lucrative は「儲かる、利益の上がる」。(B)は「尊敬される」ですが、「"儲かる"仕事だから"尊敬される"仕事」とは限りません。(C)の「給料の低い」は真逆になります。(D)の「一時的な、仮の」はあくまでも「期間」の意味で、「利益」に関する意味はありません。

【その他の同義語】rewarding

[訳] 中世ヨーロッパでは大工は儲かる職業であり、大工は彼らの利益を守るためにギルド（職業別組合）を形成した。

　※　trade：名 職業　「貿易」以外の重要な意味です。

　※　職業別組合は古代ローマに始まり、中世で本格化しました。

Q.822 ★★　　　　　　　　　　　正解　(C) resourceful

ingenious は「①（物が）独創的な、工夫に富む　②（人が）発明の才がある」。(A)の「成功した」は正解同様にポジティブな意味ですが、「工夫、巧妙さ」のみでは「「成功したかどうか」の判断はつかず、全く別の性質の言葉です。(B)の「適切な」は「非常に適切な方法」と自然ですが、やはり「独創性、工夫」は含まれません。(D)の「現実的な、実際的な」は「コミュニケーションを取るための非常に現実的な方法」とこれも良いのですが、やはり「独創性、工夫」の意味は含んでいません。

【その他の品詞】名詞：ingenuity「精巧さ、発明の才」　副詞：ingeniously

【その他の同義語】creative, imaginative, inventive（Q.068 では動詞として掲載）

[訳] 点字はフランスの教育者ルイ・ブライユによって視覚障害者とコミュニケーションを取るための非常に独創的な方法として作り出された。

　※　braille：名 点字　開発者の名から付けられた名称です。

Q.823 ★★　　　　　　　　　　　正解　(B) strong

stout は「①頑丈な、丈夫な　②太った」。(A)の「ひらべったい、平坦な」は「平べったい足の親指」と意味は通じますが、形状に関する表現で「頑丈な」ではありません。この点は(C)の「長い」、(D)の「短い」も同様です。

【その他の同義語】hardy, tough, sturdy（Q.727）

[訳] 初期の人間は恐らく、わずかに湾曲した背骨、角度を付けた太ももの骨、頑丈な足の親指の発達と他の多くの身体的適応を通じて数百万年前に二足歩行運動の能力を獲得したのだろう。

　※　bipedal：形 二足歩行の

赤字部分の単語の同義語を(A)〜(D)の中から1つ選んでください。◀ 824-827

Q.824 Overirrigation with little drainage and **subsequent** increase of salt
☐ in the soil causes desertification.

(A) huge
(B) unavoidable
(C) corresponding
(D) following

Q.825 Trees growing in regions with **temperate** climates exhibit clearer
☐ tree rings, which are used to determine the age of a tree.

(A) rainy
(B) mild
(C) changeable
(D) dry

Q.826 According to an Australian government report, climate change could
☐ cause **irreparable** damage to the Great Barrier Reef.

(A) unintended
(B) ecological
(C) structural
(D) permanent

Q.827 The issue of the origin of the universe is so profound that it could
☐ involve **theological** arguments.

(A) religious
(B) philosophical
(C) heated
(D) abstract

学習歴 (/) (/) (/) (/) (/)

Q.824 ★★　　　　　　　　　　　正解 （D）following

subsequent は「後の、次の、続いて起こる」、つまり「順序」に関する意味です。この点から（A）の「巨大な」は外れます。（B）の「不可避の」も「不可避の土壌中の塩分増加」と意味は理解可能ですが、やはり「順序」とは異なります。（C）の「相当する、一致する」は「過剰灌漑（かんがい）」と、それに相当する土壌中の塩分増加」と意味は理解できますが、これも「順序」ではありません。

【その他の品詞】副詞：subsequently「その後、後に続いて」

【その他の同義語】later, succeeding

[訳] 排水のほとんどない過剰灌漑とその後の土壌中の塩分増加は砂漠化を引き起こす。
　※ irrigation：图 灌漑　派生語 overirrigation：图 過剰灌漑
　※ drainage：图 排水

Q.825 ★★　　　　　　　　　　　正解 （B）mild

temperate は「①温暖な、温帯の　②（性格が）節度のある、穏やかな」。「温暖な」の詳細な定義付けは難しいですが、（A）の「雨の多い」は明らかに別ですね。この点は（C）の「変わりやすい」も同様です。（D）の「乾燥している」もとても「温暖な」とは言えません。

【その他の品詞】他動詞：temper「〜を調整する」

【その他の同義語】balmy, gentle, moderate

[訳] 温暖な気候の地域で生育する木は、はっきりとした年輪を有し、これは木の年齢を測定するために使われる。

年輪は若い木では幅が広く、成長するにつれ狭くなる特徴もあります。

Q.826 ★★★　　　　　　　　　　正解 （D）permanent

irreparable は「（損害等が）取り返しのつかない、修復のできない」。repair をイメージできると正解の可能性があります。（A）の「意図しない」は文脈的には自然ですが、「取り返しのつかない」という「程度の強さ」の意味がありません。（B）の「生態系に関する」も、これのみでは「程度が強い」にはなりません。この点は（C）「構造上の」も同様です。

【その他の品詞】副詞：irreparably「回復不能に」

【その他の同義語】irrecoverable, irreversible

[訳] オーストラリア政府の報告によると、気候変動はグレートバリアリーフに取り返しのつかない被害を引き起こす可能性があるとの事だ。

Q.827 ★★★　　　　　　　　　　正解 （A）religious

theological は「神学の、神学上の」。TOEFL では religious はもちろんのこと、少々難易度の上がる theological も重要語彙です。（B）は「哲学の」なので、「神学の」とは分けて考えなくてはなりません。（C）の「熱のこもった」は感情に関するものです。（D）の「抽象的な」はイメージとしてはつながりますが、やはり言葉の定義として「神学の≒抽象的な」にすることはできません。

【その他の品詞】名詞：theology「神学」

[訳] 宇宙の起源の問題は非常に深遠で、神学的な議論を伴う事がある。

Chapter 3

形容詞

赤字部分の単語の同義語を(A)〜(D)の中から1つ選んでください。 🔊 828-831

Q.828 During her career in physics, Marie Curie had the **unwavering** support of her husband Pierre, a distinguished physicist in his own right.

    (A) consistent

    (B) professional

    (C) indirect

    (D) personal

Q.829 Certain parts of Lower Manhattan in the 19th century featured one of the country's most **wretched** poverty.

    (A) enduring

    (B) well-known

    (C) miserable

    (D) chronic

Q.830 Although she narrowly missed the Nobel Prize, the physicist Lise Meitner significantly contributed to the **monumental** discovery of nuclear fission in the 1930s.

    (A) anticipated

    (B) fortunate

    (C) accidental

    (D) outstanding

Q.831 With its extreme strength and flexibility, the carbon nanotube is considered a commercially **viable** new material for various uses, including automotive parts and construction materials.

    (A) attractive

    (B) workable

    (C) important

    (D) competitive

学習歴 (/) (/) (/) (/) (/)

Q.828　★★★　　　　　　　　　正解　(A) consistent

unwavering は「揺るぎない、確固とした」。(B)の「専門的な」は問題文中の「自身が著名な物理学者である夫のピエール」からイメージしやすいですが、別の性質の言葉です。(C)の「間接的な」は「揺るぎない」とはかなり意味の強さに違いがあります。この点に関しては(D)「個人的な」も同様です。

【その他の品詞】自動詞：waver「(信念が)ゆらぐ」　副詞：unwaveringly「断固として」

【その他の同義語】constant, determined, steadfast (Q.804)

[訳] 物理学の経歴において、マリー・キュリーは、自身が著名な物理学者である夫のピエールの揺るぎない支援を受けた。

in one's own right は「(他人の影響ではなく)自分自身の能力により」という意味です。

Q.829　★★　　　　　　　　　　正解　(C) miserable

wretched は「悲惨な、不幸な」。(A)は「永久的な」なので、あくまでも「期間」に関する意味です。他動詞＆自動詞は endure「(〜に)耐える」。(B)の「有名な」は、これのみでは「悲惨な」と同義にはできません。(D)は「慢性的な」で(A)同様「期間」に関する意味です。

【その他の同義語】dismal (Q.798), hopeless, pitiful

[訳] 19世紀のロウアー・マンハッタンの特定の地域には、国内で最も悲惨な貧困の1つが存在した。

Q.830　★　　　　　　　　　　　正解　(D) outstanding

monumental は「①記念碑的な、不朽の　②記念碑の」。(A)は「期待されていた」なので、別の性質の言葉です。(B)の「運のよい」には、「記念碑的な」という最大限の賛辞の意味はありません。この点に関しては(C)の「偶然の」も同様です。

【その他の品詞】名詞：monument「記念碑」　副詞：monumentally

【その他の同義語】historic, extraordinary, remarkable

[訳] ノーベル賞をわずかに逃したものの、物理学者リーゼ・マイトナーは1930年代の核分裂の記念碑的発見に大きく貢献した。

この後、meitnerium「マイトネリウム」という元素が彼女の名から付けられました。

Q.831　★★★　　　　　　　　　正解　(B) workable

viable は「実現可能な、実行可能な」。(A)の「魅力的な」は「商業的に魅力のある新素材」と自然ですが、「実現・実行の可能性」には「魅力」の意味はありません。(C)の「重要な」は「実現・実行の可能性」とは別の性質の言葉です。(D)は「①競争心の強い、競争力のある　②価格が他者より安い」で、②をとっても「実現の可能性」とは全く異なります。

【その他の品詞】名詞：viability「実行可能性」

【その他の同義語】achievable, doable, possible

[訳] カーボンナノチューブは、かなりの強靭さと柔軟性を持ち、自動車部品や建設資材など、さまざまな用途に対応する商業的に実現可能な新素材と考えられている。

※ 人工の素材としては最高レベルで、鋼の数十倍の強度があります。

Chapter 3

形容詞

赤字部分の単語の同義語を(A)〜(D)の中から1つ選んでください。 ◀ 832-835

Q.832 Designed based on the classical Roman temple and fronted by 16 marble columns, the U.S. Supreme Court building shows a visually **imposing** presence.

(A) appealing

(B) reassuring

(C) impressive

(D) symbolic

Q.833 Although the works of poet Robert Frost primarily focused on American **rural** life, his works were warmly welcomed in England first.

(A) domestic

(B) middle-class

(C) country

(D) suburban

Q.834 There has been **credible** evidence to suggest that Polynesians came from Taiwan and other parts of East Asia up to 3,000 B.C.

(A) geological

(B) persuasive

(C) recorded

(D) abundant

Q.835 Although orbiting 400 kilometers from the Earth, the International Space Station (ISS) can be observed with **naked** eyes from a specific place at a specific time.

(A) human

(B) trained

(C) shielded

(D) unaided

学習歴 (／) (／) (／) (／) (／)

Q.832 ★ 　　　　　　　　　　　　　正解 (C) impressive

imposing は「堂々とした、人目をひく」。下記の【その他の品詞】の動詞の意味にあるように「周りを圧倒する強さ」のトーンがあります。(A)の「魅力的な」は正解同様、誉め言葉ですが、「堂々」といった意味はありません。(B)の「安心させるような、元気づける」は同義にするには意味が控えめすぎます。(D)は「象徴的な」。

【その他の品詞】impose：他動詞「①～を課す　②～を押しつける」　自動詞：「(人の行為などに)乗じる」

【その他の同義語】commanding, majestic (Q.604), striking (Q.786)

[訳] 古典的なローマ寺院に基づいて設計され、正面に 16 の大理石の柱を取り付けた米国最高裁判所の建物は視覚的に堂々とした存在感を示している。

　※ front：[他動] (～を)建物の正面に付ける

Q.833 ★ 　　　　　　　　　　　　　正解 (C) country

rural は「田舎の、農村の」。(A)は「①家庭内の　②国内の」ですが①をとっても「田舎」ではありませんね。(B)「中流階級の」は主に「収入」に関したものでこれまた無関係です。(D)は「都市近郊の、都市周辺の」でやや惜しいですが、文字通り「都市に近い」なので、「田舎」とは区別されます。名詞は suburb。

【その他の同義語】bucolic, rustic, pastoral

[訳] 詩人ロバート・フロストの作品は主にアメリカの農村生活に焦点を当てているが、彼の作品は最初にイギリスで温かく迎え入れられた。

Q.834 ★★ 　　　　　　　　　　　　正解 (B) persuasive

credible は「信用できる、説得力のある」。反意語は incredible (形)「①驚くべき、すばらしい②信用できない」。(A)は「地質学上の」で、文脈的にはパーフェクトですが、TOEFL の単語問題は「文脈的な自然さ」でなく「単語の意味」が重要な点を再度思い出しましょう。"信用のできる"を常に"地質学上の"と置き換えたら混乱を招きます。(C)の「記録の取られた」も異なります。(D)の「豊富な」は「量」で、credible は「質」に関する意味です。

【その他の品詞】名詞：credibility「信用性、信ぴょう性」　副詞：credibly

【その他の同義語】believable, plausible (Q.755), reasonable

[訳] ポリネシア人が台湾や東アジアの他の地域から最大紀元前 3,000 年にやって来たことを示唆する信頼できる証拠がある。

　※ Q.564 premise では南アメリカ起源説を扱っていますが、現在ではアジア起源説が有力です。

Q.835 ★ 　　　　　　　　　　　　　正解 (D) unaided

naked は「①(目が)眼鏡などの助けを借りない、覆いのない　②裸の　③ありのままの」。TOEFL では①の意味が重要です。(A)の「人間の」は明らかに違いますね。(B)の「訓練を受けた」も、これのみでは「助けを借りない」とは言えません。(C)は「(シールドで)保護された」なので逆になります。

【その他の品詞】副詞：nakedly「裸で、むき出しで」

【その他の同義語】unassisted, unguarded, unprotected

[訳] 地球から 400 キロメートルを周回しているが、国際宇宙ステーション(ISS)は、特定の時間に特定の場所から肉眼で観察することができる。

　※ 日本では JAXA が観測可能な場所とタイミングを公表しています。

Chapter 3

形容詞

441

赤字部分の単語の同義語を(A)〜(D)の中から1つ選んでください。◀ 836-839

Q.836 Inheriting the throne at the age of 18, Queen Victoria is said to have
☐ been opinionated and **obstinate in** matters of state affairs.

(A) stubborn about

(B) informed of

(C) clever at

(D) conscious of

Q.837 After a military defeat and civil war, the situation of the Byzantine
☐ Empire became increasingly **perilous** in the 11th century.

(A) dangerous

(B) complicated

(C) intolerable

(D) tragic

Q.838 An **unadulterated** form of Romanticism, an artistic movement
☐ emphasizing individuality and emotions, is found in 18th-century
Germany.

(A) abstract

(B) early

(C) absolute

(D) exaggerated

Q.839 Ancient Native Americans carved a **sheer** cliff in Colorado to
☐ construct a huge living complex, accommodating more than 100
people.

(A) rocky

(B) steep

(C) tall

(D) remote

学習歴 (/) (/) (/) (/) (/)

Q.836 ★★★　　　　　　　　　　正解　(A) stubborn about

obstinate は in を伴い「～に関し頑固な、強情な」。(B)の「～の情報に通じている」は「頑固さ」とは別です。この点は(C)の「～について抜け目のない」も同様です。(D)の「～を意識している」は程度として「頑固な」と同義にするには弱すぎますね。

【その他の品詞】副詞：obstinately「頑固に」

【その他の同義語】headstrong (about), obdurate (in)

[訳] 18歳で王位継承を受けたビクトリア女王は、国政に関して自説を曲げず、頑固であったと言われている。

Q.837 ★★　　　　　　　　　　　正解　(A) dangerous

perilous は一言、「危険な」とかなり明確です。(B)は「複雑な」であり、「危険」と同義にするには程度が弱すぎます。(C)の「耐えることのできない」にも「危険」の意味はありません。(D)の「悲劇的な」に含まれる感情は「悲しみ＆苦悩」で「危険」ではありません。

【その他の品詞】名詞：peril「危険」　副詞：perilously

【その他の同義語】hazardous, risky

[訳] 軍事の敗北と内戦の後、ビザンチン帝国の状況は11世紀にますます危険になった。

4世紀に東西に分裂したローマ帝国の後継国家で、別称は the Eastern Roman Empire 「東ローマ帝国」です。

Q.838 ★★★　　　　　　　　　　正解　(C) absolute

unadulterated は「①完全な、全くの　②(食べ物などに)混ぜ物がない」。①も②と同様、「他の要素は入っていない」の意味合いがあります。反意語は adulterated（形）「混ぜ物が入っている」。(A)の「抽象的な」は芸術の内容には適していますが、意味として別です。この点は(B)の「初期の」も同様です。(D)は「誇張された」なので、「他の要素は入っていない」とは相容れません。

【その他の同義語】complete, perfect

[訳] 個性と感情を強調する芸術的な運動であるロマン主義の完全な形は、18世紀ドイツに見られる。

Q.839 ★★　　　　　　　　　　　正解　(B) steep

sheer は「①切り立った、垂直な　②真の、全くの」、つまり「角度、傾斜」に関する意味です。(A)の「岩だらけの」は明らかに別ですね。(C)の「高い」はイメージ的には結びつきますが、これのみでは「角度」の意味はありません。(D)の「人里離れた」もこの点は同様です。

【その他の同義語】abrupt, precipitous

[訳] 古代アメリカ先住民は、100人以上の人々を収容する巨大な居住設備を建設するためにコロラド州の切り立った崖を彫った。

Chapter 3

形容詞

赤字部分の単語の同義語を(A)～(D)の中から1つ選んでください。📢 840-843

Q.840 Microfinance, the provision of numerous small loans, has helped **impoverished** individuals who otherwise have no financial recourse.

    (A) unemployed

    (B) elderly

    (C) talented

    (D) poor

Q.841 In his later years, industrialist Andrew Carnegie devoted his life to **philanthropic** activities and established institutes in various fields.

    (A) artistic

    (B) educational

    (C) environmental

    (D) charitable

Q.842 In 1988, astronomers made a **tentative** announcement that they had discovered an exoplanet, planets that exist outside the solar system.

    (A) provisional

    (B) formal

    (C) historic

    (D) sudden

Q.843 Having been exposed to the poisonous PCB for decades, fish in the Hudson River have developed genes **immune** to chemical substances.

    (A) sensitive

    (B) resistant

    (C) superior

    (D) harmless

学習歴 (/) (/) (/) (/) (/)

Q.840 ★★★　　　　　　　　　　　　　　正解　(D) poor

impoverished は「貧しい、貧窮に陥った」。(A)の「失業中の」はイメージ的には結びつき、大変惜しいですが、失業以外の理由により貧困に陥ることもあり得ます（これを「意地悪な選択肢」ではなく「愛のムチ」といいます)。(B)の「高齢の」は全く別の意味です。この点に関しては(C)の「才能のある」も同様です。

【その他の品詞】他動詞：impoverish「①(人)を貧しくさせる　②(土地)を不毛にさせる」　名詞：impoverishment「貧困」

【その他の同義語】indigent, penniless

[訳] マイクロファイナンスはたくさんの少額の融資を提供し、さもなければ財政的手段を持たない貧しい個人を救済している。

※ recourse：图 頼みの綱

Q.841 ★★★　　　　　　　　　　　　　　正解　(D) charitable

philanthropic は「慈善の、博愛(主義)の」。(A)は「芸術に関する」、(B)は「教育に関する」、そして(C)は「環境に関する」。全て慈善活動の一環として行われることはあり得ますが、言葉の定義として「慈善の≒芸術・教育・環境に関する」にはなりません。

【その他の品詞】名詞：philanthropy「慈善活動、博愛主義」

【その他の同義語】altruistic, benevolent(Q.606), humanitarian

[訳] 実業家のアンドリュー・カーネギーは晩年、慈善活動に生涯を捧げ、様々な分野で団体を設立した。

Q.842 ★★★　　　　　　　　　　　　　　正解　(A) provisional

tentative は「暫定的な、仮の」。(B)の「正式な」は「暫定的な」の後に正式な扱いを受けることが可能であるに過ぎず、同義にはなりません。(C)の「歴史的な」は「重要性」を強調している言葉ですから違います。(D)の「突然の」は「時期、タイミング」に関する意味です。

【その他の品詞】副詞：tentatively「とりあえず」

【その他の同義語】preliminary(Q.811), temporary, unconfirmed

[訳] 1988年、天文学者たちは太陽系外に存在する惑星である太陽系外惑星を発見したと暫定的に発表した。

※ 太陽系外惑星：現在までに5千が確認され、恒星(太陽系では太陽)の周りを公転することから生命存在の可能性も期待されています。

Q.843 ★★★　　　　　　　　　　　　　　正解　(B) resistant

immune は「①免疫のある、影響を受けない　②(義務などから)免除されている」。(A)の「敏感な」は「影響を受けない」とは逆の意味になってしまいますね。(C)の「優れた」は「化学物質より優れた遺伝子」とある程度の意味はできますが、これでは「どう優れているのか？」が不明なので、(B)resistant「抵抗力のある」が最適です。(D)の「害のない」は「化学物質に害のない遺伝子」とかなり正解の意味と違っています。

【その他の品詞】名詞：immunity「①免疫　②(義務などの)免除」

【その他の同義語】protected, secure, unaffected

[訳] 何十年もの間、有毒なPCBにさらされてきたハドソン川の魚は化学物質に免疫のある遺伝子を発展させてきた。

ハドソン川のタラ(cod)の一種にこの特性が確認されています。

赤字部分の単語の同義語を(A)〜(D)の中から1つ選んでください。 ◀ 844-847

Q.844 Lab experiments demonstrate that mice are **prone** to inherit certain characteristics such as fearfulness from their parents.

(A) able

(B) inclined

(C) fortunate

(D) unfit

Q.845 Hoovervilles, **makeshift** tent camps set up by unemployed workers during the Great Depression, were named after the then president Herbert Hoover.

(A) crowded

(B) multiple

(C) temporary

(D) huge

Q.846 Before the introduction of the postage stamp, some American people were **unwilling** to accept a letter since the addressee would have to pay for it.

(A) unable

(B) afraid

(C) reluctant

(D) unavailable

Q.847 When a person is in a flow state, the individual is committed to a particular activity so much that he or she becomes completely **oblivious to** their surroundings.

(A) preoccupied with

(B) harmful to

(C) unaware of

(D) accustomed to

学習歴 (/) (/) (/) (/) (/)

Q.844 ★★★　　　　　　　　　　正解 (B) inclined

prone は「［be prone to do］〜する傾向がある、しがちである」。(A)の「することができる」には「傾向」の意味はありません。(C)の「幸運である」もやはり同様です。(D)の「不適当である」は「特性を受け継ぐには不適当である」と妙な意味になってしまいます。

【その他の同義語】disposed(Q.234 では動詞として掲載), liable

［訳］実験はネズミが親から恐れなどの特定の特性を受け継ぐ傾向があることを示している。
　※ lab：图 実験室(laboratory の略)

Q.845 ★★★　　　　　　　　　　正解 (C) temporary

makeshift は「間に合わせの、当座しのぎの」。(A)の「混雑した」はイメージ的にはつながりますが、定義としては別です。(B)の「多数の」は文字通り「数」に関する意味です。(D)の「巨大な」は「サイズ」に関するものです。

【その他の同義語】improvised

［訳］フーバービルズは、大恐慌の間に失業者によって設置された間に合わせのテントキャンプであり、当時のハーバート・フーバー大統領にちなんで名付けられた。

 名称は尊敬ではなく大統領への皮肉＆怒りを込めて付けられたものです。

Q.846 ★　　　　　　　　　　　　正解 (C) reluctant

unwilling は「望まない、気が進まない」。「自分の気持ちとして〜したくない」である点がポイントです。反意語は willing(形)「進んで〜する」。(A)の「することができない」は「気持ちとしてはしたいけれども理由があってできない」場合もあり得るので、「〜したくない」とは別です。(B)の「恐れている」は明らかに別の意味です。(D)は「(人が他の要件で忙しいので)手がはなせない、手があいていない」なので、これも「〜したくない」ではありません。

【その他の品詞】名詞：willingness「喜んですること」　副詞：unwillingly
【その他の同義語】hesitant, unenthusiastic

［訳］郵便切手が導入される前は、住所の受取人が支払わなければならなかったので、一部のアメリカ人は手紙を受け入れることを望まなかった。
　※ 1855 年の強制的な切手導入までこの状態が続いたそうです。現代人でよかった…。

Q.847 ★★★　　　　　　　　　　正解 (C) unaware of

oblivious は to を伴い「〜に気が付かない、〜を忘れている」。(A)の「〜に没頭している」は「特定の活動に傾倒し、周囲に完全に没頭する」となり真逆ですね。(B)の「〜の害になる」はかなり意味の差が大きいものです。(D)の「〜に慣れている、慣れ親しんでいる」も「周囲に完全に慣れている」であり「忘れている」訳ではありません。「英語を話すのに"慣れている"」を「英語を話すのを"忘れている"」とは言いません。

【その他の品詞】名詞：oblivion「①忘却　②無意識の状態」
【その他の同義語】unconscious (of)

［訳］人がフロー状態にある場合、個人は特定の活動にあまりに傾倒し、周囲に完全に気づかないようになる。

 フローとは「楽しんでいると時間の経つのが速い」状態を説明する心理学用語です。

Chapter 3　形容詞

447

赤字部分の単語の同義語を (A)〜(D) の中から1つ選んでください。◀ 848-851

Q.848 The Mexican government regarded Texas's declaration of
☐ independence in 1836 would be **tantamount to** a declaration of
war.

(A) close to

(B) equal to

(C) responsible for

(D) suitable for

Q.849 The Pygmy Mammoth, which lived on an island off the coast of
☐ California until 13,000 years ago, fed on a **scant** amount of food
available on the island.

(A) large

(B) fixed

(C) moderate

(D) little

Q.850 Finland lagged in industrialization, and more than half of the
☐ population engaged in the **agrarian** economy until the 1950s.

(A) maritime

(B) local

(C) agricultural

(D) small-scale

Q.851 History is full of great innovations developed by seemingly
☐ **preposterous** ideas.

(A) absurd

(B) simple

(C) unpopular

(D) abstract

学習歴 (/) (/) (/) (/) (/)

Q.848 ★★★ 正解 （B）equal to

tantamount は to を伴い「〜に等しい、同等な」。amount を見て自動詞「合計〜になる」を思い出すと正解できるかもしれません。（A）は「〜に近い」で惜しいですが、「等しい（同じ）」と「近い」の区別は大切です。（C）の「〜の原因である」は、「独立宣言は宣戦布告の原因である」という「因果関係」の意味になってしまいますが、正解は「独立宣言＝宣戦布告」という「同一性」の意味です。（D）の「〜に適切である」は「独立宣言は宣戦布告に適切である」と異なる意味になってしまいます。

【その他の同義語】equivalent to（Q.757）, synonymous with, the same as

［訳］メキシコ政府は、テキサス州の 1836 年の独立宣言は宣戦布告に等しいと考えた。

Q.849 ★★★ 正解 （D）little

scant は「僅かな、乏しい」なので、「比較的明確な量」に関する意味です。（A）の「たくさんの」は正解とは逆になります。（B）は「固定された」なので異なります。（C）は「適度な、中ぐらいの」なので、「僅かな」よりは明らかに多い量になります。

【その他の品詞】副詞：scantly, scantily「僅かに」

【その他の同義語】meager（Q.773）, negligible（Q.769）, limited

［訳］かつてカリフォルニア沖の島に 1 万 3 千年前まで住んでいたピグミーマンモスは、島で入手可能な僅かな食べ物で生きていた。

※ 海面上昇により面積が縮小した餌の少ない島で生存するため、小さくなったと言われています。

Q.850 ★★★ 正解 （C）agricultural

agrarian は「農業の」。（A）は「海の」で maritime economy「海洋経済」。（B）の「地方の」は local economy「地元経済」ですが、特定の産業名が不明です。この点に関しては（D）の「小規模な」も同様です。

【その他の同義語】farming

［訳］フィンランドは工業化に遅れをとり、人口の半数以上が 1950 年代まで農業経済に従事していた。

Q.851 ★★★ 正解 （A）absurd

preposterous は「馬鹿げた、非常識な」。（B）の「簡単な、簡素な」は文脈的には良いのですが、「馬鹿げた」のかなり程度の強いネガティブな意味とは異なります。（C）の「人気のない」に含まれる「人気」の意味合いは preposterous にはありません。（D）の「抽象的な」も異なります。

【その他の品詞】副詞：preposterously「馬鹿げて」

【その他の同義語】ludicrous（Q.747）, ridiculous, silly

［訳］歴史は、一見馬鹿げたアイデアによって発明された偉大な革新に満ちている。

赤字部分の単語の同義語を(A)～(D)の中から１つ選んでください。 ◀ 852-855

Q.852 Because it orbits 380 miles above the earth, the Hubble Space Telescope detects **dim** lights coming from another galaxy.

(A) pale

(B) invisible

(C) infrared

(D) flickering

Q.853 In 1903, President Theodore Roosevelt granted **tacit** approval to the independence of Panama from Colombia.

(A) quick

(B) full

(C) silent

(D) conditional

Q.854 Considerable concern has been voiced that drilling for oil in the Arctic National Wildlife Refuge could upset the **fragile** ecosystem.

(A) highly diverse

(B) easily threatened

(C) truly unique

(D) very complex

Q.855 Having come into prominence during mid-18th century France, laissez-faire economics opposes government interference and encourages **unbridled** competition in the market.

(A) peaceful

(B) uncontrolled

(C) fair

(D) strategic

学習歴 （ ／ ）（ ／ ）（ ／ ）（ ／ ）（ ／ ）

Q.852 ★★　　　　　　　　　　　　　　　正解 (A) pale

dim は「①薄暗い　②ぼやけた、あいまいな」。(B) の「目に見えない」はかなり惜しいですが、「薄暗い」はまだ目に見えている状態なので同義にはなりません。(C) は「赤外線の」で、これも目に見えない（invisible な）電磁波の一つです。(D) は「明滅する」なので、「薄暗さ」とは別です。自動詞は flicker「明滅する」。

【その他の品詞】副詞：dimly「薄暗く」

【その他の同義語】faint, feeble（Q.617）, weak

[訳] 地球の上空 380 マイルを周回しているため、ハッブル宇宙望遠鏡は別の銀河から来る薄暗い光を検出する。

Q.853 ★★★　　　　　　　　　　　　　正解 (C) silent

tacit は「暗黙の、無言の」。(A) の「素早い」は「素早い承認」とよくあるフレーズですが、「スピード」に関する意味なので「暗黙」かどうかとは別問題です。(B) の「全部の、完全な」は full approval「全面的な承認」となりますが、これもまた別の意味です。(D) の「条件付きの」は「いくつかクリアする条件を伴う」との意味なので、「暗黙か？　暗黙でないか？」といった意味とは別の性質の言葉です。「"条件付き"入学（Conditional Admission）」を「"暗黙の"入学」と表現することはできませんね…。

【その他の品詞】副詞：tacitly「それとなく」

【その他の同義語】implicit, implied, unspoken

[訳] 1903 年セオドア・ルーズベルト大統領は、コロンビアからのパナマの独立に暗黙の承認を与えた。

Q.854 ★★　　　　　　　　　　　正解 (B) easily threatened

fragile は「①脆弱な、壊れやすい　②はかない、つかの間の」。(A) の「非常に多様な」は「多様性」に関する意味です。(C) の「とても独特な」は、つまり「貴重さ」を表します。(D) の「とても複雑な」は「色々な要素を含んでいる」ことを指しますが、これのみでは「脆弱」とは言えません。「"複雑な"問題」を「"脆弱な"問題」とするとかなり妙になってしまいます。

【その他の同義語】weak

[訳] 北極野生生物国家保護区での石油掘削が脆弱な生態系を混乱させる可能性があるとの強い懸念が表明されている。

※　アラスカにある全米最大の野生保護区です。

※　refuge：图 避難場所　派生語 refugee：图 難民

Q.855 ★★★　　　　　　　　　　　正解 (B) uncontrolled

unbridled は「無軌道な、抑制されていない」。(A) の「おだやかな、平和な」は、かなり異なった意味となります。(C) の「公平な」も「無軌道な（なんでもありな）」とは別世界の意味ですね。(D) の「戦略的な」は「長期的、全体的な目標に関する」という意味なので、「無軌道さ」とは別です。

【その他の品詞】他動詞：（反意語）bridle：「①（感情を）抑制する　②馬勒（ばろく）を付ける」
名詞：（反意語）bridle「①抑制、束縛　②馬勒：馬の手綱の部分」

【その他の同義語】unchecked, uninhibited, unrestrained

[訳] 18 世紀半ばのフランスで有名になったレッセフェール（自由放任主義）経済学は、政府の干渉に反対し、市場での無軌道な競争を奨励している。

赤字部分の単語の同義語を(A)〜(D)の中から1つ選んでください。 🔊 856-859

Q.856 Created as the revival of the classical Greek drama in late-16th-century Italy, opera evolved into a **vibrant** form of art.

    (A) principal

    (B) traditional

    (C) lively

    (D) commercial

Q.857 George Washington's estate Mount Vernon is located in the **tranquil** riverbank in Fairfax County, Virginia.

    (A) small

    (B) quiet

    (C) picturesque

    (D) flat

Q.858 On Saint Patrick's Day—a religious holiday named after the saint of Ireland—**jubilant** crowds visit cities, including New York City, Boston, and Philadelphia, to see the parade.

    (A) peaceful

    (B) huge

    (C) packed

    (D) overjoyed

Q.859 As a general rule, personal information held by state agencies is **exempt from** public disclosure in Florida.

    (A) obtainable through

    (B) collected by

    (C) evident from

    (D) free from

Q.856 ★★★　　　　　　　　　　　正解 (C) lively

vibrant は「①活気に満ちた　②振動する」。(A) は「主要な、第一の」で、「主要な芸術の形」と自然ですが、「活気」とは異なりますし、vibrant には「第一の」といった意味はありません。(B) の「伝統的な」も「伝統的な芸術の形」とよくあるフレーズになりますが、(A) 同様、「活気」の意味はありません。(D) の「商業的な」はイメージはつながりますが、全ての"活気に満ちた"ものを"商業的な"と言い換えることはできません。

【その他の品詞】他動詞 & 自動詞：vibrate「～を振動させる / 振動する」　名詞：vibration「振動」
副詞：vibrantly

【その他の同義語】energetic, spirited, vivid

[訳] 16 世紀後半のイタリアで古典的なギリシャ演劇の復活として制作されたオペラは活気に満ちた芸術の形へと進化した。

Q.857 ★★★　　　　　　　　　　　正解 (B) quiet

tranquil は「静かな、穏やかな」。(A) の「小さな」はイメージ的には良いのですが、あくまでも「サイズ、規模」の事です。(C) の「絵画のように美しい」は「視覚的情報」に関するものです。(D) の「平坦な」は「平坦な川岸」として自然ですが、「穏やかさ」とは全く別の意味です。

【その他の品詞】名詞：tranquility「静穏、静けさ」

【その他の同義語】calm, serene (Q.792), restful

[訳] ジョージ・ワシントンの私有地であるマウントバーノンは、バージニア州フェアファックス郡の静かな川岸に位置している。

ワシントンの父の代からの家で、現在も National Historic Landmark「国定歴史建造物」として保存されています。

Q.858 ★★★　　　　　　　　　　　正解 (D) overjoyed

jubilant は「大喜びの、歓喜に満ちた」。(A) の「①穏やかな　②平和な」はどちらかと言えば逆の意味ですね。(B) の「巨大な」は「大喜びの」といった感情に関するものとは別です。(C) の「密集した、込み合った」は「感情」というより「状態」を描写するものです。

【その他の品詞】名詞：jubilation「大喜び、歓喜」　副詞：jubilantly

【その他の同義語】elated (Q.746), exuberant (Q.815), exultant

[訳] 聖パトリックの祝日とはアイルランドの聖人にちなんで名付けられた宗教的な祝日で、大喜びの群衆がニューヨーク市、ボストン、フィラデルフィアなどの都市を訪れ、パレードを見学する。

Q.859 ★★★　　　　　　　　　　　正解 (D) free from

exempt は from を伴って「～から免除されている」。(A) の「～を通して入手可能である」は逆の意味になります。(B) の「～により収集されている」は「個人情報は公示により収集されている」となり、かなり妙です。(C) の「～から明らかである」は「個人情報は公示から明らかである」となりますので「免除」とは逆にオープンな状態になってしまいます。

【その他の品詞】他動詞：exempt「(人を) 責任から免除する」　名詞：exemption「免除」

【その他の同義語】not subject to, spared (from)

[訳] フロリダ州では原則として、州政府機関が保有する個人情報は公示から免除される。

赤字部分の単語の同義語を(A)〜(D)の中から1つ選んでください。 🔊 860-863

Q.860 ☐ Today, human knowledge of about 80% of the seafloor's exact depth and shape has remained **obscure** even after years of scientific research.

(A) undefined
(B) unchanged
(C) useless
(D) subjective

Q.861 ☐ Although more selective kinds have been developed, there are some pesticides on the market that can be **lethal** not only to small insects but also to large mammals.

(A) effective
(B) beneficial
(C) unsuited
(D) fatal

Q.862 ☐ Since the 1980s, vegetation in California has been increasingly parched by the **scorching** weather and provides the primary fuel for forest fires in the region.

(A) extremely dry
(B) particularly windy
(C) highly changeable
(D) baking hot

Q.863 ☐ When the local food becomes **scarce**, some animals migrate over a considerable distance, relying on environmental landmarks such as rivers and mountains.

(A) available
(B) plenty
(C) insufficient
(D) uneven

学習歴 (/) (/) (/) (/) (/)

Q.860 ★★　　　　　　　　　　　　　　　正解　(A) undefined

obscure は「①曖昧な、不明瞭な　②人目につかない、世に知られていない」。(B)の「変化しない」は、趣旨としては「海底に関する知識は変化のないまま」となりますが、これには「曖昧な」の意味はありません。(C)の「役に立たない」の意味する「利便性」は「曖昧な」の意味する「不明確さ」とは異なります。(D)は「主観的な」です。

【その他の品詞】他動詞：obscure「～を覆い隠す、不明瞭にする」　名詞：obscurity「①不明瞭さ②無名」　副詞：obscurely

【その他の同義語】blurred（Q.585）, uncertain, unclear

[訳] 今日、海底の正確な深さと形に関する 80% の人間の知識は、長年の科学研究の後でさえ曖昧なままである。

　※ 2022 年の時点で海底地形図の作成率は全体の 20% 程度でした。もっと進んでいるものかと…。

Q.861 ★★　　　　　　　　　　　　　　　正解　(D) fatal

lethal は「致死性のある、致命的な」。(A)の「効果のある」は確かに農薬の場合は昆虫に対し「致死性のある」場合が多いです。しかし、順番を逆にすると例えば「"効果のある"英語学習≒"致死性のある"英語学習」となり、これはまずいですし成立しませんよね…。(B)の「利点がある」は正解とはほぼ逆の意味合いになります。(C)の「適切でない」は程度として「致死性がある」より弱すぎます。

【その他の同義語】deadly, mortal

[訳] より選別機能を伴う種類が開発されているが、小さな昆虫だけでなく、大型哺乳類にとっても致命的になりうる農薬が市場に出ている。

　※ selective：形 選択力のある

Q.862 ★★★　　　　　　　　　　　　　　正解　(D) baking hot

scorching は「①灼熱の　②手厳しい」。(A)の「極端に乾燥した」ですが、「気温が"灼熱"になった結果、植物が"乾燥"する」ことはあり得ますが、二者は同義ではありません。(B)は「特に風の強い」となり、「熱さ」とは異なります。(C)の「とても変わりやすい」は明らかに「熱い」の意味はありません。

【その他の品詞】他動詞 & 自動詞：scorch「①(～)を焦がす / 焦げる　②(～)を乾燥させる / 乾燥する」

【その他の同義語】blistering, boiling, sweltering

[訳] 1980 年以来、カリフォルニアの植物は灼熱の天候によってますます干上がり、地域の森林火災の主な燃料になっている。

　※ parch：他動 ～を乾燥させる

Q.863 ★　　　　　　　　　　　　　　　　正解　(C) insufficient

scarce は「①乏しい、不十分な　②まれな、珍しい」。(A)「入手可能な、手に入る」はかなり意味の違いが大きいものです。(B)の「多量の」は完全に逆になります。(D)の「不均一な」は「配分に均一性がない」なので、「乏しい（少ない）」ではありません。

【その他の品詞】名詞：scarcity「不足、欠乏」　副詞：scarcely「ほとんど～でない」

【その他の同義語】limited, in short supply, meager（Q.773）

[訳] その土地の餌が不足すると、川や山などの環境の目印に頼り、かなりの距離を移動する動物もいる。

赤字部分の単語の同義語を(A)〜(D)の中から1つ選んでください。🔊 864-867

Q.864 Despite more than 1,000 invasive species brought in by humans, much of the **pristine** wildlife and beautiful landscapes have been preserved in the Galápagos Islands.

(A) untouched

(B) threatened

(C) valued

(D) local

Q.865 An insufficient amount of thyroid hormone makes people **lethargic** and confused.

(A) uneasy

(B) slow

(C) irritated

(D) forgetful

Q.866 The Large Hadron Collider, the world's most powerful particle collider built near Geneva by the European Organization for Nuclear Research, contains a **gigantic** tunnel.

(A) deep

(B) vast

(C) highly expensive

(D) significantly advanced

Q.867 Developed by the U.S. Military, the Global Positioning System (GPS) has brought the accuracy of navigation information to a truly **unprecedented** level.

(A) satisfactory

(B) unexpected

(C) extraordinary

(D) international

学習歴 (/) (/) (/) (/) (/)

Q.864 ★★★ 　　正解 (A) untouched

pristine は「①手付かずの、本来の　②汚れのない、新品の」。(B)は「(動植物が) 今後存在が危ぶまれる」で、動物にはよく付く言葉ですが、正解とは異なる性質のものです。(C)の「価値のある」はイメージ的にはつながりますが、正解はあくまでも「元のままの状態」の意味で、「価値」の意味は含みません。(D)の「地域特有の」も「地域特有の野生動物」と自然ですが、「元のままの状態」とは別です。

【その他の同義語】unaltered, unspoiled, original

[訳] 人間によってもたらされた 1,000 以上の外来種がいるにもかかわらず、手付かずの野生動物や美しい風景の多くがガラパゴス諸島に保存されている。

Q.865 ★★★ 　　正解 (B) slow

lethargic は「けだるい、無気力な」、つまり「力が出ない」です。(A)の「不安な」の感情は lethargic には含まれません。(C)の「イライラする」はどちらかと言えば「けだるい」の逆に近いタイプと言えるでしょう。(D)の「忘れっぽい」は「けだるい」とはかなり異なる状態です。

【その他の品詞】名詞：lethargy「無気力」

【その他の同義語】inert (Q.800), sluggish (Q.682)

[訳] 甲状腺ホルモン量の不足は人を無気力で混乱した状態にする。

※ thyroid：形 甲状腺の

Q.866 ★★ 　　正解 (B) vast

gigantic は「巨大な」。(A)の「深い」は、確かにこのトンネルは地下にありますが、言葉の意味としては別です。(C)の「とても高額な」は「物質的な大きさ」とは異なります。この点は(D)「非常に先進的な」も同様です。

【その他の品詞】名詞：giant「巨大なもの、巨人」

【その他の同義語】colossal (Q.693), giant, massive

[訳] 欧州原子核研究機構によりジュネーブ近郊に建設された世界で最も強力な粒子衝突型加速器である大型ハドロン衝突型加速器には、巨大なトンネルが含まれている。

※ hadron：名 ハドロン（強い相互作用を有する粒子の総称）

※ 全長 27 キロのトンネル内で高速の陽子線 (proton beam) を衝突させ、宇宙誕生の謎の解明を目指します。

Q.867 ★★★ 　　正解 (C) extraordinary

unprecedented は「並外れた、前例のない」。(A)は「満足のゆく」で、正解同様ポジティブな意味ですが、同義としては acceptable, adequate のレベルなので、「並外れた」の最大級の強さよりは控えめです。(C)extraordinary が closest in meaning となります。(B)の「予想外の」は文字通りの「意外性」に関する意味ですが、unprecedented は「レベルの強さの強調」の意味です。(D)は「国際的な」ですが、unprecedented には「国際、海外」の意味合いは含みません。

【その他の品詞】名詞：precedent「前例」　副詞：unprecedentedly

【その他の同義語】groundbreaking, pioneering, unparalleled (Q.603)

[訳] 米軍によって開発された全地球測位システム (GPS) は、ナビゲーション情報の精度を並外れたレベルに引き上げた。

赤字部分の単語の同義語を(A)〜(D)の中から1つ選んでください。 ◀ 868-871

Q.868 According to some studies, as long as consumed in moderation, caffeine improves **verbal** skills, including accuracy.

(A) mathematical
(B) manual
(C) analytical
(D) linguistic

Q.869 The US Department of Agriculture has proposed a very **thrifty** food plan specifying adequate nutritional ingredients, which is designed to assist low-income households.

(A) economical
(B) detailed
(C) organic
(D) personalized

Q.870 Among the 500 shark species, sand tiger sharks are among the most popular in aquariums because they are quite **docile**.

(A) tame
(B) social
(C) smart
(D) tough

Q.871 Because of the sudden rise in aerodynamic drag, flying at the speed of sound was deemed not **feasible** until the mid-1940s.

(A) safe
(B) possible
(C) comfortable
(D) efficient

学習歴 (/) (/) (/) (/) (/)

Q.868 ★ 　　　　　　　　　　　　　正解 (D) linguistic

verbal は「①言語の、言葉による　②口頭の」。(A)の「数学の」、(B)の「手作業の」は共に「言語」とは別です。(C)の「分析の」も同義にするには無理があります。
【その他の品詞】副詞：verbally「①言葉で　②口頭で」
【その他の同義語】lexical

[訳] いくつかの研究によると、適度に消費されている限りカフェインは精度を含み言語スキルを向上させるとの事だ。

in moderation は「適度に」です。「適度に飲めば」ですよ、適度に…。

Q.869 ★★★ 　　　　　　　　　　　正解 (A) economical

thrifty は「倹約な、つましい」、つまり「お金のかからない」です。(B)の「詳細な」はお金に関する語彙ではありません。この点は(C)の「有機栽培の」も同様です。(D)の「個人別の」は、イメージ的には正解とは逆の「高い」と結び付きますが、定義として値段の意味は含みません。
【その他の品詞】名詞：thrift「倹約、節約」
【その他の同義語】frugal(Q.647), sparing

[訳] 米国農務省は、低所得世帯を支援するために設計された、適切な栄養成分を明示する非常に倹約的な食品プランを提案している。

Q.870 ★★★ 　　　　　　　　　　　正解 (A) tame

docile は「従順な、素直な」。(B)の「社交的な、打ち解けた」は正解と同様、気質に関する意味ですが、「従順」は「相手の言うことに従う」の意味合いを含むので同義にはなりません。(C)の「賢い」は「頭の良さ」なので、「相手の言うことに従う」とは別ですね。この点については(D)の「頑丈な、タフな」も同様です。
【その他の同義語】amenable, compliant, meek(Q.743)

[訳] 500種のサメの中でシロワニは非常に従順であり、水族館の最も人気の一種である。

日本では大昔にはサメのことを「ワニ」と呼んでいたらしく、今でもこの種にはその名称が残っています。ややこしい…。

Q.871 ★★★ 　　　　　　　　　　　正解 (B) possible

feasible は「①実現可能な　②(説明などが)ありえそうな」です。(A)の「安全な」は、概要は「音速で飛行することは安全とみなされていなかった」と自然ですが、「実現可能性」と「安全性」は別です。例えば、高速道路を200キロで運転することは"実現可能"ですが"安全"ではありません(捕まりますし…)。(C)の「快適な」は別の性質の言葉です。(D)の「効率の良い」も「実現の可能性」とは異なります。
【その他の品詞】名詞：feasibility「実行の可能性」
【その他の同義語】achievable, attainable, viable(Q.831)

[訳] 空気抵抗の急激な上昇のために、音速で飛行することは1940年代半ばまで実現可能とみなされていなかった。

マッハ1 (Mach 1：発音は"マック")付近で発生する空気抵抗を sound barrier「音の壁」と言います。

Chapter 3

形容詞

赤字部分の単語の同義語を(A)～(D)の中から1つ選んでください。◀ 872-875

Q.872 The giant squid, depicted as a **mythical** monster in Ancient Greece, is witnessed and captured in modern times.

☐

    (A) sacred

    (B) marine

    (C) legendary

    (D) giant

Q.873 Although state constitutions are the supreme law of the state, they are **subservient** to the federal Constitution.

☐

    (A) contradictory

    (B) unrelated

    (C) equal

    (D) secondary

Q.874 The majority of gemstones are **transparent** to some extent, and their degree influences the value of the stone.

☐

    (A) shining

    (B) clear

    (C) colorful

    (D) smooth

Q.875 With its 2,000 rooms decorated with marvelous artifacts, the Palace of Versailles was a symbol of the French monarch's **extravagant** life.

☐

    (A) frantic

    (B) imperial

    (C) wasteful

    (D) exciting

学習歴 (/) (/) (/) (/) (/)

Q.872 ★★　　　　　　　　　　　　　　　　正解　(C) legendary

mythical は「神話の、架空の」。(A)は「神聖な」で、共に日本語では「神」が付くので混乱しやすいですが、mythical は言い換えれば「昔話に登場する」で、必ずしも「神聖な」を意味するわけではありません。同義にすると「巨大イカは神聖な怪物」となってしまいますが、正しい趣旨は「巨大イカは昔話に出てくる怪物」です。(B)の「海の」はイカには適切ですが、言葉としては全く別です。(D)の「巨大な」に関しても同様です。

【その他の品詞】名詞：myth「①神話　②作り話」
【その他の同義語】fabled, imaginary, mythological

［訳］古代ギリシャの神話上の怪物として描かれた巨大なイカは現代で目撃、捕獲されている。

Q.873 ★★★　　　　　　　　　　　　　　　　正解　(D) secondary

subservient は「①従属的である　②へつらう、服従する」。(D)secondary は「①従属的な　②(重要性が)二番目の」を意味します。(A)は「矛盾している」なので、かなり意味の差があります。(B)の「無関係である」は2つの憲法の関係性を否定してしまっています。(C)の「平等な」は真逆になります。

【その他の品詞】名詞：subservience「①従属性　②へつらうこと」　副詞：subserviently
【その他の同義語】subordinate, subsidiary

［訳］州憲法は州の最高法であるが、連邦憲法に従属している。

 合衆国憲法に含まれる the Supremacy Clause「連邦法優越条項」により規定された関係です。

Q.874 ★★　　　　　　　　　　　　　　　　正解　(B) clear

transparent は「①(物質が)透明な、透き通った　②(人の話が)明白な、見え透いた」。(A)の「輝いている」は宝石のイメージにはピッタリですが「透明性」とは別です。(C)の「色彩に富んだ」は文字通り「色の多彩さ」なので「透明な」とは相容れません。(D)の「(表面が)なめらかな、平坦な」は別の性質の言葉です。

【その他の品詞】名詞：transparency「透明性」　副詞：transparently
【その他の同義語】see-through

［訳］宝石の多くはある程度は透明で、その程度は石の価値に影響を与える。

Q.875 ★★　　　　　　　　　　　　　　　　正解　(C) wasteful

extravagant は「贅沢な、金遣いの荒い、浪費の」であり、「批判的なトーン」であるのが特徴です。(A)の「正気を失ったような、大慌ての」はお金に関する意味ではありません。(B)は「①帝国の　②荘厳な　③上質な」で、③は文字通りの意味なので批判的なトーンはありません。見出し語と同じ ex につられてしまったかもしれませんが、(D)の「ハラハラするような」は「感情」の高まりの意味です。

【その他の品詞】名詞：extravagance「浪費」　副詞：extravagantly

［訳］素晴らしい工芸品で飾りつけられた 2,000 室の客室を有するベルサイユ宮殿はフランス君主の贅沢な生活の象徴であった。
　※　monarch：图 君主

Chapter 3

形容詞

赤字部分の単語の同義語を(A)〜(D)の中から1つ選んでください。 🔊 876-879

Q.876 Fado, a Portuguese music genre designated as a UNESCO's
☐ Intangible Cultural Heritage, is known for its **mournful** melody.

    (A) sad

    (B) soothing

    (C) recognizable

    (D) joyful

Q.877 The Bonneville Power Administration, a U.S. federal power
☐ marketing agency, is authorized to sell **redundant** electricity to
Canada.

    (A) low-priced

    (B) off-peak

    (C) extra

    (D) renewable

Q.878 Even after the signing of an international convention in 1970, the
☐ **illicit** trade of artifacts and antiquities has been showing a huge
increase.

    (A) unrestricted

    (B) secret

    (C) global

    (D) prohibited

Q.879 The Navajo language was used as a Military code during World War
☐ II because it was hardly **comprehensible** to outsiders.

    (A) necessary

    (B) understandable

    (C) available

    (D) useful

Q.876 ★★★　　　　　　　　　　正解 (A) sad

mournful は「悲しげな、悲しみに沈んだ」。(B)は「(気持ちを)和らげる」で、「悲しみ」の感情はありません。他動詞は soothe。(C)の「認識可能な、見覚えのある」も同様に「悲しみ」の感情は含んでいません。(D)の「楽しい」は逆の意味に近いですね。
【その他の品詞】他動詞＆自動詞：mourn「〜を嘆き悲しむ / 嘆き悲しむ」　副詞：mournfully
【その他の同義語】gloomy, melancholy, sorrowful

[訳] ユネスコの無形文化遺産に指定されたポルトガルの音楽ジャンルであるファドは、悲しげなメロディーで知られている。
※ intangible：形 無形の、触ることのできない　反意語 tangible：形 有形の、触ることのできる

Q.877 ★★★　　　　　　　　　　正解 (C) extra

redundant は「①余分な　②(表現が)冗長な」。(A)の「低価格の」は文字通り「価格」に関する意味のみです。(B)の「ピーク時ではない」は需要の少ないタイミングに関し使いますが、「余分な」とは異なります。(D)の「再生可能な」は風力・太陽光・地熱発電などを意味し、発電・エネルギーに関する頻出語ですが、やはり「余分な」とは別です。redundant と同様、re 始まりですがひっかけを入れました。お気をつけください。
【その他の品詞】名詞：redundancy「①余剰　②冗長性」
【その他の同義語】excess, spare, surplus(Q.748)

[訳] ボンネビル電力事業団は、米国の連邦電力マーケティング機関であり、カナダに余剰電力を販売する権限を与えられている。

オレゴン州にあるボンネビルダムで発電した電気を販売しています。

Q.878 ★★★　　　　　　　　　　正解 (D) prohibited

illicit は「不法の、合法的でない」。(A)の「無制限の」は un を入れてひっかけの要素が強いですが、「法律に制限されない」の意味合いもあるので、どちらかと言えば逆に近い意味です。(B)の「秘密の」も「秘密の≒不法の」の関係にすると、「"秘密の"メッセージ」が「"不法な"メッセージ」になってしまいます。(C)は「地球規模の」でした。
【その他の品詞】副詞：illicitly「不法に、不正に」
【その他の同義語】illegal, illegitimate(Q.714), unlawful

[訳] 1970 年に国際条約が調印された後も、工芸品や古美術品の違法取引は著しい増加を示している。

Q.879 ★★　　　　　　　　　　正解 (B) understandable

comprehensible は「理解可能な」。comprehensive「包括的な」と混同しないよう、ご注意を。反意語は incomprehensible「理解できない」。(A)の「必要な」の意味は comprehensible には含まれません。(C)の「利用できる、入手できる」は、この場合「ナバホ語にアクセスはできる」ですが、これは「ナバホ語を理解できる」とは別です。例えば私はギリシャ語に"アクセス"はできますが、"理解"はできません。(D)の「役に立つ」は「理解可能な」とは別の性質の言葉です。
【その他の品詞】他動詞：comprehend「〜を理解する」　名詞：comprehension「理解力」
【その他の同義語】intelligible

[訳] ナバホ語は外部の人間にはほとんど理解不能なので、第二次世界大戦中に軍事用暗号として使用された。

赤字部分の単語の同義語を(A)〜(D)の中から1つ選んでください。 🔊 880-883

Q.880 Since his early childhood, Abraham Lincoln had been known to be quite an **avid** reader of poetry.

(A) eager

(B) educated

(C) informed

(D) analytic

Q.881 Elizabeth Blackwell, the first woman to receive a medical degree in the U.S., earned the **grudging** respect of her classmates during her studies.

(A) deep

(B) unconditional

(C) equal

(D) reluctant

Q.882 Born into a **destitute** family, the physicist Michael Faraday rose to the rank of Director of the Royal Institution of Great Britain.

(A) progressive

(B) middle-income

(C) poor

(D) broken

Q.883 Contrary to the popular notion, some snake species are **timid** and tend to flee when seeing humans.

(A) harmless

(B) frightened

(C) careless

(D) cautious

学習歴 (/) (/) (/) (/) (/)

Q.880　★★★　　　　　　　　正解　(A) eager

avid は「熱心な」。(B)は「教養のある、教育を受けた」ですが、「熱心」とは別ですね。(C)の「知識が広い」もこの点に関しては同様です。(D)は「分析力のある」で、「熱心な」の意味を含むわけではありません。
【その他の品詞】副詞：avidly「熱心に」
【その他の同義語】ardent(Q.768), fervent(Q.400 では名詞として掲載), passionate

[訳] 幼い頃から、エイブラハム・リンカーンはかなり熱心な詩の読者として知られていた。

Q.881　★★★　　　　　　　　正解　(D) reluctant

grudging は「不承不承の、いやいやの」。(A)の「深い」は明らかに別の意味です。(B)の「無条件の、無制限の」は「不承不承の」のネガティブな意味とはほぼ反対の意味になります。(C)の「平等な」も「不承不承の」とはかけ離れた意味になります。
【その他の品詞】他動詞：grudge「①(人の成功)を認めたがらない　②(〜を)人に与えるのを渋る」　名詞：grudge「恨み」　副詞：grudgingly
【その他の同義語】hesitant, unwilling

[訳] 米国で初めて女性として医学学位を取得したエリザベス・ブラックウェルは、学業中にクラスメートの不承不承の尊敬を得た。

その後、生まれ故郷のイギリスでも 1859 年に初の女性医師としての資格を得ました。

Q.882　★★★　　　　　　　　正解　(C) poor

destitute は「①貧しい、極貧な　②〜を欠いた」。(A)の「進歩的な」はお金に関する意味ではありません。(B)の「中間所得の」は、お金に関する意味ですが、明らかにレベルが違っています。(D)の「崩壊した」ですが、"貧しい"状況でも「団結している(close-knit)」家族もあり得るので、「貧しい≒崩壊した」ではありません。「The ひっかけ」です。
【その他の品詞】名詞：destitution「①極貧、困窮　②欠乏」
【その他の同義語】impoverished(Q.840), poverty-stricken

[訳] 貧しい家庭に生まれた物理学者マイケル・ファラデーは、英国王立研究所の所長に昇りつめた。

Q.883　★★　　　　　　　　　正解　(B) frightened

timid は「臆病な、おびえた、気の弱い」。(A)の「害がない」はヘビにはよく付きますが、「臆病な」という気質とは別です。(C)の「不注意な、軽率な」は気質ではありますが、意味としては大きく異なります。(D)の「注意深い、慎重な」はやや惜しいですが、これには timid に含まれる「自信・勇気のなさ」の意味合いがありません。定義上も timid は「too careful」と区別をされています。人に対して「あなたは"慎重"ですね」と言うのは大丈夫でも、「あなたは"臆病"ですね」と言えば人間関係が悪化します。
【その他の品詞】名詞：timidity「臆病、小心」　副詞：timidly
【その他の同義語】shy, fearful

[訳] 一般的な概念とは対照的に、いくつかのヘビ種は臆病であり、人間を見たときに逃げる傾向がある。
　※　contrary to：〜とは対照的に、反して

Chapter 3

形容詞

赤字部分の単語の同義語を(A)～(D)の中から1つ選んでください。 ◀ 884-887

Q.884 The leadership of the Union confronted the **staggering** tasks of the Reconstruction era after the Civil War ended.

(A) painful

(B) surprising

(C) time-consuming

(D) complex

Q.885 Doctors advise that light exercises like **brisk** walking reduce the risk of certain diseases.

(A) lively

(B) long

(C) daily

(D) slow

Q.886 Sediments on continental slopes can be loosened by earthquakes; resulting **turbulent** currents may then flow down continental slopes and deposit sediments on the seafloor.

(A) gentle

(B) random

(C) tidal

(D) violent

Q.887 Some satellites look **stationary** in the sky because they orbit the Earth at the same speed at which the planet is rotating.

(A) vague

(B) small

(C) movable

(D) fixed

学習歴 (/) (/) (/) (/) (/)

Q.884 ★★　　　　　　　　　正解　(B) surprising

staggering は「驚異的な、驚くべき」。(A)は「苦しい、骨の折れる」で、「復興時代の苦しい仕事」と違和感はなく史実としては正しいですが、言葉の意味として「驚き」はなく、逆に staggering には「苦しい」の意味がありません。(C)の「時間のかかる」も文脈的には自然ですが、「驚き」の意味がありません。この点は(D)の「複雑な」も同様です。不正解の3つは全て文脈的には自然ですが、意味のズレがありました。

【その他の品詞】他動詞 & 自動詞：stagger「①～を驚かせる　②～をよろけさせる / ①動揺する　②よろける」　副詞：staggeringly

【その他の同義語】astonishing（Q.274 では動詞として掲載）, astounding（Q.120 では動詞として掲載）, stunning

［訳］北部諸州の指導者は南北戦争が終結した後、復興時代の驚異的な仕事に直面した。

Q.885 ★★　　　　　　　　　正解　(A) lively

brisk は「活発な、元気のよい」。(B)の「長い」は「距離」、(C)の「毎日の」は「頻度」なので、それぞれ「活発な」とは大きな違いがあります。(D)の「ゆっくりとした」はどちらかと言えば逆の意味ですね。

【その他の同義語】active, energetic, spirited

［訳］医師は早歩きのような軽い運動は、特定の病気のリスクを減らすと助言している。

Q.886 ★★★　　　　　　　　　正解　(D) violent

turbulent は「①(天候・海などが) 大荒れの　②(感情などが) 乱れた」。(A)の「穏やかな」は完全に逆ですね。(B)の「不規則な」はやや惜しいですが、「大荒れの」と比べると程度が弱すぎます(closest in meaning を思い出しましょう)。(C)は「潮の、潮の影響を受ける」ですが、「潮：月や太陽の影響を受ける海面」なので「大荒れ」とは別です。

【その他の品詞】名詞：turbulence「①大荒れ　②乱気流　③動乱」

【その他の同義語】raging, rough, stormy

［訳］大陸斜面の堆積物は地震によって緩まることがある。結果として生じる乱流は大陸斜面を流れ、海底に堆積物を沈殿させる。

 この現象を turbidity current「乱泥流(らんでいりゅう)」といいます。

　※　continental slope：图 大陸斜面（大陸棚と海底の間の急斜面）

Q.887 ★★★　　　　　　　　　正解　(D) fixed

stationary は「①静止した、じっとした　②据え付けの」。一文字違いで stationery「文房具」になりますのでご注意を。(A)の「ぼやけた」は明らかに別の意味ですね。(B)の「小さい」も「静止した」とは無関係です。(C)の「移動する」は「静止した」とは逆になります。

【その他の品詞】他動詞：station「～を配置する」　名詞：station「配置、位置」

【その他の同義語】immobile, static（Q.678）

［訳］ある種の人工衛星は、地球が回転するのと同じ速度で軌道を周回しているため、空に静止しているように見える。

 このタイプを geosynchronous satellite「静止衛星」といいます。

　※　geo：地球　synchronous：形 同期の、静止軌道を回る

赤字部分の単語の同義語を(A)〜(D)の中から１つ選んでください。 ◀ 888-891

Q.888

Female zebra finches make body gestures **imperceptible** to humans when teaching their young to sing.

(A) undetectable

(B) insignificant

(C) appealing

(D) unfamiliar

Q.889

Both dugongs and manatees are species in the order Sirenia; the former may be the origin of the mermaid myths, while the latter is called "sea cows" because of their **languid** movements.

(A) stiff

(B) limited

(C) inactive

(D) repetitive

Q.890

The largest **subterranean** city is said to have been created at around the 8th century B.C. in Turkey and housed up to 20,000 people.

(A) legendary

(B) underground

(C) prehistoric

(D) walled

Q.891

Leaving pheromone trails behind, ants are **adept at** establishing routes to food sources from their nests.

(A) in charge of

(B) intent on

(C) proficient in

(D) attentive to

学習歴 (／) (／) (／) (／) (／)

Q.888 ★★ 　　　　　　　　　　正解　(A) undetectable

imperceptible は「感知できない、気付かない」、つまり「人間の知覚」に関する意味です。反意語は perceptible（形）「感知できる」。(B)は「重要ではない」。(C)の「魅力的な」は「印象」に関する意味です。(D)の「知られていない」はやや惜しいですが、例えば人間は X 線を（機械なしでは）感知できない（＝ imperceptible）ものの、存在・詳細は知っています（＝ familiar）。したがって、imperceptible ≒ unfamiliar にはなりません。
【その他の品詞】他動詞：perceive「〜を感知する、〜に気が付く」　名詞：perception「知覚、感知」
【その他の同義語】invisible, unnoticeable（Q.715）, unseen

[訳] 雌のキンカチョウは子供に鳴き方を教えるとき、人間には知覚できない体のジェスチャーをする。

Q.889 ★★★ 　　　　　　　　　　正解　(C) inactive

languid は「けだるい、元気のない、無気力な」。(A)の「硬い」は、つまり「ぎこちない」であり、「けだるい」が意味する「力がこもっていない」とは別です。(B)の「限られた、狭い」は、今回の趣旨が「動きのパターンが制限されている」になるので、やはり「力がこもっていない」ではありません。この点は(D)の「繰り返しの」も同様です。
【その他の同義語】inert（Q.800）, lethargic（Q.865）, sluggish（Q.682）

[訳] ジュゴンとマナティは共に海牛（かいぎゅう）目の種である。前者は人魚神話を作り出し、後者はけだるい動きのために海の牛と呼ばれる。
　※ 同じ「海牛」でもジュゴンとマナティは「かいぎゅう」、軟体動物の sea slug は「うみうし」です。

Q.890 ★★★ 　　　　　　　　　　正解　(B) underground

subterranean は「①地下の　②隠れた」。(A)の「伝説の」は問題文の内容にはイメージ的に合いますが、言葉としては明らかに別の性質です。(C) の「有史以前の」は「時代」に関するものです。(D)の「壁に覆われた」も「地下」とは無関係です。

[訳] その最大の地下都市はトルコに紀元前約 8 世紀に建造され、最大 20,000 人を収容したと言われている。
　※ The Derinkuyu underground city「デリンクユ地下都市」：アラブ・東ローマ戦争（イスラム王朝と東ローマ帝国の間の戦争）中に避難場所として活用されました。

Q.891 ★★★ 　　　　　　　　　　正解　(C) proficient in

adept は at を伴い「〜に熟達した、精通した」。adapt（自他動詞）「（〜を）適合させる、する」と混同しないようご注意を。(A)の「〜の役割を担う」は「熟達」の「技術レベルの高さ」とは別です。(B)の「〜に熱心な」も「気持ちの高まり」であって「レベルの高さ」ではありません。(D)の「①〜に注意深い　②〜に親切な」は①を取っても「気質」であり、「技術レベル」ではありません。
【その他の品詞】副詞：adeptly「手際よく」
【その他の同義語】deft (at)（Q.701）, gifted (at, in, with)（Q.756）, versed (in)

[訳] フェロモンの道しるべを残す方法により、アリは巣から食料源へのルートを確立することに熟達している。
　※ 多くのアリが同じルートを移動するごとに排出されるフェロモンが強化され、食糧源への移動を容易にします。

Chapter 3

形容詞

469

赤字部分の単語の同義語を(A)〜(D)の中から1つ選んでください。🔊 892-895

Q.892 Behavioral observations demonstrate that selfless acts like assisting others are **spontaneous** among chimpanzees.

    (A) infrequent

    (B) unplanned

    (C) conscious

    (D) absent

Q.893 Thanks to the Erie Canal, the water route between New York City and Lake Erie became quite **extensive** in the early 19th century.

    (A) safe

    (B) broad

    (C) affordable

    (D) convenient

Q.894 Famous for the **touching** scene of a lawyer passionately defending a wrongly accused person, the movie *To Kill a Mockingbird* is regarded as one of the best Hollywood movies of all time.

    (A) serious

    (B) painful

    (C) tense

    (D) moving

Q.895 *Paranthropus robustus*, an early human that lived about two million years ago in Africa, had a skull indicating they had **robust** teeth and a large jaw to eat food with hard shells.

    (A) sharp

    (B) huge

    (C) strong

    (D) straight

学習歴 (/) (/) (/) (/) (/)

Q.892 ★★ 　　　　　　　　　　　　　　　　　正解 (B) unplanned

spontaneous は「自発的な、無意識の」。(A)の「まれな」は頻度に関する意味なので、「自発的か？ 無意識か？」の意味は含みません。(C)の「意識した」は逆になります。(D)の「欠けている」は存在していないことなので、「自発的か？ 無意識か？」とは根本的に異なります。

【その他の品詞】副詞：spontaneously「自発的に」

【その他の同義語】automatic, involuntary, reflex

[訳] 行動観察は、他の個体を助けるような無私の行為がチンパンジーの間で自発的であることを示している。

Q.893 ★ 　　　　　　　　　　　　　　　　　　正解 (B) broad

extensive は「広範囲にわたる、広い」。(A)の「安全な」は「広さ」とは別です。(C)の「(値段などが)手頃な」は「価格」に関するものです。(D)の「便利な」もやはり「広さ」とは異なりますね。

【その他の品詞】他動詞＆自動詞：extend「～を広げる / 広がる」 副詞：extensively

【その他の同義語】expansive (Q.744), spacious, sweeping

[訳] エリー運河のおかげで、ニューヨーク市とエリー湖の間の水路は 19 世紀初頭にかなり広範囲になった。

　※ Lake Erie：エリー湖 (the Great Lakes「五大湖」の一つです)。

Q.894 ★★ 　　　　　　　　　　　　　　　　　正解 (D) moving

touching は「感動させる」。(A)の「真剣な」は「感動」とは別です。自他動詞は grip「(～を)感動させる」。(B)の「苦しい、骨の折れる」は英語では混同しやすいかもしれませんが、「感動」どころではなく「苦痛」に関する意味です。(C)は「緊張感あふれる」で、「感動」とは異なります。

【その他の品詞】他動詞：touch「～を感動させる」 副詞：touchingly

【その他の同義語】emotional, poignant, stirring

[訳] 不当に告発された人物を熱心に擁護する弁護士の感動的なシーンで有名な映画『アラバマ物語』は、史上最高のハリウッド映画の一つとみなされている。

原題は「mockingbird（マネシツグミ）を殺すことは罪である」というセリフから付けられました。

Q.895 ★★★ 　　　　　　　　　　　　　　　　正解 (C) strong

robust は「強健な、頑丈な」。(A)の「鋭い、尖った」はやや惜しいですが、あくまでも「形状」の意味なので、「頑強な (strong)」という「性質」とは別です。(B)の「巨大な」もイメージ的には合いますが、「大きさ」についてです。(D)の「真っすぐな」は「形状」に関する意味です。

【その他の品詞】副詞：robustly「頑丈に」

【その他の同義語】hardy, stout (Q.823), sturdy (Q.727)

[訳] 約 200 万年前にアフリカに生存した初期の人類であるパラントロプス・ロブストスの頭蓋骨は、彼らが硬い殻の食べ物を食べるための強健な歯と大きな顎を持っていたことを示している。

赤字部分の単語の同義語を(A)〜(D)の中から1つ選んでください。 ◀ 896-899

Q.896 The Nazca Lines include shapes or designs extending up to a
few hundred meters in length, but a closer look reveals the lines
themselves are largely **superficial**.

(A) narrow

(B) ragged

(C) uneven

(D) shallow

Q.897 Frances Perkins, the first female member of the U.S. Cabinet, has
been admired as a highly **devoted** public servant so much that the
Department of Labor's headquarters was named after her.

(A) loyal

(B) notable

(C) knowledgeable

(D) capable

Q.898 The neurologist, Korbinian Brodmann, defined 52 **discrete** regions
of the cerebral cortex based on the size and arrangement of the
brain cells.

(A) separate

(B) small

(C) connected

(D) sensitive

Q.899 Although the bald eagle population in the U.S. declined by the mid-
20th century due to overhunting and pesticide use, it gradually
recovered thanks to the **vigorous** recovery efforts by the
government.

(A) intense

(B) regulatory

(C) strategic

(D) successful

学習歴 (/) (/) (/) (/) (/)

Q.896 ★★　　　　　　　　　　　　正解　(D) shallow

superficial は「①表面にある、浅い　②(考えなどが)浅はかな　③本質的ではない」。(A)は「狭い」なので、「幅」に関する意味です。(B)は「①ぼろぼろの　②ぎざぎざの、ごつごつした」なので①②共に「浅い」とは別です。この点は(C)の「①不均等な　②でこぼこな」も同様です。
【その他の品詞】副詞：superficially「一見、表面的に」

[訳] ナスカの地上絵は、長さが数百メートルまで伸びる形状やデザインを含むが、よく見ると、線自体はかなり表面的であることが明らかになる。

Q.897 ★★　　　　　　　　　　　　　正解　(A) loyal

devoted は「①献身的な、忠実な　②没頭[専念]した」。(B)の「有名な、注目に値する」はdevoted同様、ポジティブな意味ですが、「献身、忠実」の意味合いはありません。(C)は「知識のある、見識のある」で、knowledge から推測可能な通り、「知識」が中心の意味なので、"献身"とは別です。(D)の「有能な」もやはり誉め言葉ですが、「献身的な、忠実な」とは異なります。
【その他の品詞】名詞：devotion「①献身　②没頭」　副詞：devotedly
【その他の同義語】committed, dedicated(Q.174 では動詞として掲載), faithful

[訳] 米国内閣の最初の女性メンバーであるフランシス・パーキンスは、非常に献身的な公務員として賞賛されており、労働省の本部は彼女にちなんで命名された。

Q.898 ★★★　　　　　　　　　　　正解　(A) separate

discrete は「①別々の、分離した　②不連続の、非連関の」。(B)の「小さな」は明らかに異なりますね。(C)の「つながっている」は逆になります。(D)の「敏感な」は別の性質の言葉です。
【その他の品詞】副詞：discretely
【その他の同義語】detached, disparate, distinct(Q.676)

[訳] 神経学者コルビニアン・ブロードマンは、脳細胞の大きさと配置に基づいて大脳皮質の 52 の別々の領域を定義した。
　※ cerebral cortex：[名] 大脳皮質(大脳表面にある数ミリの脳細胞の層)
　※ ブロードマン領野と言われ、生理学的機能により領域が異なります。

Q.899 ★★　　　　　　　　　　　　正解　(A) intense

vigorous は「精力的な、活力にあふれた」。(B)は「規制の」で、政府に関する言葉としてはイメージしやすいですが、正解とは全く別の意味です。(C)の「戦略的な」は「長期的、全体的な目標に関する」なので、vigorous が示す「程度の強さ」とは異なります。(D)の「成功した」は、問題文では政府の試みは成功しましたが、"精力的な"努力にもかかわらず"失敗した"もあり得るので、「精力的な≒成功した」ではありません。
【その他の品詞】他動詞：invigorate「〜を元気づける」　名詞：vigor「精力、活力」
副詞：vigorously
【その他の同義語】energetic, strenuous(Q.808), forceful

[訳] 米国のハクトウワシの個体数は、過剰な狩猟と農薬使用のために 20 世紀半ばまでに減少したが、政府の精力的な回復に向けた努力のおかげで徐々に回復した。

Chapter 3

形容詞

赤字部分の単語の同義語を(A)～(D)の中から１つ選んでください。◀ 900-903

Q.900 ☐ Beginning with microorganisms, the Earth has fostered **innumerable** animal and plant species for about 3.5 billion years.

(A) remarkable

(B) extinct

(C) unique

(D) countless

Q.901 ☐ In 1876, a lot of **lavish** ceremonies were held to celebrate the centennial anniversary of American Independence.

(A) official

(B) sacred

(C) outdoor

(D) expensive

Q.902 ☐ The introduction of Special Delivery service in 1885 made **expeditious** mail delivery possible in the United States.

(A) long-distance

(B) affordable

(C) immediate

(D) reliable

Q.903 ☐ Because of a psychological phenomenon called Pareidolia, people sometimes see a human face on a **smeared** wall or the surface of Mars.

(A) stained

(B) cracked

(C) polished

(D) carved

Q.900 ★★★　　　　　　　　　　　正解 (D) countless

innumerable は「無数の、数え切れない」。num を見て number をイメージできると正解の確率が高まります。数に関する意味なので、(A)の「すばらしい、注目すべき」は外れます。(B)の「絶滅した」はかなり意味が異なります。(C)の「独特な、ユニークな」は数の意味ではありませんね。

【その他の同義語】incalculable, numerous（Q.652）

［訳］微生物から始まり、地球は約 35 億年にわたり無数の動植物種を育んできた。

※ foster：他動 ～を育成する、促進する

Q.901 ★★　　　　　　　　　　　正解 (D) expensive

lavish は「①豪華な　②浪費をする」。(A)の「公式の」は「豪華さ」と必ずしも一致はしません。この点は(B)の「神聖な」も同様です。(C)の「屋外の」は「屋外イベント」などとして使われますが、「豪華な」とは限りません。

【その他の品詞】他動詞：lavish「～を気前よく与える」　副詞：lavishly

【その他の同義語】magnificent（Q.278 では動詞として掲載）, opulent（Q.799）, sumptuous（Q.716）

［訳］1876 年、アメリカ独立 100 周年を記念して多くの豪華な儀式が行われた。

Q.902 ★★　　　　　　　　　　　正解 (C) immediate

expeditious は「迅速な、速くて能率的な」。(A)の「長距離の」は「速さ」とは別です。(B)の「（値段などが）手頃な」もやはり「速さ」とは異なります。(D)は「信頼のおける」、つまり「信頼性が高い」で、「速さ」を含むと理解することは可能ですが、例えば「"信頼のおける"人」を「"迅速な"人」と置き換えると同義にする不自然さが明確になります。

【その他の品詞】他動詞：expedite「（仕事など）をはかどらせる、促進させる」　名詞：expedition「①迅速、急速　②遠征（隊）、探検（隊）」　副詞：expeditiously

【その他の同義語】fast, rapid, instant

［訳］1885 年に特別配達サービスが導入され、米国で迅速な郵便配達が可能になった。

Q.903 ★★　　　　　　　　　　　正解 (A) stained

smeared は「①汚された　②不鮮明になった」。(B)の「砕けた」は明らかに別ですね。(C)の「磨かれた」はほぼ逆の意味になります。(D)の「彫られた、刻まれた」も「汚れ」の意味は含みません。

【その他の品詞】smear：他動詞「①～を汚す　②～を中傷する」　自動詞「汚れる」　名詞：「①汚れ　②中傷」

【その他の同義語】messy, soiled

［訳］パレイドリアと呼ばれる心理的現象のために、人々は時々汚された壁や火星の表面に人間の顔を見出す。

※ discrete（Q.898）に出題のブロードマン領域中の「顔の認知機能」を司る 37 番が原因で、簡単な線によるデザインの中にも顔を見出す現象です。

Chapter 3

形容詞

赤字部分の単語の同義語を(A)～(D)の中から1つ選んでください。 🔊 904-907

Q.904 ☐ The southern part of the Appalachian Mountains is known for **rugged** terrain, which has made the area isolated from the rest of the region.

(A) sloping
(B) rocky
(C) varied
(D) waste

Q.905 ☐ The adults of some grasshopper species are identified by stripes or color of their **hind** legs.

(A) rear
(B) slim
(C) long
(D) front

Q.906 ☐ Carl Jung proposed that two basic types of human personalities exist: extroverts, who are **sociable**, and introverts, who are withdrawn.

(A) outspoken
(B) friendly
(C) charismatic
(D) mature

Q.907 ☐ An increasing body of evidence indicates that southern Australia has become particularly **arid** recently.

(A) uninhabited
(B) damp
(C) polluted
(D) dry

学習歴 (/) (/) (/) (/) (/)

Q.904 ★★　　　　　　　　　　　　　　　　　　正解 (B) rocky

rugged は「①起伏の多い、でこぼこした　②粗野な、飾り気がない」。(A)は「傾斜のある」、つまり「坂のような」なので、「でこぼこした」という細かい凹凸（おうとつ）とは別です。(C)の「様々な」は「多様性」の意味です。(D)の「荒れた、不毛の」は、イメージ的にはつながるものの、言い換えると「使われていない、耕作に不向きな」なので、「起伏、でこぼこ」が意味する「地形」のニュアンスはありません。

【その他の品詞】副詞：ruggedly「でこぼこして」

【その他の同義語】jagged, rough, uneven

[訳] アパラチア山脈の南部は起伏の多い地形で知られており、地域を残りの地方から孤立させている。

Q.905 ★★★　　　　　　　　　　　　　　　　　正解 (A) rear

hind は「後ろの、後部の」。反意語は front（形）、fore（形）「前の」です。問題文からの推測が難しい究極の４択です。(B)の「細い」、(C)の「長い」は「前後」には関係ありません。(D)の「前の」は惜しいですが、前後が逆でした。これを機に前後の単語をまとめて意識しましょう。

【その他の品詞】前置詞＆副詞：behind「後ろに」

【その他の同義語】back

[訳] いくつかの成長したバッタ種は、後ろ足の縞模様または色によって識別される。

Q.906 ★★　　　　　　　　　　　　　　　　　　正解 (B) friendly

sociable は「社交的な、穏やかな」。(A)は「率直な、無遠慮な」なので、「社交的な」の度が過ぎたバージョンですね。(C)の「カリスマ的な」も程度が強すぎます。(D)の「成長した、思慮深い」はやや惜しいですが、「精神的な成長の度合いが高い」という意味があり、この点は sociable にはありません。

【その他の同義語】affable, genial, outgoing

[訳] カール・ユングは２つの人格が存在することを提唱した。社交的である外向的な人と、引きこもった内向的な人である。

　※ extrovert：形 名 外向的な（人）　introvert：形 名 内向的な（人）

Q.907 ★★★　　　　　　　　　　　　　　　　　正解 (D) dry

arid は「（土地が）乾燥した、不毛の」。(A)は「無人の」なので、別の性質の言葉です。自動詞 inhabit「居住する」は名詞 inhabitant「住民、居住者」(Q.574)に出てきましたが、覚えていたでしょうか？ (B)の「湿気の多い」は正解とはほぼ逆の意味です。(C)の「汚染された」は正解共々ネガティブな意味ですが、「有毒物質で汚す」意味なので、「乾燥、不毛」とは異なります。「土地が"汚染された"結果、"不毛"になる」という進展はあり得ますが、同義ではありません。

【その他の同義語】parched

[訳] ますます多くの証拠が、オーストラリア南部が最近特に乾燥した状態になっていることを示している。

赤字部分の単語の同義語を(A)〜(D)の中から1つ選んでください。 ◀ 908-911

Q.908 Abundant in the Late Jurassic period, the **ponderous** sauropods are one of the most easily recognizable dinosaur species.

    (A) violent

    (B) heavy

    (C) flying

    (D) horned

Q.909 The large stone plate found in central Italy was inscribed with **legible** letters of the Etruscans, the civilization which appeared about 900 BC.

    (A) readable

    (B) handwritten

    (C) holy

    (D) mysterious

Q.910 Contrary to the popular notion, some suggest that certain aspects of **cognitive** function could improve as humans grow older, because aging increases the branching of dendrites, a nerve cell responsible for the reception of neurotransmitters.

    (A) metabolic

    (B) physical

    (C) mental

    (D) behavioral

Q.911 As chemically **incompatible with** other elements in the mantle, uranium is concentrated in the crust, producing heat as it decays.

    (A) dependent on

    (B) combined with

    (C) similar to

    (D) mismatched with

学習歴 (/) (/) (/) (/) (/)

Q.908 ★★★　　　　　　　　　　　　正解 (B) heavy

ponderous は「巨大な、どっしりした」。(A)の「暴力的な」は「大きさ」とは異なります。(C)の「空を飛ぶ」も明らかに別です(dominant(Q.622)に出題の「翼竜：pterosaur」とは別の恐竜)。(D)は「角の生えた」でした。
【その他の同義語】huge, massive

[訳] ジュラ紀後期に数多く生息した、巨大な竜脚(りゅうきゃく)類は、最も容易に認識できる恐竜種の１つである。
※ 名称は「竜脚」ですが、「首が長い」のが特徴の、映画などでお馴染みの恐竜です。

Q.909 ★★★　　　　　　　　　　　　正解 (A) readable

legible は「(筆跡・印刷が)判読できる、読みやすい」。反意語は illegible(形)「判読しにくい」。(B)は「手書きの」なので、「読みやすさ」とは異なります。この点は(C)の「神聖な」、(D)の「不可思議な」も同様です。
【その他の品詞】名詞：legibility「読みやすさ」　副詞：legibly

[訳] イタリア中部で見つかった大きな石板には、紀元前 900 年頃に出現したエトルリア人の判読可能な文字が刻まれていた。
※ 後にローマ人との戦争に敗北し、同化・消滅しましたが、独自の建築法はローマ建築に影響を与えたと言われています。

Q.910 ★★★　　　　　　　　　　　　正解 (C) mental

cognitive は「認知の、認識の」と心理プロセスに関する言葉なので(C)mental が最も近い意味になります。(A)の「新陳代謝の」は、最近はカタカナ語になっていますが、全く別の意味ですね。(B)は「身体の」なので、真逆の意味です。(D)は「行動に関する」です。
【その他の品詞】名詞：cognition「認知、認識」　【その他の同義語】psychological

[訳] 一般的な考えとは逆に、老化は神経伝達物質の受信の役割を担う神経細胞である樹状突起の分岐を増加させるので、認知機能のある側面は人間が年をとるにつれて改善すると示唆する人がいる。
※ dendrite：[名] 樹状突起(神経細胞の末端部分で、他の神経から神経伝達物質を受けとる部分です)。
※ neurotransmitter：[名] 神経伝達物質

Q.911 ★★　　　　　　　　　　　　正解 (D) mismatched with

incompatible は「①不適合な、両立しない　②(人の性格の)相性が合わない」。今回は with を伴い「～と不適合である」。反意語は compatible(形)「①適合な、両立する　②(人の性格の)相性が合う」です。(A)の「～に依存している」は意味にかなり差があります。(B)は「～と組み合わさっている」となり、逆の意味に近くなります。(C)の「～に似た」はどちらかと言えば逆です。
【その他の品詞】名詞：compatibility「適合性」
【その他の同義語】conflicting, incongruous, inconsistent

[訳] ウランはマントルの他の元素と化学的に不適合な為に地殻に集中し、自然崩壊する時に熱を出す。
※ decay：[自動] (放射性物質が)自然崩壊する
※ ウランがマントルには少なく、地殻に多い理由はマントル中の多元素との「不適合性」です。また、ウランは地熱の発生源の主な一つでもあります。

Chapter 3

形容詞

赤字部分の単語の同義語を(A)〜(D)の中から1つ選んでください。◀ 912-915

Q.912 Astrocytes, the most abundant kind of glial cell, play a very **integral** part in the central nervous system, including the formation of the blood–brain barrier.

(A) challenging
(B) essential
(C) specialized
(D) complex

Q.913 The end of smallpox in 1980 has been often cited as one of the **exemplary** cases of coordinated international cooperation.

(A) latest
(B) limited
(C) documented
(D) model

Q.914 Although Anna Jarvis was largely instrumental in the foundation of Mother's Day in the U.S., she expressed **vehement** opposition against the commercialization of the holiday.

(A) public
(B) weak
(C) organized
(D) passionate

Q.915 Compared with the overcrowded apartments in the cities, the hundreds of thousands of newly-built houses in the suburbs after World War II were quite **tidy**.

(A) luxurious
(B) comfortable
(C) spacious
(D) neat

学習歴 (/) (/) (/) (/) (/)

Q.912 ★★　　　　　　　　　　　　　　　正解 (B) essential

integral は「不可欠な、必須な」。(A)の「難しい、難解な」は、正解に含まれる「重要性」とは別です。(C)の「専門的な」は「専門的な役割を果たしている」と自然ですが、integral には「専門性」の意味はありません。名詞は specialty「専門（分野）」。(D)の「複雑な」も異なります。
【その他の同義語】imperative（Q.772）, indispensable（Q.812）, vital（Q.734）

[訳] 最も豊富なグリア細胞であるアストロサイト（星状細胞）は、血液 - 脳関門の形成を含め、中枢神経系においてかなり不可欠な役割を果たしている。
※ グリア細胞：中枢神経系にある神経細胞（ニューロン：neuron）以外の細胞の総称
※ 血液 - 脳関門：血液に含まれる物質の脳細胞への移動を制限する機能

Q.913 ★★★　　　　　　　　　　　　　　正解 (D) model

exemplary は「①模範的な、りっぱな　②みせしめの　③典型的な」。(A)の「最後の」は明らかに別の性質の言葉です。(B)の「限られた、僅かな」には「模範的な」に含まれる「称賛」の意味がありません。この点については(C)の「記録が残っている」も同様です。
【その他の品詞】名詞：example「①模範　②例」
【その他の同義語】ideal, impeccable, praiseworthy

[訳] 1980 年の天然痘の終わりは、しばしば組織化された国際協力の模範的なケースの 1 つとして挙げられている。

他には chickenpox「水ぼうそう」、measles「はしか」、mumps「おたふくかぜ」、rubella「風疹」なども覚えておきましょう。

Q.914 ★★★　　　　　　　　　　　　　　正解 (D) passionate

vehement は「激しい、強烈な」で、程度としては最上級といっていい程強い言葉です。(A)の「公開の、公の」は public opposition で「公の反対」、つまり「反対であることを公にする」ですが、これのみでは vehement の強いレベルの「激しさ」は意味しません。(B)の「弱い」は逆になります。(C)の「組織化された」ですが、vehement の「激しい」に「組織化」の意味合いはありません。
【その他の同義語】ardent（Q.768）, fervent（Q.400 では名詞として掲載）, intense

[訳] アンナ・ジャービスはアメリカの母の日の制定にかなり尽力したが、休日の商業化に対しては激しい反対を表明した。

亡くなった自分の母親を偲ぶ式典を 1908 年に開催したのが、母の日制定運動の始まりです。

Q.915 ★　　　　　　　　　　　　　　　　正解 (D) neat

tidy は「整然とした、こぎれいな」。(A)の「豪華な」とはかなり意味の差が大きいですね。(B)の「快適な」は「整然→快適」との連想は可能ですが、今まで見てきた通り「連想」ではなく「言葉の意味」そのものが重要です。同義にすると「"快適"に感じる原因は"整然としている"こと」と妙な定義になります。(C)は「広々とした」も、同義にするには差が大きすぎます。
【その他の品詞】他動詞＆自動詞：tidy（up）「〜を整理する」　名詞：tidiness「きちんとしている事」
【その他の同義語】orderly

[訳] 都市の過密なアパートと比較して、第二次世界大戦後に郊外に建てられた数十万の新しい家はかなり整然としたものであった。
※ 戦争からの大量の帰還兵（war veteran）とその後のベビーブーム（baby boom）に向けてニューヨークに建設され、そして他都市に拡大しました。

Chapter 3

形容詞

赤字部分の単語の同義語を(A)～(D)の中から1つ選んでください。 🔊916-919

Q.916 As the availability of airplane flights increased in the 1930s, the previously popular airship became largely **irrelevant** to ordinary people's lives.

    (A) unpleasant

    (B) disadvantageous

    (C) meaningless

    (D) irritating

Q.917 The American public of the late 1940s, which had been **weary of** costly human sacrifices, agreed to the Marshall Plan to finance the reconstruction of the Western European economy.

    (A) scared of

    (B) resentful of

    (C) uncertain of

    (D) tired of

Q.918 Boriding is a thermochemical process during which boron atoms spread over the surface of an alloy, making the alloy less **brittle**.

    (A) heavy

    (B) flexible

    (C) durable

    (D) breakable

Q.919 Short-term memory is **pertinent** to the ability to do sight-reading, the performance of a piece of music in the absence of prior knowledge.

    (A) relevant

    (B) restricted

    (C) superior

    (D) unsuited

学習歴 (/) (/) (/) (/) (/)

Q.916 ★★ 　　　　　正解 (C) meaningless

irrelevant は「無関係の、的外れの」。反意語は relevant（形）「①関係がある　②適切である」。(A)の「不快な」は「感情」に関するものです。(B)の「不利（益）な」はやや惜しいですが、正解の「無関係の」に比べると、悪影響（不利益）が人に及ぶことになり、意味の程度が強すぎます。この点は(D)の「イライラさせる」も同様です。

【その他の品詞】名詞：relevance「①関連性　②適切さ」

【その他の同義語】extraneous, inconsequential, unimportant

［訳］1930 年代に飛行機による飛行が増えるにつれて、以前に人気があった飛行船は一般の人々の生活とほとんど無関係になった。

Q.917 ★★ 　　　　　正解 (D) tired of

weary は of を伴い、「①〜にうんざりしている　②〜に疲れている」。(A)の「〜を恐れている」はネガティブな意味ですが、「うんざり」とは別です。この点は(B)の「〜に腹を立てている」も同様です。他動詞は resent「〜に腹を立てる」で、名詞が resentment「立腹」。(C)の「〜に確信がない」も「うんざり」に比べるとかなり控えめな表現です。

【その他の品詞】他動詞＆自動詞：weary「（〜を）疲れさせる」　名詞：weariness「疲労、退屈」
副詞：wearily

【その他の同義語】bored with, fed up with

［訳］多大の人的犠牲にうんざりしていた 1940 年代後半のアメリカ国民は、西ヨーロッパ経済の再興に融資するためにマーシャル・プランに同意した。

Q.918 ★★ 　　　　　正解 (D) breakable

brittle は「①もろい、壊れやすい　②はかない」で、問題文中では「もろくなくなる」となります。(A)の「重い」は別の性質の言葉です。(B)の「柔軟な」はやや惜しいですが、「もろい、壊れやすい」よりは控えめな意味で、「"柔軟な"素材」を「"もろい"素材」と置き換えるとかなり印象が変わります。(C)の「耐久性のある」は逆の意味ですね。

【その他の同義語】fragile（Q.854）

［訳］ボロナイジングは熱化学的プロセスであり、その過程でホウ素原子が合金の表面に広がり、合金をもろくなくさせる。

　※　この方法で処理された合金でできた容器が極度に低温の物体の保管・輸送を可能にします。

Q.919 ★★ 　　　　　正解 (A) relevant

pertinent は「①関連した、関係する　②適切な」。(B)の「限られている」は「短期記憶は初見演奏に限られている」となり意味は理解できますが、pertinent には「限定」の意味はありません。この点は(C)の「優れた、上質な」も同様です。(D)の「適切でない」はどちらかと言えば逆に近い意味になります。

【その他の品詞】自動詞：pertain（to）「①〜に適切である　②〜に属する」　名詞：pertinence「適切」

【その他の同義語】applicable, related

［訳］短期記憶は初見演奏（しょけんえんそう）と言われる予備知識なしで音楽を演奏する能力に関連している。

　※　プレイヤーは演奏中の箇所より先の部分の楽譜を先読みし、実際にその箇所を演奏するまで楽譜の内容を記憶します。

Chapter 3

形容詞

赤字部分の単語の同義語を(A)〜(D)の中から1つ選んでください。🔊 920-923

Q.920
☐ The Von Economo neuron, a brain cell named after a psychiatrist who studied it, is responsible for connecting different regions of the brain and found only in **gregarious** animals, including humans, apes, and elephants.

(A) social
(B) terrestrial
(C) large
(D) intellectual

Q.921
☐ The development of the catalytic converter accelerated in the 1970s, when the newly established US Environmental Protection Agency issued **stern** directives to cut down on exhaust gas.

(A) sudden
(B) specific
(C) strict
(D) broad

Q.922
☐ In 1705, German naturalist Maria Sibylla Merian published *The Metamorphosis of the Insects of Suriname*, a book featuring engraved illustrations of **assorted** insects she encountered during her stay in South America.

(A) fascinating
(B) grouped
(C) tropical
(D) newly-discovered

Q.923
☐ The National Oceanic and Atmospheric Administration (NOAA) has established a monitoring program covering 13 marine species, to protect consumers and the marine ecosystem from **rampant** exploitation of aquatic resources.

(A) illegal
(B) profitable
(C) unrestrained
(D) unfair

学習歴 (/) (/) (/) (/) (/)

Q.920 ★★★　　　　　　　　　　　　　　　　　正解　(A) social

gregarious は「①群生［群居］する　②社交的な」。(A)の social には「(動物などが)群生する」
の意味もあります。(B)の「陸上の、地球上の」は問題文中の動物は全て陸生ですが、「群生する」
とは全く別です。動詞 sift(Q.249)と名詞 analogy(Q.435)の例文に出ていた extraterrestrial「地
球圏外の」は、これの派生語です。(C)は「大きな」。(D)の「知的な」は“群生する”レベルの動物
だから“知的な”はず」と推測可ですが、意味は別です。

［訳］研究した精神科医にちなんだ名前の脳細胞であるフォン - エコーノモ神経細胞は脳の異なる領
　　　域を接続する役割を担い、人間、類人猿、象を含む群生の動物にのみ見られる。

Q.921 ★★　　　　　　　　　　　　　　　　　　正解　(C) strict

stern は「①厳格な、厳しい　②過酷な、手厳しい　③(顔つきなどが)いかめしい、怖い」。(A)の
「突然の」は「タイミング」に関する意味。(B)の「特定の」は対象を絞る意味の言葉で、「厳格な」
との関連はありません。(D)の「広範囲の」は、今回は「法が適用される範囲が広範囲」となります
が、「適用範囲は広いが、厳格さはない法律」もあり得ます。
【その他の同義語】rigid, rigorous(Q.625), stringent(Q.596)

［訳］触媒コンバーターの開発は、1970 年代に新たに設立されたアメリカ環境保護庁が排気ガス削
　　　減に対する厳しい命令を出した時に加速した。
　※ catalytic converter：图 触媒コンバーター（排気ガス中の有害物質の浄化装置）
　※ directive：图 命令

Q.922 ★★　　　　　　　　　　　　　　　　　　正解　(B) grouped

assorted は「分類された」。(A)は「魅力的な」。(C)の「熱帯の」は「南米滞在中」からイメージし
やすいですが、これまた別ですね。(D)は「新たに発見された」。
【その他の品詞】他動詞：sort「〜を区分する」　名詞：assortment「①分類　②各種組み合わせ
たもの」　sort「種類」
【その他の同義語】categorized, sorted, classified(Q.263 動詞)

［訳］1705 年、ドイツ人博物学者のマリア・シービーラ・メリアン
　　　は、南米滞在中に遭遇した分類された昆虫の彫刻イラストを
　　　掲載した本である『スリナム産昆虫変態図譜』を出版した。
　※ スリナムとは南米のスリナム共和国

entomology「昆虫学」の
先駆者として近年再評
価されています。

Q.923 ★★★　　　　　　　　　　　　　　　　　正解　(C) unrestrained

rampant は「(悪い事態、病気などが)横行している、まん延している」。(A)の「違法な」は文脈的
にはかなり自然で惜しいですが、rampant はネガティブな意味ではあるものの、あくまでも「悪
い事態が広まっている」までで、「違法な」という意味はありません。逆に、“まん延”していなく
ても“違法な”行為は世の中にたくさんあります。「見出し語→同義語」と同時に「同義語→見出
し語」の自然さを確認しましょう。(B)の「儲かっている」は別の性質の言葉です。(D)の「不公
正な」も(A)同様惜しいですが、これには「広まる、まん延」の意味がなく、同時に rampant には「公
正、不公正」の意味合いはありません。
【その他の同義語】pervasive(Q.752), prevalent(Q.166 では動詞として掲載), unbridled(Q.855)

［訳］米国海洋大気局(NOAA)は水産資源の横行する搾取から消費者と海洋生態系を保護するため
　　　に、13 種の海洋生物を対象としたモニタリングプログラムを確立した。

Chapter 3

形容詞

赤字部分の単語の同義語を(A)〜(D)の中から1つ選んでください。 ◀ 924-927

Q.924 With the Civil War fought between the two brothers of the Emperor over the succession issue and the spread of smallpox introduced by the Spanish, the Inca Empire of the first half of the 16th century was **fraught with** peril.

(A) divided over

(B) full of

(C) known for

(D) unprepared for

Q.925 A lagoon is a **placid** body of water encircled by a ring-shaped coral called atoll, created by the emergence and disappearance of a volcanic island.

(A) shallow

(B) vast

(C) picturesque

(D) calm

Q.926 Voltaire, one of the leading Enlightenment philosophers of the 18th century, is noted for a **caustic** sense of humor as well as a scathing criticism of intolerant religious doctrine.

(A) veiled

(B) natural

(C) unique

(D) biting

Q.927 The reddish soil covering 1% of California is partly made of fragmented serpentinite and is **deficient in** nitrogen, potassium, and phosphorus.

(A) short of

(B) purified by

(C) sensitive to

(D) rich in

Q.924 ★★★ 　　　　　　　　　　　　正解 (B) full of

fraught は with を伴い「(問題・危険などに)満ちた」。(A)の「〜をめぐって分裂している」は、「2人の兄弟間の継承問題をめぐっての内戦」からイメージしやすいですが、fraught には「分裂」の意味はありません。この点は(C)の「〜で知られている」も同様です。(D)の「〜に対し準備ができていない」も文脈的には良いのですが「〜に満ちた」とは異なる性質の言葉です。

【その他の同義語】filled (with), loaded (with), replete (with)(Q.661)

[訳] 皇帝の2人の兄弟間の継承問題をめぐっての内戦やスペイン人によって持ち込まれた天然痘の広がりにより、16世紀前半のインカ帝国は危険に満ちていた。
　※ peril：名 危険　形容詞 perilous(Q.837)が出題済みです。

Q.925 ★★★ 　　　　　　　　　　　　正解 (D) calm

placid は「穏やかな、静かな」なので「雰囲気」を表すのがポイントです。(A)の「浅い」は明らかに無関係になります。(B)の「広大な」も「雰囲気」とは別物です。(C)の「絵画のように美しい」は「視覚的情報」の意味なので、「雰囲気」とはやはり異なります。

【その他の同義語】quiet, serene (Q.792), tranquil (Q.857)

[訳] ラグーンは環礁(かんしょう)と呼ばれる火山島の出現と消失によって作られる環状のサンゴに囲まれた静かな水域である。
　※ atoll：名 環礁(火山島の周辺に出来たリング状のサンゴが火山島の水没後に水面に残った物)

Q.926 ★★★ 　　　　　　　　　　　　正解 (D) biting

caustic は「①辛辣な、痛烈な　②腐食性の」。(A)は「仮面をかぶった、隠された」で、文脈的には自然ですが、意味は逆に近いですね。なお名詞の装飾品の veil「ヴェール」の派生語です。(B)の「生まれつきの、生来の」は明らかに別の意味ですね。(C)の「風変わりな、エキセントリックな」はやや惜しいですが、あくまでも「変わった」の意味であり、「辛辣、痛烈」の意味合いはありません。

【その他の同義語】acrimonious (Q.794), cutting, stinging

[訳] ヴォルテールは18世紀の主要な啓蒙哲学者の一人で、辛辣なユーモアのセンスと不寛容な宗教的教義に対する痛烈な批判で有名である。
　※ scathing：形 厳しい

Q.927 ★★ 　　　　　　　　　　　　正解 (A) short of

deficient は in を伴い「〜が欠乏している」。(B)は「〜で浄化された」なので、かなり意味の違いがあります。なお動詞で学習済ですが、覚えていたでしょうか？ (C)は「〜に対して敏感な」で、これも「欠乏」とは全く別の意味です。(D)の「〜が豊富である」は正解の逆でした。

【その他の品詞】名詞：deficiency「欠乏」

【その他の同義語】lacking, inadequate, insufficient

[訳] カリフォルニア州の1%を覆う赤みを帯びた土壌は、断片化した蛇紋岩(じゃもんがん)などで部分的にできており、窒素、カリウム、リンが欠乏している。
　※ serpentinite：蛇紋岩　模様が蛇(serpent)のように見えることから名付けられました。
　※ potassium：名 カリウム

「カリウム」はドイツ語での名称で、英語では「ポタシウム」です。

赤字部分の単語の同義語を(A)〜(D)の中から1つ選んでください。 ◀ 928-931

Q.928
☐ A large-scale project initiated without proper coordination could be entangled in scope creep, an uncontrolled increase in the project scope and **ensuing** cost overrun.

(A) unnecessary
(B) subsequent
(C) huge
(D) coinciding

Q.929
☐ The first **audacious** attempt to lay commercial submarine cables was made in 1850 between England and France.

(A) coordinated
(B) successful
(C) daring
(D) serious

Q.930
☐ Although corn ethanol releases CO2 when burned, it captures CO2 during growth; this makes corn ethanol carbon neutral and has kindled **keen** interest among industry professionals as an alternative energy source.

(A) sudden
(B) shared
(C) fresh
(D) passionate

Q.931
☐ Winds originating in the Sahara Desert play the **singular** role in determining soil quality in the Amazon Rainforest 3,000 miles away, as they are abundant in phosphorus, an essential soil nutrient.

(A) complex
(B) direct
(C) unique
(D) supporting

学習歴 (/) (/) (/) (/) (/)

Q.928 ★★ 　　　　　　　　　　　正解 (B) subsequent

ensuing は「続いて起こる、次の」、つまり「タイミング」に関する意味です。(A)の「不要な」は、「不要な予算超過」として自然ですが、意味は別です。この点は(C)の「巨大な」も同様です。(D)の「同時に発生する」はタイミングに関する意味ですが、その具体的なタイミングがずれています。見出し語同様、語尾が ing ですが、ここが「ひっかけ」でした。

【その他の品詞】自動詞：ensue「後に続く、結果として起こる」

【その他の同義語】later, following, succeeding

[訳] 適切な調整なしに開始された巨大プロジェクトは、プロジェクト範囲の制御不能な増加とそれに続く予算超過であるスコープ・クリープに巻き込まれる可能性がある。

※ プロジェクト・マネージメントの失敗パターンの1つです。

Q.929 ★★★ 　　　　　　　　　　正解 (C) daring

audacious は「①大胆不敵な　②無礼な、失礼な」。(A)の「組織化された」は「組織化された試み」と自然ですが、意味としては別です。(B)の「成功した」は audacious の意味には含まれていません。(D)の「真剣な」も「大胆不敵な」とは言えませんね。

【その他の品詞】名詞：audacity「①大胆　②厚かましさ」

【その他の同義語】adventurous, enterprising, bold

[訳] 商業用海底ケーブルを敷設する最初の大胆な試みは、イギリスとフランスの間で 1850 年に行われた。

Q.930 ★★ 　　　　　　　　　　　正解 (D) passionate

keen は「①熱烈な、強烈な　②(洞察力、感覚が)鋭い」。(A)の「突然の」は文脈的には良いのですが、意味は全く別ですね。(B)の「共通した」は「産業界の間で」からイメージしやすいですが、これだけでは「熱烈な」とは言えません。この点は(C)の「新しい」も同様です。

【その他の品詞】副詞：keenly「熱烈に、鋭く」

【その他の同義語】ardent (Q.768), avid (Q.880), intense

[訳] コーンエタノール(トウモロコシ由来の燃料)は燃焼時に CO_2 を放出するが、成長中には CO_2 を吸収する。それがコーンエタノールをカーボンニュートラル(CO_2 の排出と吸収が同じ量となること)にし、代替エネルギー源として産業界の専門家間に熱烈な関心を引き起こしている。

 期待がある一方、トウモロコシの値段が高騰するなど負の側面も指摘されています。

※ kindle：他動 (感情など)を煽る、〜を燃やす

Q.931 ★★★ 　　　　　　　　　　正解 (C) unique

singular は「①並外れた、非凡な　②単数の」。スペルから single がイメージしやすく、②の意味は知られていますが、上級者でも①の意味をご存じない方が珍しくありません。(A)の「複雑な」の意味は singular には含まれません。この点は(B)の「直接の」も同様です。(D)の「補助の」は全く異なる意味ですね。

【その他の同義語】remarkable, unparalleled (Q.603), unprecedented (Q.867)

[訳] サハラ砂漠に発生する風は、3,000 マイル先のアマゾン熱帯雨林の土壌品質決定に特異な役割を担う。風は土壌の不可欠な成分であるリンを大量に含んでいるからである。

※ 毎年、サハラ砂漠からアマゾンへ風で運ばれる約 2,800 万トンの塵は約 2 万 2 千トンのリンを含みます。

赤字部分の単語の同義語を(A)～(D)の中から1つ選んでください。 🔊 932-935

Q.932 In ancient times, hundreds of levees were built between the Nile River and low-lying farmland, which was **susceptible to** the seasonal deluge of the river.

(A) able to coexist with
(B) likely to be influenced by
(C) famous for
(D) able to gain from

Q.933 The Gulf Stream, a major part of the North Atlantic Gyre, circulates warm water in the Gulf of Mexico and transports it across the Atlantic Ocean to some parts of Western Europe; as a result, the climates in these regions are generally **benign**.

(A) temperate
(B) cool
(C) humid
(D) variable

Q.934 The Earth's hum is **incessant** ultralow frequencies, probably caused by crashing ocean waves or atmospheric movements.

(A) constant
(B) natural
(C) occasional
(D) unpredictable

Q.935 Sandro Botticelli's painting had been kept in storage for decades because it was believed to be a **crude** copy of the original.

(A) rare
(B) rough
(C) spare
(D) perfect

学習歴 (/) (/) (/) (/) (/)

Q.932 ★★★　　　　　　　　正解 （B) likely to be influenced by

susceptible は「①影響されやすい、（病気などに）かかりやすい　②感受性が強い」。今回は to を伴い「〜に影響されやすい」で、「好ましくない物・人に影響されやすい」の意味です。(A)は「〜と共存できる」で、「影響される」とは異なります。(C)の「〜で有名な」は全く別の性質の言葉です。(D)の「〜から利益を得ることができる」は、正解の意味合いとは逆になります。

【その他の品詞】名詞：susceptibility「①影響されやすさ、（病気などへの）かかりやすさ　②感受性」

【その他の同義語】open (to), subject (to), vulnerable (to)

［訳］古代では、ナイル川と季節的な氾濫の影響を受けやすい低地の農地の間に何百もの堤防が建設された。

※　levee：图 堤防

deluge(Q.222)は動詞で学習済みの「氾濫」です。覚えていましたか？

Q.933 ★★★　　　　　　　　正解 （A) temperate

benign は「①（気候が）温和な　②親切な　③（医学的に）良性の」。(B)の「涼しい」は明確な定義はないものの、「穏やか」に比べれば気温は低めです。(C)の「湿気が多い」もやはり「温和な」とは異なります。(D)の「変わりやすい」はどちらかと言えば逆です。

【その他の同義語】balmy, mild, moderate

［訳］北大西洋環流の主要部分であるメキシコ湾流はメキシコ湾の暖かい水を循環させ、大西洋を渡り幾つかの西欧地域に運ぶ。その結果、この地域の気候は一般に温和である。

Q.934 ★★★　　　　　　　　正解 （A) constant

incessant は「絶え間ない、継続的な」。(B)の「自然の」は問題文の内容から想像しやすいかもしれませんが、「絶え間ない」と同義にするのは無理があります。(C)の「時折の」は、「絶え間ない」とは明らかに頻度の差があります。(D)は「予測不可能な」です。

【その他の品詞】副詞：incessantly「ひっきりなしに」

【その他の同義語】ceaseless（Q.002 では動詞として掲載), continual, unending

［訳］「地球の雑音」とは、恐らく波がぶつかる際や大気の動きにより引き起こされている絶え間のない超低周波である。

※　地球の自然活動による音で、人間の可聴周波数の数千分の一以下で鳴り続けているものもあります。

Q.935 ★★　　　　　　　　　正解 （B) rough

crude は「①粗雑な、粗い　②天然のままの、未加工の」。(A)の「珍しい、まれな」は「粗雑な」といった「質、クオリティー」とは別です。(C)の「予備の、余りの」もやはり「質」に関する言葉ではありません。(D)の「完璧な」は「完璧な複製」となり、crude copy「粗雑な複製」とは逆の意味になります。

【その他の品詞】名詞：crudity「①粗野、粗雑　②天然の状態」　副詞：crudely

【その他の同義語】simple, unsophisticated

［訳］サンドロ・ボッティチェッリによるある絵画は原画の粗雑な複製と思われていたので数十年間にわたり保管されていた。

ルネッサンス初期のイタリア人画家で、19 世紀に評価が高まりました。

Chapter 3

形容詞

Chapter 4

【副詞】

副詞はいろいろな品詞にかかるため、
置かれている位置にも
注意して判断しましょう。

赤字部分の単語の同義語を(A)～(D)の中から1つ選んでください。🔊 936-939

Q.936 During the Great Mississippi Flood of 1927, Arkansas and nine other states were **adversely** affected by heavy rains and severe flooding.

(A) equally

(B) harmfully

(C) suddenly

(D) routinely

Q.937 With **virtually** no natural recharge, the water tables of the Ogallala Aquifer have declined over the years, approaching a critical situation.

(A) currently

(B) often

(C) probably

(D) almost

Q.938 In fiction writing, a flat character is a two-dimensional person who **merely** interacts with the main character, a round character.

(A) seldom

(B) casually

(C) only

(D) regularly

Q.939 A passionate believer of *the 110 Rules of Civility*, a booklet on social etiquette written by French Jesuits, George Washington preferred to do everything **punctually**.

(A) alone

(B) manually

(C) systematically

(D) promptly

学習歴 (/) (/) (/) (/) (/)

Q.936 ★★★　　　　　　　　　　　正解　(B) harmfully

adversely は「有害に、不運に」。「害、不運」など明確にネガティブな意味です。(A)の「等しく、平等に」は、「9つの州」からイメージしやすいですが、意味としては全く別の性質の言葉です。(C)の「突然に」は「意外性、タイミング」の意味です。(D)の「日常的に」は「頻度」に関するもので、adversely の意味する「害、不運」とは異なります。
【その他の品詞】名詞：adversity「不運、不幸」　形容詞：adverse
【その他の同義語】dangerously, negatively

[訳] 1927年のミシシッピ大洪水の間、アーカンソー州と他の9つの州は大雨と深刻な洪水によって悪影響を受けた。

Q.937 ★★　　　　　　　　　　　　正解　(D) almost

virtually は「実質上、ほぼ」。問題文の意味は「水の再補充は事実上ゼロ」となります。(A)は「現在の所」と「時期、タイミング」の意味で、これは virtually には含まれません。(B)の「しばしば」は「頻度」に関する言葉で、やはり virtually にはこの意味もありません。この点は(C)の「おそらく（可能性の意味）」に関しても同様です。
【その他の同義語】all but, nearly, practically

[訳] 自然の水の再補充は事実上ゼロであるため、オガララ帯水層の水面は長年にわたって減少しており、危機的状況に近づいている。
　※　aquifer：图 帯水層（地下水で満たされた地層。TOEFLでは頻出です。）
　※　アメリカ中部8州にまたがる大地下水層で、枯渇による農業等への影響が懸念されています。

Q.938 ★　　　　　　　　　　　　　正解　(C) only

merely は「単に、ただ〜だけ」、つまり「それ以上でもそれ以下でもない」との「強調」の意味です。(A)の「ほとんど〜ない」だと「主人公である立体的人物と接する事がほとんどない」と「頻度、程度が低い事の強調」になります。(B)の「気軽に」に含まれる「気安さ」は merely にはありません。(D)の「定期的に」は「頻度」に関する意味です。
【その他の同義語】just, simply

[訳] フィクションの作品では平坦なキャラクターとは単に主人公である立体的キャラクターと接する深みの無い人物の事である。
　※　two-dimensional：图 深みの無い、二次元の
　※　『眺めのいい部屋』で有名な作家 E. M. Forster による定義です。

Q.939 ★　　　　　　　　　　　　　正解　(D) promptly

punctually は「時間通りに、遅れずに」。(A)の「一人で」は文脈としては自然ですが、意味としては時間の概念とは異なります。(B)の「手で」も昔の時代の内容には自然ですが、やはり意味は合いません。(C)の「体系的に、組織的に」は「手法」に関する意味です。
【その他の品詞】名詞：punctuality「時間厳守」　形容詞：punctual
【その他の同義語】on time

[訳] フランスのイエズス会士によって書かれた社会的な礼儀作法に関する冊子である「礼儀正しさの110のルール」の情熱的な信者であるジョージ・ワシントンは全てを時間通りに行うことを好んだ。
　※　civility：图 礼儀正しさ　※　Jesuit：图 イエズス会（士）

赤字部分の単語の同義語を(A)〜(D)の中から1つ選んでください。 ◀ 940-943

Q.940 Although previously off-limits to African Americans, the Apollo
☐ Theater of New York City reopened in the 1930s as a place
expressly dedicated to African American music.

(A) specifically
(B) respectfully
(C) frequently
(D) newly

Q.941 Keystone species play important roles that affect the other species
☐ in an ecosystem: when they go extinct, it **invariably** disrupts the
food chain of the entire ecosystem.

(A) always
(B) drastically
(C) unexpectedly
(D) quickly

Q.942 Jean-Henri Fabre **assiduously** observed insects for decades, and
☐ the result was later published as *Souvenirs Entomologiques*, a
series of ten books.

(A) directly
(B) diligently
(C) objectively
(D) successfully

Q.943 During the course of World War II, the British Military was
☐ **desperately** searching for basic commodities such as white flour to
feed its troops.

(A) urgently
(B) apparently
(C) secretly
(D) methodically

学習歴 (/) (/) (/) (/) (/)

Q.940 ★★　　　　　　　　　　　正解 (A) specifically

expressly は「①特に、わざわざ　②はっきりと、明確に」、つまり「意図的に」の意味です。(B)の「謹んで、敬意を表して」は respect の派生語であり、文脈上自然ですが、expressly に「敬意」の意味はありません(このタイプの音楽が好きな私としては正解にしたいところですが…)。(C)の「頻繁に」は文字通り「頻度」なので「意図的に」の意味とは異なります。(D)の「新しく」は「再開した」からイメージしやすいですが、「特に」とは違います。

【その他の品詞】他動詞：express「〜を表現する」　名詞：expression「表現」

【その他の同義語】especially, particularly, solely

[訳] 以前、アフリカ系アメリカ人は立ち入り禁止であったが、ニューヨーク市のアポロ劇場は 1930 年代になり特にアフリカ系アメリカ人の音楽専用の場所として再開した。

Q.941 ★★　　　　　　　　　　　正解 (A) always

invariably は「常に、いつも」。反意語は variably(副)「変わりやすく」。(B)は「徹底的に、大幅に」、つまり「程度の強さ」に関する意味です。(C)は「不意に、思いがけず」で「意外性」に関する意味です。(D)の「素早く」は「スピード」に関連する言葉です。間違い選択肢の3つは全て文脈上、自然ですが、「常に：always」ではありません。

【その他の品詞】自動詞：vary「変わる」　名詞：invariability「不変性」　形容詞：invariable

【その他の同義語】consistently, every time, without exception

[訳] キーストーン種(中枢種)は、生態系において他の種にとって重要な役割を果たす。その種が絶滅すると、それは常に生態系全体の食物連鎖を混乱させる。

「ヒトデ(starfish)が減少→ヒトデの餌であった貝(shellfish)が増殖→増えすぎた貝が他の生物を絶滅させる」が混乱の一例です。

Q.942 ★★★　　　　　　　　　　　正解 (B) diligently

assiduously は「根気強く、勤勉に」、つまり「人の気質」に関する意味です。(A)の「じかに、直接に」はやや惜しいですが、文字通りの意味で「根気」の意味合いはありません。(C)の「客観的に」は、つまり「他者の意見に影響されない」事なので、「根気強さ、勤勉さ」とは別です。(D)の「うまく」も「根気」の意味合いは含みません。

【その他の品詞】形容詞：assiduous「勤勉な」

【その他の同義語】attentively, carefully, industriously

[訳] ジャン＝アンリ・ファーブルは何十年もの間、昆虫の観察を勤勉に行い、その結果は後に 10 冊の本から成る『ファーブル昆虫記』として出版された。

Q.943 ★　　　　　　　　　　　正解 (A) urgently

desperately は「①必死に、死に物狂いで　②ひどく、極端に」。(B)の「①あきらかに　②どうやら〜らしい」は「明らかに探し求めていた」として理解は可能ですが、これをもって「必死に」と解釈するのは無理があります。(C)の「秘密裏に」は軍隊の内容としてはあり得そうですが、全く別の性質の言葉です。(D)の「①系統的に　②きちんと」は①②共に「必死」の意味はありません。名詞 method の副詞形になります。

【その他の品詞】名詞：desperation「死に物狂い、自暴自棄」　形容詞：desperate

【その他の同義語】frantically, pressingly

[訳] 第二次世界大戦の間、イギリス軍は兵士を養うために精白粉などの基本的物資を必死に探し求めていた。

赤字部分の単語の同義語を(A)〜(D)の中から１つ選んでください。 🔊 944-947

Q.944 The Camera lucida, an optical drawing aid with a glass plate, allows the artist to see the object and the piece of drawing paper **simultaneously**, thereby increasing accuracy.

(A) separately
(B) efficiently
(C) together
(D) well

Q.945 Cape Cod, Massachusetts was **appropriately** named after a type of codfish, which was quite abundant in the 17th century when the area was first explored.

(A) affectionately
(B) promptly
(C) symbolically
(D) fittingly

Q.946 The long search for eternal life has so far continued **in vain**.

(A) unsuccessfully
(B) carefully
(C) increasingly
(D) tirelessly

Q.947 Attempts to determine longitude had been **excruciatingly** difficult, spanning for centuries until clockmaker John Harrison developed the marine chronometer in the 1730s.

(A) unexpectedly
(B) understandably
(C) unbearably
(D) technically

Q.944 ★★

simultaneously は「同時に」。(A)の「別々に」は逆になりますね。(B)の「効率的に」は文脈的には良いのですが、「同時に」の意味がありません。この点は(D)の「よく、うまく」も同様です。

【その他の品詞】形容詞：simultaneous「同時の、同時に起こる」

【その他の同義語】at the same time, concurrently

[訳] ガラス板を用いた光学式の図画用補助器具であるカメラルシーダは、画家が被写体と描画紙を同時に見る事を可能にし、結果として精度を高める。

鏡の中を見ると被写体と手元の紙が同時に見える仕組みで19世紀初頭に商品化されました。

Q.945 ★

appropriately は「適切に」。(A)は「愛情を込めて」で文脈的には自然ですが、意味は明らかに異なります。(B)の「①即座に ②時間通りに」は「タイミング」に関する意味で、正解が意味する「妥当性」とは別です。(C)の「象徴的に」は「豊富であったタラにちなんで」からイメージしやすいですが、appropriately に「象徴」の意味はありません。

【その他の品詞】他動詞：appropriate「（特定の目的のために）～を充当する」　形容詞：appropriate

【その他の同義語】aptly（Q.586 では形容詞として掲載）, properly, suitably

[訳] マサチューセッツ州のケープコッドは、この地域が最初に探検された17世紀の間にこの地域に非常に豊富であったタラの1種にちなんで適切に命名された。

Q.946 ★

vain は「①無駄な、無益な ②虚栄心の強い」で、単独では形容詞ですが、in を伴い副詞的に「無駄に、むなしく」としても使われます。(B)の「慎重に」は明らかに別ですね。(C)の「ますます」も「無駄」とは全く異なるものです。この点は(D)の「根気強く」も同様です。短いですが、その代わりに難しい問題文にしました。いかがだったでしょうか？

【その他の同義語】fruitlessly

[訳] 永遠の命への長い探求は、これまでのところ無駄に終わっている。

Q.947 ★★★

excruciatingly は「（苦痛などが）耐えがたく、激しく」で、かなり程度の強い意味です。(A)の「意外な事に、思いがけず」は文脈的には自然になりますが、別の性質の言葉です。(B)は「当然の事ながら」で、これまた意味の差がかなりあります。(D)の「技術的に」は文脈的には自然ですが、「苦痛」とは別です。

【その他の品詞】形容詞：excruciating「耐えがたい」

【その他の同義語】extremely, painfully

[訳] 経度を決定する試みは、時計職人ジョン・ハリソンが1730年代に海洋クロノメーターを開発するまで何世紀にもわたり、非常に困難であった。

※ chronometer：名 航海用・天文用の高精度の時計

※ 経度：イギリスのグリニッジ天文台を基点とし、南極・北極間の線から測定。
　緯度：赤道を基点とし、東西に走る線から測定。

※ 経度は latitude「緯度」に比べ計測が困難で、イギリス政府から懸賞金が出されました。

赤字部分の単語の同義語を(A)～(D)の中から１つ選んでください。 ◀◀ 948-951

Q.948 ☐ In South Africa, a team of researchers excavated and **painstakingly** reconstructed the skull of *Homo naledi*, an early primate of the Middle Pleistocene epoch.

    (A) partially

    (B) carefully

    (C) successfully

    (D) hurriedly

Q.949 ☐ Despite their popularity, the small hulls of Galleys were disadvantageous for a long time; **hence**, they were replaced with new sailing ships by the 17th century.

    (A) apparently

    (B) understandably

    (C) consequently

    (D) unfortunately

Q.950 ☐ At his second inauguration ceremony, George Washington delivered a **succinctly** written speech and quickly left the scene.

    (A) brilliantly

    (B) compactly

    (C) roughly

    (D) hurriedly

Q.951 ☐ El Nino, the water temperature increase in the tropical Pacific Ocean, **recurringly** occurs for up to a year or more and disrupts climate patterns.

    (A) repeatedly

    (B) obviously

    (C) suddenly

    (D) occasionally

学習歴 (/) (/) (/) (/) (/)

Q.948 ★★　　　　　　　　　　　　　正解　(B) carefully

painstakingly は「入念に、丹念に」であり、「丁寧さ」を強調した意味です。ここに含まれる pain は「痛み」というより「苦労」です。(A)は「部分的に」で、「部分的に再構築した」と意味は通じますが、「入念に」ではありません。(C)の「うまく」は文脈上は良いのですが、「成功した」は意味するものの、painstakingly に含まれる「丁寧さ」の意味はありませんので、closest in meaning の指示に基づき、(B)carefully が最適になります。(D)の「急いで」は明らかに意味の差が大きいですね。

【その他の品詞】形容詞：painstaking「丹精を凝らした」
【その他の同義語】assiduously（Q.942）, diligently, thoroughly

[訳] 南アフリカにおいて、研究チームが中期更新世時代の初期霊長類ホモ・ナレディの頭蓋骨を発掘し、入念に再構築した。

※ excavate：他動 〜を発掘する

Q.949 ★★　　　　　　　　　　　　　正解　(C) consequently

hence は「結果として、それ故に」で「2 つの出来事の因果関係」を示しています。(A)の「明らかに」は文脈的には自然ですが、「因果関係」の意味がありません。(B)の「当然の事ながら」はやや惜しいですが、hence は客観的に因果関係を述べるのみなので「当然、予想」の意味合いはありません。この点は(D)の「不運にも」も同様です。

【その他の同義語】accordingly, therefore, thus

[訳] その人気にもかかわらず、ガレー船の小さな船体は長年にわたり弱点であり続けた。結果として、17 世紀までには新しい帆船に取って代わられた。

※ Galley：名 ガレー船　映画等で見かける、船体の横穴からオールで漕ぐ古代に発明された船です。

Q.950 ★★★　　　　　　　　　　　　正解　(B) compactly

succinctly は「簡潔に」、つまり「①短く　②明瞭に」です。(A)の「立派に」はかなり異なる性質の言葉です。(C)の「①雑に　②約、おおよそ」は①を取っても「簡潔に」に比べると明らかにネガティブな意味合いで、「簡潔さ≒雑さ」にはなりません。(D)の「急いで」は「すぐにその場を去った」から連想しやすいですが、「動作の速さ」であり、「簡潔に（短く、明瞭に）」という「コミュニケーションスタイル」とは異なります。"急いで"、"長く"書くことも可能です。

【その他の同義語】briefly

[訳] 2 期目の就任式で、ジョージ・ワシントンは簡潔に書かれたスピーチを行い、すぐにその場を去った。

 短さで有名な後のリンカーンの The Gettysburg Address「ゲティスバーグ演説」の 272 語を下回る 135 語でした。さすが。

Q.951 ★★　　　　　　　　　　　　　正解　(A) repeatedly

recurringly は「繰り返し」なので「反復」の意味がポイントです。(B)の「明らかに」はこのポイントが不足しています。(C)の「突然」も、この意味がありません。(D)の「しばしば」はやや惜しいですが、「繰り返し」に比べると頻度としては低い、と理解できます。

【その他の品詞】自動詞：recur「繰り返し発生する」　名詞：recurrence「繰り返し、再発」

[訳] 熱帯太平洋の水温上昇であるエルニーニョは最長 1 年以上繰り返し発生し、気候パターンを混乱させる。

※ エルニーニョはスペイン語で「男の子」、水温下降現象の La Niña「ラニーニャ」は「女の子」の意味。　日本への影響は「エルニーニョ：冷夏　暖冬」、「ラニーニャ：暑夏　寒冬」です。

Chapter 4

副詞

赤字部分の単語の同義語を(A)〜(D)の中から1つ選んでください。◀ 952-955

Q.952 At the Continental Congress, the delegates of the Thirteen American Colonies **earnestly** discussed the plan to gain independence from Britain.

(A) sincerely

(B) freely

(C) secretly

(D) repeatedly

Q.953 Geological studies left little doubt that the drilling for natural gas caused two earthquakes in Ohio, registering 3 and 4 on the Richter scale, **respectively**.

(A) officially

(B) separately

(C) repeatedly

(D) briefly

Q.954 Because of its name, some non-native English speakers **erroneously** believe that the guinea pig is a hog species.

(A) undeniably

(B) understandably

(C) instinctively

(D) mistakenly

Q.955 During its mission, the crew of Apollo 10 was **genuinely** surprised by strange static noise, which later turned out to be just radio interference.

(A) initially

(B) occasionally

(C) really

(D) invariably

学習歴 (/) (/) (/) (/) (/)

Q.952 ★★ 正解 (A) sincerely

earnestly は「真剣に、まじめに」。(B)の「自由に」は逆の順番にすると「"自由である"とは"真剣である"」との定義になりますが、自由であっても不真面目な人もいるはずなので、同義にはなりません。(C)の「秘密に」は明らかに別ですね。(D)の「繰り返し」は「真剣に」といった人の「気質」に関する意味とは異なります。

【その他の同義語】seriously

[訳] 大陸会議では 13 のアメリカ植民地の代表団がイギリスからの独立計画について真剣に議論した。

この後、The Congress of the Confederation「連合会議」を経て、The United States Congress「アメリカ合衆国議会」に発展します。

Q.953 ★ 正解 (B) separately

respectively は「それぞれ、おのおの」。(A)の「公式に」は、文脈上は問題ないのですが、明らかに意味が異なります。(C)の「繰り返し」の意味は「それぞれ」にはありませんね。(D)の「一時的に」は地震に関する内容には合いますが、「それぞれ」とは異なります。

【その他の品詞】他動詞:respect「〜を尊敬する」　名詞:respect「①箇所、点　②尊敬」

【その他の同義語】independently, individually

[訳] 地質学的研究によると、天然ガスの掘削がオハイオ州で 2 回の地震を引き起こし、それぞれリヒタースケールで 3 と 4 を記録したことは疑いの余地がほとんどなかった。

magnitude を示す尺度で、考案した学者の名から付けられました。英語では the Richter scale もしばしば使われます。

　※ the Richter scale:图 リヒタースケール(英語の発音は「リクターースケール」)

Q.954 ★★ 正解 (D) mistakenly

erroneously は「誤って」。スペルから error「誤り」に気が付くと正解にたどり着けます。したがって、正解には「誤り」の意味が必須です。(A)の「明白に、疑いようのなく」には「疑い」が入っていますが、意味としては「明白に信じている」となるので、結果的に「誤って信じている」とはかなり異なります。(B)の「当然の事ながら」も「誤り」の意味合いはありません。この点は(C)の「本能的に」も同様です。名詞は instinct「本能」。

【その他の同義語】inaccurately, incorrectly, wrongly

[訳] その名前のために、一部の英語の非母語話者はモルモットが豚の種であると誤って信じている。

19 世紀に日本に持ち込まれた際、誤って別の marmot:マーモット(同じネズミ目のリス科)として紹介され、この名称が定着しました。

　※ guinea pig:图 モルモット(ネズミ目:rodent の一種で、なぜか英語では名称に"pig"が含まれます。実験に使われます。)

Q.955 ★★ 正解 (C) really

genuinely は「心から、純粋に」で、つまり「程度の強調」がポイントです。(A)の「当初」は「後にそれは単なる無線干渉であることが」からイメージしやすいですが、全く別の意味です。(B)の「時折」は「頻度」に関する意味で、「程度の強調」ではありません。(D)の「常に」は「常に驚いた」となって、「継続性」の役割であり「程度の強調」とは別です。

【その他の同義語】honestly, absolutely, truly

[訳] 任務の間、アポロ 10 号の乗組員は奇妙な雑音に心から驚いた。後にそれは単なる無線干渉であることが判明した。

赤字部分の単語の同義語を(A)～(D)の中から1つ選んでください。 ◀ 956-959

Q.956 Because fossil fuels, such as oil and natural gas, need millions
☐ of years to form, energy companies have been **synthetically**
producing fuel with limited success.

(A) quickly
(B) efficiently
(C) plentifully
(D) artificially

Q.957 Hydrothermal vents are cracks in the seafloor, from which
☐ **exceedingly** hot mineral-rich water flows out and supports unique
biological communities nearby.

(A) slightly
(B) consistently
(C) moderately
(D) very

Q.958 In Louisiana, blackberries have been **bountifully** produced and an
☐ important revenue source of the state.

(A) organically
(B) abundantly
(C) currently
(D) locally

Q.959 Charles Darwin **scrupulously** recorded animal and plant species
☐ he encountered during a five-year survey expedition, through which
he acquired fame as an eminent naturalist.

(A) beautifully
(B) diligently
(C) routinely
(D) obsessively

学習歴 (/) (/) (/) (/) (/)

Q.956 ★★★　　　　　　　　　　　　　正解　(D) artificially

synthetically は「合成して」。(D) artificially の「人工的に」が適切となります。(A)の「素早く」は「化石燃料は形成に何百万年も必要とする」からイメージしやすいですが、別の意味です。(B)の「効率よく」は文脈的には自然ですが、同義にすると「全ての"効率の良い"手段="合成する"手段」と極端な定義になります。(C)の「大量に」は「合成して」とは異なる性質の言葉です。

【その他の品詞】他動詞：synthesize「〜を合成する」　名詞：synthesis「合成、統合」

［訳］石油や天然ガスなどの化石燃料は形成に何百万年も必要とするため、エネルギー企業は合成的に燃料を生産してきたが、限られた成功にとどまっている。

※ fossil fuel：图 化石燃料

Q.957 ★★　　　　　　　　　　　　　　正解　(D) very

exceedingly は「非常に、抜群に」。(A)の「わずかに」は真逆でした。(B)の「一貫して」は「継続性」を意味しますが、「非常に」の「程度の強さ」の意味合いとは別です。(C)の「適度に」は「近くの独特な生物の集団を支える」から適切な印象を受けますが、同義にするには程度が弱すぎます。

【その他の品詞】他動詞：exceed「〜を超える」　名詞：excess「過剰、過多」　形容詞：exceeding「過度の、非常な」

【その他の同義語】extraordinarily, extremely, tremendously

［訳］熱水噴出孔は海底の亀裂であり、そこから非常に熱いミネラルの豊富な水が流出し、近くの独特な生物の集団を支える。

※ 海底火山活動のあるエリアに多く、最大400度を超す水に含まれる栄養素がバクテリアから魚類までを支えます。

※ vent：图 穴、通気口

※ hydrothermal：形 水熱の

Q.958 ★★★　　　　　　　　　　　　　正解　(B) abundantly

bountifully は「①大量に　②惜しみなく」。(A)の「有機肥料を使って」は「手法」に関する意味です。(C)の「現在」は「量」とは全く異なります。(D)の「地元で」も「量」の意味はありません。

【その他の品詞】名詞：bounty「①懸賞金　②助成金　③恵み、贈り物」　形容詞：bountiful

【その他の同義語】plentifully, richly

［訳］ルイジアナ州ではブラックベリーは大量に生産され、州の重要な収入源となっている。

Q.959 ★★★　　　　　　　　　　　　　正解　(B) diligently

scrupulously は「綿密に、几帳面に」。(A)の「美しく」ですが、例えば「"綿密に"計画する≒"美しく"計画する」と置き換えるとかなり妙です。「綿密さ≒美しさ」ではありません。(C)の「日常的に」は「頻度」に関する意味です。(D)の「しつように、異常なほどに」は程度として強すぎますね。名詞は obsession「①妄想　②(感情的に)取りつかれる事」。

【その他の同義語】assiduously (Q.942), painstakingly (Q.948), carefully

［訳］チャールズ・ダーウィンは5年間の調査遠征中に遭遇した動植物種を綿密に記録し、著名な博物学者としての名声を得た。

※ eminent：形 著名な

Chapter 4

副詞

505

赤字部分の単語の同義語を(A)〜(D)の中から1つ選んでください。 🔊 960-963

Q.960 The increasing frequency of natural disasters and rising sea levels **disproportionately** affect smaller nations with fewer resources to deal with emergencies.

- (A) immediately
- (B) consequently
- (C) unevenly
- (D) directly

Q.961 Solar planes have a lot of photovoltaic cells on their wings and rely **solely** on sunlight to fly.

- (A) directly
- (B) frequently
- (C) entirely
- (D) partially

Q.962 It is believed that **approximately** 400 million people speak English as their mother tongue.

- (A) exactly
- (B) regularly
- (C) currently
- (D) roughly

Q.963 Largely inspired by long, curving lines of plants, Art Nouveau art is noted for its **minutely** crafted designs in architecture, furniture, and pottery.

- (A) finely
- (B) beautifully
- (C) specially
- (D) uniquely

学習歴 （ ／ ）（ ／ ）（ ／ ）（ ／ ）（ ／ ）

Q.960 ★★★　　　　　　　　　正解 (C) unevenly

disproportionately は「不均衡に、偏って」で、内容により不均衡・偏りの影響がプラスかマイナスかが決まります。反意語は proportionately（副）「比例して」。(A)の「すぐに」は明らかに違いますね。(B)の「結果として」にも「不均衡」の意味はありません。(D)の「じかに、直接に」には「偏り、不均衡」の意味合いはありません。
【その他の品詞】名詞：proportion「比率、割合」　形容詞：proportional「比例する」　形容詞：disproportionate「不釣り合いな」
【その他の同義語】excessively, unequally

［訳］自然災害の発生頻度の増加と海面上昇は、緊急事態に対処するための資源が少ない小さな国に不均衡に（過大に）影響を与える。

Q.961 ★　　　　　　　　　　　正解 (C) entirely

solely は「①ただ、全く　②単独で、一人で」。(A)の「直接に」は solely が示す「程度」とは異なります。(B)の「頻繁に」は頻度に関するもので、「常に」であれば正解の趣旨に近いですが、「頻繁に」は同義のレベルにするには控えめです。(D)の「部分的に」は一番程度が低めになります。
【その他の品詞】形容詞：sole「ただ一つの、単独の」
【その他の同義語】completely, only, wholly

［訳］ソーラープレーンは翼に多くの太陽電池セルがあり、太陽光だけに依存し飛行する。

Q.962 ★★　　　　　　　　　　正解 (D) roughly

approximately は「約、おおよそ」。(A)の「正確に」は数量に関する意味としては良いのですが、「約」とは明らかに別です。(B)の「定期的に」は文脈的には「4億人が定期的に英語を話す」として自然ですが、意味としては異なります。この点に関しては(C)の「現在」も同様です。
【その他の品詞】他動詞＆自動詞：approximate「（数量などが）～に近づく / 近い」　名詞：approximation「近似」　形容詞：approximate
【その他の同義語】about, almost, in the neighborhood of

［訳］約4億人が母国語として英語を話すと考えられている。
　※ mother tongue：图 母国語　かなり直訳的な言葉ですよね。

Q.963 ★★★　　　　　　　　　正解 (A) finely

minutely は「詳細に、細かく」。なお(A)finely には「すばらしく」以外に「細かく、繊細に」の意味もあります。(B)の「美しく」は芸術の内容としては適切ですが、「細かさ」は同義にするには意味が限定され過ぎています。(C)は「特別に」ですが、この言葉には「細かさ」の意味は含まれません。(D)の「独特に」は、つまり「他にはない」という意味なので、これも「細かさ」とは別です。
【その他の同義語】painstakingly（Q.948）, scrupulously（Q.959）, thoroughly

［訳］長く、曲線のある植物の形に大いに触発されたアールヌーボーのアートは建築、家具、陶器の精工に作られたデザインで有名である。

Chapter 4

副詞

507

赤字部分の単語の同義語を(A)〜(D)の中から1つ選んでください。 ◀ 964-967

Q.964 During the 1920s, also known as the Roaring Twenties, American
people were **overly** optimistic about the economic status of the
time.

(A) cautiously

(B) naively

(C) too

(D) generally

Q.965 The **concisely** worded prose of Ernest Hemingway earned him
both the Nobel Prize and the Pulitzer Prize.

(A) vividly

(B) forcefully

(C) briefly

(D) perfectly

Q.966 Aspartame, an artificial sweetener, has been **exhaustively** studied
by more than 100 governmental institutes worldwide, including the
FDA.

(A) internationally

(B) fully

(C) regularly

(D) alternately

Q.967 **Meticulously** written and published in 1755, *A Dictionary of the
English Language* was the first authoritative dictionary of the
English language.

(A) Compellingly

(B) Plainly

(C) Intelligently

(D) Carefully

学習歴 (/) (/) (/) (/) (/)

Q.964 ★ 　　　　　　　　　　　　　　　　　　　正解 (C) too

overly は「過度に、あまりにも」。(A)の「慎重に」は cautiously optimistic で「慎重ながらも楽観的な」として実はよく使われるフレーズです。これをご存じの上で選ばれた方はかなりの語彙力ですが、意味としては overly と異なります。(B)の「無邪気に、世間知らずにも」の意味は overly にはありません。(D)の「一般に、全体として」は「過度に、あまりにも」に比べると程度として弱すぎますね。

【その他の同義語】exceedingly（Q.957）, excessively, unduly

[訳] 1920 年代には、「狂騒の 20 年代」とも呼ばれ、アメリカの人々は当時の経済的状況について過度に楽観的であった。

Q.965 ★★ 　　　　　　　　　　　　　　　　　正解 (C) briefly

concisely は「簡潔に」なので「①手短に　②必要な情報を含む」の意味合いがポイントです。(A)の「あざやかに、鮮明に」は文脈的には自然ですが、「簡潔さ」の意味はありません。(B)の「力強く」も同様です。(D)の「完璧に」は正解同様、「完璧に表現された」と自然ですが、「手短に」と同義にするには意味の幅が広すぎます。不正解の 3 つ共に文脈的には自然ですが、「手短に」の意味はありませんでした。

【その他の品詞】名詞：conciseness「簡潔さ」　形容詞：concise
【その他の同義語】crisply, compactly, succinctly（Q.950）

[訳] アーネスト・ヘミングウェイの簡潔に表現された散文は、彼にノーベル賞とピューリッツァー賞の両方をもたらした。

Q.966 ★★ 　　　　　　　　　　　　　　　　　正解 (B) fully

exhaustively は「徹底的に、余すところなく」と強調の意味合いを含むのがポイントです。(A)の「国際的に」は今回の文脈的にはかなり良いですが、他の状況で「徹底的に≒国際的に」とするとかなり大変な事態になります…。(C)の「定期的に」は惜しいですが、「徹底的に」と比べると意味の程度が弱すぎます。(D)は「交互に」で、「100 以上の政府機関によって交互に研究され」と自然ですが、「徹底的に」ではありません。

【その他の品詞】他動詞：exhaust「①～を疲れさせる　②〈資源など〉を使いつくす」　名詞：exhaust「排気ガス」, exhaustion「①疲労　②枯渇」　形容詞：exhaustive
【その他の同義語】completely, thoroughly

[訳] 人工甘味料であるアスパルテームは、FDA を含む世界中の 100 以上の政府機関によって徹底的に研究されている。

Q.967 ★★★ 　　　　　　　　　　　　　　　正解 (D) Carefully

meticulously は「入念に、注意深く」。(A)は「説得力をもって」なので「説得力をもって書かれ出版された」と意味は通じますが、「入念さ」の意味はありません。(B)の「平易に、簡単に」も文脈的には良いのですが、やはり「入念に」とは別です。(C)の「知的に」は辞書に関する内容には適切ですが、「入念さ≒知性」とすると、この文では良くても他の場合では混乱を引き起こします。

【その他の同義語】assiduously（Q.942）, painstakingly（Q.948）, scrupulously（Q.959）

[訳] 入念に書かれ 1755 年に出版された『英語辞典』は、英語における最初の権威ある辞書であった。

文学者サミュエル・ジョンソンが単独で 9 年かけて完成させました。契約金は現在の金額で 3,500 万円。うらやましい…！

Chapter 4

副詞

赤字部分の単語の同義語を (A)〜(D) の中から 1 つ選んでください。 ◀ 968-971

Q.968 Intense city lights can **deleteriously** affect the reproductive system
and the circadian rhythm of birds living in the cities.

(A) dangerously

(B) often

(C) potentially

(D) directly

Q.969 Not only is the Arctic Ocean vast, but it is also **boundlessly** rich
in oil and gas; some areas have come within reach of commercial
drilling as sea ice has melted due to climate change.

(A) relatively

(B) unlimitedly

(C) historically

(D) certainly

Q.970 Since ancient times, the Hopi tribe has **conscientiously** crafted
pottery, which is still highly appreciated today.

(A) attentively

(B) collectively

(C) locally

(D) beautifully

Q.971 It has been **amply** demonstrated that artificial photosynthesis,
produced by using a copper or cobalt catalyst, creates energy
without producing negative byproducts.

(A) scientifically

(B) finally

(C) richly

(D) objectively

学習歴 (/) (/) (/) (/) (/)

Q.968　★★★　　　　　　　　　　　正解　(A) dangerously

deleteriously は「有害に」。(B)の「しばしば」は「頻度」に関するものです。(C)の「潜在的に」は文脈的には良いのですが、「有害に」という断定の意味に比べると弱くなっています。(D)の「直接」もやはり、これのみで「有害に」と同義にするのは不自然です（今回は(A)dangerously があります）。

【その他の同義語】adversely（Q.936）, harmfully

[訳] 強烈な都市の明かりは都市に住んでいる鳥の生殖システムと概日（がいじつ）リズムに有害に影響を与えることがあり得る。

※　circadian rhythm：名 概日リズム（一般に言う"体内時計"のこと）

Q.969　★★　　　　　　　　　　　　正解　(B) unlimitedly

boundlessly は「無限に」。(A)の「割合に、比較的に」は程度としてやや控えめです。(C)の「歴史的に」は「ある状態が長い期間続いている」までは意味しますが、これのみでは「無限に」という意味にはなりません。(D)の「確かに」は「石油とガスが確かに豊富である」と意味は通じますが、「無限に」とは別の意味です。

【その他の品詞】名詞：bound「①限度　②限界」　形容詞：boundless

【その他の同義語】endlessly, immeasurably（Q.592 では形容詞として掲載）, limitlessly

[訳] 北極海は広大であるだけでなく、石油とガスが無限に豊富である。気候変動により海の氷が溶けるにつれて商業掘削の手の届くところに入った領域もある。

Q.970　★★★　　　　　　　　　　　正解　(A) attentively

conscientiously は「①入念に　②良心的に」、①を言い換えると「細かく、細部にこだわって」です。(B)は「集団で」なので、「入念さ、細かさ」とは別の性質の言葉です。(C)は「地元で」。(D)の「美しく」は外見の美的基準に関するものです。

【その他の品詞】名詞：conscience「良心」　形容詞：conscientious

【その他の同義語】assiduously（Q.942）, meticulously（Q.967）, painstakingly（Q.948）

[訳] 古代からホピ族は今でも高く評価されている陶器を念入りに作り上げてきた。

先住民族に認められた全米に560ある独自の tribal government「部族政府」を有するネイティブアメリカンの1種族です。

Q.971　★★　　　　　　　　　　　　正解　(C) richly

amply は「十分に、豊富に」。(A)の「科学的に」は文脈的には良いのですが「十分に≒科学的に」と定義付けるとかなり混乱を招きます。(B)の「ついに」は別の性質の言葉です。(D)の「客観的に」は「客観的に実証されている」と自然ですが、amply には「客観性」の意味は含まれませんし、逆に「客観性」には「十分、豊富」の意味合いがありません。例えば、量が少ないけれども"客観的"な情報もあり得るはずです。

【その他の同義語】bountifully

[訳] 銅触媒やコバルト触媒を用いた人工光合成が、負の副産物を生み出さずにエネルギーを作り出すことが十分に実証されている。

※　catalyst：名 触媒

※　この手法により化石燃料を使用せずに工業用ガスを製造できると期待されています。

赤字部分の単語の同義語を(A)〜(D)の中から1つ選んでください。◀ 972-975

Q.972 Some parts of the U.S. Constitution seem **ambiguously** worded so that different interpretations have been made on contentious issues.

(A) similarly

(B) hastily

(C) vaguely

(D) simply

Q.973 Although presently accounting for less than 10% of the energy mix, Marine Current Power might **infinitely** generate energy in the future.

(A) economically

(B) reliably

(C) eventually

(D) limitlessly

Q.974 Spending billions of dollars and using enormous human resources, the research and development of new drugs proceed **agonizingly** slowly.

(A) obviously

(B) customarily

(C) painfully

(D) inevitably

Q.975 Ötzi, a mummified human body found in Italy, was **exceptionally** well preserved and helps improve our understanding of the people in the Copper Age.

(A) fortunately

(B) moderately

(C) strangely

(D) especially

学習歴 (/) (/) (/) (/) (/)

Q.972 ★★　　　　　　　　　　　　　正解 (C) vaguely

ambiguously は「曖昧に」。(A)の「同じように」は「2つ以上の物・人が似ている」前提を含みますが、「曖昧」にはこの前提はありません。(B)は「急いで」なので、明らかに別の意味です。動詞形の hasten(Q.007)「〜を早める」を学習済みですが、覚えていたでしょうか？ (D)は「平易に、わかりやすく」なので、どちらかと言えば逆になります。

【その他の品詞】名詞：ambiguity「曖昧さ」　形容詞：ambiguous

【その他の同義語】indefinitely, obscurely

[訳] アメリカ憲法の一部が曖昧に表現されているように思えるのが原因で、論争の多い問題について異なる解釈がなされている。

Q.973 ★★　　　　　　　　　　　　　正解 (D) limitlessly

infinitely は「無限に」。反意語は finitely(副)「有限に」です。(A)の「経済的に」は言い換えれば「値段が安く」なので、全く別の意味ですね。(B)は「確実に」で、やや惜しいですが、これは「正確さ」の意味で、「確実に・正確にエネルギーを生成する」となりますが、「無限に生成する」と解釈するのは極端です。(C)の「やがて」は「現在、〜」から推測できますが、やはり「無限に」とは異なった性質の言葉です。

【その他の品詞】名詞：infinity「無限」　形容詞：infinite

【その他の同義語】boundlessly(Q.969), immeasurably(Q.592 では形容詞として掲載), unlimitedly

[訳] 現在、エネルギーミックスの 10% 未満を占めるのみであるが、海洋電流発電は将来無限にエネルギーを生成するかもしれない。

> エネルギーミックス：風力・海流など様々な電力発電方法を組み合わせて社会に供給する電気をまかなうことです。

Q.974 ★★★　　　　　　　　　　　　正解 (C) painfully

agonizingly は「耐え難い程に、苦しむ程に」で、「ネガティブな意味の強調」の役割です。(A)の「明らかに」は、「その存在が否定できない」なので、「ネガティブな意味の強調」とは別です。この点は(B)の「慣例上、習慣的に」も同様です。(D)の「必然的に」も、これのみでは「ネガティブな意味の強調」にはなりません。

【その他の品詞】自動詞：agonize「苦しむ」　形容詞：agonizing

【その他の同義語】distressingly, excruciatingly(Q.947), unbearably

[訳] 数十億ドルを費やし、莫大な人材を使い、新薬の研究開発は耐え難い程にゆっくり進行する。

※ 1薬品に対する開発費用は国内では数百億円、海外では 1 千億円を超えるというデータもあります。

Q.975 ★　　　　　　　　　　　　　　正解 (D) especially

exceptionally は「非常に、例外的に」で、「程度の強調」の役割です。(A)の「幸いな事に」にはこの役割の意味はありません。(B)の「適度に」は程度に関する意味ですが、弱すぎます。(C)の「変に、奇妙に」は「不可解さ」の意味で、「程度の強調」ではありません。

【その他の品詞】名詞：exception「例外」　形容詞：exceptional

【その他の同義語】abnormally, extremely, strikingly (Q.786 では形容詞として掲載)

[訳] イタリアで発見されたミイラ化された人体である Ötzi は非常によく保存され、銅器時代の人々に関する理解を深めるのに役立つ。

> The Iceman とも呼ばれる紀元前約 3 千年前のミイラで、日本でも展示されました。

赤字部分の単語の同義語を(A)〜(D)の中から1つ選んでください。 ◀ 976-979

Q.976 The exact definition of planets in the solar system had been
equivocally defined until the International Astronomical Union
settled the matter in 2006.

(A) subjectively

(B) unclearly

(C) rarely

(D) rigidly

Q.977 Tabby's Star—a star nicknamed after an astronomer who studied
it—has caused curiosity among scientists because it **sporadically**
brightens and fades.

(A) occasionally

(B) suddenly

(C) considerably

(D) regularly

Q.978 The cane toad was **deliberately** introduced in Florida from
the 1930s through the 1960s to control pests with disastrous
consequences.

(A) repeatedly

(B) separately

(C) illegally

(D) intentionally

Q.979 Waves of people settled Chicago and turned it into a **densely**
populated city in the late 19th century.

(A) rapidly

(B) thickly

(C) equally

(D) moderately

学習歴 (/) (/) (/) (/) (/)

Q.976 ★★★　　　　　　　　　　　　正解 (B) unclearly

equivocally は「曖昧に」。反意語は unequivocally（副）「明確に」。(A)は「主観的に」なので、「曖昧さ」とはかなり異なる意味になります。(C)は「めったに〜しない」と「頻度」の意味です。(D)の「厳格に」は正解とは逆になります。形容詞で出題されました（Q.627）が、覚えていましたか？
【その他の品詞】名詞：equivocation「曖昧な言葉を使う事」　形容詞：equivocal
【その他の同義語】ambiguously（Q.972）, indefinitely, obscurely

［訳］太陽系における惑星の正確な定義は、国際天文学連合が 2006 年にこの問題を解決するまで曖昧に定義されていた。
　※　定義は「1. 球形を維持する十分な質量（mass）を持つ」「2. 太陽を公転（revolve）する」「3. 軌道（trajectory）に障害物がない」ことです。

Q.977 ★★★　　　　　　　　　　　　正解 (A) occasionally

sporadically は「時々、まばらに」。(B)の「突然に」に含まれる「意外性」の意味は sporadically にはありません。(C)の「かなり」は「かなり明るくなる」と「明るさの強さ」の意味で「時折」の「頻度」ではありません。(D)の「定期的に」は「時折、まばらに」の意味する「不規則性」とは逆の意味です。
【その他の同義語】once in a while, sometimes, from time to time

［訳］研究した天文学者にちなんだ愛称で呼ばれる星であるタビーの星は、散発的に明るくなり、そして消えていくため、科学者の間に好奇心を引き起こしている。

白鳥座（the constellation Cygnus）にあり、現象の原因は周りを周回する「塵の輪」とも言われています。

Q.978 ★★　　　　　　　　　　　　　正解 (D) intentionally

deliberately は「①故意に、わざと　②慎重に、ゆっくりと」。(A)の「繰り返し」は「1930 年代から 1960 年代にかけて」からイメージしやすいですが、意味は別です。この点は(B)の「別々に」も同様です。(C)の「違法に」を「故意に」と同義にしてしまうと世の中「違法行為」だらけになってしまいますね。
【その他の品詞】他動詞＆自動詞：deliberate「（〜を）熟考する」　名詞：deliberation「①熟考②審議」　形容詞：deliberate
【その他の同義語】consciously, purposely, knowingly

［訳］オオヒキガエルは害虫を防除するために、1930 年代から 1960 年代にかけてフロリダ州で意図的に導入され、悲惨な結果を引き起こした。
　※　害虫駆除用に導入された後急速に増殖し、現在は「世界の侵略的外来種ワースト 100」に選ばれるという皮肉な結果に…。

Q.979 ★★　　　　　　　　　　　　　正解 (B) thickly

densely は「濃く、密に」。(A)の「急速に」は「スピード」の意味です。(C)の「均等に、均一に」は「均等に人が分散して住んでいる」との意味になりますので、「濃く」よりは明らかに程度が控えめです。(D)の「適度に」も「密度が適度」なので、「濃く」よりは抑えた表現です。
【その他の品詞】名詞：density「密度、濃度」
【その他の同義語】closely, compactly, heavily

［訳］人々が押し寄せてシカゴに定住し、19 世紀後半に人口密度の高い都市に変貌させた。

Chapter 4

副詞

赤字部分の単語の同義語を(A)〜(D)の中から1つ選んでください。📢 980-983

Q.980 The climate in Europe from the 14th through the mid-19th century was **utterly** different from that of today, and mountainous glaciers expanded in several European regions.

(A) partially
(B) unexpectedly
(C) probably
(D) completely

Q.981 The Code of Ur-Nammu, the oldest known law code in history, is believed to have prevented those in power from acting **arbitrarily** and established the rule of law.

(A) randomly
(B) violently
(C) secretly
(D) foolishly

Q.982 Astronomers have concluded that ever since the Big Bang, the universe has been expanding **exponentially** for 13.8 billion years.

(A) unsteadily
(B) outwardly
(C) rapidly
(D) gradually

Q.983 Although Stephen Hawking's *A Brief History of Time* deals with astronomy and physics, general readers have warmly welcomed it because it is **lucidly** written.

(A) plainly
(B) concisely
(C) thoroughly
(D) marvelously

学習歴 (/) (/) (/) (/) (/)

Q.980 ★ 　　　　　　　　　　　　　　正解　(D) completely

utterly は「完全に、全く」で、「程度の強調」の役割です。(A)の「部分的に」はかなり意味の程度が弱めです。(B)は「不意に、思いがけなく」で「意外性」に関する意味を持っています。(C)の「恐らく」は「完全に」に比べかなり程度が弱くなります。

【その他の品詞】形容詞：utter「完全な、全くの」

【その他の同義語】absolutely, entirely, totally

[訳] 14世紀から19世紀半ばまでのヨーロッパの気候は今日とは全く異なり、いくつかのヨーロッパ地域で山岳氷河が拡大した。

The Little Ice Age「小氷期」と呼ばれる平均0.6度程度の気温減少の時期ですが、アメリカではニューヨーク湾が凍結しました。

Q.981 ★★★ 　　　　　　　　　　　正解　(A) randomly

arbitrarily は「①恣意的に　②独断的に」。意味からして批判的なトーンを含むことになります。(B)の「暴力的に」は文脈的には自然ですが、「恣意的に≒暴力的に」という定義は飛躍し過ぎています。(C)の「秘密裏に、ひそかに」はかなり意味の差が大きくなります。(D)の「愚かに」は正解同様、批判的なトーンですが、"愚か"と判断されるような行為は"恣意的"な行為にも様々あるはずなので、同義にするのは無理があります。

【その他の品詞】名詞：arbitration「仲裁」　他動詞＆自動詞：arbitrate「(〜を)仲裁する」

【その他の同義語】whimsically, willfully

[訳] 歴史上最も古くから知られている法律規範であるウル・ナンム法典は、権力者が恣意的に行動するのを妨げ、法の支配を確立したと考えられている。

ウル・ナンム法典は有名な the Code of Hammurabi「ハムラビ法典」の3百年前のメソポタミア文明時代に書かれた法典です。

Q.982 ★★★ 　　　　　　　　　　　正解　(C) rapidly

exponentially は「①急速に　②(数学の)指数的に」。多くの英和辞書では②の説明のみですが、一般的には①がよく使われます。(A)の「不規則に」は文字通り「規則性」に関する意味です。(B)は「外に向かって」なので、明らかに「急速に」とは別ですね。(D)は「徐々に」なので、正解と逆になります。

【その他の品詞】形容詞：exponential「①急激な　②指数の」

[訳] 天文学者はビッグバン以来、宇宙が138億年にわたり急速に拡大していると結論づけている。

太陽系＆地球の誕生は約46億年前です。

Q.983 ★★★ 　　　　　　　　　　　正解　(A) plainly

lucidly は「明快に、解りやすく」。問題文のように book review「書評」でもしばしば使われる言葉です。(B)の「簡潔に」は、つまり「①手短に　②必要な情報を含む」ですが、lucidly には「①短く」の意味がありません。(C)の「じっくり、十分に」、つまり「かなり細かく」の意味合いは lucidly には含まれません。(D)の「素晴らしく」は正解同様、ポジティブな意味ですが、lucidly にある「明快さ、解りやすさ」は同義にするには意味が限定され過ぎています。

【その他の同義語】clearly, intelligibly

[訳] スティーブン・ホーキングの『ホーキング、宇宙を語る』は天文学と物理学を扱っているものの、明快に書かれているので、一般の読者は温かく受け入れた。

赤字部分の単語の同義語を(A)～(D)の中から1つ選んでください。◀ 984-987

Q.984 The **perennially** frozen layer of Arctic tundra has been melting
☐ gradually and releasing microbes trapped inside, which could pose
health risks.

(A) seasonally

(B) nearly

(C) continuously

(D) partially

Q.985 The Essential Air Service ensures that airlines receive federal
☐ subsidies to continue their flights to **relatively** small cities.

(A) historically

(B) geographically

(C) comparatively

(D) extremely

Q.986 The Temple of Garni in Armenia is believed to have been built in
☐ 77 A.D. because letters inscribed on a stone nearby **obliquely**
mentioned the construction of an ancient building.

(A) indirectly

(B) briefly

(C) accurately

(D) specifically

Q.987 The woman, who **resolutely** carried water to the thirsty frontline
☐ soldiers during the American War of Independence, is said to have
been given the nickname Molly Pitcher.

(A) determinedly

(B) personally

(C) skillfully

(D) secretly

学習歴 (/) (/) (/) (/) (/)

Q.984 ★★★　　　　　　　　　　正解 (C) continuously

perennially は「永久に、年中」。(A)は「季節ごとに、周期的に」なので、「年中」という意味ではありません。(B)の「ほとんど」は「ほとんど凍結している」、つまり「凍っている状態に近い、凍っている少し手前の状態」の意味になり、これは「永久に」の「期間、継続性」とは別です。この点は(D)の「部分的に」も同様です。

【その他の品詞】名詞：perennial「多年生植物」

【その他の同義語】eternally, perpetually（Q.099 では動詞として掲載）, year-round

[訳] 北極ツンドラの永久に凍結した地層は徐々に溶けており、内部に閉じ込められた微生物を放出し、健康上のリスクを引き起こす可能性がある。

※ この種の地層を permafrost「永久凍土（えいきゅうとうど）」、季節により溶ける上部を active layer「活動層」と言います。北半球の約 25%の陸地は永久凍土で覆われています。

Q.985 ★★　　　　　　　　　　正解 (C) comparatively

relatively は「①比較的、相対的に　②割と、割りに」、つまり「他と比較して」です。(A)の「歴史的に」は「継続性」の意味です。(B)の「地理的に」は文字通りの意味で、「他との比較」の意味はありません。(D)の「極端に」は別の性質の言葉です。また「②割と、割りに」を取っても、「極端に」とはかなり程度の強さの差があります。

【その他の品詞】名詞：relativity「①相対性、関連性　②（Relativity として）相対性理論」

【その他の同義語】in comparison

[訳] エッセンシャルエアサービスは、航空線が比較的小さな都市への飛行を継続するために連邦補助金を受け取ることを保証する。

現在も 100 を超えるアメリカの小都市がこの制度で補助金を受け、航空便を維持しています。

Q.986 ★★★　　　　　　　　　　正解 (A) indirectly

obliquely は「①間接的に、遠回しに　②斜めに」。(B)の「短く」はイメージ的にはつながりますが、「"直接的"に"短く"書く」という事態もあり得るので、常に「間接的に≒短く」になるとは限りません。(C)の「正確に」は「間接的に」とは明らかに別の意味です。(D)の「はっきりと、明確に」は真逆の意味ですね。

[訳] アルメニアのガルニ神殿は、周辺にある石材に刻まれた文字が古代の建物の建設について間接的に言及しているため、西暦 77 年に建てられたと考えられている。

Greco-Roman「ギリシャローマ風」の建築様式ですが、この地域がローマ帝国の影響下に入った時期であることが反映されたと言われています。

Q.987 ★　　　　　　　　　　正解 (A) determinedly

resolutely は「毅然（きぜん）として、断固として」。反意語は irresolutely 副「ためらいながら」。(B)の「自ら、直接」は文脈的には自然ですが、これには「毅然」など「気質」に関する意味は含まれません。「文脈でなく単語の意味が重要」である点を思い出しましょう。この点(C)の「うまく」も同様です。(D)の「ひそかに」もやはり「気質」ではありません。

【その他の品詞】名詞：resolution「①決意、決心　②決議、決定」　形容詞：resolute

【その他の同義語】doggedly, firmly, unwaveringly（Q.828 では形容詞として掲載）

[訳] アメリカ独立戦争中にのどが渇いた最前線の兵士に毅然として水を運んだ女性は、モリー・ピッチャー（pitcher：水差し）のニックネームを与えられたと言われている。

※ 身元に関して複数の女性の名が挙げられていますが、現時点では未判定です。

Chapter 4

副詞

519

赤字部分の単語の同義語を(A)～(D)の中から1つ選んでください。◀ 988-991

Q.988 With no apparent centralized control mechanism, a swarm of birds or insects appears to move **erratically**.

(A) irregularly

(B) constantly

(C) effortlessly

(D) systematically

Q.989 Unable to reproduce on their own, viruses do so **copiously** only after they infect the host cells.

(A) quickly

(B) plentifully

(C) periodically

(D) naturally

Q.990 When improperly used, some pesticides could **detrimentally** affect the ability of insects to pollinate, which leads to the reduction of agricultural output.

(A) permanently

(B) harmfully

(C) unintentionally

(D) immediately

Q.991 White-nose syndrome, a new fungal disease killing millions of bats in North America, was **presumably** brought from Europe through human activities.

(A) accidentally

(B) gradually

(C) intentionally

(D) probably

学習歴 (/) (/) (/) (/) (/)

Q.988 ★★★　　　　　　　　　　正解　(A) irregularly

erratically は「不規則に」。(B)の「絶えず、常に」はかなり意味に差があります。(C)の「楽々と」は「規則性」ではなく、「作法」の意味ですね。(D)の「体系的に、組織的に」は「手法」に関する意味です。

【その他の品詞】形容詞：erratic「不規則な、とっぴな」

【その他の同義語】abnormally, inconsistently, unpredictably

[訳] 明確な集中制御機構がないため、鳥や昆虫の群れは不規則に動いているように見える。

※ 各個体が間隔を一定に保ちながら飛ぶ swarming「群飛（ぐんぴ）」により、不規則ながらも衝突しない飛行が可能になります。

Q.989 ★★★　　　　　　　　　　正解　(B) plentifully

copiously は「多量に、豊富に」なので明らかに「量」に関するものです。(A)の「すぐに」は明らかに別の性質の言葉です。(C)の「定期的に」は「量」ではなく「頻度」です。(D)の「自然に」も「量」とは異なりますね。

【その他の品詞】形容詞：copious「豊富な」

【その他の同義語】abundantly, amply（Q.971）, bountifully（Q.958）

[訳] 自ら増殖が出来ないウイルスは宿主（しゅくしゅ）の細胞に感染した後にのみ大量に増殖する。

※ host：图 宿主　寄生する相手の生物で、この用法では「やどぬし」とは言わないのが一般的です。

※ ウイルス（一般的には“非生物”と定義）：自ら増殖できず、細胞を持たない。　細菌（生物）：分裂により増殖し、細胞を有する。

Q.990 ★★★　　　　　　　　　　正解　(B) harmfully

detrimentally は「有害に」。(A)の「永久に」は文脈的には「永久に影響を及ぼし」と自然ですが、detrimentally には「永久に」に含まれる「期間」の意味はありません。(C)の「意図せずに」も「有害」とは異なりますし、(D)の「即座に」も同様です。

【その他の品詞】形容詞：detrimental「有害な」

【その他の同義語】adversely（Q.936）, deleteriously（Q.968）, negatively

[訳] 不適切に使用すると一部の殺虫剤は昆虫の受粉能力に悪影響を及ぼし、農業生産量の減少につながる可能性がある。

※ pollinate：他動 (〜に)受粉する

Q.991 ★★　　　　　　　　　　　正解　(D) probably

presumably は「恐らく、多分」で、「可能性は高いものの 100％確実ではない」のがポイントです。(A)の「誤って」は「可能性」に関する意味ではありません。(B)の「徐々に」も別の性質の言葉です。(C)の「意図的に」は正解の意味する「可能性の程度」と別になります。

【その他の品詞】自動詞＆他動詞：presume「(〜と)推定する」　名詞：presumption「①推定　②でしゃばり、ずうずうしさ」　形容詞：presumptive「推定に基づく」

【その他の同義語】in all likelihood, most likely

[訳] 北米で何百万ものコウモリを殺す新しい真菌性疾患である白鼻症候群は、恐らく人間の活動を通じてヨーロッパからもたらされた。

※ 今世紀に入ってから拡大中の病気で、名称の通り菌が原因で鼻が変色するのが症状の一つです。

Chapter 4

副詞

赤字部分の単語の同義語を(A)〜(D)の中から1つ選んでください。◀ 992-995

Q.992 Not only for their simple way of life, but the Amish are also known for their **delicately** carved furniture.

    (A) perfectly

    (B) sharply

    (C) finely

    (D) boldly

Q.993 **Ultimately**, the U.S. Supreme Court has the power to decide if laws passed by Congress violate the Constitution.

    (A) Theoretically

    (B) Legally

    (C) Currently

    (D) Finally

Q.994 Photographer Alfred Stieglitz's quarterly magazine *Camera Work* was **profusely** illustrated by the works of many gifted photographers of the day.

    (A) abundantly

    (B) periodically

    (C) graphically

    (D) brilliantly

Q.995 Among more than 300 species of marsupials, only red kangaroos and eastern gray kangaroos, including those kept in the zoo, use their left hand almost **exclusively**.

    (A) skillfully

    (B) spontaneously

    (C) occasionally

    (D) only

学習歴 (/) (/) (/) (/) (/)

Q.992 ★★　　　　　　　　　　　　　　　　　正解　(C) finely

delicately は「①優美(繊細)に　②微妙(精巧)に」。形容詞がカタカナ語の「デリケート」ですが、発音は「デリカット」なのでご注意を。(A)の「完璧に」は「完璧に彫られた」と文脈的には自然ですが、「優美」という意味は含まないので(C)finely が優先されます("closest in meaning"を思い出しましょう)。(B)の「鋭く、くっきりと」は意味として明らかに違いがあります。この点は(D)の「大胆に」も同様です。

【その他の品詞】名詞：delicacy「①優美　②精密」　形容詞：delicate
【その他の同義語】exquisitely, minutely(Q.963)

[訳] アーミッシュはシンプルな生活様式だけでなく、優美に彫られた家具でも知られている。

Q.993 ★★　　　　　　　　　　　　　　　　　正解　(D) Finally

ultimately は「①(文全体を修飾して)最終的には、究極的には　②最後になって」。今回は「下級裁判所で判決が出ても、最終的には(常に)連邦最高裁判所が違憲かどうかを決める力を持つ」との趣旨です。(A)の「理論上は」には、「理論上は〜だけども実際は違う可能性がある」との意味合いがあるので、「最終的に」とは相容れません。(B)の「法的には」は、文脈的には自然ですが、そこが「ひっかけ」でした。そろそろ1000問を解き終えるので、もう私の策略は見抜いてしまいましょう。(C)の「現時点では」は文脈的には自然ですが、「最終的に」といった意味がありません。

【その他の品詞】名詞：ultimatum「最後通牒」　形容詞：ultimate
【その他の同義語】In the end, After all

[訳] 最終的には連邦最高裁判所が議会で可決された法律が憲法に違反しているかどうかを決定する。

Q.994 ★★★　　　　　　　　　　　　　　　　　正解　(A) abundantly

profusely は「豊富に、多量に」なので「量」がポイントです。(B)の「定期的に」は(四半期誌)からイメージしやすいですが、「頻度」に関する意味なので、この点を混同してはいけません。(C)の「①生き生きと　②図表で示しながら」で、写真の内容からイメージしやすいですが、「量」ではありません。(D)の「素晴らしく」は異なる性質の言葉です。

【その他の品詞】名詞：profusion「多量、豊富」　形容詞：profuse
【その他の同義語】amply(Q.971), bountifully(Q.958), copiously(Q.989)

[訳] 写真家アルフレッド・スティーグリッツの四半期誌『カメラワーク』は、当時の多くの才能ある写真家による作品が豊富に掲載されていた。

 20世紀前半のアメリカで写真を芸術のレベルにまで高めた功労者です。

Q.995 ★★　　　　　　　　　　　　　　　　　正解　(D) only

exclusively は「もっぱら、全く〜のみ」、つまり「限定性」の意味です。(A)の「うまく」は異なる性質のものものです。(B)の「自発的に、無意識に」はあくまでも「意識をしていない」の意味なので、これのみでは「〜のみ」という意味にはなりません。(C)の「時折」は、同義にするには頻度が弱くなります。

【その他の品詞】他動詞：exclude「〜を除外する」　名詞：exclusion「除外、排除」
【その他の同義語】alone

[訳] 300種以上の有袋類(ゆうたいるい)の中で、動物園で飼われているものを含むアカカンガルーとオオカンガルーのみが左手をほぼもっぱら使用する。

赤字部分の単語の同義語を(A)〜(D)の中から1つ選んでください。 🔊 996-999

Q.996 In roughly five billion years, the Sun will use up all its hydrogen for nuclear fusion and radically expand, **literally** gobbling up all of the planets in the solar system, including the Earth.

(A) quickly

(B) actually

(C) eventually

(D) gradually

Q.997 While High Renaissance artists generally valued accurate and balanced depiction of human bodies, Mannerism artists employed **fairly** exaggerated portrayals such as elongated arms and small faces.

(A) quite

(B) vertically

(C) slightly

(D) purposely

Q.998 The Savanna ecosystem is primarily characterized by **sparsely** spaced trees with an open canopy, which allows a lot of sunlight to reach the understory, some of which are shade-tolerant trees.

(A) heavily

(B) evenly

(C) naturally

(D) thinly

Q.999 With the enactment of the Homestead Acts in 1862, 1.6 million people received 160 acres of public land per person on the condition that they would work on the land **enthusiastically** for five years.

(A) independently

(B) cooperatively

(C) eagerly

(D) frequently

学習歴 （　／　）（　／　）（　／　）（　／　）（　／　）

Q.996 ★★　　　　　　　　　　　　　　正解　(B) actually

literally は「文字通り、実際に」で、「本当に〜が発生する」という「強調」の役割です。今回は「文字通り飲み込む、実際に飲み込む」となります。literature「文学」を思い出した方は少し有利だったかもしれません。(A)の「素早く」は、「文字通り」の強調とは異なります。この点は(C)の「やがて」も同様です。(D)の「徐々に」は文脈的には OK ですが、意味は違います。
【その他の同義語】really, truly

[訳] 約 50 億年後に太陽は核融合のための水素の全てを使い果たし、地球を含む太陽系のすべての惑星を文字通り飲み込むであろう。。
※　太陽の寿命は 100 億年と言われるので 50 億年後の事態ですが、地球は永遠ではないのです。

Q.997 ★　　　　　　　　　　　　　　　正解　(A) quite

fairly は「①かなり、相当　②公正に、公平に」なので「程度の強調」の役割です。(B)の「縦に」は「引き伸ばされた腕」からイメージしやすいですが、意味としては別です。(C)の「わずかに」は逆ですね。(D)の「故意に、わざと」は「程度の強調」とは別です。
【その他の同義語】really

[訳] 盛期ルネサンス芸術家は一般的に人体の正確でバランスのとれた描写を重視したが、マニエリスム芸術家は伸ばされた腕や小さな顔などのかなり誇張された描写を用いた。
※　elongated：形 引き伸ばされた
※　Mannerism：名 マニエリスム（盛期ルネッサンスの後期に現れた美術）

マニエリスムは TOEFL では「マンネリ、動作・話し方の癖」以外に注意したい意味です。

Q.998 ★★★　　　　　　　　　　　　　正解　(D) thinly

sparsely は「まばらに、乏しく」。(A)の「大量に」は逆でした。(B)の「均等に」に含まれる「規則的」の意味合いは sparsely には含まれません。(C)の「自然に」を「まばらに」と同義にすると混乱を招きます。なお問題文には関連重要単語が山盛りです。
【その他の品詞】名詞：sparsity「まばら」 【その他の同義語】lightly

[訳] サバンナ生態系は主に開いた林冠（りんかん）を持つまばらな間隔の木々によって特徴付けられ、これにより多くの日光がいくつかの陰樹を含む下層植生に到達する。
※　canopy：名 林冠　木の上部の葉の多い部分
※　understory：名 下層植生　林冠のある木の周辺にある背の低い植物の集団
※　shade tolerant tree：名 陰樹　太陽光をあまり必要としない木

Q.999 ★　　　　　　　　　　　　　　　正解　(C) eagerly

enthusiastically は「熱心に、熱中して」。(A)の「独立して」には「熱心さ、熱意」といった意味は含まれません。この点は(B)の「協力的に」も同様です。(D)の「頻繁に」は「頻度」の意味なので、「熱心に」といった「感情」とは異なります。
【その他の品詞】名詞：enthusiasm「熱意、熱中」　形容詞：enthusiastic
【その他の同義語】ardently（Q.768 では形容詞として掲載），avidly（Q.880 では形容詞として掲載），wholeheartedly

[訳] 1862 年にホームステッド法が制定された結果、160 万人が 5 年間熱心に土地を手入れするという条件で 1 人当たり 160 エーカーの公有地を受け取った。
※　homestead：名 自作農場、農家

この法律によりアメリカの自営農民の数が急増しました。

Chapter 4

副詞

赤字部分の単語の同義語を(A)〜(D)の中から1つ選んでください。◀ 1000

Q.1000 At volcanoes, landslides **readily** occur because acid groundwater breaks down rocks into small pieces, which are more likely to slide downward.

(A) easily

(B) gradually

(C) occasionally

(D) eventually

学習歴 (/) (/) (/) (/) (/)

Q.1000 ★ 　　　　　　　　　　　　　　　　正解 （A） easily

readily は「①簡単に、容易に、すぐに　②快く、進んで」。(B)の「徐々に」はどちらかと言えば逆に近い意味です。(C)の「時折、たまに」は「頻度」の意味で、「簡単に、すぐに」とは異なるものです。(D)の「やがて、最後には」は明らかに別の性質の言葉です。

【その他の品詞】名詞：readiness「準備が出来ていること」　形容詞：ready「①準備のできた②即座の」

【その他の同義語】quickly

[訳] 火山では酸性地下水が岩石を小さく分解し、破片が下方に滑る可能性が高いので、地すべりが容易に発生する。

見出し語索引リスト

見出し語	発音記号	難易度	Q.
A			
abandon	[əbǽndən]	★	019
abbreviate	[əbríːvièit]	★★★	001
abide (by)	[əbáid]	★★★	029
abolish	[əbáliʃ]	★★	288
abound (with)	[əbáund]	★★★	101
abrupt	[əbrʌ́pt]	★★	759
accelerate	[əksélərèit]	★★	285
acclaim	[əkléim]	★★★	281
accumulate	[əkjúːmjulèit]	★★	204
acrimonious	[æ̀krimóuniəs]	★★★	794
acute	[əkjúːt]	★★	632
adapt	[ədǽpt]	★	048
adept (at)	[ədépt]	★★★	891
adhere (to)	[ədhíər]	★★★	158
adjacent	[ədʒéisənt]	★★★	631
adorn	[ədɔ́rn]	★★★	076
advent	[ǽdvent]	★★★	562
adversely	[ædvɔ́ːrsli]	★★★	936
advocate	[ǽdvəkèit]	★★★	118
affection	[əfékʃən]	★★	436
affirm	[əfɔ́rm]	★★	145
afflict	[əflíkt]	★★★	267
affluent	[ǽfluənt]	★★	614
aggravate	[ǽgrəvèit]	★★★	324
aggregation	[æ̀grigéiʃən]	★★★	553
agile	[ǽdʒəl]	★★★	636
agonizingly	[ǽgənàiziŋli]	★★★	974
agrarian	[əgré(ə)riən]	★★★	850
ailment	[éilmənt]	★★★	416
alienate	[éiliənèit]	★★★	066
allay	[əléi]	★★★	079
allegiance	[əlíːdʒəns]	★★★	423
alleviate	[əlíːvièit]	★★★	186
allocate	[ǽləkèit]	★★★	112
alternative	[ɔːltɔ́ːrnətiv]	★	644
amass	[əmǽs]	★★★	325
ambiguously	[æmbígjuəsli]	★★	972
ambitious	[æmbíʃəs]	★	658
ambivalence	[æmbívələns]	★★★	433
amend	[əménd]	★★	156
amply	[ǽmpli]	★★	971
analogy	[ənǽlədʒi]	★★	435
annihilate	[ənáiəlèit]	★★★	283
anonymous	[ənánəməs]	★★	648
antagonize	[æntǽgənàiz]	★★★	260
anticipate	[æntísəpèit]	★★	181
antithesis	[æntíθəsis]	★★★	383
apathetic	[æ̀pəθétik]	★★★	731
apparatus	[æ̀pərǽtəs]	★★	380
applicable	[ǽplikəbl]	★★	729
appropriately	[əpróupriətli]	★	945
approximately	[əpráksimitli]	★★	962
apt	[ǽpt]	★	586
aptitude	[ǽptitjùːd]	★★★	557
arable	[ǽrəbl]	★★★	778
arbitrarily	[ɑ́ːrbətrerəli]	★★★	981
ardent	[ɑ́rdnt]	★★★	768
arduous	[ɑ́rdʒuəs]	★★★	601
arid	[ǽrid]	★★★	907
arithmetic	[əríθmətik]	★	567
arouse	[əráuz]	★★	225
articulate	[ɑrtíkjəleit]	★★★	033
ascend	[əsénd]	★★	152
ascertain	[æ̀sərtéin]	★★	061
ascribe	[əskráib]	★★★	015
aspiration	[æ̀spəréiʃən]	★★★	512
assembly	[əsémbli]	★	532
assessment	[əsésmənt]	★	481
assiduously	[əsídʒuəsli]	★★★	942
assign	[əsáin]	★	268
assimilate	[əsíməlèit]	★★★	008
assorted	[əsɔ́rtid]	★★	922
astonish	[əstániʃ]	★★	274
astound	[əstáund]	★★★	120
astronomical	[æ̀strənámikəl]	★★	785
astute	[əstúːt]	★★★	739
attest (to)	[ətést]	★★★	097
audacious	[ɔdéiʃəs]	★★★	929

528

auditory	[ɔ́dətɔ̀ri]	★★★	741
augment	[ɔːgmént]	★★★	023
austere	[ɔstír]	★★★	608
autonomous	[ɔtánəməs]	★★	760
avert	[əvɔ́rt]	★★★	214
avid	[ǽvid]	★★★	880

B

backbone	[bǽkbòun]	★	551
baffle	[bǽfl]	★★★	122
ban	[bǽn]	★	155
barren	[bǽrən]	★★	788
bedrock	[bédràk]	★	425
benevolent	[bənévələnt]	★★★	606
benign	[bináin]	★★★	933
bestow	[bistóu]	★★★	083
bewilder	[biwíldər]	★★★	367
biased	[báiəst]	★★	616
biting	[báitiŋ]	★★	626
bizarre	[bizár]	★★★	630
blaze	[bléiz]	★★	140
blemish	[blémiʃ]	★★★	514
blunder	[blʌ́ndər]	★★★	571
blunt	[blʌ́nt]	★★	687
blurred	[blɔ́ːrd]	★★★	585
boundlessly	[báundləsli]	★★	969
bountifully	[báuntifəli]	★★★	958
breach	[bríːtʃ]	★★	482
breakthrough	[bréikθrùː]	★★	453
brink	[bríŋk]	★★	391
brisk	[brísk]	★★	885
brittle	[brítl]	★★	918
bulk	[bʌ́lk]	★★	573
bungle	[bʌ́ŋgl]	★★★	248
burgeoning	[bɔ́ːdʒəniŋ]	★★★	584
bustling	[bʌ́sliŋ]	★★★	621

C

caliber	[kǽləbər]	★★★	397
candid	[kǽndid]	★★★	770
captivate	[kǽptəvèit]	★★★	198
caricature	[kǽrikətʃər]	★★★	448
cast (off)	[kǽst]	★★	292
caustic	[kɔ́stik]	★★★	926
cease	[síːs]	★★	002

chamber	[tʃéimbər]	★★	445
champion	[tʃǽmpiən]	★★	105
circumscribe	[sɔ́rkəmskràib]	★★★	370
circumvent	[sɔ̀rkəmvént]	★★★	235
cite	[sáit]	★★	290
clarify	[klǽrifài]	★★	004
classify	[klǽsəfài]	★★	263
cling	[klíŋ]	★★	221
clout	[kláut]	★★★	408
clue	[klúː]	★	556
coagulate	[kouǽgjəlèit]	★★★	027
coarse	[kɔrs]	★★	765
cognitive	[kɔ́gnitiv]	★★★	910
coherent	[kouhíərənt]	★★★	801
coin	[kɔ́in]	★	082
collaborate	[kəlǽbərèit]	★★	303
collide	[kəláid]	★★	347
colloquial	[kəlóukwiəl]	★★★	655
colonize	[kálənàiz]	★	151
colossal	[kəlásəl]	★★★	693
commemorate	[kəmémərèit]	★★★	254
commence	[kəméns]	★★	062
commensurate (with)	[kəménsərət]	★★★	672
compassionate	[kəmpǽʃənit]	★★	806
compel	[kəmpél]	★★	072
compile	[kəmpáil]	★★	272
compose (of)	[kəmpóuz]	★	371
comprehensible	[kàmprəhénsəbəl]	★★	879
comprise (of)	[kəmpráiz]	★★	135
compromise	[kámprəmàiz]	★	399
compulsory	[kəmpʌ́lsəri]	★★	718
conceal	[kənsíːl]	★★	148
conceive	[kənsíːv]	★★	040
concisely	[kənsáisli]	★★	965
concoct	[kənkákt]	★★★	243
concur	[kənkɔ́r]	★★★	009
conducive	[kəndjúːsiv]	★★★	745
confer	[kənfɔ́r]	★★	173
configuration	[kənfìgjəréiʃən]	★★★	438
confine	[kənfáin]	★★	167
confront	[kənfrʌ́nt]	★★	344
congregate	[káŋgrəgèit]	★★★	237
conjecture	[kəndʒéktʃər]	★★★	472

connotation	[kànətéiʃən]	★★★	412	decree	[dikríː]	★★★	437
conscientiously	[kànʃiénʃəsli]	★★★	970	dedicate	[dédikit]	★★	174
consecutive	[kənsékjətiv]	★★	657	deem	[díːm]	★★	300
consent	[kənsént]	★★	548	defer (to)	[difɔ́r]	★★★	069
conserve	[kənsɔ́rv]	★★	126	deficient (in)	[difíʃənt]	★★	927
conspicuous	[kənspíkjuəs]	★★	686	definite	[défənət]	★	697
consternation	[kànstərnéiʃən]	★★★	390	definitive	[difínətiv]	★★★	685
constitute	[kánstətùːt]	★★	021	deflect	[diflékt]	★★★	269
constraint	[kənstréint]	★★	483	deft (at)	[deft]	★★★	701
constrict	[kənstríkt]	★★★	050	defy	[difái]	★★	053
contaminate	[kəntǽminèit]	★★	111	degrade	[digréid]	★★	129
contemplate	[kántəmplèit]	★★	323	deity	[díːəti]	★★★	463
contented	[kənténtəd]	★★	783	delegate (to)	[déligət]	★★	458
contention	[kənténʃən]	★★	542	deleteriously	[dèlitíəriəsli]	★★★	968
contingent (on)	[kəntíndʒənt]	★★★	624	deliberately	[dilíbərətli]	★★	978
contract	[kəntrǽkt]	★★	006	delicately	[délikətli]	★★	992
contrive	[kəntráiv]	★★★	034	deluge	[déljuːdʒ]	★★★	222
controversial	[kàntrəvɔ́ːrʃəl]	★	819	demise	[dimáiz]	★★★	513
convene	[kənvíːn]	★★★	354	demolish	[dimáliʃ]	★★★	311
conventional	[kənvénʃənəl]	★	612	denounce	[dináuns]	★★	080
converge	[kənvɔ́rdʒ]	★★★	286	densely	[densli]	★★	979
convert	[kənvɔ́rt]	★★	184	depiction	[dipíkʃən]	★★	417
convey	[kənvéi]	★★	114	deplete	[diplít]	★★★	102
conviction	[kənvíkʃən]	★	582	deplore	[diplɔ́r]	★★★	199
cope (with)	[kóup]	★★	121	depress	[diprés]	★★	252
copiously	[kóupiəsli]	★★★	989	deprive (of)	[dipráiv]	★★	363
corroborate	[kərábərèit]	★★★	147	deride	[diráid]	★★★	345
couch	[káutʃ]	★★★	312	derive	[diráiv]	★★	314
counteract	[kàuntərǽkt]	★★★	365	deserve	[dizɔ́ːrv]	★	098
credible	[krédəbəl]	★★	834	desolate	[désəlit]	★★	738
creek	[kríːk]	★★	503	desperately	[déspərətli]	★	943
creep	[kríːp]	★★	340	despondent	[dispándənt]	★★★	674
crude	[krúːd]	★★	935	destiny	[déstəni]	★	475
culminate	[kʌ́lmənèit]	★★★	299	destitute	[déstitùːt]	★★★	882
cultivate	[kʌ́ltəvèit]	★★	364	detached	[ditǽtʃt]	★★	633
curb	[kɔ́rb]	★	348	deter	[ditɔ́r]	★★★	334
currency	[kɔ́ːrənsi]	★	414	deterioration	[ditìəriəréiʃən]	★★★	429
curtail	[kərtéil]	★★★	331	detractor	[ditrǽktər]	★★★	420
D				detrimentally	[dètrəméntəli]	★★★	990
dazzling	[dǽzliŋ]	★★★	793	devastate	[dévəstèit]	★★★	291
debris	[dəbríː]	★★★	506	deviate	[díːvièit]	★★★	149
deceptive	[diséptiv]	★★★	705	devoid (of)	[divɔ́id]	★★★	662
decisive	[disáisiv]	★★	723	devoted	[divóutəd]	★★	897

devour	[diváuər]	★★★	064
dictate	[díktèit]	★★★	203
diffuse	[difjúːz]	★★★	137
dilute	[dailúːt]	★★	327
dim	[dím]	★★	852
dire	[dáiər]	★★★	813
disarray	[dìsəréi]	★★★	452
disbelief	[dìsbilíːf]	★★	583
discard	[diskάːrd]	★★	084
discern	[disə́rn]	★★	133
discord	[dískɔrd]	★★	497
discrepancy	[diskrépənsi]	★★★	566
discrete	[diskríːt]	★★★	898
discretion	[diskréʃən]	★★	465
disguise	[disgáiz]	★★	104
dismal	[dízməl]	★★	798
dismiss	[dismís]	★	294
disoriented	[dɪsɔ́rièntɪd]	★★	713
disparity	[dispǽrəti]	★★★	518
disperse	[dispərs]	★★	038
displace	[displéis]	★★	093
dispose (of)	[dispóuz]	★★	234
disproportionately	[dìsprəpórʃənətli]	★★★	960
disregard	[dìsrigárd]	★	117
disrupt	[disrʌ́pt]	★★★	257
disseminate	[disémənèit]	★★★	273
dissension	[disénʃən]	★★★	544
dissipate	[dísəpèit]	★★★	359
dissolve	[dizálv]	★★	028
distinct	[distíŋkt]	★	676
distort	[distɔ́rt]	★★	302
diverge	[dəvə́rdʒ]	★★★	013
divert	[dəvə́rt]	★★	142
divine	[diváin]	★★	618
divulge	[dəvʌ́ldʒ]	★★★	317
docile	[dásəl]	★★★	870
dominant	[dámənənt]	★★	622
donation	[dounéiʃən]	★	460
dormant	[dɔ́rmənt]	★★★	605
drab	[drǽb]	★★★	774
drawback	[drɔ́bæ̀k]	★★★	505
dread	[dréd]	★★	296
dub	[dʌ́b]	★★★	014

dubious	[dúːbiəs]	★★★	733
duration	[djuréiʃən]	★★	473
dusk	[dʌ́sk]	★★	491
dwell	[dwél]	★★	357
dwindle	[dwíndl]	★★★	194
E			
earnestly	[ə́ːrnistli]	★★	952
edible	[édəbl]	★★★	797
efficacy	[éfikəsi]	★★★	581
elaborate	[ilǽbərət]	★★	721
elated (at)	[iléitəd]	★★★	746
elevate	[éləvèit]	★★	212
elicit	[ilísit]	★★★	187
eligible	[élidʒəbl]	★★	767
eloquent	[éləkwənt]	★★★	691
embed	[embéd]	★★★	109
embellish	[embéliʃ]	★★★	210
embody	[embádi]	★★★	242
embrace	[embréis]	★★	131
emit	[imít]	★★★	005
empirical	[empírikəl]	★★★	787
empower	[empáuər]	★★★	355
emulate	[émjəlèit]	★★★	051
encircle	[ensə́rkəl]	★★	206
encompass	[enkʌ́mpəs]	★★★	326
encounter	[enkáuntər]	★	060
encroachment	[enkróutʃmənt]	★★★	382
endeavor	[endévər]	★★	247
endemic	[endémik]	★★★	796
endorse	[endɔ́rs]	★★★	266
endowment	[indáumənt]	★★	529
engrave	[engréiv]	★★★	077
engrossed (in)	[ɪngróst]]	★★★	791
enhance	[enhǽns]	★★	042
enigma	[inígmə]	★★★	407
enlighten	[enláitən]	★★	096
enlist	[enlíst]	★★★	160
enmity	[énməti]	★★★	431
ensuing	[insjúːiŋ]	★★	928
entail	[entéil]	★★★	127
enthusiastically	[inθjùːziǽstikəli]	★	999
entice	[entáis]	★★★	350
entitle	[entáitl]	★★	045

entity	[éntəti]	★★	525
entomb	[entúm]	★★★	305
envelop	[envéləp]	★★★	358
envision	[envíʒən]	★★★	030
equilibrium	[i:kwəlíbriəm]	★★★	432
equivalent	[ikwívələnt]	★★	757
equivocally	[ikwívəkəli]	★★★	976
eradicate	[irǽdikèit]	★★★	110
erratically	[ɪrǽtɪkli]	★★★	988
erroneously	[əróuniəsli]	★★	954
esteem	[istí:m]	★★	462
etch	[étʃ]	★★★	056
evacuate	[ivǽkjuèit]	★★★	020
evoke	[ivóuk]	★★★	346
exceedingly	[iksí:diŋli]	★★	957
exceptionally	[iksépʃənəli]	★	975
exclusively	[iksklú:sivli]	★★	995
excruciatingly	[ikskrú:ʃi:èitiŋli]	★★★	947
excursion	[ikskə́:rʒən]	★	389
exemplary	[egzémpləri]	★★★	913
exempt (from)	[igzémpt]	★★★	859
exert	[igzə́rt]	★★	308
exhaustively	[egzɔ́stivli]	★★	966
exhilarate	[igzílərèit]	★★★	256
exile	[égzail]	★★★	085
expansive	[ikspǽnsiv]	★	744
expedition	[èkspədíʃən]	★★	580
expeditious	[èkspədíʃəs]	★★	902
explicit	[iksplísit]	★★★	651
exploit	[eksplɔ́it]	★★	177
exponentially	[èkspounénʃəli]	★★★	982
expressly	[iksprésli]	★★	940
extensive	[iksténsiv]	★	893
extinction	[ikstíŋkʃən]	★★	424
extol	[ikstóul]	★★★	182
extract	[ikstrǽkt]	★★	143
extravagant	[ikstrǽvəgənt]	★★	875
exuberant	[igzú:bərənt]	★★★	815
F			
facet	[fǽsit]	★★★	372
facilitate	[fəsílətèit]	★★	360
faction	[fǽkʃən]	★★★	489
fairly	[fέərli]	★	997

fatigue	[fətí:g]	★★	468
faulty	[fɔ́lti]	★★	679
feasible	[fí:zəbəl]	★★★	871
feat	[fí:t]	★★	533
feeble	[fíbəl]	★★	617
ferocious	[fəróuʃəs]	★★★	688
fertile	[fə́:rtəl]	★★	611
fervor	[fə́:rvər]	★★★	400
fidelity	[fidéləti]	★★★	487
fierce	[fíərs]	★★	766
flamboyant	[flæmbɔ́iənt]	★★★	683
flee	[flí:]	★	201
fluctuate	[flʌ́ktʃuèit]	★★★	343
fluid	[flúid]	★★	684
foliage	[fóuliidʒ]	★★★	476
foothold	[fúthòuld]	★★★	493
forage (for)	[fɔ́ridʒ]	★★	065
forebear	[fɔ́rbèr]	★★★	430
foremost	[fɔ́rmòust]	★★	639
forerunner	[fɔ́rrʌ̀nər]	★★★	441
forestall	[fɔrstɔ́:l]	★★★	330
foretell	[fɔrtél]	★★★	336
formidable	[fɔ́rmidəbl]	★★	753
formulate	[fɔ́rmjəlèit]	★★	213
forsake	[fərséik]	★★★	218
fortify	[fɔ́rtəfài]	★★★	168
fortuitous	[fɔrtú:ətəs]	★★★	704
foster	[fɔ́stər]	★★	179
foul	[fául]	★★	108
fracture	[frǽktʃər]	★★★	415
fragile	[frǽdʒəl]	★★	854
fragmentary	[frǽgməntèri]	★★	673
frail	[fréil]	★★	677
fraught (with)	[frɔt]	★★★	924
friction	[fríkʃən]	★	490
fright	[fráit]	★★	558
frigid	[frídʒid]	★★★	777
frown (upon)	[fraun]	★★	329
frugal	[frúgəl]	★★	647
fulfillment	[fulfílmənt]	★	392
fume	[fjú:m]	★★★	456
furnish	[fə́rniʃ]	★★	233
fuse	[fjú:z]	★★	132

G

gauge	[géidʒ]	★★	017
gem	[dʒém]	★★	494
genesis	[dʒénisis]	★★★	536
genuinely	[dʒénjuinli]	★★	955
gifted	[gíftəd]	★	756
gigantic	[dʒaigǽntik]	★★	866
glare	[gléər]	★★	450
gleam	[glíːm]	★★	282
glimpse	[glímps]	★	396
glitter	[glítər]	★★	474
grab	[grǽb]	★	115
grandeur	[grǽndʒər]	★★★	504
grapple	[grǽpəl]	★★★	307
grasp	[grǽsp]	★	422
gratifying	[grǽtifàiiŋ]	★★	803
grave	[gréiv]	★★	590
gregarious	[grigéəriəs]	★★★	920
grievance	[gríːvns]	★★★	379
grim	[grím]	★★	638
grudging	[grʌ́dʒiŋ]	★★★	881
grueling	[grúːəliŋ]	★★★	668
grumble	[grʌ́mbəl]	★★★	195

H

halt	[hɔlt]	★★	226
hamper	[hǽmpər]	★★★	153
haphazard	[hæphǽzərd]	★★★	724
hardship	[hárdʃip]	★	419
harness	[hárnəs]	★★★	227
harvest	[hárvist]	★	543
hasten	[héisn]	★★	007
haul	[hɔl]	★★★	352
haze	[héiz]	★★	517
headway	[hédwèi]	★★★	471
heighten	[háitən]	★★	366
hence	[héns]	★★	949
herald	[hérəld]	★★★	318
heritage	[hérətidʒ]	★	540
hierarchy	[háiərùrki]	★★	508
hind	[háind]	★★★	905
hinge (on)	[híndʒ]	★★★	171
hollow	[hálou]	★	694
hub	[hʌ́b]	★★	464

humid	[hjúːmid]	★★	771
humiliate	[hjuːmílièit]	★★	341
hypothesis	[haipáθəsis]	★★	535

I

illegitimate	[ìlidʒítəmət]	★★★	714
illicit	[ilísit]	★★★	878
illustrious	[ilʌ́striəs]	★★★	708
immeasurable	[iméʒərəbl]	★	592
immerse	[imɔ́rs]	★★★	262
imminent	[ímənənt]	★★★	758
immune	[imjúːn]	★★★	843
impair	[impéər]	★★★	271
impart	[impárt]	★★★	183
impartial	[impárʃəl]	★★	740
impasse	[ímpæs]	★★★	569
impede	[impíːd]	★★★	138
imperative	[impérətiv]	★★★	772
imperceptible	[ìmpərséptəbl]	★★	888
impermeable	[impɔ́ːrmiəbəl]	★★★	619
impervious	[impɔ́ːrviəs]	★★★	650
impetus	[ímpətəs]	★★★	538
implication	[ìmplikéiʃən]	★★★	479
implore	[implɔ́r]	★★★	332
imposing	[impóuziŋ]	★	832
impoverished	[impávəriʃt]	★★★	840
imprecise	[ìmprəsáis]	★	719
imprint	[ímprint]	★★★	413
imprudent	[imprúːdnt]	★★	710
inadvertent	[inədvɔ́ːrtənt]	★★★	751
inborn	[ínbɔ́rn]	★★★	702
inception	[insépʃən]	★★★	398
incessant	[insésənt]	★★★	934
incinerate	[insínərèit]	★★★	136
incite	[insáit]	★★★	191
inclined	[inkláind]	★★	728
incompatible (with)	[ìnkəmpǽtəbl]	★★	911
incredulity	[ìnkrədúːləti]	★★★	541
indelible	[indéləbəl]	★★★	781
indigenous	[indídʒənəs]	★★★	599
indispensable	[ìndispénsəbl]	★★	812
induce	[indúːs]	★★	107
inert	[inɔ́ːrt]	★★★	800
inevitable	[inévətəbl]	★	698

inferior	[infíriər]	★★★	667	knack	[næk]	★★★	576
infiltrate	[infíltreit]	★★★	165	**L**			
infinitely	[ínfənitli]	★★	973	laden	[léidn]	★★★	588
infuriate	[infjúrièit]	★★★	037	lament	[ləmént]	★★	353
infusion	[infjúːʒən]	★★★	510	languid	[læŋgwid]	★★★	889
ingenious	[indʒínjəs]	★★	822	laud	[lɔd]	★★★	144
ingest	[indʒést]	★★★	251	lavish	[lǽviʃ]	★★	901
ingredient	[ingríːdiənt]	★	467	legible	[lédʒəbl]	★★★	909
inhabitant	[inhǽbətənt]	★★	574	lengthy	[léŋkθi]	★★	589
inherent	[inhíərənt]	★★	587	lenient (with)	[líːnjənt]	★★★	649
inhibit	[inhíbit]	★★★	130	lethal	[líθəl]	★★	861
innate	[inéit]	★★★	670	lethargic	[ləθárdʒik]	★★★	865
innocuous	[inákjuəs]	★★★	762	linger	[líŋgər]	★★	018
innumerable	[inúmerəbəl]	★★★	900	literally	[lítərəli]	★★	996
insatiable	[inséiʃəbəl]	★★★	789	litter	[lítər]	★★	116
insight (into)	[ínsàit]	★★	461	loathe	[lóuð]	★★★	220
inspect	[inspékt]	★★	362	loot	[lúːt]	★★★	046
instigate	[ínstigèit]	★★★	074	lucidly	[lúːsidli]	★★★	983
institute	[ínstətùːt]	★	172	lucrative	[lúːkrətiv]	★★	821
instrument	[ínstrəmənt]	★	451	ludicrous	[lúːdikrəs]	★★★	747
intact	[intǽkt]	★★★	660	lumber	[lʌ́mbər]	★★	446
integral	[íntəgrəl]	★★	912	luminous	[lúːmənəs]	★★★	640
integrate	[íntəgrèit]	★★	208	lurch	[lə́rtʃ]	★★★	253
intermittent	[ìntərmítənt]	★★★	782	lure	[lúər]	★★	088
interrupt	[ìntərʌ́pt]	★	245	lush	[lʌ́ʃ]	★★★	805
intimate	[íntəmət]	★★	802	luster	[lʌ́stər]	★★★	418
intimidate	[intímədèit]	★★★	058	**M**			
intricacy	[íntrikəsi]	★★★	509	magnify	[mǽgnəfài]	★★★	278
intrigue (by)	[intríːg]	★★	154	magnitude	[mǽgnətùːd]	★	409
intrinsic	[intrínzik]	★★★	680	majestic	[mədʒéstik]	★★	604
intuitive	[intúːətiv]	★★★	607	makeshift	[méikʃìft]	★★★	845
inundate (with)	[ínʌndèit]	★★★	090	mandate	[mǽndèit]	★★★	449
invaluable	[invǽljuəbl]	★★	690	mar (by)	[már]	★★★	139
invariably	[invéəriəbli]	★★	941	meager	[míːgər]	★★★	773
invent	[invént]	★	068	mediate	[míːdièit]	★★★	209
irrelevant	[iréləvənt]	★★	916	meek	[mik]	★★★	743
irreparable	[irépərəbəl]	★★★	826	menace	[ménəs]	★★	507
J				mend	[ménd]	★	012
jeopardize	[dʒépərdàiz]	★★★	063	merely	[míərli]	★	938
jubilant	[dʒúːbələnt]	★★★	858	meteoric	[mìtiɔ́rik]	★★★	628
judicious	[dʒuːdíʃəs]	★★★	725	meticulously	[mətíkjuləsli]	★★★	967
K				migrate	[máigrèit]	★★★	176
keen	[kin]	★★	930	mimic	[mímik]	★★★	315

minuscule	[mínəskjùːl]	★★	600
minutely	[mainúːtli]	★★★	963
misconception	[mìskənsépʃən]	★	374
mobility	[moubíləti]	★★	522
mock	[mɔk]	★★	190
modest	[mádəst]	★	645
modify	[mádəfài]	★★	259
modulate	[mádʒəlèit]	★★★	261
momentum	[mouméntəm]	★★★	555
monumental	[mànjuméntəl]	★	830
morale	[mərǽl]	★★★	442
mournful	[mɔ́rnfl]	★★★	876
mumble	[mʌ́mbəl]	★★★	339
mundane	[mʌ́ndein]	★★★	597
mutual	[mjúːtʃuəl]	★	663
myriad	[míriəd]	★★★	373
mythical	[míθikəl]	★★	872

N

naked	[néikid]	★	835
negate	[nigéit]	★★★	219
negligence	[néglidʒəns]	★★	402
negligible	[néglidʒəbl]	★★★	769
nobility	[noubíləti]	★★	440
nominal	[námənəl]	★★★	692
notable	[nóutəbl]	★★	610
noteworthy	[nóutwə̀ːrði]	★★	602
notion	[nóuʃən]	★	443
notorious	[noutɔ́ːriəs]	★★	593
nourishing	[nɔ́ːriʃiŋ]	★★	775
novel	[návəl]	★★	635
numerous	[njúːmərəs]	★	652

O

obese	[oubíːs]	★★★	615
oblige	[əbláidʒ]	★★	240
obliquely	[əblíːkli]	★★★	986
obliterate	[əblítərèit]	★★★	081
oblivious (to)	[əblíviəs]	★★★	847
obscure	[əbskjúər]	★★	860
obsession	[əbséʃən]	★★	568
obsolete	[àbsəlíːt]	★★★	656
obstacle	[ábstəkl]	★	381
obstinate (in)	[ábstənət]	★★★	836
obvious	[ábviəs]	★	689

odor	[óudər]	★	560
onset	[ánsèt]	★★★	457
opt	[ápt]	★★★	224
optimal	[áptəməl]	★★★	699
opulent	[ápjələnt]	★★★	799
ordinance	[ɔ́rdənəns]	★★★	401
ornamental	[ɔ̀rnəméntəl]	★★	754
oscillate	[ásəlèit]	★★★	193
outbreak	[áutbrèik]	★	511
outburst	[áutbə̀rst]	★★	498
outgrowth	[áutgròuθ]	★★★	393
outlandish	[autlǽndiʃ]	★★★	642
outlook	[áutlùk]	★★	488
outstrip	[àutstríp]	★★★	150
overly	[óuvərli]	★	964
oversight	[óuvərsàit]	★★★	547
overwhelming	[òuvə(rh)wélmiŋ]	★★	613

P

pact	[pǽkt]	★★★	527
painstakingly	[péinstèikiŋli]	★★	948
patronize	[péitrənàiz]	★★	055
peerless	[píələs]	★★	720
penchant	[péntʃənt]	★★★	565
penetrate	[pénitrèit]	★★	035
perennially	[pəréniəli]	★★★	984
perilous	[pérələs]	★★	837
periphery	[pərífəri]	★★★	454
permeate	[pɔ́rmièit]	★★★	319
perpetuate	[pərpétʃuèit]	★★★	099
perplex	[pərpléks]	★★★	188
perseverance	[pə̀ːrsəvírəns]	★★	575
persist	[pərsíst]	★★	128
pertinent	[pɔ́ːrtənənt]	★★	919
perturb	[pərtɔ́rb]	★★★	287
pervasive	[pərvéisiv]	★★★	752
pessimistic	[pèsəmístik]	★★	732
phenomenal	[fənámənəl]	★★	700
philanthropic	[fìlənθrápik]	★★★	841
piecemeal	[píːsmìːl]	★★★	653
pinnacle	[pínəkl]	★★★	523
placid	[plǽsid]	★★★	925
plausible	[plɔ́zəbəl]	★★★	755
plead	[plíːd]	★★	022

pledge	[plédʒ]	★★	106
pliable	[pláiəbl]	★★★	809
plight	[pláit]	★★★	403
plunder	[plʌ́ndər]	★★★	321
plunge	[plʌ́ndʒ]	★★	024
ply	[plái]	★★★	322
poll	[poul]	★	572
ponder	[pándər]	★★	070
ponderous	[pándərəs]	★★★	908
pore	[pɔr]	★★★	394
postulate	[pástʃəlèit]	★★★	047
potent	[póutənt]	★★★	764
precarious	[prikéəriəs]	★★★	709
precede	[prisí:d]	★★	241
precious	[préʃəs]	★	629
precipitate	[prisípətèit]	★★★	089
predicament	[pridíkəmənt]	★★★	385
predisposition	[prì:dispəzíʃən]	★★	469
preeminence	[pri:émənəns]	★★★	480
prejudice	[prédʒədəs]	★	526
preliminary	[prilímənèri]	★★	811
premise	[prémis]	★★	564
preposterous	[pripástərəs]	★★★	851
preside	[prizáid]	★★	075
pressing	[présiŋ]	★	737
prestige	[prestí:ʒ]	★★	530
presumably	[prizú:məbli]	★★	991
prevail	[privéil]	★★	166
prior	[práiər]	★	749
pristine	[prísti:n]	★★★	864
privilege	[prívəlidʒ]	★★	405
probe	[próub]	★★	125
procure	[proukjúr]	★★	232
prodigious	[prədídʒəs]	★★★	666
profess	[prəfés]	★★	189
profound	[prəfáund]	★★	814
profusely	[prəfjú:sli]	★★★	994
proliferate	[prəlífərèit]	★★★	250
prolific	[prəlífik]	★★★	623
prone	[próun]	★★★	844
propagate	[prápəgèit]	★★★	169
prophetic	[prəfétik]	★★★	736
proponent	[prəpóunənt]	★★★	406

propulsion	[prəpʌ́lʃən]	★★	388
prospective	[prəspéktiv]	★★	659
prosper	[práspər]	★★	071
protrude	[prətrú:d]	★★★	216
provoke	[prəvóuk]	★★	328
proximity	[prɑksíməti]	★★★	477
proxy	[práksi]	★★★	404
pulverize	[pʌ́lvəràiz]	★★★	049
punctually	[pʌ́ŋktʃuəli]	★	939
puncture	[pʌ́ŋktʃər]	★★	031
pungent	[pʌ́ndʒənt]	★★★	726
punitive	[pjú:nitiv]	★★★	810
purify	[pjúərəfài]	★★★	196
Q			
quest	[kwést]	★★	515
R			
radiate	[réidièit]	★★	044
raid	[réid]	★★	534
rampant	[ræmpənt]	★★★	923
ratio	[réiʃou]	★	386
rational	[ræʃənəl]	★★	646
readily	[rédili]	★	1000
realm	[rélm]	★★	577
reap	[rí:p]	★★	275
recede	[risí:d]	★★★	301
receptive	[riséptiv]	★★★	594
reciprocal	[risíprəkəl]	★★★	779
recite	[risáit]	★★	236
reckless	[rékləs]	★★	795
reckon	[rékn]	★★★	320
recount	[rikáunt]	★★★	228
rectify	[réktəfài]	★★★	277
recurringly	[rikə́:riŋli]	★★	951
redundant	[ridʌ́ndənt]	★★★	877
refrain (from)	[rifréin]	★★	086
refute	[rifjú:t]	★★★	073
reinforce	[rì:infɔ́rs]	★★	163
relatively	[rélətivli]	★★	985
relic	[rélik]	★★	395
relinquish	[rilíŋkwiʃ]	★★★	338
remedy	[rémədi]	★★	157
remnant	[rémnənt]	★★★	377
render	[réndər]	★★	036

renounce	[rináuns]	★★★	356
renowned	[rináund]	★★	790
repel	[ripél]	★★★	211
replete (with)	[riplíːt]	★★★	661
repudiate	[ripjúdièit]	★★★	141
repulse	[ripʌ́ls]	★★★	284
reside	[rizáid]	★★	192
residue	[rézidùː]	★★★	578
resilient (to)	[rizíliənt]	★★★	820
resolutely	[rézəlùːtli]	★	987
respectively	[rispéktivli]	★	953
responsive	[rispʌ́nsiv]	★★	807
restore	[ristór]	★	264
resume	[rizúːm]	★★	205
resurgence	[risə́ːrdʒəns]	★★★	499
retain	[ritéin]	★★	175
retrieve	[ritríːv]	★★	316
reverence	[révərəns]	★★★	539
revive	[riváiv]	★	119
rift	[ríft]	★★★	426
rigid	[rídʒid]	★★	627
rigorous	[rígərəs]	★★★	625
ripe	[ráip]	★★	816
ritual	[rítʃuəl]	★★	776
roam	[róum]	★★	003
robust	[roubʌ́st]	★★★	895
rot	[rát]	★★	087
rudimentary	[rùːdiméntəri]	★★★	643
rugged	[rʌ́gid]	★★	904
rummage (through)	[rʌ́midʒ]	★★★	185
rupture	[rʌ́ptʃər]	★★★	369
rural	[rúərəl]	★	833
ruthless	[rúːθləs]	★★	817

S

saline	[séiliːn]	★★★	735
salute	[səlúːt]	★★	010
sanction	[sǽŋkʃən]	★★	215
sanitation	[sæ̀nətéiʃən]	★★★	559
saturate	[sǽtʃərèit]	★★★	146
scant	[skǽnt]	★★★	849
scarce	[skéərs]	★	863
scenic	[síːnik]	★★	696
scholarly	[skálərli]	★★★	681

scoop	[skúːp]	★★	217
scorching	[skɔ́rtʃiŋ]	★★★	862
scour	[skáuər]	★★★	197
scrupulously	[skrúːpjələsli]	★★★	959
scrutinize	[skrúːtənàiz]	★★★	304
secession	[siséʃən]	★★★	516
secluded	[siklúːdid]	★★★	730
seep	[síːp]	★★★	123
seething (over)	[síːðiŋ]	★★★	664
sensible	[sénsəbəl]	★★	695
sequence	[síːkwəns]	★	484
serene	[səríːn]	★★	792
setback	[sétbæ̀k]	★★★	427
sever	[sévər]	★★★	223
shatter	[ʃǽtər]	★★	265
sheer	[ʃíər]	★★	839
shortcoming	[ʃɔ́rtkʌ̀miŋ]	★★★	411
shrewd	[ʃrúːd]	★★★	634
sift (through)	[sift]	★★★	249
simultaneously	[sàiməltéiniəsli]	★★	944
singular	[síŋgjulə]	★★★	931
slant	[slǽnt]	★★	270
sluggish	[slʌ́giʃ]	★★★	682
smeared	[smíərd]	★★	903
smudge	[smʌ́dʒ]	★★★	579
snare	[snéər]	★★	368
sociable	[sóuʃəbəl]	★★	906
solely	[sóulli]	★	961
solitary	[sálətèri]	★★	675
somber	[sámbər]	★★★	654
soothe	[súːð]	★★	162
sovereign	[sávrən]	★★★	818
sow	[sóu]	★★	100
sparsely	[spársli]	★★★	998
spawn	[spɔn]	★★★	202
spearhead	[spíərhed]	★★★	293
specify	[spésəfài]	★★	351
speck	[spek]	★★	524
sphere	[sfíər]	★★	492
spontaneous	[spɑntéiniəs]	★★	892
sporadically	[spərǽdikəli]	★★★	977
spur	[spór]	★★	026
squander	[skwʌ́ndər]	★★★	337

squash	[skwɔʃ]	★★	333	surplus	[sə́ːrplʌs]	★★	748
stack	[stǽk]	★	519	susceptible (to)	[səséptəbl]	★★★	932
staggering	[stǽgəriŋ]	★★	884	sustainable	[səstéinəbl]	★★	780
stagnant	[stǽgnənt]	★★★	609	sustenance	[sʌ́stənəns]	★★★	410
standpoint	[stǽndpɔ̀int]	★★	444	sway	[swéi]	★★	306
staple	[stéipl]	★★	641	swirl	[swə́rl]	★★★	170
static	[stǽtik]	★★	678	swoop (onto)	[swúːp]	★★★	335
stationary	[stéiʃənèri]	★★★	887	symmetrical	[simétrikəl]	★★★	671
steadfast	[stédfæ̀st]	★★★	804	symptom	[símptəm]	★★	500
sterile	[stérəl]	★★★	763	synthetically	[sinθétikəli]	★★★	956
stern	[stərn]	★★	921	**T**			
stipulation	[stìpjəléiʃən]	★★★	384	tacit	[tǽsit]	★★★	853
stout	[staut]	★★	823	tactic	[tǽktik]	★★★	466
strand	[strǽnd]	★★	531	tangible	[tǽndʒəbl]	★★★	722
streak	[strik]	★★	439	tangle (with)	[tǽŋgəl]	★★★	279
strenuous	[strénjuəs]	★★★	808	tantamount (to)	[tǽntəmàunt]	★★★	848
strew	[strúː]	★★★	159	taxonomy	[tæksánəmi]	★★★	470
striking	[stráikiŋ]	★	786	tedious	[tíːdiəs]	★★★	784
stringent	[stríndʒənt]	★★★	596	temperament	[témpərəmənt]	★★	455
strive	[stráiv]	★★	091	temperate	[témpərət]	★★	825
stun	[stʌ́n]	★★★	016	tenacious	[tənéiʃəs]	★★★	707
sturdy	[stə́ːrdi]	★★	727	tense	[téns]	★	620
subdue	[səbdúː]	★★	207	tentative	[téntətiv]	★★★	842
subject (to)	[səbdʒékt]	★★★	054	terminology	[tə̀rmənálədʒi]	★★★	501
subjugate	[sʌ́bdʒəgèit]	★★★	178	testimony (to)	[téstəmòuni]	★★	550
submerged	[səbmə́ːdʒd]	★★★	742	textile	[tékstail]	★★	561
subsequent	[sʌ́bsəkwənt]	★★	824	thaw	[θɔ]	★★★	039
subservient	[səbsə́ːrviənt]	★★★	873	theft	[θéft]	★★	554
subside	[səbsáid]	★★	298	theological	[θìəládʒikəl]	★★★	827
substantiate	[səbstǽnʃièit]	★★★	057	thread	[θred]	★	502
subterranean	[sʌ̀btəréiniən]	★★★	890	threshold	[θréʃhould]	★★★	421
subtle	[sʌ́tl]	★★	711	thrifty	[θrífti]	★★★	869
succinctly	[sʌksíŋktli]	★★★	950	thrive	[θráiv]	★★	229
succumb (to)	[səkʌ́m]	★★★	295	throng (to)	[θrɔŋ]	★★	134
sumptuous	[sʌ́mptʃuəs]	★★★	716	thrust	[θrʌ́st]	★★	563
superb	[supə́ːrb]	★★	591	thwart	[θwɔ́rt]	★★★	230
superficial	[sùpərfíʃəl]	★★	896	tide	[taid]	★	495
supersede	[sùːpərsíːd]	★★★	258	tidy	[táidi]	★	915
supplant	[səplǽnt]	★★★	092	tilt	[tílt]	★★	238
suppress	[səprés]	★★	095	timber	[tímbər]	★	537
supremacy	[səprém.əsi]	★★	428	timid	[tímid]	★★	883
surmount	[sərmáunt]	★★★	124	tolerate	[tálərèit]	★★★	059
surpass	[sərpǽs]	★★	052	touching	[tʌ́tʃiŋ]	★★	894

Word	Pronunciation	Rating	Number
tow	[tou]	★★★	313
toxic	[táksik]	★★	712
tract	[trǽkt]	★★★	546
trailblazer	[tréilblèizər]	★★★	459
trait	[tréit]	★★	447
trample	[trǽmpl]	★★	078
tranquil	[trǽŋkwil]	★★★	857
transcend	[trænsénd]	★★★	246
transition	[trænzíʃən]	★	434
transparent	[trænspérənt]	★★	874
trapping	[trǽpɪŋ]	★★★	521
traverse	[trəvə́rs]	★★★	361
trench	[tréntʃ]	★★	552
tributary	[tríbjətèri]	★★★	496
trickle	[tríkəl]	★★★	255
trigger	[trígər]	★★★	200
triumphant	[traiʌ́mfənt]	★★★	703
trivial	[tríviəl]	★★	761
truthful	[trú:θfəl]	★★	717
turbulent	[tə́:rbjələnt]	★★★	886
U			
ubiquitous	[ju(:)bíkwitəs]	★★★	706
ultimately	[ʌ́ltəmətli]	★★	993
unadulterated	[ʌnədʌ́ltəreitəd]	★★★	838
unbridled	[ʌnbráidəld]	★★★	855
uncover	[ʌnkʌ́vər]	★	161
undergo	[ʌ̀ndərgóu]	★★	032
undermine	[ʌ̀ndərmáin]	★★★	043
underpinning	[ʌ́ndərpìniŋ]	★★★	478
underscore	[ʌ̀ndərskɔ́r]	★★★	244
undertake	[ʌ̀ndərtéik]	★★	309
undue	[ʌndú:]	★★★	665
unearth	[ʌ̀nə́rθ]	★★★	349
unleash	[ʌ̀nlí:ʃ]	★★★	103
unnoticeable	[ʌnnóutisəbəl]	★★	715
unparalleled	[ʌnpǽrəleld]	★★★	603
unprecedented	[ʌnprésidèntəd]	★★★	867
unravel	[ʌnrǽvəl]	★★★	011
unsettle	[ʌnsétl]	★★★	231
unwavering	[ʌnwéivəriŋ]	★★★	828
unwilling	[ʌnwíliŋ]	★	846
upbringing	[ʌ́pbrìŋiŋ]	★★★	387
upheaval	[ʌphí:vəl]	★★★	545
uphold	[ʌphóuld]	★★	280
usher (in)	[ʌ́ʃər]	★★★	289
utterly	[ʌ́tərli]	★	980
V			
vain (in vain)	[vein]	★	946
validate	[vǽlidèit]	★★	180
vanguard	[vǽngàrd]	★★★	528
vehement	[ví:əmənt]	★★★	914
velocity	[vəlásəti]	★★	376
veneration	[vènəréiʃən]	★★★	378
verbal	[vɔ́:rbəl]	★	868
verify	[vérifài]	★★	094
versatile	[vɔ́:rsətəl]	★★★	750
vestige	[véstidʒ]	★★★	520
viable	[váiəbl]	★★★	831
vibrant	[váibrənt]	★★★	856
vicinity	[visínəti]	★★★	375
vie (for)	[vái]	★★★	276
vigorous	[vígərəs]	★★	899
virtually	[vɔ́:rtʃuəli]	★★	937
virtue	[vɔ́:rtʃu:]	★★	570
vital	[váitəl]	★	734
vocation	[voukéiʃən]	★★	485
vow	[vau]	★★	310
vulnerable	[vʌ́lnərəbl]	★★★	598
W			
wane	[wéin]	★★★	164
wanton	[wántən]	★★★	595
warrant	[wɔ́rənt]	★★★	113
wary (of)	[wéəri]	★★★	637
weary (of)	[wíəri]	★★	917
weird	[wird]	★★	669
whirl	[hwərl]	★★	067
wither	[wíðər]	★★	297
withhold	[wiðhóuld]	★★	041
withstand	[wiðstǽnd]	★★	239
wobble	[wábl]	★★★	025
wretched	[rétʃid]	★★	829
Y			
yield	[jí:ld]	★	342
Z			
zeal	[zí:l]	★★★	549
zenith	[zíniθ]	★★★	486

ジャンル別英単語集

Astronomy　天文学　◀ 1001

- [ ] **celestial**
  001　形 天(体)の　≠ astronomical
- [ ] **observatory**
  002　名 天文台
- [ ] **telescope**
  003　名 望遠鏡
- [ ] **nova**
  004　名 新星
- [ ] **supernova**
  005　名 超新星
- [ ] **the big bang**
  006　名 (宇宙の起源の)大爆発
- [ ] **constellation**
  007　名 星座
- [ ] **Polaris**
  008　名 北極星
- [ ] **interstellar**
  009　形 恒星間の
- [ ] **nebula**
  010　名 星雲
- [ ] **galaxy**
  011　名 銀河
- [ ] **the solar system**
  012　名 太陽系
- [ ] **Mercury**
  013　名 水星
- [ ] **Venus**
  014　名 金星
- [ ] **Mars**
  015　名 火星
- [ ] **Jupiter**
  016　名 木星
- [ ] **Saturn**
  017　名 土星
- [ ] **Uranus**
  018　名 天王星
- [ ] **Neptune**
  019　名 海王星
- [ ] **Pluto**
  020　名 冥王星
- [ ] **asteroid**
  021　名 小惑星
- [ ] **satellite**
  022　名 衛星
- [ ] **orbit**
  023　名 軌道
- [ ] **circumference**
  024　名 円周
- [ ] **ellipse**
  025　名 楕円
- [ ] **elliptical**
  026　形 楕円形の
- [ ] **comet**
  027　名 彗星
- [ ] **meteor**
  028　名 隕石
- [ ] **meteoroid**
  029　名 流星体
- [ ] **sunspot**
  030　名 黒点
- [ ] **eclipse**
  031　名 食
- [ ] **atmosphere**
  032　名 大気
- [ ] **gravity**
  033　名 重力、地球引力

Meteorology　気象学　◀ 1002

034	**Antarctica** 名 南極大陸	047	**vapor** 名 蒸気
035	**the Antarctic** 名 南極	048	**vaporize** 動 自 蒸発する
036	**the Arctic** 名 北極	049	**gasify** 動 自 気化する
037	**axis** 名 軸	050	**liquefy** 動 自 液化する
038	**the frigid zone** 名 寒帯	051	**solidify** 動 自 固体化する
039	**the temperate zone** 名 温帯	052	**altitude** 名 高度、海抜　≒ elevation
040	**the torrid zone** 名 熱帯	053	**updraft** 名 上昇気流
041	**the tropical zone** 名 熱帯	054	**downdraft** 名 下降気流
042	**condensation** 名 凝結	055	**frost** 名 霜
043	**condense** 動 自 凝結する	056	**hail** 名 あられ、ひょう
044	**drought** 名 干ばつ	057	**mist** 名 霧
045	**evaporate** 動 蒸発する	058	**precipitation** 名 降水(量)
046	**evaporation** 名 蒸発	059	**runoff** 名 (地面を)流れる雨水、排水

Earth Science　地球科学　◀ 1003

060	**hemisphere** 名 半球	066	**mineral** 名 鉱物
061	**longitude** 名 経度	067	**ore** 名 鉱石
062	**latitude** 名 緯度	068	**deposit** 名 堆積物、鉱床
063	**the equator** 名 赤道	069	**igneous rock** 名 火成岩
064	**clay** 名 粘土	070	**sediment** 名 堆積物
065	**crust** 名 地殻	071	**sedimentary rock** 名 堆積岩

☐ **limestone** 072 名 石灰岩	☐ **erode** 093 名 他 〜を浸食する
☐ **metamorphic rock** 073 名 変成岩	☐ **erosion** 094 名 浸食
☐ **marble** 074 名 大理石	☐ **glacier** 095 名 氷河
☐ **layer** 075 名 層	☐ **iceberg** 096 名 氷山
☐ **stratum / strata** 076 名 層	☐ **avalanche** 097 名 なだれ
☐ **fault** 077 名 断層 ≒ crack	☐ **seismic** 098 形 地震の
☐ **fold** 078 名 (地層の)褶曲(しゅうきょく)	☐ **seismic wave** 099 名 地震波
☐ **aquifer** 079 名 帯水層	☐ **seismology** 100 名 地震学
☐ **aquiclude** 080 名 難透水層　aqui-「水」、-clude「閉」	☐ **landslide** 101 名 地滑り
☐ **drainage** 081 名 水はけ	☐ **continental drift** 102 名 大陸移動(説)
☐ **water table** 082 名 地下水面	☐ **bedrock** 103 名 岩盤
☐ **subterranean** 083 形 地下の ≒ underground	☐ **terrain** 104 名 地形、地勢
☐ **volcano** 084 名 火山	☐ **ridge** 105 名 尾根
☐ **active volcano** 085 名 活火山	☐ **marsh** 106 名 沼地
☐ **dormant volcano** 086 名 休火山	☐ **reservoir** 107 名 貯水池
☐ **extinct volcano** 087 名 死火山	☐ **geyser** 108 名 間欠泉
☐ **erupt** 088 動 自 噴火する	☐ **weathering** 109 名 風化(作用)
☐ **eruption** 089 名 噴火	☐ **boulder** 110 名 巨礫(きょれき) (直径 256mm 以上)
☐ **vent** 090 名：動 他 噴火口：〈煙など〉を出す	☐ **pebble** 111 名 小石
☐ **lava** 091 名 溶岩	☐ **gravel** 112 名 砂利
☐ **molten** 092 形 (岩石などが)溶けた	

113 ☐ **cell**
名 細胞

114 ☐ **nucleus**
名 細胞核　nuclei 複数形

115 ☐ **tissue**
名 (細胞の)組織

116 ☐ **cell membrane**
名 細胞膜

117 ☐ **multicellular**
形 多細胞の

118 ☐ **neuron**
名 神経単位

119 ☐ **organ**
名 器官

120 ☐ **evolution**
名 進化

121 ☐ **evolve**
動 自 進化する

122 ☐ **offspring**
名 子孫、子

123 ☐ **gene**
名 遺伝子

124 ☐ **genetic**
形 遺伝の

125 ☐ **genetics**
名 遺伝学

126 ☐ **heredity**
名 遺伝

127 ☐ **hereditary**
形 遺伝の

128 ☐ **chromosome**
名 染色体

129 ☐ **mutation**
名 突然変異

130 ☐ **anatomy**
名 解剖学、解剖学的構造

131 ☐ **physiology**
名 生理学、生理(機能)

132 ☐ **reproduce**
動 自 繁殖する　≒ breed

133 ☐ **reproduction**
名 繁殖

134 ☐ **fertilize**
動 他 ～を受精させる

135 ☐ **fertilization**
名 受精

136 ☐ **embryo**
名 胚、胎芽、胎児

137 ☐ **adaptation**
名 適応

138 ☐ **the survival of the fittest**
名 適者生存

139 ☐ **endangered species**
名 絶滅危惧種

140 ☐ **the food chain**
名 食物連鎖

141 ☐ **respire**
動 自 呼吸する

142 ☐ **respiration**
名 呼吸

143 ☐ **decompose**
動 自 (自然)分解する

144 ☐ **habitat**
名 生息地

145 ☐ **inhabit**
動 他 ～に生息する

146 ☐ **colony**
名 群生

147 ☐ **flora**
名 植物相

148 ☐ **fauna**
名 動物相

149 ☐ **fungi**
名 菌類　fungus 単数形

150 ☐ **mold**
名 カビ

151 ☐ **parasite**
名 寄生生物

152 ☐ **be parasitic on**
～に寄生している

□ **host**
153 名 寄生生物の宿主

□ **pest**
156 名 有害生物

□ **symbiosis**
154 名 共生

□ **microorganism**
157 名 微生物

□ **scavenger**
155 名 清掃動物

Botany　植物学　◀ 1005

□ **vegetation**
158 名 植生、植物

□ **spore**
175 名 胞子

□ **botany**
159 名 植物学

□ **pollination**
176 名 授粉

□ **chlorophyll**
160 名 葉緑素

□ **pollinate**
177 動 他 〜に授粉する

□ **photosynthesis**
161 名 光合成

□ **ripen**
178 動 自 熟す

□ **carbon dioxide**
162 名 二酸化炭素

□ **ripe**
179 形 熟した

□ **oxygen**
163 名 酸素

□ **germinate**
180 動 自 発芽する　≒ sprout

□ **vessel**
164 名 導管

□ **shoot**
181 名 新芽、若葉

□ **stem**
165 名 茎

□ **succulent**
182 形 多肉多汁の　≒ juicy

□ **twig**
166 名 小枝

□ **perennial**
183 形 多年生の

□ **trunk**
167 名 幹

□ **annual**
184 形 1年生の

□ **annual ring**
168 名 年輪

□ **shrub**
185 名 低木

□ **bark**
169 名 樹皮

□ **canopy**
186 名 林冠（森林の最上部）

□ **resin**
170 名 樹脂

□ **moss**
187 名 コケ

□ **sap**
171 名 樹液

□ **fern**
188 名 シダ

□ **amber**
172 名 琥珀

□ **pine**
189 名 マツ

□ **petal**
173 名 花弁、花びら

□ **deciduous tree**
190 名 落葉樹

□ **pollen**
174 名 花粉

□ **evergreen tree**
191 名 常緑樹

☐ **algae**
192 名 藻類

☐ **weed**
193 名 雑草

☐ **cactus**
194 名 サボテン　cacti 複数形

Zoology　動物学　◀ 1006

☐ **zoology**
195 名 動物学

☐ **terrestrial**
196 形 陸生の

☐ **aquatic**
197 形 水生の

☐ **carnivore**
198 名 肉食動物

☐ **carnivorous**
199 形 肉食性の

☐ **herbivore**
200 名 草食動物

☐ **herbivorous**
201 形 草食性の

☐ **omnivore**
202 名 雑食動物

☐ **omnivorous**
203 形 雑食性の

☐ **feed on**
204 ～を常食とする

☐ **prey on**
205 ～を捕食する

☐ **graze on**
206 〈牧草〉を食う

☐ **browse on**
207 〈若葉など〉を食べる

☐ **digest**
208 動 他 ～を消化する

☐ **perspire**
209 動 自 発汗する

☐ **perspiration**
210 名 発汗

☐ **mate**
211 動 自 交尾する

☐ **mating**
212 名 交尾

☐ **sperm**
213 名 精子

☐ **secrete**
214 動 他 ～を分泌する

☐ **secretion**
215 名 分泌

☐ **hibernate**
216 動 自 冬眠する

☐ **molt**
217 動 自 脱皮する

☐ **reptile**
218 名 爬虫類

☐ **amphibian**
219 名 両生類

☐ **crustacean**
220 名 甲殻類

☐ **marsupial**
221 名 有袋類

☐ **wildlife**
222 名 野生生物

☐ **instinct**
223 名 本能

☐ **instinctive**
224 形 本能的な　≒ instinctual

☐ **prey**
225 名 獲物

☐ **predator**
226 名 捕食動物、天敵

☐ **nocturnal**
227 形 夜行性の

☐ **herd**
228 名 （動物の）群れ

☐ **gregarious**
229 形 群生[群居]する　⇔ solitary

☐ **pesticide**
230 名 殺虫剤

231	**moth** 名 蛾	253	**beak** 名 くちばし
232	**coral reef** 名 珊瑚礁	254	**migrate** 動 自 渡る
233	**vertebrate** 名 脊椎動物	255	**migration** 名 渡り
234	**invertebrate** 名 無脊椎動物	256	**migratory** 形 渡りの
235	**vertebra** 名 脊椎	257	**owl** 名 フクロウ
236	**tentacle** 名 触手	258	**raptor** 名 猛禽類 ≒ bird of prey
237	**venom** 名 毒液 ≒ poison	259	**roost** 名：動 自 とまり木：とまり木にとまる
238	**venomous** 形 有毒な ≒ poisonous	260	**flock** 名 (鳥などの)群れ
239	**burrow** 名 巣穴	261	**plume** 名 羽 ≒ feather
240	**clam** 名 二枚貝	262	**plumage** 名 羽(不可算) ≒ feathers
241	**abdomen** 名 胴体	263	**limb** 名 (四肢の)肢
242	**fin** 名 ひれ	264	**glide** 動 自 滑空する
243	**scale** 名 鱗	265	**poultry** 名 家禽
244	**hoof** 名 ひづめ	266	**chick** 名 ひな
245	**tusk** 名 きば(ゾウなどのきば)	267	**incubate** 動 他 自 〈卵〉を抱く、抱卵する
246	**fang** 名 きば(犬などのきば)	268	**incubation** 名 抱卵
247	**rodent** 名 げっ歯類動物	269	**huddle** 動 自 (寒さのため)身を寄せ合う
248	**incisor** 名 門歯	270	**imprinting** 名 (幼いうちの)刷り込み
249	**canine tooth** 名 犬歯	271	**hatch** 動 自 孵化する
250	**molar** 名 臼歯、奥歯	272	**larva** 名 幼虫、幼生
251	**mandible** 名 下あご	273	**pupa** 名 さなぎ
252	**skeleton** 名 骨格 ≒ framework	274	**metamorphosis** 名 変態

275	**enzyme** 名 酵素	296	**surgeon** 名 外科医
276	**artery** 名 動脈	297	**symptom** 名 症状
277	**vein** 名 静脈	298	**diagnose** 動 自 診断する
278	**pupil** 名 瞳孔	299	**diagnosis** 名 診断
279	**retina** 名 網膜	300	**microbe** 名 病原菌、微生物
280	**saliva** 名 唾液	301	**vaccinate** 動 他 ～に予防接種する
281	**liver** 名 肝臓	302	**vaccination** 名 予防接種
282	**womb** 名 子宮	303	**infect** 動 他 ～に感染させる
283	**fetus** 名 胎児	304	**infection** 名 感染
284	**gland** 名 腺	305	**infectious** 形 伝染性の　≒ contagious
285	**urine** 名 尿	306	**contagious** 形 (接触)感染性の　≒ infectious
286	**spine** 名 背骨　≒ backbone	307	**epidemic** 名：形 伝染病、伝染性の
287	**rib** 名 肋骨	308	**susceptible** 形 感染しやすい ≒ subject, vulnerable
288	**cardiac** 形 心臓の　≒ heart	309	**plague** 名 疫病
289	**cerebral** 形 大脳の	310	**quarantine** 名：動 他 検疫[隔離]；検疫[隔離]する　≒ isolate
290	**skull** 名 頭蓋骨	311	**addiction** 名 中毒
291	**hemisphere** 名 脳半球	312	**addictive** 形 中毒性の
292	**metabolism** 名 代謝	313	**chronic** 形 慢性の　≒ constant, persistent
293	**metabolic** 形 (新陳)代謝の	314	**acquired** 形 後天性の　⇔ congenital
294	**immune to** ～に対して免疫がある	315	**congenital** 形 (病気が)先天的な　≒ present at birth
295	**physician** 名 内科医	316	**paralysis** 名 麻痺

☐ **paralyze**
317 動 他 ～を麻痺させる

☐ **acupuncture**
318 名 針療法

☐ **transplant**
319 動 他 ～を移植する

☐ **prescription**
320 名 処方箋

☐ **dose**
321 名 服用量

☐ **tablet**
322 名 錠剤

☐ **antibiotic**
323 名 抗生物質

☐ **placebo**
324 名 偽薬、プラシーボ

☐ **cancer**
325 名 がん

☐ **obese**
326 形 肥満の

☐ **obesity**
327 名 肥満

☐ **dizzy**
328 形 めまいのする

☐ **asthma**
329 名 ぜんそく

☐ **bronchitis**
330 名 気管支炎

☐ **bronchial tube**
331 名 気管支

☐ **dehydration**
332 名 脱水症状

☐ **dehydrate**
333 動 自 脱水状態になる

☐ **inflammation**
334 名 炎症

☐ **hygiene**
335 名 衛生(学)

☐ **nutrition**
336 名 栄養、栄養学

☐ **carbohydrate**
337 名 炭水化物

☐ **protein**
338 名 タンパク質

☐ **nourishment**
339 名 (栄養のある)食物

☐ **inhale**
340 動 他 ～を吸い込む

☐ **exhale**
341 動 他〈息など〉を吐く

☐ **reflex**
342 名 反射作用

☐ **control group**
343 名 対照群、統制群

Physics　物理学　🔊 1008

☐ **electron**
344 名 電子

☐ **nucleus**
345 名 原子核　nuclei 複数形

☐ **atom**
346 名 原子

☐ **molecule**
347 名 分子

☐ **particle**
348 名 粒子

☐ **neutron**
349 名 中性子

☐ **proton**
350 名 陽子

☐ **magnetic field**
351 名 磁場

☐ **charged**
352 形 帯電した

☐ **fission**
353 名 分裂

☐ **fusion**
354 名 融合

☐ **radioactive**
355 形 放射性の

□ **velocity**	□ **viscosity**
356 名 速度	371 名 粘性
□ **gravitation**	□ **streamline**
357 名 引力	372 名：形 流線形：流線形の
□ **compress**	□ **convection**
358 動 他 ～を圧縮する	373 名 対流
□ **compression**	□ **brittle**
359 名 圧縮	374 形 もろい ≒ fragile
□ **cube**	□ **amplify**
360 名 立方体	375 動 他 ～を増幅する、拡大する ≒ increase
□ **radius**	□ **amplification**
361 名 半径	376 名 増幅、拡大
□ **diameter**	□ **locomotion**
362 名 直径	377 名 運動（力） ≒ movement
□ **horizontal**	□ **buoyant**
363 形 水平の	378 形 浮力のある
□ **vertical**	□ **buoyancy**
364 形 垂直の	379 名 浮力
□ **elastic**	□ **kinetic**
365 形 弾性・伸縮性のある	380 形 運動の
□ **mass**	□ **ultraviolet light**
366 名 質量	381 名 紫外線
□ **frequency**	□ **infrared light**
367 名 周波数	382 名 赤外線
□ **friction**	□ **optics**
368 名 摩擦	383 名 光学
□ **vacuum**	□ **optical**
369 名 真空	384 形 光学的な
□ **viscous**	
370 形 粘性の ≒ gelatinous	

Chemistry　化学　　🔊 1009

□ **element**	□ **alloy**
385 名 元素	390 名 合金
□ **hydrogen**	□ **sodium**
386 名 水素	391 名 ナトリウム
□ **nitrogen**	□ **lead**
387 名 窒素	392 名 鉛
□ **mercury**	□ **tin**
388 名 水銀	393 名 スズ
□ **zinc**	□ **copper**
389 名 亜鉛	394 名 銅

□ **oxidize** 395 動 自 酸化する	□ **malleable** 405 形 可鍛性の ≒ pliable
□ **rust** 396 動 自 さびる	□ **volatile** 406 形 揮発性の、変わりやすい
□ **compound** 397 名 化合物	□ **volatility** 407 名 揮発性、不安定
□ **catalyst** 398 名 触媒	□ **toxin** 408 名 毒素 ≒ poison
□ **ferment** 399 動 自 発酵する	□ **toxic** 409 形 有毒な ≒ poisonous
□ **fermentation** 400 名 発酵	□ **corrode** 410 動 自 腐食する ≒ wear away
□ **solution** 401 名 溶液	□ **corrosion** 411 名 腐食
□ **dissolve** 402 動 自 他 (液体中に)溶ける、～を溶かす	□ **crystallize** 412 動 自 結晶化する
□ **insoluble** 403 形 不溶解性の	□ **crystallization** 413 名 結晶化
□ **agent** 404 名 (変化などを引き起こす)作因	□ **by-product** 414 名 副産物 ≒ derivative

Archaeology & Anthropology 考古学＆人類学 🔊 1010

□ **ape** 415 名 類人猿	□ **pictograph** 425 名 象形文字
□ **primate** 416 名 霊長類	□ **decipher** 426 動 他 ～を判読する、解読する ≒ decode
□ **hominid** 417 名 ヒト科の動物	□ **artifact** 427 名 人口遺物
□ **upright** 418 形 直立した ≒ erect	□ **the Paleolithic period** 428 名 旧石器時代
□ **bipedal** 419 形 二足の	□ **the Neolithic period** 429 名 新石器時代
□ **bipedalism** 420 名 二足歩行	□ **nomad** 430 名 遊牧民
□ **tribe** 421 名 種族、部族	□ **nomadic** 431 形 遊牧の ≒ wandering
□ **prehistoric** 422 形 有史以前の、先史時代の	□ **sedentary** 432 形 定住性の ⇔ nomadic
□ **lineage** 423 名 血統、系統	□ **ruins** 433 名 遺跡
□ **excavate** 424 動 他 ～を発掘する ≒ unearth, dig up	□ **dwelling** 434 名 住居

□ 435 **adobe**
名 日干しれんが

□ 436 **domesticate**
動 他 ～を家畜化する ≒ tame

□ 437 **domestication**
名 家畜化

□ 438 **tame**
動 他 ～を飼いならす ≒ domesticate

□ 439 **dairy**
形 酪農の

□ 440 **interbreed**
動 他 ～を交配させる

□ 441 **irrigate**
動 他 ～を灌漑する ≒ moisten

□ 442 **irrigation**
名 灌漑

□ 443 **grain**
名 穀物

□ 444 **subsistence**
名 最低限の生活のかて、生存

□ 445 **hide**
名 (獣の)皮 ≒ animal skin

□ 446 **divine**
形 神の ≒ sacred

□ 447 **cranium**
名 頭蓋

Economics & Business　経済学&ビジネス　◀ 1011

□ 448 **capitalism**
名 資本主義

□ 449 **laissez-faire**
名 自由放任主義

□ 450 **labor-intensive**
形 労働集約的な

□ 451 **capital-intensive**
形 資本集約的な

□ 452 **equilibrium**
名 均衡 ≒ balance

□ 453 **monopoly**
名 独占

□ 454 **monopolize**
動 他 ～を独占する ≒ dominate

□ 455 **merge**
動 他 ～を合併する

□ 456 **merger**
名 合併

□ 457 **acquisition**
名 (企業)買収

□ 458 **speculate**
動 自 投機する

□ 459 **speculation**
名 投機

□ 460 **speculative**
形 投機的な

□ 461 **fraud**
名 詐欺(行為)

□ 462 **compliance**
名 法令順守

□ 463 **feasible**
形 実現可能な ≒ viable

□ 464 **viable**
形 実行可能な ≒ feasible

□ 465 **diversification**
名 多角化

□ 466 **stagnant**
形 よどんだ、不景気な ≒ motionless

□ 467 **subsidy**
名 補助金

□ 468 **subsidize**
動 他 ～に補助金を与える

□ 469 **subsidiary**
名 子会社

□ 470 **revenue**
名 歳入

□ 471 **the bottom line**
名 純利益、純損失

□ 472 **surplus**
名：形 余剰 ≒ excess, extra：余った

□ 473 **currency**
名 通貨

☐ 474	**barter** 名 物々交換 ≒ exchange	☐ 479	**assembly line** 名 (流れ作業の)組み立てライン
☐ 475	**tariff** 名 関税	☐ 480	**expertise** 名 専門的知識
☐ 476	**retail** 名 : 形 小売り：小売りの	☐ 481	**artisan** 名 職人
☐ 477	**wholesale** 形 卸売りの	☐ 482	**apprentice** 名 徒弟、見習い工
☐ 478	**inventory** 名 在庫	☐ 483	**absenteeism** 名 長期(無断)欠勤

Politics & Law　政治学＆法律学　🔊 1012

☐ 484	**monarchy** 名 君主政治	☐ 499	**bill** 名 法案
☐ 485	**monarch** 名 君主	☐ 500	**ratify** 動 他 〜を批准する
☐ 486	**sovereign** 形 主権を有する	☐ 501	**ratification** 名 批准
☐ 487	**sovereignty** 名 主権	☐ 502	**veto** 名 : 動 他 拒否権(を行使して否認する)
☐ 488	**republic** 名 共和国	☐ 503	**enforce** 動 他 〜を施行する
☐ 489	**inauguration** 名 (大統領の)就任	☐ 504	**enact** 動 他 〜を制定する
☐ 490	**be inaugurated** (大統領に)就任する	☐ 505	**enactment** 名 制定
☐ 491	**Congress** 名 米国議会	☐ 506	**amendment** 名 憲法修正条項
☐ 492	**the Senate** 名 上院 ≒ the Upper House	☐ 507	**ambassador** 名 大使
☐ 493	**the House of Representatives** 名 下院 ≒ the Lower House	☐ 508	**embassy** 名 大使館
☐ 494	**secretary** 名 長官	☐ 509	**diplomat** 名 外交官
☐ 495	**legislation** 名 立法、法律	☐ 510	**diplomacy** 名 外交
☐ 496	**legislature** 名 立法府、州議会	☐ 511	**diplomatic** 形 外交の
☐ 497	**legislative** 形 立法の	☐ 512	**the Supreme Court** 名 最高裁判所
☐ 498	**legislator** 名 議員	☐ 513	**jury** 名 陪審

□ **juror**
514 **名** 陪審員

□ **ballot**
527 **名** 投票用紙 ≒ vote

□ **convict**
515 **動**(他) 〜に有罪判決を下す

□ **rally**
528 **名**：**動**(他) 集会：〈支持など〉を集める

□ **acquit**
516 **動**(他) 〜に無罪判決を下す

□ **agitation**
529 **名** 扇動

□ **juvenile**
517 **形** 未成年者の ≒ young

□ **antagonism**
530 **名** 反目、敵対

□ **delinquent**
518 **名** 犯罪者、過失者

□ **liable**
531 **形** 法的責任がある

□ **pardon**
519 **名**：**動**(他) 恩赦：〜を恩赦する

□ **imprison**
532 **動**(他) 〜を投獄する

□ **verdict**
520 **名** 評決 ≒ decision

□ **imprisonment**
533 **名** 投獄

□ **culprit**
521 **名** 犯人、刑事被告人

□ **emancipate**
534 **動**(他) 〜を解放する

□ **autonomy**
522 **名** 自治 ≒ independence

□ **emancipation**
535 **名** 解放

□ **autonomous**
523 **形** 自治権のある ≒ independent

□ **hierarchy**
536 **名** 階層制度 ≒ ranking

□ **censorship**
524 **名** 検閲

□ **aristocracy**
537 **名** 貴族階級

□ **censor**
525 **動**(他) 〜を検閲する

□ **aristocrat**
538 **名** 貴族

□ **constituency**
526 **名** 選挙区（民）

□ **pluralism**
539 **名** 多元的共存

Literature 文学　🔊1013

□ **narrative**
540 **名** 物語文学

□ **tragedy**
547 **名** 悲劇

□ **myth**
541 **名** 神話 ≒ legend

□ **prose**
548 **名** 散文

□ **mythology**
542 **名** 神話学、[集合的に]神話

□ **verse**
549 **名** 韻文

□ **legend**
543 **名** 伝説 ≒ myth

□ **rhyme**
550 **名**：**動**(自) 韻：韻を踏む

□ **epic**
544 **名** 叙事詩

□ **rhetoric**
551 **名** 修辞法

□ **satire**
545 **名** 風刺文学

□ **rhetorical**
552 **形** 修辞的な

□ **satiric**
546 **形** 風刺的な

□ **lyric**
553 **名**：**形** 叙事詩：叙情的な

554	**genre** 名 ジャンル	558	**three-dimensional** 形 三次元の、深みのある
555	**plot** 名 (小説などの)筋	559	**protagonist** 名 主人公
556	**idiom** 名 (芸術的)作風	560	**antagonist** 名 敵対者
557	**two-dimensional** 形 二次元の、浅薄な		

Art　芸術　◀ 1014

561	**portrait** 名 肖像画	577	**choreographer** 名 振り付け師
562	**still life** 名 静物画	578	**choreograph** 動 他 ～の振り付けをする
563	**mural** 名 壁画	579	**improvise** 動 自 即興で作る
564	**virtuoso** 名 巨匠	580	**improvisation** 名 即興
565	**connoisseur** 名 鑑定家	581	**hymn** 名 賛美歌
566	**patronage** 名 (芸術などへの)後援	582	**choir** 名 聖歌隊
567	**patron** 名 (芸術などの)後援者　≒ customer	583	**abstract** 形 抽象的な
568	**patronize** 動 他 (芸術など)を後援する	584	**representational** 形 具象的な
569	**pigment** 名 顔料	585	**avant-garde** 形 前衛的な
570	**texture** 名 質感、色調	586	**ornate** 形 飾り立てた
571	**sculpture** 名 彫刻	587	**austere** 形 (生活様式が)質素な、(人が)厳格な
572	**sculptor** 名 彫刻家	588	**symmetry** 名 左右相称　≒ balance
573	**torso** 名 胴だけの彫像	589	**symmetrical** 形 左右相称の　≒ proportionally balanced
574	**bust** 名 胸像	590	**sinuous** 形 曲がりくねった
575	**cast** 名 鋳型	591	**geometric** 形 幾何学的な
576	**choreography** 名 振り付け		

☐
592 **functionalism**
名 機能主義

☐
593 **facade**
名 (建物の)正面

☐
594 **beam**
名 梁(はり)、横材

☐
595 **slab**
名 厚板、平板 ≒ thick sheet

☐
596 **plumbing**
名 配管(系統)

西部有司（にしべ ゆうじ）

TOEFL/IELTS/Duolingo English Test 講師。
TOEFL iBT 111点，TOEFL ITP 667点，Duolingo English Test 135点，TOEIC L&R 990点，英検1級，国連英検特A級など取得。留学向け3大語学テストのエキスパートで，著書に『はじめての TOEFL iBT テスト総合対策 』（アスク出版），『TOEFL テスト 英語の基本』（アスク出版），『Duolingo English Test 総合対策』（NHK 出版），『ゼロからはじめる TOEIC テスト スピーキング/ライティング』（KADOKAWA 中経出版）。監修書に『分野別 IELTS 英単語』（オープンゲート），『分野別 IELTS 英単語トレーニングブック』（オープンゲート），『改訂版 TOEFL テスト 一発で合格スコアをとる勉強法』（KADOKAWA 中経出版）。英語学校プリムスアカデミー，東洋英和女学院大学生涯学習講座などで教鞭を取る。

X（旧 Twitter）アカウント：@NishibeYuji

TOEFL® テスト厳選の単語演習 1000 問

2024 年 5 月 20 日　第 1 刷発行

著　者	西部有司
発行者	前田俊秀
発行所	株式会社三修社

〒 150-0001　東京都渋谷区神宮前 2-2-22
TEL 03-3405-4511　FAX 03-3405-4522
振替 00190-9-72758
https://www.sanshusha.co.jp
編集担当　齋藤俊樹・神谷 慧

印刷製本　株式会社ディグ

©Yuji Nishibe 2024 Printed in Japan　　　　ISBN978-4-384-05023-3 C1082

デザイン	合原孝明（ThrustBee Inc.）
音声収録	一般財団法人英語教育協議会（ELEC）
ナレーター	Chris Koprowski・Jennifer Okano・Karen Haedrich・Vinay Murthy
イラスト	菊地春香